中国古代
文官制度

Ancient Chinese
Civil Service System

新一版

楼劲 刘光华 著

社会科学文献出版社
SOCIAL SCIENCES ACADEMIC PRESS (CHINA)

新一版序言

1992 年甘肃人民出版社陈泽奎先生编辑刊行本书初版,至今已 30 多年了。2009 年中华书局于涛和王芳先生编辑刊行修订版,也已 10 多年过去。承社会科学文献出版社历史学分社郑庆寰先生的厚意,本书新一版即将付梓,首先要对上列先生致以诚挚感谢,同时也要尽到作者之责,就本次修订略作说明。

新一版仍然保持了本书初版各章的内容结构和基本观点,但修订幅度不小,主要有以下三个方面:

一是变章节注为页下注。章节注是自初版以来就留下的问题,笔者和读者对此均感不便,特别是本书要以尽可能简明的文字拉出相关制度的概要、脉络,页下注的作用就更显重要。新一版终于解决了这个问题,遂可在行文各处补充当年就应出注的一些依据和想法,更便于利用这些年来诸多新出资料,汲取学界在一些重要问题上的新成果,使本书得以作为一部有其特色的中国古代官僚管理制度通史继续发挥作用。

二是内容、文字调整。内容调整是因认识的推进,并与这些年来新资料、新成果的涌现密切相关。具体如汉代举贡系统盛时选官规模每年近 200 人,相较于西汉丞相下至佐史员 12 万多人,官员

8000 多至 1 万多人，按 30 年置换一轮计算，平均每年需选 200～300 人，这是我们当年认为吏员功次登进为官者数量不多的原因之一。现在看来，其时的入仕年龄似要大于后世，秦律有"除佐必当壮以上"的规定，汉代察举和博士选都曾限年 40 岁以上，人均为官生涯 30 年还是嫌太长了，加之其时官多职少的现象多少也已存在，每年实际所需官员人选有可能多达 300～500 人。这一新的估测意味着举贡系统每年提供的人选远不能满足官员更新的需要，文献所载属吏功次登进为官之例即可弥补这一缺口，而尹湾简牍的面世及廖伯源等先生的研究，正显示了属吏功次登进为官的规模不小，原先的观点确实需要加以修正。而这自然又会影响对辟署与吏道关系的认识，尽管公府辟署的情形特殊，但长官辟署制的主体部分应当是以某种程序和规定直接与吏员功次登进之途相衔接的。在此认识基础上，本书第三章述秦汉仕途结构原先是以辟署与举贡系统相对而言的，现则把辟署附从于吏道而与举贡相对，连同魏晋至隋唐的相关内容亦须相应调整。诸如此类的修改，皆得益于这些年来学界相关研究的推进，对此我们深怀崇敬与感恩之心。

　　文字的调整主要是与内容相连，同时也有表述问题。不能不承认 30 多年确实可以发生很大变化，修订版较之初版的显著不同，应是文字删削，以致有些注意不够的地方，前后文气已嫌不接。新一版较之修订版又尤多省文处，不过省下来的文字都补给页下注的资料出处、版次页码了，再就是各种必要的补充性论述了。结果是总字数反而较之修订版增加了约 10 万字，在行文求简的前提下，这自然意味着新一版各章实际分量的加重，代表了本次修订的幅度和价值。

　　三是概念的修正。本书讨论中国古代官僚管理制度所用的概念来源不一，在一并将之纳入我们的研究框架时，也不免会有种种问题令人踟蹰。如"机关""机构"概念的运用，原先按行政学术语体系，用"机构"表示"机关"之下的各个部门，现在则越来越觉得把整个朝廷各部门称为"中央国家机关"是凿枘不合的。这次修订，在府、寺、台、省等官署的表述上已尽可能名从主人，包括基本不用"机关"一词，有必要概括时皆称"机构"，其下所属则称"部门"，这样可能较为平实准确。概念问题上更为突出的是"帝国"一词，本书初版在学界较早以"帝国"概括我国古代的国家形态，当年亦经反复推敲，再版时虽曾斟酌而未改动，这次修订则多代之以汉朝、唐代、历代、各朝之类的表述。这倒并不是我们认为"帝国"一词完全不合中国古代政体的实际，就专制皇权体制和君主世袭统治这些帝制特征而言，把中国古代王朝称为帝国仍然合乎学界的认知，并且便于相应的比较研究。问题在于，中国古代王朝与世界史上诸多帝国毕竟存在极大不同，体现于王朝谱系、王朝体制、王道内涵和易代模式形成与发展的各个方面；而学界对此研究又过于薄弱，迄今除了几张标签人人眼熟，再加上人人自以为看破和不值一哂的厚黑之术，所谓"五帝三皇神圣事，骗了无涯过客"，可以说并没有积累起多少深入肌理且经得起考验的认识。有鉴于此，我们深感除非需要特别强调共性，在本书中与其沿用"帝国"一词，倒不如代之以"王朝"来得切实，不仅合乎古人的切身关注，更有助于省思今人研究的不足。

概念使用直接关系到研究预设和理论背景，在此无妨再说几句。本书修订版之序评述20世纪80年代勃兴的制度史研究，肯定其不仅是改革开放以来中国史学最富成效和潜力的部分，且为中国史学参与社会进步、推进学术发展最为强劲的一翼，又概括了十条迄今看来愈见重要的制度史研究共识。发展至今，学界同人的积累已不可谓不厚，但制度史研究的各个部分仍很不平衡，概念术语问题的制约已日渐凸显。尤其这40多年侧重于政治、行政、礼法等制发展历史的探索，相比于20世纪更早兴起的土地、赋役、军事等制的讨论，在研究概念的成熟度上是明显滞后的，集中表现为不少概念、名词未得必要的界定整合，从属于古今中外不同体系的相关理念左冲右突，反映了理论共识的缺乏和各自预设的紊杂。这一方面是因为越是趋近政治核心部分，其概念术语所寓理论和观念要来得更为敏感和牵涉广泛，其突破固甚不易，整合尤难为功。另一方面则是土地、赋役等制研究所用的阶级、阶层、占有、依附等范畴，已历经社会史研究浪潮淘洗，遂得早为对立各派大致认同；至于政府、帝制、机关、治理方面的诸多范畴，则因展开较晚而歧见纷呈，尤其涵化认同尚待社会发展汰择作育。当然学术史也已反复表明，概念术语的成熟未必就是高质量的标志，晚起的发展整合往往可臻更高水平，近年不少政治史和制度史研究更多立足中国实际，在相关概念和理论提炼上似正开始走向自觉，这是值得期待的曦微之光。

按公认的政治定义，人类对自身历史的认识所以恒以政治为中心，实质是因为所有领域的事态一旦成为公共问题即事关重大而属政治，而公共问题原本也无非是形形色色的私人问题。因此，政治史研究也包括相关制度研究在内，实际上就是不同时代或社会重大问题的研究，不仅天然会是史学焦点，且必须也只能筑基于各领域事态和各种个体生存状态的揭示。至于20世纪晚期兴起的后现代史学，虽亟欲从边缘突破中心，由下层颠覆上层，说到底也无非是不满以往的研究取径，却无从改变政治和制度本身所具有的中心地位及其与社会各领域事态本属一体的联系。由此观察中国大陆史界近年兴起的关注边缘、强调下层之风，尽管其也像西方后现代史学一样丰富了资料和对象，拓展了研究领域，却"漫羡而无所归心"，缺乏西方后现代史学那种古典和现代知识、理论的深厚基础，未能在充实有关中心和上层的认识上着力建树，而是多少都在把中心与边缘、上层与下层及其研究对立起来，由此涌现的一些新的概念和方法，也就大都"泥于小数"，"苟钩鈲析乱而已"。

在"泥于小数"的另一端，还有对"大一统"等传统理念的曲解。近年兴起的"历史政治学"以重新诠解中国古代政治为一大论域，在某些学者的极端表述中，中国历史上的"大一统"几乎已被等同于国土、国家结构乃至相关思想、文化的"大统一"，既是古人追求的最高目标，更被今人赋予终极价值。但无论从哪种角度、哪种理论来看，这都是对历史的歪曲。按汉以来《春秋》学及古人的主流看法，"大一统"固然包括了某些"大统一"的内容，却是以更高层面的政治伦理和治理实践为前提的，即圣王之治及其所代表的政教原则和社会理想，亦即中国古代政治理论和实践一直高度推崇的"王道"，其基本逻辑一言以蔽之即"王道流行而天下一统"。因此，若抽去"王道流行"而强调"天下一统"，若有悖圣王之政教而把"大一统"等同于"大统一"，再来无限拔高这种"大统一"的价值，其谬其劣就远不只是曲解或玷污历史而已了。这也可见深入讨论中国古代政治的概念、范畴，弄清研究的预设和背景理论，已是目前亟待高度关注的问题。

经本次修订，基本上解决了这30多年来读者对本书提出的各种问题，使之得以新的面貌继续接受批评指正，这是令我们至为欣慰和期待的。在此要再次感谢社会科学文献出版社，感谢历史学分社的郑庆寰先生促成了本书新一版，其与徐花女士共同为修订工作付出了心血，他们的编辑大为本书增色，让我们深为感佩。

楼　劲　刘光华

2023 年 12 月

修订本序言

上世纪八十年代，关于我国古代官制等典章制度的研究，基本上还置身于史界倾力关注的历史进程之外。时人惯以研治制度为史学的钥匙，将之看作史家考索历史奥秘的一项工具，似乎其自身园内无甚宝藏，而别家堂室开尽花锦。但无论是社会还是史界，二十多年来的实践和理论尤其表明：制度发展不仅是历史发展的有机部分，而且经常是历史发展的中心环节。这才从根本上解释了制度之作在中国史著述中比重不断上升的事实，说明了制度史重新被纳入整个历史进程来加以认识的原因。

意识到制度、政治到学术、思想的联动关系，不失为我国制度史研究不断突破旧式传统而进化发展的关键背景。现在的问题发生在突破之后，毕竟学术需要沉潜和积累，飞跃尤须基础和支点。这二十多年中，制度史研究之所以能逐渐成为我国史学最富成果和潜力的一翼，是与众多新老学者持续实证和共同推进的下列观念和方法分不开的：

一、制度史不是掌故学，制度发生和发展的历史，凝聚着影响或足以改变社会历史进程的内涵。

二、制度的真态存在于法令规定与实施状况之间，不投入施用的法令规定只是一纸空文而非制度。

三、制度的形态和效能，取决于制度各要素、制度局部与整体、各种制度及其与制度氛围之间的关系。

四、制度并不外在于人而存在，制度运作的主体和对象极大地影响着制度的态势。

五、制度的发展是其纵向沿革和横向运行状态的统一体，制度的建立、调整和运行、变异一起构成了旧制的扬弃过程。

六、制度的发展和运作过程，交织着行政规律的客观要求和扭曲这种要求的自发倾向。

七、制度在具体历史条件下适应和处理实际历史问题，又被具体的历史过程决定其兴衰存亡。

八、制度研究重视形式甚于内容，各种形式的发生和发展在制度史中具有特殊重要的地位。

九、制度既源出又规范着人们的行为定式或习惯，这种定式或习惯乃是制度与社会经济基础及其他社会条件的关系纽结。

十、制度有其政治、社会和理论支点，对之的探讨使制度研究同时也是对整个社会历史进程的研究。

本书即可视为上述观念和方法，在我国古代官制或行政制度研究领域逐渐萌生并拓展的一个见证。对于该领域来说，从文献学意义上的官制研究，到更多地探讨有关制度发生和发展的历史内涵，乃是这二十多年大多数研究者共同经历的一种转折。正是这样的历程，使官制研究不断超越了其外在于史学的工具属性，使之得以在更为广阔和深入的研究中，汲取多个学科的营养而迅速发展，从而进入其理论和方法的筑基阶段。而本书初版不同于以往研究的种种特点，其对我国古代官僚管理制度的认识，及其着力凸显制度动态和官制内外部关系纽结的展开体例和论证方式，便是我们对当时该领域这个转折和筑基过程的回应。

倏忽二十年过去，时势与研究都已长足发展。沉舟侧畔，病树前头，新帆春树竞发，往昔的独断已成今天的共识，本书亦已到了修订再版之时。不消说，修订可以是一项浩大的工程，甚至可以是一个重写过程。相信对任何一个作者来说，随着研究和认识的进展，能有机会修正其著述的缺失，充实有关内容和看法，使之以一种满意的状态面世，都是一项激动人心的工作。我们也确曾为此做过准备：补足以往编成的 1900 年以来中国政治制度史论著索引，整理资料长编上陆续积累的批注和按语，特别是适应从稿纸作业到键盘写作的变化，在电脑上录入一个新的工作底本。事实上，作者在 2006 年底递交给中华书局的第一个修订方案，就是按扩展充实的路向来设计的。但反复商量后，我们最终还是决定保留本书初版的基本框架，而以删正内容和调整文句为中心，来解决其中业已呈现的主要问题。

这样选择的理由，不仅是因为在有关专题和断代论著纷纷面世的今天，一部相对系统和简明的通论性著作已尤其显得必要，也是因为我们认为，官制和制度史研究理论与方法的奠基阶段还谈不上结束，贯注于本书初版的基本认识，至今仍有继续讨论和切磋的必要。倘得读者诸君砭之以药石，刺之以谠言，则非惟作者之大幸，亦为我国古代官制和其他各种制度研究继续深入之一助。

此次本书的修订再版，承蒙中华书局方面诚恳促成，又得力于责任编辑王芳先生对文稿的悉心处理和润色，在此谨表深忱感谢！

作者

二〇〇八年五月

初版序言

本书称作《中国古代文官制度》，纯系袭俗，其实，称之为《中国古代官僚管理制度》更为合适。因为无论在现代英美法德公务员（civil servant, fonctionnaire、governmental employee）的意义上，还是在与武官相对的意义上，以往的天朝似乎都谈不上有一套界限清晰和稳定的文官制度，政务官和事务官、文官和武官及其管理，总是处于反复变换和交叉重合之中。这种状态，给任何想要预先框定严格范围的研究者带来了作茧自缚的危险。

但这并不等于说没有重点。中国古代的官僚集团，的确呈现了以文职官员为主导的发展态势。即使在文、武官界限极为含糊的秦汉，从刘邦喻称诸将为走狗，而喻萧何为猎人的口气中，这种态势的根据也已很原则化了。因此，历代的官僚管理制度，一般都以文职官员为重心，其他如对吏、武官的管理，往往不过是在此之上稍加变通的结果。这大概就是近代以来有关著作常定名为文官制度的缘由。

尽管已有许多论著，传统官僚管理制度的研究仍有不尽如人意的地方。出自专家之手的大量精细成果，常在说明一些最为基本和绝大部分人最可能刨根问底的问题时，十分乏力。这就在很大程度上隔绝了专家与非专家、学科与学科之间的沟通，实质上也封闭了历史与现实的关系。这里当然有范畴转换之类的障碍问题，但更重要的是研究本身的水平。如官僚的选拔，我们通常只是罗列帝国有过的一大堆仕途，再分别笼统地归结。但对官僚选拔体制来说，除非能够切实说明历史时期这些仕途的具体关系、比重及其盛衰消长、分化组合的结构形态，否则其距离比较完整和准确的认识，显然还极遥远。而要说明这一切，又非得把问题放到整套官僚政治和社会发展的层面上来探讨不可。既然大一统集权帝国的仕途从来也不是一盘散沙，要实事求是地道出其然和所以然，舍此便别无他计。

由之出发，那就必须承认，我们以往做过的许多工作，在一些真正重要的地方是显得太过薄弱了。事实上，官僚选拔制度的研究相对而言还是比较好的，其他方面的情况更严重。像官僚的任用，近代以来虽有过不下四十种论著介绍了历代的铨注和任免，但从专制主义政体下任用制度实为行政组织法，从古代铨注的特定分层和分类体现了不同时期的权力分配结构，从任用过程所蕴含的权力分配方式和行政更新机制这些题中应有之义来衡量，还存在着大块的空白。另外如考核和监察、等级和俸禄等领域中，现状同样令人不安。对之无疑需要加以检讨。长期以来，我们早已习惯了那种就事论事式的静态的孤立化的研究，这在对付大量本来就零零碎碎的问题时尚能游刃有余，但如果要对付的不只是一些沉寂的掌故名物，而是仅在多种复杂关系和不停运动中才呈现出生命的制度时，就难免把活生生的东西做成死学问。尤其是在对付我国古代专制主义、中央集权、官僚政治三位一体前提下的制度时，如此做法就更加南辕北辙了。事情很清楚，对象的特征内在地决定了研究的方法。一个具有高度系统性的对象，本身就排除了企图机械截取某个部分单独或逐个叠加来说明问题的必要性和合理性。在这里，研究中不具系统的眼光，就必然无法深入，也就难以始终把事情放到它的本来位置上去认识。

做如是考虑时，实际上也就触及了中国古代官僚管理制度的一个根本问题。一旦视野从某个狭窄的圈子中跳出来，天朝的官僚管理，不仅在一般意义上作为人事行政而从属于行政制度，而且还由于源远流长的人治传统，而在整套专制集权政体中占着特殊重要的地位，并内在地贯穿到了该政体的基本运行过程中。反过来，帝国政体的那种根深蒂固的一元化集权倾向，也理所当然地成了整套官僚管理制度的灵魂，因而也极其深刻地影响着这种管理的全部发展历程。一部比较成熟的中国古代官僚管理制度史，需要尽可能用某种基本的脉络来串接，其关键恐怕正在于如何把握好这种关系。而必要的历史总结和反省离开了这种关系，也不过是徒逞口舌之争。

从战国秦汉到明清，官僚管理制度在总体上渐趋发达和精致。这一点很容易使那些刚开始接触有关制度，尤其是刚开始接触中国的人们着迷，甚至不吝以"民主性"之类的字眼为之加冕。但从发展的角度来看，古代官僚管理制度的不断严密，与其归之为社会公共事务增多和分工发展的结果，倒不如更直接地理解为专制统治愈益过度或无谓地分割官僚权任，同时又要保证一种更为集中的一元化控制秩序的产物。或者更准确地说，专制集权统治总是以过于细碎的权力切割和更形繁复的掣肘游戏，扭曲和超越了社会发展对制度提出的改良要求。由之便再三加重了官僚权、责的模糊及其可能引起的全部官场病。这样一种富于个性的势头，不仅使整套制度的效能无法随其不断严密而递增，也从根本上断送了那些局部或技术性合理措施的价值和命运。这就解释了我国的近代化过程始终无法将之嫁接到共和政体上，及其在近代与帝制同归于尽的很大一部分原因。

以上是我们 1989 年春进入本书写作时考虑的一些基本问题。至于到底贯彻得如何，是否切实和无滞无碍地做到了上面谈到的系统、深入和一以贯之，说真的，到1991年底书稿修改完后我们仍不乐观，但的确一直是想这么做的。

制度史研究是一门被公认为需要步步为营的学问，却又最忌胶刻，否则就抽掉了制度的魂魄。这就非在材料和观点间来回反复不可。从一开始整理专题资料和论著索引，到写一份完全按朝代排列的初稿，再糅合起来重新拟纲写成本书，我们算是尝尽了其中的滋味。即使有关问题看起来已有把握简化，也容易驾驭，具体表述和安排时仍有大量障碍。古人所谓持笔终日，不落一字，难大概就难在这里。本书有些章节的详略和范畴文字的推敲，最终仍令我们犹豫不已，大半正由此所致。说到底，还是吃得不够透。但在目前，我们除保证其中一字一句皆对得起自己的学术良心，因而也可以对之负完全责任外，相关的遗憾，恐怕只好在接受读者的批评中来补偿了。

为保证文气的流畅，本书正文尽量不引原文，证据和有关说明都移到了注中。为在四十万字的篇幅中完成任务，凡须复述大段文献记载之处，尽可能用图表显示。而具体展开分析时，为了用较少字数即给人以制度的动态印象，原则上着重通过秦汉、隋唐、明清三个典型时期，来较充分地阐述其横向运行，又主要以魏晋南北朝和宋元时期来稍微跳跃地论其纵向发展。必须指出，本书从体例到内容文字，都充分借鉴了学界以往的成果，遗憾的是我们无法在书中一一称引所有影响和帮助过本书写作的先生们；责任编辑陈泽奎、杨马胜曾与我们一起切磋，交流研究心得，提供了许多卓识；在此谨一并致以深忱的感谢和敬意。

最后还须说明的是，作者间是师生关系，因而本书的写作实际上也是一个教学过程。教学相长，在多少次共同的讨论和具体分工中，彼此都为本书作出了无法相互取代的贡献。而在最后署名时把做学生的名字放到老师前面，则出于为师的奖掖，并不能用时下常用的那种第一和第二作者的套套来衡量双方工作的多少。显然，署名或难免有顺序，但愉快和真正的合作，却根本无法用排名先后来表达，因而我们对这种顺序先后都看得很轻，但愿读者也是如此。

作者

1991 年 12 月

于兰州大学

目　录

引　论

官僚和官僚制度

官僚和官僚制度都是特定历史条件的产物，这两个范畴比人们通常理解的要狭窄。

中国古籍里很早就有官僚一词，如《国语·鲁语下》载："今吾子之教官僚，曰'陷而后恭'，道将何为？"[①] 一般认为，官僚即担任国家公职的人员，但这远不是一个准确的定义。中外历史及现代民族志调查已经表明，早期国家无非是原始部族秩序蜕变的结果。早期所谓公职人员，一般都难以保持一种稳定和独立的形态。当第一批部族首领转变为国家统治者时，在很长时期中，他们往往只在此时此地担任公职，而在大多数场合，则可能是一个通晓天地间之事的巫觋，是熟谙制陶工艺的匠人及引水耕耘的一把好手，或者是一个骁勇的猎手和机智的渔人。[②]

---

① 徐元诰：《国语集解》（修订本），中华书局，2002，第 206 页。

② 路易斯·H. 莫尔根：《古代社会》第二编《政府观念的发展》，杨东莼、张栗原、冯汉骥译，生活·读书·新知三联书店，1957，第 132~166 页；詹姆斯·乔治·弗雷泽：《金枝：巫术与宗教之研究》，徐育新、汪培基、张泽石译，大众文艺出版社，1998，第 16~18、128~139 页。

官、民相对，早期国家如希腊城邦国家中，部族会议仍在发挥强劲作用。① 当部族全体成员决定是否出征邻族或放逐一个首领时，他们不仅切实而认真地履行着自己的职务，实际上也的确担任着一项明确的公职。与值得憧憬的过去相比，使他们发出感慨的，无非是现在这种会议越来越少并被架空，首领们通常也比过去更为跋扈和更起决定作用了而已。显然，当原始部族蜕变为国家时，大量经常性事务在原来的部族组织架构中都已处理完毕，只有那些为原先共同体躯壳无法包容的事务，才需要由刚刚出现的具有强制性质的公共权力，也就是由具有新面目的统治机器来加以处理和贯彻。② 不可否认，凡在这种需要强制性公共权力干预的领域还较小较稀，这种权力的行使还带有浓厚原始遗风的阶段，所谓国家公职人员，是难以也不可能以一种稳定而独立的形态出现的。换言之，如果说官僚是担负国家公职的人员，那么，在国家出现以后很长时期内，这类人员实际上一直保持着"非官非民""亦官亦民"的状态。此时其管理制度，如果可以称为官僚制度的话，自然也不可能是独立和系统的。因此，官僚的出现，总是与社会分工的不断发展，国家公务和其他社会事务呈现清晰界限，从而终于可以将之区分为二的状态相关联。正其如此，所谓官僚，也就必须是那种稳定而经常性地担负国家公职的人员。在逻辑和历史两方面，这都是官僚出现的基本社会条件和官僚的基本内涵。

再来看一个习见的事实。古代的君主、皇帝之类，尽管也担负着国家公职，却显然不能将之纳入官僚的行列。即便是封土制下的

① 顾准：《希腊城邦制度》，中国社会科学出版社，1982，第8~24页；乔治·萨拜因著，托马斯·索尔林修订《政治学说史：城邦与世界社会》（第四版），邓正来译，上海人民出版社，2015，第39~64页。

② 恩格斯在《家庭、私有制和国家的起源》中指出，国家是"靠部分地改造氏族制度的机关，部分地用设置新机关来排挤掉它们，并且最后完全以真正的国家机关来取代它们而发展起来"。《马克思恩格斯文集》第四卷，人民出版社，2009，第126页。参见爱德华·B. 泰勒《人类学：人及其文化研究》，连树声译，广西师范大学出版社，2004，第401~413页。

各级贵族，只有在某种特定场合和意义上，亦即当他们在上级诸侯或天子身边从事某种具体公职时，我们才可名之为天子或某国的官僚。但在他们自己的封土之内，其显然就是封主或君主。这个事实后面蕴含着一个界定官僚的基本原理：只有那些在主权者之下行使具体管理职能的人员才是官僚。因而官僚的产生及其本质特征，又是与统治权的分化状态连在一起的。①

在早期国家中，原来的部族结构虽已部分蜕变为强制性公共权力，但原始秩序混沌未凿的状态却未有根本的改变，各种经济、政治、军事、宗教、文化的支配和管理，通常都浑然一体。政治权力结构在宏观和微观上，都呈现出大大小小的"君主"松散地臣服于一个最高君主的画面，中国的三代分封时期即其典型。而伯罗奔尼撒战争前后的希腊半岛上，各城邦国家分别臣属于雅典或斯巴达的状态，同样呈现了这样一种场景。② 引人注目的是，即便不是早期国家，如西欧在野蛮人侵入罗马帝国后建立起来的封建秩序中，这一点同样如此。③ 看来，当统治与具体治理、政治与行政尚未分化，主权与管理权浑然一体，凡在那些众建诸侯，以内、外部分封和政治、经济、军事、宗教、文化等领域的支配和管理高度一体化为基本统治秩序的国度里，所谓国家公职人员，一般都难以摆脱"亦君亦臣""非君非臣"的性质。而此时此地，即或出现了行使某种具体管理职能的官僚，恐怕也不过是少量和非常态现象，是不占主导地位的存在，也就不可能有专门对之进行人事管理的制度。

---

① 约翰·洛克：《政府论（下篇）——论政府的真正起源、范围和目的》，叶启芳、瞿菊农译，商务印书馆，1964，第89~98页；弗兰克·J. 古德诺：《政治与行政》，王元译，华夏出版社，1987，第52~70页。

② 修昔底德：《伯罗奔尼撒战争史》，谢德风译，商务印书馆，1960，第106~111页。

③ 贾恩弗兰科·波齐：《近代国家的发展——社会学导论》，沈汉译，商务印书馆，1997，第21~39页；爱德华·甄克斯：《中世纪的法律与政治》，屈文生、任海涛译，中国政法大学出版社，2010，第49~69页。

　　由此可见，所谓官僚不仅是社会分工发展，国家公务和其他社会事务分工明确化的结果，同时也是在此基础上社会政治领域的诸多事态发生分化，政治主权与具体管理权得到明确区分的产物。官僚的特征，不仅在于其经常性地担负国家公职，还在于其稳定担负的仅仅是那些行使具体管理职能的公职。① 官僚并不是政治主权的所有者，而只是具体的管理者，这应当是官僚的本质特征。

　　因此，只有在特定社会条件下，当主权者有可能在不改变主权性质，亦即不改变最高统治者的实际统治状态的前提下，把统治过程的各项具体管理职能经常和稳定地分配给一部分人行使时，官僚才会出现并呈现某种集团或阶层式的存在。而官僚制度，在其本来意义上，一方面指的是这种主权与管理权相对分离并由主权支配着管理权的状态；另一方面它又指主权者为保障和贯彻这种状态所制定的，从官僚选用到罢免的一系列人事管理制度。后者以前者为前提，前者又借后者而体现。官僚制度的这两个含义是相互渗透和相辅相成的，其实质是组建特定政体结构的重要机制和这种政体的核心内容之一。

　　正其如此，早期官僚制度通常都与专制集权体制有着不解之缘。这是因为国家公务与其他社会事务的分工，以及政治领域内主权与管理权的分化，一般都以集权政体为其早期的成熟形态和标志。② 质言之，在原始民主政体业已崩溃，而近代民主政体条件尚未成熟之际，由上述两个分化导致的权力分配和再分配过程，不能不是自上而下推进的。因此，业已与社会经济、血缘、宗教、文化等多种权力相对分离的统治过程，也不能不以最高统治权与各种具体事务的处理权、主权和管理权的

---

　　① 托马斯·霍布斯：《利维坦》，黎思复、黎廷弼译，商务印书馆，1996，第186~191页。

　　② S. N. 艾森斯塔得：《帝国的政治体系》，阎步克译，贵州人民出版社，1992，第15~34页。

相对分离为核心，构成自上而下逐层集权的秩序和政体结构。① 从这个角度来看，集权政体和官僚制度实际是在同样前提下诞生的一对孪生兄弟。正因为如此，早期的官僚制度在围绕官僚选用、考核、等级、待遇等一系列内容构成其具体形态时，大体都具有下列三个特点：

第一，官僚制度渗透着层级节制的权力关系，其整套制度的推进展开，无不体现了这种关系。

第二，官僚制度意味着一定的职能分工关系，由此而把各种公职组合为履行某些政权职能的统一体系。

第三，官僚制度保障着主权者的统治过程和对各类行政管理职能的控制，其基本内容通常都以强制性规范即法令的形式表现出来，以之为调节官僚权力、责任和官僚管理过程的基本依据。②

尽管具有这样的共性，官僚制度的建立和发展历程在东、西方仍相当不同。在西欧，官僚制度虽在罗马帝国时期业已发生、发展，但当蛮族从东方绵亘的大草原上奔腾而至，日耳曼人的原始结构与腐朽的罗马奴隶制度融合，产生了运行长达一千余年的欧洲封建制度。如著名的征服者威廉几乎把整个英国都瓜分给了自己的部属，而那些受封据土的贵族，之后再加上僧侣，则往往在一夜之间，便使一块"国土"变成了一个罗马总督连做梦都在觊觎的私产，并像一个十足的君王那样，继续把自己的土地逐层赐予自己的附庸，以便使他们与自己一样，在各自的"土围子"中，实行那套集政治、经济、军事等权力于一体的统治。③

---

① 贾恩弗兰科·波齐：《近代国家的发展——社会学导论》，第75~77页。参见马克垚《古代专制制度考察》，北京大学出版社，2017，第43~45页。

② 参见马克斯·韦伯《经济与社会》，约翰内斯·温克尔曼整理，林荣远译，商务印书馆，1997，第242~251、278~324页；戴维·毕瑟姆《官僚制》（第二版），韩志明、张毅译，吉林人民出版社，2005，导言，第1~7页。

③ 马克斯·韦伯：《经济与社会》，第396~444页；塞缪尔·E.芬纳：《统治史》卷二《中世纪的帝国统治和代议制的兴起——从拜占庭到威尼斯》，王震译，华东师范大学出版社，2014，第305~361页；乌维·维瑟尔：《欧洲法律史：从古希腊到〈里斯本条约〉》，刘国良译，中央编译出版社，2016，第188~237页。

在这种政治体制的巨大更替中，官僚制度已与曾经如此辉煌的罗马古城一起被摧毁，只留下了些许断柱残垣在地中海落日的残照中萧瑟。大体要到 13 世纪前后的文艺复兴以后，欧洲各民族国家及其集权体制在市民和君主携手之下相继建立，官僚制度才重新发展起来，并在近代化过程中迅速淘汰、派生和筛选出了像英国的 civil servant 和法国的 fonctionnaire 那样的现代文官和文官制度。① 如果从普鲁士腓特烈大帝（1740~1782 年在位）重建官僚制度，以图恢复罗马帝国的光荣梦想算起，这一发展过程至今也不过 200 多年历史。

东方的官僚制度史极其悠久。按马克斯·韦伯之见，古代中国与古埃及一样，在水利、建筑等领域早在西周以前就已有了官僚制度，并直接影响了春秋战国发展起来的"科层官僚制"之发展轨迹。② 韦伯对中国古代官僚制的评价，一方面认为其在不少方面抑制了专业分工和技术理性，使之难以"变成现代的官僚体制"；另一方面又认为其"在形式上是特别现代的、和平的和官僚体制化的社会最完美的代表"。③ 这些论断自有旨趣，所揭中国古代官僚制度所以未能演进至现代的特点确能引人深思。时至今日，学界公认公元前 5 世纪前后，周朝的宗法分封制崩溃之际，集权体制业已在各重要诸侯国中，在一个习惯上以"卿大夫"阶层为核心的新兴贵族的努力下臻于完成，官

---

① A. 劳伦斯·罗威尔：《英国政府——中央政府之部》，秋水译，上海人民出版社，1959，第 135~162 页。参见约翰·格林伍德、戴维·威尔逊《英国行政管理》，汪淑钧译，商务印书馆，1991，第 99~120 页；田培炎《公务员制度的理论与实践》，中国社会科学出版社，1993，第 32~51 页。

② 马克斯·韦伯在《儒教与道教》一书中认为，古埃及和中国古代"水利与建筑的官僚制的非常久远的历史是不容怀疑的。这种官僚制的存在从一开始就控制着战国时代的封建性质并将儒士阶层的思维——我们以后将会看到——再纳入管理技术与功利主义的科层官僚制的轨道"。王容芬译，商务印书馆，1995，第 87 页。

③ 马克斯·韦伯：《经济与社会》，第 371~374 页。弗朗西斯·福山在《政治秩序的起源：从前人类时代到法国大革命》一书中指出，"依马克斯·韦伯的标准，中国出现的国家比其他任何一个更为现代。中国人建立了统一和多层次的官僚行政机构，这是在希腊或罗马从未发生的"。毛俊杰译，广西师范大学出版社，2014，第 88 页。

僚制度从此也已初步确立。再经公元前 3 世纪末叶秦始皇创建大一统集权新王朝时的整合，自此就一直保持了连续不断的发展脉络。在这漫长的历程中，官僚制度与专制集权体制一起不断完善起来，其中某些最为精致的内容，如科举制和文官政治等，总是被那些欧洲人称赏不已，留下了半是事实而半出想象的美好描述。[①] 但即便如此，也许正是因为韦伯所述发展总背景和具体进程上的差异，中国传统官僚制度却始终未能像欧洲官僚制度那样实现飞跃。即使在世变之亟的近代，它也还是像这块古老土地上的士大夫一样，踱着温雅方正的步子，难以跨进现代文明的门槛，日益成为整个社会现代化进程的沉重包袱。这种悲剧化的历史命运，适与晚起的西方文官制度形成了鲜明对照，从而给今人留下了一个又一个值得研究的课题。

要之，中外古代官僚制度固然都是特定社会分工及集权政体的产物和表现，但导致这种社会分工和集权政体的基础，及官僚制度本身的发展形态却往往有着极大差别。13 世纪以后，欧洲各民族国家政治统治权与地权、教权的分离，明显带有被市民社会催化的性质。从那些渡口和集镇上独立发展起来的城市及其市民阶层，是一股从中世纪传统中产生又与中世纪格格不入的社会力量。当时欧洲各国的集权政体和官僚制度，正是他们针对传统僧侣和贵族城堡，与专制君主结成短暂联盟的结果。故这一联盟从产生伊始，就已预示了深刻矛盾和进

---

① 如利玛窦、金尼阁《利玛窦中国札记》第一卷第六章有云："标志着与西方一大差别而值得注意的另一重大事实是，他们全国都是由知识阶层，即一般叫做哲学家的人来治理的，井然有序地管理整个国家的责任完全交付给他们来掌握。"何高济、王遵仲、李申译，中华书局，2010，第 59 页。莱芒·道逊《中华帝国的文明》第二章提到西方的文官体制"摹仿的正是中国模式"，并盛赞科举制说："虽然人人平等的目标远远不曾达到，不过同近代以前的各国相比较，中国确实在这个方向上走得比较远……全国性的基础教育制度建立起来了，这个制度确实为所有地位最卑微的人提供了跻身高官之列的罗曼蒂克可能性，这种事不乏其例。"金星男译，上海古籍出版社，1994，第 46～48 页。另，夏瑞春编《德国思想家论中国》收录莱布尼茨和赫尔德等人所述的中国印象，大略也是如此。陈爱政等译，江苏人民出版社，1989，第 5、83～84 页。

一步向资本主义转化的趋势。① 而春秋战国之际开始确立的中国古代集权政体及其官僚制度，却是在农耕经济格局下，生产能力大为提升，生产方式有所改变，社会流动和地权转移不断加快的产物。中国的新兴地主阶级，尽管在当时社会大变动中体现了某种与宗法贵族不同的特点，并且适应社会形态转折发展的大势，拥戴或组建了因社会流动和地权转移加速而须集中行使的政治统治权，却始终都是农耕宗法传统的忠实代表。即便是在他们对旧制表现出较多异端的早期发展中，也已是"天不变道亦不变"逻辑的坚定信奉者了。

显然，把中国集权体制与官僚制度借以形成的社会条件，与处于近代化前夜的欧洲各国相比，其差距真不可以道里相计。事实表明，由中国早期地主阶级创立的集权官僚体制，揭开的是一个长达两千多年的大一统专制统治秩序的新纪元。在这里，时代和社会不断变迁，朝代更替相当频繁，制度的演进亦多曲折，新的舞台、脚本、角色所演出的，却一直都是专制皇权统治层出不穷的大戏，也为后人提供了黑暗、光明与灰色多个谱系的成败得失。迨至近代，少数志士仁人一力掀起救亡和启蒙的双重变奏，艰苦卓绝地开新推进包括文官制度在内的诸多历史进程，但舞台、背景虽有所变而根基未动，其蹒跚而沉滞的脚步，难道不正在人们意料之中吗？② 时至今日，当我们渴望从西方和自己的传统中获取营养，以帮助完成改造社会，实现现代化的伟大目标时，当我们依据西方文官制度的示例，再加上自己浩瀚文献中的经验教训，从事现代公务员制度建设时，却总是发现其中所谓的精华，并不像化学物质那样可提纯萃

---

① 威廉·邓宁：《政治学说史》（修订版），谢义伟译，吉林出版集团有限责任公司，2015，第132~146页；费里德利希·冯·哈耶克：《自由秩序原理》，邓正来译，生活·读书·新知三联书店，1997，第203~220页。

② 李泽厚：《中国近代思想史论》，人民出版社，第475~480页；陈旭麓：《近代中国社会的新陈代谢》，上海人民出版社，1992，第166~182页。

取，所谓糟粕也总是让人欲罢不能。这正表明任何制度的共性、个性和正反是非，都来自特定社会基础和社会实践，如果一个民族不能走出简单模仿阶段，进入实事求是的创造之境，其构塑的便永远只能是拙劣的赝品。而能够通盘总结、思考古今中外成例，更有勇气切实改造自身，则是这个民族走向成功的必由之途。

第一章

中国古代官僚制度的建立

公元前5世纪以来大体保持着连续不断发展形态的中国古代官僚制度，确实是世界史中一个引人注目的独特现象。中外学者对其建立及其所以如此的社会条件，都表现了极大的兴趣，提出过多种假设和命题，试图由此揭示其独特性之源。毫无疑问，这些也是本书首先面临的问题。以下即拟一方面历史地认识古代官僚制度发生、建立的具体过程，另一方面也借此揭示其存在和发展的社会基础。

第一节　对三代官僚萌芽状态的推想

当特定社会分工包括政治领域的分工基本明确时，官僚及官僚制度便随之产生。正如其他社会领域一样，在这里并无一条截然的界限，尤其不能排除上述分工清晰化前，就已存在着官僚和官僚制度的某种苗头。在古代中国，大约公元前17世纪至前8世纪的殷周统治体制中，就已包含了这样的历史内容。但那毕竟是十分遥远的时代了，殷商的文献典册，连孔子这位春秋时期的商人后裔也感慨其缺佚难征了，西周的资料相对较多，但官制方面比较靠得住的仍很有限。大体说来，除甲骨文、金文等提供了多有疑义争执的若干片段外，主要就是《尚书》《诗经》《左传》《周礼》《史记》等文献所记及留下的后人回忆。因此，对三代时期并不稳定也无独立存在形态的官僚制苗头，在此只能做些推想式的追溯。

一　早期国家统治秩序的建立和公职的产生

商和周是两个分别起源于中国东部和西部的古老部族。① 据《史记》所载，两者在以尧、舜为领袖的唐、虞联盟时期，就已是其重要成员，并与明确的地域联系在一起。此后，商族和周族都曾臣服于一个以夏族为核心的政治联盟，在商汤灭夏和武王伐纣的朝代更替以后，又先后在同样性质的联盟中起过核心作用。② 拨开这类传说与史实交织在一起的迷雾，所谓夏、商、周朝，实质都是以某个地区的主导部族为核心，由其他地区的若干个部族组成的政治联盟。这种联盟与原始末期部落联盟的最大区别，无非是原来支配其内、外部秩序的血缘和军事民主制关系，蜕变成了一种带有强制性质的政治关系。无论是将之看作酋邦，还是视为方国之联盟，这都是中国国家形成道路的核心内容。③

---

① 族源上商属东夷，周属夏人。参见傅斯年《夷夏东西说》，欧阳哲生编《傅斯年文集》第三卷，中华书局，2017，第186~240页。其后蒙文通提出江汉、河洛、海岱为上古三大族系，杨宽主张华北东、西部及南方地区三系说，徐旭生以华夏、东夷、苗蛮为"古代部族三集团"，三者皆在传说基础上论上古族群，以此解释三皇五帝至三代历史。见蒙文通《古史甄微》，蒙默编《蒙文通全集》第三册，巴蜀书社，2015，第3~124页；杨宽《中国上古史导论》，吕思勉、童书业编著《古史辨》第七册，上海古籍出版社，1982，第65~421页；徐旭生《中国古代的传说时代》，广西师范大学出版社，2003，第42~147页。

② 《史记》卷三《殷本纪》、卷四《周本纪》，中华书局，1982，第91~171页。

③ 埃尔曼·塞维斯：《国家与文明的起源——文化演进的过程》第一编，龚辛等译，上海古籍出版社，2019，前言，第3~19页；易建平《部落联盟与酋邦——民主·专制·国家：起源问题比较研究》，社会科学文献出版社，2004，第443~468页；林沄《中国考古学中"古国""方国""王国"的理论与方法问题》，《中原文化研究》2016年第2期。

因此，夏、商、周三代的基本政治结构，在宏观上都是从部落联盟、部落、氏族等原始时期所自然形成的组织序列中蜕变而来的；在微观上，其内部的控制，也不外是各共同体原始管理秩序发生转折的产物。在此过程中，中国早期国家的第一批公职人员，似乎是通过两种方式产生的。一是通过分封，从天子到诸侯，构成了形形色色的封主，各自统治与一块确定地域联系在一起的大大小小的共同体。这些封主通过封赐和受封的方式，承担了特定统治权力和责任，从而成为国家公职人员。一是由于一人无法独自为治，从天子到诸侯的各级封主往往又须以某种任命，组织一些人帮助自己处理公务，这就形成了另一类公职人员。①

但前一种方式，封赐和受封，最早只是给某些显贵家族世有其土的现状，打上了国家这一新事物的烙印，天子和诸侯通过这一方式明确了他们共享和瓜分全国统治权的既定事实。因而除少数例外，当时的分封是天子几乎一次性把特定区域的所有权和管理权都授予了诸侯，听任他们按自己的习惯——或兄终弟及，或父死子继——世世代代拥有和行使这些权力。而朝觐、述职、助祭、征发之类，与其说是夏、商、周核心地区的统治部族常有能力压服反叛诸侯的体现，倒不如说是基于某种共同生存方式而特具需要和凝聚力的结果。他们正是借此把自己与蛮、夷、戎、狄区分开来，从而显示其高自标举的整体性。从文献记载常以诸侯叛之或归之作为衡量各代治乱兴衰的标志来看，② 朝

---

① 《尚书·皋陶谟》载皋陶与大禹论治国之道曰："日宣三德，夙夜浚明有家；日严祗敬六德，亮采有邦。翕受敷施，九德咸事，俊乂在官。百僚师师，百工惟时，抚于五辰，庶绩其凝。"其中"有家""有邦"皆指大小诸侯封君；"俊乂在官"即指"百僚""百工"，亦即大小官僚。又《尚书·盘庚》下篇："呜呼！邦伯师长百执事之人，尚皆隐哉！"其"邦伯"指封君诸侯，"师长"指诸大臣长官，"百执事"指处理各类具体事务之官。阮元校刻《十三经注疏》，中华书局，1980，第138~139、172页。

② 《史记》卷三《殷本纪》："帝小甲崩，弟雍己立，是为帝雍己。殷道衰，诸侯或不至……帝太戊立，伊陟为相……殷复兴，诸侯归之，故称中宗……自中丁以来，废嫡而更立诸弟子，弟子或争相代立，比九世乱，于是诸侯莫朝。帝阳甲崩，弟盘庚立……行汤之政，然后百姓由宁，殷道复兴，诸侯来朝，以其遵成汤之德也。"第99~102页。《夏本纪》与《周本纪》亦有类似记载。

觐、述职之类，在当时实在只是天子与诸侯间一些不太靠得住的纽带，征发则应限于特定主从关系和场合。由此看来，这类公职离官僚还有着遥远距离，因为从天子到诸侯所管辖的区域，很大程度上也是他们的私产。后来有两句著名的话说明了这一状态："溥天之下，莫非王土，率土之滨，莫非王臣"；"封略之内，何非君土，食土之毛，谁非君臣"。①

在这样的政治秩序中，通过另一种方式产生，帮助天子或诸侯处理公务的人们，其处理之务自然大都限于畿内或都内，即经过各种封赐后保留下来的天子或诸侯本族之事或他们的家务。不难想象，如果当时确实存在着某些全国性的事务，那也会由他们来兼任。这种合家务与国务于一体的状态，在官僚制度确立以后的部分官僚如秦汉的诸卿那里，还可以看到。在后世的回忆和文献记载中，这种与处理具体事务相连的公职，在尧舜时期便已通过司空、司徒等官名表现出来了。但在传统共同体职能尚很显著时，大量事务在各共同体内部已可处理完毕，畿内或某些全国性公共事务即便已经出现，也往往是临时性的。因此，与以封主形式出现的公职相比，这类公职通常都不稳定，基本上都随人、随事、随时而设，是由天子或诸侯随机任用的。

传说中一个著名的例子是尧对鲧的任命。当滔天洪水袭来时，设立有关治水的公职显然成了必要，尧便与四岳即诸侯长老商量以鲧为治水人选是否合适。结论是"试不可用而已"，② 意即先由鲧干着，不行再说。鲧用堵塞的方法治水九年而失败，被代尧出巡的舜杀掉。继而舜又向尧推荐了鲧的儿子禹来继承其父的未竟之业。③ 这个频频被后人引据的传说，恰好暗示了这样的一个传统：这种以职能事类区分的公职，一方面是由天子或诸侯随机设立和随时任用的，另一方面，担任这类公职的，却也总是一批特定贵族，而且往往是世有其土

---

① 《诗经·小雅·北山》、《左传》昭公七年，《十三经注疏》，第463、2047页。
② 《史记》卷一《五帝本纪》，第20页。
③ 《史记》卷二《夏本纪》，第50~51页。

的贵族。在记载中，经常可以看到某些诸侯在王畿里担任官职。殷纣王就曾以西伯、鄂侯和九侯担任自己的三公。① 即使是一些平民和家奴，一旦担任某项重要公职，也总会被封赐世袭的土地，跻身于贵族之列。② 这样看来，三代时期的两类公职，实际上总是重合在同一阶层上，他们都有全权统治某一特定区域的世袭权力，同时也可能受任帮助天子或诸侯，处理其家内、畿内、都内或全国性的事务。

在这种一身二任之态没有根本改变的前提下，只有后一类官职才有可能蕴育官僚的某些苗头，而难出现仅仅行使具体管理职能的官僚。况且，像夏商时期世序天地的重黎氏那样，少量畿内或全国性公务一旦稳定下来，通常都会遵循原始末期以来的习惯，而被某些在经验上或地位上占有优势的家族所垄断。③ 从殷商时期沟通天人的卜、祝、巫、史的情况来看，这类公职的履行过程往往相当独立，甚至连天子也难以干预。④ 应当说，三代公职人员的上述种种，正是等级君主或贵族政体的必然结果和典型表现。

二 从西周看早期公职的两面性

就西周而言，逐层分封的结果是产生了天子、诸侯、卿大夫、

① 《史记》卷三《殷本纪》，第 106 页。
② 屈原《离骚》："说操筑于傅岩兮，武丁用而不疑。吕望之鼓刀兮，遭周文而得举。宁戚之讴歌兮，齐桓闻以该辅。"这里是说傅说、姜尚和宁戚出身低微而得殷高宗、周文王、齐桓公重用。朱熹集注《楚辞集注》，李庆甲校点，上海古籍出版社，1979，第 21 页。《史记·殷本纪》不载傅说之事，卷二八《封禅书》中述"帝武丁得傅说为相，殷复兴焉，称高宗"。第 1356 页。
③ 《尚书·尧典》："乃命羲、和，钦若昊天，历象日月星辰，敬授人时。"历代皆以羲氏、和氏为重黎之后，世掌天地四时。《尚书·吕刑》载周穆王述帝颛顼"乃命重黎，绝地天通"。《十三经注疏》，第 119、248 页。《国语·楚语下》述颛顼此事甚详，见徐元诰《国语集解》，第 514~515 页。《史记》卷一三○《太史公自序》述颛顼以来重黎氏世典天地，"在周，程伯休甫其后也。当周宣王时，失其守而为司马氏"。第 3285 页。
④ 《尚书·洪范》为武王灭殷后访箕子以治道，箕子遂述九个方面的大事。其七"稽疑"须"建立卜筮人"，凡王有大疑，须"谋及乃心，谋及卿士，谋及庶人，谋及卜筮"，又尤其以卜筮为决定吉凶的关键因素。《十三经注疏》，第 191 页。

士这类与大大小小领地的世袭统治权联系在一起的贵族等级序列。①
与夏、商时期相比，由于以嫡长子继承为核心的宗法制确立和贯
彻，天子与诸侯、封主与附庸之间的关系已因宗族、亲戚纽带得到
强化，其贵族等级序列也更森严了。随之而来的是，因畿内或全国
性公务增多，帮助天子和大小诸侯处理各种事务的官职亦已增加，
这些官职由各级贵族来担任的情况也进一步明显起来。中国古代
官僚制度的萌芽，正是在这些官职的具体状态，及其与卿士大夫
的错综关系中体现出来的。

　　在晚近的许多著述中，西周俨然已有了一套完备的官职系统，
登峰造极的便是那部著名的《周礼》。但正如大多数追述三代典章
的文献那样，它们都不免把想象与实际夹杂在一起，迄今学界基本
公认《周礼》所述虚实兼有，但对大量具体问题的认识仍难一致。②
这是因为金文及其他一些文献提到的官职名目虽然可靠，却过于琐
碎，论者如不通过一定的联想推理，便难以把这一鳞半爪的联系贯
穿起来。尤其是人们总是有意无意地参照后世制度进行联想和推
理，以致他们笔下的周制不能不杂有后世制度的影子。因此，凡是
全盘追述周制的著述，虽然在具体官职名目上还有一些比较确切的
依据而无太大问题，但是在这些官职的具体属性、状态，包括其相
互联系等方面，却一直都存在着五花八门的歧异。鉴于早期国家机

---

　　①　在春秋战国以来的叙述中，大小诸侯在西周即所谓公侯伯子男五等爵制，其任
职理务又有公、卿、大夫、士之等，两者之间有其关联。郭沫若《中国古代社会研究》
指出"周代彝铭中无五服五等之制"。人民出版社，1954，第234~238页。傅斯年《论
所谓五等爵》一文认为当时封君虽有等级，但如此整齐之五等爵制却是春秋以来擘画润
色的结果。欧阳哲生编《傅斯年文集》第三卷，第20~45页。最新研究如阎步克《层
级化与席位爵——试论东周卿大夫士爵之演生》一文认为，西周时期与分封身份等级匹
配的理务层级是卿士、师尹（或诸尹）、御事（或百执事），至春秋方演变为卿、大夫、
士序列。《北京大学学报》（哲学社会科学版）2021年第4期。
　　②　参见刘起釪《〈周礼〉真伪之争及其书写成的真实依据》，《古史续辨》，中国
社会科学出版社，1991，第619~653页。

器的原始、粗放，以及制度形态上无可克服的认识隔膜，那些过于精细的结论，一般说来都会离实际较远。换言之，由于三代的基本政治秩序刚刚从原始时期蜕变出来，还处于一种笼统而模糊的状态，人们把它描述得越系统、完备、严密，实际上也就越不可信。

这当然不是关上了研究大门，而是让我们在认识过程中采取更为审慎的态度。在此问题上的正确思路，是把西周的各种官职与其所掌具体事务联系考虑。因为只有当某些公务相对稳定下来以后，处理相应事务的官职才有可能出现并且具有较为明确的形态。相传皋陶说"无旷庶官，天工人其代之"，[1] 西晋荀勖说"省吏不如省官，省官不如省事"，[2] 元人则说"官生于职，职沿于事，而名加之"，[3] 都是这个意思。从现有史料来看，西周时期是否已有大量公务分门别类稳定了下来，并已由各种相应的官职去分别处理？当时较为确定的官职是否已在全部官职中占了很大的比重？这些都是值得怀疑的问题。[4] 当时更多的情况似乎是虽有其事，相应设立的官职名目却并不稳定；或曾有其官，而其职事范围却变动无常；甚至往往是有其事而无其官。[5]

三代时期，宗族祭祀活动是相当重要的公务，以宗法制为基本秩序的周朝更是如此。其官制中有关这类事务的官职，理所当然地占有较大比重。在金文和其他文献中可见，天子和诸侯畿内、都内

---

① 《尚书·皋陶谟》，《十三经注疏》，第 139 页。
② 《晋书》卷三九《荀勖传》，中华书局，1974，第 1154 页。
③ 《辽史》卷四五《百官志》序，中华书局，2017 年修订本，第 773 页。
④ 张亚初·刘雨《西周金文官制研究》在"西周铭文分类汇考"中所列官职，最多的如司某事之类仍是动宾结构的差遣，次多的是牧、戍、邑人、庶人、小臣、小子等身份或职业名词，又次是各种官职类名与泛称，如各种史、师、士、宰、尹、正及司土、司工等。除去这些以后，所剩的膳夫等职务性官称数量很少，其职也常名不副实。中华书局，1986，第 1～100 页。这些正是当时各种官职设置与职能并不稳定和明确的反映。
⑤ 《左传》桓公二年载："天子建国，诸侯立家，卿置侧室。"杜注："侧室，众子也，得立此一官。"疏曰："其余诸官，事连于国，临时选用，异姓皆得为之；其侧室一官，必用同族。"《十三经注疏》，第 1744 页。

的这类官职，往往有着形形色色的名称。如与宗族事务相关的，有上宗、太宗、宗伯、宗、宗人等；与典籍记注事务相关的，有作册、太史、内史、史、外史、左史、祭史、筮史等；与卜、祝事务相关的，有卜正、卜尹、太卜、卜、卜士、太祝、祝宗、祝史等。倘按《周礼》所示格局推想，这些官职名目多应同时存在，并且形成某种层级和事类分工的结构关系。但更为合理的解释，则是这些官职名目除一部分如史、卜、宗等是同类官职的省称或通称外，大部分都是事同名异，或是因时期、地域、事类等方面差异而导致的异称。因而这些繁多的名目，恰恰反映了一种随时立名的状态，即在存在大致稳定的宗族祭祀事务基础上，相应官职业已出现，但其具体名目和职掌范围却并未稳定下来。

再来看司徒、司马、司空、司寇等卿士之职。金文和其他文献表明，这类官职曾在天子畿内或诸侯都内及卿大夫采邑中广泛存在过，[①] 并在当时的职官体系中占有重要地位。按战国末年荀子的叙说，司徒知宗族、城郭、立器等事，司马执掌师旅、军械及战马等军事事务，司空负责公共工程，司寇则主刑辟，禁邪止奸。[②] 这种说法与《周礼》所载如出一辙，恐怕只反映了一部分事实。因为从更为直接的材料中可以看到，这些官职所处理的事务范围，是极其广泛和错综复杂的。如司徒，除与宗族封土相关的事务外，周武王讨伐殷纣王时，其曾与司马、司空一起执戈陷阵；[③] 直至春秋时期

---

① 唐兰：《西周青铜器铭文分代史征》卷一下《沬司徒逨簋》，上海古籍出版社，2016，第21、30页。参见李峰《西周的政体：中国早期的官僚制度和国家》，吴敏娜等译，生活·读书·新知三联书店，2010，第76~80页。不过李峰对西周官僚制度包括官僚职能稳定和明确程度的估计，恐怕还是过高了。

② 《荀子·王制第九》述王者序官之法："司徒知百宗、城郭、立器之数，司马知师旅、甲兵、乘白之数……修堤梁，通沟浍，行水潦，安水臧，以时决塞，岁虽凶败水旱，使民有所耕艾，司空之事也……防淫除邪，戮之以五刑，使暴悍以变，奸邪不作，司寇之事也。"王先谦：《荀子集解》，沈啸寰、王星贤点校，中华书局，1988，第166~170页。

③ 《尚书·牧誓》，《十三经注疏》，第183页。

也曾将兵出战，还主持过追禁盗寇，又与司马、司空一起按王命从事锡命典礼。[①] 在金文中，有司徒管理籍田的例子，但也有司空管理籍田的例子。[②] 因此，这类官职的职务范围虽一直是后世官制研究者最为头痛也最感兴趣，因而也是解释得最为曲折的问题之一，实情却很简单：这种职务范围相当模糊的状态，并不是记载缺失或文献参差的结果，而恰恰就是事实。

更何况，在各级贵族的一体化统治之下，诸如土地、人民和纠奸、征伐之类的事务，实际上总是混在一起而难分难解。这些官职的职责范围，很可能从来也没有划分得像荀子设想的那么清晰而明确过。正其如此，这类官职是否同时设立，并已成为一种稳定的建制，都很成问题。从《左传》所载春秋之况来看，同一时期，周天子或诸侯往往只设置这类官职中的一个或几个，司徒、司马、司空、司寇等官互兼其事的情况，是广泛存在着的。[③] 这应当也是当时这类官职所掌范围模糊不清的原因之一。

从另外一个侧面来反映这种状态的，是那些虽有某事，却不甚稳定，因而也并不设立相应官职的例子。铭文和文献中常常可以看到天子命贵族"任某事"，或"司某事"，却没有授予相应官职的情况。春秋早期各国"执政""秉政""当国""听政"的贵族，显然就是后世宰相的直接渊源，但其当时似乎没有固定官名。另外，凡周天子行册命封赐礼时，通常都有人负责导引、赞礼等事，此人似由天子临时指定其上司担

---

① 《左传》襄公十一年春，"季武子将作三军，告叔孙穆子曰：请为三军，各征其军"。季武子为鲁司徒。《左传》襄公二十一年晋栾盈奔楚过周，王"使司徒禁掠栾氏者，归所取焉"。又载昭公四年十二月叔孙卒，杜洩谓季孙须以周王所赐路车随葬，述当年赐路时，"吾子为司徒，实书名。夫子（叔孙）为司马，与工正书服。孟孙为司空，以书勋"。《十三经注疏》，第 1949、1071~1072、2036~2037 页。

② 中国社会科学院考古研究所编《殷周金文集成》（修订增补本）（以下简称《集成》）册二 04255《截殷》、04294《扬殷》，中华书局，2007，第 2477、2640 页。

③ 参见顾栋高辑《春秋大事表》卷一〇《春秋列国官制表》司徒、司马、司空等表。吴树平、李解民点校，中华书局，1993，第 1039~1041、1045~1050、1055~1058 页。

任，在金文中时而由宰、时而由诸侯、时而由公族为之。他们都居于天子之右，学界称为"右"或"傧"者，然在西周却并无明确官名。①

看来，由于公务本身还相当混沌，并未产生较细的分工要求，周代许多官职的设置、命名直至职责范围都处于变动不常之中。一方面，由于当时业已出现大量必须由强制性权力处理的事务，一套相应的公职系统已经出现并粗具轮廓，因而当时常用百工、百辟、百僚、百司等词为之统称或泛称；另一方面，由于这些事务本身的混沌和不稳定，大量官职不能不同时呈现随机性较大的状态。许多官职往往随机设置和变更，有此事方设此官，或此事此时方设此官。

同时，当时还存在着官职随人而变的情况。按由来已久的传统，像师、保、傅这类辅导天子或诸侯的尊贵职位，一般原则是"官不必备，惟其人"，② 是否任命这类官职，要看有没有德高望重的贤者。再者，即便是同一官称，其地位和权力往往也要取决于担负者的具体条件。如太师，周代最早似乎是专为辅佐文、武王的太公吕尚而设立的。③ 但从春秋战国的情况来看，如果不是由地位特高的贵族担任，那么太师也就是辅导太子之官，甚至只是歌舞乐师而已。④ 再如

---

① 如西周晚期《无更鼎》载周王册命许更，以司徒南仲为"右"；西周中期《庚季鼎》载周王册命庚季，以伯俗父为"右"。《集成》册二 02781、02814，第 1448、1483 页。参见陈汉平《西周册命制度研究》第三章《册命仪式》，学林出版社，1986，第 104~111 页。

② 《尚书·周官》，《十三经注疏》，第 235 页。此虽属晚书二十五篇，然深合三代以来设官之旨。所言类此者如《墨子·尚同上》："选天下之贤可者，立以为天子。天子立，以其力为未足，又选择天下之贤可者，置立之以为三公。"孙诒让：《墨子间诂》，孙以楷点校，中华书局，1986，第 68 页。《晏子春秋》内篇《问上第三》："明君居上，寡其官而多其行，拙于文而工于事。"吴则虞编著《晏子春秋集释》，中华书局，1962，第 237 页。

③ 《左传》僖公二十六年载展喜对齐孝公曰："昔周公、大公，股肱周室，夹辅成王，成王劳之而赐之盟曰：'世世子孙，无相害也。'载在盟府，大师职之……"《十三经注疏》，第 1821 页。

④ 参见张亚初、刘雨《西周金文官制研究》，第 3~7 页；顾栋高辑《春秋大事表》卷一〇《春秋列国官制表·傅师表》，第 1058~1063 页。

"宰"，通常是指服务于天子、诸侯的近臣，一旦由地位较高的贵族担任，就可称为太宰而与司徒、司马并列；如果是由周公这样的显贵重臣担任太宰，还可进而称冢宰，拥有总制百官的巨大权力。[①]这种官随人变的状态，似乎已经暗示着一种"人治"传统，[②] 并且的确在后世政治与行政中一再得到体现和强调。

周代大量官职所具有的上述随机性，自会使相应的任命也灵活化而难稳定下来，也就不可能像对土地的封赐那样是对世袭事实的承认。虽然某些业已稳定的公共事务像司马氏"世典周史"那样由若干家族垄断处理，[③] 但太史、内史、左史、右史等官职既然仍须由天子或诸侯任命，严格说来这已不能算是世袭，而是相关任命总是从某个贵族阶层或特定家族成员中产生的现象。有两件属于同一主人的西周铭文反映了这类任命，一件是智鼎，其铭文有曰："王若曰：智！令女更乃祖考司卜事！"即周天子命智管司其祖先曾担任的占卜之职。另一件是智壶盖，其铭文有曰："王乎尹氏册令智曰：更乃祖考作冢司土于成周八师。"意即天子命智担任其祖先曾在洛邑担任过的冢司土之职。[④] 智的祖先曾担任过占卜和司土之职，后来智也先后担任同类职务，却仍须周王任命而非世袭。这种情况在文献中

---

① 《史记》卷四《周本纪》载武王崩后，周公摄政，七年后返政。第132页。历来多以周公当时为冢宰。《尚书·顾命》载成王将崩，命召公、毕公率诸侯相康王。注家皆据其他文献所载，言毕公高时为太师，而召公奭成王崩后总诸政务为冢宰。《十三经注疏》，第237页。另参见张亚初、刘雨《西周金文官制研究》，第40~42页；顾栋高辑《春秋大事表》卷一〇《春秋列国官制表》，第1033~1039页。

② 《荀子·君道第十二》："有乱君，无乱国；有治人，无治法。"王先谦：《荀子集解》，第230页。贾谊《新书》卷一〇《胎教》："昔禹以夏王，而桀以夏亡；汤以殷王，而纣以殷亡……成王处襁褓之中朝诸侯，周公用事也；武灵王五十而弑于沙丘，任李兑也。"贾谊撰，阎振益、钟夏校注《新书校注》，中华书局，2000，第392页。

③ 春秋时期多有此类，《左传》庄公十四年载申缟对郑厉公曰："先君桓公命我先人，典司宗祐。"杜注："桓公，郑始受封君也。宗祐，宗庙中茂主石室。言己世为宗庙守臣。"又僖公九年，"宋襄公即位，以公子目夷为仁，使为左师以听政，于是宋治。故鱼氏世为左师"。《十三经注疏》，第1771、1801页。

④ 《集成》册二02838，第1521页；册六09728，第5117页。

也有反映。吕尚虽担任过文、武二王的太师，其后代却世守齐地，《左传》载为"世胙太师，以表东海"，[①] 即其不是世代担任王室太师之职，而仅仅是以诸侯接续了太公的余荫。同样，周公和召公曾分别担任成王的太傅和太保，他们的子孙也没有世为周室太傅、太保。

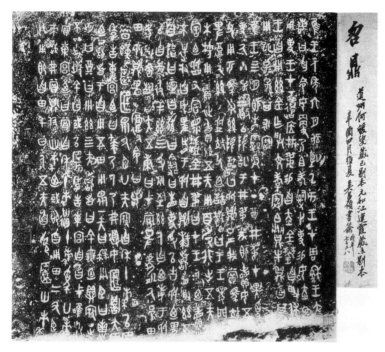

图1-1　曶鼎铭文

与通过封赐确认各级贵族对特定区域的世袭统治权不同，周代的具体官职一般并不像封赐那样按亲亲原则世袭，而是由天子或诸侯在亲亲的基础上，按贤贤原则随机任免。[②] 即便某些官职确有父子相承

---

① 《左传》襄公十四年，《十三经注疏》，第1958页。

② 王国维《殷周制度论》说周制"天子、诸侯世，而天子、诸侯之卿、大夫、士皆不世"，即就任职必须王命而言。《观堂集林》，中华书局，1959，第472~473页。金文册命辞多有"更乃祖考司某事"等文，体现了家世身份的重要，但其职位既须王命，即难视为世袭，况且这类铭文中父祖与子孙的理务范围常有出入，故李峰称之为"世袭进入政府服务的家庭资格"。见李峰《西周的政体：中国早期的官僚制度和国家》，第194~201页。

的事实，那也必须通过任命来加以确认。正其如此，这些官职才迥然有别于贵族私产，从而带有仅能行使特定管理权而非所有权的性质。

前已指出，当时各种具体官职是灵活变动和随机任免的，并且总是由不同层级的贵族担任。金文册命辞后半部分往往记载赐以服物，学界已揭示其分为不同规格，大致对应春秋以来文献所述的诸侯、卿大夫、大夫士三层，①即反映了官职任命在亲亲基础上贤贤的原则。按孟子对周制的追溯，这些贵族大体可划分为卿、大夫、士三等，每一等都与特定封土联系在一起。②具有卿、大夫、士这类贵族身份的，有的是早已世有其土，有的则与天子、诸侯沾亲带故，或者立下了一定功劳而获封土，从而成为贵族。无论如何，除了周公降霍叔为庶人等少数例外，宗法制度下贵族身份一旦成立，就会相当稳定地存续下去。无论他们是否担任司徒、卜正之类的具体官职，都可以稳固地拥有自己那块采邑上的世袭权利，这就是灵活变动着的官职背后的事实。

在春秋时期各诸侯国中，如齐的高、国二氏，卫的宁喜之族，鲁的三桓，郑的六穆等，都是世袭卿族，其余的大夫、士亦多如此。③如果他们担任了具体官职，便一身二任，既拥有特定土地的

---

① 参见何树环《西周锡命铭文新研》第三章，台北：文津出版社，2007，第246~249页；陈汉平《西周册命制度研究》，第295~304页。

② 《孟子·万章下》述孟子所闻周室班爵禄之大略："天子一位，公一位，侯一位，伯一位，子男同一位，凡五等也。君一位，卿一位，大夫一位，上士一位，中士一位，下士一位，凡六等……天子之卿受地视侯，大夫受地视伯，元士受地视子男。"焦循：《孟子正义》，沈文倬点校，中华书局，1987，第675~690页。前已指出春秋以来回溯西周爵制杂有多种观念使趋整齐。

③ 春秋时期较多出现的"世卿"现象，即西周亲亲基础上贤贤的任用原则在主强臣弱形势下的扭曲发展。具体如《左传》襄公二十九年述郑国子展卒，其子子皮代为上卿，"于是郑饥而未及麦，民病。子皮以子展之命，饩国人粟，户一钟。是以得郑国之民，故罕氏常掌国政，以为上卿"。这是以民意为世卿前提，但其仍有违西周传统，故《春秋公羊传》隐公三年四月尹氏卒，"尹氏者何？天子之大夫也。其称尹氏何？贬。曷为贬？讥世卿。世卿，非礼也"。《十三经注疏》，第2005、2204页。参见段志洪《周代卿大夫研究》，台北：文津出版社，1994，第230~234页；何怀宏《世袭社会：西周至春秋社会形态研究》，北京大学出版社，2017，第105~163页。

世袭统治权，又在天子或诸侯身边从事特定事务。反映这种二位一体情况的，如秦的祖先秦仲"为大夫，诛西戎"，① 前者指其可以世世据有秦地，即其贵族身份及其在卿大夫士的等级序列中的地位；后者则是其受命宣王可征伐西戎的职事。另一些例子也可以反映西周之况。如郑国子产向韩宣子介绍逃至晋国的贵族罕朔："朔于敝邑，亚大夫也，其官马师也。"② 而那位功业赫赫，九合诸侯、一匡天下的管仲，开始也是"为大夫，任政"。③ 再如周灵王时执政之卿为叔父陈生，当另一位较晚发迹的卿族成员伯舆与陈生争夺执政之职时，陈生手下鄙视地称伯舆为"筚门闺窦之人"。④

不但各种官职大都被贵族垄断，在特定贵族与特定官职之间，还存在着某种对应关系。尽管春秋时期各种传统的秩序业已趋于紊乱，尤其是许多平民开始有了担任重要官职的可能，但那些权位较高的官职，一般还是像西周那样由地位较高的贵族担任。如鲁国卿族季孙、孟孙、叔孙氏，经常是执政或司徒、司马、司空等重要官职的人选。在郑国，简公前后几代，同样的官职也总是由几个大卿族轮流担任。晋文公以后，晋国以军将为最重要的官职，常以郤氏等少数卿族统上、中、下军，而司马、司空之类则由大夫担任。因此，相关文献中常把司徒等官通称为"卿"或"卿官"，同时又把卜、史等职与大夫之位相连。把这种对应关系描述得最为整齐的，当然还是《周礼》。该书载六官皆卿，其下各种官职皆依次由各等大夫、士乃至胥徒担任。参照其他记载，应当说《周礼》的这种格局，确实部分折射了由卿大夫士之类的等级贵族分别担任相应官职

① 《史记》卷五《秦本纪》，第 178 页。《秦公钟》："秦公曰：我先祖受天令，商（赏）宅受或，剌剌（烈烈）邵文公、静公、宪公，不坠于上，邵合（答）皇天，以虩事蛮方……"即记录了秦的开国史。《集成》册一 00262，第 307~308 页。

② 《左传》昭公七年，《十三经注疏》，第 2050 页。

③ 《史记》卷三二《齐太公世家》，第 1486 页。

④ 《左传》襄公十年，《十三经注疏》，第 1949 页。

的事实。

在特定官职由特定贵族担任的基础上，由于官职常灵活变动，贵族身份则相对稳定，周代整套官职系统也就基本上从属于卿、大夫、士这类身份等级序列。官职担任者也就不可能成为一个具有独立形态的阶层。也就是说，各种官职的地位和权力固然是由天子或诸侯的任命确定的，却也同时是由其担任者的贵族身份带来的。

关于这一点，《左传》记载了一个有趣的例子：当周天子要破格以上卿之礼接待齐国管仲时，齐桓公的这位首创"尊王攘夷"之策的"仲父"却推辞说，自己只是齐国一个担任官职的陪臣，这种只能用于国、高二氏的崇高礼节是不能承受的。[①] 看来，在那些由来已久的典章礼制中，官职一般只能说明某人处理或负责特定的事务，而伴随他一生的大量权利和责任，仍然要由其在卿、大夫、士这类身份等级序列中的地位来确定，这是无法因其官职而逾越的。这种以身份定位而职、位一体，职、位相应和以位定职的状态，也许正是西周政治秩序的基点。在具体官职经常随人、随事、随时灵活变动之时，正是这套以身份关系为核心的稳固的等级序列，在担任具体官职的贵族中，起了一种类似行政层级的作用，从而保证了各种公务处理过程和整套治理机制的基本秩序。而当时维系社会、政治结构的宗法制度及其派生的各种礼乐典章，同时也成了维系和调节由各类变动着的官职所形成的随机性构架的法律。

就这样，无论在表层上各种官职如何变化，但在深层，周代政治社会的支柱——各种宗主、宗支、嫡长，庶幼关系，以及与大大小小领地的世袭统治权联系在一起的天子、诸侯、卿大夫、士的等级层次——却是那样的稳定。这种状态，实际上已经揭示了周代政治社会的几乎全部奥秘。

---

① 《左传》僖公十二年，《十三经注疏》，第 1802 页。

正其如此，当时没有可能，也没有必要围绕灵活变动的官职形成专门化和稳定化的管理制度。各种贵族尽管可以担任一定官职，但其主要是在扮演特定封土上的统治者角色。即便在其担任官职的大多数场合，其行为也还是遵循着那套以身份等级为基准的礼乐法则，而没有以官职为核心的独立利益和行为标准。因此，当时在官职的选任、考核等方面，虽然不是毫无措施可言，但只要官职与贵族身份紧紧缠绕在一起，只要各种身份等级还在起着根本性作用，这类措施就难以呈现一种独立的存在和发展形态。贵族等级序列及其相应的世袭采邑，几乎直接代替了官职的等级和俸禄。有关的升降赏罚，也就只能局限于封赐和削封。而当时对官职的考核，也因为官职本身的模糊、灵活而缺乏明确标准。所有这些，大体都停留在原始末期以来"试不可用而已"的阶段，其基础和余地又因贵族身份等级关系而显得十分狭窄。只有当各种公共事务越来越细致地从其他社会事务中分化出来，并且逐渐稳定下来，只有当各种官职与贵族等级序列的紧固关系松动瓦解，使官职担任者有可能以相对独立的集团或阶层面貌出现时，三代时期在贵族身份阴影下显得零散简略的官僚管理办法，才有可能得到充分发展的空间。事实上，也正是春秋战国这个激烈动荡的时代，拉开了中国古代官僚制度的序幕。

第二节　春秋战国官僚制度的初创

春秋战国从公元前 8 世纪至前 3 世纪，持续了五百余年。尽管这个时期礼崩乐坏，动荡纷乱，但其仍是周朝的延续，是王室东迁洛邑后不断走向衰败终至灭亡的时期。周朝曾经如此辉煌强大，但诸如宗法制、分封制及其围绕等级贵族而产生的礼乐制度之类，曾经对这一政治组合起主要维系作用的纽带，毕竟还是过于松散，经不起日益发展的生产力和不断更新的社会关系的冲击。各种带有浓厚血缘共同体色彩的制度，在与不断深化的私有制一起袭来的争夺土地和人口的浪潮中，无可避免地沉沦下去。在这个王冠纷纷落地的动荡岁月中，与周王室的破落相比，某些抓住了历史契机的诸侯和陪臣却蓬勃发展起来，乘势扮演了历史主角。但是连他们自己也没有想到的是，在他们控制的国度中诞生的一整套制度，实际上开辟了一个长达两千余年的新时代。

一　旧体制的崩溃

导致周王朝崩溃和旧体制瓦解的力量，经历了一个很长的蓄积和发展过程。在最为基本的生产领域，铁器和牛耕开始推行以后，贵族们约略划分为井字形的世袭领地内，那种区分公田和私田的传统经营方式已越来越不合时宜。由农奴集体耕作，收获则完全归贵族所有的公田上长满了杂草，一派破败景象。① 新工具使个体生产成为可能，使人们迫切要求获得完全归自己支配的土地，或者使自己与土地及其产出的关系更为直接。这就迫使部分贵族置传统封赐关系于不顾，开始把公田尤其是新近垦占之地变成了完全归自己所有的私产，并且采取租佃式经营，从而使自己变成了最早的地主。原来的私田此时也名副其实了，大量平民由此转化为自耕小农。这些都是极其重要的转折。

无论地主还是小农，他们的生产、再生产都是与土地私有化及其兼并过程联系在一起的。其政治意义表现在两个方面：一方面冲击了宗法分封制下凝固的地权形态和与之相依存的贵族身份序列；另一方面，在租佃经营中，地主并不凝固占有特定土地和人口，需要强制性权力来集中处理的公共事务由此显著地增加起来。大约从公元前 6 世纪起，春秋

① 《诗经·齐风·甫田》："无田甫田，维莠骄骄。"《十三经注疏》，第 353 页。《国语·周语中》述周定王命单襄公使宋，经陈国，"道路不可知，田在草间，功成而不收，民罢于逸乐"。徐元诰：《国语集解》，第 66 页。

各国广泛地发生了像鲁国"初税亩"这样的事件。① 其实质是在公田形式的征敛难以为继的基础上，各级封君开始以履亩而税的方式承认地主或农民的土地私有权。以此为缺口和标志，那些经过长时期发展起来的新社会阶层和新生产方式，终于不可阻遏地冲垮了传统的堤防。

首当其冲的便是传统政治体制的支柱，即与世袭统治全权联系在一起的贵族等级序列，春秋以来至为显著的就是这一身份序列从局部紊乱走向了大规模的崩溃瓦解。在终须以实力相见的冷酷法则面前，以往各级贵族头上被温情脉脉的宗法关系装饰起来的光环，很快就黯然失色，社会关系面临急剧动荡和重组。据称在孔子编成的《春秋》一书中，有 30 多位国君被越来越敢于犯上的乱臣贼子所"弑"，50 多个封国干脆从当时的政治地图上消失，更多的诸侯则纷纷亡命奔走，被自己过去的臣子们驱逐，或成为他们手中的傀儡。② 这幅兴衰沉浮众生相，反映了当时天子、诸侯、卿大夫、士构成的统治格局的全面危机。当孔夫子暮年叹息"觚不觚哉"的时候，实际上也是在叹息那整套浸透在政治和日常生活中的传统身份等级秩序，已随滚滚黄河水永远流逝而去。

二 官职的独立和扩大

社会变动一旦走到这一步，的确已不可逆转。在诸侯相继改以赋税收入来维持生存，贵族对特定土地、人口保持凝固占有和统治的状态无从维持后，旧时代的卿大夫、士实难再与特定领地上的世袭统治

---

① 《左传》宣公十五年，《十三经注疏》，第 1888 页。《汉书》卷二四上《食货志上》："周室既衰，暴君污吏慢其经界，徭役横作，政令不信，上下相诈，公田不治。故鲁宣公初税亩。"中华书局，1962，第 1124 页。

② 《史记》卷一三〇《太史公自序》："《春秋》之中，弑君三十六，亡国五十二，诸侯奔走不得保其社稷者不可胜数。察其所以，皆失其本已。"（第 3297 页）《孟子·梁惠王上》述孟子对梁惠王曰："万乘之国，弑其君者，必千乘之家；千乘之国，弑其君者，必百乘之家；万取千焉，千取百焉，不为不多矣，苟为后义而先利，不夺不厌。"焦循：《孟子正义》，第 37~43 页。

权相依相存。这些等级已不可避免地脱离了实际内容。与当时屡见不鲜的僭越现象相伴，各级贵族与各种官职间的一体化状态也已被打乱，使庶人平民有了身居高官的较多可能。其结局则是官职逐渐独立化，原先由国君在等级贵族基础上随机任免的官职担任者，自此一般不再拥有特定地域的世袭统治权，而只能得到该地人户的租税。到春秋晚期，所谓受封，往往仅是赐予其特定户数的租赋，而不再具有世袭封土意义。① 因此，尽管春秋时期官职担任者和世袭统治者的界限并非总是截然分明，但两者之间的区分之势却是很清楚的。

图 1-2　先秦平阴都司徒等官印一组

另一个显著的趋势是，有其地而无其统治权的地主经济日益占据主导地位，从中游离出来的公共事务由此正迅速增加和明确起来。这就意味着官职的增多和稳定化，新旧官职系统随之呈现职能和地位上的复杂变动和调整。在维系统治合法性和宗法血缘关系时具有重大作用的宗教祭祀官，如祝、宗、卜、史之类，其象征国体、沟通天人的地位急剧下降，逐渐蜕变为政治和行政的点缀和装饰。② 荀子笔下司徒、司马、司空、司寇等官各自的职能，也只有在当时，

① 《史记》卷三二《齐太公世家》载景公三十一年鲁昭公辟季氏难奔齐，"齐欲以千社封之，子家止昭公"。《集解》："二十五家为一社，千社，二万五千家也。"卷四七《孔子世家》载陈蔡之厄，"楚昭王兴师迎孔子，然后得免。昭王将以书社地七百里封孔子"，为令尹子西所阻。《索隐》："古者二十五家为里，里则各立社，则书社者，书其社之人名于籍。盖以七百里社之人封孔子也，故下再求云'虽累千社而夫子不利'是也。"第 1504、1932 页。

② 《汉书》卷六二《司马迁传》载其《报任安书》，第 2732 页。

当土地、人口、公共工程、军事和司法等务脱离了井田制下的一体化状态，从并不凝固占有特定土地和人口的地主经济中分化出来以后，才开始稳定和清晰起来。不言而喻，当原有官职无法涵盖越来越多的公共事务时，自然会产生出新官职。像晋国的军司马，齐国的锐司徒（主锐兵者）、辟司徒（主垒壁者），郑国的野司寇等，[①]都是与原来的司徒、司马、司寇等性质不同的官职，而见诸文献的将军、尉、执秩、边吏等职，则似完全是新设的。[②]

特别引人注目的是整套官职系统在空间上的扩展。随着分封制瓦解和废止，诸侯直接控制的领地不断扩大，自秦、楚、晋及于各国，新近兼并或扩展的土地，通常已不封赐给贵族，而是冠以县或郡的名称，直接归属国君。[③] 处理这些早期郡、县事务的边邑长[④]、县师、县大夫[⑤]、县尹、县公[⑥]等，也不再是拥有该地世袭统治全权的贵族，而是类于由国君随机任命以担任各类事务的官职。[⑦] 因此，

① 《左传》成公二年述齐有"锐司徒"与"辟司徒"。杜注："锐司徒主锐兵者"，"辟司徒主垒壁者"。襄公三年述晋侯以魏绛佐新军，"张老为中军司马，士富为侯奄"。昭公十八年载宋、卫、陈、郑皆有火灾，郑国"使野司寇各保其征"。杜注："野司寇，县士也。"《十三经注疏》，第 1895、1931、2086 页。

② 参见王贵民、杨志清编著《春秋会要》卷五《职官二·周及列国职官》，中华书局，2009，第 85~147 页。

③ 《史记》卷五《秦本纪》载武公"十年，伐邦、冀戎，初县之。十一年，初县杜、郑。"第 182 页。一般认为此即春秋时期最早设立之县。

④ 《史记》卷三一《吴太伯世家》载吴王余眛九年"公子光伐楚"，其起因是"楚边邑卑梁氏之处女与吴边邑之女争桑，二女家怒相灭，两国边邑长闻之，怒而相攻"。第 1462 页。

⑤ 《左传》襄公三十年述晋国"赵孟问其县大夫，则其属也。召之而谢过焉，曰……以为绛县师"。《十三经注疏》，第 2012 页。

⑥ 《左传》庄公三十年："秋，申公鬭班杀子元。"杜注："申，楚县。楚僭号，县尹皆称公。"又《左传》宣公十一年载楚有"县公"，襄公二十六年述楚有"县尹"。《十三经注疏》，第 1782、1876、1989 页。

⑦ 参见杨宽《春秋时代楚国县制的性质问题》，《中国史研究》1981 年第 4 期。文中所论春秋与战国的县及其差别不乏卓见，但其以县政首脑是否世袭为标准，却未辨别其是否由国君任命加以确认。像汉代仓、库等官职事实上存在世袭那样，只要国君可以随时停止这种世袭，就仍应认之为官僚体系的组成部分。

县或郡的增多过程，实际上也是一个原来只设于畿内或都内的具体官职，日益扩散到以往世袭贵族统治地区中的过程。或者反过来说，是一个统治特定地区的贵族，逐渐蜕变为具体官职担负者的过程。

管理不同区域或事类的官职大量涌现后，必要的协调和控制便成了问题，国君左右近臣的职能就不断得到扩充和发展。除内史、宰等近臣职能的扩展外，以往居于诸侯左右辅导行礼的"相"，已开始兼负并逐渐专门辅助国君协调、控制各种官员。最早似乎是在齐国，以后广泛设置于各国的相、左相、右相、相邦、令尹等，很快变成了一人之下、万人之上的官职。在这个意义上，直接辅佐国君处理政务的宰相的出现，正是在宗法分封制瓦解和地主经济代之而兴的过程中，需要集中处理的公共事务迅速增多和稳定化的标志。

一方面是各种官职增加并渐稳定和系统化，另一方面是这些官职的担任者不再同时拥有世袭封土上的统治全权，这两个方面结合在一起的趋势实际上已经预示了一种新的体制。战国时期，新旧之制相衡的局面开始急剧向前者倾斜，尤其是当时各国的变法，更为集权政体和官僚制度的建立奠定了基础，注入了新的动力。

各国变法虽具体进程各有特点，但基本旨趣是相同的。变法坚定地表达了一个有力的信号：通过各种途径蜕变而来的新兴地主阶级，已开始在争攘不绝的社会大变动中全面接管政权。因此，各国变法几乎都表现为不同程度地废止传统贵族在大小封地上的世袭统治权，同时又按地主经济的内在要求，明确和推广了处理各种公共事务的集权体制。像郡县制推行那样，这些重大措置意味着境内各地皆归国君直接统治，而不再在贵族内部层层瓜分统治权，因而也必然导向国君直接委派官僚管理各地和各类事务的格局。

从这个角度来看，战国变法实际上标志着专制集权官僚政体的建立。至此，公共权力终于从原来重合于等级贵族序列的一体化状态中，从种种血缘的、土地的、观念形态的权力中分化了出来，真正凌驾于社会之上了。众多官职的形态开始稳定下来，其担任者也开始有了相对独立的权力和责任、社会地位和行为标准，也就出现了管理诸多具体公务的官僚阶层。当时有很多迹象都反映了这一转折。战国时期成书的《管子》先按职业特点把各种社会成员划分为士、农、工、商四类，① 所谓士已泛指传习经国治世之术，已经成为官僚和即将成为官僚者。士并不完全与官僚集团重合，却无疑是以官僚为主要成员的，故商鞅以"农、商、官"并举。② 把士与农、工、商，官与农、商相提并论，正是公共事务从其他社会事务中分化出来，统治权与管理权趋于分离，官僚集团开始形成的重要标志。

三　几项重要的官僚管理制度的建立

在以上背景下，对公职人员的管理也就不再与贵族体制重合，而是由专制国君统一驾驭，直接围绕官职本身形成一系列相对独立的制度。比如，官职的等级和俸禄，现在已须取决于其在整套官职系统中的作用和地位；官员的任用和考核，已须首先据其职掌和性质来确定人选和标准；官员的升降和赏罚则不再表现为世袭封土的扩大或缩小，而是其能否担任更重要的官职，以及有关实物酬赏的增减；如此等等。至于那些官职以外的因素，如身份尊

① 《管子·乘马第五》述士、农、工、商曰："非诚贾不得食于贾，非诚工不得食于工，非诚农不得食于农，非信士不得立于朝。"《小匡第二十》述管子对齐桓公曰："士农工商四民者，国之石民也，不可使杂处……是故圣王之处士必于闲燕，处农必就田野，处工必就官府，处商必就市井。"黎翔凤撰，梁运华整理《管子校注》，中华书局，2020，第86、376页。所述职业分居局面的源头甚古，然士、农、工、商为四民之说晚出，反映的应是战国的观念。

② 《商君书·去强第四》："农、商、官三者，国之常官也。"蒋礼鸿：《商君书锥指》，中华书局，1986，第28页。

卑、土地占有、礼仪等级之类，在现在这套管理制度中也仍留有影响，却已失去了三代时期那种对官僚所起的决定作用，甚至开始反过来围绕官职加以调整和规范。总之，在战国时期，随着一个相对独立的官僚集团出现，三代那种身份至上、职位合一、以位定职的管理状态已一去不复返了。一套与集权政治相辅相成的官僚管理制度，开始逐渐在各国建立起来。

1. 符玺制度

从战国各国共同的情况看，那些构成统治骨架的重要官僚，尤其是朝廷各部门和各地区的行政长官，是由国君在宰相协助下任免的。宰相和其他重要官员，在得到国君授权的前提下，往往也可以任免部分官僚。设官分职及其事项、权力趋于稳定和明确，战国时期已广泛出现了象征国君及其以下各种官职权力的印玺，以及用于征发、调遣军队、官员或物资的符节，[①] 同时也形成了由国君统一规定和支配印玺、符节的相应制度。[②] 官僚的任免过程，开始直接体现为对其印玺的收授予夺。如燕王哙欲禅位宰相子之，准备交付权力，其措施是把所有三百石以上官职的印玺都收归子之，由其重新授予。[③] 同理，当赵成侯感到邺令梁车过于残暴不再适于担任县令时，便"夺之玺而免之令"。[④] 战国国君不仅可通过印玺、符节的授受调度有效控制官僚任免、调遣和权力的加减，更可以印玺

---

① 参见片冈一忠《中国官印制度研究》，东京：东方书店，2008，第17~28页。

② 如战国秦之《新郪虎符》："甲兵之符，右在王，左在新郪。凡兴士被甲，用兵五十人以上——会王符，乃敢行之。燔队事，虽毋会符，行殹。"铭文所述表明战国秦时相关事务及权力边界已得界定。《集成》册八12108，第6599页。又如《鄂君启车节》和《鄂君启舟节》，是楚怀王颁给其子鄂君启的物资通关免征凭信，铭文明确了其适用交通线、车船数量和禁运之物。《集成》册八12110、12113，第6601~6602、6605~6606页。

③ 《史记》卷三四《燕召公世家》，第1556页。

④ 《韩非子·外储说左下第三十三》，陈奇猷校注《韩非子集释》，上海人民出版社，1974，第709页。

封缄公文保障其指令贯彻落实,[①] 有力规范和干预官僚的职责履行过程，这都体现了集权官僚体制的基本精神。

2. 选拔制度

战国时期官僚的选拔，更看重的是品行和才干，家世、身份等因素虽不能说已不重要，却开始退居次要了。仕途因此而变得空前广阔，无论是对兵家，还是对纵横家、法家、儒家，抑或对各种普通人，都充满了各种机会。常见的如从军立功进入官僚队伍，在战争不息、强存弱亡的严峻形势下，此途十分引人注目。各国的许多将领都由此被提拔上来，尤其是秦国，从公元前 4 世纪商鞅变法就在这方面制定了整套制度。向面临存亡兴衰而求才若渴的国君游说和上书，是当时做官的又一捷径。记载中因一席雄辩而致高官的例子实在不少，商鞅、张仪、苏秦、李斯的经历皆为典型，尽管事实可能并不那么富于戏剧性，但也可见这种选拔方式在战国的流行。当时最为普遍的仍是从原始时期发展过来的推荐方式。如齐宣王时，一位名叫王斗的学者就曾推荐五人为官，从而导致了齐国的兴盛;[②] 当时的政治活动家淳于髡，则在一天中就向宣王推荐了七人。[③] 从大量事例来看，这种先推荐然后由国君考察抉择的情况非常普遍，即便是在因军功或游说而致身为官的过程中，通常也都存在着或隐或显的推荐环节。当然此时的荐举过程，一般都与统治层级相结合，由百官大臣为推荐主体，并有自上而下的甄核、淘汰和任命环节。

除国君直接任用和控制的官僚外，战国各国都存在着大量由大臣自行罗致，协助其处理公私事务的人员。战国著名的魏国信陵君、齐

---

① 王国维:《〈齐鲁封泥集存〉序》,《观堂集林》, 第 920~926 页;孙慰祖:《古封泥述略》,《孙慰祖玺印封泥与篆刻研究文选》, 上海古籍出版社, 2019, 第 391~411 页;傅嘉仪编著《秦封泥汇考》, 上海书店出版社, 2007, 自序, 第 5~9 页。

② 《战国策·齐策四》, 张清常、王延栋:《战国策笺注》, 南开大学出版社, 1993, 第 277~278 页。

③ 《战国策·齐策三》, 张清常、王延栋:《战国策笺注》, 第 258 页。

国孟尝君、赵国平原君、楚国春申君门下，那些通常称为客、舍人的附属者各达数千人之多。① 他们完全效忠于主人，进退裕如而不纳入国君的统一管理，随时参与其主人的公务，并有很大可能受荐成为官僚。这是西周诸侯、卿大夫家臣制度在新形势下的延续，形形色色的食客、养士方式，实际上是与相关荐举和任用过程相衔接的储才办法。聚集于大臣门下的大量宾客，可以从中历练并显示其才能，接受必要的考察，获得进一步推荐。当时有许多著名人物都由之登进为官。如以完璧归赵等故事著称的赵相蔺相如，即曾在宦者令缪贤门下当过舍人；在秦统一事业中建有殊勋的李斯，初到秦国时也投靠到相国吕不韦的门下。② 与之相应，战国国君也延揽宾客为己为国所用。对于各种途径荐举上来的人才，国君往往先以之为侍从咨询的郎、大夫，或备临时差遣之用，再相机授予具有明确职务的官职。这种与养士、食客之风衔接在一起的储才制度，及其在各种荐举和任用过程中的重要作用和地位，可以说是战国官僚选用制度极富特色的内容。

3. 等级制度

官僚等级制度在战国亦已形成和发展，大致包括爵级、班位和禄秩三个序列。爵级通常据功绩授受，军功是最重要的授爵标准，故爵级非官僚独有。授予爵级一般都意味着可以得到一定数量的私有田宅，或在特定区域征收租税，外加其他一些赋役、司法、礼仪待遇方面的权利。引人注目的是，西周流行过的贵族等级名称，如

① 《史记》卷七五《孟尝君列传》载其在薛招致诸侯宾客及亡人有罪者，厚遇之，"以故倾天下之士，食客数千人，无贵贱一与文等"。卷七六《平原君列传》载其在赵诸公子中最贤，门下食客甚众，有"敢死之士三千人"。卷七七《魏公子列传》载魏安釐王封公子无忌为信陵君，"为人仁而下士，士无贤不肖，皆谦而礼交之，不敢以其富贵骄士，士以此方数千里争往归之，致食客三千人"。卷七八《春申君列传》载其"客三千余人，其上客皆蹑珠履"。第2353~2354、2369、2377、2395页。
② 《史记》卷八一《廉颇蔺相如列传》、卷八七《李斯列传》，第2439、2540~2546页。《汉书》卷一《高帝纪》载刘邦军围宛城，南阳守舍人陈恢出城见沛公约降。颜师古注："舍人，亲近左右之通称也，后遂以为私属官号。"第21页。

侯、卿、大夫等，现在又转化成了一般并不世袭的爵称，较为常见的如通侯①、关内侯②、上卿③、亚卿④、上大夫⑤、中大夫⑥、五大夫⑦等。战国各国爵级虽参差不齐，并存在着不少普通人获得爵级的例子，但其与官僚的关系仍十分显著。这不但体现在官僚可以更为方便地获得爵级，或获得爵级后可以更为方便地成为官僚，更体现为各国爵制中的高爵往往寓有职事意味，或仅仅被用来授予官僚，即便是较之各国更为开放的秦国二十等爵制，情况也是如此，而且越是早期，高爵与官职就越是近于一体化，故"爵禄"多连称，这实际上是周秦间新旧体制过渡的反映。⑧ 也就是说，当时官僚拥有的爵级，除了表明功绩及与之相连的一系列权利待遇外，还

① 《战国策·楚策一》述张仪说楚王，曰"楚尝与秦构难，战于汉中，楚人不胜，通侯、执珪死者七十余人，遂亡汉中"云云。张清常、王延栋：《战国策笺注》，第351页。"通侯"即彻侯，为秦爵最高者，执珪为楚爵最高者。

② 《墨子·号令第七十》述城守赏赐之法，"城周里以上，封城将三十里地为关内侯，辅将如令赐上卿，丞及吏比于丞者，赐爵五大夫"。孙诒让《墨子间诂》引《韩非子·显学第五十》《战国策·魏策一》等处亦述及关内侯。孙诒让：《墨子间诂》，第548页。

③ 《史记》卷四二《郑世家》襄公十一年载楚王赦解扬使归，"晋爵之为上卿"。第1769页。《管子·小匡第二十》："察问其乡里，以观其所能，而无大过，登以为上卿之佐。"黎翔凤撰，梁运华整理《管子校注》，第391页。《韩非子·十过第十》述"由余遂去之秦，秦穆公迎而拜之上卿"。陈奇猷校注《韩非子集释》，第187页。

④ 《战国策·燕策二》述乐毅报书燕王，称先王过举，"使臣为亚卿，臣自以为奉令承教，可以幸无罪矣，故受命而不辞"。张清常、王延栋：《战国策笺注》，第813页。

⑤ 《史记》卷四六《田敬仲完世家》："宣王喜文学游说之士，自如驺衍、淳于髡、田骈、接予、慎到、环渊之徒七十六人，皆赐列第，为上大夫，不治而议论。是以齐稷下学士复盛，且数百千人。"第1895页。卷八一《廉颇蔺相如列传》载赵王以相如不辱使命，"拜相如为上大夫"。第2441页。

⑥ 《史记》卷七九《范雎蔡泽列传》载范雎"先事魏中大夫须贾"。第2401页。《管子·山权数第七十五》述管子曰："命北郭得龟之家曰：'赐若服中大夫。'"房玄龄注："中大夫，齐官也。"黎翔凤撰，梁运华整理《管子校注》，第1231页。《吕氏春秋·审分览》之《知度》篇述赵襄子命中牟令任登，请中牟之士胆、胥己，见二人后，"以为中大夫"。许维遹撰，梁运华整理《吕氏春秋集释》，中华书局，2009，第457~458页。

⑦ 《商君书·境内第十九》："爵大夫而为国治，就为大夫……故爵五大夫，皆有赐邑三百家，有赐税三百家。"蒋礼鸿：《商君书锥指》，第117页。

⑧ 参见西嶋定生《中国古代帝国的形成与结构——二十等爵制研究》，武尚清译，中华书局，2004，第70~73、84~95页。

不同程度地反映了其在整个官僚系统中的行政地位，从而使爵级同时带有几分官僚等级的性质。

除爵级外，最早可能是因贵族在宗庙礼乐活动中所处位置而来的班位，在战国时期的官僚系统中也得到了某种延续。当然此时的班位已不再表示血缘的远近亲疏，而是体现官僚在议处国政或朝见国君时所占的席位，及其相关的礼仪待遇。如蔺相如在渑池之会后，赵王拜之为上卿，"位在廉颇之右"，而赵奢在阏舆大破秦军后，赵王又令其"与廉颇、蔺相如同位"，① 都是这个意思。但当时的班位，实质上是以整个官职系统的层级为基准，除少数变则外，基本上是根据官僚所任职务的高低确定的。按照当时的通例，官僚的职务越高，其班位也就越靠近国君。因此，在坐北朝南的国君之下，由近及远依次排列的班位，与以总揽大权的国君为巅峰，由级别从高到低的官僚所组成的金字塔形控制结构，是完全相符的。

4. 俸禄制度

在衡量当时官僚地位的各种等级序列中，最为核心和具有重要意义的是官僚的禄秩即俸禄等级。这是因为爵级与官职毕竟有别，尽管高爵往往只授予官员并且寓有职事意味，但越到后来官爵相分的趋势就越是明显，爵级用来赏功酬勋的性质也越突出。班位则首先与朝班席位相关，代表的主要是政治地位和礼仪等级。其与爵级皆可为并不任官之人所有，唯有禄秩才仅被授予官僚。② 不同级别的俸禄，是国君对官僚所任职务的直接确认和基本报酬，也就最为显著地反映了官僚的行政职能和地位。正如《管子》所说："其所任官者大，则爵尊而禄厚，其所任官者小，则爵卑而禄薄。"③ 俸禄

---

① 《史记·廉颇蔺相如列传》，《索隐》释"位在廉颇之右"云："王劭按，董勋《答礼》曰：'职高者名录在上，于人为右；职卑者名录在下，于人为左。'"第2443、2446页。

② 《孟子·万章下》："抱关击柝者，皆有常职以食于上。无常职而赐于上者，以为不恭也。"焦循：《孟子正义》，第712页。

③ 《管子·明法解第六十七》，黎翔凤撰，梁运华整理《管子校注》，第1139页。

总是根据官职的轻重高低加以确定的。

在今天可以看到的记载中，战国时期官僚的俸禄，在结构上一般都以粮食为基本部分。各国的俸禄等级通常都表现为粟米的计量单位。如秦国大体是以五十石为一级，依次呈现出百石至三百石、六百石的序列。① 燕、魏等国，似乎也以石为单位。《史记·燕召公世家》有"三百石吏"的记载；魏国李悝变法，作尽地力之教，计算租赋亦皆以石为单位。② 此外，齐国以钟③、卫国以盆④、楚国以担⑤为单位，以构成自己的秩次。除粮食外，当时的俸禄结构中，似也包括部分随着官僚的任免而授予或收回的田土，甚至不排除有一定数量铸币的可能。⑥ 这种以实物为主体的俸禄结构，可以使官僚在较大程度上脱离土地或工商等直接营利活动，有利于他们在国家管理过程中保持某种超然地位。

从总体上看，战国时期按官职高低授予不同物质报酬的俸禄制度，乃是春秋以来国家公务与社会其他事务、官僚集团与其他职业阶层分离独立的产物。这一制度的建立，为专事协助国君管理国家的官僚提供了基本物质保障。俸禄的授受，象征着国君与官僚之间

---

① 《商君书·境内第十九》："千石之令，短兵百人；八百之令，短兵八十人；七百之令，短兵七十人；六百之令，短兵六十人。"蒋礼鸿：《商君书锥指》，第115页。

② 《史记》卷三四《燕召公世家》，第1556页；《汉书》卷二四《食货志上》，第1124~1125页。

③ 《孟子·公孙丑下》述齐王谓时子曰："我欲中国而授孟子室，养弟子以万钟。"《滕文公下》："仲子，齐之世家也。兄戴，盖禄万钟。"焦循：《孟子正义》，第298、468页。

④ 《墨子·贵义第四十七》述墨子弟子仕于卫，至而反，问其何故反，曰："待女以千盆，授我五百盆。"孙诒让：《墨子间诂》，第409页。

⑤ 《吕氏春秋·孟冬纪·异宝》："荆国之法，爵执圭，禄万檐，金千镒。"许维遹撰，梁运华整理《吕氏春秋集释》，第232页。

⑥ 《孟子·万章下》述孟子闻周室颁爵禄，"大国地方百里，君十卿禄，卿禄四大夫，大夫倍上士，上士倍中士，中士倍下士，下士与庶人在官同禄，禄足以代耕也"。又述"耕者之所获，一夫百亩，百亩之粪，上农夫食九人，上次食八人，中食七人，中次食六人，下食五人。庶人在官者，其禄以是为差"。焦循：《孟子正义》，第685、687~688页。所述应杂有战国成分。又前述楚国执圭"禄万檐"而"金千镒"，则是给予铸币之例。

建立了"主卖官爵，臣卖智力"的类似雇佣的新关系，故其又是保障国君控制和利用官僚的重要杠杆。① 从发展的脉络来看，战国时期的俸禄与周代贵族采邑似乎仍有一定的联系。这大概是包括《孟子》在内的不少文献经常把采邑比附为俸禄的原因。② 但两者之间的实质性差异是，世袭采邑远不只是对贵族所任职务的报酬，也是对国君统治权的一种瓜分。因此，俸禄等级制全面代替世袭采邑制的过程，应是战国时期集权官僚体制形成的历史性转折和根本标志。

5. 上计制度

对官僚进行考核的制度，战国时期也普遍地建立起来了。这主要是通过"上计"的方式体现出来的。所谓"计"，是指统计的簿册，上计即各地和各部门的行政长官，将一定时期内的政绩呈报给国君。有证据表明，官僚在一定任期内所必须达到的政绩指标，通常在其上任时就已预先约定，并将其书写在券、契、符等信物上以为凭证，由国君和官僚各执一份，上计时，国君便可据此核定指标的完成状况，对官僚实施升降赏罚。此即所谓"符契之所合，赏罚之所生"。③ 这种考核一般都在每年年终举行，《韩非子·外储说左下》述西门豹为邺令，"期年上计"。④《荀子·王霸》说："岁终奉其成功，以效于君。"⑤ 协助国君总理国政的相国，则在上计中充当实际主持者。《韩非子·外储说右下》载："田婴相齐，人有说王者曰：'终岁之计，王

---

① 《韩非子·外储说右下第三十五》："田鲔教其子男章曰：'主卖官爵，臣卖智力，故自恃，无恃人。'"陈奇猷校注《韩非子集释》，第772页。《六韬》之《文韬·文师第一》太公曰："人食其禄，乃服于君。故以饵取鱼，鱼可杀；以禄取人，人可竭。"陈曦译注《六韬》，中华书局，2016，第6页。

② 《孟子·万章下》，焦循：《孟子正义》，第675~685页。又《周礼·天官冢宰》大宰职文："以八则治都鄙……四曰禄位，以驭其士。"郑注："都鄙，公卿大夫之采邑，王子弟所食邑，周、召、毛、聃、毕、原之属在畿内者。"孔疏："以八则治都鄙者，治畿内采邑之通法也。"孙诒让：《周礼正义》，王文锦、陈玉霞点校，中华书局，1987，第67~76页。

③ 陈奇猷校注《韩非子集释·主道第五》，第68页。

④ 陈奇猷校注《韩非子集释》，第694页。

⑤ 王先谦：《荀子集解》，第224页。

不一以数日之间自听之，则无以知吏之奸邪得失也。'"田婴则以为"王自听计，乱乃始生"。① 为防止考核失实，国君平时对官僚善恶、勤惰的监察，往往在考核过程中起重大作用。如齐威王对即墨和阿两地长官的考核和处理：这两位长官的声誉一坏一好有若天壤，但威王遣吏视察，却发现他们的实际政绩恰恰相反，于是威王重赏了即墨地方的长官，而把阿地长官，及王之近臣称誉阿治者通通投进了鼎锅。② 除此之外，作为上计的必要步骤，各地各部门长官则须在上计前以类似方式考核所属官吏，以确定其政绩和赏罚，也由此而得到上计所需的数据。

如果把上述情况与周代诸侯朝觐述职以及天子巡狩的记载联系起来考虑，其间的渊源关系还是比较明显的。在贵族握有封土的世袭统治权时，封主和被封者及附庸之间，其实是不可能出现经常性的统属关系和行政责任的，所谓朝觐述职，③ 所谓"三载考绩"，④ 恐怕并无多少后世那样的考核内容，而只是宗主与宗支、封主与被封者关系的某种体现，并蕴有后人为这种关系注入的内涵。到政体发生重大转折的春秋战国以后，国君和各级官僚的行政统属层次和行政责任逐渐确立，在此基础上建立起来的上计制度，则是周代朝觐述职在内容和性质上都已按后人期望更新了的形态，是集权官僚体制的重要组成部分。

上述制度的形成表明，在春秋以来等级贵族体制瓦解崩溃，新兴官僚集团代之而兴的过程中，在官僚选用、等级和考核等各个方面，都相继出现了与专制集权政体配套的专门制度。就发展的趋势

---

① 陈奇猷校注《韩非子集释》，第784页。
② 《史记》卷四六《田敬仲完世家》，第1888页。
③ 《孟子·梁惠王下》述晏子对齐景公曰："天子适诸侯曰巡狩，巡狩者，巡所守也。诸侯朝于天子曰述职，述职者，述所职也。"《告子下》述孟子曰："天子适诸侯曰巡狩，诸侯朝于天子曰述职……一不朝则贬其爵，再不朝则削其地，三不朝则六师移之。"焦循：《孟子正义》，第122、840~841页。所述杂有时人的期望和擘画。
④ 《尚书·舜典》有"五载一巡守"及"三载考绩，三考黜陟幽明"之说。《十三经注疏》，第127、132页。参见李峰《西周的灭亡：中国早期国家的地理和政治危机》（增订本），徐峰译，上海古籍出版社，2016，第120~131页。

而言，这无疑为今后的官僚管理制度奠定了基础和框架。

任何重大的历史转折都无法一步到位，在旧制度的废墟上，新的大厦从竖立框架到臻于完备，往往需要几代甚至更长的时间。总体看来，战国时期建立的官僚制度，还有待即将出现的大一统王朝来完善和充实，当时政权的统治职能仍较简单，各国总人口相加也不超过 4000 万，[①] 互相独立的各国所需官僚及其人事管理，远未达到充分发展的规模，各国官僚管理都还处在粗疏幼稚阶段。这不仅是新制度初创期难以避免的，而且是适应小国寡民需要的。更何况，在激烈的兼并战争中，各种制度都呈现了服从于军事活动，以之为核心来设置展开的状态，这也是当时官僚管理制度迅速发展却又难以细密的重要原因。但无论如何，历史已打开了新的一页，随着专制集权体制和官僚集团的产生，一套相应的专门化的管理制度毕竟已初具轮廓，尽管此后其历程风起云涌、波澜迭起，却仍是在战国确定的方向上发展演进的。

第三节　古代官僚制度的社会基础和基本特点

从逻辑和历史相统一的角度，可以把中国官僚制度发生的历史条件直接理解为支撑这一制度发展的社会基础，前面的阐述已经勾勒了其主要问题和线索。如果说我国早期官僚制度主要是国家公务游离于其他事务而独立出来的产物，那么其社会基础，首先就应围绕导致中国古代社会分工的条件加以探讨。其基本特点，也必须通过这种分工的具体状态来揭示。

一　农耕小家庭与集权政体

前面已经指出，中国早期国家是从原始部族组织的躯壳中蜕化出来

---

① 葛剑雄《中国人口史》第一卷《导论·先秦至南北朝时期》认为以往学者关于战国人口为 2000 万~3000 万的推论过于粗略，并推秦灭六国之初人口为 4000 万左右。复旦大学出版社，2005，第 297、312 页。

的。在此过程中最为引人注目的事实，是氏族演变为父系家族基础上的次生共同体。① 与氏族相比较，这种基于私有制而产生，由若干家族组成的社会单位，完全可以包含氏族无法容纳的奴役与被奴役、剥削与被剥削关系，由此达成生产者与生产资料的配置，维系物质生产的持续进行。② 也就是说，这种次生共同体亦即当时社会生产的基本单位。在其内部，原始末期以来形成的显贵与普通家族、各家族内部家长与一般成员以及奴仆之间的关系，同时蕴含着贵族与平民、领主与农奴这样的阶级内容。在夏商时期，从兄终弟及到父死子继，直至西周建立以嫡长子继承制为核心的宗法制度，恰恰反映了这种内容日益明显和规范化的进程。③

　　西周的宗法分封制，正表现为这种次生共同体对封土的瓜分。在以家族为单位的逐层分封中，这些保留了某种氏族躯壳的生产单位直接变成了特定封土上的基层统治组织，而那些显贵家族成员，则因受封明确了对这块土地及其上人民的占有，也就直接变成了该组织的世袭统治者。④ 显然，在西周天子、诸侯、卿大夫、士这种封主和附庸关系的覆盖下，由等级贵族各据有一块世袭领地所导致的家国一体化格局，正建立在这样的基础之上。在此格局中，统治权不仅被各

———————————

①　张政烺：《古代中国的十进制氏族组织》，《张政烺文史论集》，中华书局，2004，第277~313页。参见迈克尔·米特罗尔、雷因哈德·西德尔《欧洲家庭史——中世纪至今的父权制到伙伴关系》，赵世玲、赵世瑜、周尚意译，华夏出版社，1987，第1~21页；安德烈·比尔基埃等主编《家庭史》第一卷《遥远的世界　古老的世界》上册，袁树仁等译，生活·读书·新知三联书店，1998，第145~155页。

②　参见田昌五《中国历史与亚细亚生产方式问题》中篇，《古代社会形态析论》，学林出版社，1986，第146~163页；罗泰《宗子维城：从考古材料的角度看公元前1000至前250年的中国社会》，吴长青等译，上海古籍出版社，2017，第141~183页。

③　参见徐中舒《论殷代社会的氏族组织》，《徐中舒历史论文选辑》下册，中华书局，1998，第801~813页。

④　《左传》定公四年述周成王"分鲁公以大路、大旂、夏后氏之璜、封父之繁弱，殷民六族：条氏、徐氏、萧氏、索氏、长勺氏、尾勺氏，使帅其宗氏，辑其分族，将其类丑，以法则周公，用即命于周……分康叔以大路、少帛、綪茷、旃旌、大吕。殷民七族：陶氏、施氏、繁氏、锜氏、樊氏、饥氏、终葵氏。封畛土……命以《康诰》，而封于殷虚，皆启以商政，疆以周索。分唐叔以大路、密须之鼓、阙巩、沽洗，怀姓九宗，职官五正，命以《唐诰》，而封于夏虚，启以夏政，疆以戎索"。《十三经注疏》，第2134~2135页。

显贵家族成员纵横切割和瓜分了，也与他们在各自领地上的土地、人身占有、祭祀礼乐等多种权力紧密结合和缠绕在一起。这就使公务处理过程难以专门化和独立化，也就排除了出现官僚集团和官僚制度的可能。

因此，中国官僚制度借以形成的社会条件，主要是在私有制逐渐深化的过程中，随着以家族为基础的次生共同体瓦解，等级贵族对土地及劳动者的世袭占有状态崩溃而出现的。其中最为关键的发展，首先是在采用新工具后，独立的个体化生产业已获得了广泛可能。正是个体生产的效率，冲垮了旧式生产关系，家族次生共同体以区分公、私田块来组织生产的基本作用，便难以为继了。① 在大家族内部，以夫妻关系为核心的小家庭在物质生产中的作用日益显露，取得了独立于家族的经济地位，从而推进了私有制的不断深化。先前土地归共同体公有的状态至此发生了重大变化，披在土地关系之上的共同体外衣被迅速剥除，土地占有和经营日益以小家庭为单位体现出来，作为基本生产资料的土地终将成为可以被小家庭自由支配的私产。

在具体历史进程中，这个过程是通过一系列政治和经济变革达成的。但如果允许对之简化的话，那么其核心事实就是小家庭成了社会的基本生产单位。

在公元前 5 世纪以后的战国时期，小家庭在生产过程中的主导地位业已确立。当时的文献中，约五口之家而一夫治田百亩的家庭经济，已成了一个被经常提到的话题。② 小家庭不像原来大家族基础

---

① 郭沫若：《十批判书》之《古代研究的自我批判》，人民出版社，1956，第 1～62 页；徐中舒：《论东亚大陆牛耕的起源》，《徐中舒历史论文选辑》下册，第 814～828 页；陈戈：《新疆出土的早期铁器——兼谈我国开始使用铁器的时间问题》，《庆祝苏秉琦考古五十五年论文集》，文物出版社，1989，第 425～432 页。

② 《孟子·梁惠王上》："五亩之宅，树之以桑，五十者可以衣帛矣。鸡豚狗彘之畜，无失其时，七十者可以食肉矣。百亩之田，勿夺其时，数口之家可以无饥矣。"焦循：《孟子正义》，第 55～58 页。《汉书·食货志上》载李悝作尽地力之教，称"今一夫挟五口，治田百亩，岁收亩一石半，为粟百五十石，除十一之税十五石，余百三十五石"云云。第 1124～1125 页。

上的共同体那样，既是社会基本生产单位，又充当国家的基本统治组织。家庭只能是统治对象，而不是统治的机器。当社会生产开始以一个个小家庭为基本单位时，行政系统就再也不可能与生产单位相重合了。以相对独立于生产过程的行政系统来处理公共事务，实际上已不可避免。同时，获得了前所未有效率的个体家庭生产，也是一种极大地依赖于外部条件的经济形式，需要凌驾其上的专门化行政组织提供保障实施统治。这就构成了中国官僚制度的重要历史前提。

事情发展的另一个侧面是，随着生产力发展，个体劳动自主性提高，土地私有制深化，世袭贵族凝固占有土地及其上劳动者的方式，也就失去了原来的活力，不能不发生根本变化：土地所有权开始在各家庭间比较自由地转移和流动，劳动者开始获得比较完整的土地使用权和生产自主性，拥有大片土地的家庭则在这样的背景下，以分取部分收获为前提，把土地出租给无地或少地的家庭，地主经济和租佃方式由此成为土地和劳动力配置的主导方式。

在这样的生产方式下，当时还拥有大片土地的家庭，包括某些原来的贵族成员，已不再能保持其对土地和劳动者的世袭凝固占有。在地权流动过程中，地主和农民都只能是一种阶层或集团化的存在。对每个地主和农民家庭来说，两者地位有了互相转换的极大可能。① 这就从根本上消除了以往贵族与其他社会成员间的凝固界限，促成了贵族等级序列的瓦解、崩溃。因此，春秋战国时期，与小家庭取代家族共同体而成基本生产单位的过程相伴发生的，是新兴地主取代了世袭贵族的社会主导地位。并不凝固占有土地和劳动者的地主无从直接成为特定区域的统治者，强制性公共权力无法固着于日益流动着的土地所有权，整个统治体系已不能分解为各个地主的统治，只能以保障地主经济、代表集团整体利益的专制集权体

----

① 参见周自强主编《中国经济通史·先秦经济卷（下）》关于战国时期土地所有制形式与阶级关系变化的讨论。中国社会科学出版社，2007，第973~1001页。

制亦集中进行，因而也只能由官僚来具体行使各种公务。① 从最为基本的角度来看，此即中国古代官僚体制的社会基础。

要之，战国时期集权官僚体制的建立，正是当时个体家庭生产和地主经济迅速发展的历史产物。接下来，既然这种基本生产状态从公元前5世纪起一直没有发生根本变化，凌驾于社会之上的专制集权统治亦延续了下来，官僚政体的面貌也就保持了连续的发展形态。

二 宗族与统治特点

小家庭之代替家族公社及地主之代替贵族，实际上是许多国家产生集权官僚政体的共同基础。在欧洲中世纪前期，其社会组织形态是与包括农奴、臣仆等诸多成员在内的贵族大家庭相连的。但13世纪尤其是15世纪以来，由父母子女组成的小家庭地位不断上升，其经济独立性亦与时俱增。② 社会细胞发生这种转变的同时，土地也逐渐成了可以自由买卖和租赁的私产，封建领主开始变为地主。在发展较早的英、法两国，15世纪起这已经成为一种普遍的浪潮。③ 在这个意义上说，拉开了近代化序幕的欧洲各民族国家，其中央集权政体及其相应的官僚制度，同样是以个体家庭生产和地主经济为重要支柱的。但欧洲各国中央集权政体的面貌及其发展历程，却与中国古代迥然不同。因此，在讨论中国古代官僚制度的社会基础时，仅仅指出上面所说的这些显然是不够的。完整意义上的社会基础，不仅应当能够说明某种政治体制的建立，还必须能够说明它的

---

① 王亚南：《中国官僚政治研究》，中国社会科学出版社，1981，第47～57页；胡如雷：《中国封建社会形态研究》，生活·读书·新知三联书店，1979，第142～164页。

② F. 缪勒利尔：《家族论》，王礼锡、胡冬野译，商务印书馆，1990年影印本，第328～356页；迈克尔·米特罗尔、雷因哈德·西德尔：《欧洲家庭史——中世纪至今的父权制到伙伴关系》，第22～41页。另参见安德烈·比尔基埃等主编《家庭史》第一卷《遥远的世界 古老的世界》下册，第638～645、26～76页。

③ 巴林顿·摩尔：《民主和专制的社会起源》，拓夫等译，华夏出版社，1987，第1～9、30～43页；爱德华·甄克斯：《中世纪的法律与政治》，第141～180页。

基本面貌和特点。

这里还是要注意中国古代与欧洲近代前夕集权官僚体制的不同背景。15 世纪以来的西欧，正处于商品经济渗透于农村，生产的社会化程度显著加强，统一市场开始形成的过程之中。当时小家庭在经济活动中迅速取代大家庭而崛起，正是商品经济日益占据主导地位的结果。而封建贵族领主之转化为地主，则可以看作土地关系和经营过程的资本主义化。因而在西欧各国，与封建贵族制度崩溃联系在一起的集权政体及其官僚制度，几乎在其建立之始，就已蕴含不断适应于资本主义秩序而发展的可能。① 相比之下，公元前 5 世纪前后在中国普及的个体家庭生产和地主经济，虽然也是商品经济和私有化相对发展的产物，总体上却还是自给自足的经济单位，自然经济在很长时期内都占有主导地位，也就不可能构成 15 世纪西欧的那种社会和政治局面。从老子《道德经》到陶渊明《桃花源记》，人们憧憬的太平景象，几乎都是一幅幅男有分女有归的静谧田园风光，其盛世当然也有商旅如织、市井繁华，但更被看重的还是亲族敦睦和富而后教、富而好礼。因此，尽管个体经营业已占据主导地位，但社会化程度甚低，抵御风险能力极其脆弱的小生产，却仍然须以血缘关系为重要的庇荫和保障。另外，尽管地主已不可能凝固占有土地及其上的劳动者，却仍须通过血缘纽带的庇荫或人身依附来扩展势力，保障其生产经营活动。

要而言之，春秋以来家族共同体的瓦解，远不像人们想象的那么彻底。在一个个小家庭获得独立经济地位的同时，那些由小家庭繁衍而产生的血缘关系，仍起着极为重要的作用，并在宗族这一由若干个小家庭构成的组织形式中长期保留了下来。直至近代，中国的广大农村基本上仍是由一个个以宗族为核心的聚落构成的。

---

① 阿尔贝·索布尔：《法国大革命史》，马胜利等译，中国社会科学出版社，1989，第 8~47 页；乌维·维瑟尔：《欧洲法律史：从古希腊到〈里斯本条约〉》，第 381~416 页。

宗族精神不仅渗透到农村基层，也渗透和扩散到官场同僚、学校师生、工商行会、会党门派等一切社会组织之中。有理由认为，宗族实质上是原始末期以来，家族公社在新的历史条件下的又一次生形态。其一方面在包容各种阶级关系的同时，继续发挥着原来家族公社的很大一部分保障和互助作用，具有明显的自治功能；另一方面，由于内部小家庭各具独立的经济地位，宗族的自治与政治统治的性质已迥然有别。宗族肯定已失去了家族公社统一安排生产、分配的职能，以及围绕贵族、平民和奴仆形成的等级秩序，故已不可能现成充当统治单位，却仍深刻影响着社会秩序和国家治理的具体形态，当然也影响到官僚的人格特征和行为方式。[①] 因此，中国古代的官僚政治，不仅是在家族公社瓦解、个体家庭生产和地主经济占主导地位的基础上产生的，也是在家族公社并未彻底瓦解和宗族长期存在的社会条件下建立的。战国以来集权官僚政治控制社会的局面虽趋定型，但这种统治同时也是在具有较强自治功能的宗族中介下展开的，是一种渗透了宗族精神的统治。[②] 这才是理解中国古代官僚制度社会基础的关键，也是理解其所以区别于欧洲各国官僚制度的根本所在。

正是在这样的社会基础上，中国古代官僚制度在体现了各国官僚制度共性的同时，又具有下列几个相互关联、影响深远的特点。

第一，宗族精神渗透于官僚的层级节制体系中。属官与长官、下级与上级官僚之间，及其与皇帝之间，在具有行政从属关系的同时，往往具有强烈的私人性依附色彩和身份关系。

第二，由于个体生产社会化程度极低和宗族拥有的自治功能，官僚的行政职能简单笼统，行政过程形成的分工，基本上没有贯彻

---

① 参见尾形勇《中国古代的"家"与国家》序章《中国古代帝国的统治体制和家族主义》对相关学术史的总结。张鹤泉译，中华书局，2010，第1~62页。

② 增渊龙夫：《中国古代的社会与国家》序论《中国古代社会史研究中存在的问题》，吕静译，上海古籍出版社，2017，第35~59页；尾形勇：《中国古代的"家"与国家》，第178~204页。

到官僚的选用、考课、待遇等各个方面，从而构成人事管理的职位分类系统。

第三，行政过程遵循统治与教化合一的原则，在稳定的法律和具有法律效力的临时性诏令和政令中，体现了礼法合一的精神。礼教、习惯和成例在调节官僚行为时具有重大意义，并贯穿于人事管理的各个方面。

第二章
行政体制及其人事部门

本书引论中指出，官僚制度广义上是指最高统治权与具体管理权相对分离并支配管理权的统治制度，在狭义上则指保障和体现了这种状态的官僚管理制度，两者是相互渗透和相辅相成的。因此，本书虽主要是从狭义上剖析中国古代官僚制度，当时的整套行政体制仍是不可回避的内容。在中国古代基于个体生产和自然经济的农耕家族社会中，行政权力控制一切，皇帝以下处理公务的各种人员都可以划入前所界定的官僚之列，都从属于各行政机构，以之为其主要活动舞台。尤其是当时根本不存在脱离行政系统而独立的人事管理过程，即便设置了一些专门化的人事部门，也无不附属于各级行政长官而最终附属于皇帝。这也就决定了对中国古代官僚制度的讨论，必须从整套行政体制及所属人事部门开始。

第一节　行政体制的集权历程

春秋战国以后，集权官僚政治虽已形成并呈有力的发展趋势，但秦统一后，面对新王朝所需统治的众多区域、民族及人口，不少人还是倾向于把战国时期定型的专制集权制度看作兼并战争形势下的权宜之计，希望沿袭三代的逐层分封和贵族自治体制，来维系国家的长治久安。这种主张对于在统一战争中建有殊勋的将相大臣，尤其是对大批具有贵族背景的六国旧人来说相当自然。因而在统一战争结束之际，是否继续推行郡县制，便成为最高决策层在政治体制上面临的根本选择。这种各地长官由朝廷统一任免调遣，并须无条件执行其政令的控制体系一旦得到继续，实际上也就肯定了战国时期形成的君主专制、中央集权和职业官僚三位一体的体制。如果放弃郡县而实行分封，这一切也就势必要改弦更张了。后来的事实表明，长期形成的历史趋势并未就此逆转。随着庙堂之上一些不大不小的争执结束，郡县制及整套贯彻了集权精神的官僚行政体制便站稳了脚跟。[1] 即便是由秦朝暴政引起，又有大量六国贵族参与其中的各地起义，也未能动摇该体制，而是迎来了一个大体推行秦制的汉朝。[2] 这一事实再次说明战国形成的集权官僚体制确实内在契合于大一统王朝的统治需要。

一 笼统而简要的秦汉公卿-郡县体制

郡县制的确立，体现了华夏统治体制根深蒂固的集权化倾向，也保障了春秋战国以来专制集权官僚体制的发展方向。在此同时也要看到，朝廷-郡县这种新近巩固下来的行政格局与三代时期天子-诸侯式格局之间，显然存在着渊源关系。从秦汉中央和地方行政建

---

① 《史记》卷六《秦始皇本纪》载二十六年初并天下议诸国策，议行郡县还是置诸侯，丞相王绾等言，燕、齐、荆地远，不置王"毋以填之，请立诸子"。廷尉李斯以为周之分封实后来之乱源，"置诸侯不便"，得始皇称许而定郡县制。第238~239页。

② 楚汉相争时，双方均曾分封功臣，刘邦晚年削除异姓王，仍惩秦亲属不盛孤立而亡，分封同姓以承卫天子，景帝时因其势大削藩而有七国之乱，平定后才形成了郡县为主、王国为辅的定局。参见《史记》卷一七《汉兴以来诸侯王年表》，第802~803页。

制即可看出，三代时期在王畿和国都围绕天子、诸侯组成的家国一体化辅佐理务班子，与之多有类似之处。

图 2-1　武梁祠东汉画像石中的地方长官起居出行

秦汉朝廷行政机构，大体是由若干协助皇帝通盘处理国务的公、十多个分别负责各类事务的卿，外加直属皇帝的其他部门所组成。① 其设置及基本关系可见图 2-2。不难看出，这样的建制与西周王室畿内以师保、卿士为骨架的理务系统多有相近之处。尤其是朝廷所设不少官职都保留了天子家臣的属性，诸卿及其所属机构有的只涉皇帝私人事务，或职责限于京师之务。至于地方各级行政机构，除规模较小以外，许多方面都像是朝廷机构的翻版。以郡县为骨架逐层控制的局面虽已形成，其各自独立性仍显而易见。如管辖若干个县的郡中，郡守统揽军、民、财、刑等政，为最高行政长官，其府署构成通常都包括辅助其通盘处理郡务的纲纪和阁下、分别处理郡内各类专门事务的列曹和其他直属部门三类，② 其要见图 2-3。在郡守下属

---

① 参见王鸣盛《十七史商榷》卷一〇《三公九卿》，中国书店，1987，卷一〇第2~3页。

② 陈梦家《汉简所见太守、都尉二府属吏》将之分为"阁下与诸曹两类"。《汉简缀述》，中华书局，1980，第97页。严耕望分郡府属吏为"纲纪""门下""列曹""监察""散吏"五类，见所著《中国地方行政制度史——秦汉地方行政制度》，上海古籍出版社，2007，第116~146页。其"门下"亦即"阁下"；"纲纪"中包括功曹，然其毕竟仍是诸曹（列曹）之一；"监察"和"散吏"性质皆直属长官。

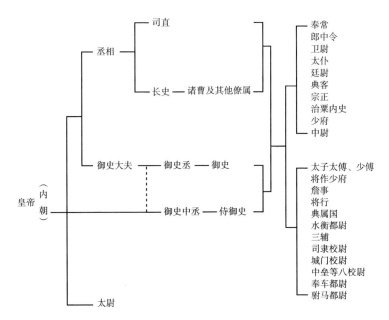

图 2-2　西汉朝廷机构概要

备注：

①本图据《汉书·百官公卿表》绘制。

②丞相掌丞天子，助理万机，汉初以后，相府有 300 余人。

③御史大夫掌监察，副丞相。其下的御史中丞在殿中兰台，掌图籍秘书，外督部刺史，内领侍御史，直属皇帝。

④太尉掌武事，不常置，武帝时撤销，另设大司马大将军主内朝。

⑤奉常以下分管宗庙礼仪、宫殿门户等各项专门政务，各有下属。其中三辅即京兆尹、左冯翊、右扶风，掌京畿地方行政。

⑥丞相、太尉秩万石，御史大夫秩中二千石，奉常至中尉秩中二千石，太子太傅至诸校尉秩二千石，奉车都尉、驸马都尉秩比二千石。

中，除郡丞由朝廷统一任命外，其余属吏皆由郡守辟署，① 其任免

---

① 孙星衍校集《汉旧仪补遗》卷上："或曰汉初掾史辟，皆上言，故有秩皆比命士。其所不言，则为百石属。其后皆自辟，故通为百石云。"孙星衍等辑《汉官六种》，周天游点校，中华书局，1990，第 87 页。此为"或曰"，说明汉初各机构属吏辟署须报告朝廷，以后"皆自辟"。但即便"皆上言"，恐怕也难影响"上言"的长官实际决定其僚属署用的权力。

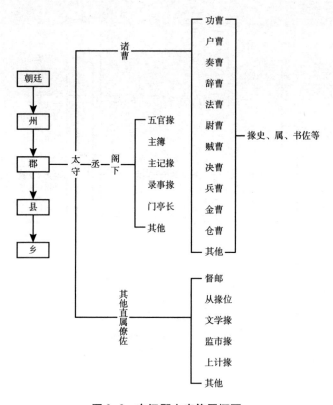

图 2-3　东汉郡守府僚属概要

备注：

本图据《续汉书·百官志五》、《隶释》卷五《巴郡太守张纳碑阴》整理绘制。汉代郡守府属吏构成法无定制，史不备载。汉代各郡僚属构成的综合情况，参见严耕望《中国地方行政制度史——秦汉地方行政制度》第二章《郡府组织》。

甚至生死都完全操制于郡守。[①]　在很大程度上，这实际上是一套仅仅效忠于郡守本人的班子。从大量记载中可以看到，人们常把郡守

---

① 《三国志》卷一一《魏书·邴原传》裴注引《原别传》述东汉末孔融为北海相，以原为计佐，"融有所爱一人，常盛嗟叹之，后恚望，欲杀之，朝吏皆请。时其人亦在坐，叩头流血，而融意不解"。又述孔融释所以欲杀此人曰："某生于微门，吾成就其兄弟，拔擢而用之，某今孤负恩施。夫善则进之，恶则诛之，固君道也。往者应仲远为泰山太守，举一孝廉，旬月之间而杀之。夫君人者，厚薄何常之有？"邴原不以为然。中华书局，1982，第 352 页。是汉代郡守可杀属吏，且以之为"君人之道"，这与文献所载汉代郡守、县令专杀之例完全相符。

比作上古诸侯，把自己与郡守的关系看成君臣关系，而郡守府则被理所当然地视同"朝廷"。这在后世或足够砍头，在当时却是被人们严肃对待并须遵守相应规则的现实，[①]无妨视之为秦汉朝廷-郡县体制脱胎于三代天子-诸侯格局的典型写照。

需要指出的是，无论是朝廷所设公卿府署，还是各地的郡县建制，对秦汉各级长官与属官，以及各机构部门之间的关系，通常不能以现代行政科层结构下的关系来看待，现代行政习惯的明确职能分工和管理层次在当时虽不能说毫无端倪，却毕竟还在开始形成的过程之中，处于稀疏而又笼统的状态。

在当时的上下级行政控制关系中，比较重要的可以举出两种。一是行政指令关系，任何官僚得到统一任命也就承担了义务，贯彻执行上级政令即其基本义务。但对秦汉各行政部门来说，更重要的是做了什么，而不是怎么做。就汉代的情况而言，各级机构和官员的政务处理过程有很大的自主空间，许多事务和场合是独立自主的。上级下达的指令通常限于最为必要的部分。对下级行政过程的干预一旦超出这个范围，就会被认为行事苛察有损"大体"。[②]一项材料表明，西汉前期皇帝下达的"施行诏书"，从高帝到景帝末的

---

①　上引《邴原别传》载孔融为北海相自称"君"，又载其属吏为"朝吏"，即然。汉代常以长官所辟之属吏为"策名委质"之臣，如《风俗通义·衍礼第三》："谨按礼：'为旧君齐衰三月。'谓策名委质，为臣吏者也。"应劭撰，王利器校注《风俗通义校注》，中华书局，1981，第151页。其风至魏晋以来犹存，《宋书》卷七四《沈攸之传》载其谋反兵败，诸将帅皆奔散，惟府功曹"臧寅曰：'我委质事人，岂可苟免。我之不负公，犹公之不负朝廷也。'乃投水死"。中华书局，1974，第1942页。

②　《汉书》卷五〇《汲黯传》载其武帝时任东海太守、主爵都尉，其治"引大体，不拘文法"；卷八一《匡衡传》载其元帝时论政得失："贤者在位，能者布职，朝廷崇礼，百僚敬让，道德之行，由内及外，自近者始，然后民知所法，迁善日进而不自知。是以百姓安，阴阳和，神灵应，而嘉祥见。"所述即为政治理之"大体"。第2316、3335页。

65 年中，总数不到 60 份。^① 在皇帝之下处于最高层级的丞相，对诸卿及其他各部门行政过程通常也不或不能直接干预。^② 可以认为，当时集权统治主要不是靠逐级逐层的行政指令关系维系的，更为重要的是另一种关系，即人事控制关系。

汉代各级长官固然只能以皇帝名义统一任免，对这些长官的具体管理却是逐层逐级负责的，至于协助长官决策理务的属吏班子，则全由长官辟署和管理。正是这种在集权原则下存留了较多分权因素的人事控制关系，保障了汉王朝的基本统治秩序。也就是说，尽管当时各行政部门常可各自为政，尽管上级对下级的行政过程一般不直接干预，实际上也因为下级机关负责各类事务的属吏只对其长官负责而难以干预，上级仍可通过对下级长官任免、考核、监督、赏罚过程的极大影响和决定作用，对其行政过程实施虽不那么直接，却也十分有效的控制。而地位至尊的皇帝，也主要是通过对为数不多的宰相、近臣及重要行政长官的任免调遣，收到对全国行政如臂使指的统治效果。这样一种控制机制，确能予人其确实脱胎于三代逐级分封状态的深刻印象。

在此前提下，汉代各行政部门，尤其是并列的行政部门之间，相互协调和牵制的稀疏是不言而喻的。除并不经常发生的重大事务需要互相协调和牵制外，各行政部门的工作，很少由其他部门参与。这种自成体系的状态不仅在各地方行政机关，而且在朝廷处理各种专门事务的部门中也是如此。比如，除了统管举国司法事务的

---

① 陈梦家：《西汉施行诏书目录》，《汉简缀述》，第 275~284 页。尽管这类施行诏书具有特定法律效力，不同于皇帝下达的一般制诏，但其 65 年不到 60 份也足说明当时诏令不频下。近年因简牍大量出土，学界强调秦汉"以文书御天下"，但同时仍应指出简牍较之纸本时代的情况毕竟不同，其说有必要与文献所载汉代政简事省之况协调起来。

② 《汉书·百官公卿表》载郎中令（光禄勋）主殿廷郎卫，卫尉主宫门屯卫，少府掌山海池泽之税以奉帝私养。其事皆直承皇命，府署则俱在禁中，行政过程显非丞相可得干预。第 727~728、731~732 页。

廷尉和主管首都治安的地方长官外，其余各卿都拥有独立的审判权，其下属部门往往还辖有一所监狱。① 又如太常所属有太医令丞，少府所属亦有太医令丞；太常所属有均官、都水长丞，少府所属也有都水、均官长丞，三辅所属又各有都水长丞。此外，治粟内史（大司农）的"又属官"中还有郡国"都水六十五官长丞"，水衡都尉的"又属官"中则有都水和甘泉都水长丞。② 这种大量出现的重复设置，显示了汉代朝廷各部门的各自为政和自成体系，使之在许多场合不必与其他部门协同。这也可见当时各种公文往来和文案处理，还不像后世那样纷繁复杂，令人应接不暇和头痛困扰；各部门具体处理这些事务的文案人员，也不像后世那样数倍增加而不敷其用。

在战国以来法治建设和法典编撰的基础上，秦汉王朝也有指导与调节各行政部门和官僚日常工作及其相互关系的法律。出土的秦汉法律简牍表明其比之战国大有发展，③ 但若与后世相较则还处于初级阶段。西汉人称"秦法繁于秋荼，而网密于凝脂。然而上下相遁，奸伪萌生，有司治之，若救烂扑焦，而不能禁"。④ 至于汉初，则与民休息，政尚无为，又"网漏吞舟之鱼"，然张家山出土之

---

① 《汉旧仪》卷上：少府、光禄勋、执金吾和卫尉四官"各领其属，断其狱"。孙星衍等辑《汉官六种》，第 65 页。《汉书》卷八《宣帝纪》载武帝晚年"望气者言长安狱中有天子气，上遣使者分条中都官狱"；同书卷五九《张汤传》注引苏林曰："《汉仪注》狱二十六所，导官无狱也。"第 236、2643～2644 页。参见沈家本《历代刑法考》，邓经元、骈宇骞点校，中华书局，1985，第 1165、1170～1171 页。

② 《汉书》卷一九上《百官公卿表》，第 726～737 页。刘庆柱、李毓芳《西安相家遗址所出秦封泥考略》（《考古学报》2001 年第 4 期）提到太医令的重复设置，并赞同沈钦韩《汉书疏证》之说，认为太医先属太常后属少府，前表载太常和少府皆有太医令丞为误。案重复设置西汉多见，少府所属太医令丞应专事宫廷医务，犹唐代之有内教坊。

③ 徐世虹主编《中国法制通史》第二卷《战国秦汉》，法律出版社，1999，第 1～19 页。

④ 《盐铁论·刑德第五十五》，王利器校注《盐铁论校注》，中华书局，1992，第 565～566 页。

《二年律令》表明其大抵还是继承了秦法而有所变化。① 自后逐渐增益，至武帝时，"律令凡三百五十九章，大辟四百九条，千八百八十二事，死罪决事比万三千四百七十二事，文书盈于几阁，典者不能遍睹。是以郡国承用者驳，或罪同而论异。奸吏因缘为市，所欲活则傅生议，所欲陷则予死比，议者咸冤伤之"。② 可见除刘邦入关约法三章这类特定时期的特定举措外，在时人渲染的秦汉法律之繁背后，实际仍留下了大片空白和便于奸吏高下其手的罅漏。一般认为，当时大量行政行为和关系，仍是由并不载入成文法典，却经常在行政过程中起重要指导作用的习惯和故事，更重要的是由那些并不限于行政领域的人际关系传统来加以调节的。也正是这些内容，占了通常由专家编辑、皇帝批准颁布的成文法的很大比重。尽管如此，在战国至明清成文法主干"律"的系统中，专门针对行政行为的职制篇，却要到魏晋时期才独立出来，至隋唐方趋于成熟。③ 这个现象恰好说明秦汉百官职司规范较之魏晋以来毕竟仍属初创，纳入律令的各种行政关系显然远不如各种私人性关系盛行而发达。

总之，公元前 3 世纪到公元 2 世纪秦汉王朝的行政体制，虽已基本完成了战国以来对三代贵族政体的否定，尤其是完成了适应大一统王朝体制的许多转折，包括汉代对秦制的大量调整，但在整部中国行政制度史上，却仍然处在诸制草创的时期。相比之下成熟得多也严密、精致得多的，是公元 6~9 世纪隋唐王朝的行政体制。

---

① 张家山汉墓竹简整理小组：《江陵张家山汉简概述》，《文物》1985 年第 1 期；李学勤：《张家山汉简研究的几个问题》，《郑州大学学报》（哲学社会科学版）2002 年第 3 期。

② 《汉书》卷二三《刑法志》，第 1101 页。《盐铁论·刑德第五十五》亦称"方今律令百有余篇，文章繁，罪名重，郡国用之疑惑，或浅或深，自吏明习者，不知所处，而况愚民"。第 566 页。

③ 《唐律疏议·职制篇》卷首："《职制律》者，起自于晋，名为《违制律》。爰至高齐，此名不改。隋开皇改为《职制律》。言职司法制，备在此篇。"长孙无忌等：《唐律疏议》，刘俊文点校，中华书局，1983，第 182 页。

二　规整而错综的隋唐省部-州县体制

隋唐与秦汉有相仿之处，在寿命不过三十多年的隋朝对魏晋以来三百六十余年历史进行一系列整顿后，全面继承这一成果的唐朝，把专制集权官僚政治的规模和各项制度推上了中国古代的又一高峰。这与汉朝继承秦朝对春秋以来历史的总结，从而将大一统王朝推向兴盛的过程，确有不少相似之处。但须强调的是，唐制是魏晋以来各族政权对汉制不断有所扬弃的产物，故其达到的水平也超过了汉代。

在朝廷行政方面，汉武帝至光武帝以来巩固大一统王朝和加强集权的诸多措施，在传统公卿体制中打出了许多缺口和变革的楔子。接着便是魏晋以来新旧机构和秩序之间错综复杂的冲突生灭。其中最为引人注目的，是尚书省、门下省、中书省地位的逐渐确定和传统公卿的没落，[①] 到隋唐形成了以三省和御史台围绕皇帝决策和政务督责而相制相协的分工协调态势，其他机构则确立了分工较细、依事归类，又大致对应或受命于尚书省六部二十四司的诸省寺台监卫府架构。[②] 与秦汉时期近乎各自为政的公卿体制相比，这套结构的系统性和严密性已大为提升。三代畿内或都内建制的松散粗略和家臣治国遗风，至此已被祛除殆尽了。

---

① 洪诒孙《三国职官表》序："曹氏官制名与汉同而实变之，统而言之：禄秩则改为九品矣，三公则广为五府矣，内则尚书、侍中别为一台而不属少府，中书、秘书创为二省而专典机宜。宫禁不主于光禄勋，更置殿中诸司；屯卫不归于南北军，别设领军之职。司农管度支而更领屯田，符节属九卿而转为台主。……古今名号之改移，两晋南北朝之建置，实皆权舆于此时者也。"《二十五史补编》第二册，中华书局，1955，第2731页。

② 《唐会要》卷七八《诸使杂录上》苏氏驳曰："九寺三监、东宫三寺、十二卫及京兆、河南府，是王者之有司，各勤所守以奉职事。尚书准旧章、立程度以颁之；御史台按格令、采奸滥以绳之；中书、门下立百司之体要，察群吏之能否，善绩著而必进，败德闻而且贬。政有恒而易为守，事归本而难以失。"即是对唐代行政体制的概括。丛书集成初编本，商务印书馆，1936，第1438~1439页。

汉唐间地方行政体制的发展，也在绕了一个很大的弯子后达到了新的高度。汉代在郡以上设立的州，在很长时期内都只是监察区域，却扰动和改变了原来朝廷与郡县间的关系。州刺史的权力并非总是像汉武帝创制时设想的，能够始终局限在监察的范围之内。在汉末以来的战争与骚乱中，州迅速变成了集监察、军事、民政于一体的政区，并越来越多地设置于各地，郡县二级制在魏晋南北朝演变为州郡县三级制。[①] 隋唐承此整顿，以州代郡，看起来郡县制与州县制仅一字之差，但州所蕴含的朝廷统一控制却显著深化了。比如，魏晋以来各州常由将军持节督领军政要务，军府实际主导了一地之政，其辅佐和重要僚属皆由朝廷统一任命，朝廷对地方政务的干预能力已切实强化。[②] 在此影响下，州郡长官的重要僚属也渐收归朝廷统一管理。至隋唐，"大小之官，悉由吏部，纤介之迹，皆属考功"，[③] 各地各部门长官僚属只要是官员，均由朝廷统一任免和调迁，也就不再像秦汉长官辟署的僚属那样，仅仅效忠于长官本人而具宾主或君臣性质了。人事管理的这种变化，浓缩了魏晋以来地方军政、财赋、司法等诸多权力不断上收朝廷的进程，意味着秦汉地方长官所带诸侯色彩的消退，也使整套地方行政机关的运行，进一步纳入了朝廷统一控制的轨道。

总之，在经历了魏晋南北朝三百余年的发展后，隋唐朝廷和地方行政机构呈现了相当严整的面貌，图2-4即为唐朝廷机构设置概要。从中可见，取代了秦汉三公宰相地位的是三省长官和其他一些被随时授权进入政事堂议政的高级官员，他们直接协助皇帝决策，通

---

① 参见周振鹤主编《中国行政区划通史》之《总论》，复旦大学出版社，2009，第47~65页。

② 严耕望：《中国地方行政制度史——魏晋南北朝地方行政制度》卷上《魏晋南朝地方行政制度》，第151~155、537~541页。

③ 《隋书》卷七五《儒林·刘炫传》，中华书局，1973，第1721页。杜佑《通典》卷一四《选举二·历代制中》载此为隋文帝定，"自是海内一命以上之官，州郡无复辟署矣"之原注。中华书局，1984，典八一。

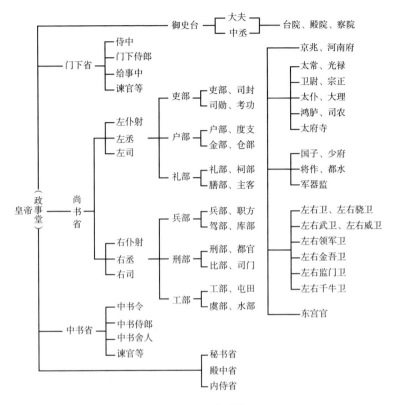

图 2-4　唐朝廷机构概况

备注：
本图据《旧唐书·职官志》绘制。

盘处理举国要务。而负责承旨宣诏的中书省，审核章奏和诏令的门下
省，还有既参与最高决策，又主管举国政务包括诏令内容制定和实施
过程的尚书省，则完全围绕这一进程来相互配合和牵制。需要特别强
调的有二：一是尚书省所属吏、户、礼、兵、刑、工六部二十四司，
已对全国政务分门别类实施对口控制，其况已完全不同于秦汉诸卿的
松散结构和管理；二是承南北朝以来相关做法，隋唐又以一个与三省
地位并行、直接对皇帝负责和监察功能强大的御史台，专门监察举国
重要行政过程和高官要官。这样朝廷就进一步强化了对各类行政过程
和行政人员的控制能力，将之统统网罗于皇帝的驾驭之下了。其余的

秘书省、殿中省、内侍省，以及九寺、五监、十六卫、东宫官等设置，则为措办附属于皇帝本人和朝廷有关具体事务的直属机构，其职责分工的明确化和专门化程度之高，也已达到了空前水平。

地方行政建制之况类同朝廷，图 2-5 所示即唐州级机构设置概况。刺史为一州之长，其下有直接协助其通盘处理州务的长史、司马，是为佐官；又有录事司督录审核文书处理和机关庶务，相当于长官、佐官的办公部门；另有大致对应尚书六部，分别处理各项政务的功、仓、户、兵、法、士六曹（司），以及市令、学官等其他直属官员。这种设置轮廓承自秦汉，具体内容已有很大差异的结构状态，体现了汉唐间各种行政关系的相应变化。

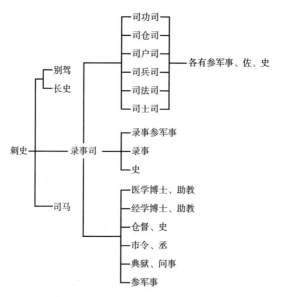

图 2-5　唐州级机构概况

备注：
本图据《通典》卷三三《职官十五·州郡下》"总论郡佐"绘制。

与机构建制相比，行政关系和行政秩序的变化更大也更为深刻。隋唐朝廷机构以围绕皇帝决策、督责而活动的三省，尤其是以承上启下的尚书省六部二十四司来全面驾驭全国政务的状态，已相当清楚地表明了强化集权的宗旨。与秦汉松散的公卿组合相比，这是一种能够统一控制更为繁多和经常性事务的组织形态。在南北朝不断强化集权的基础上，隋唐行政体制形成的一大特色，就是朝廷不仅对各地各部门行政结果，而且也经常对其行政过程实施持续控制。许多在汉代无须也不可能由皇帝过问的事情，现在都要写成章奏逐层呈送，经三省和宰相政事堂的审理，取得皇帝旨意之后，再以诏令的方式下达指示。

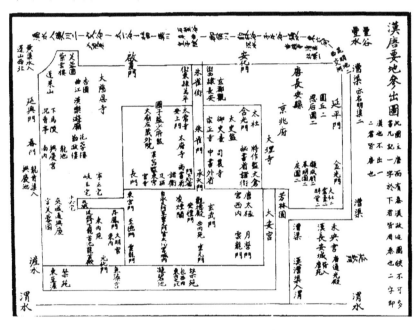

图 2-6　唐长安城官署分布

唐制，各地各部门行政凡须取旨者，皆须上奏，由三省按其事项在不同范围内审裁拟议，呈交皇帝批准。① 像任免重要官员这样

①《唐律疏议·职制篇》"事应奏不奏"条："诸事应奏而不奏，不应奏而奏者，杖八十。应言上而不言上（原注：虽奏上，不待报而行，亦同），不应言上而言上及不由所管而越言上，应行下而不行下及不应行下而行下者，各杖六十。"《疏议》曰："应奏而不奏者，谓依律、令及式，事应合奏而不奏；或格令、式无合奏之文，及事理不须闻奏者，是'不应奏而奏'，并合杖八十。应言上者，谓合申上而不言上。注云'虽奏上，不待报而行，亦同'，谓事合奏及已申上、应合待报者，皆须待报而行。若不待报而辄行者，亦同不奏、不申之罪。"第 202~203 页。

的大事，常由宰臣拟议再由皇帝在起草好的任命诏书上书"可"，以示批准该项任命。公侯重臣、三品以上高官，以及五品以上重要官员的任命诏书规格不同，分别称册书和制书，由中书省官员及学士知制诰者起草，参与这项任命的三省主管官员皆须连署，皇帝书"可"后还须由门下省审核，留底后再以抄本颁下尚书省施行。而日常政务处理，如各地各部门奏请增减官员，废置州县，征发兵马，除免官爵，授六品以下官，处流以上罪，用库物五百段、钱二百千、仓粮五百石、奴婢二十人、马五十匹、牛五十头、羊五百口以上之事，也皆须履行三省拟议审核程序并由主管官员连署，由皇帝在其上书"闻"，或御书日期，此奏也就变成了皇帝照准而须即日下达的敕书。① 与之相仿，各地各部门长官也主要是在批复下级所呈请示报告的过程中处理公务的，其佐官、录事或主簿、诸曹所起作用及连署方式，亦与上述三省官员参与章奏处理和制敕形成之况相类。唐代各级长官或僚属拟定政务处理意见，仍沿用六朝流行的四六骈体，言简意赅，有时也难免笼统地表述裁处决定。这种称作"判词"的文种在当时极为官场所重，故在入仕为官者皆须考试的"身、言、书、判"中占了最重分量。② 所有这些都表明，隋唐王朝的整部行政机器已完全以皇帝诏令制定和贯彻为核心，在各种承上

---

① 《唐六典》卷八《门下省》"凡下之通于上，其制有六"，卷九《中书省》"凡王言之制有七"。李林甫等：《唐六典》，陈仲夫点校，中华书局，1992，第241~242、273~274页。又《唐律疏议·职制篇》"稽缓制书"条："诸稽缓制书者，一日笞五十（原注：誊制、敕、符、移之类皆是），一日加一等，十日徒一年。"《疏议》曰："制书，在《令》无有成案，皆云'即日行下'，称即日者，谓百刻内也。"第196页。参见韩国磐《从颜真卿告身谈到唐代行政效率》，《人文杂志》1988年第1期。

② 白居易《白氏长庆集》卷三八《诗赋十五首·泛渭赋》序："右丞相高公之掌贡举也，予以乡贡进士举及第；左丞相郑公之领选部也，予以书判拔萃选登科。"文学古籍刊行社，1955年影印本，第989页。韩愈《韩昌黎全集》卷三四《碑志十一·中大夫陕府左司马李公墓志铭》述志主"以朝邑尉外舒选，鲁公真卿第其所试文上等，擢为同官正尉。曰：'文如李尉，乃可望此。'其后比以书判拔萃，选为成年尉，为华州录事参军"。中国书店，1991，第422页。可见选人试书判拔萃科之重要。

启下的行政指令关系中运行，其代价则是各种行政过程湮没于大量往返回复的公文之中。尽管钦羡于汉代事省文简之况的人们不断对此发出抱怨，但在汉代被认为是有损于大体的烦碎文法，现在无疑已因大势所趋成了必要，[①] 频繁的行政指令已在隋唐王朝的上下级关系和整个集权统治中占了主导地位。

人事控制也仍是驾驭各行政部门的重要方式。隋唐朝廷统一任免和调迁的九品以上官员，包括在京各部门和地方府州县长官以下的佐官和重要僚属。前已指出这种状态在魏晋南北朝已逐渐积成趋势，其统一的规定应形成于隋文帝开皇元年（581）或三年定令之时。[②] 需要强调的是人事任免权的空前集中统一，对整个官僚管理格局和行政秩序都有深刻的影响。

这首先就意味着各机构重要僚属与长官同样受命于朝廷，需要共同对皇帝负责，一起对执行制诏负有义务，这就保障了朝廷指令在各行政层级的贯彻渗透。各级行政长官很难再通过其人事权任来独断专行，这就为上下级关系注入了并肩事主和共同对行政过程负责的内涵，也使长官和属官更纯粹地表现为行政节制关系，而不再像汉代那样带有较强的依附性、私人性。显然，隋唐时期的官僚人事控制格

---

① 《隋书》卷七五《儒林·刘炫传》载其才学甚富，熟谙故事，屡与立法而宦途坎坷。炀帝时炫对牛弘曰："古人委任责成，岁终考其殿最，案不重校，文不繁悉，府史之任，掌要目而已。今之文簿，恒虑覆治，锻炼若其不密，万里追证百年旧案，故谚云：'老吏抱案死。'古今不同，若此之相悬也，事繁政弊，职此之由。"下文述文繁是因权力较汉代集中，"弘甚善其言而不能用"。第 1721 页。

② 《唐六典》卷六《刑部》原注述"隋开皇命高颎等撰《令》三十卷"。第 184~185 页。《通典》卷一四《选举二·历代制中》述隋任官之制，"尚书举其大者，侍郎铨其小者，则六品以下官吏，咸吏部所掌"。所述应是开皇《选举令》之规定。典八一。《隋书》卷四二《李德林传》载其开皇元年与于翼、高颎等同修《律》《令》，颁行后"苏威每欲改易事条。德林以为格式已颁，义须画一，纵令小有踦驳，非过蠹政害民者，不可数有改张"。第 1200 页。《资治通鉴》卷一七五《陈纪九》载至德元年（当隋开皇三年）十一月，"隋既班《律》《令》，苏威屡欲更易事条，内史令李德林曰……"胡注："前年十月隋行新《律》。"上海古籍出版社，1987，第 1164 页。似开皇元年颁《律》而三年又颁修订后之《律》《令》。

局，一方面直接加强了朝廷对各地各部门行政的控制，另一方面也改变或催生了集权官僚体系的规则和秩序。如果说秦汉主要不是通过对行政过程的控制，而是以逐级展开的人事管理来保障行政绩效的；那么隋唐除继续保障行政绩效外，更以统一的人事管理来确保行政指令的逐级贯彻执行，从而深入控制各地各部门的具体行政过程。

在此基础上，隋唐各行政机构内外部的协调牵制关系也相应发达起来。长官和属官之间的协调行事，已在法律上有明确规定。前面所述三省审核拟议章奏和制敕的连署之制，在敦煌文书所示唐代相关法令和公牒文式中皆有体现，① 这种制度体现了相关官员在行政过程中的角色和地位：是长官还是通判官，是主典还是判官或文案督录稽核者，明确了其各自所需承担的责任。一旦行政过程出错，即须据其不同责任区分首犯从犯节级连坐治罪，即便是佐史书吏所事文案有误，长官若未能发现纠正，同样要承担相应责任。② 相比之下，汉代遗留的简牍公文实例固然也有相关官吏副署，其式却甚简略粗疏，尤其无法与长官和佐史也须连坐的唐制相比。③ 这也可见唐代官府已比以往任何时候都更像一个行政法人，长官与其

---

① 如 P. 2819《开元公式令残卷》今存"尚书省与诸台省相移式""尚书省诸司相关式""尚书都省牒省内诸司式""尚书省下符式""制授告身式""奏授告身式"共 6 个文式，所示不同公文的连署之式相当清晰。录文见刘俊文《敦煌吐鲁番唐代法制文书考释》，中华书局，1989，第 221~245 页。

② 《唐律疏议·名例篇》"同职犯公坐"条："诸同职犯公坐者，长官为一等，通判官为一等，判官为一等，主典为一等，各以所由为首（原注：若通判官以上异判有失者，止坐异判以上之官）。"《疏议》曰："同职者，谓连署之官。公坐，谓无私曲。假如大理寺断事有违，即大卿是长官，少卿及正是通判官，丞是判官，府史是主典，是为四等。各以所由为首者，若主典检请有失，即主典为首，丞为第二从，少卿、二正为第三从，大卿为第四从，即主簿、录事亦为第四；若由丞判断有失，以丞为首，少卿、二正为第二从，大卿为第三从，典为第四从，主簿、录事当同第四从。"第 110 页。

③ 汉简公文之式，发文主体多书于公文开头，说明其恒负首要责任；辅助发文者起草公文的属吏，常署名于文末或简背，不书日期，说明其并非行政主体，恒负间接责任。这两点足见汉代不可能出现唐代那样的四等首从连坐之法。参见李均明、刘军《简牍文书学》，广西教育出版社，1999，第 143~163 页。

佐官、属官已须共同对行政过程负责，而不再像汉代那样只是长官之府了。

从另一角度反映这一点的，是官制记载方式的变化。汉代以来，官制记载中通常都没有机构的地位，而是直接在其长官之后把属官登录下来就了事了。但唐代的官制记载中，一般都要先列出机构的名称，如某省、某寺、某监，然后才系以长官和属官。这正是唐代行政机构在行政过程中形成了长官、佐官、属官及书吏佐史互不可缺的配合和牵制，其机构法人地位业已凸显的反映。不仅在各机构内部，机构与机构之间的平行联系也大大增加了。著名的如三司制度，凡天下冤苦无告，由御史台与中书省、门下省联合受理，重大案件必须由御史台、大理寺和刑部分别派遣特定官员联合审讯，一旦出现冤狱，则规定由中书省、门下省和御史台的有关官员共同受理。[1]

从上述行政控制、行政关系和行政秩序之况不难看出，唐代法律已有远较汉代严密的条文，对百官职责及机构的日常行政和相互关系进行规范和调节。律的系统除有专门针对履职行为的《职制篇》外，其他各篇条文亦多针对官吏的为政。尤其是魏晋以来逐渐分化而成的另外三个法规系统——令、格、式中，令针对各类政务，其中《官品》《职员》《选举》《考课》等篇直接规范了百官等级、职掌、编制、选用、考核等事，其余也都是不同行政过程所须遵守的框架性规定；格、式皆以尚书省诸司和太常寺等重要机构为篇目编辑，内容基本上都是相应的行政规范和成例。诸如上面所述公文连署、机构法人化、三司制度等，许多在汉代

---

[1] 《唐六典》卷一三《御史台》载御史大夫"凡天下之人有称冤而无告者，与三司诘之（原注：三司，御史大夫、中书、门下。大事奏裁，小事专达）"。又载侍御史"凡三司理事，则与给事中、中书舍人更直于朝堂受表。若三司所按而非其长官，则与刑部郎中、员外郎、大理司直、评事往讯之"。第378、380页。

尚无踪影或未纳入成文法的行政规范，现在都已一一修入了律、令、格、式这四种法典。其所标志的是行政规范化程度的显著提高，反映的是权力进一步集中统一和行政过程控制强化以后，上下左右诸牵制协调关系的发达已不能不更为讲求行政行为的规范有序，才能保障必要的效率和礼法合一的基本秩序。

事情很清楚，官员和机构之间的牵制协调一旦形成缺一不可的态势，也就不可避免地有了维系朝廷统一控制的意义，成为便于皇帝操纵行政过程，确保专制统治的基本方式。官员和机构因此相辅相成，被各种规定和需要串到了一起，组成了一个远比汉代更为紧密地围绕皇帝这一集权轴心，也更为广泛地在各种行政关系中体现自己存在的整体。这种在错综相制中表现出来的整体性，也许就是隋唐行政体制的真谛所在。现在的问题在于行政效率，权力切割过于细碎、文牍主义泛滥、官员及机构行政独立性的缺失，都足以模糊行政成败的责任，增加行政成本特别是时间耗费。初唐以来围绕效率问题的诸多举措，无论是以政事堂制度协调三省，[①] 还是以使职办理专项事务，[②] 都构成了唐制继续变迁发展的重要方面。

因此，唐制可以说是中国古代行政体制最为重要的一个转折形态。之后不仅整个宋代沿袭了唐制，即便是一只脚踏在古代，另一

[①] 马端临《文献通考》卷五〇《职官四·门下省》述宋代司马光上言有曰："唐初始合中书、门下之职，故有同中书门下三品，同中书门下平章事。其后又置政事堂，盖以中书出诏令，门下掌封驳，日有争论，纷纭不决，故使两省先于政事堂议定，然后奏闻。开元中，张说奏改政事堂为中书门下，自是相承，至于国朝，莫之能改。"中华书局，1986，考四五五。参见王应麟《玉海》卷一六一《宫室·唐政事堂》引李华《中书政事堂记》，元刻合璧本，台北：大化书局，1977 年影印本，第 3061 页。

[②] 《通典》卷一九《职官一·职官总序》述开元二十五年刊定职次，著为格令，"设官以经之，置使以纬之"。其原注云："按察、采访等使以理州县，节度、团练等使以督府军事，租庸、转运、盐铁、青苗、营田等使以毓财货，其余细务因事置使者，不可悉数。其转运以下诸使无适所治，废置不常，故不别列于篇。"典一〇七。参见何汝泉《唐代使职的产生》，《西南师范大学学报》（人文社会科学版）1987 年第 1 期。

只脚则进入了近代的明清，其体制很大程度上也还是对唐制的继承
和发展。① 尽管明清常被誉为古制发展的第三个高峰，在统治的专
制程度和集权结构的致密上，其确实总结了宋元以来发展而达到了
新水平，但若论整套体制的开阔规整，气度恢宏，则远远不及唐制。
正像北京附近的明清陵园那样，其工笔重彩的殿庑和精雕细琢的列
石固亦气势非凡，但与唐陵以山作冢、殿基高大的气象相比，却多
少显得有些森严小气了（见图2-7、图2-8）。

图2-7　唐太宗昭陵

① 《明史》卷七二《职官志一》序言开头便述："明官制，沿汉唐之旧而损益
之。"卷九三《刑法志一》序言："明初，丞相李善长等言：'历代之律，皆以汉九章为
宗，至唐始集其成。今制宜尊唐旧。'太祖从其言。"中华书局，1974，第1729、2279
页。参见薛允升《唐明律合编》之《唐明律卷首》："明代则取《唐律》而点窜之，涂
改之，不特大辟之科任意增添，不惬于人心者颇多，即下至笞杖轻罪，亦复多所更改。
揆其意总在求胜于《唐律》，而不屑轻为沿袭，名为遵用《唐律》，而《唐律》名存而
实亡也。"怀效锋、李鸣点校，法律出版社，1999，第1页。

图 2-8　明十三陵主神道

三　庞杂而细密的明清部院-司府县体制

唐后期至宋以来，由于三省长官长期在政事堂处理国务，原来三省高层的职能已渐与政事堂合为一体。三省的职能部门尤其是尚书六部诸司则已趋于独立，并与其他机构一起进入了又一个新、旧机构职能和关系的复杂调整期。经过长期过渡和种种折腾以后，便形成了明代朝廷机构如图 2-9、图 2-10 所示的构成状态。

直接协助皇帝从事最高决策的内阁，可以说是明代样式的政事堂。① 辅助皇帝掌管章奏和谕旨收发、检核、抄写，以及御玺、符、牌事务的通政司、六科、中书科和尚宝司等机构，则从原来三省之内的相应部门演变而来。吏、户、礼、兵、刑、工六部直至清代仍稳定

---

① 参见孙承泽《春明梦余录》卷二三《内阁》，王剑英点校，北京出版社，2018，第 326~327 页；赵翼《廿二史札记》卷三三《明内阁首辅之权最重》，中国书店，1987，第 483~484 页；方志远《明代内阁的票拟制度》，《江西师范大学学报》（哲学社会科学版）1987 年第 4 期。

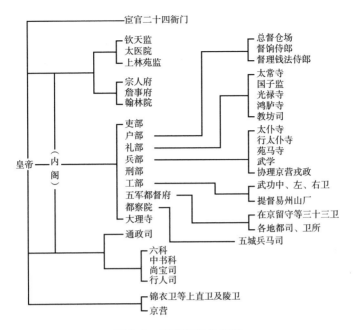

图 2-9 明朝廷机构概况

存在，已是六个独立辖有各司和其他一些直属部门，分掌专项政务的最高机构，其所统繁剧而事项细密，足以体现举国政务集中统一之程度。① 此外，从唐以来御史台监察御史的察院蜕变而成的都察院，已是专职监察全国各级行政官员的最高机构；从宋元以来专管军机的枢密院改造而来的五军都督府则分领在京诸卫及各地都司、卫、所，配合兵部统辖军务。唐代大理寺掌审理刑狱，而刑部掌复核及举国法务，至明清

---

① 陆容《菽园杂记》卷四："《诸司职掌》：职方郎中、员外、主事之职，掌天下地图及城隍、镇戍、烽堠之政。其目有五，一曰城隍，二曰军役，三曰关津，四曰烽堠，五曰图本，余皆未载。以今职掌事件记于左方：点军士，奏报声息（原注：此二事原隶司马部即武选司，今隶职方司），出征动调官军，京营军马，京城门禁，五城兵马巡逻，月报军马，季报军马，岁报军马（原注：天下都卫所），推举边将，举用将才，边将失机，传报夷情，来降夷人，外国走回人口，将军，勇士，民壮，弓兵，幼军，土兵，乡导，盗贼，盐徒，漕运官军，编发充军，投充军，军伴，军匠，内府幼匠，土官仇杀。"佚之点校，中华书局，1985，第 43~44 页。陆容曾任职方郎中，所述足见尚书诸司所统繁剧细密之一斑。

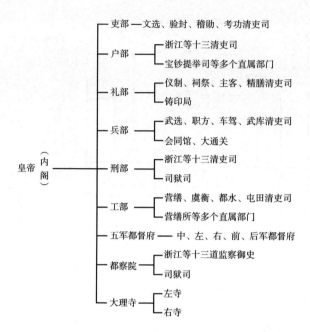

图 2-10　明六部、五军都督府、都察院、大理寺所属部门

备注：

①图 2-9、图 2-10 均据《明史·职官志》绘制。

②户部、刑部清吏司各十三个，分别为浙江、江西、湖广、陕西、广东、山东、福建、河南、山西、四川、广西、贵州、云南清吏司，分理十三省之事，兼两京、直隶及诸司、卫、所之事。都察院十三道监察御史亦然。

③直属户部的部门除十三清吏司外，还有宝钞提举司，钞纸局，印钞局，宝钞广惠库，广积库，赃罚库，甲、乙、丙、丁、戊字库，广盈库，外承运库，承运库，行用库，太仓银库，御马仓，军储仓，长安、东安、西安、北安门仓，张家湾盐仓检校批验所。

④直属工部的部门除四清吏司外，还有营缮所、文思院、皮作局、鞍辔局、宝源局、颜料局、军器局、节慎库、织染所、杂造局、各抽分竹木局、大通关提举司、柴炭司。

⑤五军都督府各辖都司、卫所。

刑部掌审理刑狱而大理寺掌复核，大理寺地位有所上升。[1] 明清六部、通政司、都察院和大理寺长官合称九卿，为皇帝和内阁以下分理诸务的全国行政纲辖。其他如宗人等府、翰林等院、太常等寺、国子等监和禁兵营卫之类，则为分别负责皇帝和朝廷具体事务的直属机构。

---

①　关于明廷设官沿唐损益之况，参见陆容《菽园杂记》卷三首条，第24页。

地方行政以省、府、县三级制为骨架。隋唐时期的州经长期演变，至明清已蜕变为一种接近于县的政区建制，唐宋一般只设于首都或陪都地方的府则被推广，州、县两级因此而变为府、县两级。[①]但在府之上，明清承元增设了行省一级建制。自汉以来，历代朝廷都曾在不同时期派遣重臣，分区督理各郡（州）县监察、军事、财政等专项事务，以强化朝廷的统一控制，协调与地方的关系，最终往往形成了郡、州、府以上的一级政区。汉代有州，唐代有道，宋代有路，元代则建为行省。虽其产生各有背景，历代也不乏调整、变革，省级建制却一直稳定地延续到了今天。

至于省级行政机构，明代已不像元代那样以一个类于朝廷中书省的行中书省来管制境内的一切，而是在每省设立了承宣布政使司、提刑按察使司和都指挥使司三套班子，分管省内民政、刑名监察和军事事务，也分别受朝廷相应部、府的管辖。其具体结构以主管一省民政的布政使司为例，如图 2-11 所示。大体除长官左、右布政使，以及若干个通常被派至省内各地，分道管理有关事务的参政、参议官外，布政使司衙门以经历司和照磨所督录、审勘各种公文卷宗；[②] 其下设有吏、户、礼、兵、刑、工六房书吏对应朝廷六部，分管各类行政事务和相关文案；又以理问所从事刑名，以架阁库保管各类档案。至于布政使司的直属部门，则有管理监狱囚禁事务的司狱司，管理仓库的大使等，其他如杂造

---

① 参见顾炎武撰，黄汝成集释《日知录集释》卷八《府》，秦克诚点校，岳麓书社，1994，第 278~282 页；周振鹤主编《中国行政区划通史·明代卷》，复旦大学出版社，2007，第 9~13 页。

② 经历司自金元承袭而来，相当于汉唐各机构署诸曹文书的丞、长史及主簿、录事之类，照磨所为太祖朱元璋借鉴宋制而设。《明实录·太祖实录》卷五一，洪武三年四月丁亥，"置磨勘司。上尝以中外百司簿书填委，思所以综核之。因览宋史，见磨勘司而喜，至是遂设其官，以太子伴读高晖为司令"。上海古籍书店，1983，第 1009~1010 页。黄光昇《昭代典则》卷六《太祖》载，洪武三年四月，"置磨勘司，综核天下章奏"。上海古籍出版社，2008，第 137 页。

局、宝泉局等，则视各省需要增减置废。^① 必须指出的是，六房皆仅以胥吏任文抄案牍之事，性质、地位与唐代各机关具有判事权的诸曹有本质不同。^② 这种构成也代表了当时府、县二级机构的状态。

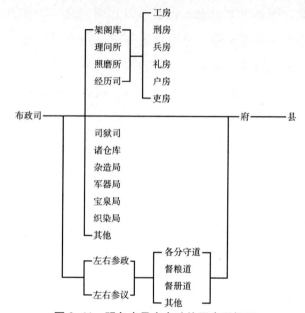

图 2-11　明各省承宣布政使司官司概况

备注：
本图据《明史·职官志四》绘制。

---

① 如李侃、胡谧纂修（成化）《山西通志》卷四《公署（官宇附）》："布政司治，在太原府城中，洪武初因元中书省改建，中厅事扁曰'承宣'，后堂扁曰'正心'，左右两庑列通吏六房，前仪门外门后左右官宅，旁吏舍。经历司、照磨所、理问所、司狱司、丰赡库、军需库，俱附本司。"李裕民等点校，中华书局，1998，第135页。陈子龙等选辑《明经世文编》卷八一《徐司空（恪）奏议·议处郧阳地方疏》述郧阳不宜添设布、按二司有云："若依所言一如贵州，官不全设，抚民官员足当其数。其经历司、照磨所、理问所、司狱司官吏亦不可缺，衙门、公廨、仓库、牢狱必须创建，所费不赀。银物或可仰给他处，其土木工程未免劳役。"中华书局，1962，第722页。

② 《明律例》卷三《吏律·职制》"滥设吏员"条规定："各处司府州县卫所等衙门，主文书算、快手、皂隶、总甲、门禁、库子人等，久恋衙门，说事过钱，把持官府，飞诡税粮，起灭词讼，陷害良善，及卖放强盗、诬执平民，为从事发有显迹情重者，旗军问发边卫，民并军丁发附近，俱充军。情轻者问罪，枷号一个月。纵容官员作罢软黜退，失觉察者，照常发落。"申时行等修（万历）《明会典》卷一六二《刑部四》，中华书局，1988，第833页。参见顾炎武撰，黄汝成集释《日知录集释》卷八《吏胥》，第292~293页；黄宗羲《明夷待访录·胥吏》，中华书局，1981，第41~43页。

　　如果说汉代主要倚仗人事控制来保障各地各部门行政的集中统一，使之呈现了各级长官权力相对完整的"块块化"结构状态；那么，唐代在持续频繁的指令和多重牵制协调关系中运行的行政体制，便显示了条块关系的错综状态，并以各行政层级内部日益细密的分工，显示了大事要务由诸使职专项处理的"条条化"倾向。而明代的行政结构，则给人以条条占了压倒地位的强烈印象，其行政层级开始主要通过各专项政务系统来体现，亦即在条条中划分出层级，而不是像隋唐那样，在县、州、尚书省这样的层级下区分出六部、六曹之类的条条。这种状态在明初对中央和地方体制的两项重要变革中，可以看得更为清楚。

　　秦汉以来，在朝廷各专项政务机构之上，总是存在着一个直接协助皇帝决策和督责百官的机构，如秦汉丞相府、唐宋政事堂和元代中书省等。洪武十三年（1380）明太祖朱元璋诛丞相胡惟庸后，鉴于历代这类机构易出权臣，便断然废除了这一建置，从而把包括六部在内的大批机构置于自己直接驾驭之下。后来的发展证明这多少有些因噎废食，直接面对如此众多而又分工细致的专项机构，仅凭皇帝一人之力，是无论如何也难以对付海量而又五花八门的章奏请示的。结果是永乐帝刚即位，便按洪武时期的先例把若干官员召进宫廷，协助其处理章奏，此即内阁之始。① 前面所以称内阁为"明代样式的政事堂"，即因其完全不是一个正规机构，没有印鉴，不像汉代丞相教令、唐代尚书省符或政事堂"中书门下牒"那样可以独立发布指令，其成员所加殿阁学士衔一开始只有五品，后渐加至一品，但也只是一种享受待遇的临时性名分。内阁学士的职责就

————————

　　① 陈建《皇明通纪法传全录》卷一三建文四年九月："始开内阁于东角门内，命解缙、胡靖、杨荣、杨士奇、黄淮、金幼孜、胡俨七人入居阁中，谕以委任腹心至意，专典机密，虽学士王景辈不得与焉。"高汝栻订，吴桢增删《续修四库全书》第357册，上海古籍出版社，2002，第220页。

是为皇帝提供咨询，主要是票拟章奏处理意见，其作用和地位是因其影响皇帝谕旨间接显示出来的。① 对皇帝来说，内阁的这种暧昧隐晦、有其事而无其名的状态，最大的好处是既协助自己处理了国务，又至少在法律上撤除了横亘于历代皇帝和专项政务机构之间的政枢机构和宰相层级，使驱动整部行政机器的圣旨上谕得以更为通畅地进入各地各部门。当然，这也使朝廷各专项政务机构的地位和整个行政体系的条条状态更加突出了。

地方上，秦汉以来的各级政区，一般都以一个长官总理境内的民刑军政，即便同时设置像郡尉那样专掌军事治安的官员，也往往受制于郡守。直至宋代，取鉴于中唐以后的各道使职，在州县之上设路，各路分设漕、宪、仓、帅四司，分管一路民事财政、刑狱监察、仓储商务和军事事务，② 从而明确体现了地方行政的条条化格局。明太祖洪武九年（1376），废除沿自元代的行中书省，改以都、布、按三司对口朝廷有关部、院、府，分管一省军务、民政财赋和刑狱监察而直接对皇帝负责，正是继承了宋代路制的这一精神。至于其进一步发展，除省内各地卫、所部伍直属都司外，布、按二司都向各地派遣专员，分别组成督办各有关事务，通常称为道的直属系统。包括洪武年间开始以按察副使、金事分区巡察各地官员的分巡道，③ 正统年间开始以布政使司参政、参议分区掌管各地民政的分守道，④ 以及陆续因地制宜出现的督粮道、督册道、屯田道、水

---

① 赵翼：《陔余丛考》卷二〇《前明司礼监即枢密院》、卷二六《殿阁大学士》，栾保群、吕宗力校点，河北人民出版社，1990，第 327~328、437~438 页。

② 钱大昕：《十驾斋养新录》卷一〇《帅漕宪仓》，江苏古籍出版社，2000，第 218 页。

③ 《明史》卷七五《职官志四》载洪武十四年"置各道按察分司，十五年又置天下府州县按察分司，以儒士王存中等五百三十一人为试金事，人按二县。凡官吏贤否、军民利病，皆得廉问纠举"。第 1841 页。

④ 陆容《菽园杂记》卷一〇："按察分司，皆建自洪武间，布政分司，至正统七年以后始有之。"第 126 页。

利道、管河道、提学道、清军道、盐法道、兵备道、协堂道等职如其名的专项机构。这种按事项特派专员一竿子插到底的道制，集中体现了明清地方行政的条条化格局。

在此背景下，明代知府的权力也已远不如唐代刺史来得完整，其权力大体已局限于一般民政事务，又须受布、按二司控制和各直属道的掣肘。知府衙门设置则与布政使司相类，除分管有关事务的同知、通判、推官外，还包括经历司、照磨所组成的公文检勘部门，掌管监狱的司狱司和处理各种文案卷宗的六房胥吏。其他如驿传、儒学、巡检、税课、仓储、河泊等官司，则是直属于府的专项事务派出机构。因此，与朝廷废除总理国政的法定政枢机构一样，明代地方行政以省一级撤销行中书省这一总辖机关而改设三司为标志，其条条化的控制态势也进一步明显化了。

明制所代表的这种以六部、三司上下贯通为特征的行政条条化格局，集中体现了隋唐以来行政体制发展的主要趋势，反映了贯穿其中的集权化新水平。

在行政指令方面，各机构以条条为特征的状态，实际已尽可能避免了政令在各行政层级流动时的迂回或留滞现象，从而使行政指令的制定和下达显得更加直接简洁。在唐代的行政结构下，一件有关全国财政的诏令在形成前后，不仅须在三省之间相互协调，更须在尚书都省和主管财政的户部诸司间往复拟议审裁，最终再由都省下达各地各部门施行。[1] 朝廷各部门和各地州、县两级施政下令，

---

① 《文献通考》卷五〇《职官四·门下省》述元祐初，司马光上言主张官制不必一依唐之《六典》曰："凡内降文书及诸处所上奏状、申状至门下、中书省者，大率皆送尚书省。尚书省下六曹，六曹付诸案勘，当检寻文书，会问事节，近则寺监，远则州县，一切齐足，然后度拟事理，定夺归着，申尚书省。尚书省送中书取旨，中书既得旨，送门下省复奏画可，然后翻录下尚书省，尚书省复下六曹，方得符下诸处。以此文字繁冗，行遣迂回，近者数月，远者逾年，未能决绝。或四方急奏待报，或吏民词讼求决，皆困于留滞。"考四五五。宋以来的条条化正所以克服其弊。

大体也要经历类似程序。到明代的条条化格局中，同样的谕旨从形成到下达，均可直接在主管财赋的户部—布政使司—府—县系统中拟议审裁，贯彻执行。即便公文例须督录检勘，但由于条条化行政系统的每一理务环节都是该项事务的直接主管者，这就大大减少了唐代那种总揽诸务的长官和对口部门的行遣迂回和辗转配合，从而提高了行政效率。

显然，条条比之于块块结构要更适宜于行政指令的迅速下达和贯彻。明代呈现的这种状况，不外乎是可以独立发布指令的政枢宰相被废，专制皇权的控制渗透到各行政领域和具体行政过程的结果。正由于此，驱动整套官僚体制运行的行政指令已空前频繁。即以需要皇帝过问的事务为例，明太祖洪武十七年（1384）九月十四至二十一日的八日之间，送进宫廷的章奏总数为1160份，计3291件事之多。① 此外，各省诸司相对独立的"群龙无首"局面，也使朝廷六部之务比以往历代都要繁忙。据明孝宗弘治十四年（1501）浙江台州府下黄岩县署的一件帖文，当时黄岩知县黄印奏请保护南宋先贤杜范坟墓，礼部祠祭清吏司处理此事的勘合编号为以字1495号。② 而南阳武侯祠今存明嘉靖四年（1525）河南布政司分守汝南道右参政许复礼奏请敕赐庙额、祭文并定祭品之碑，其文显示当时

---

① 孙承泽：《春明梦余录》卷二五《六科》，第389页。

② 杜范《杜清献公集》卷首《附录·祀典合勘帖文》载弘治十四年台州府行黄岩县帖，述黄岩知县奏准杜范墓祀祭田等事，其文首称"台州府为尊礼先贤以敦治化事，承奉浙江等处承宣布政使司札付，承准礼部以字一千四百九十五号勘合，祠祭清吏司案呈，奉本部连送该本部题本司案呈，奉本部送于礼科抄出，浙江等处承宣布政使司州台州府黄岩县给由知县黄印奏"云云。胡正武点校，上海古籍出版社，2021，第30~32页。又《明会典》卷五五《礼部十三·王国礼一》"玉牒册式"载其记录王子，例须"具奏选婚，某年月日奉礼部某字几号勘合，选到某府州县某籍某人第几女某氏"云云；另王子请名等，照例亦须奏明其母妃是"奉礼部某字几号勘合"成婚，于某年某月某日生子。第348~349页。此亦可见礼部所需处理事务之烦冗。

礼部办理该类事务的勘合编号为正字 3593 号。[1] 这些数字皆显示了明代六部事务之烦冗，反映了唐宋以来行政指令性关系的迅猛发展和朝廷对各地各部门行政过程的控制程度。

明代的人事控制，主要表现为各种人事管理的进一步严密和程式化，在隋唐以来朝廷统掌全国官员任免调迁的总格局下，现在已把官员分为更多类型分别讲求其选拔任用。"京官六部主事、中书、行人、评事、博士，外官知州、推官、知县，由进士选。外官推官、知县及学官，由举人、贡生选。京官五府、六部首领官、通政司、太常、光禄寺、詹事府属官，由官荫生选。州县佐贰，都、布、按三司首领官，由监生选。外府、外卫、盐运司首领官，中外杂职、入流未入流官，由吏员、承差等选。"[2] 另如亲民官、风宪官、科道官等性质不同，其选用必讲究出身，或以考选、拣选，或须保荐、推升；高官大臣则皆会推，事急从权又可暂署，另又赋予督抚等重臣以用人委任的相应空间。[3] 这都正视了不同岗位和人才的特点，促使权力集中和统一控制更为切实有效，也适应了条条化行政格局对职事专业化的更高要求。

明代行政体制最为突出的特点，应是行政协调和牵制关系的空前发达。由于整套行政体制条条化格局的形成，唐代由一个部门负责的事务，现在需由数个互不统属的机构来处理，权力既一而二、二而三地切割分化，相互协调和牵制自会大量增加。当时的公牍种

---

① 《明嘉靖南阳府志校注》卷五《祀典》录有"嘉靖乙酉抚民右参政许复礼奏请敕赐庙额祭文爰定祭品知府杨应奎增修大备事载碑记"，起首文曰"河南等处承宣布政使司为乞赐祀典题额以昭忠义事，礼房准勘合科付，承准礼部正字三千五百九十三号勘合前事，祠祭清吏司案呈"云云。中国历史研究院图书馆藏 1941 年存校本，第三册上，第 10~12 页。此碑立石于嘉靖七年（1528），今犹立于南阳武侯祠大殿前，题为：《敕赐忠武侯庙规祭文祭品檄文碑》。见柳玉东主编《卧龙岗武侯祠碑刻》，中州古籍出版社，2015，第 63~65 页。

② 《明史》卷七一《选举志三》，第 1715 页。

③ 参见《明会典》卷五《吏部四》之《选官》《推升》，第 26~28 页。

类即反映了这一点。在唐代，各行政部门的法定文种达 15 类之多，其中 3 类用于互不统属的机构之间的往来。^① 到明代，法定公牍文种已达 20 类以上，仅用于各衙门行移的文种即达 12 种之多。^② 适用于特定机构和场合的公文文种的大量增加，反映的正是各行政部门间协调和牵制的经常化和规范化。与之相应的是各种会议的频繁和更显重要，如事关重大的刑事审判，在唐代三法司基础上又有了"九卿圆审"。^③ 不过九卿会议不仅为重大案件召开，也用于重大政务的决策和处理。大体上，由皇帝亲自主持的廷议，由皇帝下诏各相关部门长官和官员参加的会议，以及由主管部门主持相关官员参加的部议，是当时朝廷经常举行的三种会议形式。具体到官僚任用过程中，不同级别和性质的高级官僚，即分别通过廷推、会推和部推产生。^④ 与之相仿，各地分掌军务、民政和刑狱纠察等不同专务的官员和部门，也需要在更多的会议中协调解决相关问题，各省大

---

① 《唐六典》卷一《都省》："凡上之所以逮下，其制有六，曰：制、敕、册、令、教、符。凡下之所以达上，其制亦有六，曰：表、状、笺、启、牒、辞。诸司自相质问，其义有三，曰：关、移、刺。"第 10~11 页。即下行和上行文种各有六，平行文种有三。

② 孙承泽《春明梦余录》卷二三《内阁》："凡上所下：一曰诏，二曰诰，三曰制，四曰敕，五曰册文，六曰谕，七曰书，八曰符，九曰令，十曰檄。凡下所上：一曰题，二曰奏启，三曰表笺，四曰讲章，五曰书状，六曰文册，七曰揭帖，八曰会议，九曰露布，十曰译。皆审署而调剂焉，平允乃行之。"第 326 页。《明会典》卷七六《礼部三十四·行移署押体式》载各衙门行移包括照会、咨呈、平咨、札付、呈状、申状、平关、牒呈、平牒、牒上、故牒、下帖。第 441~442 页。实际行移不止于此，如陆容《菽园杂记》卷五："十三道御史与六部各司平行文移，谓之手本。"第 58 页。

③ 徐学聚《国朝典汇》卷五七《吏部二十三·大理寺》载嘉靖六年十月大理少卿黄绾上言："乞皇上俯察，特敕法司，凡问刑有拟坐未当者，容臣等照驳再鞫，三次不当，官吏具奏下吏。若问有冤抑，移狱别曹再鞫；二次不服，会三法司、锦衣堂官会审，情重者会九卿圆审。其原鞫改，鞫官若有容私偏护者，一体参问。"上从之。台北：学生书局，1965，第 1014 页。

④ 《明会典》卷五《吏部四·推升》，第 27 页。

事则由三司会议商决。① 因此，所谓文山会海，无非是行政权力被过度切割，权力极不完整的各种部门和官僚，只有在大量繁复的协调中才能完成实际工作的结果。

繁多的公牍和会议，其实也只能起到有限的协调作用，更为直接有效的是改善行政结构。因而直接协助皇帝决策，同时也辅佐皇帝协调六部等专项政务机构的内阁，实为一种客观需要。几乎在内阁形成同期，永乐年间朝廷也开始不断派遣大臣出巡各省，以协调互不统属的三司，进而又较为稳定地以大臣加都察院长官衔总督、巡抚某某等处某某等务，来承担各省专项政务机构的协调职能。这也可见行政分工和权力切割，总是以相应的协调成本和能力为其限度，否则就会抵消其效果甚至带来更加严重的麻烦，迫使朝廷重新组合过于细碎的权力。与之相随，法律在其中的作用也显得更加重要起来，因为法律本身发挥着至关重要的协调作用，更由于职责分工和各种行政关系一旦失去定准，就会像缺失协调的牵制关系一样导向无穷的扯皮和严重后果。

与《唐律》相比，《明律》篇目除首篇仍为《名例》外，其余已按吏、户、礼、兵、刑、工六篇编排，关于职制的条文已在吏律名下，此即所谓"数千百年之律书，至是而面目为之一大变"。② 这个面目，正是举国行政过程以六部为纲条条化和规范化的真切写

---

① 《明经世文编》卷一一九《杨石淙论扉奏略·条处云南土夷疏》："黔国公虽有总兵之名，不得自专，凡事必与太监、抚、按、三司会议，然后得行。积之既久，土官以上官为不足凭恃，亦复慢令玩法，无所忌惮。"第 1140 页。顾炎武《天下郡国利病书·江西备录》之《历代法令》录嘉靖三十四年方士陶仲文等奏请重建许旌阳铁柱宫，"仲文又以篆法得幸，持之甚急。该部覆行抚、按勘报，三司会议，皆言平洋坑、封禁山皆从仙霞岭发脉，南干自草萍直走留都，载在天下舆图及《朱子大全》，可考也。开凿贻害，请为万世培固陵寝，为地方拯活生灵，亟赐停止"。黄珅、顾宏义校点，上海古籍出版社，2012，第 2649~2650 页。

② 高攀：《大明律集解附例》卷首《重刻明律序》，台北：成文出版社，1969，第3 页。

照。在内容上，《明律》对官员犯罪防范之细密亦达空前程度，清人薛允升《唐明律合编》评曰："任用臣下之法，汉为近古，故其时人才辈出，上下并无疑忌之意。唐不如汉而犹多才臣，宋则大不如唐，明又不及宋矣。"① 具体如对已行公文的检勘，唐代已有每年一次并与考课相结合的规定。② 明代则在宋以来基础上发展出一套细致周密的"照刷""磨勘"规定，仅照刷的标准就有五项：凡事毕检勘无误者批"照过"，无误而其事未了者批"通照"，其事应完而未完者批"稽迟"，事有违误无情弊者批"差错"，违误而有情弊者批"埋没"。照刷以后，再以磨勘来检查有关官吏是否已改正补过，又另有一套视具体情节分别处罚、治罪的详尽规定。③ 显然，有关公文检勘的这种细密的法律规定，是与各行政部门之间联系之多和这种联系的更加重要直接相关的。也正是在这种处处防范设限的氛围之下，对明清官场，人们总是可以感觉到它早已没有汉代官僚拔剑击柱的粗犷景象，也缺少六朝隋唐官员琴剑放歌的风致。现在触目可见的是一个个方正持重的醇儒和腐儒。如果说此即明清官僚的典型形象，那么这并不是他们缺乏才气或豪气，而是他们的职业环境所致。整套行政体制前所未有的繁密文法，不仅已把他们的权力零宰碎割，限制在一个充满了陷阱和罗网的天地之中，也把官

---

① 《唐明律合编》卷九，第 153~154 页。又王夫之《黄书·任官第五》云："今命官之制，在外者，一县之令，丞、簿不听命焉；一郡之守，同知、判、推不听命焉；一司之使，分以左、右二参、副，咸不听命焉。文移印信，封掌押发，登于公座，惟恐长官之或偷也，而钳束之如胥吏……又复分其屯田、水利、钱法、驿传、盐政，分为数道以制司，道立分司，督察巡守兵粮之务以制郡。巡按之使，络绎驰道，循环迭任，无隙日月以尽制之，所以制外者无遗力矣。在内者，取都督一府而五之，间以同、金。六部卿贰或七八员，都堂、大理、通政、太仆以放，虽有长贰之别，而事权散出，不受裁制。黄扉论道之席，至永刊极刑以废其官。其文移印信，封掌押法，公同朝参者犹外也。复使给谏御史巡视刷卷以制之。卒有爱立大僚，边关盗贼，建置河漕、三礼疑似之事，所部不得决，又设会议、抄参、私揭以制之，所以制内者无遗力矣。"中华书局，1983，第 23~24 页。

② 《唐六典》卷一《都省》，第 13 页。

③ 明察曰照，寻究曰刷，复核曰磨，检点曰勘。详见《明律集解附例》卷三《吏律·公式》"照刷文卷""磨勘卷宗"条，第 506~516 页。

僚本身潜在的主动意识和发展能力限制在狭窄得可怜的领域之中了。

总之，犹如在巨大惯性下滑动的冰川那样，中国古代整套行政体制的集权化进程虽波澜起伏，却方向坚定并有大致脉络可循。毫无疑问，秦汉时期的行政体制业已寓有块块和条条，包含了人事控制关系、行政指令关系和各种牵制、协调关系，隋唐和明清也是如此。但因具体历史条件的差异，这些要素各自的地位及其组合形态仍相当不同而变化万千。据前所述，刚刚从列国政治中蜕化出来的秦汉行政体制，呈现的是以块块为特征的结构和主要通过人事控制来维系其整体运行的状态。经魏晋南北朝变迁以后的隋唐行政体制，则在块块和条条错综组合的结构下，给人以行政指令性关系已有突出地位的强烈印象。而明清时期的行政体制，则以条条为主的结构及相应牵制与协调关系的发达为基本色调。此即秦汉以来行政体制发展的阶段与脉络，尽管专制集权官僚政治的主题始终如一，但秦汉与隋唐以及明清行政体制的巨大差异亦显而易见，仅见前者而无视后者或者反之，都无助于对中国古代官僚制度的认识和理解。

最后有必要指出，在整套权力结构和多种权力关系日益集中和严密化的同时，三代以来政治与教化结合或礼法合一的传统，秦汉以来也一直都在适应新的时代持续发展。直到清末，大量在今人看来也许并无实际意义的典礼仪式，仍在至为庄严肃穆地举行，象征并训练着整个官僚集团的合作和秩序，也为社会全体成员提供了井然有序的典范。即便是高居九五之尊的皇帝，也往往不过是无数礼仪规矩的傀儡，更不必说其下的众多官员了。这类事实也许正揭示了一个被认为是不可思议的秘密，即古老的中国，"可以用一个很小的官员编制，来统治如此众多的人口"。① 的确，一方面是由内而外、由近及远的严密行政控制，另一方面是同样由内而外、由近及

① 费正清编《剑桥中国晚清史（1800~1911）》上卷，中国社会科学院历史研究所编译室译，中国社会科学出版社，1985，第 24 页。

远的社会自律和道德感化，正是这两者的相互渗透和高度统一，构成了统治古代中国的典型方式。但看来无可避免的是，随着前者的不断森严和僵化，后者也势必变成毫无生气的说教。19世纪开始的行政近代化过程，便是在这样的前提下逐步开展的。

第二节　人事控制格局和人事机构

秦汉以来行政体制演进的集权主题，是在历史波澜中不断再现和逐渐强化的，人事行政的控制格局及相关机构的发展即其重要部分。以人事为行政重心或关键所在，人事制度附属于行政制度，可以说是古代中国人治传统的重要特征，对人事控制格局及人事机构履职活动的探讨，也是对整套行政体制发展、变化的继续认识。

在战国以来的社会变革和新旧体制消长中，各诸侯国人事行政尽管处于发展初期，却已奠定了总的格局和原则。与整套行政体制的集权结构相应，人事行政也呈现了地方各级机构集权于朝廷相关机构和部门，最终又集权于君主的状态。突出体现为各地各部门重要官员由朝廷统一任免，并通过自上而下的行政层级来逐级管理。除某些重要的官员由君主直接掌控外，各级行政长官一般都须负责其僚属和下级官员的管理，最终统一对君主负责。尽管此后其发展过程多有起伏且形态万千，这一总的人事格局和控制原则基本上还是延续了下来，并且体现于秦汉人事体制的整合到隋唐加以规范，再到明清时期对此的总结之中。

作为人事行政主体的人事机构，即是按此格局设置并履行其职的。由皇帝直接掌握的人事管理，一般是在宰相和宫内秘书班子协助下完成的。在朝廷，尤其是在总理全国政务的政务中枢，往往有专门机构或部门负责那些需要统一控制的人事事务，当然这并不影响其他机构或部门兼行和配合其务。各级行政机构通常也都会有一个直属长官的部门，或专门，或兼行具体人事事务。由于人事权在各种行政权力中的重要地位，权力的集中统一首先表现为人事权的集中统一，这就使朝廷直接控制的人事事务总是随着国家职能和官员编制的扩展而扩展，也使人事机构及其行政过程适应这一趋势不断调整，并且影响其他机构和部门的行政过程。这种连锁反应当然不是中国古代人事管理体制发展的全部内容，但不失为贯穿其中的基本线索。

一　秦汉逐层分割的人事控制格局和分散的人事机构

尽管存在着不同之处，仍可把秦、汉看作人事行政按大一统专制集权体制奠基而具较多共性的同一个发展时期。这个时期有两个事实特别显眼：一是丞相（东汉以后是三司与台阁）在整个人事格局中居于枢纽地位，凡由朝廷统一任免的官员，大都是由丞相具体管理的，即便是皇帝亲自掌控的少数高官要官，丞相也在其人事管理中起着重要辅助或咨询作用；二是各级行政长官的僚属基本上都由长官辟署，即便需要遵守某种统一规定或履行报备程序，长官对其任免和管理的决定性影响也不容置疑。当然从丞相到各级行政长官，其人事管理过程同时遵循着逐级控制，最终对皇帝负责的原则，皇帝则可通过多种杠杆尤其是通过对他们本人的任免，有效地控制其人事管理过程。

1. 人事控制格局

以上所述，实已呈现了举国官僚按一定层级来管理的格局。从汉初以后的规定来看：大体上以官僚秩次为准，各地各部门长官和作用大、地位高的重要官员一般都在六百石以上，[①] 凡列入这个层次的官僚，均

---

① 睡虎地秦墓竹简整理小组编《睡虎地秦墓竹简》之《法律答问》有曰："可谓宦者显大夫？宦及智于王，及六百石吏以上，皆为显大夫。"文物出版社，1978，第233~234页。其"显大夫"指仕宦至六百石以上及为王所知的近侍之臣，整理小组认为此条可参《汉书》卷二《惠帝纪》载其即位恩赐，"爵五大夫、吏六百石以上及宦皇帝而知名者，有罪当盗械者，皆颂系"。似汉初亦承秦有同类律条。《汉书》卷八《宣帝纪》黄龙元年四月诏"吏六百石位大夫，有罪先请，秩禄上通，足以效其贤材，自今以来毋得举"。第274页。亦可见吏六百石以上之特殊。

由皇帝直接任免；地位较次的机构长官及其佐官，则属于二百石至四百石的层次，一般由丞相任免；各级行政长官的属吏通常在百石或百石以下，概由长官依法辟署。① 对刚刚扬帆起航的大一统王朝来说，人事行政的这种分层管理，所据为当时二百石以上皆为"长吏"，以及不同层级官员的实际性质、作用和地位，② 故其首先体现和保障了集权统治的基本秩序，并为今后发展奠定了基础，同时也仍遗有列国时期人事管理松散的特点，甚至还带着更早的贵族自治政体的某种痕迹。

秦汉人事行政的这种官员任免分级管理，各级长官自可辟吏组阁的状态，呈现出一种逐层承包的格局。因为发包承包的真谛，无非是赋予承包者极大自主权，同时又责以特定义务即其所须达到的目标，由此实现绩效目标和控制。这种方式对于刚从列国政治中走出来的秦汉统治者，尤其是对不断反思秦朝苛政的汉初高、惠、文、景诸帝来说，是乐于接受的。当时各行政长官在接受统一任命时，所获最为重要的权力之一，是依法自行辟吏组阁，也就是可以全权掌控这个辅佐班子。但权力越大责任也越大，即须在规定期限内做出成绩，须全力执行朝廷或上级指令。这一点对丞相也是一样，尽管其原则上事无不统，但按当时公认的标准，其"掌丞天子，助理万机"，首先在于"诛讨赐夺"即人事赏罚。③ 仅有事必躬亲式的勤奋，或会计型精细

---

① 《汉旧仪》卷下："旧制：令六百石以上，尚书调、拜、迁；四百石长相至二百石，丞相调、除；中都官百石，大鸿胪调；郡国百石，二千石调。"孙星衍等辑《汉官六种》，第82页。所述中都官百石大鸿胪调，郡国百石二千石调，均是指其功次相补分别由大鸿胪、郡守负责，并不影响其长官的辟署。如《续汉书·百官志二》"太常"条本注述"其署曹掾史，随事为员，诸卿皆然"。《后汉书》，中华书局，1965，第3571页。

② 《汉书·百官公卿表》载县令长秩三百石以上，丞尉二百石以上，"是为长吏。百石以下有斗食、佐史之秩，是为少吏"。又载"吏秩比二千石以上，皆银印青绶，光禄大夫无。秩比六百石以上，皆铜印黑绶，大夫、博士、御史、谒者、郎无。其仆射、御史治书尚符玺者，有印绶。比二百石以上，皆铜印黄绶"。第742~743页。

③ 《汉旧仪》卷上："丞相典天下之诛讨赐夺，吏劳职烦，故吏众。"孙星衍等辑《汉官六种》，第69页。

算计的才干，做不了好丞相。只有致力于举贤黜邪，使百官各得其所，发挥自己的才能，才被认为是称职和足供后世取则的贤相。因而丞相既可任免大批中层官员，又可有力影响高官要官任免，也就再难推卸对举国行政及治理成败的责任了。故汉家故事，凡天地大变，天下大过，皇帝往往遣侍中赴相府"策告殃咎"，丞相例须辞病，甚则自杀谢罪。[①]

正是因为贯彻了权力和责任成正比的原则，秦汉人事控制权虽被各级行政长官分割，全部人事管理却仍在皇帝统一驾驭之下。就整个人事行政格局而言，这种从高到低三个层级的官僚分别由皇帝、宰相和各级长官任免的状态，保障的是集权秩序的底线。各级各层的人事权一般并不互相逾越，其各自的人事管理自有较强的独立性，从而使当时的人事行政格局呈现了既逐级分割，又逐级集中统一的状态。这样的状态完全合乎前面所述汉代行政体制的块块特征，两者是相啮合和呼应的。

2. 人事机构或部门

上述格局使人事行政过程不能不主要围绕各级长官展开，同时也使每个层级所需处理的人事事务大为简化了。即便是逐级展开的官僚考核过程，在逐层承包督责的原则下，也不至于出现工作量由下向上急剧递增的现象。皇帝和丞相所须处理的，已是多级过滤后所剩的少量重要事务；各行政上级处理的，是下级未能解决的疑案和大事。因此，在东汉尚书吏曹掌握官僚选用权之前，秦汉时期的人事机构一般

---

① 《汉书》卷四六《万石君石奋传》附子《庆传》载庆武帝时为相，关东大灾，流民两百万，庆惭不任职，诏责其"欲安归难乎?"掾史"或劝庆宜引决"。卷七八《萧望之传》载其元帝时为辅政大臣，宦官中书令弘恭、石显构其罪，欲下吏案问。"使者至，召望之。望之欲自杀，其夫人止之，以为非天子意。"望之问门生朱云，朱云"劝望之自裁"。望之"竟饮鸩自杀"。卷八六《王嘉传》载其哀帝时为相，以忠直得罪于帝，"有诏假谒者节，召丞相诣廷尉诏狱。使者既到府，掾史涕泣，共和药进嘉，嘉不肯服。主簿曰：'将相不对理陈冤，相踵以为故事，君侯宜引决。'"嘉引药杯掷地，受诏赴狱，不屈，"系狱二十余日，不食欧血而死"。第2200、3288、3501~3502页。

都是长官僚属班子中的一个曹署，其结构和职能相当简单，地位则十分重要。

首先，各地各部门行政长官僚属的诸曹班子中，一般都设有功曹；在丞相及地位类似的公府中，则分为东、西曹；[①] 在各州刺史之下，则称治中从事史。[②] 名称虽不一致，其职责却都是协助长官管理人事，兼掌府中纲纪秩序。从大量零碎的记载中可以看到，从属吏选署到属官考核，再到功过记录和奖赏罢斥，以及醉酒呕吐、衣襟不整等风纪操行规范，都在这个部门的职责范围之内。[③] 各地各部门这类班子人员的构成并不划一，一般都包括一个或数个主管者，若干个协同者和少量的文抄杂务小吏。如郡守府内的功曹，通常是由功曹掾史、属和书佐三个层级的属吏组成。[④]

尽管这类人事部门具有重要作用和地位，却毕竟仍是长官辟署的属吏班子成员，这就决定了其全部活动的限度和性质。因而其管理对象主要是长官府内的其他属吏，在长官对属官和下级机构官员的人事管理中，就只能起到文案管理、功过记录等辅助作用。此时长官府署的其他部门和属吏如郡一级负责纠察捕盗的督邮，往往起着更为重要的作用。需要强调的是，由于这类人事管理人员与府中其他属吏皆由长官辟署，均具长官聘用的宾客性质，其行事实际上

---

① 《汉书》卷七四《丙吉传》载其为相，驭吏"醉殴丞相车上，西曹主吏白欲斥之"，吉宥之，此驭吏探知虏入云中、代郡，遽告吉，遂"召东曹，案边长吏"，以备诏命。第3146页。《汉旧仪》卷上述相府"百石属不得白事，当谢者，西曹掾为通谢部。部吏、二千石初除，诣东曹掾拜"。孙星衍等辑《汉官六种》，第67页。

② 孙星衍校集《汉官仪》卷上："司隶功曹从事，即治中也。"孙星衍等辑《汉官六种》，第149页。《续汉书·百官志四》载司隶校尉有"功曹从事，主州选署及众事"；《百官志五》载诸州刺史"皆有从事史，假佐。本注曰：员职略与司隶同，无都官从事，其功曹从事为治中从事"。《后汉书》，第3614、3619页。

③ 参见严耕望《中国地方行政制度史——秦汉地方行政制度》，第119~122页。

④ 汉简起草公牍的属吏签署之例，大致有掾、属、书佐，掾、史、书吏，掾、卒史、助佐令史，掾、令史、尉史等组合，可见功曹及东、西曹或治中从事史之下，亦当有属、史、书佐之类。参见李均明、刘军《简牍文书学》，第160~162页。

唯长官之命是从，与皇帝的关系则间接而疏远。^①故其一旦与长官发生分歧而言尽于此，很少会向上级或皇帝上诉，多一揖而退，称病辞职。而长官既然任其以职，也总是用人不疑，并不对其横加干涉。像这样基本只对其长官负责，并具浓厚私人依附色彩的人事部门，事实上彼此之间既难形成对口联系，亦难接受自上而下的统一指导。这与一般意义上的国家人事机构是有差异的，却合乎汉代行政体制的块块化格局和逐级控制原则，并因人事督责作为其主要控制杠杆而地位极高，如东汉三司东、西曹掾秩比四百石，其他曹掾仅比三百石。^②各地守相之功曹则可深刻影响属县的人事安排，^③故王充《论衡》把功曹比作相国。^④东汉有的郡守完全委政功曹，使之成为实际郡守，正常情况下功曹亦多被视为一郡属吏的代表。^⑤这些都表明特别重视人事控制的汉代行政体制下，人事部门实具其他长官府僚和部门难以比拟的重要地位。

---

① 《汉旧仪》卷上："掾史见（丞相）礼如师弟子，白录，不拜朝，示不臣也。听事阁曰黄阁，无钟铃。掾有事当见者，主簿至曹请，不传召。掾见脱履，公立席后答拜。百石属不得白事，当谢者，西曹掾为通谢部。"其后文又载"掾史有过，君侯取录，推其录三日，白病去"。孙星衍等辑《汉官六种》，第67、71页。相府属吏的这种状态，应可代表各级长官府署属吏之况。

② 孙星衍校集《汉官仪》卷上，孙星衍等辑《汉官六种》，第123页。

③ 《汉书》卷八三《朱博传》载其成帝时为琅邪太守，治下有长陵大姓尚方禁，少时为盗，面有创瘢，赂功曹"调守尉"。第3402页。汉制守相可遣僚属守令，代理属县之政，而功曹可在很大程度上影响守相的派遣。

④ 王充《论衡·遭虎第四十八》述："功曹众吏之率，虎亦诸禽之雄。"又述："功曹之官，相国是也。"黄晖：《论衡校释（附刘盼遂集解）》，中华书局，1990，第707、709页。虞世南《北堂书钞》卷六八《设官部二十·功曹一百三十九》有"纠司外内，扶直绳违""止举大纲，不拘文法"等目，亦形容其行事近乎宰相。台北：新兴书局，1978，第303~304页。

⑤ 见《后汉书》卷六七《党锢传》序，第2186页。尹湾汉墓墓主师饶为西汉成帝时东海太守府功曹，墓中木牍中有沛郡太守、琅邪太守和楚相等遣吏请谒师饶或问起居的名谒，如YM6D16正面书"奏东海太守功曹/师卿"，背面书"琅邪太守贤迫秉职，不得离国，谨遣吏奉谒再拜/请/君兄马足下　南阳杨平卿"。连云港市博物馆、中国社会科学院简帛研究中心、东海县博物馆、中国文物研究所编《尹湾汉墓简牍》，中华书局，1997，第134页。可证功曹在其他郡县长官眼里地位之高。

其次，丞相的府僚班子内，除设有主管其他属僚的西曹外，还设有东曹协助其管理中高级官员。东汉以来太尉、司徒、司空公府中亦设东曹，分别协助管理三司分管的中高级官员。① 东曹结构与西曹基本相同，也包括主管的掾史、协同掾史的属和从事有关文案工作的令史之类。② 尽管东曹是当时少数有关中高级官僚管理的专门部门之一，但其既然仍是丞相和三司辟署的僚属班子成员，也就与西曹一样具有前述特性。更何况，当东曹的构成、地位和职能在西汉中期以来得以明确时，③ 丞相在皇帝任免中高级官僚时的辅助作用，已较秦及汉初大为减弱了。从而可推东曹在这方面的职能，无非是管理有关官员的人事卷宗，将其任免、考核和功次履历记录、存档，提供相应咨询而已。到两汉之交，当御史大夫、丞相构成的二府体制变为太尉、司徒、司空协同行事的三司体制时，其各自东曹的人事管理对象，也就有了军政、民政和公共工程方面的不同分工。此外，对丞相有权调除的二百石至四百石官

---

① 《续汉书·百官志一》"太尉"条本注："掌四方兵事功课，岁尽即奏其殿最而行赏罚"；"西曹主府史署用。东曹主二千石长吏迁除及军吏"。分主"民事功课"和"水土功课"的司徒、司空及其东曹大致亦然，二千石长吏应由三司合议迁除，各自东曹备其文案。《后汉书》，第3557、3559页。又《后汉书》卷五《安帝纪》永初二年九月庚子，"诏王国官属墨绶下至郎、谒者，其经明任博士，居乡里有廉清孝顺之称，才任理人者，国相岁移名，与计偕上尚书，公府通调，令得外补"。第211页。

② 《续汉书·百官志一》"太尉"条载其府有"掾史属二十四人。本注曰：《汉旧注》东、西曹掾比四百石，余掾比三百石，属比二百石。故曰公府掾比古元士，三命者也"。又载其府有"令史及御属二十三人。本注曰：《汉旧注》公令史百石，自中兴以后，注不说石数。御属主为公御。阁下令史主阁下威仪事，记室令史主上章表报书记，门令史主府门，其余令史各典曹文书"。《后汉书》，第3558~3560页。

③ 《汉旧仪》卷上："丞相初置，吏员十五人，皆六百石，分为东、西曹。东曹九人，出督州为刺史。西曹六人，其五人往来白事东厢为侍中，一人留府曰西曹，领百官奏事。"孙星衍等辑《汉官六种》，第68页。据《宋书》卷三九《百官志上》载，"侍中本秦丞相史也，使五人往来殿内东厢奏事，故谓之侍中"。中华书局，1974，第1238页。可见上引"初置"为秦及汉初以来之制，故其述东、西曹云云与诸处载武帝以后丞相或三司府僚之况大为不同。因而续汉志所述东、西曹的设置与职能，必是武帝以后逐渐确定下来的。

员，东曹对其管理肯定会有力也深入得多，但因记载缺乏，详情恐怕是再难得知了。

最后，直接由皇帝掌控的人事要务，是由内廷的近侍秘书班子协助处理的。这套班子自汉武帝以来不断发展，至成帝时尚书台开始分为四曹，分理公卿、郡国二千石、吏民上书及外国夷狄诸务，其职能肯定涉及了高级官僚的人事安排，却并无专门分管人事的曹署。到东汉初尚书令、仆射、尚书、丞、郎等设置趋于健全，所分尚书六曹中为首的即是主管人事的吏曹，也就是后来尚书省吏部的前身，这就揭开了国家正规人事机构产生的序幕。① 吏曹直接协助皇帝掌握六百石以上中高级官僚的任免调迁，同时受尚书令、仆射和尚书丞的协调与监督，其人员结构与尚书台中的其他五曹相同，由一尚书、六侍郎和三令史组成。② 但直至东汉末年，整个尚书台在人事方面的职能分工仍然不很清晰，尚书令既掌"选署"，说明那些最为重要的人事任免是由其协助皇帝决定的；吏曹仍兼掌部分祭祀事务，而对全国官僚的考核，又是通过三司汇总于三公曹裁处的。③

---

① 《宋书·百官志上》："汉成帝建始四年，初置尚书员四人，增丞亦为四人。曹尚书其一曰常侍曹，主公卿事；其二曰二千石曹，主郡国二千石事；其三曰民曹，主吏民上书事；其四曰客曹，主外国夷狄事。光武分二千石曹为二，又分客曹为南主客曹、北主客曹，改常侍曹为吏曹，凡六尚书。"其下文又引应劭《汉官》述尚书分曹之况，以为"汉末曹名及职司又与光武时异也"。后文又载"魏世有吏部、左民、客曹、五兵、度支五曹尚书，晋初有吏部、三公、客曹、驾部、屯田、度支六曹尚书"。第1234~1235页。魏晋尚书台独立为省，诸官不再"文属"少府，至此吏部方成为国家正规人事机构。

② 《续汉书·百官志三》载尚书令"掌凡选署及奏下尚书曹文书众事"；尚书仆射"署尚书事，令不在则奏下众事"；左右丞"掌录文书期会"。又载尚书侍郎"一曹有六人，主作文书起草"；令史"曹有三，主书"。《后汉书》，第3597页。然其未载六曹之名。《晋书》卷二四《职官志》述光武帝分尚书六曹为三公曹、吏曹、民曹、客曹、二千石曹、中都官曹。第730~731页。诸处载此不一，然俱有吏曹，文烦不录。

③ 《续汉书·百官志》《宋书·百官志上》引应劭《汉官》载尚书台建制有云："三公尚书二人，掌天下岁尽集课；吏曹掌选举、斋祠。"第1235页。

在东汉朝廷各机构中，尚书台地位极为特殊，其成员皆须在内廷昼夜轮值，随时协助皇帝决策。其趋走丹墀奏事须"握兰含香"，以便与皇帝对话时"气息芬芳"，同时供给皇家饮食和被褥，并择容貌端丽的侍史、女史服侍他们。[①] 这一切都体现了尚书台在内廷近侍皇帝理政的亲密关系。因此，同是人事部门，吏曹与相府东、西曹或其他长官府署的功曹相比，性质殊为不同。最大的区别是东、西曹或功曹都直接对长官本人负责，对皇帝和朝廷法令则相对疏远，尚书台吏曹则与宰相和各级行政长官一样直接对皇帝负责。在"朕即国家"这一专制统治的根本原则下，只有吏曹才可以算是"国家人事机构"，更准确地说，是一个即将统一控制人事行政的国家最高人事机构。这是因为尚书台建制要到魏晋才正式独立，其在东汉还只是附属皇帝本人的近侍秘书班子。尽管如此，吏曹的创立仍不失为中国古代人事行政史上的重大事件。其出现本身就意味着皇帝对全国人事控制的强化，同时又为继续深化这种控制提供了一种具有极大发展潜力的组织形式。

秦汉奠定的上述人事行政格局和人事机构，一方面明显地透露了其粗放简略和列国时期的浓厚痕迹，但另一方面，这一时期形成的不少做法，尤其是分层设制和逐级管理的原则，又在此后各历史时期以不同方式得到了贯彻，并且不断证明了其经久不衰的价值。也许正是这种两面性，使之在后人眼中既是一座动辄引以为据的丰碑，又是一块亟待加以继续雕琢和改造的素材。

二 隋唐中央人事控制面的扩大和人事机构的系统化

关于汉制向唐制的过渡，正用得着一句被认为深刻概括了历代兴亡规律的套话："话说天下大势，分久必合，合久必分。"这个论断不仅是对南北和东西区域关系的概括，而且可以在很大程度上反映我国

① 以上俱见《汉旧仪》卷上及《汉官仪》卷上，孙星衍等辑《汉官六种》，第64、142~143 页。

古代制度的螺旋形发展。自秦汉建立大一统王朝以来，新旧制度渐从不相协调到协调，终于被整合到一整套体现了新的时代特征的体制之中。不过问题在于，任何体制越是有效和优越，就越是足以导向新局面，产生新问题，如果不能及时解决，就会积重难返，重新导致动荡和分化。因而一套体制的相对稳定，往往意味着又一轮制度筛选和生灭过程的开始，也预示着另一套新体制的发育。从秦汉到隋唐正经历了这样一个周期，而介于其间的魏晋南北朝，则在各族各朝的动荡战乱和华夷、士庶、文武各阶层地位的变迁中，清晰地展现了一个影响了当时所有人命运的宿因，即新旧体制的急剧转换。

1. 魏晋以来人事格局的演变

东汉光武帝以来，"虽置三公，事归台阁"，[①] 秦及西汉的人事行政格局至此发生了明显倾斜。三司原有的人事权被直接协助皇帝的尚书台吏曹取代，大约到公元 107～125 年在位的汉安帝时期，史称"选举诛赏，一由尚书"，[②] 后世尚书吏部统掌举国人事行政的格局已成事实。至魏晋南北朝，人事权集中于皇帝之势始终都是激烈政争的一大主题。在官员任免、选用考核、等级俸禄等方面，西晋以来都出台了更为划一的制度规范。到集权化进程加速推进的南北朝，朝廷对官员的任免范围已深入各地各部门长官的重要僚属。其途径有三：一是当时各地长官皆由朝廷特遣大臣加将军衔持节督领，军府成为地方军政事务的轴心，而军府的重要僚属汉末以来多由朝廷统一任用；[③] 二是官职泛滥，相当一部分地方僚属已由朝廷

---

① 《后汉书》卷四九《仲长统传》载其《昌言·法诫篇》语，第1657页。

② 《后汉书》卷四六《陈宠传》附子《陈忠传》，第1565页。

③ 《宋书》卷七四《沈攸之传》载其明帝时持节监郢州军事兼郢州刺史，心腹府主簿宗俨、功曹臧寅为之划策筹度大计；又载"州从事辄与府录事鞭，攸之免从事官，而更鞭录事五十。谓人曰：'州官鞭府职，诚非体要，由小人凌侮士大夫。'"第1941～1942页。其时公认府官重于州官，至于汉末以来参军事等不由辟署而由朝廷任命，参见《宋书》卷三九《百官志上》"公府军府僚属"条，第1223～1224页。

统一授予官衔；① 三是魏晋以来区分士庶流品的选举制度，使士流所任诸府重要僚属的地位高居众多浊职低官之上，使之不能不纳入朝廷统一管理之列。② 正是在此基础上，才形成了隋代"六品以下官吏咸吏部所掌，自是海内一命以上之官，州郡无复辟署"的新局面。在这种趋势下，朝廷人事机构的扩充及其控制的深化是不难想象的。

魏晋时期尚书省构成和秩序迅速完善，已发展成了令、仆及六曹尚书分领二十多至三十多个郎署的完备机构。③ 西汉成帝至东汉以来的三司至此已成崇高的荣衔，其在各种行政过程包括人事行政中的地位已完全被尚书省取代了。发展到这一步，尚书众官也就再难充当深居简出的皇帝近侍了。魏晋尚书省迅速从幕后走到台前，成为总理举国政务的法定最高行政机构，自此号称"政本"，④ 既参与决策，更统会众务。与之相伴，内廷又组成了中书、门下省等新的近侍秘书班

① 《晋书》卷八九《忠义·易雄传》载其为长沙浏阳人，"举孝廉，为州主簿，迁别驾"。第2314页。杜佑《通典》卷一四《选举二·历代制中》述北齐"后主失政，多有佞幸，乃赐其卖官，分占州郡，下及乡官，多降中旨，故有敕用州主簿、郡功曹者。自是之后，州郡辟士之权，寖移于朝廷"。又述隋制六品以下官咸吏部所掌，原注曰："自后魏末、北齐以来，州郡僚佐已多为吏部所授，至隋一切归在省司。"典八〇至八一。

② 参见严耕望《魏晋南北朝地方属佐考》，《中央研究院历史语言研究所集刊》第20本上册，1948年。

③ 《宋书·百官志上》："魏世有殿中、吏部、驾部、金部、虞曹、比部、南主客、祠部、度支、库部、农部、水部、仪曹、三公、仓部、民曹、二千石、中兵、外兵、别兵、都兵、考功、定科，凡二十三郎。青龙二年有军事，尚书令陈矫奏置都官、骑兵二曹郎，合为二十五曹。晋西朝则直事、殿中、祠部、仪曹、吏部、三公、比部、金部、仓部、度支、都官、二千石、左民、右民、虞曹、屯田、起部、水部、左主客、右主客、驾部、车部、库部、左中兵、右中兵、左外兵、右外兵、别兵、都兵、骑兵、左士、右士、北主客、南主客，为三十四曹郎；后又置运曹，凡三十五曹。"第1236页。《晋书·职官志》载曹魏"定科"作"定课"，至晋武帝罢。第732页。其中与吏部相关者为吏部、二千石、考功等曹。

④ 《北堂书钞》卷五九《设官部十一·尚书总》引《晋起居注》云："建元二年诏曰：'尚书万事之本，朕所责成者也。'"同卷《尚书令》引《晋百官表注》谓尚书令为"文昌天府"。第248、250页。《魏书》卷一九中《景穆十二王传中·任城王云传》附《元澄传》载其孝明帝时奏"尚书政本，特宜远慎"。中华书局，1974，第477页。

子，以协助皇帝处理机务，有效操纵正在围绕尚书省不断调整的行政机构和行政秩序。因此，汉魏以来行政体制的新旧矛盾和协调过渡，经常是在内朝秘书班子不断更新，驱使政枢和朝廷各部门发生变化的过程中展开的，然后再随内朝秘书班子正规化而在某种新秩序下达成暂时稳定。这种不断源出内朝并在新层面上达成稳定的螺旋，在以皇帝为最高权力主体和基本法律渊源的专制王朝，确是如梦魇一样欲罢不能。而每一个这样的发作周期所形成的新秩序，实际上都毫无例外地意味着整套权力结构和各种权力关系进一步集中到皇帝这一至高无上的专制轴心上。

因此，在魏晋南北朝行政体制和人事机构错综变化的背后，其实质性进展是皇帝直接掌握的任免面向低级官员延伸，皇帝开始切实总揽人事行政过程。而位列尚书六部之首的吏部，则通常领有三个或四个郎署，统一管理通过各种渠道汇总上来的选任、考核、封爵及有关法规的制定等务，[①] 有"专选百官""铨管人才""刊定选制"之说，被公认为其务"尤剧"，其任"宜重"。[②] 虽然军官选任有些时期是由主管军务的尚书兵部兼领，[③] 但人事管理之政令法规

---

① 《通典》卷二三《职官五·尚书下》："宋时吏部尚书领吏部、删定、三公、比部四曹……后魏、北齐吏部统吏部、考功、主爵三曹。"典一三五。《宋书·百官志上》载尚书曹郎沿革，述宋文帝元嘉"十八年，增删定曹郎，次在左民曹上，盖魏世之定科郎也。三十年，又置功论郎，次都官之下，在删定之上"。第 1237 页。"功论郎"当亦为吏部所属。

② 虞世南：《北堂书钞》卷六〇《设官部十二·吏部尚书七十四》，第 254～255 页。

③ 《宋书·百官志下》及《晋书·职官志》皆载魏晋护军将军和朝中护军"主武官选"。《北堂书钞》卷六四《设官部十六·护军将军一百八》引《晋起居注》云："泰始七年诏曰：'中护军与领军史涣皆掌禁兵，典武选。'"第 284 页。何兹全《魏晋的中军》一文已考定史涣任中领军在建安十二年前后，认为此泰始七年诏乃晋武帝追述魏事。收入所著《读史集》，上海人民出版社，1982，第 263 页。但护军及领军即掌武官选，仍受尚书省节制。陶新华《关于魏晋南朝中护军、中领军主武官选的几个问题》（《安徽史学》2003 年第 3 期）一文则认为，领军典武官选为曹魏护军属领军时的状态，西晋初以后武官选已收归吏部。

及重要个案之处理，仍皆归口于吏部，故其现在已是名副其实的全国最高人事机构。① 这不仅为人事权进一步集中统一提供了组织保障，也为一套以吏部为枢纽自上而下贯通一气的人事管理体制的形成提供了条件。②

2. 人事控制格局

隋唐的人事行政体制，正是上述进展的一个总结。大体上，经隋代对南北朝制度的整顿和初唐对隋制进一步修饰后，朝廷统一任免的范围，已是列入法定等级序列的全部官僚。其范围包括纳入流内和流外九品序列的全部官吏，具体可按任免权属分为下列层次：纳入流外各级的，大都是在京各机构的重要吏员，也包括都护府等朝廷派出机构的重要吏员，③ 概由吏部统一任免；流内官即各地各部门行政长官及其重要僚属，唐制皆区分文、武，在吏部和兵部具体管理的基础上，由宰相协助皇帝任免。其又可以分为三层。一是流内六品至九品为低级官员，其任免一般由吏部和兵部铨选提名，经宰臣审核后报皇帝下敕任用。二是四品至五品为中

---

① 唐代及之前的尚书诸部皆有相对独立的一面，并非一般机构属司之比。《唐六典》卷一《都省》："尚书令掌总领百官，仪形端揆，其属有六尚书……凡庶务皆会而决之。"第6页。既称尚书为其属，又称"庶务皆会而决之"，仍存魏晋以来令、仆、尚书为"八座"会决政务之风。同书卷二《吏部》："诸司长官，谓三品已上长官。"第33页。是尚书六部与门下、中书、秘书等省以及御史等台及诸寺监卫府皆为"诸司"，这种相对独立的地位，正是宋以来宰相直面六部至明清形成阁部体制的缘起。参见楼劲《伯2819号残卷所载公式令对于研究唐代政制的价值》，《敦煌学辑刊》1987年第2期。

② 《宋书》卷五七《蔡廓传》载其"征为吏部尚书。廓因北地傅隆问亮：'选事若悉以见付，不论；不然，不能拜也。'亮以语录尚书徐羡之，羡之曰：'黄门郎以下，悉以委蔡，吾徒不复厝怀；自此以上，故宜共参同异。'廓曰：'我不能为徐干木署纸尾也。'遂不拜"。第1572页。是五品黄门郎以下悉归吏部，以上须由宰相与皇帝商定，吏部尚书仍须连署。《魏书》卷六六《崔亮传》载其六为吏部郎，三为吏部尚书，作停年格以适应官多阙少的局面，称"今日之选专归尚书，以一人之鉴照察天下。刘毅所云：'一吏部、两郎中而欲究竟人物，何异以管窥天而求其博哉！'"第1480页。可见其情形与魏晋南北朝相类。

③ 流外官之构成，见《通典》卷四○《职官二十二·秩品五》所列开元二十五年唐流外、视流外序列。典二二九至二三○。

级官员，通常由宰臣与皇帝商拟后下制任用；部分皇帝侍臣和要官，如供奉官、监察官等，虽在六品以下，但亦类此。三是三品及以上高官任免，常由皇帝与宰臣商定后，以一份专门的册书和隆重的典礼来颁布任命。除以上官吏外，各地还有大量从事文案、杂务而不在法定等级序列之内的小吏，其选择、署用和管理，一般仍由州级长官分别负责。① 此外，还有受其管辖从事具体文案工作的重要胥吏。

从上述层次中，不难看出其脱胎于汉代层级管理体制的某些痕迹。列入法定等级序列的全部官僚，也就是汉代的万石至百石下至佐史，唐代的流内、流外各品官吏，其中部分在汉代是由各级长官自行任免的，现已改由朝廷吏部、兵部牵头统一任免；原来分别由丞相和皇帝任免的，则全部改由吏部、兵部和宰相协助皇帝任免。而唐代仍由州级长官自行署用的，实际上主要是汉以来随国家职能和行政控制局势发展而新增的众多小吏，② 其性质大体介于吏员和徒役之间，所事从文案至皂隶杂务不等，统称"诸色胥史"或"内外职掌人"。③ 既然其并不纳入法定等级，因而很难视之为"官"，

---

① 以上任用层次，参见杜佑《通典》卷一五《选举三·历代制下》所述唐制，典八四；李林甫等《唐六典》卷二《吏部》，第 36 页。张广达《论唐代的吏》一文统计，开天之际这种小吏与流外、流内各级官僚的数量比为 300000：57000：18000，即 100：19：6。《北京大学学报》（哲学社会科学版）1989 年第 2 期。

② 黄宗羲《明夷待访录·胥吏》曰："今各衙门之首领官与郡县之佐贰，在汉则为曹掾之属，其长皆得自辟，即古之吏胥也。其后选除出自吏部，其长复自设曹掾以为吏胥。相沿至今，曹掾之名既去，而吏胥之实亦亡矣。故今之吏胥，乃曹掾之重出者也。"第 43 页。

③ 《通典》卷四〇《职官二十二·秩品五》列唐官品，末云："内职掌：斋郎、府史、亭长、掌固、主膳、幕士、习驭、驾士、门仆、陵户、乐工、供膳、兽医学生、执御、门事学生、后士、鲁师、监门校尉、直屯备身、主仗、典食、监门直长、亲事帐内等。外职掌：州县仓督、录事佐史、府史、典狱、门事、执刀、白直、市令、市丞、助教、津史、里正及岳庙斋郎，并折冲府旅帅、队正、队副等。总三十四万九千八百六十三。"典二三〇。其前载晋隋官品，其末亦即此类，称"诸色职掌人"。

当时也并不视之为"官"。① 但即便如此，其管理也已前所未有地置于整套律令和相关部门的统一控制之下，而不复具有汉代长官辟署属吏的自主性和随机性了。要之，尽管唐代仍按一定层次管理举国官吏，但朝廷的人事控制面，却明确网罗了列入法定等级的全部官吏。尤其是在人事行政中最具关键意义的任免、调迁上，皇帝的控制面已远较汉代为广，而朝廷主管部门和各级行政长官可以任免的官吏级别，则已分别递降至流外和流外之下的小吏。具体如表2-1所示。

表 2-1　汉唐人事任免的层级状态比较

朝代	秩次、品级的层次	官吏范围	任用主体
汉	六百石以上	各重要机构长官	皇帝
	四百石以上	各次要机构长官	丞相
	百石及斗食	各机构属僚	各级长官
唐	流内九品各级	各机构长官及重要属僚	皇帝
	流外九品各级	各重要胥吏	吏部
	流外以下	各佐杂小吏	州级长官

备注：

本表据《汉旧仪》卷下、《通典》卷一五《选举三·历代制下》、《唐六典》卷二《吏部》编制，各级长官任用或须报备并有编制等法令限制。

需要指出的是，皇帝直接控制的人事面扩大，其辅佐班子和人事主管部门职责的涵盖面往往也须同时扩大，以便为最高决策提供依据和预案。而这种扩大的代价，通常都是下级相关部门决定权的缩小。这种由集权导致的决定权收缩而干预面放大的状态，对于各级长官与主管人事的功曹的关系，以及吏部作为最高人事机构与各地各部门功曹的关系来说，也是适用的。就是说，皇帝直接控制的

---

① 唐律中流外或称官，而无品之小吏则否。如《唐律疏议·名例篇》"十恶"条"不义"款《疏议》释"吏卒杀本部五品以上官长"曰："吏，谓流外官以下。卒，谓庶士、卫士之类。"《职制篇》"官人从驾稽违"条《疏议》曰："官人，谓百官应从驾者。流外以下应从人，亦同官人之罪。其书吏、书僮之类差逐官人者，不在此限。"第15、187页。可见流外亦可称"官"，有其权力和责任，却无法与流内相比。

人事面扩大和人事权进一步集中统一，势必导向举国人事行政进一步系统化和各人事部门的相应调整，在此基础上的层级管理，显然已非汉代逐级负责的粗放状态可比。

3. 人事机构或部门

唐代人事机构或部门的配置，亦如上述分为三层：一是各地各部门协助长官管理人事的功曹（司功）和兵曹（司兵）等部门；二是在皇帝及宰相之下统一管理全国人事行政的尚书省吏部和兼管武官选用的兵部；三是约设置于开元中期，直接附属于宰相的政事堂吏房。其设置虽与汉代功曹—相府东西曹—尚书台吏曹的布局不无相似之处，却已贯彻迥然不同的行政精神和原则，切合于现有人事控制格局的需要。

都督、都护府、州等地方行政机构，通常都设有功、仓、户、兵、法、士等曹，协助长官处理各种事务。其中功、兵两曹，分别兼负文、武官吏的具体管理责任。在朝廷各专项政务机构中，人事事务一般是由丞、主簿等官兼掌的。而在将军府等军事机构中，则往往以仓曹和兵曹兼掌相应的事务。[①] 这些人事部门的编制和构成，可以州一级的司功司为例（兵曹、仓曹略同）说明：司功参军事 1 人总其事，佐 2 人助理之；下设史 3~5 人，从事文抄杂务（州亦分等，上州 5 人，中、下州 3 人）。[②] 但唐代的这类部门，都还要兼掌其他事务。像州的司功司，除具体管理选贡、考课、俸禄、假使等

---

① 《唐六典》卷二四《诸卫将军》载左右卫"仓曹掌五府、外府之文官职员，凡勋阶、考课、假使、禄俸及公廨、财物、田园、食料之事，皆掌制之。兵曹掌五府、外府之武官职员，凡番第上下，簿书名数，皆受而过大将军以配焉"。第 618 页。同书卷二六《东宫官》载詹事府"丞，掌判府事……主簿掌付所受诸司之移判及弹头之事而勾会之。凡三寺、十率府文之隐漏，程限稽失，大事启文，小事下率更以绳之，及掌印，勾检稽失"。第 663 页。

② 都督、都护府称功曹、兵曹，州县称司功、司兵。县一级因等级而不同，京县六司俱设，畿县无司兵，上县以下仅设司户、司法二曹兼行诸务。凡此及司功司编制之况，俱见李林甫等《唐六典》卷三〇《三府督护州县》，第 740~752 页。

人事事务外，还掌管礼仪、祭祀、学校、医药等事；司兵司除掌管武官的选贡事宜外，还兼管兵甲、器械、烽候、传驿等事。相比之下，其人事职能的分量并不算大。这种兼管而非专掌人事的状态，正反映了现有人事控制格局下，各地各部门人事权限的减弱。而以功、兵二曹分管文、武的局面，是与朝廷各机构中吏、兵二部的分工状态相对应的，这又透露了各地各部门人事行政归口于朝廷专项政务机构的信息。

尤其需要注意的是，功曹等部门虽仍是长官的辅佐班子，但府州一级诸曹参军事已为流内七至九品官，早已进入了朝廷统一任免和管理之列，① 也就摆脱了汉代那种唯长官马首是瞻的依附性。长官对其有管理、监督之责，其行政过程不仅需要对长官负责，更要对上级和皇帝负责。这就使之与长官间的上下级关系同时带上了某种"并肩事主"的意味，近乎一种蕴含着牵制意义的分工关系。反映到《唐律》中，也就有了前面提到"同职犯公坐"条的四等首从连坐之法，即凡行政过程有失，参与这一过程的长官、佐贰（通判官）、主管僚属（判官）和文案经办（主典）及勘核者（勾检官）皆有责任，须据出错情节和参与程度区分首、从分别处罚。这就表明，魏晋以来直到隋初各地各部门重要僚属任免权收归朝廷时，其所主管的部门实际已完成了一个重大转折：从多少带有私人依附性和效忠于长官本人的辅助班子，变成了国家统一设置和管理的专项行政机构或部门。

在此基础上，唐代功曹虽仍在协助长官实施人事管理，其履职性质却已与汉不同。在汉代，作为附属长官的辅助班子，功曹的管理对象主要限于长官辟署的其他属僚；而唐代的功曹则不但要协助长官管理其署用的小吏，同时还要协助管理由朝廷统一任免的其他

---

① 《唐六典》卷三〇《三府督护州县》载诸曹参军事因府、州等级不同，在正七品下至从九品下之间，县级曹佐无品。第 741~747、751 页。

属僚，尤其是汉代一般并不由其管理的下级机构长官和属僚，现在也纳入了其职掌范围。① 因此，与纳入法定等级序列的全部官僚任免权收归朝廷这一大势相应，各级长官所属人事部门的职能，现在已不再限于本府而是及于本府所辖的全部下属。这就突破了汉以来各级长官属吏班子互不统属的樊篱，使各行政层级的人事行政自上而下地连为一体。在这条已被如此疏浚过的渠道中流动的各种人事事务，其共同的流向，首先是朝廷吏部和兵部这两个主管文、武人事的专项政务机构，最终则聚集于宰相和皇帝。

因此，如果说汉代因各行政层级的较大自主权和属吏之间的界隔，流动于这些层级之间和最终汇集到朝廷的人事事务还只是涓涓细流；那么在各层级人事决定权缩减而干预面放大以后，同样的事务便呈现出了由下向上急剧递增的趋势，而汇集到朝廷的则已是汹涌的洪流。尚书吏部和兵部，正充当了分洪节流，以便皇帝进行有效控制的枢纽。这里还须注意的是，尽管吏、兵二部分管文、武官人事，但若论举国人事行政的统一控制，仍须首推吏部。只有吏部才是最高人事行政机构，所属四司皆掌各类人事事务；而兵部仅兼掌武官品阶勋级与选用，其下所设兵部、职方、驾部、库部四司，唯兵部司有人事职能，也还须兼管其他军政事务。更重要的是，吏、兵二部的文、武人事分工，主要体现在文、武官吏的选用和品阶升降两个方面，其他像考课、封爵等事，皆须统一汇总至吏部处理。当时的人事行政法规，也都是由

---

① 如唐令之《考课令》有"县令已下及关镇戍官、岳渎令，并州考。津非隶监者，亦州考"之文。所谓"州考"即在司功或功曹参军事职责范围内。见仁井田陞《唐令拾遗》之《唐令·考课令第十四》，东京：东京大学出版会，1964，第327页。《唐六典》卷三〇《三府督护州县》载诸府州"功曹、司功参军掌官吏考课、假使、选举、祭祀、祯祥、道佛、学校、表疏、书启、医药、陈设之事"。以下又载其所管"差使""州选""贡举"及学校释奠诸事，皆包括本州各县。第748页。《旧唐书》卷八九《狄仁杰传》载其曾为魏州刺史，"及去职，其子景晖为魏州司功参军，颇贪暴，为人所恶，乃毁仁杰之祠"。第2895页。可见司功参军权势甚大，作恶亦为属县所弃。

吏部主持制定和解释。是故吏、兵二部在人事行政上的重要性，前者明显要高于后者，所谓分洪节流的枢纽作用，实际上主要是由吏部发挥的。

唐代吏部的全员编制共 336 人，[①] 佐史小吏不在其列。其概况如图 2-12 所示。这种在规模和分工上为汉代任何人事部门都难比拟的建制状态，反映了人事权进一步集中后，朝廷所需处理人事事务的相应增加。其机构组成包括了两大部分。一是分担全国官僚封爵、勋级和考课等务的司封、司勋和考功三司，共 188 人。二是吏部长官——尚书和侍郎，以及直接协助他们的吏部司官吏，共 148 人，除处理吏部的通盘之务外，这个部分还具体担负着全国文职官吏的任用和品级升降。因而吏部司的构成要比其他三司复杂，该司郎中、员外郎各有 2 人，分厅掌管有关事务。[②] 其下除像其他各司一样设有主管公文收发和检勘的主事，从事具体文案工作的令史、书令史和管理门户禁约、厅事陈设的亭长、掌固外，还设有告身（委任状）制作处（制书令史 14 人）和人事档案管理库（甲库令史 13 人）。

在这种建制的基础上，凡所管事务到部，一般都由吏部司分解到各司，各司继续分解给具体官吏处理；然后由各司郎中、员外郎及尚书、侍郎逐层处理、核准裁定后再上呈尚书省长官直至宰相和皇帝，或下达各地各部门执行。但某些特定事务的处理过程，从尚书、侍郎到有关部司，往往有法律上明确的特定分工和办事程序。如文职官吏选用，凡符合法定选用条件者，按一定期限汇集至京，

① 《旧唐书》卷四三《职官志二》和《新唐书》卷四六《百官志一》俱载吏部官吏编制为 293 人，《唐六典》卷二《吏部》载为 308 人，然无新志所载制书令史和甲库令史 27 人，再加尚书 1 人，共 336 人。

② 李肇《国史补》卷下："吏部郎中二厅，先小铨，次格式；员外郎二厅，先南曹，次废置。"上海古籍出版社，1957，第 51 页。所述可与两唐志及《唐六典》所载吏部之况相证。

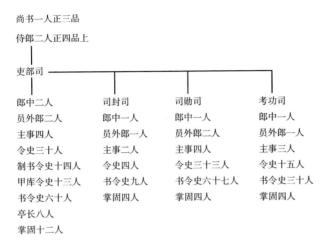

图 2-12 唐吏部概况

备注：
①本图据《新唐书·百官志一》绘制。
②各司郎中、员外郎往往构成特定分工班子，如吏部司郎中二人分掌"小铨厅"和"格式厅"，员外郎二人分掌"南曹"和"废置厅"。
③郎中皆从五品上，员外郎皆从六品上，主事皆从九品上。

先由吏部司南曹核实其出身、履历、功过等，并备妥全套证明文件，再由吏部郎中、侍郎和尚书分别主持的 4 套班子加以铨选，有时皇帝也特派官员监督或参与。具体如下：

流外铨：凡流外各品官员的选用，由吏部郎中一人具体主持。①

中铨和东铨：凡流内八、九品官员选用，分为两拨，分别由两位侍郎主持。②

---

①　流外铨，又称小选、小铨，铨者，选也；或称行署，即无须制敕，仅由吏部署用。李林甫等《唐六典》卷二《吏部》："郎中一人，掌小选。凡未入仕而吏京司者，复分为九品，通谓之行署。其应选之人，以其未入九流，故谓之流外铨，亦谓之小铨。其校试铨注，与流内铨略同。"第 36 页。
②　这种分工约形成于高宗总章二年（669）。《唐会要》卷五八《尚书省诸司中·吏部侍郎》："吏部侍郎本一员，总章二年四月一日加一员，以裴行俭为之。本员为中铨，新加员为东铨。"第 1005~1006 页。

尚书铨：凡流内六、七品官员选用，由尚书主持。①

由于流外官选用由吏部全权负责，故流外铨所拟任用名单，经尚书、侍郎核准签署后即可生效。而流内官任免权统一握于皇帝之手，故中铨、东铨和尚书铨的任用提名皆须经由门下当面审过，②报送宰相核定再取旨批准后下达吏部颁发告身，所经各道程序的主管官员皆连署其上以示负责。兵部选用武官的分工和程序，与吏部基本相同。

当然，作为尚书省所属的吏、兵部，其行政过程皆在尚书都省指导和督责下展开。如果说吏部是全国人事行政的枢纽，那么尚书都省便是全国各项行政事务的总枢纽。③六部各司经办的事务，通常都由都省左、右司分发下来，重大事务的处理结果又须经其检勘，并由丞、仆射裁定后下达，④或继续上报宰相和皇帝。需要注意的是，都省既是举国政务的总枢纽，其与各部司的关系也就不同于一般长官与下属，故前已指出其魏晋以来即各有相对独立的一面。尽管六部二十四司需要承秉都省指令，但在一般场合，部司与都省实际上与省台寺监卫府相类，均为直接对皇帝负责的独立行政机构，又皆以都省为上承宰相、皇帝的总督责、总协调。这种各级

---

① 初唐尚书铨包括五品官。《唐会要》卷五八《尚书省诸司中·吏部尚书》载苏氏驳曰："贞观二十二年二月，民部侍郎卢承庆兼检校兵部侍郎，仍知五品选事。承庆辞曰：'五品选事，职在尚书，臣今掌之，便是越局。'太宗不许，曰：'朕今信卿，卿何不自信也。'由此言之，即尚书兼知五品选事明矣。"第1004页。

② 这一环节称"过官"，《旧唐书》卷一〇〇《苏珦传》附子《苏晋传》载其开元十四年为吏部侍郎，"侍中裴光庭知尚书事，每过官应批退者，但对众披簿，以朱笔点头而已"。同书卷一〇六《杨国忠传》："故事，注官讫，过门下侍中、给事中。"第3116、3244页。

③ 见李林甫等《唐六典》卷一《都省》，第10~13页。

④ 尚书令唐太宗曾为之，以后罕授，故左右仆射为尚书省实际长官，唐初亦为当然宰相，后来则须加同中书门下平章事等衔方能为相参与机务，左右丞地位亦相应提高。见杜佑《通典》卷二二《职官四·尚书上》"尚书令""仆射""左右丞"，典一三〇至一三二。

各类部门和官员的行政过程既相对独立，又在更高程度的集中控制下连为一体的状态，正是唐代行政体制较之汉代长足发展的关键，同时也体现了其人事机构和人事行政的基本面貌。

从各地各部门汇集到朝廷的大量人事行政事务，经尚书吏、兵二部协力处理分洪节流后，一些最为重要的事务还是须由宰相协助皇帝批准裁决。像全部流内官员的任免，以及与之相关的考核、品级事务和人事法规的制定等，皆须得到皇帝批示方能生效。由于其事甚多，协助皇帝决策的宰相所在的政事堂后，由若干主书、主事、令史和书令史，组成了一个专门收发勘核有关人事文书卷宗的吏房，与枢机房、兵房、户房、刑礼房并称"五房"。这是政事堂宰相处理各类要务的附属设施，其成员皆称"堂吏""堂后吏"，并无公文判署之权，不是一个可以独立对外，具有法定编制、权力和地位的机构，而是只能通过对相关文案办理过程的影响发挥作用。吏房也是如此，其在唐代人事行政中的地位，大体与吏部办理文案的主典吏员和专管人事档案的甲库相仿，只是因其附属宰相，层级较高，有形无形的影响也较大，① 至宋"堂后吏"升格为"堂后官"而五房成为机构，② 故附

---

① 《旧唐书》卷一〇六《杨国忠传》载其为相，领务繁多，"皆责成胥吏，贿赂公行"。《资治通鉴》卷二三七《唐纪五十三》元和元年八月载有"堂后主书滑涣，久在中书，与知枢密刘光琦相结"，后被抄家赐死，"籍没家财凡数千万"。第 1627 页。王定保《唐摭言》卷一五《贤仆夫》记夏侯谯公仆人李敬事迹，有"堂头官人，丰衣足食，所往无不克"之语，原注："此辈谓堂吏为官人。"中华书局，1957，第 165 页。

② 《宋会要辑稿·职官》三之二二："旧制，每房置堂后官三人，并自京诸司选人。国初授同正官，其后稍授检校郎中、员外，并五品阶而长任。逐房堂后官一人，主承受批答签语；定押敕草一人，主点校书写熟状；呈押进入一人，主对读印押发放；录事二人，守当官三人。"中华书局，1957，第 2408 页。叶梦得《石林燕语》卷九："熙宁三年九月，诏中书五房各置检正官二员，在堂后官之上，都检正一员，在五房提点之上，皆以士人为之。于是以吕微仲为都检正，孙巨源吏房，李邦直礼房，曾子宣户房，李奉世刑房。"宇文绍奕考异，中华书局，1984，第 128 页。《续资治通鉴长编》卷二四六《神宗》熙宁六年七月戊申，"检正中书吏房公事、太常丞、馆阁校勘蒲宗孟，荆湖南路提刑、馆阁校勘朱初平，太子中允、充馆阁校勘陈侗，并为集贤校理"。中华书局，1992，第 5977 页。

说于此。

由上可见，唐代的人事行政体制，已尽可能克服了汉代人事体制因各行政层级拥有较大自主权所造成的分散和粗放，现在的分层管理和逐层集权，已有了新的形式和内涵，展示了前所未有的系统性和严密性。但历史似乎总是在出人意料的代价下迈进，权力更加集中统一的唐制也失去了汉制那种权责分明而政简事省的魅力。业已深入至具体行政过程的控制，固然避免了可能出现的擅权，却牺牲了官僚的行政主动性和灵活性；管理细化和规范化，在带来益处的同时也导致了置规范于行政目的之上的刻板倾向；各种协调和牵制减少了行政失误，却使权责关系空前模糊和复杂，增加了相互推诿或攻讦的可能。在人事管理中，原来归于一人的成败，现在已须由其上下级和同事共享，政绩归属已不再那么具体明确。这就使态度、文档和资历变得异乎寻常的重要，需要高度鉴别力和洞察力的人事行政过程，开始被大量簿籍枯燥的核对检勘所取代。因此，逐层承包式的汉制与上下左右贯通一体的唐制，可以说象征着两种不同的行政模式，对于唐以后各朝来说，理想的模式是把汉制的简要与唐制的严密结合到一起。但汉制的简要是贵族自治政体的遗风所致，唐制的严密则是大一统王朝集权化进程的产物，也就注定了这种结合汉唐之长的努力会有多么困难和曲折。

三　明清进一步集中的人事控制权和人事机构

隋唐以后人事体制的发展虽多曲折跌宕，却仍有其内在脉络。权力自上而下分配和专制皇权的深入控制，即便在统治民族接踵变换和南北王朝持续对峙更替的冲击下，也还是延续了其基本路向，并且使唐后期以来整套行政体制的条条化趋势进一步发展起来。这一点是否也与南北各族政治文化的交汇相关，尚待学界深入讨论。无论如何，集权化行政体制在条条化方向上的发展，势须以更多也更为有力的手段自上而下对之协调，而这种更为繁复的协调，又总在抵消条条化可能带来的行政效率，从而在很大程度上决定了唐以后人事行政格局的发展态势。

1. 宋元人事行政格局的演变

唐中期以后的行政体制已明显偏离了初唐君臣确定的轨道，进入了又一轮制度动荡和调整期。其中最为引人注目的，除皇帝近侍秘书班子出现了学士院、枢密院等新的设置外，主要还是由皇帝特遣、内廷直控的大量使职掌管了朝廷到地方的重要政务和要害部门。

唐后期以来使职差遣的大量涌现，有其深刻的社会、政治和制度背景。在经济社会发展迅速、各地藩镇蜂起、朝廷党争不息、各种离心因素日趋滋长的严峻局面下，特遣诸多使职是要尽可能把人事、军事、财政等大事要务和相关资源置于皇帝直接控制之下，同时也要借此提升行政效能，克服原来条块错综、行遣迂回的体制弊病，适应急迫频繁的军政需要。也正是这类举措，维系了安史之乱后唐廷的命运，[①] 也导致了唐末五代错综至极的权力关系。但问题在于，原有官制架构与掌握各种实权的使职差遣虽然并行，却非不悖。就人事行政而言，特派使职执掌科举、铨选、考核等务，导致原来各主管机构职能退化，引发了其间职权的区分和关系的厘定问题；使职差遣的盛行，更使原来官阶与职掌、职掌与差遣、不同等级序列与俸禄之间的关系空前复杂混乱。由此直至赵宋，旧制未去而新法蜂起，各种建制叠床架屋，冗官冗费等问题日趋严重。[②] 于是随宋初

---

① 《新唐书》卷六四《方镇表》序："唐自中世以后，收功弭乱，虽常倚镇兵，而其亡也亦终以此，可不戒哉！"中华书局，1975，第1759页。所谓方镇，即由节度、观察、团练等使兼带多种使职而实际总掌一地军政财刑所致。黄宗羲《明夷待访录·方镇》则论"安禄山、朱泚皆凭方镇而起，乃制乱者亦借方镇。其后析为数十，势弱兵单，方镇之兵不足相制，黄巢、朱温遂决裂而无忌。然则唐之所以亡，由方镇之弱，非由方镇之强也"。第21页。

② 参见章如愚编撰《山堂考索·后集》卷四《总论国初、元丰官制》，中华书局，1992，第479～482页。参见赵翼《廿二史札记》卷二五《宋冗官冗费》，第334～335页。

以后政局渐定，对诸制度改革整顿的要求兴起，痛感官制空前紊乱和名不副实的人，出于多种想法而憧憬井井有条的唐制，以至于整个北宋中后期及南宋，在行政制度变迁上都可以划为有意以盛唐之制为范来"正名"，力图整合错综纠葛的新旧制度的时期。

经陆续整顿尤其是神宗元丰三年至六年（1080~1083）的改制，其省台寺监官制已在一定程度上恢复了唐制面目，吏部复为最高人事行政机构，架构则有所扩充。具体来说，即把主管京朝官考课差遣的审官东院改为尚书左选，把主管阁门祗候、大使臣以上武官磨勘差遣的审官西院改为尚书右选；把宋初以来主管选人常调及考课的吏部流内铨改为侍郎左选，又把宋初以来掌低品武臣选用和三班使臣考课的三班院改为侍郎右选。① 同时恢复了司封、司勋、考功等司，合称吏部七司，总掌文、武官选用及考课、封爵、勋级等务。宋初及元丰改制以来一以贯之的大政举措，如三省本部合为宰相政事堂，事堂直接协助皇帝控制各专项政务机构；② 各路分遣掌管军事、财赋、刑法、监察等务的使职监司，以控制地方各项行政事务。这些都表明宋初以后虽屡有新政，至熙宁变法和元丰改制更力图振作，亦旨在消除新旧制度的紊杂，却一直都自觉肯定了太祖、太宗二朝以厉行集权为方向的行政条条化建制。

---

① 《宋史》卷一五八《选举志四》，中华书局，1985，第3693页。太宗淳化四年改磨勘京朝官院为审官院，熙宁三年改审官院为审官东院，另设审官西院掌阁门祗候及大使臣以上武官磨勘、差遣。见《续资治通鉴长编》卷三四《太宗》淳化四年二月丙戌、卷二一一《神宗》熙宁三年五月丁巳条。同书卷二三三《神宗》熙宁五年五月癸未："又诏增中书审官东、西、三班院，吏部流内铨、南曹，开封府吏禄，其受赇者以仓法论。"可见审官东、西院及三班院皆隶中书门下。第746、5138、5648页。

② 宋初中书门下即宰相政事堂，协助皇帝统辖各专项政务部门，元丰改制以尚书都堂为三省议事之所，代替原政事堂，以尚书左右仆射和门下、中书侍郎为宰相，其下则为六部诸司及寺监之类。元丰前后三省本部合为宰相办公机构的态势，及其直接协助皇帝控制各专项政务机构的格局皆未有变。参见《宋会要辑稿·职官》一之二二六至三三，第2337~2346页；曾巩撰，王瑞来校证《隆平集校证》卷二《宰执》，中华书局，2012，第93~99页。

　　不过宋朝实在是命运多舛，尽管其在唐基础上维持了相当纤巧的社会繁荣，却因社会与政治领域的诸多问题，使围绕新政、变法的集团政争无时或停，王安石变法后更势成水火而愈演愈烈。尤其北方还有契丹、女真相继建立的辽、金王朝南向发展势力强盛，可谓压力巨大而内外交困，结果竟致北宋灭亡而南宋偏安。最终则由蒙古铁骑统一南北，建立元朝，唐宋辽金的行政体制至此又在变数中被继承和发展。

　　元朝的建立，与辽、金一样是对中华大一统王朝体制的确认，其行政制度大量汲取了承自唐代的辽金宋制成分，又未脱其自身所历部族制特具的粗放简率之风。从其“繁简因乎时，得失系乎人”的建制状态，① 从各级长官拥有较大权力又质简少文的控制态势，从仕出多门、选无定制的人事行政，都可以体会到这一点。元制从宋制中继承来的，似主要是朝廷专项政务机构多在各地设立直属部门的条条化倾向，但支配其运行的与其说是宋的程式，不如说是蒙古贵族习惯的秩序，如独断专行中的灵活性，甚至权力的世袭化等。明人总结元朝灭亡的要因，首先是严重的民族矛盾和压迫，再就是普遍的纲纪弛坏而腐败横行，这些多少都与蒙古贵族的统治特点相连。正其如此，元朝被推翻和明朝建立以后，一方面不再需要那些为民族统治而设的高压手段，另一方面也不能接受少数重臣垄断各地各部门大权的独断性。结果便是明制虽在元制基础上发展，但实际走的却是宋以来的集权之路，而其祭起的则是汉、唐的旗帜。②

----

　　① 《经世大典》第五《治典·官制》：“世祖皇帝建元中统以来，始采取故老诸儒之言，考求前代之典，立朝廷而建官府。辅相者曰中书省，本兵者曰枢密院，主弹纠者曰御史台，以次建置，内外百司、庶府各因其事而举矣。”赵世延、虞集等撰，周少川、魏训田、谢辉辑校《经世大典辑校》，中华书局，2020，第 12 页。《元史》卷八五《百官志一》：“大抵元之建官，繁简因乎时，得失系乎人，故取其简牍所载而论次之。若其因事而置，事已则罢，与夫异教杂流，世袭之属，名类实繁，亦姑举其大概。”中华书局，1976，第 2120 页。

　　② 参见赵翼《廿二史札记》卷三二《明祖行事多仿汉高》，第 463~464 页。

宋元时期行政体制的多变历程中，民族因素和战争形势的影响确实使之发生了不少带有分权性质的变异，但集权倾向仍在沿袭、持续，专制皇权体制及其对官僚的控制也仍在曲折中发展深化。

厉行集权的倾向在宋初以来最为典型，人事行政自不例外。唐代由吏部全权选用的流外官，至宋已被置于最高决策层控制之下。宋太祖就曾在戎马倥偬中，亲自对朝廷各部门的流外官加以简择和淘汰。① 对朝廷各重要部门的流外官，则已有了较之唐代更为严密的考试补选办法，所考内容为法律、书札，须与科举制一样锁院、巡搜、糊名，凡是在学士院、审官院、审刑院等要害部门任职的流外官，还需要有特定亲属关系或须父祖为官。② 从流外转任流内，也有一系列规定和限制，其考校过程则由门下省官主持而由考功司具体负责，这表明流外官考课也已集中进行，其管理决定权已提升至宰相层面。③ 流内官的人事管理更是如此，如唐代县令的选用一般是由吏部长官主持，现在多归宰相选拟。④ 宋代全部流内官员在通过一般选用步骤后，还须"引对"，即由皇帝分批召见察其辞色斟酌以后，方得确定其任职去向。⑤ 这又把唐代皇帝在任免中、低级官僚时画"闻"或"可"的过程，变成了一个由皇帝

---

① 《宋史》卷一五九《选举志五》："太祖尝亲阅诸司流外人，勒之归农者四百人。开宝间，诏：'流外选人经十考入令、录者，引对，方得注拟。驱使散从官、伎术人，资考虽多，亦不注拟。'堂后官多为奸赃，欲更用士之在令、录、簿、尉选者充之……端拱初，以河南府法曹参军梁正辞、楚丘县主簿乔蔚等五人为将作监丞，充中书堂后官，拔选人授京官为堂吏自此始。"第3737页。

② 见《宋史》卷一五九《选举志五》，"流外补"条，第3735～3736页。

③ 《宋会要辑稿·职官》二之一载门下省侍中、侍郎、给事中之职包括"流外较考"，《职官》一〇之二〇载考功掌"流外较考"。第2372、2610页。

④ 唐县令除京县县令正五品外，其余皆六品或六品以下，宋太祖建隆四年始以朝官出知县事，皆由中书门下选授。见《宋史》卷一五八《选举志四》，第3695页。

⑤ 《宋史》卷三《太祖纪》赞曰："建隆以来，释藩镇兵权，绳赃吏重法，以塞浊乱之源；州郡司牧，下至令录幕职，躬自引对。"第50～51页。其实例如《宋会要辑稿·选举》一〇之一载真宗乾兴元年四月十三日幕职令录已试者六十五人引对便殿，"前怀安军判官宗文礼等六人，并除京官知县"，其余诸人亦各有处分。第4412页。

亲自面试以确认或否认其任命的过程。这就典型地体现了宋代皇权对官僚人事控制的渗透，其况已非唐代可比。

相比之下，元代的情况固然要宽松些，但其也肯定了唐、宋、金朝人事控制的基本框架。在确认九品各级官员皆由皇帝统一任免的前提下，其具体的分级管理，是从七品以下由吏部负责，正七品至四品由宰相主持，三品以上由皇帝亲自掌握。[①] 在这一大框架下，为解决人事权集中易使选用不精的问题，不同官职多有附加的选用规定，从怯薛出身、台宪官、各地守令、礼仪等官，到腹里诸路行用钞库官、税务官、匠官等，其选用皆各有讲究。有些机构如太禧院、宣徽院等，则予其较大用人自主权。[②] 同时，元代"吏道杂而多端"，统治者并无鄙视吏员的积习，"至工匠皆入班资，而舆隶亦跻流品"。[③] 从事文书杂务的吏员，在具备一定资历和考绩后，可以转为上级机关的吏员，也可以转为六品至九品的官员。朝廷各重要部门的吏员，则往往直接从七品至九品官员中选用。[④] 也就是说，这些相当于唐、宋流外官的吏员，现在已部分归由宰相协助皇帝加以任免和管理了。不同官职选用不同和吏员登进之途通畅，均有对唐宋以来相关制度纠偏补弊的性质，可以视为元代官僚人事管理最富特色的两大内容，却还是不约而同地指向了以改善管理来强化控

---

① 《元史》卷八三《选举志三》："凡迁官之法，从七以下属吏部，正七以上属中书，三品以上非有司所与夺，由中书取进止。自六品至九品为敕授，则中书牒署之。自一品至五品为宣授，则以制命之。"第 2064 页。《金史》卷五二《选举志二》："金制：文武选皆吏部统之。自从九品至从七品职事官，部拟。正七品以上，呈省以听制授。"中华书局，1975，第 1157 页。两相对照，金元损益之迹显著，且皆保留了唐宋官员分级敕授、制授之制度轮廓。

② 参见《元史》卷八二《选举志二》，第 2037~2055 页。

③ 《元史》卷八一《选举志一》序："吏有补用之法。曰掾史、令史，曰书写、铨写，曰书吏、典吏，所设之名，未易枚举。曰省、台、院、部，曰路、府、州、县，所入之途，难以指计。虽名卿大夫，亦往往由是跻要官，受显爵；而刀笔下吏，遂致窃权势，舞文法矣。"第 2016 页。其制亦自承金损益，参见《金史》卷五三《选举志三》"右职吏员杂选""内外诸吏员之制"，第 1173~1178 页。

④ 参见许凡《元代吏制研究》，劳动人事出版社，1987，第 18~41、101~121 页。

制的方向，是大一统王朝体制最为根深蒂固的趋势，即便是以变数著称的元朝亦不例外。

与上述人事控制格局相应，宋元时期的人事机构或部门已有较大变化。

首先，随着皇帝和宰相人事权的延伸，附属于宰相的人事管理设置，在唐政事堂吏房的基础上有了明显扩充，且多以官员任职，有提点、检正等官为长，已可视为附属宰相的人事机构。具体如表2-2所示。

表2-2　附属于宋元宰相的人事部门

朝代	宰相机构	人事部门	职能	具体构成
宋神宗元丰改制后	门下省	吏房	行尚书省所上事，掌班簿和本省杂务	录事、主事、令史、书令史、守当官
	中书省	吏房	行除授、差官等人事公文及有关章奏	
	尚书都省	吏房	行吏部所上之事	都事、主事、令史、书令史、守当官
	枢密院	吏房	行差遣将领武臣及内侍官文书	逐房副承旨、主事、守阙主事令史、书令史、守阙书令史、名正
		小吏房	行两省内臣、大使臣及校尉以上人事公文	
元代	中书省	吏礼房	行吏、礼二部所上之事	南吏科、牌印科、北吏科、好事科、贴黄科、保举科、时政记科、封赠科
		知除房	掌选授	资品科、常选科、台院选科、见阙科、别里哥选科

备注：
①本表据《宋史·职官志一》《宋史·职官志二》《元史·百官志一》编制。
②宋中书省所属礼房兼行科举考试事、兵房兼行藩国爵封。元丰以前五房各有提点、检正官主其事。
③元中书省吏礼房、知除房中统元年起属左右司，至元十五年起属左司。其下各衙门虽有相应吏员案行各类公文，但已不设类于汉唐功曹的专门人事部门。

其次，宋神宗元丰年间定制以后，文武官僚人事管理已皆归口吏部。前已指出其构成包括尚书左、右选，侍郎左、右选，及司封、司勋、考功共"七司"，职能较之唐朝有所扩展。由于原来的都省已与中书门下合并，六部已直属皇帝和宰相，吏部的日常工作已更为直接地处于皇帝本人控制及政事堂和枢密院"二府"指令之下，加之高官要官皆不由四铨而由二府奏拟，吏部的人事决定权已随其具体管理面扩展而缩小了。这种职能日益广泛而权力却愈细碎的趋势早自魏晋以来即已形成，宋以来也仍在延续。元朝则按自己的方式沿袭其势，各级行政长官对属下任用和调迁有较大影响，集中起来由吏部统一管理的事务，决定权大都在皇帝或宰相，故其职能除低官铨拟外，主要是诸多人事条格故事的拟定，组织亦甚简单，并不分司理事，设有尚书三人，侍郎二人，郎中、员外郎各二人，主事三人及大量吏员。[1]

最后，在人事权高度集中的大势下，宋元时期各地各部门人事事务，或直接收归朝廷，或间接被监察等特派官分割；余下的多操于长官之手，附属于各级长官的人事部门已明显萎缩。宋代地方行政机构的执事小吏多为职役，身份介于吏民之间，故常不设功曹，而由户曹等兼行其事；[2] 即便设立，其职能也不过是案行官员到离任登录之类的例行公文而已。[3]

---

① 《元史》卷八五《百官志一》载吏部"掌天下官吏选授之政令。凡职官铨综之典，吏员调补之格，勋封爵邑之制，考课殿最之法，悉以任之"。又述世祖曾几度"以吏礼自为一部"。第 2126 页。

② 《庆元条法事类》卷四《职制令》上中下州唯有司理、司户、司法参军。戴建国点校，黑龙江人民出版社，2002，第 23 页。差役属役法，应由司户负责。胡太初《昼帘绪论·差役篇第十》："官司每岁差役，则其要当先委佐官驱磨产力簿，及许人陈首诡挟。俟簿书物力一定，然后照各乡则例，物力及若干方令充役。"李元弼等：《宋代官箴书五种》，闫建飞等点校，中华书局，2019，第 188 页。

③ 这类例行公文称为"士案"，《宋会要辑稿·职官》五九之一六载政和八年四月五日臣僚上言，述八路转运使以财赋为重而"以差除为末务，乃付金厅所谓主管文字者，又以勾稽簿书点检移行之冗为先，而不暇究于差注，乃付士案之胥吏。比年以来，贿赂公行，以选为货，视阙之得否，惟赇之多少。欲乞特降睿旨，严加督责"。第 3725 页。参见顾炎武撰，黄汝成集释《日知录集释》卷八《铨选之害》，第 305～311 页。

2. 明清人事控制格局

明太祖洪武十三年废除法定宰相，这对整套行政体制和人事格局都有重大影响。[①] 此举意味着皇帝直接把控六部等专项政务机构，吏、兵二部则直接协助皇帝控制文武官人事，又以吏部为人事行政枢纽和最高人事行政机构。尽管后来永乐帝设置了内阁，至清雍正帝又设有军机处，说明皇帝还是需要内阁学士和军机大臣在内廷协助自己控制国务，但这类新出"宰相"已从台前退居幕后，只能为皇帝草拟谕旨和提供咨询，长期以来宰相在全国人事行政格局中的独立地位已经丧失，其再也不能像唐宋宰相那样横亘于皇帝与诸司之间，也再没有审定进拟百官任用和人事要务的法定程序和权力了。此即明清皇帝进一步包揽和统制全国政务的利害所在，也是条条化行政体制进一步定型，人事控制格局更为集中统一的体现。

随着宰相人事权任的废止，皇帝直接控制的人事面几乎已与全部官员重合，在高中低级官员分层控制和管理的基础上，职务类型和性质的重要性更加突出。即以吏员为例，宋元以来不同吏员已按其职能性质及所在衙门级别地位分类管理，这是其控制和管理细化的反映。[②] 明清在这方面已进一步规范化和严密化，明初有司设吏分为掾史、令史、书吏、司吏、典吏，后又设提控、都吏、人吏、胥史、狱典、攒典，各以政事繁简为额。[③] 其选用迁补皆依此展开不相混淆，如"在京未入流衙门吏员，充九品衙门司吏；九品衙门司吏，充八品衙门司

---

① 雷礼《国朝列卿记》卷二三《六部尚书总叙》述洪武十三年革中书省，废除丞相制度，"于是中书之政分于六部矣"。台北：文海出版社，1980，第1431页。其述明代六部尚书分行唐宋中书门下和元代中书省之权，所说最为透彻。

② 如《元史》卷八三《选举志三》载至元十九年省议："中书省掾于枢密院、御史台令史内取，台院令史于六部令史内取，六部令史以诸路岁贡人吏补充，内外职官材堪省掾及院台部令史者，亦许擢用。"第2071~2072页。

③ 王圻《续文献通考》卷五〇《选举·吏道》："国初因前代之制，令有司设司吏，许各保贴书二名。其后定设掾史、令史、书吏、司吏、典吏，俱视政事繁简为额。及政事益繁，又设提控、都吏、令史、胥史、狱典、攒典，事简者则裁减之。"《续修四库全书》第762册，第617页。

吏、七品衙门典吏；八品衙门司吏、七品衙门典吏，充七品衙门书吏、司吏"；如此等等。① 明清下层吏役皆由各衙门据吏部颁布的法令从民间选充，纳入规定类型的吏员则在各级长官具体负责的基础上，由吏部统一掌握和调补，其任职期满从低级机关转至高级机关，从小吏到重要吏员，直至从吏员出职为官的过程，皆归吏部统一控制，其中不乏皇帝亲自干预之例。

吏员人事的控制管理既然如此，全部列入九品流官和未入流等级的文武官员，在按级别区分任用和管理的同时，也已在宋元以来的基础上分为更多类型，由吏、兵二部协助皇帝通过不同程序加以任用，甚至经常以个案方式任用。即以文职官员为例，朝廷各部门属僚和各府州县长官及佐官，大体可以列为一大类。其任免和调迁，通常在皇帝直接干预下，由吏部据其不同出身、资历和考绩，定期或不定期地分批进行。② 朝廷各部门和各省长官，可视为又一类。他们位高权重，自然由皇帝亲自掌握其任免，一旦出缺，在明代除由皇帝亲自主持廷议推举外，亦由吏部主持会议，推选若干人，呈请皇帝裁决。但会议虽可集思广益，却难免纷纭而难意见一致。③ 因而清代便采取"开列题请"之法，即由吏部把符合任用条件者依次开列名单，由皇帝从中择定人选。④

对于同一层级的官员来说，这种类型之别的重要性是不言而喻的。故其大类之下往往还以不同条件和程序分为小类，又因保举、

---

① 详见《明会典》卷八《吏部七·吏员参拨》，第 50~52 页。

② 《明史》卷七一《选举志三》，第 1715 页。

③ 《明会典》卷五《吏部四·推升》："员缺当补，不待考满者，曰推升。类推上一人，单推上二人。三品以上，九卿及金都、祭酒，廷推上二人；阁臣、吏兵二部尚书，会大九卿、五品以上官及科道，廷推上二人，或再上三四人；皆请自上裁。"第 27 页。

④ 《清史稿》卷一一〇《选举志五》："官吏论俸序迁曰推升，不待俸满迁秩曰即升，内而大学士至京堂，外而督抚藩臬，初因明制由廷臣会推，嗣停会推，开列题请。"中华书局，1976，第 3206 页。

特荐和特简之制而存在若干变则，吏部对之的影响往往很有限。①
尤其是像科道官、风宪官、诸司郎官、各省道员和冲要之地的府州
县官等，级别虽不甚高，责任却十分重大，选用类型和方式就更为
多样；而这些方式，也总是有针对性地兼顾了职务性质对担任者的
要求，也更为有力地体现了皇帝的控制。② 显然，比之于相对笼统
的按品分层管理，这种在吏部协助皇帝统一任免的前提下，再按官
职类型采用不同选用方式的做法，标志着控制和管理的进一步深入。

3. 人事机构或部门

至明清，由于宰相退居幕后，再无独立作用和地位，宋元时期
附属宰相的人事机构也被撤销。而各地各部门长官所属的人事部
门，则延续了宋元时期的趋势，处于以胥吏充任的萎缩状态之中。
各地府县及布政使司的公文签押、磨勘机构之下，通常设立吏、户、
礼、兵、刑、工六房，各以司吏若干人办理相应文案。吏房的职能，
大致是登录和勘核有关官吏到离任、考绩、资历方面的例行文案。
在进一步集权的条条化体制下，各地各部门所余事权，皆直接操于
长官之手，由其自行聘请的幕友协助处置，③ 最为重要的公文往往
也是由其幕友起草处理的。而六房既以胥吏任职，并无裁处断事之

---

① 《明史》卷一五七《郭琎传》载其宣德时为吏部尚书，其时"政归内阁，自布
政使至知府阙，听京官三品以上荐举。既又命御史、知县，皆听京官五品以上荐举。要
职选擢，皆不关吏部。正统初，左通政陈恭言：'古者择任庶官，悉由选部，职任专而
事体一。今令朝臣各举所知，恐开私谒之门，长奔竞之风，乞杜绝，令归一。'下吏部
议。琎逊谢不敢当，事遂寝"。第 4292 页。

② 如《明史·选举志三》述明初以后，科道官"或庶吉士改授，或取内外科目出
身三年考满者考选，内则两京五部主事、中、行、评、博，国子监博士、助教等，外则
推官、知县。自推、知人者，谓之行取。其有特荐，则俸虽未满，亦得与焉。"第 1717
页。又如《清史稿·选举志五》载："京司官、小京官、笔帖式，分留授、调授、拣授、
考授，皆引见候旨，余则选。外官布政使、按察使开列，运使请旨。道府缺有请旨、拣
授、题授、调授、留授，余则选。"第 3206 页。

③ 由各级长官聘请的幕职在明清各行政机构扮演着重要角色，但其并非法定官
吏，作用主要通过长官体现出来。参见郑天挺《清代的幕府》，《中国社会科学》1980
年第 6 期；陈宝良《明代幕宾制度初探》，《中国史研究》2001 年第 2 期。

权；其文案事务除受签押、磨勘部门监督外，还要受长官幕客的监督。[①] 因而明清的吏房，似乎已经是一个登录和整理人事档案，以及处理例行人事琐务的部门，其地位不仅不能与唐代由正式官员充任的功曹相比，也不及掌管钱粮、刑名的户、刑二房。

明清皆以兵部兼掌武官选用，其所属四司只有武选清吏司具有确定的人事职能。而吏部除掌文官选用，更统掌各类人事行政和人事法规，又位列六部之首，为全国最高人事行政机构。其具体构成以明代为例，见图 2-13。

可以看出，当时吏部除编制有所缩小外，基本结构仍与唐代相仿。所谓变化与发展，主要还应从其具体行政地位和职能行使过程来看。

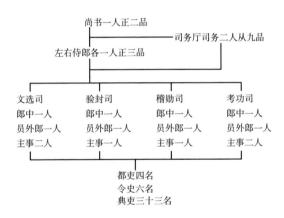

图 2-13　明吏部概况

备注：
①本图据《明会典》卷二《吏部一》、卷七《吏部六》绘制。
②明清吏部发展中，逐渐形成了一些更细的分工班子。清代吏部四司下辖科、处、厅、房共达40余个，其中如文选司下属的缺科，稽勋司下属的贴黄科等，明代已见端倪，其渊源则可上溯至唐吏部司南曹等设置。关于清代吏部的构成，参见李鹏年等编著《清代中央国家机关概述》，黑龙江人民出版社，1983，第139~146页。
③郎中皆正五品，员外郎皆从五品，主事皆正六品。

---

① 汪辉祖：《佐治药言·检点书吏》，《汪辉祖集》，商刻羽点校，浙江古籍出版社，2021，第332~333页。

　　自法定宰相撤销后，整套行政体制的条条控制态势更为突出。主管人事行政的吏部，与其他各部、院一起直属皇帝，不仅其地位更加尊贵，其行政过程也已与以往不同。① 由于吏部不再从属于法定宰相而变成了皇帝本人的职能部门，其行政过程自须比以往更频繁地向皇帝汇报和接受有关谕旨，其工作程序和横向关系也就相应变化了。对明清吏部的职能，尤其是其中与隋、唐、宋、元吏部职能较为一致的部分，都必须从这个角度来加以认识。

　　随着宰相退居幕后，吏部的职能也得到扩充。这一点在那些原来由宰相，现在则由吏部具体负责的人事事务上体现得尤为清楚。如高官重臣的会推，其会议即须由吏部组织，具体由文选司主持，由吏部尚书将推选结果奏报皇帝。② 明以来把全部官员和重要吏员区分为更多类型分别管理的做法，也进一步增加了吏部的工作量。但这种职能范围的扩展，大都是由吏部更为直接和紧密地围绕"圣谕"运行的地位所带来的，并不说明吏部人事权任扩大，而只意味着其职能更加烦琐和具体。

　　如一般低官的常规选用，唐宋以来皆为吏部的一项繁重事务，其实际过程往往是按职务出缺之况，区别应选人员的不同条件，再按相应程

① 《明史》卷七二《职官志一》："吏部尚书表率百僚，进退庶官，铨衡重地，其礼数殊异，无与并者。"第1739页。参见赵翼《廿二史札记》卷三三《明吏部权重》，第485~486页。明人习称吏部为"天官"，吏部尚书为"冢宰"，如王世贞《弇山堂别集》卷三〇《史乘考误十一》："《孙文恪公阡墓志》云：改天官少宰，以母忧去，服除，荐为少宗伯，旋改少宰。按，公已为吏部左侍郎矣，服除适无所阙，故补礼右侍郎，转吏右，亦一时典故之变也，志殊欠明。"后文又述《严文靖公行实》"谓乙丑视殿试事，则以冢宰代阁臣"有误曰："乙丑内阁仅徐文贞公一人，公位冢宰，自当以次读卷。何代阁臣之有？"中华书局，1985，第540、542页。

② 孙承泽《春明梦余录》卷三四《吏部·升除》："国之大僚，政事系焉，会推不可不审也。每遇员缺，先一日，移会大九卿、掌科、掌道集于阙东。九卿东西立，科道北向立，选司致词，推某缺，递一空册于冢宰，冢宰云：推某正，某陪，各画题，而本不列名，此旧例也。吏科给事中翁宪祥云：'大僚之有会推，盖冢宰不独受其权，博谋以示公。若冢宰举手而听，则所司何事？'"第548页。

序对号入座。南宋时即已因其循例而行，而称吏部为"例部"。① 其况至明尤为严重，吏部负责一般低官的铨选，是在细核级别、类型及出身、资历、考绩等各项条件以后，由当事者抓阄决定其能否得到具体职务，或到何地任何职务。万历二十三年（1595）将之改为更加严格的抽签制度后，人讥吏部为"签部"。② 然直至清代，抽签之法也仍通行于吏部常选。③ 由皇帝亲自掌握的中高级重要官员的选用过程，或各种破格的升降迁调，自然也需要吏部的协助。④ 这种协助主要也是据有关人员资历、功过等卷宗提供必要咨询；或以有关会议、考试、保荐环节的组织、协调和记录来协助皇帝决策。即使是这些具体琐细的工作，也由科、道或其他特定官员直接参与和监督，并须不断呈报皇帝裁处或备案，还要比以往更为严格地按各种法定程序进行，并同样须按一系列长期形成并具明确法律效力的成例来展开。如明制"科、道、吏部年例，六年以上升参政，五年以上升副使，四年以上升参

---

① 《文献通考》卷三八《选举考十一·举官》载，淳熙元年参知政事龚茂良言："官人之道，在朝廷则当量人才，在铨部则宜守成法。夫法本无弊而例实败之……昔者之患在于用例破法，比年之患在于因例立法，故谓吏部者，'例部'也。"考三六五。顾炎武《日知录》卷八《铨选之害》引龚茂良此奏曰："是则铨政之害，在宋时即已患之，而今日尤甚。"黄汝成集释《日知录集释》，第 311 页。

② 《明史》卷七一《选举志三》载："在外府州县正佐，在内大小九卿之属员，皆常选官，选授迁除，一切由吏部。其初用拈阄法，至万历间变为掣签。"卷二二四《孙丕扬传》载其万历二十二年为吏部尚书，"患中贵请谒，乃创为掣签法，大选急选，悉听其人自掣，请寄无所容。一时选人盛称无私，然铨政自是一大变矣"。第 1716、5901 页。谈迁《国榷》卷七七乙未万历二十三年五月乙未，吏部尚书孙丕扬立掣签法。"每阙，书一签纳筒中，选人自探得之，一时称公。识者不谓然也，其后猾胥择善阙，上下其手，不复能诘，时号签部。"中华书局，2005，第 4751 页。

③ 《清史稿·选举志五》载康熙时"御史田六善言：'半载以来，截留推官八十选一人，知县三百选三十一人，余须守候三四年。陪掣空签，选期难料。当按名挨掣实签，临选前两月投供。'下部议，罢按月点卯及掣空签，诏减半截留人数"。第 3207 页。

④ 《明史》卷一六九《王直传》载其约正统时为吏部尚书，"时初罢廷臣荐举方面大吏，专属吏部。直委任曹郎，严抑奔竞"。第 4541 页。所谓"专属吏部"，即取消荐举由吏部按铨法推选，故可"委任曹郎"。

议，三年以上升知府、佥事"。①

要之，人事权空前集中统一和人事行政进一步规范化、严密化，决定了明清吏部刻板乏味的履职特点，需要存乎一心的用人艺术领域，几乎全被皇帝垄断。如果说隋唐及以前的吏部还有可能在常规铨选时讲求用人艺术和识人之明，那么此时的吏部，实际已不可能对一般官僚的资质和功绩精鉴细别，其管理活动已不能不极大地依赖各种文档卷宗，②特别是看起来最为过硬的资历标准了。故明清用人尤重资格，即便破格也少之又少，其况虽不断遭人评讥，资格却一直被认为是吏部的"准绳"。③但也正是沉浸在烦琐成例和细密事务中的吏部，为皇帝更为直接多变地控制举国官僚提供了基础条件。整个明清的全部人事行政似乎也可以这样来概括：一方面如吏部代表和反映的那样，是各人事机构在逐级逐层展开的例行公务中表现出来的极大不自由；另一方面则是皇帝在各种随时破例和破格行为中体现出来的极大自由。此即明清君臣兼采汉唐体制之长所达到的实际效果。很大程度上，也可以说它是唐朝以后人事行政发展的主要线索。

---

① 孙承泽《春明梦余录》卷三四《吏部·升除》，其前文曰："翰林升转论资，科论俸，道论差，吏部论选，大约以六选为准。"第552页。

② 《国榷》卷八甲子洪武十七年七月甲寅："命吏部簿录朝觐官所荐属官及儒士人材，记其举主姓名，任满考当否为黜陟。"第643页。是为皇帝直接指导吏部簿录之例。

③ 孙承泽《春明梦余录》卷三四《吏部·资格》："夫资格者，吏部之准绳也。使尽屏弃之，大匠立见血指矣……大匠之用准绳，不束于准绳，而后可耳。洪武十一年，谕曰：'朝廷悬爵禄以待天下之士，资格者，为常流设耳。若有贤才，岂拘常例。'"第538页。《清史稿·选举志五》载雍正时户部尚书史贻直言："迁擢宜循资格，资格虽不足以致奇士，而可以造中材。捐弃阶资，幸进者不以为奖励之公，而阴喜进取之独巧；沈滞者不自咎才智之拙，而徒怨进身之无阶。请照旧例，循阶按级，以次铨除。果才猷出众，治行卓越，仍许破格荐擢。"第3210~3211页。这些讨论皆以为常流必须讲求资格，少量的破格也是以资格为基准的。

第三章

官僚选拔途径的结构和变化

　　贵族自治政体的崩溃，集权官僚政体的建立，除其他种种意义之外，也意味着仕途的开放和多样化。秦汉以来各种仕途被不断开辟，官僚选拔的基础续有拓展，历代所行仕途如军功、推荐、征召、辟署、学校、举贡、保任、吏道、赀选、荫子、上书、方伎等，或此起彼落，或并行不悖。考虑到入仕登进之途一方面必须适应整套行政体系和官僚队伍的结构，另一方面也都是朝廷统一驾驭和选择的产物，那就首先应当将之看作一种结构化的存在。即在具体运用时有其特定效能和轻重主次，在历史沿革中又有其相应分化组合和发展的脉络。

第一节　秦汉仕途及其基本结构

　　中国古代的王朝更替传统，使其各项制度呈现了因袭中损益发展的连续脉络。晚至明清的行政体制和官僚管理办法，不少早在秦汉时期便已形成，仕途领域大致也是如此。这一时期建立或确定的各种仕途，实际上为以后各历史时期的官僚选拔途径奠定了基本的发展框架和结构轮廓。

根据其特定作用、地位和相互联系，可以把秦汉发展起来和不断调整的各种仕途，区分为下列三个系统。

一 举贡系统的构成与察举制的重要地位

在选拔由朝廷直接任用的官员时，占主导地位的是围绕荐举而发展起来的一些仕途，可以将之概括为举贡系统。

荐举在战国时已相当普遍。这种以推荐—甄核为核心环节的选用方式，可以随需要在这些环节上做多种多样的展开或加减，也可以与其他各种制度结合起来运用。在大一统王朝建立和巩固的秦汉时期，古老的荐举制又焕发出无穷生机，当时齐头并进的不少仕途都可以归到举贡系统名下。

如征召，这通常是指由皇帝特召入仕登进之途，在汉代尤为盛行。但真正名满天下，能使皇帝闻而特召的毕竟极少。在征召前后，一般都存在着或显或隐的推荐—甄核环节。如汉初名相萧何在秦为吏时，曾有机会受荐获征，但他审时度势地拒绝了推荐。[1] 大儒叔孙通秦时因文学才能被征后，"待诏博士"，即使之先与精通文学的博士相处待命，也就是要考察他一段时日。[2] 在比较完整的征召之例中，推荐—甄核环节都十分清楚。如汉武帝末暴胜之为绣衣直指督各地捕盗，闻勃海隽不疑贤而礼敬，"遂表荐不疑，征诣公车，拜为青州刺史"；东海下邳人翼奉以经术著称，"元帝初即位，诸儒荐之，征待诏宦者署，数言事宴见，天子敬焉"；东汉广汉人李尤少以文章显，"和帝时，侍中贾逵荐尤有相如、杨雄之风，召诣东观，受诏作赋，拜兰

---

① 《史记》卷五三《萧相国世家》，第 2014 页。
② 《汉书》卷四三《叔孙通传》，第 2124 页。

台令史"。① 显然，征召之途完全是从荐举制中发展起来的，其无非是在推荐—甄核环节套了一个皇帝召请的光环，因而显得更为尊荣一些罢了。

再如保举，这是由大臣保荐而入仕登进的道路，当时常称之为"任"。② 秦昭王时的名将白起，便曾得到相国魏冉的"任举"。而秦始皇登位时，刚到秦国，投靠在相国吕不韦门下的李斯，后来也是被吕不韦赏识而"任以为郎"的。③ 汉初则有张苍任人为中候等例，④并有"任人以为吏，其所任不廉、不胜任以免，亦免任者"的律令，⑤后来又出现了专用于保举的文体——"举状"。⑥ 可见保举制不过是在荐举制基础上，进一步明确和强调了荐者与被荐者的连带关系。因而立法严厉的秦，即有"任人而所任不善者，各以其罪罪之"的规定。⑦ 汉代沿袭了这类法令，张苍免相，即因其保举的中候"大为奸利"。当时不仅被举者有罪，举者须连坐，举者有罪，被举者亦须连坐。⑧

---

① 《汉书》卷七一《隽不疑传》、卷七五《翼奉传》，第 3035～3036、3167 页；《后汉书》卷八〇《文苑·李尤传》，第 2616 页。又《后汉书》卷六一《黄琼传》载其为名士黄香之子，五府俱辟，连年不应。"永建中，公卿多荐琼者，于是与会稽贺纯、广汉杨厚俱公车征。"第 2032 页。

② 《汉书》卷五〇《汲黯传》载其"以父任，孝景时为太子洗马"。注引孟康曰："大臣任举其子弟为官。"后文载黯身后之事，述段宏事景帝王皇后兄王信，"信任宏"，官至九卿。注引苏林曰："任，保举。"第 2316、2323 页。

③ 《史记》卷七二《穰侯列传》、卷八七《李斯列传》，第 2325、2540 页。

④ 《汉书》卷四二《张苍传》载其文帝时为相十余年，以言五德不合上意，"任人为中候，大为奸利，上以为让，苍遂病免"。注引张晏曰："所选举保任也。按，中候，官名。"师古曰："苍有所保举，而其人为中候之官。"第 2099 页。

⑤ 张家山汉简《二年律令·置吏律》，彭浩、陈伟、工藤元男主编《二年律令与奏谳书——张家山二四七号汉墓出土法律文献释读》，上海古籍出版社，2007，第 172 页。

⑥ 《汉官仪》卷上载博士秦官，武帝建元五年又置五经博士，后增至十四人，"其举状曰：'生事爱敬，丧殁无礼。通《易》《尚书》《孝经》《论语》，兼综载籍，穷微阐奥。隐居乐道，不求闻达，身无金痍痼疾，世六属不与妖恶交通、王侯赏赐。行应四科，经任博士。'下言某官某甲保举"。孙星衍等辑《汉官六种》，第 128 页。

⑦ 《史记》卷七九《范雎列传》，第 2417 页。又《睡虎地秦墓竹简》之《法律答问》："任人为丞，丞已免，后为令。今初任者有罪，令当免不当? 不当免。"第 212～213 页。

⑧ 《汉书》卷六六《陈万年传》载其子咸，"坐为京兆尹王章所荐，章诛，咸免官"。第 2901 页。

另如盛行于战国，秦汉尚存余波的由客入仕之途，其中往往也以引荐环节最为关键。① 不过秦汉从荐举发展起来的诸多仕途中，最引人注目也最富意义和影响的，仍应首推西汉形成的察举制。相比于现成从战国荐举延续下来的上述几种仕途，唯有察举制使古老的荐举制获得了前所未有的发展和明确的推荐、甄核标准，也是荐贤举能这个源远流长的政治传统在大一统王朝建立以后的重大发展。若从汉武帝以来察举制已较为成熟的形态来归纳，其主要内容大致如下。

科目：察举制是按蕴含了特定荐举标准和程序的科目分别展开的。这些科目，大致可分为贤良方正等不定期的特科和每年定期举行的孝廉等常科两大部分，现把两汉所行主要科目列为表 3–1。

表 3–1　汉代察举科目概况

科目类别	科目名称	创设时间	备注
常科	孝廉	汉武帝元光元年（前 134）	《汉书·武帝纪》
	茂才	汉光武帝建武十二年（36）	《续汉志》注引《汉官目录》。茂才作为察举特科，创于元封五年（前 106），见《汉书·武帝纪》
特科	贤良方正	汉文帝前元二年（前 178）	《汉书·文帝纪》
	贤良文学	汉文帝前元十五年（前 165）	《汉书·晁错传》
	明经	汉武帝以来	以"丞相四科"中"经中博士"科为始
	明法	汉武帝以来	以"丞相四科"中"明达法令"科为始
	勇武	汉平帝元始二年（2）	《汉书·平帝纪》
	勇猛	汉成帝元延元年（前 12）	《汉书·成帝纪》
	武猛	汉光武帝建武七年（31）	《后汉书·光武帝纪》
	明阴阳	汉元帝初元三年（前 46）	《汉书·元帝纪》

备注：

本表据黄留珠《秦汉仕进制度》下篇"两汉仕进制度新探"（西北大学出版社，1985）编制。

---

① 《史记》卷八一《廉颇蔺相如列传》载蔺相如先为赵宦者令缪贤舍人，赵惠王欲以和氏璧易秦十五城，求人可使报秦者。"宦者令缪贤曰：'臣舍人蔺相如可使。'"第2439 页。

步骤：因灾异等事不定期下诏举行的特科，通常都由皇帝颁布一定的荐举标准如贤良方正之类，并确定荐举主体和对象范围；再在指定地点和场合，对被举者进行经国时务和经义等方面的问对咨询。① 此即所谓策试，或称对策，以甄核才行高下。② 然后据此分别加以录用。每年定期举行的常科多由公卿和州郡长官按既定标准和程序举贡（公、卿往往各有数人、一人的察举名额），由相府（东汉为三公府）协调相关机构按部就班地展开。当时地位最为重要的孝廉科是以郡国为基本单位举行的，西汉元帝以前统诸陵县的太常也是一个举贡单位。大致先由郡守、国相综合乡里议论和平时考察，在每年年终上计时按规定数额，把符合标准的"孝廉"推荐给朝廷；③ 再由丞相或三公府甄核其品行等项条件后，推荐给皇帝

① 其地点有在太常寺的，如《汉书》卷五八《公孙弘传》载元光五年征贤良文学，菑川国人固推弘，"弘至太常，上策诏诸儒"。第2613页。有在未央宫白虎殿的，如《汉书》卷六○《杜周传》附《杜钦传》载成帝时"召直言之士诣白虎殿对策"。第2673页。有在宣室的，如《汉书》卷八六《王嘉传》载成帝时"举敦朴能直言，召见宣室，对政事得失，超迁太中大夫"。第3488页。但较为多见的是被举者赴公车门接受对策，如《汉书》卷一○《成帝纪》建始三年十一月诏以日蚀地震举贤良方正能直言极谏之士，"诣公车，朕将览焉"。第307页。场合有皇帝亲临的，如《汉书》卷四《文帝纪》载文帝十五年九月，"诏诸侯王公卿郡守举贤良能直言极谏者，上亲策之，傅纳以言"。第127页。有丞相代为策问的，如《后汉书》卷五七《刘瑜传》载其延熹八年举贤良方正，上书陈事，"于是特诏召瑜问灾咎之征，指事案谶以对。执政者欲令瑜依违其辞，而更策以它事。瑜愈悉心以对，八千余言，有切于前，帝竟不能用。拜为议郎"。第1857页。有的只对一策，也有连问三策的，如《汉书》卷五六《董仲舒传》载其上天人三策。第2495~2523页。

② 两汉对策有"第一"、"高第"或"下第"。如《汉书·公孙弘传》："太常奏弘第居下，策奏，天子擢弘对为第一。"第2617页。《后汉书》卷三一《苏章传》载其安帝时举贤良方正，"对策高第，为议郎"；卷六五《皇甫规传》载其冲质间举贤良方正，对策刺梁冀，"以规为下第，拜郎中"。第1107、2132页。当时"下第"只指策试等级，并无后世科举下第的黜落意味，故高第者可任为秩六百石的议郎，下第者为三百石的郎中。

③ 所谓"孝廉"，既是一种举贡标准，也指符合这一标准的被举者。《汉书》卷六《武帝纪》："元光元年冬十一月，初令郡国举孝廉各一人。"此为察举常科之始，师古注："孝谓善事父母者，廉谓清洁有廉隅者。"参见阎步克《察举制度变迁史稿》关于察举诸科渊源的讨论。辽宁大学出版社，1997，第3~8页。

（东汉协同尚书）加以任用。[①] 值得注意的是，在东汉以来屡屡强调甄核环节的情况下，[②] 从顺帝阳嘉元年（132）起，孝廉科开始建立明确的考试和复核环节。即各地所举孝廉，须由三公府具体组织，对其中的儒生，须考试所传习的儒家经典和注疏；而对吏员，则考试其公文起草能力，再由尚书台复核后方能录用。[③]

规模：从西汉文帝前元二年始举贤良方正以来，特科平均约五年举行一次。每次所举数人至百余人不等。其中最为常见的贤良方正科，经常由二千石以上官僚各举一人，故每次往往在百人以上。常科中，其他科目一般都达不到孝廉科的规模。东汉才由特科变为常科的茂才科，往往由诸州刺史和三公、将军等少数高级官僚各举一人，每次在二十人上下。而孝廉科每年由百余郡国各举一至两人，到和帝永元十三年（101），又由各郡国按其人口二十万分之一

---

① 《汉书》卷一下《高帝纪下》载十二年二月诏揽贤士大夫，一般以此为察举制萌始标志，其诏末云："其有意称明德者，必身劝为之驾，遣诣相国府，署行、义、年。有而弗言，觉，免。年老癃病，勿遣。"第71页。《后汉书》卷二四《马援传》附《马严传》载其章帝时上封事有曰："故事，州郡所举上奏，司直察能否以惩虚实。今宜加防检，式遵前制。"第860页。

② 《后汉书》卷二《明帝纪》中元二年十二月诏称"今选举不实，邪佞未去"。卷三《章帝纪》建初元年三月诏责各地举茂才、孝廉"不明真伪"，欲"敷奏以言，则文章可采，明试以功，则政有异迹"。卷四《和帝纪》永元五年三月诏称"郡国举吏，不加简择，故先帝明敕在所，令试之以职，乃得充选"。第98、133、176页。又《汉官仪》卷上："世祖诏，方今选举，贤佞朱紫错用……自今以后，审四科辟召，及刺史、二千石察茂才尤异孝廉之吏，务尽实核，选择英俊贤行廉洁平端于县邑，务授试以职。有非其人，临计过署，不便习官事，书疏不端正，不如诏书，有司奏罪名，并正举者。"一说此为和帝建初八年十二月己未诏。孙星衍等辑《汉官六种》，第125页。又《后汉书》卷四四《胡广传》载安帝时太守法雄举其孝廉，到京试章奏为天下第一。李贤注引《续汉书》曰："故事，孝廉高第，三公、尚书辄优之，特劳来其举将。于是公府下诏书劳来雄焉。"第1505页。是安帝时已有孝廉试章奏之法。

③ 《后汉书》卷六《顺帝纪》阳嘉元年十一月辛卯、卷六一《左雄传》，第261、2020页。与《左雄传》同卷之《黄琼传》载其顺帝时为尚书令，"琼以前左雄所上孝廉之选，专用儒学文吏，于取士之义犹有所遗，乃奏增孝悌及能从政者为四科，事竟施行。又雄前议举吏先试之于公府，又覆之于端门，后尚书张盛奏除此科。琼复上言：'覆试之作，将以澄洗清浊，覆实虚滥，不宜改革。'帝乃止"。第2035页。

的比例向朝廷荐举。① 研究者据西汉郡国及人口数估计，从汉武帝元光元年始设孝廉科直至东汉灭亡，350 余年察举孝廉的总数为74000 余人，年均 200 多人。② 在朝廷直接任免的官员总数不超过万人的汉代，这一规模应当说是相当可观了。

　察举本质上仍是荐举，是在推荐和甄核两个环节上都较以往大为拓展和规范化了的荐举制。如果把刘邦所下标志汉代察举制萌芽的《求贤诏》，与战国秦孝公发布的《求贤令》相对照，很容易发现其基本意思的一致。③ 当然与其他荐举形式相比，察举制在系统性和规范化上已有极大突破与进展，故论者常以汉武帝元光元年孝廉常科的设立标志察举制的完备和确定化，并将之与大一统王朝开始巩固的大势结合起来加以解释，这是完全正确的。具体说来，察举制所以获得迅速发展的历史前提有二：一是大一统王朝的建立和专制集权政体的强化，使通过自上而下的行政层级统一展开推荐和甄核成为可能及必要，从而使以往显得零碎并不脱私人色彩的荐举，得以成为朝廷统一主持、组织的行政过程；二是官方意识形态的确定并为社会所认同，使以往荐举中一直比较含糊的"贤能"标准，得以明确并具体化为各种科目。这两大条件，显然并不是严酷而短暂的秦朝和忙于在大乱之后恢复生气的汉初所能具备的，而是在汉武帝时期才逐渐形成的。不过，察举制不断发展完善的历程，

---

　① 《后汉书》卷四《和帝纪》永元十三年十一月丙辰诏："其令缘边郡口十万以上岁举孝廉一人，不满十万二岁举一人，五万以下三岁举一人。"第 189 页。卷三七《丁鸿传》载和帝"时大郡口五六十万举孝廉二人，小郡口二十万并有蛮夷者亦举二人。帝以为不均，下公卿会议。鸿与司空刘方上言：'凡口率之科，宜有阶品，蛮夷错杂，不得为数。自今郡国率二十万口岁举孝廉一人，四十万二人，六十万三人，八十万四人，百万五人，百二十万六人。不满二十万二岁一人，不满十万三岁一人。'帝从之"。第 1268 页。其事当在永元四年至十三年间。

　② 黄留珠：《秦汉仕进制度》，第 97~105 页。

　③ 《史记》卷五《秦本纪》载孝公下令中曰："宾客群臣有能出奇计强秦者，吾且尊官，与之分土。"第 202 页。《汉书·高帝纪》载汉高帝十二年二月下诏求贤曰："贤士大夫有肯从我游者，吾能尊显之。布告天下，使明知朕意。"第 71 页。

并未使整棵荐举大树上的其他枝条凋零，而是与它们相映成趣。虽然察举制采纳和包含了征召、保举等途的成分和方法，如特科往往以征召形式出现，荐者与被荐者的连带关系也得到了贯彻，却始终没有取代其他仕途。只是因其较大的规模和系统性，成了各种重要官僚的一个最为集中的仕进渠道。这种察举为主、多途并用的状态，将被今后的历史一再证明是中国古代整套官僚选拔体制的一个最富特色和想象力的内容。

二　辟署属吏和吏道系统

秦汉时期吏的选拔，主要有辟署制及学室培养调补等途径，并可通过积累功次和转由其他途径登进为官，可统称为"吏道"，为举贡之外的又一重要仕途系统。秦汉时期官、吏之别不严，广义上所有官僚皆可称吏、吏员、员吏，狭义大致是指各机构下层从事具体文案工作或其他辅助事务的僚属，① 其原型则可追溯到三代政体中附属于各等贵族的府史胥徒。② 也许正是因为这种职务性质和历史渊源，长期以来官、吏的选用多有相通之处，但也总是存在着不同，各有其途而为不同的系统。

秦汉时期吏的选用，除朝廷统一选补外，由长官主持的可以举

---

① 《汉书·高帝纪》六年五月诏："今小吏未尝从军者多满，而有功者顾不得，背公立私，守尉长吏教训甚不善。其令诸吏善遇高爵，称吾意。"第54页。此处守尉长吏亦称"吏"，其下则为"小吏"，亦即狭义之吏。孙星衍辑《汉官解诂》："明帝诏书不得僇辱黄绶，以别小人吏也。"孙星衍等辑《汉官六种》，第20页。亦然。

② 成书于战国时期的《周礼》，已区别了任职于六卿府中的大夫士及地位在其之下的府史胥徒。如其《天官冢宰》篇述治官之属，大宰、小宰、宰夫之下有府六人，史十二人，胥十二人，徒百二十人。郑注："府，治藏。史，掌书者。凡府史皆其官长所自辟除。"又注胥徒："此民给徭役者，若今卫士矣。胥读如谞，谓其有才知，为什长。"见孙诒让《周礼正义》，第20~23页。

出推择为吏①、保任为吏②、因军功为吏③、赀选入吏④等多种途径，而最为普遍且重要的是各级长官辟署属吏之制，其况又以汉初以后为典型。

所谓辟署，即由长官下书署用僚属，其书称"辟书"或"征书"，⑤ 所强调的是长官自选吏员时的求贤礼请色彩。辟署与征召颇有相通之处，合称为"征辟制"。两者的根本区别是，征召是以朝廷为主体展开官员选拔的途径，辟署则是各级长官署用属吏的途径。正其如此，辟署的内容和过程要来得更为丰富和灵活，其中掺杂的私人性依附关系也尤为复杂多样。尤其是对地方各级行政长官来说，辟署制便于其根据各地特点，综合考虑个人的品行、声望、家世、才干、军功等条件，直接将之辟署为吏，也可以在一系列推荐和甄核环节的基础上加以辟署。因而军功、保任、推择、课试等吏员选用途径，只要是由长官署用，就均在辟署制范围之内。

当然，各级长官的辟署是在朝廷法令的指导约束下进行的。像秦的《置吏律》《除吏律》，汉的《置吏律》《功令》等，都是当时

---

① 《史记》卷九二《淮阴侯列传》，第 2609 页。

② 《睡虎地秦墓竹简》之《秦律杂抄》："任法（废）官者为吏，赀二甲。"第 127 页。《史记》卷一二二《酷吏·王温舒传》载其武帝时为广平都尉，"择郡中豪敢，任吏十余人，以为爪牙"。第 3147 页。

③ 《韩非子·定法第四十三》："商君之法曰：斩一首者爵一级，欲为官者为五十石之官；斩二首者爵二级，欲为官者为百石之官。"陈奇猷校注《韩非子集释》，第 907 页。秦汉长官所署属吏，多在百石以下。

④ 《汉书》卷八九《循吏·黄霸传》载其为阳夏人，后"入谷沈黎郡，补左冯翊二百石卒史"。注引如淳曰："三辅郡得仕用他郡人，而卒史独二百石，所谓尤异者也。"第 3627~3628 页。

⑤ 《华阳国志》卷一〇中《犍为士女》载，赵敦，武阳人也，"三司及大将军梁冀累辟，终不诣，冀辟书不绝"。同书卷一〇下《汉中士女》载，卫衡，南郑人，"同郡樊季齐以高行闻，郡九察孝廉，公府、州十辟，公车三征，不应"。人讥其"幸其在远，以虚名屡动征书，若至中国则价尽矣"。常璩著，任乃强校注《华阳国志校补图注》，上海古籍出版社，1987，第 584、597 页。

法律中针对官吏选用的篇章，此外还有《秩律》《史律》等篇从不同方面规范着各地各部门属吏的选署过程。① 从出土和传世文献的相关记载来看，这些法令的内容包括了属吏的编制员额，被署用者家世、品行、年龄、任职等方面的限制，② 并由监察部门监督和保障其贯彻。③ 同时，各地各部门署用属吏也有一定的协调机制。汉代属吏级别大都在百石以下，但三公等重臣府僚、三辅重要吏员秩在四百石至二百石间，④ 一种说法是汉初这些吏员的署用需要上请，尽管其并不影响长官的实际决定权，但也可见皇帝不是完全放手。⑤

---

① 《睡虎地秦墓竹简》之《法律答问》："郡县除佐，事它郡县而不视其事者，可（何）论？以小犯令论。"第212页。此条所属篇名不详，然其显然对郡县署用属吏有约束作用。

② 《史记》卷五三《萧相国世家》载秦时萧何给泗水卒史事。《索隐》引如淳按："律：郡卒史书佐各十人也。"第2014页。《汉书》卷七二《贡禹传》载其元帝时为御史大夫，上言："孝文皇帝时，贵廉洁，贱贪污，贾人、赘婿及吏坐赃者，皆禁锢不得为吏。"第3077页。《睡虎地秦墓竹简》之《秦律十八种·置吏律》和《内史杂律》均有多条署用佐史的规定，如《内史杂律》："除佐必当壮以上，毋除士五（伍）新傅。苑啬夫不存，县为置守，如厩律。"第106页。这是署吏年龄、身份及县令派吏代理苑啬夫之职的规定。张家山汉简《二年律令·置吏律》："有任人以为吏，其所任不廉、不胜任，以免，亦免任者。"这是保荐人为吏须负连带责任的规定。彭浩、陈伟、工藤元男主编《二年律令与奏谳书——张家山二四七号汉墓出土法律文献释读》，第172页。

③ 孙星衍校集《汉官典职仪式选用》载汉武帝遣刺史监察郡国，以六条问事，第四条即"二千石选署不平，苟阿所爱，蔽贤宠顽"。孙星衍等辑《汉官六种》，第208页。

④ 如前引《汉书》卷八九《循吏·黄霸传》载其为左冯翊二百石卒史。又《汉旧仪》卷上关于丞相属僚秩次有多种说法："汉初置相国史，秩五百石。""丞相初置吏员十五人，皆六百石，分为东西曹"；"丞相、太尉、大将军史，秩四百石"。又载："武帝元狩六年，丞相吏员三百八十二人：史二十人，秩四百石；少史八十人，秩三百石；属百人，秩二百石；属史百六十二人，秩百石。"孙星衍等辑《汉官六种》，第67~69页。是汉初以后相府吏员秩在四百石至二百石之间，而这本来就在前所指出"丞相调除"的权力范围之内。

⑤ 孙星衍校集《汉旧仪补遗》卷上："或曰汉初掾史辟，皆上言，故有秩皆比命士。"孙星衍等辑《汉官六种》，第87页。《后汉书》卷五四《杨震传》载其延光二年为太尉，帝舅耿宝荐人为其府僚，"震曰：'若朝廷欲令三府辟召，故宜有尚书敕。'遂拒不许"。第1763页。是皇帝亦可下敕干预三府辟召，为汉初掾史辟上请的余波。

文献所见不少属吏跨部门任职的事例，更说明其上存在着某种协调机制。[①] 前引《汉旧仪》卷下载西汉人事控制格局："四百石长相至二百石，丞相调除；中都官百石，大鸿胪调；郡国百石，二千石调。"[②] 即明确了朝廷各部门和各地属吏调补的协调者，当然这与汉初百石以上属吏任命需要上请一样不妨碍长官对其署用。

　　有些专业性较强的吏员是由朝廷统一选用、调补的。如汉代《尉律》规定，县、郡应对 17 岁以上的学童进行考试，凡能熟练诵读 9000 字的，便可署以相应吏职。各郡还须考试选取通晓六体文字的书写者，推荐给朝廷由太史令甄核后统一署用，其中优秀者可充尚书和御史台令史。[③] 出土的睡虎地秦简和张家山汉简显示，学童课试为吏之制远不限于文字书写，秦汉时期凡史、卜、祝之子，皆可诣太史、太卜、太祝学习相关技艺，经规定期限课试合格，即可调拨到需要这些技艺的部门任职。[④] 此外，武帝独尊儒术后，丞相

---

　　① 如《汉书》卷七七《何并传》载"并为郡吏，至大司空掾，事何武。武高其志节，举能治剧，为长陵令"；卷八三《薛宣传》载其为东海郯人，"少为廷尉书佐、都船狱史。后以大司农斗食属察廉，补不其丞"；卷九○《酷吏·严延年传》载其"为郡吏，以选除补御史掾，举侍御史"。第 3266、3385、3667 页。这是诸卿和郡国属吏跨部门调补之例，《汉旧仪》卷上载有丞相、御史二府掾史与廷尉正、监、平之间的调守互补故事，亦然。孙星衍等辑《汉官六种》，第 67、72 页。

　　② 孙星衍等辑《汉官六种》，第 82 页。《汉书》卷八九《循吏·文翁传》载其景帝末为蜀郡守，重视文教，选小吏赴京"受业博士或学律令"，后"以为右职"。即"郡国百石，二千石调"之证。孙星衍辑《汉官》载"北军中候员吏七人，候自得辟召，通大鸿胪一人，斗食"。孙星衍等辑《汉官六种》，第 7 页。《东观汉记·百官表》"大鸿胪"条载其所属"有公室，主调中都官斗食以下，功次相补"。刘珍等撰，吴树平校注《东观汉记校注》，中华书局，2008，第 142 页。皆"中都官百石，大鸿胪调"之证。

　　③ 《说文解字》后叙引《尉律》，许慎撰，段玉裁注《说文解字注》，上海古籍出版社，1988，第 758~759 页；《汉书》卷三○《艺文志》六艺略小学类后叙，第 1720~1721 页。

　　④ 《睡虎地秦墓竹简》之《秦律十八种·内史杂律》："非史子殹（也），毋敢学学室，犯令者有罪。"第 106~107 页。张家山汉简《二年律令·史律》："史、卜子年十七岁学。史、卜、祝学童学三岁，学佴将诣太史、太卜、太祝，郡史学童诣其守，皆会八月朔日试之。"下文载有其课试标准及补吏之法。彭浩、陈伟、工藤元男主编《二年律令与奏谳书——张家山二四七号汉墓出土法律文献释读》，第 295~304 页。

公孙弘等奏请各郡专设文学卒史二人（边郡一人），从熟悉经义的吏员中统一选补，并将之著于《功令》，以利光大儒学，宣谕"训辞深厚"的诏书和政令。①

综合上述情况，可见秦汉时期吏的选用大致是以各级长官依法辟署为主，辅以朝廷统一选拔和调拨。需要特别注意的是，传世文献和出土简牍中大量存在汉代官吏积累功次升迁的记录，吏员积累资历和功绩登进为官实为当时的一项制度，②尹湾出土西汉成帝时期的《东海郡长吏名籍簿》共录 145 人，其中超过 40% 是由公卿、郡县、侯国属吏和军吏以功次年劳晋升为县道长相丞尉等官的，③其比例超过了 48%。这就表明，在以功次升迁登进的制度之下，由于吏员处于整个官僚队伍底层，数量远远超过了官员，④吏员选拔之途实际就是整套仕途系统中选用量最大，由此登进为官最为集中的一途，是大量中低级官员的主要来源，平民白丁跻身官僚队伍的主要渠道。这一点对秦汉以来历代均有普遍意义。

---

① 《汉书》卷八八《儒林传》序述武帝独尊儒术，公孙弘为相，"与太常臧、博士平等议，曰：'……请选择其秩比二百石以上及吏百石通一艺以上，补左右内史、大行卒史，比百石以下补郡太守卒史，皆各二人，边郡一人。先用诵多者，不足，择掌故以补中二千石属，文学掌故补郡属，备员。请著功令，它如律令。'制曰：'可。'"第3596 页。

② 如《汉书》卷六六《王诉传》载其为济南人，"以郡县吏积功，稍迁为被阳令"；卷七四《丙吉传》载其为鲁国人，"治律令，为鲁狱史，积功劳，稍迁至廷尉右监"。第2887、3142 页。《后汉书》卷一七《贾复传》载其子宗建初中为朔方太守，参用内郡徙人为吏，"或以功次补长吏，故各愿尽死"。第667 页。郡县吏和鲁狱史皆百石以下，县令千石至六百石，廷尉右监秩千石，长吏在二百石以上。参见大庭脩《秦汉法制史研究》，林剑鸣等译，上海人民出版社，1991，第442~457 页。

③ 廖伯源：《简牍与制度》，广西师范大学出版社，2005，第1~46 页。

④ 《汉书》卷一九上《百官公卿表》叙官之末云："吏员自佐史至丞相，十二万二百八十五人。"第743 页。《通典》卷三六《职官十八·秩品一》述西汉哀帝时，"吏员自佐史至丞相，凡十三万二千二百八十五人"；又述东汉"内外文武官七千五百六十七人（原注：一千五十五人内，六千五百一十二人外），内外诸司职掌人一十四万五千四百一十九人"。典二〇四、二〇五。

三　其他仕途的形态和作用

除举贡和吏道系统外，由于特定领域或不同情况的需要，也由于专制君主随时设制或破例授官，秦汉时期还存在着军功、学校、赀选、任子、方伎、上书等多种仕途。它们大多既适用于官的选拔，也适用于吏的选拔。其地位的上升下降随时随事而变，总体上不在当时整套官僚选拔体系中占重要地位，可以归为对举贡和吏道系统起一定辅助和调节作用的其他仕途系统。其中较突出的有如下几种。

1. 军功之途

军功只是一种条件，从立功到入仕是有间距的。这种间距非通过一定的选署环节来联结不可。所谓军功之途，往往只是正常仕途在特别重视军功条件的军事系统内的一种变体。当然，一旦军事活动在全部国务中占压倒优势，以至于整套官僚体制都呈现出强烈的军事色彩时，情况就可能反过来，变成多种仕途都以军功为首要条件，从而使军功入仕看起来成了一条独立的仕途。秦从商鞅变法后奖励耕战，终至一统天下，便属于这样的时期，故后世说秦"仕进之途，唯辟田与胜敌而已"，[①] 其中"辟田"也可以理解为"胜敌"所需的后勤保障。此后，每当战事频仍，军事重要性上升，也会程度不同地发生类似情况。但在总体上，当汉初以秦奠定的政治框架保障农耕宗法社会的基本秩序，尤其是武帝以来独尊儒术，把维系这种秩序的伦理准则和体现了这种准则的儒学要求贯彻到多种仕途中去以后，军功入仕的作用和地位，便再也没有达到过秦的水平。

军事系统选用尉史、候长、隧长一类官吏时，军功自然会是重要条件。秦自商鞅变法，即有"能得甲首一者，赏爵一级，益田一顷，益宅九亩。一除庶子一人，乃得入兵官之吏"的规定。[②] 汉简

① 杜佑：《通典》卷一三《选举一·历代制上》，典七三。
② 《商君书·境内第十九》，蒋礼鸿：《商君书锥指》，第 119 页。

所示边塞候官系统多有因功劳任职的相关记录，① 可见除战时杀敌陷阵之功例当重用重奖外，军事系统平时的以功登进，实际上就是前述官吏以功次升迁之制的组成部分，可以凭此由吏登进为官，且可出任并非军事系统的各种官职。② 是故汉简所示边塞军事系统的军吏选任，像"文毋害""能书会计治官民颇知律令文""伉健"等，都可以是重要条件，③ 军功大概应与这些条件一起被综合考虑。更何况，无论军功在军吏选用时起着怎样的作用，最终都必须通过长官的辟除调补来落实。④ 同理，在军事系统中选用官员，"兵法明习"等才能条件，也与军功一样起着重要作用，⑤ 且仍须通过

---

① 如居延汉简 10.17："显美传舍斗食啬夫莫君里公乘谢横　中功一劳二岁二/月　今肩水候官士吏代郑昌成。"198.20："☑中功一劳一岁三月一日半日　今居延甲渠候令史/代殷利。"谢桂华、李均明、朱国炤：《居延汉简释文合校》，文物出版社，1987，第 16、311 页。

② 尹湾汉简《东海郡下辖长吏名籍》三反第三栏有"建阳丞京兆尹奉明王丰，故戊校前曲候令史，以功迁"。四第一栏有"建阳相山阳郡□□管？费，故将军史，以十岁补"；"铁官丞临淮郡淮陵龚武，故校尉史，以军吏十岁补"；第二栏"建陵侯家［丞］梁国蒙孟迁，故象林候长，以功迁"。《尹湾汉墓简牍》，第 91～94 页。这都是军吏积累功劳晋升为官的例子。

③ 居延汉简 110.22A："尉史张寻　文毋害　可补☑。"179.4："肩水候官执胡隧长公大夫奚路人中劳三岁一月能书会/计治官民颇知律令文年册七岁长七尺五寸氏池宜药/里家去官六百五十里。"谢桂华、李均明、朱国炤：《居延汉简释文合校》，第 179、286 页。居延新简 E.P.T3：3："☑……颇知律令文年卅八岁长七尺五寸居延肩水里家 ＝去官八十里……"甘肃省文物考古研究所等编《居延新简——甲渠候官与第四燧》，文物出版社，1990，第 6 页。林梅村、李均明编《疏勒河流域出土汉简》362："玉门候造史龙勒周生萌　伉健，可为官士吏。"文物出版社，1984，第 55 页。

④ 如居延汉简 187.16："驿马田官，元凤六年三月辟除。"谢桂华、李均明、朱国炤：《居延汉简释文合校》，第 298 页。居延新简 E.P.T48：21："三十井常□隧长闲田市阳里上造齐当年二十一新始建＝/国地皇上戊元年四月戊辰除补甲沟第三☑"《居延新简——甲渠候官与第四燧》，第 132 页。

⑤ 《汉书》卷七九《冯奉世传》载其以良家子选为郎，"昭帝时，以功次补武安长。失官，年三十余矣，乃学《春秋》涉大义，读兵法明习，前将军韩增奏以为军司空令"。第 3293～3294 页。《后汉书》卷二九《郅恽传》载其治《韩诗》《严氏春秋》，明天文历数。王莽时说左队大夫逯并以天人之变，"并奇之，使署为吏"。恽不受署，建武三年至庐江，"因遇积弩将军傅俊东徇扬州，俊素闻恽名，乃礼请之，上为将兵长史，授以军政"。第 1026 页。

功次或举荐依法登进。①

因此，汉代的军功入吏或做官，基本上是一种附属于吏道和举贡系统的仕进方式，为吏道和举贡的相关仕途在军事领域的体现。事实上，秦汉时期真正明确据功授受的是爵级，但在官、爵界限日益清晰，尤其是在普通人所得低爵与具体官职已泾渭分明的前提下，② 爵级授受已无官吏选用意义，而仅寓有立功者所受待遇包括其入仕可能优先的待遇，也就无法将之视为官吏选用制度了。

2. 学校之途

这是指汉武帝元朔五年（前 124）开辟的太学入仕之法。③ 通过官方学校系统的经义教学和考试选拔官吏，深刻反映了秦朝统治指导思想"以法为教""以吏为师"的转折。只是其在汉武帝以来的演变仍多曲折，当时儒学内部各家之说又参差纷杂，究竟怎样和在多大程度上将之转化为经国济世之术，也还存在着许多问题。因此，尽管独尊儒学的方向已定，但太学及其在整套官僚选拔体制中的作用、地位，却正在左右摇摆之中。

据武帝时公孙弘等所定的太学制度，其生源主要有三：一是各地上计时贡送的品学兼优者，二是主管太学的太常直接选取的"民

---

① 《汉书》卷五四《李广传》载其为陇西成纪人，文帝十四年匈奴入寇，"广以良家子从军击胡，以善射，杀首虏多，为郎骑常侍"。卷六九《赵充国传》载其为陇西上邽人，后徙金城令居，"始为骑士，以六郡良家子，善骑射，补羽林。为人沈勇，有大略，少好将帅之节，而学兵法，通知四夷事。武帝时以假司马从贰师将军击匈奴……拜为中郎，迁车骑将军长史"。第 2439、2971 页。

② 参见《续汉书·百官志五》刘昭补注引刘劭《爵制》，《后汉书》，第 3631～3632 页。

③ 《汉书》卷八九《循吏·文翁传》载其为蜀郡守，"修起学官于成都市中，招下县子弟以为学官弟子，为除更徭，高者以补郡县吏，次为孝弟力田"。由是蜀郡教化甚盛，"至武帝时，乃令天下郡国皆立学校官，自文翁为之始云"。同书《儒林传》又载元帝时"郡国置五经百石卒史"，则各地学官至此普设。第 3626、3596 页。但各地官学并无统一的入仕办法，与太学也无法定升学衔接关系。故虽长官崇学者署用生徒为其属吏，却无法将之视为一种仕途。至于学童课试为吏之制，其学习之所秦汉称"学室"，近乎学校而更像定向培养专门吏员的职业见习场所，故前已将之归入吏道系统。

年十八以上仪状端正者"，三是据有关诏令直接入学的官贵子弟或通经之士。生徒入学一年期满后，分科考试所研习的儒家经传，合格者分别任以侍从皇帝的郎中、隶属于皇太子的舍人和在各部门从事典故礼制事务的文学掌故等职。^① 但太学本身及从中录用官僚的规模却很不稳定。从武帝元朔五年到宣帝初年，太学生徒从 50 人增至 200 人，再到元帝以来，入学者多时曾达万余人。^② 经西汉末年的战乱，东汉建武五年（29）重建太学，到明帝永平年间（58～75）大致恢复了西汉元成时期的规模。但"安帝览政，薄于艺文"，太学经历了一次大衰落，以致昔日的学舍长满了草木。直到顺帝时才得到重新修缮。质帝时命大量高官子弟直接入学，又接纳众多游学之士，太学的生额虽达到了历史上空前绝后的 3 万人，但其制度和学风却已衰败。^③ 桓灵以来，汉室颠危，太学又成一片灰炭。^④ 至于太学的入仕额，现存记载中岁试入仕的最高数额是 300 余人。^⑤

---

① 《汉书》卷八八《儒林传》序，第 3594 页。

② 《汉书·儒林传》序："昭帝时举贤良文学，增博士弟子员满百人，宣帝末增倍之。元帝好儒，能通一经者皆复。数年，以用度不足，更为设员千人，郡国置五经百石卒史。成帝末，或言孔子布衣养徒三千人，今天子太学弟子少，于是增弟子员三千人。岁余，复如故。平帝时王莽秉政，增元士之子得受业如弟子，勿以为员，岁课甲科四十人为郎中，乙科二十人为太子舍人，丙科四十人补文学掌故云。"第 3596 页。《后汉书》卷四八《翟酺传》载其顺帝时为将作大匠，上言修缮太学，称"孝文皇帝始置一经博士，武帝大合天下之书，而孝宣论六经于石渠，学者滋盛，弟子万数"。李贤注："元帝时诏无置弟子员，以广学者，故言以万数也。"第 1606 页。

③ 《后汉书》卷七九上《儒林传》序载光武帝爱好经术，修起太学，明帝亲临讲学而太学"盛于永平"。章帝、和帝续其轨制，"及邓后称制，学者颇懈"，安帝时遂"学舍颓弊"，"顺帝感翟酺之言，乃更修黉宇，凡所造构二百四十房，千八百五十室，试明经下第补弟子，增甲、乙之科员各十人，除郡国耆儒皆补郎、舍人"。质帝时梁太后诏大将军下至六百石悉遣子就学，"自是游学增盛，至三万余生"。为两汉太学生徒规模的最高纪录。第 2545～2547 页。

④ 《三国志》卷一三《魏书·王朗传》附子《王肃传》裴注引《魏略·儒宗传》序，第 420～421 页。

⑤ 《史记》卷一二一《儒林列传》序述公孙弘奏博士弟子入仕之法，《索隐》引如淳云："《汉仪》弟子射策，甲科百人补郎中，乙科二百人补太子舍人，皆秩比二百石；次郡国文学，秩百石也。"第 3119～3120 页。

西汉太学盛时的入仕额是 100 人①，东汉和帝时定 84 人②，质帝时太学生徒急剧扩充了数倍，但相应增加的入仕额却仅 10 多人。③ 到桓帝规定按四等录用诸生时，入仕定额也才 65 人。④

在当时的全部仕途中，太学之途以专门选拔通经之士为特色。正其如此，此途一方面易随儒学本身和统治集团对儒学看法的游移而变动，故太学生徒及其入仕规模在东汉时期即有安帝和桓帝以来两次波动，这种波动在魏晋以来还在一再发生；另一方面，儒学地位和影响总体说来是在不断提升之中，经义考试逐渐在察举制的一些重要科目中得到强调。武帝以来察举制中开辟了不定期举行的明经科，东汉的孝廉常科亦开始试经，太学和察举两途之间开始显现一种内在相关的态势，⑤ 其中似乎已经潜伏了后世学校与举贡之途相结合的苗头。

3. 任子之途

这是专为高官子弟设立的仕途。其在秦代的具体状况已不得而

---

①　上引《汉书·儒林传》序载为甲科 40 人，乙科 20 人，丙科 40 人。

②　《后汉书》卷四四《徐防传》载其和帝时为司空，上疏请"五经各取上第六人"，诏下公卿，皆从防言。第 1500~1501 页。当时共立十四博士，各取 6 人，共 84 人。

③　《后汉书》卷六《质帝纪》本初元年四月庚辰，"令郡国举明经，年五十以上、七十以下诣太学。自大将军至六百石，皆遣子受业，岁满课试，以高第五人补郎中，次五人太子舍人。又千石、六百石、四府掾属、三署郎、四姓小侯先能通经者，各令随家法，其高第者上名牒，当以次赏进"。第 281 页。

④　《册府元龟》卷六三九《贡举部·条制一》："桓帝建和元年，诏诸学生年十六以上，比郡国明经试次第上名：高第十五人、上第十六人为郎中，中第十七名为太子舍人，下第十七人为王家郎。"中华书局，1960，第 7665 页。此条仅存于《册府元龟》，后为《文献通考·学校考》等处所抄录。

⑤　《后汉书》卷六《顺帝纪》阳嘉元年七月丙辰，"以太学新成，试明经下第者补弟子，增甲、乙科员各十人"。同卷《质帝纪》本初元年四月庚辰，"令郡国举明经，年五十以上、七十以下诣太学"。第 260、281 页。二事均透露了察举明经科与官学之制的内在联系。洪迈《隶释》卷一《史晨飨孔庙后碑》："畔宫文学先生，执事诸弟子合九百七人，雅歌吹笙。"中华书局，1985，第 24 页。此"文学先生"即鲁相属下之学官，即武帝至元帝以下所设之郡国文学掾及五经卒史，鲁国官学弟子达九百余人，足见郡国举明经基础之雄厚。

知，汉代则凡二千石以上高官任职满三年者，其子弟一人可直接担任侍从皇帝的郎官。[1] 从具体记载来看，祖父任孙及一般官僚任子，都有若干例证；所任除郎官外，出任侍从太子的洗马、庶子、舍人等职务的，也占相当比重。[2] 因此，在不同时期，任子制的具体内容应是有所变化的。

任子制在汉初显得相当突出。这与任子制早先的"质子"意味，与其具有牵制和优待高官的双重作用相关。但对加强集权和改善吏治来说，其强调血统而非才行的局限性也显而易见。故武帝以来便陆续遭到了士大夫的抨击，朝廷也开始对之进行某种引导和约束。太学之途和察举制中的孝廉常科，便具有针对任子制、赀选及吏道功次晋官之途而设的意味。[3] 随着官僚选拔途径的日益开辟和扩充，任子制的继续存在开始成为问题。宣帝时，已有人提出了废除任子制的建议。[4] 哀帝时则明文"除任子令"，此后虽或恢复，[5] 其在整套仕途中的地位，已大为下降了。

任子制虽不断遭到抨击甚至被废除，但其代表的血统观念和特权气息却在不断滋长，并日益渗透到其他仕途中。如太学生徒中，官贵子弟便占了很大比重；郡国辟署重要僚佐时，例亦排斥

---

[1] 《汉书》卷一一《哀帝纪》绥和二年六月诏"除任子令及诽谤诋欺法"。注引应劭曰："任子令者，《汉仪注》吏二千石以上视事满三年，得任同产若子一人为郎。不以德选，故除之。"第 337 页。

[2] 《汉书》卷五〇《汲黯传》载其"以父任，孝景时为太子洗马"；卷九三《佞幸董贤传》载其"父恭为御史，任贤为太子舍人"；卷六九《辛庆忌传》载其"少以父任为右校丞"；卷七九《冯奉世传》附子《冯野王传》载其"少以父任为太子中庶子"。第 2316、3733、2996、3202 页。《后汉书》卷六一《黄琼传》附孙《黄琬传》："琼为司徒，琬以公孙拜童子郎，辞病不就，知名京师。"第 2040 页。

[3] 《汉书》卷五六《董仲舒传》载其天人三策之次策，第 2512~2513 页。

[4] 《汉书》卷七二《王吉传》载其以为"今使俗吏得任子弟，率多骄骜，不通古今……宜明选求贤，除任子之令。外家及故人可厚以财，不宜居位"。宣帝以"其言迂阔，不甚宠异也"。第 3065 页。

[5] 《后汉书》卷七九下《儒林·高诩传》载其曾祖父嘉，"父容，少传嘉学，哀平间为光禄大夫。诩以父任为郎中，世传《鲁诗》"。第 2569 页。

单家寒门。① 有研究表明，两汉所察孝廉中，约70%为官贵子弟，再加上富豪子弟，达75%以上。② 因此，汉武帝以来太学等多种仕途的开辟和扩大，尤其是察举制的盛行和为人所重，固然为一般人创造了较多的入仕机会，却也未尝不是为高官子弟的登进提供了更多也更值得去走的道路。在这种情况下，任子制地位的下降，实际上并不意味着高官子弟入仕的困难，而是展示了朝廷对其经由举贡、学校等途登进的一种导向。

与任子一样不被士大夫重视的仕途，还有如下几种。赀选之途，指向官府交纳一定财物而入仕，但由之入仕者往往受人轻视，不会被授予重要职务。③ 故其在很大程度上只是增加朝廷收入的手段，在官僚选拔体制中并无重要作用。方伎之途，即以特殊技艺而入仕，一般用于宫廷侍奉，或礼乐等技术性、专业性较强的领域。④ 上书之途，则是直接上书皇帝炫鬻才识而得官，除武帝朝多事之秋显得相当引人注目外，⑤ 东汉以来趋于衰歇。如此之类，名目繁多，却都较为零碎而没有形成稳定的制度。

---

① 《三国志》卷一三《魏书·王朗传》附子《王肃传》裴注引《魏略·儒宗薛夏传》："天水人也，博学有才。天水旧有姜、阎、任、赵四姓，常推于郡中，而夏为单家，不为降屈。四姓欲共治之，夏乃游逸，东诣京师。"同书卷一五《魏书·张既传》载其为冯翊高陵人，年十六，为郡小吏。裴注引《魏略》曰："既世单家，为人有容仪。少小工书疏，为郡门下小吏，而家富。自惟门寒，念无以自达，乃常畜好刀笔及版奏，伺诸大吏有乏者辄给与，以是见识焉。"第421、473页。此皆东汉之事。

② 黄留珠：《秦汉仕进制度》，第142页。

③ 《汉书》卷五〇《张释之传》载其为南阳堵阳人，"与兄仲同居，以赀为骑郎，事文帝十年不得调，亡所知名"；卷五七《司马相如传》载其为成都人，"以赀为郎，事孝景帝为武骑常侍，非其好也"；卷八九《循吏·黄霸传》载其"入谷沈黎郡，补左冯翊二百石卒史。冯翊以霸入财为官，不署右职"。第2307、2529、3627~3628页。

④ 《汉书》卷二二《礼乐志》载"汉兴，乐有制氏，以雅乐声律世世在大乐官"；卷四六《卫绾传》载其为代大陵人，"以戏车为郎"。师古注："戏车，如今之弄车之技。"同书卷九九上《王莽传》载元始四年莽征天下通一艺教授十一人以上，及有"天文、图谶、钟律、月令、兵法、《史篇》文字，通知其意者，皆诣公车。网罗天下异能之士，至者前后千数，皆令记说廷中"。第1043、2200、4069页。

⑤ 如《汉书》卷六四上《朱买臣传》载其随上计吏为卒，"诣阙上书，书久不报"，后请托贵幸，得武帝召见，拜"为中大夫"；同卷《主父偃传》载其为临淄人，学纵横术，"乃上书阙下，朝奏，暮召入见。所言九事，其八事为律令，一事谏伐匈奴"。第2791、2798页。

四　察举、吏道的阶梯关系和秦汉仕途的基本结构

上述三大系统的状态，实际上已经显示了秦汉仕途结构的总体轮廓。至于这套结构的内部关系，尤其是举贡和以辟署为代表的吏道这两大仕途系统的关系，则主要是在吏员可按功次等既定途径登进为官的过程中体现出来的。

官、吏在行政分工和层级上的差别，在古代社会很容易带上尊卑贵贱等身份色彩。吏员登进为官，往往会遇到各种习惯上或法定的限制，成为具有特殊规定性的选官途径，也就是所谓"吏道"。由于春秋以来社会大变动的影响，加之秦汉早期甚重吏员的传统，当时官、吏区别虽逐渐明显，却未形成严格界限，吏与官一样受到社会尊重。重要吏员在行政作用和实际地位上甚至可超过一般官员，[①] 吏员登进为官时也就没有什么特殊的障碍。其具体途径有二：一是如前所述，吏员可在任职期间积累必要功绩年劳，逐级升转为官；二是全部吏员都可与其他低官和平民百姓一样，通过察举、学校等各种既定仕途晋升为官。按功绩年劳逐级升转之途，是与考核和相应的黜陟过程联系在一起的，因而由吏积功升转为官的前提，是先须升为考核黜陟纳入某种统一管理的重要吏员之列。这部分吏员，或者就是前所指出朝廷各部门由大鸿胪调补备案，各地则由郡守调补备案的重要属吏，进入此列的决定权当在其长官。虽今已不得其详，但汉代吏员分为这样两大部分应无问题。[②]

---

① 如郡守府功曹作为郡守亲信的实际地位和重要性，往往在朝廷命官郡丞之上。参见严耕望《中国地方行政制度史——秦汉地方行政制度》，第102~105页。

② 尹湾汉简《集簿》和《东海郡吏员簿》皆载太守府属吏25人，而《东海郡属吏设置簿》则载太守府"今掾史见九十三人：其廿五人员；十五人君卿门下；十三人以故事置；廿九人请治所置；吏赢员廿一人"。《尹湾汉墓简牍》，第77、79、100页。这就提供了西汉郡守府属吏设置分为"员"、郡守"门下"、"以故事置"、"请治所置"及"赢员"等不同类型，列于首位的"员"需要上计载入《集簿》，或在考核黜陟纳入统一管理之列者。

汉代吏员既可按功绩年劳，又可按既定仕途登进为官，这种状态是与当时吏员以长官辟署为主，辅以朝廷统一调补的格局相呼应的。而吏道以外的既定仕途中，举贡系统尤其是察举制占有最为重要的地位。有研究表明，对数量最大的郡县属吏来说，仅孝廉一科，即在他们上升为官的多种可能中占了四分之一以上的比重。[①] 特别是到东汉，前已指出朝廷屡屡下诏申饬郡国在察举前"务实校试以职"，已从法律上明确了察举制主要以吏员为举贡对象的状态，故文献所载被举者确实多为长官属吏，东汉以来更呈现了先辟署为属吏再按察举科目贡至朝廷的次序。因此，当时仕途的举贡和吏道两大系统，都是针对吏员选用及其继续登进为官来安排和展开的，此即秦汉仕途结构的框架内容和特色。从发展的角度来看，举贡系统和吏道系统在两汉官员选拔体系中的地位是此消彼长的，这一态势自武帝独尊儒术尤其是东汉以来已日益突出。举贡系统在选拔官员的数量上不占多数，却在意识形态上占尽了优势，逐渐成了高官要官的主要来源，而吏道系统则提供了最大数量的中低级官员，其他如军功、学校、任子、赀选等途径，则起着可轻可重的辅助或调节作用。这幅总的图景，便是以后各历史时期仕途结构发展演化的基础。

第二节　分化组合中的隋唐仕途结构

隋朝对汉末以来处于复杂调整过程的仕途状态进行了总结，唐

---

①　严耕望：《中国地方行政制度史——秦汉地方行政制度》，第344页。廖伯源《简牍与制度》卷一《汉代仕进制度新考》表1-6统计尹湾汉简《东海郡下辖长吏名籍》所列诸长吏自郡县属吏（附孝者）、候家臣、军吏升进为朝廷命官者71人，其中"以功迁"者44人，以察举各科包括"以廉迁"者14人，占比近20%。第29页。但尹湾此簿有四人是"以捕群盗尤异"从郡县属吏晋升为官的，廖氏的统计则将之一概列为"以格捕盗贼除"。案"尤异"与"察廉"实为察举科目，将之加入则占比在25%以上。

代承此加以修饰，从而形成了一套恢宏和严密的仕途结构。但其所有突出的进展和成果，包括一般所谓科举制的起源在内，都是在魏晋南北朝仕途发展的基础上取得的。

一　魏晋以来各种仕途的演化

魏晋南北朝基本上沿袭了汉代的各种仕途，[①] 只是其相互关系及其在整套仕途结构中所占分量发生了变化。其中的突出问题在于，业已渗透到当时全部社会生活之中的门阀等级，成了往往要比朝廷法律更深切地制约着各种官僚选拔过程的因素。

如察举制，虽然魏晋以来察举诏令络绎不绝，并在经常性科目中进一步明确了考试儒家经义和以之为取舍标准的策试制度，[②] 但当时各科察举的绝大部分是士族子弟，秀才这类相对重要的科目则经常被中高级士族把持。[③] 这就极大影响了察举制的开展方式和社

---

① 《文献通考》卷二八《选举一·举士》："按魏晋以来虽立九品中正之法，然仕进之门，则与两汉一而已。或公府辟召，或郡国荐举，或由曹掾积累而升，或由世胄承袭而用。大率不外此三四涂辙。"考二六七。

② 《北堂书钞》卷七九《设官部三十一·秀才一百七十八》引《晋令》云："举秀才，必五策皆通，拜为郎中。一策不通，不得选。"第350页。《晋书》卷七八《孔愉传》附《孔坦传》载东晋元帝时事："先是，以兵乱之后，务存慰悦，远方秀、孝到不策试，普皆除署。至是，帝申明旧制，皆令试经，有不中科，刺史、太守免官。太兴三年，秀、孝多不敢行，其有到者，并托疾。帝欲除署孝廉，而秀才如前制。坦奏议曰：'……去年察举，一皆策试。如不能试，可不拘到，遣归不署。又秀才虽以事策，亦泛问经义，苟所未学，实难暗通，不足复曲碎垂例，违旧造异。谓宜因其不会，徐更革制。可申明前下，崇修学校，普延五年，以展讲习，钧法齐训，示人轨则。……'帝纳焉。听孝廉申至七年，秀才如故。"第2055页。《南齐书》卷三六《谢超宗传》载刘宋明帝泰始三年，"都令史骆宰议策秀才考格，五问并得为上，四、三为中，二为下，一不合与第"。诏从宰议。中华书局，1972，第635页。《魏书》卷九《肃宗纪》熙平元年正月癸亥，"初听秀才对策，第居中上已上，叙之"。第223页。《北齐书》卷四四《儒林·马敬德传》载其诣州求举秀才，"所答五条，皆有文理。乃欣然举送至京，依秀才策问，唯得中第，乃请试经业，问十条并通。擢授国子助教"。中华书局，1972，第590页。

③ 《新唐书》卷一九九《儒学·柳冲传》载其著论氏族甚详，述"江左定氏族，凡郡上姓第一，则为右姓；太和以郡'四姓'为右姓"，官贵皆由"四姓"担任，"北齐因仍，举秀才、州主簿、郡功曹，非'四姓'不在选"。第5678页。

会基础，也限制了其在当时各种仕途中的作用和地位。[①] 辟署制同样受到了门阀等级的深刻影响，门第高下成了最重要的署用依据。有研究表明，公府和州、郡的重要僚属，通常都分别从高、中、低级士族中选取。[②] 以至于门第较低之人即使被察举或辟署亦受排挤，甚至不敢上任。[③]

其他如汉末的任子制，此时已在整套仕途中占了突出地位。与汉代不同的是，这条此时称为门荫或荫子的仕途，已按士族集团内部的门第高下来区别对待。各种官职已被区分清浊流品，大致出身门第越高贵，其所任官职就越"清美"，即合乎士族崇尚的生活方式和价值观，有美誉、较为清闲，待遇又较优厚且升迁迅速之职。[④] 像散骑、黄门、秘书、著作郎等最为清美的职务，则非最显赫的士族莫属。另如军功之途，当时朝代更替频繁，战乱连绵不断，不少寒庶之人得以由此做官登进；但普通士卒皆为庶人，甚至世受隶役而为贱民，故其立功入吏做官常被限制在行伍之中，仅得勋品戎

---

① 参见罗新本《两晋南朝的秀才、孝廉察举》，《历史研究》1987 年第 3 期。

② 参见陈琳国《两晋九品中正制与选官制度》，《历史研究》1987 年第 3 期。

③ 《晋书》卷八九《忠义·易雄传》载其为长沙浏阳人，"举孝廉，为州主簿，迁别驾。自以门寒，不宜久处上纲，谢职还家"。第 2314 页。《宋书》卷九一《孝义·吴逵传》载其为吴兴乌程人，"太守王韶之擢补功曹史，逵以门寒，固辞不就，举为孝廉"。第 2248 页。《北齐书》卷四五《文苑·樊逊传》载其为河东北猗氏人，因才高被举秀才，因身份寒微而屡不获职，天保八年选试第一，"左仆射杨愔辟逊为其府佐，逊辞曰：'门族寒陋，访第必不成，乞补员外司马督。'愔曰：'才高不依常例。'特奏用之。"第 614 页。

④ 反之，所事越繁杂琐碎，待遇和升迁机会较左较小者便越"浊"。清、浊是以官职本身特点和担任者门第身份相对而言的概念，其核心是士庶和官吏之别。故《隋书》卷二六《百官志上》载陈制"从浊官得微轻，则胜于转"。第 748 页。参见周一良《〈南齐书·丘灵鞠传〉试释兼论南朝文武官位及清浊》，《魏晋南北朝史论集》，北京大学出版社，1997，第 102~126 页；唐长孺《魏晋南北朝隋唐史三论》，武汉大学出版社，1993，第 159~178 页；张旭华《中古时期清浊官制研究》，人民出版社，2017，第 122~145 页。

秩，或被列入专门序列，难以正常升迁。① 总之，魏晋以来变得天经地义的身份门第标准，已使当时基本沿袭汉代仕途的选官过程，很大程度上变成了按姓族贵贱高下对号入座的把戏。

魏晋南北朝的九品中正制，即反映了当时仕途的扭曲状态。此制内容大致是在各州郡设中正官，综合评定当地士人的家世和才行，定出其等级，以为任用依据。因而其不是一种仕途，而只是一道设置在各种官职入口处的栅栏。② 这道栅栏在曹魏初创时发挥过有益作用，既解决了战乱流徙中人的来历和品行难以周知的问题，又拓宽了官方对乡里议论的取择余地。但当两晋士族完全把持政坛包括中正之职以后，九品中正制就成了一个甄别门第等级的筛子，一个判定人们可以通过什么途径登进，应当担任何种职务的裁判，一重使"上品无寒门，下品无势族"，高门子弟得以安流平进的制度保障。一旦走到这一步，无论是士族的衰落，还是其进一步凝固化，都很容易使中正对门第的鉴别变得无足轻重。因而从南北朝起，九品中正制已时断时续，其作用和地位则已显著下降。到隋唐，这个制度便被废除了。

尽管汉代仕途主要是在魏晋以来士族集团的牵引下发生扭曲

---

① 《南齐书》卷四〇《武十七王传·竟陵王萧子良传》载其启论斥军功入仕之滥："宋运告终，戎车屡驾，寄名军牒，动窃数等。"第 697 页。《梁书》卷四九《文学·钟嵘传》载其天监初上言勋戎充斥，"臣愚谓军官是素族士人，自有清贯，而因斯受爵，一宜削除，以惩侥竞。若吏姓寒人，听极其门品，不当因军，遂滥清级"。中华书局，1973，第 694 页。《魏书》卷一八《太武五王传·广阳王建传》附子《元深传》载其明帝时上书述孝文帝定流品以来，"凉州土人悉免厮役，丰沛旧门仍防边戍，自非得罪当世，莫肯与之为伍。征镇驱使，但为虞候白直，一生推迁，不过军主。然其往世房分留居京者得上品通官，在镇便为清途所隔"。第 430 页。

② 州中正亦称"州都"，《晋书》卷四五《刘毅传》载其上疏论九品中正制之弊有曰："州都者，取州里清议，咸须归服……不谓一人之身，了一州之才。"第 1274 页。晋以后县亦设中正。参见唐长孺《九品中正制度试释》，《魏晋南北朝史论丛》，生活·读书·新知三联书店，1955，第 85~126 页；宫崎市定《九品官人法研究》第二篇《本论》第二章《魏晋的九品官人法》，韩昇等译，中华书局，2008，第 55~110 页。

的，却并不意味着它们可以随南北朝以来士族的衰颓反弹回去。门阀等级原则的长期渗透，已在各种仕途上留下了不可磨灭的印记。比如前面谈到，魏晋时门第越高，入仕所任职务就越"清美"，反之则越庸浊。到南北朝，许多浊职已明定由"寒微士人"担任，并被纳入了称为"流外"或"小人官"的专门序列。① 大量在官场中处于最底层，所事最繁杂也最为"污浊"的吏职，便与社会身份最为卑贱的庶人隶役结下了不解之缘。② 长此以往，这类职务及其相应的选任途径，便因当时形同天壤的门第之隔而受到士大夫鄙视，人们一旦由之进身，其继续登进之路就会充满障碍。虽然南北朝后期以来士族势力不断衰落，官场和仕途讲求身份等级之风却至唐末仍有相当影响，这就在整套仕途结构中留下了深刻裂痕。

在充分估价门阀等级深刻影响的同时也应当看到，魏晋南北朝推行的毕竟仍是专制集权官僚政治，而不是世袭的贵族自治制。③ 因而各种仕途在被门阀身份扭曲的同时，也在集权轨道上有所发展。前述察举制中朝廷统一考试环节得到强调并逐渐严格化、规范化，便是一个明显的例证。与之相应的是朝廷对吏员选用过程的控制显著加强，及其在整个仕途领域导致的后果。在魏晋以来整套行政体制的复杂变化和士庶、清浊等因素对官僚队伍的渗透过程中，官、吏已趋重组。相当一部分在汉代由长官自辟的属吏，到南北朝

---

① 《隋书》卷二六《百官志上》载梁武帝天监七年改革选用制度，定中正所定二品以上士族可任之官为十八班，"位不登二品者，又有七班"，其下还有三品蕴位和三品勋位。至陈又定"流外有七班，此是寒微士人为之"。第 733、741 页。《魏书》卷五九《刘昶传》载太和十九年定清浊流品，孝文帝曰："我今八族以上士人品第有九，九品之外，小人之官复有七等。"第 1310~1311 页。

② 《隋书·百官志上》载梁列入寒微士人七班及三品蕴位、勋位之官，皆为当时至浊之职。北魏小人之官七等，后来即发展为流外序列。参见叶炜《论南北朝隋唐之际"流外"性质的变迁》，《中国史研究》2004 年第 3 期。

③ 参见田余庆《东晋门阀政治》之《后论》七，北京大学出版社，1991，第 357~360 页。

时已与县令等处于同一等级;① 许多仍然处于吏员行列的僚属，尤其是朝廷各部门令史之类，亦已由吏部统一调补。② 就是说，在当时吏员选用中，长官辟署制的作用已大为减弱，而由朝廷统一调补的比重则有较大增长，从而扩大了吏员通过年劳考绩登进为官之路。虽然其上仍有重重障碍，却仍不失为寒人登进的主要途径。③ 显然，朝廷统一调补的吏员和由之积累劳绩登进的官员数量显著增加，不能不导致整套仕途结构的相应调整。

二 辟署、举贡的沉浮与科举制发展

在专制集权和士族势力的双重影响下，魏晋以来各种仕途的转折发展，实际已为隋唐的仕途结构奠定了框架基础。

在官吏选用权进一步集中的趋势下，隋初废止了各级长官自辟重要僚属的制度。从此除某些将帅大臣尚可在朝廷授权前提下署用僚属外，④ 凡在法定等级的流内外官吏及军事系统的重要军吏，都

① 这方面各朝参差不齐，大致首先是公府僚属发生了这种转变，然后是出督各地的军府僚属，再波及州郡僚属。具体如《隋书·百官志上》载陈制庶姓诸州别驾、扬州及南徐州主簿与5000户以下县令“品并第九”；《百官志中》载北齐三等下州参军事与三等下县令同“为第八品”。第746、769页。

② 《隋书·百官志上》载梁天监七年革选定班的三品蕴位和勋位中，朝廷各部门令史与诸署令丞皆在其列而一体选用。第735页。《通典》卷三三《职官十五·县令》述孝文帝以后“令长用人益杂，但选勤旧令史为之，而缙绅之流耻居其位”。典一九○。可见北朝情形大略亦类似，孝文帝定制还在梁武帝以前。

③ 《宋书》卷九四《恩幸传》序述魏晋以来九品中正制下，“凡厥衣冠，莫非二品，自此以还，遂成卑庶”。至孝建、泰始时，“主威独运，官置百司，权不外假，而刑政纠杂，理难遍通，耳目所寄，事归近习。赏罚之要，是谓国权，出内王命，由其掌握，于是方涂结轨，辐凑同奔”。第2302页。所述即为刘宋寒人幸进之况。《魏书》卷六六《崔亮传》载其明帝时为吏部尚书，“时羽林新害张彝之后，灵太后令武官得依资入选。官员既少，应选者多，前尚书李韶循常擢人，百姓大为嗟怨。亮乃奏为格制，不问士之贤愚，专以停解日月为断。虽复官须此人，停日后终不得，庸才下品，年月久者灼然先用”。第1479页。这也反映了寒门“庸才下品”登进之多。

④ 其中典型如唐代的方镇奏辟幕僚，参见杨志玖、张国刚《唐代藩镇使府辟署制度》，《社会科学战线》1984年第1期。

已由朝廷统一选用了。不过这并不意味着全部吏员选用都由朝廷进行。由吏部流外铨调补的在京各部门文史，兵部选调执事于王公显贵府中的亲事、帐内、监门、直长等军吏，[①] 总起来只占全部吏员的很小一部分，[②] 其余90%以上并不纳入法定等级的各地各部门府史、佐史，包括大量具有职役性质的小吏，大体仍是由各地长官依法自行简择署用。[③] 因此，如果说辟署制是以长官依法自行署吏为其实质性内容的话，那么到隋唐，此制实际上是在比较狭窄的范围内，以进一步被约束的性质和地位延续下来了。

在隋唐的举贡系统中，个别的征召、保荐等途，基本上沿袭了汉以来的路径。但汉代察举所开辟的按科举人、考试录用之制，则在新的社会条件和魏晋以来不断损益完善的基础上有了长足发展。

隋唐科举制与两汉察举制的历史联系是显而易见的。隋文帝杨坚开皇十八年（598），"诏京官五品以上，总管、刺史，以志行修谨、

---

① 兵部选调军吏如《唐六典》卷五《兵部》载亲、勋、翊卫"若有才用，考内得补主帅及监门校尉、直长。凡左右卫、左右率府三卫经三考已上者，得补引驾、细引，考满简试如三卫。凡王公已下皆有亲事、帐内，限年十八以上，举诸州，率万人已上充之。皆限十周年则听其简试，文理高者送吏部，其余留本司"。第155~156页。

② 《通典》卷四〇《职官二十二·秩品五》载唐开元二十五年内外职掌人"总三十四万九千八百六十三人（原注：内三万五千一百七十七，外三十一万四千六百八十六）"。典二三〇。由吏部、兵部统一选调的吏员，在内职掌人中又是少数。

③ 《隋书》卷七五《儒林·刘炫传》载隋文帝以刀笔吏类多小人，年久长奸，"于是立格，州县佐史，三年而代之"。第1721页。《唐六典》卷五《兵部》："凡诸军、镇大使、副使以下皆有傔人、别奏……所补傔、奏，皆令自召以充。"第159页。又明抄本《天圣令·杂令》所存唐令第二条："诸习驭、翼驭、执驭、驭士、驾士、幕士、称长、门仆（原注：门仆取京城内家口重大身强者充）、主膳、典食、供膳、主酪、典钟、典鼓、防阁、庶仆、价人（原注：价人取商贾及能市易家口重大识文字者充），邑士，皆于白丁内家有兼丁为之。其主膳、典食、供食、主酪，兼取解营造者。典钟、典鼓，先取旧漏刻生成丁者。每年各令本司具录须数，申户部下科，十二月一日集省分配。门仆、称长、价人四周一代，防阁、庶仆、邑士则二周一代，年满之日不愿代者，听。"天一阁博物馆、中国社会科学院历史研究所天圣令整理课题组校证《天一阁藏明钞本天圣令校证——附唐令复原研究》下册《校录本·杂令卷第三十》，中华书局，2006，第374页。所谓"户部下科""集省分配"，即说明了朝廷各部门职掌人的职役性质。

清平干济二科举人"。① 或以此标志科举制之始，但此诏不仅与北周末年杨坚执政时"遣戎秩上开府以上，职事下大夫以上，外官刺史以上，各举清平勤干者三人"如出一辙，② 而且也很难与西汉文帝前元二年（前178）诏举贤良方正以来的历代察举诏令作明确区分。事实上，除科目名称之类的细节差别外，即便是炀帝所设的进士科，③ 从其举贡文士和策试内容，也看不出其与魏晋以来的察举秀才等科有什么重大不同。④ 要之，从各地各部门按科举贡、朝廷统一甄核录用这一本质特征来看，隋唐的科举，无非是汉以来络绎传承着的察举制的继续发展罢了。⑤

以下便是科举制发展到盛唐时期的形态概要。

在科目系统上，科举仍由不定期举行的特科和定期举行的常科两大类构成。其中相当一部分科目的内容和地位虽已调整，但在名称上仍沿袭汉代。常科的科目已明显增多，尤其在以特科举贡军事人才的基础上，武则天长安二年（702）在常科中设立了武科，标志着科目系统的更加完备。具体如表3-2所示。

---

① 《隋书》卷二《高祖纪下》，第43页。

② 《周书》卷八《静帝纪》，大定元年正月，中华书局，1971，第136页。

③ 一说为文帝时设，参见韩国磐《关于科举制度创置的两点小考》，《隋唐五代史论集》，生活·读书·新知三联书店，1979，第294~297页。

④ 王定保《唐摭言》卷一《统序科第》载武德四年四月一日，"敕诸州学士及早有明经及秀才、俊士、进士，明于理体，为乡里所称者，委本县考试，州长重覆，取其合格，每年十月随物入贡。斯我唐贡士之始也"。同卷《试杂文》载"进士科与隽、秀同源异派，所试皆答策而已"。第1、9页。可见唐代科举之始，进士、明经与秀才、俊士并试而后举，并无特殊之处。《唐会要》卷七六《贡举中·进士》载"贞观八年三月三日，诏进士试读一部经史"；又载二十二年进士张昌龄等"考其文策全下"。第1379页。可见唐初进士试文策、太宗时加试经义，与明经、秀才略同。

⑤ 《册府元龟》卷六四五《贡举部七·科目》叙："汉魏而下以讫于五代，或召郡国限其口率，或令公卿举其所知，或广示于详延，或兼许而自至，正乃科级之沿革。"第7723页。参见唐长孺《南朝寒人的兴起》《南北朝后期科举制度的萌芽》，《魏晋南北朝史论丛续编》，生活·读书·新知三联书店，1959，第93~123、124~131页；徐连达、楼劲《汉唐科举异同论》，《历史研究》1990年第5期。

表 3-2　唐科举科目简况

科目类别		科目名称	具体要求	备注
常科	文举	秀才*、明经*、进士等	经义及文辞等	带 * 号者创自汉代
	武举	长垛、马射、马枪等	射技稍术等	
特科		贤良*、孝廉*、宏词、才堪边将等	各种相应才行	

备注：

本表据《新唐书·选举志上》、《册府元龟》卷六四五《贡举部七·科目》编制。

至于这些科目在实际推行过程中的地位，一般说来，在随事立名的特科中，贤良方正、直言极谏、博通坟典、达于教化、军谋宏达、堪任将帅，详明政术、可以理人等科的作用更为突出一些。而常科中，创于长安二年的武举有长垛、马射、步射、平射等诸多名目，在军官选用体制中的地位则远远不如文举，这是因为考场上表现出来的武艺与行伍中搏杀出来的本事毕竟不同，由此出身者也就不像从军立功登进者那样为人所重。此外，同是文举，秀才科因隋代以来朝廷要求过严，渐被士子视为畏途而趋冷落；道举、童子时停时行。而专取法律、文字、计算之才的明法、明书、明算科，也不如以文学经史为主要内容的科目，又以明经、进士二科为要。尤其是进士科，更是热门。

在具体步骤上，旨在搜扬非常之才的特科，除殿廷策试环节较汉更为严密外，基本保持了随时依皇帝特诏举行的灵活状态。而文、武常科的主管部门和具体要求虽然不同，但基本环节还是一致的。以文举为例，其来源除京师国学诸生外，主要是各州县学校的生徒及按规定程序向州县报名的投牒自举者。[①] 每年仲冬十一月，各州长官须在主管本州举贡事务的司功司僚佐的协助下，按各科的

---

① 《新唐书·选举志上》载，贡举，"每岁仲冬，州县、馆、监举其成者，送之尚书省；而举选不繇馆、学者，谓之乡贡，皆怀牒自列于州县"。后文载宝应二年（763）杨绾上疏请停投牒自举，"其到状，保办，识牒皆停"。这反映了投牒自举的程序。第1161、1166~1167 页。参见王定保《唐摭言》卷一《乡贡》，第 7~8 页。

规定要求对之加以考试（县荐者已先经县试），合格者经"乡饮酒礼"后，与该州年终上计人员和朝贡物品一起赴京，参加每年正月一日举行的朝觐大典。各科贡士在尚书省报到并申明在京住处和保人情况，由主管全国户籍的户部甄核无误，再齐集国子监，参加一个拜谒先师孔子和讲论经义的盛大典礼后，[①] 才能参加礼部侍郎主持的统考，称为省试。[②]

这种统一考试现已成了科举取士的关键，故其内容日益规范化和系统化了。如明经、进士二科，隋以来仅试策。发展到盛唐，明经先须帖经，即从法定须考试的经典中取字一行，帖去其中数字，令考生补上，以测试其对经典字句的熟悉程度。每经帖十得五以上为合格，然后口试经义，每经问十通六以上为合格。[③] 再试时务策三道，即以时务为题进行笔试，取文理粗通者。进士科则先帖一大经，帖十得四以上为合格；次试杂文（诗赋）两道，须文质并茂；再试时务策五道，取义理恰当者。[④] 整个考试过程极为严密，防范甚周，考场盛设兵卫，考生须主动配合对衣服及随身物品进行检查后方能进入。帖经及口试往往当场确定成绩，笔试通常限时进行，至夜限烛三支，考毕糊名评卷；经主考官最终判定合格及第者的姓名，须在

① 此制始于开元五年（717），见《唐会要》卷七六《贡举中·缘举杂录》，第1384页；王定保《唐摭言》卷一《谒先师》，第10页。

② 开元二十四年前省试由考功员外郎主持，之后改由礼部侍郎主持，唯其亲故及需要回避的其他高官子弟仍由考功员外主试，称考功别头试，皇帝亦常别遣官员为"知贡举"负责本届常举诸事。见《册府元龟》卷六三九《贡举部·总序》，第7661~7662页；王定保《唐摭言》卷八《别头及第》，第91~92页。

③ 明经又分一经、二经、三经、五经等类，《唐六典》卷四《礼部》载其所试凡正经有九：《礼记》《左氏春秋》为大经，《毛诗》《周礼》《仪礼》为中经，《周易》《尚书》《公羊春秋》《穀梁春秋》为小经。通一经者考一大经，二经者一大一小或两中经，三经者大、中、小各一，通五经者大经并通，余经各一，同时须兼习《孝经》《论语》《老子》。第109页。

④ 李林甫等：《唐六典》卷四《礼部》，第109页。明经、进士等科考试内容不时有所调整，参见《册府元龟》卷六三九《贡举部·条制一》、卷六四〇《贡举部二·条制二》，第7668~7681页。

礼部南院东墙张榜公布。①

　　省试及第者，便取得了做官的资格，按唐代授官的法定程序，及第者还须参加吏部（武举由兵部）的考选，方能得到具体官职释褐入仕。② 当及第者举办或参加大量例行庆贺拜会活动后，③ 便须着手参加照例于每年春季举行的铨选。④ 这种铨选并非为科举及第者特设，而是为全体"选人"即有官员资格却无具体职务之人举行。八、九品官铨选皆由吏部（武官由兵部）侍郎主持，科举出身者依法可获八品或九品，⑤ 故由侍郎主持。初入仕者皆须试身、言、书、判，其过程一般是先笔试判语，即取疑难公文，令选人依法判断，合格的标准是楷法遒美、文理优长；然后目测其身体条件及口头表达能力，标准是体貌丰伟、言辞辨正。合格者再由主选者平衡其德、才、年资，询问其志愿后当众拟定其所任职务，允许申诉改职。包

---

　　① 李昉等编《太平广记》卷一七八《放榜》，中华书局，1961，第 1325 页。开元二十年因礼部侍郎姚奕奏请，张榜后进士等科及第者所试策文、诗赋须呈送宰相审核。穆宗长庆三年至文宗太和八年，又将此环节移至张榜前。见《唐会要》卷七五《贡举上·帖经条例》、卷七六《贡举中·进士》，第 1377、1381 页。以上非出注者俱参见杜佑《通典》卷一五《选举三·历代制下》，典八三至八四；《新唐书》卷四四《选举志上》，第 1161~1170 页。

　　② 如《唐国史补》卷下《叙进士科举》述进士科之习，"得第谓之前进士"。第 55 页。李昉等编《太平广记》卷一五一《定数六·薛邕》述"崔造方为兵部郎中，与前进士姜公辅同在薛侍郎坐中"，问善相者张山人坐中有宰相否，崔造方"意谓姜公今被褐，我已正郎，势不相近"。第 1088 页。是"前进士"为及第未释褐者。

　　③ 见王定保《唐摭言》卷三文书《散序》《谢恩》《期集》《点检文书》《过堂》《关试》《谢名》《慈恩寺题名游赏赋咏杂纪》，第 24~44 页。

　　④ 进士放榜后，礼部将及第者名单和材料关送吏部，由吏部员外郎对之试判两道，称"关试"，自此其开始由吏部管理。"关试"相当于新及第者参加吏部考选的资格试。参见王定保《唐摭言》卷三《关试》，第 27 页；李昉等编《太平广记》卷一七八《贡举一·关试》，第 1328 页。

　　⑤《旧唐书》卷四二《职官志一》载科举出身可获官品："诸秀才出身，上上第，正八品上；上中第，正八品下；上下第，从九品上。明经出身，上上第，从八品下；上中第，从九品上。进士、明法出身，甲第，从九品上；乙第，从九品下。若通二经已外，每一经加一等。"第 1806 页。需要注意的是，各科及第依法虽有上述等第，但实际录取秀才只有上下第，明经只有上中第，进士、明法只有乙第。

括新及第者在内的六品以下官员任职，均须造册报尚书省长官核定，转至门下省"过官"审批，再呈皇帝照准，最后由吏部颁发委任状。得到任用者诣阙谢恩，克期赴任；考选不合格未得任用者，则可等待下次考选。①

唐初以来各科举贡数量迅速增加，尤其明经、进士等文学经史科目更是如此。如唐武德五年（622）各州按秀才、明经、俊士、进士四科举贡的总数仅 218 人，其中明经、进士分别为 143 人和 30 人。② 经高宗、武后时期的大发展后，到开天盛世，每年各州及京师各学所贡仅明经即达 2000 人，进士达 1000 人之多，而诸文学特科每次应诏而举者，也达 1000 人以上。③ 即使不考虑武举等科目的举贡数，这种每科全国动辄 1000 余人的举贡规模，也已 10 倍于汉代的察举。尤其是盛唐在籍人口总数还略低于汉代最盛时，④ 这就很好地说明了科举制的长足发展及其政治和社会影响的扩大。

不过唐代科举及第者及其出任为官的数量，并不是与举贡规模同步增长的。初唐以来明经及第者大多不超过 100 人，录取率在 5% 以下；进士及第者每次大多不到 20 人，录取率在 2% 以下；整个常科文举每年所取往往在 200 人以下，少则不到 100 人，其规模至晚唐才有

---

① 以上俱见《新唐书》卷四五《选举志下》，第 1171~1172 页；李林甫等《唐六典》卷二《吏部》，第 27~28 页。

② 王定保：《唐摭言》卷一五《杂记》，第 159 页。同书卷一《乡贡》述"景云之前，乡贡岁二三千人"。第 7 页。表明高宗以来举贡规模迅速扩大。

③ 《通典》卷一五《选举三·历代制下》述开天间"进士大抵千人，得第者百一二；明经倍之，得第者十一二……其应诏而举者，多则二千人，少犹不减千人，所收百才有一。"典八四。

④ 梁方仲编著《中国历代户口、田地、田赋统计》甲表 1"中国历代户口、田地的总数，每户平均口数和每户每口平均田亩数"载西汉平帝元始二年（公元 2 年）在籍 12233062 户 59594978 口，唐玄宗天宝十四载（755）在籍 8914709 户 52919309 口。上海人民出版社，1980，第 4~6 页。

所扩大。① 至于诸制举特科，每次录取则仅一至十数人而已。② 至于科举及第者进一步通过吏部考选而被任用的数量，如唐高宗显庆二年（657）被选为流内官的1400余人中，包括科举及第者的经学时务之士，就远不如"胥徒"之流多；③ 而玄宗开元十七年（729）入流的2000余人中，明经、进士两科及第者占比不到10%。④ 因此，虽然唐代科举在举贡规模和社会效应上都已相当轰动，其在全部官员选用中所占比重却未随之猛增，而是维系在一个相当有限的数量上。

尽管如此，科举制在唐代整套仕途体制中，仍占有异乎寻常的重要地位。因为经太宗、高宗和武后三朝弘扬后，进士、明经等具有代表性的科目备受重视。其基本发展方向，一方面是以更为严格的考试限制及第者数量；另一方面则是使及第者在具体任用和继续登进时，处于比其他仕途出身者更为有利的地位。因而与其他仕途相比，无论在制度上还是观念上，这些科目取仕之途已成了最难进入，进入以后却最畅通无阻的仕途。它们的录取率虽然极低，但由之及第者往往能够迅速登至官场要津。这里最为突出的是进士，唐代大部分时期平均

---

① 《新唐书》卷一三〇《杨玚传》载其开元中为国子祭酒，奏"今考功限天下明经、进士岁百人"。第4496页。《唐会要》卷七六《贡举中·缘举杂录》贞元十八年五月敕："明经、进士，自今已后，每年考试所拔人，明经不得过一百人，进士不得过二十人。"第1384~1385页。《唐摭言》卷一四《主司称意》载天宝十二载和大历二年，科举四榜共放150人和80人；又载元和十一年和十五年进士及第者分别为33人和29人。第154页。这也可见进士及第多时超过20人。《册府元龟》卷六四一《贡举部三·条制三》载太和九年十二月中书门下奏增进士、明经科取人额："进士元格不得过二十五人，今请加至四十人；明经元格不得过一百一十人，今请减十人。"第7684页。是此前定额已有增加，后文载其后定额续有调整。
② 《唐会要》卷七六《贡举中·制科举》，第1386~1390页。
③ 《旧唐书》卷八一《刘祥道传》载其显庆二年上疏称"每年入流数过一千四百，伤多也；杂色入流，不加铨简，是伤滥也"；又称当时流内品官13465员，入流者逾1400人，较正常所需多2倍以上。第2751页。
④ 《通典》卷一七《选举五·杂议论中》载开元十七年国子祭酒杨玚上言："窃见入仕诸色出身，每岁向二千余人，方于明经、进士多十余倍。"典九六。

每年进士及第的十数人中，之后身居要职的常占十之六七，位极人臣的则占十之二三。① 有研究表明，唐代由科举登进为官者的数量虽少，但武后以来进士、明经等重要科目的及第者在为数不多的高官要官中，却占了压倒其他一切仕途的比重。② 可以认为，科举制的重要性，并不是通过各科及第者的数量，而是通过其在高官要官中所占比重，通过其对整个官场与社会的广泛影响而体现出来的。

科举制的状态，在很大程度上代表了唐代整个举贡系统的功能。要而言之，包括科举在内的各种荐举之途，虽仍如同汉代在全部官员的选用中不占多数，但经魏晋南北朝时期的演化和隋唐时期的发展，其所选拔的少数已成为主导政局的高官要官的主要来源，从而在整套仕途结构中占了最为重要的一席。也就是说，以科举为代表的唐代举贡系统，因其更为严格的考试录用要求和所选对象更为重要，地位已进一步提高了；而作为汉代吏道基础的长官辟署制，至唐已被限制在选用各种小吏职役和出使大臣僚属的狭窄范围内，作用和地位明显降低了。这一升一降两个趋势，不能不导致吏道系统作用和地位的巨大变化。

三 吏道的发展和地位变化

辟署制作用降低和科举制地位提高，是与汉以来整个专制集权体制、政治文化和相关仕途的发展变化联系在一起的。魏晋南北朝继承和发展了汉代吏员的功次登进为官之途，但门阀等级制度的贯

---

① 《唐会要》卷七六《缘举杂录》载贞元七年陆贽知举，拔擢才艺，"一岁选士，才十四五，数年之内，居台省者十余人"。第 1384 页。《新唐书》卷四四《选举志上》："大抵众科之目，进士尤为贵，其得人亦最为盛焉。"第 1166 页。《唐摭言》卷一《散序进士》述唐初以后进士甚盛，"缙绅虽位极人臣，不由进士者，终不为美，以至岁贡常不减八九百人。其推重谓之'白衣公卿'，又曰'一品白衫'；其艰难谓之'三十老明经，五十少进士'"。第 4 页。

② 吴宗国：《科举制与唐代高级官吏的选拔》，《北京大学学报》（哲学社会科学版）1982 年第 1 期。

彻、渗透，士庶、官吏身份鸿沟的形成，已永久改变了汉代吏道既提供大部分官员来源，而又不受歧视通行无阻的状态，官、吏分途已特具身份等级意味，[①] 吏员登进官场以后的道路已极为坎坷。

朝廷统一选用重要吏员及其按年劳考绩登进为官之制，南北朝以来已随寒人地位上升、长官辟署面缩减和朝廷选吏面的扩大，出现了一些新的趋势。南朝梁武帝在学校、察举和要官选用上均有拔擢寒门的举措，[②] 周隋则曾出现过"选无清浊"的局面，[③] 魏晋以来官分清浊而士庶界隔的状态有所松动。隋人称"曩之弼谐庶绩，必举德于鸿儒；近代左右邦家，咸取士于刀笔"。[④] 这都表明由吏登进为官之途已续有疏浚。到唐高祖李渊登位后，便开辟了从州县佐史中统一选调在京重要吏员，再按一定年劳和程序逐步上升为官的道路。[⑤] 其基本步骤，即由各州按期从佐史小吏、部分官僚子弟和白身平民中向朝廷选送有关候选人，[⑥] 再按前述流外铨之程序，由尚书省吏部司主管该项政务的郎中负责，按书法、计算才能和时务识

---

① 参见宫崎市定《九品官人法研究：科举前史》第三篇《余论》三《士人与胥吏》，第338~342页；叶炜《试述隋朝中央的官吏分途及其背景》，北京大学历史学系编《北大史学》第6辑，北京大学出版社，1999，第49~61页。

② 《隋书》卷二六《百官志上》载中书通事舍人"梁用人殊重，简以才能，不限资地"；国子学生旧限以贵贱，梁武帝欲"招来后进，五馆生皆引寒门俊才，不限人数"。第723、724页。《梁书》卷二《武帝纪》天监八年五月壬午诏："其有能通一经始末无倦者，策实之后，选可量加叙录。虽复牛监羊肆，寒品后门，并随才试业，勿有遗隔。"第49页。

③ 《隋书》卷五六《卢恺传》载其开皇初为吏部侍郎，后又摄尚书事，"自周氏以降，选无清浊，及恺摄吏部，与薛道衡、陆彦师等甄别士流，故涉党固之谮"而被除名为百姓。同书卷七二《孝义·陆彦师传》则述"隋承周制，官无清浊，彦师在职，凡所任人，颇甄别于士庶，论者美之"。第1384、1662页。可见周隋官职不分清浊等级，寒庶为官由此少了一些限制，但选官优容士族仍获广泛支持。

④ 《隋书》卷七五《儒林传》序，第1706页。

⑤ 《通典》卷二二《职官四·尚书上》"历代都事主事令史"："唐武德中，天下初定，京师谷籴贵，远人不相愿仕流外。始于诸州调佐史及朝集典选充，不获已而为之，遂促年限，优以叙次，六七年有至本司主事及上县尉者。自此之后，遂为官途。"典一三四。

⑥ 《唐六典》卷二《吏部》载郎中一人掌小选，原注曰："谓六品已下、九品已上子及州县佐吏，若庶人参流外选者，本州量其所堪，送尚书省。"第36页。

见三项标准甄核后，中试者即升为流外官，亦即朝廷各机构和都护府等派出机构的重要吏员。以后其每经三考合格，都可像科举及第而获做官资格的人那样参加吏部铨选，合格中试者便可转入流内入仕。与之相应，军事系统也建立了各地军府吏员满一定年月者上报至州，统一申送尚书考功和兵部按规定晋升为官的渠道。① 在盛唐，这种任免和考绩皆由朝廷统一掌握的吏员，法定基数为 75168 人，②前已指出由此入仕者每年动辄一两千人，不仅十数倍于科举、学校等途的入仕者，亦应远远超过了汉代同类吏员及其每年入仕的规模。

由此已可看出唐代吏道的地位，是在一个大为增加了的官吏编制的前提下，当举贡系统只选拔少量官员，辟署系统又主要选拔各种小吏时，以显著扩大朝廷统一选调重要吏员的规模，疏浚其积累劳绩考选为官的诸多途径，提供了 90% 以上的官员，构成了整个官僚集团中最具行政阅历和经验的基底部分。当然事情还有另一侧面，即魏晋以来沉积在各种浊职尤其是吏职之上的卑微身份，直至

① 《唐六典》卷二五《折冲府》兵曹参军事"每岁簿录事及府、史、捉□品于补上年月、姓名，以上于州，申考功、兵部"。陈仲夫之校记云：捉下原阙一字，广雅本作"历"；"于"字疑当作"子"。第 645、653 页。案"捉钱品子"多见于唐代记载，阙字当作"钱"，"于"字作"子"。兵部统一选用军吏之况，参见李林甫等《唐六典》卷五《兵部》，第 155~156 页。

② 《新唐书》卷四五《选举志下》之末概述盛唐诸取人之路著于令者之基数："纳课品子万人。诸馆及州县学六万三千七十人。太史历生三十六人，天文生百五十人，太医药童、针咒诸生二百一十一人，太卜筮三十人。千牛备身八十人，备身左右二百五十六人，进马十六人，斋郎八百六十二人。诸卫三卫监门直长三万九千四百六十二人，诸屯主、副千九百八人，诸折冲府录事、府、史一千七百八十二人，校尉三千五百六十四人，执仗、执乘每府三十二人，亲事、帐内万人。集贤院御书手百人，史馆典书、楷书四十一人，尚药童三十人，诸台、省、寺、监、军、卫、坊、府之胥史六千余人。凡此者，皆入官之门户，而诸司主、录已成官及州县佐史未叙者，不在焉。"第 1180 页。以上可分为五类：一是"纳课品子"与千牛备身至斋郎，皆属门荫之途，共 11214 人；二是诸馆及州县学生 63070 人，为学校之途；三是太史历生至太卜筮为伎术官之途，共 427 人；四是监门直长至亲事帐内为军吏，其中执仗、执乘按 20 个府计，总长 57356 人；五是集贤院御书手至台省等处之胥史为流外入流之途，共 6171 人以上。以上除学校外，皆可归为由吏为官的吏道，其中军吏登进兼有军功入仕性质，流外入流及军吏登进均对品官子弟开放而兼有门荫性质，为魏晋南北朝士族政治之遗风。

隋唐也仍为世所公认。① 故唐代吏员若不转由科举、学校等途改变出身或特有机缘成为个案，仅凭劳绩循次登进为官，在具体任用及今后继续晋升时，便须面临重重成文与不成文的阻碍。如唐制明确规定"职事官资，则清浊区分，以次补授"；② "凡出身非清流者，不注清资之官"。③ 故吏员依考登进为官是被明确限制不得担任法定"清官"范围内的各种重要职务的；即便不论职务清、浊，仅就品阶升迁来说，吏员出身的官员也须比其他人积累更多的劳考，原则上不得迈入三品这道标志高级官员的门槛。④ 也就是说，规模数量最大、行政阅历最为丰富和继续升进受限，主要作为一般中低级官员来源，才是唐代吏道的完整面貌和特点。如果说汉代由于官、吏界限不甚明晰亦无身份等级意味，吏道系统在地位上足与举贡系统相当，选官数量又因当时官、职相称局面而明显受限；那么经魏晋以来发展至唐，官多职少已成定局，官吏之别几乎已成身份鸿沟，⑤ 吏道系统规模的膨胀与地位降低也就成了整套仕途结构最为突出的变化。

---

① 前引隋代薛道衡、陆彦师等在"选无清浊"时仍甄别流品，即其例。唐代之况如《旧唐书》卷七三《薛收传》附《薛稷传》载睿宗欲以钟绍京为相，稷谏："绍京素无才望，出自胥吏，虽有功勋，未闻令德。一朝超居元宰，师长百僚，臣恐清浊同贯，失于圣朝具瞻之美。"同书卷七五《张玄素传》载"太宗尝对朝问玄素历官所由，玄素既出自刑部令史，甚以惭耻"。第 2591、2642~2643 页。

② 《旧唐书》卷四二《职官志一》，第 1804 页。

③ 李林甫等：《唐六典》卷二《吏部》，第 28 页。参见《唐会要》卷七五《选部下·杂处置》武周神功元年闰十月二十五日敕，第 1359 页。

④ 《唐会要》卷六七《技术官》载武周神功元年十月三日敕："自今以后，本色出身，解天文者，进官不得过太史令；音乐者，不得过太乐鼓吹署令；医术者，不得过尚药奉御；阴阳卜筮者，不得过太仆令；解造食者，不得过司膳署令。有从勋官品子、流外国官、参佐亲品等出身者，自今以后不得任京清要望等官。若累阶应至三品者，不须阶进。每一阶，酬勋两转。"是知技术官限至本署令而止，勋官品子之类亦如吏员出身不得任清资要官，不得晋至三品。第 1183 页。

⑤ 《唐会要》卷七六《贡举中·进士》元和二年十二月敕："自今已后，州府所送进士，如迹涉疏狂，兼亏礼教，或曾任州府小吏，有一事不合清流者，虽薄有辞艺，并不得申送。如后举事发，长吏奏停现任；如已停替者，殿二年；本试官及司功官，见任及已停替，并量事轻重贬降。仍委御史台常加察访。"第 1380 页。是此后州县小吏已不得参加科举。

四　其他仕途的分化

隋唐时期举贡和吏道系统的形态，集中体现了汉以来仕途结构转折发展形成的新格局。至于其他各种仕途，一方面仍在对之起着一定的补充作用，另一方面则围绕着这一格局经历了意义深远的调整和分化。其具体状态，除显得过于零碎的上书自举等途外，无妨以学校、军功、门荫、方伎等途为例来加以说明。

1. 学校

对魏晋以来时兴时废的官学，隋初虽做了整顿、扩充，但文帝原本甚重刑名，笃信佛教而不好儒学，晚年以其成效不显，"遂废天下之学，唯存国子一所，弟子七十二人"。[①] 初唐以来尤其至崇儒好学的唐太宗时，由国子监协同礼部掌管的官学体制不断增广，尽管武后时期曾有反复，总的发展还是比较迅速的。其规模及大致情况可见表3-3。

表3-3　唐官学概况

分类	学校名称	生额（名）	生源	修习内容
国学	门下省弘文馆	30	皇帝缌麻以上亲，皇太后、皇后大功以上亲，宰相及散官一品、功臣身食实封者、京官职事三品、中书黄门侍郎之子	凡治《孝经》《论语》共限一岁，《尚书》《公羊传》《穀梁传》各一岁半，《易》《诗》《周礼》《仪礼》各两岁，《礼记》《左氏春秋》各三岁，学书日纸一幅，间习时务策。读《国语》《说文》《字林》《三苍》《尔雅》，以及《史记》《汉书》《后汉书》《三国志》《道德经》等
	东宫崇文馆	20		
	国子学	300	三品以上子孙、二品以上曾孙，勋官二品、爵县公、京官四品带三品勋封之子	
	太学	500	五品以上子孙、职事三品期亲、三品曾孙及勋官三品以上有封之子	
	四门学	1300	内500人以勋官三品以上无封、四品有封及文武七品以上子为之，800人以庶人之俊异者为之	

---

① 《隋书》卷七五《儒林传》序，第1706~1707页。

续表

分类	学校名称	生额(名)	生源	修习内容
国学	律学	50	八品以下子及庶人通其学者	律令为主,兼以格式、成例
	书学	30		石经三体三年,《说文》两年,《字林》一年
	算学	30		《孙子》《五曹》一年,《九章》《海岛》三年,《张丘建》《夏侯阳》各一年,《周髀》《五经算》一年,《缀术》四年,《缉古》三年,兼习《记遗》《三军数》
地方学	各府州学	80 60 50 40	同律、书、算学	同太学等并兼习礼仪
	各县学	50 40 35 20		

备注:

①本表据《新唐书·选举志上》,《唐六典》卷八《门下省》、卷二一《国子监》,及《唐会要》卷三五《学校》编制。

②高宗龙朔二年置东都国子监,玄宗开元二十九年置崇玄馆,天宝九载置广文馆。因非官学主流,表中不列。

③地方官学生徒定额:两京府学80人,大、中都督府及上州60人,下都督府及州50人,下州40人;京县50人,上县40人,中、中下县35人,下县20人。

④国学六学生徒中还应包括部分外国使者和番邦贵族,各学入学办法及管理见《新唐书·选举志》及《唐摭言》卷一《两监》。

⑤《新唐书·选举志》载诸馆及州县学63070人,《通典·选举三》原注载为63606人。

⑥安史之乱后学校规模大减,《册府元龟》卷六〇四《学校部·奏议三》载元和二年十二月国子监奏准两京学生定额共650人,《新唐书·选举志》载其具体配额为西京国子生80人、太学70人、四门300人、广文60人、律20人、书10人、算10人,东都国子生10人、太学15人、四门50人、广文10人、律10人、书3人、算2人。

除情况不甚清楚的地方各学外,在朝廷各学就读的多为官宦子弟。应当说,无论入学与否,他们都要比常人拥有更多的入仕机会和优势。尽管如此，唐代官学的基本出路却只有科举制一种。即使是地位特殊的弘文馆、崇文馆生，虽可直接由门荫参加吏部铨选入仕，一般也还是要按进士、明经等名目，由礼部放宽标准，考试及第后再做官。① 其余各学生徒，凡在学课试合格，经通业成者，皆须由国子监或各地州府甄核后分科举贡，按科举的正常程序和环节登进；不堪举贡者，皆罢退出学，只能转由他途入仕。② 唐代官学尤其国子各学充斥着官僚子弟的事实，反映了身份等级特权在政治与社会各领域仍拥有较大市场；但把官员子弟诱导到学校由科举考试入仕，也未尝不是对魏晋以来士族子弟安流平进之风的某种抑制。

因此，唐代的官学大体已算不上是一条独立选拔官员的仕途，而只是科举的一个阶梯。值得注意的是官学达到极盛的玄宗天宝十二载（753），朝廷一度取消了投牒自举的乡贡，改以官学生徒为各科贡举的唯一来源；在官学颓坏、乡贡盛行的武宗会昌五年（845），又下令以官学生徒为明经、进士科的唯一来源，并"永为常制"。③ 这两个事件都显示了把科举制完全筑于官学基础之上的趋势。这种把官学的系统培养和分科取士之制明确衔接到一起的做法，实为学校和科举制度发展史上的重大事件。其不仅体现了汉以来学校之途和官学地位的变化，而且也在分科举贡的条件大为放

---

① 李林甫等：《唐六典》卷八《门下省》"弘文馆"条、卷二六《东宫官》"崇文馆"条，第255、665页；《唐会要》卷六四《宏文馆》《崇文馆》，第1114～1116、1117～1118页。

② 《唐六典》卷二一《国子监》："凡六学生有不率师教者，则举而免之。其频三年下第，九年在学及律生六年无成者，亦如之。"第558页。《通典》卷一七《选举五·杂议论中》载开元十七年三月国子祭酒杨瑒上言有曰："今监司课试，十已退其八九；考功及第，十又不收一二。长以此为限，恐儒风渐坠，小道骎兴。"典九六。

③ 《唐会要》卷七六《贡举下·缘举杂录》："天宝十二载七月十三日诏：'天下举人，不得充乡赋，皆须补国子学士及郡县学生，然后听举。'至至德元年已后，依前乡贡。"同书卷三五《学校》："会昌五年正月制：公卿百官子弟及京畿内士人寄客修明经、进士业者，并宜隶于太学，外州县寄学及士人，并宜隶各所在官学。"第1384、635页。参见王定保《唐摭言》卷一《两监》《乡贡》，第5～6、7～8页。

宽，朝廷的甄核又以学识考试为主以后，为科举制提供了尽可能在新的社会条件下保障取士质量的发展方向。明清"科举必由于学校"之制，自此已露出了端倪。

2. 军功之途

隋唐时期，在兵部或得到授权的带兵将领选用军事官吏时，军功同样只是一个重要的条件，诸如将种门第、武艺兵法及其他才干都具有作用。但在魏晋南北朝拔擢立功将士的先例下，隋唐普通军人除可能在行伍中通过辟署、奏荐等途径晋升外，又有了以其立功所获勋级入吏为官的专门办法。

唐代这一登进制度的大致内容是：凡获勋级的退伍军士，除可由地方州府署用为各县录事、市令、仓督等小吏外，还可以通过轮番执役来取得做官的资格。具体即每年由兵部或当地州府将之分拨到各部门当差执役1个月（也可纳赀代替），其中勋级在骑都尉以上的4年，以下的5年，多至8年，期满无过者，便可参加兵部的统一考选。合格者转为军官，有文才的则可由兵部选送吏部，通过铨选成为文职官员，其级别皆可据勋级较无勋之选人提高若干阶;[①] 不合格者则继续执役4~5年后再参加铨选。[②]

因此，唐代建功获勋的军人，除可在行伍中或地方上，由将帅或州府长官署用为吏外，一般皆须通过当差执役辗转登进。从唐高宗以来，战士受勋者动辄万人，在京及各地执役勋官高达15000余人来推测，[③] 每年由此晋升为官尤其是军官的当不在少数。只是勋

---

① 《新唐书·选举志下》载："凡勋官选者，上柱国，正六品叙；六品而下，递降一阶。骁骑尉、武骑尉，从九品上叙。"第1173页。关于勋级及获勋之制，参见本书第八章。

② 以上见李林甫等《唐六典》卷五《兵部》、卷三〇《三府督护州县》，第154、748页。

③ 《新唐书》卷四六《百官志一》载，尚书吏部郎中，"凡勋官九百人，无职任者，番上于兵部"。第1190页。《唐六典》卷五《兵部》载可供勋官轮番执役各地积累资历的数额，上州及都督府60人，中州45人，下州35人。第154页。《通典》卷三三《职官十五·州郡下》载唐天宝中有上州109个，中州29个，下州189个。典一八八。依此计其勋官共有14460人，加番上兵部900人，共15360人。这一约数的相当一部分，应已包括在前引《新唐书·选举志》所列军吏数额内。

官出身除任武官可以畅达外，在文官序列并不被视为清流出身，前已述其常与流外出身者一样，明令不得出任清资要职。故其虽为唐代官员的重要来源，却与吏道多有相通之处。

3.门荫之途

继汉代任子制和魏晋南北朝士族子弟直接入仕之制后，隋唐也为官贵子弟设立了入仕登进的专门办法。与其他仕途一样，经隋及唐初整顿后，门荫这种充满等级特权气息的仕途也有了新的面貌。其要点有二。一是除按科举、军功等途登进时可以得到规定优待外，少量最为显贵的家族成员，可以直接参加吏、兵二部的铨选入仕。部分中高级官员之子亦可轮番担任皇帝、太子或王子身边的卫官，[①] 积累必要资历后，由兵部或吏部铨选为官。而普通中低级官员之子，一般都须在指定部门轮番执役或以纳赀代替，经一定年限后再参加兵、吏二部的铨选登进为官。二是无论通过何种方式，官贵子弟入仕时的级别，都可比普通人套高若干级，但其标准已非魏晋以来不完全取决于朝廷的门阀等级，而是直接以父祖官、爵、勋级及其与皇帝的关系为标准了。[②] 显然，这两点同时体现了唐代对魏晋以来门阀制度的继承和限制。表3-4至表3-7即展现了唐代门荫登进制度的概况。

至于门荫入仕的大致规模，除少量可以直接参加铨选的显贵子弟外，可供表3-5所列中高级官员和重要官员子孙执事积考入仕的

---

①　即诸卫及东宫诸率所属亲、勋、翊卫府之中郎将、郎将下至兵曹参军事之类，其品阶在正四品至正九品之间，统称"卫官"。见李林甫等《唐六典》卷二四《诸卫》、卷二八《东宫诸率》，第618、717页。《唐律疏议·名例篇》"官当"条："其有二官（原注：谓职事、散官、卫官同为一官，勋官为一官），先以高者当。"第45页。可见"卫官"具有特定法律权利和义务。

②　参见李林甫等《唐六典》卷二《吏部》，第32页；卷五《兵部》，第154～156页；《新唐书》卷四五《选举志下》，第1172～1173页。

职位，在开天盛世基数达6400余人，① 可供表3-6所列中低级官员之子执事积考入仕的职位基数要更高，达54000余人。② 从这些约略的基数来看，尽管高宗以来门荫入仕已渐衰落，但每年由此登进的官僚子弟，尤其是占绝大多数的中低级官僚子弟，是相当可观的。

表3-4　唐门荫直接预选限额

皇亲国戚及父祖官位	直接预选额
皇帝缌麻以上亲，太后、皇后大功以上亲	一家二人
职事二品以上、散官一品、中书门下正三品、六部尚书等子、孙并侄，功臣身食实封者子、孙	一荫二人
京官职事正二品、同中书门下平章事、供奉官三品子、孙，京官职事从三品、中书黄门侍郎并供奉官三品带四品五品散官子	一荫一人

备注：
本表据《新唐书·选举志下》《旧唐书·职官志一》编制。

表3-5　唐中高级官僚荫子登进情况

父祖官爵勋级	执事部门	卫官品级	预选年限和内容
三品以上职事官子、孙，四品清官子，仪容端正、武艺可称者	千牛备身、备身左右	正六品下	五考兵部简试预选，或加阶迁授为军官，或转送吏部铨选为文官
	太子千牛	正七品上	

① 前引《新唐书·选举志下》载盛唐定额千牛备身80人，备身左右256人，殿中省进马16人，皆可为高官要官荫子所用，共352人。另有《新唐书》卷四九上《百官志四上》载诸卫三卫总4963人（第1281页），东宫诸率三卫无员，按诸卫1/10计为496人。执仗、执乘每府32人，按20个府计为640人。以上总计6451人，可供估测中高级官员荫子入仕基数时参考。

② 前引《新唐书·选举志下》所列纳课品子10000人，斋郎862人，亲事、帐内10000人，共计20862人，均可为中低级官员荫子所用。新志又列诸卫三卫监门直长39462人，从中减去上面所述由高官要官荫子的诸卫三卫及诸率三卫5459人，可供中低级官员荫子的为34003人。以上共计54865人。此即唐制规定可供中低级官员之子执事积考入仕的额定基数。

续表

父祖官爵勋级	执事部门	卫官品级	预选年限和内容
三品以上子，二品以上孙	南衙亲卫	正七品上	勋卫五考、太子勋卫六考，兵部简试预选，或加阶迁授为军官，或转送吏部铨选为文官
四品子，三品孙，二品以上曾孙	南衙勋卫、太子亲卫	正八品上	
职事五品子、孙，四品孙，三品曾孙，勋官二品有封爵者子，爵国公之子	南衙翊卫、太子勋卫	正八品上	
散官五品以上子、孙	亲王府执仗、执乘	正八品上	执仗、执乘考限不详，太子翊卫八考，兵部简试预选，或加阶迁授为军官，或转吏部考选为文官
五品以上孙，勋官柱国之子，有勋爵兼带职事官之子	太子翊卫	从八品上	

备注：

①本表据《唐六典》卷五《兵部》、《旧唐书·职官志一》、《新唐书·百官志四上》编制。

②除表列各栏外，又有从三卫及高荫子弟中挑选殿中省进马（正七品下）之制，其预选年限和内容同千牛。

③可入太子翊卫者，也可直接进入南衙十六卫，与太子翊卫同时预选。

④门荫入仕年龄一般限21岁以上。所谓加阶，即其任卫官时的考数可折正式军官一考，因而可以在正常叙阶上再进一阶。另有转番、纳赀简试考选的种种细则和变则。

表3-6　唐中低级官僚荫子登进情况

父祖官级勋级	执役名称或纳赀	预选年限及内容
六品、七品子	王公以下亲事	十周年兵部简试预选，或转送吏部铨选
八品、九品子	王公以下帐内	
五品以上子、孙，六品职事清官子，仪状端正无疾者	太庙斋郎	太庙斋郎六考、郊社斋郎八考后，太常送礼部帖试《论语》及一大经，粗通者送吏部铨选
六品职事官子，仪状端正无疾者	郊社斋郎	
文武六品以下子、勋官三至五品之子	不服役而纳赀	十三年后兵部简试，一等送吏部，二等留兵部预选，三等再纳赀两年、四等再纳赀三年后复试

备注：

①本表据《新唐书·选举志下》、《唐六典》卷五《兵部》编制。

②除表列各栏外，六品以下子尚有担任流外吏员及捉钱品子而入仕的特定办法。

③亲事、帐内及纳课品子年龄限18岁以上，斋郎限15~20岁。

表 3-7 唐门荫出身叙阶

皇帝亲戚和父祖官爵勋级	出身叙阶	皇帝亲戚和父祖官爵勋级	出身叙阶
爵嗣王郡王	从四下	正四品子	正八上
爵郡公	从五上	从四品子	正八下
皇帝缌麻以上亲,太后周亲,娶郡主者	正六上	正五品子、县主子	从八上
太后大功亲,皇后周亲	从六上	从五品子、国公子	从八下
皇帝祖免亲、太后小功、缌麻亲、皇后大功亲、娶县主者、一品子	正七上	七品以上子任杂掌及王公以下亲事、帐内劳而选者,任流外而应入流内叙品卑者	从九上
二品子	正七下	九品以上及勋官正品以上子	从九下
皇后小功、缌麻亲、太子妃亲、郡王子、二王后子、正三品子	从七上		
从三品子	从七下		

备注:
①本表据《新唐书·选举志下》、《旧唐书·职官志一》、《唐会要》卷八一《阶》编制。
②三品以上荫曾孙、五品以上荫孙,孙降子一等,曾孙降孙一等,赠官降正官一等,散官同职事。若三品带勋官,即依勋官品同职事荫,四品降一等,五品降二等,郡、县公子准从五品孙,县男以上子降一等,荫官二品子又降一等,外戚各依本服降二等。
③诸皇兄弟及子封亲王,亲王嫡子封嗣王,太子诸子封郡王,亲王余子封郡公,太子女封郡主,亲王女封县主。

4. 伎术之途

这是选拔礼乐、天文、医药等专门技术官员的途径,与军功、吏道等途相类,除少量得到皇帝特赐特擢的伎术者外,其为官后一般都被限制在本专业相关职务的范围内。循汉魏以来尤其是北朝的成例,也为保障官府所需的各类技术、艺术人员,唐代技艺之人因犯罪配没等多种渠道成为官户、杂户、蕃户,被列入专籍轮番服事于主管部门,间亦对其所事匠作乐舞之技加以教习。①

---

① 如工乐之户,《唐律疏议·名例篇》"工乐杂户及太常音声人犯流"条,《疏议》曰:"工、乐者,工属少府,乐属太常,并不贯州县。杂户者,散属诸司上下,前已释讫。'太常音声人',谓在太常作乐者,元与工乐不殊,俱是配隶之色,不属州,唯属太常。义宁以来,得于州县附贯,依旧太常上下,别名'太常音声人'。"第74页。明抄本《天圣令·杂令》末所存唐令第19条:"诸官户皆在本司分番上下,每十月,都官案比。男年十三以上,在外州者十五以上,各取容貌端正者,送太乐(原注:其不堪送太乐者,自十五以下皆免入役);十六以上,送鼓吹及少府监教习,使有工能。"《天一阁藏明钞本天圣令校证——附唐令复原研究》下册《校录本·杂令卷第三十》,第378页。

积年累月后，集中了这些技术人员的秘书省、殿中省、太常寺、太仆寺、少府寺、太子左春坊等部门长官，可据劳绩、才干对之加以考核选拔，报吏部批准后酌情任为本部门相应官吏。此外，这些部门还从技术世家或平民中招收学生，专门教习天文、星历、医药、卜筮等艺，在规定年限内通过相应的考核或课试，成绩合格者，也可按上述程序，由各部门长官选补为从事该职业的官吏。①

因此，就唐代方伎之途的主体部分而言，由之登进者首先就被局限在技术官吏的范围内了，其目的就是要选拔专业技术官吏。自汉代儒家思想成为政治指导思想，又经魏晋以来士族政治及其相关观念的熏育以后，方伎术数之人被官场所卑的地位已成定局。服事于官府的大量技术人员，实际是被一系列制度强制服役的，尽管其强制性不断减弱，平民被选或被雇官府执事的情形也在增多，某些君主则喜拔擢所宠方伎术数者任高官要官，但总的来说这些人员仍须升转为吏再登进为官，又被限制于专业技术部门，原则上升至本署令而止。② 故伎

---

① 如《唐六典》卷一〇《秘书省》载太史局所属有天文观生九十人，从天文生转补，又有历生，皆八考入流；天文生六十人，年深者转补天文观生；漏刻生三百六十人，以中小男为之，转补为典钟、典鼓。卷一四《太常寺》载太医署所属有医、针、按摩、咒禁博士，教医生四十人，按摩生十五人。第303~305、409~410页。明抄本《天圣令·杂令》末所存唐令第1条："太史局历生，取中男年十八以上，解算数者为之，习业限六年成；天文生、卜筮生并取中男年十六以上，性识聪敏者，习业限八年成，业成日，申补观生、卜师（原注：其天文生、卜筮生初入学，所行束脩一同按摩、咒禁生例）。"同本《医疾令》末所存唐令第7条，规定医、针生业成申送尚书，复试医经得第者，"医生从九品上叙，针生降一等。不第者，退还本学。经虽不第，而明于诸方，量堪疗疾者，仍听于医师、针师内比校，优者为师，次者为工"。《天一阁藏明钞本天圣令校证——附唐令复原研究》下册《校录本·杂令卷第三十》《医疾令卷第二十六》，第374、318~319页。

② 见《唐会要》卷六七《试及邪滥官》《伎术官》，第1180~1186页。

术之途因技术官吏编制不少，^① 其规模亦应相对稳定，但其性质实与吏道相仿，由此晋升为官者的官场前景则更为狭窄。

军功、门荫和方伎，正是唐代除科举和吏道之外的三个最为集中的官员来源。综上所述，这三条仕途经隋及初唐调整以后占最大份额的部分，即仅获勋级的普通士卒、低官荫子和一般伎术者，其登进过程都具有积累年劳以取得预选资格的特点，是与吏道大致相同的。而普通获勋者、低官子弟和一般伎术者所执之役如亲事、帐内、斋郎、门事、执刀、医师、乐工之类——与各种吏职在性质上也基本一致。^② 此外，按唐代法令，普通获勋者和低官子弟既可以通过执役积考辗转登进，也可以直接选择另一条道路，即在本地担任县录事、仓督、市令、佐史，或赴京参加流外吏员的统一考选。^③ 这种规定的存在，本身就说明其所执之役与各种吏职法律地位一致。执役与任吏既然相通，在其积累年劳而预选入仕时，也就不可避免地面临与吏道出身者同样的限制。因此，在武周神功元年（697）下达的限制吏道出身者担任重要职务和高级官僚的法令中，

---

① 在技术人员较为集中的秘书省、殿中省、太常寺、太仆寺、少府监、北都军器监、将作监、东宫官中，《唐六典》载其编制，卷一〇《秘书省》太史局1067人，第294~295页；卷一一《殿中省》尚食、药、衣、舍、乘、辇六局共1823人，第320~322页；卷一四《太常寺》太乐、鼓吹、太医、太卜署共639人，第391~393页；卷一七《太仆寺》兽医、博士及学生共701人，第476页；卷二二《少府监》中尚、左尚、右尚、织染、掌冶共257人，加诸冶每冶16人按20冶计320人，共577人，第567~569页；卷二二《北都军器监》甲坊、弩坊署26人，加诸铸钱监每监17人按20监计340人，共366人，第569~570页；卷二三《将作监》左校、右校、中校、甄官署及百工、就谷、库谷、太阴、伊阳监共282人，第589~592页；卷二三《都水监》舟楫、河渠署296人，第592~593页；卷二六《东宫官》典膳、药藏局262人，第657页。以上官吏总计6013人。

② 《通典》卷四〇《秩品五·大唐官品》将之一概列为"内外职掌人"，统称为"诸色胥史"，但三卫及王府执仗等却不在其中。这说明五品以上官荫子执事登进，性质与六品以下低官荫子迥然不同。典二三〇。

③ 《唐六典》卷二《吏部》载流外铨："谓六品已下，九品已上子及州县佐史。若庶人参流外选者，本州量其所堪，送尚书省。"同书卷三〇《三府都护州县》："州镇仓督、州县市令，取勋官五品已上及职资九品者，若无，通取勋官六品已下……县录事，通取部内勋官五品已上。若无堪任者，并佐史通取六品已下子及白丁充之。"第36、748页。

同时也包括了方伎之士及执役（或纳赀代替）登进的获勋者和低官子弟。① 也就是说，当时由军功、门荫和方伎之途登进的全部官员中，多数与吏道出身者一样，被滞留在一般低官的行列中了。

五　围绕着科举和吏道而分野的隋唐仕途结构

综上所述，经魏晋南北朝转折和隋及初唐的总结、定型后，整套仕途结构呈现下列形态。

长官辟署制的作用，已被限制在选拔各地小吏和出使大臣的临时性僚属的范围内。沿袭察举制而来的科举制虽已更为系统和完善，所选拔的官员数量却未大幅增长，其重要地位主要是通过社会的极度推崇，以及由此登进之人在高级和重要文官中的较大比重而体现出来的。在作用如此下沉和上浮的辟署与科举之间，汉代以来的吏道已显著扩大，补充着大量重要吏员和一般中低级官员。与此相应，其余那些规模较为稳定的仕途也发生了相应的调整和分化：学校之途大致已被归并于科举制充其阶梯；军功、门荫、方伎三途，除功绩、才艺、机缘兼具者和部分官贵子弟可从优被擢为官，并像科举出身者那样担任重要职务外，大都采取了类于吏道的执役积考登进之法，因而也与吏道一起构成了各种重要吏员和一般中低级官员的来源。

这是一套围绕不同官吏的选拔，很大程度上也是围绕着不同身份者的入仕过程来组合的仕途结构。其中选拔流内官员的各种仕途，已经呈现了分别以科举和吏道为核心，分为相对而言较受重视的"正途"和为人所轻的"杂途"两大类别的趋势。②

---

① 《唐会要》卷六七《伎术官》，第 1183 页。

② 《旧唐书》卷八一《刘祥道传》载其永徽时为吏部侍郎，显庆二年迁黄门侍郎知吏部选事，上疏述铨选伤多且滥有曰："每年入流数过一千四百，伤多也；杂色入流，不加铨简，是伤滥也。"第 2751 页。是当时虽不称吏道为"杂途"而早称胥史工商伶人之类为"杂色入流"。

第三节 正、杂系统并行的明清仕途结构

明清时期，各种仕途已被明确划分为正途、杂途两大序列。正途以学校辅助下的科举制为核心，包括保举、征召及其他一些无论身份还是才学要求都较为严格的仕途，是为当时高级和重要官员的主要来源。杂途则以吏道为主体，辅以军功、方伎和纳赀等，补充大量重要吏员和一般中低级官员。这是隋唐形成的仕途结构的进一步整合和简化。两者看起来只有一步之遥，在实际发展过程中却整整经历了宋元数百年之久的曲折和熏陶。

一 宋元时期仕途的变迁

"宋承唐制"人所皆知，不过准确说来赵宋继承的是唐后期至五代的制度。除沿袭了唐前期奠定的制度框架外，宋朝也把唐后期以来各种制度动荡和调整的局面继承下来了。在仕途领域，宋代的调整集中体现在两个方面：一是与辟署制演化有关的保荐制兴起；二是科举制形态的演进。

前已指出，辟署制在唐出使大臣幕僚的选署中还有一定的施展空间。晚唐五代许多挂着使职的藩镇大臣拥兵自重，辟署制作用迅速膨胀起来。原来各藩镇自署官属必须履行的奏请或奏荐环节，渐已成了仅具象征意义的官样文章。① 这就形成了藩镇人事权扩张和朝廷人事权衰落的恶性循环。结束了晚唐以来割据状态的赵宋有鉴于此，一方面断然取消了使臣自署属官的权力，另一方面则保留和进一步推行各级长官奏荐人才的做法，并在确立荐举者和被荐举者

---

① 张国刚：《唐代藩镇研究》，湖南教育出版社，1987，第181~199页。

连坐关系的前提下，大大强化了对他们的统一控制。① 结果，由来已久的保举制便有了前所未有的规模和更为系统的形态。其中除渗透到各环节中的处罚规定外，较有特色和影响的内容如下。第一，保荐已不仅是有关官员的权利，更是一种义务。凡相当级别及指定范围内的官员，皆须在规定期限内向朝廷奏荐规定数量的可用之才，其况纳入考核范围，并由监察部门监督。第二，朝廷对被荐者的考察和甄核极为严格，一般并不直接任用，而须进行相应的考试、见习，或设立专门档案进行考察，② 然后再综合数名甚至数十名被荐者的品行、才学、政绩，择优升擢。第三，由于被荐者多为官员，故其在很大程度上已成了官员继续登进的特定方式。这一点在获一人一次或多人多次保荐者皆被记录在案，并据此在升官晋级时酌情优予考虑的规定中，体现得相当清楚。③

　　这种广泛化和系统化了的保荐制，把将帅大臣自署属官的权力置换为推荐权，各级长官的自署复被限制在选用各种小吏的范围内了。尤其是由于宋代这类小吏已渐多为职役，对之的取择与其说是选用，不如说是一种半强制的差派。④ 汉以来的辟署制至此完全萎

---

　　① 《续资治通鉴长编》卷三《太祖》建隆三年八月乙未，"左拾遗知制诰虞乡高锡上言：'近廷臣承诏各举所知，或有因行赂获荐者。请自今许近亲、奴婢、邻里告诉，加以重赏。'"同书卷二三《太宗》太平兴国七年六月丁卯，"诏文武常参官，自今所保举人犯死罪，无轻重减二等论定，著于令"。第71、522页。《宋会要辑稿·职官》八之五五载南宋宁宗嘉泰三年五月六日秘书丞兼权尚右郎官钟必万言，"欲望申严，核实保任之罚，犯者官则镌斥，吏则决配。若书铺擅将保官印纸批上者，罪亦如之"。从之。第2585页。

　　② 如《续资治通鉴长编》卷三二《太宗》淳化二年九月庚子御史中丞王化基上《澄清略》，其二谨公举曰："朝廷频年下诏，以类求人。但闻例得举官，未见择其举主。欲望自今别立名籍，先择朝官有声望者，各令保举所知，其举以职官员数，仍置簿籍，并举主名姓录在籍中。其受举之官，如经任使，实著廉能，所司举行赏典，特旌举主。若所举官贪赃败露，举主并当连坐。"其所奏五端，上皆"嘉纳其言"。第722页。

　　③ 以上并见《宋史》卷一六〇《选举志六》"保任之制"目，第3739～3756页。

　　④ 《续资治通鉴长编》卷三《太祖》建隆三年五月乙酉，"诏县令佐检察差役，务底均平。或有不当者，许民自相纠举。京百司杂吏，须不碍差役，乃听"。第68页。参见邓广铭《王安石》（修订本）关于熙宁变法免役法的讨论。人民出版社，1979，第111～128页。

缩，除充当朝廷统一选调吏员的制度外，已不再在整套仕途中起重要作用。

保荐制的兴起，也是为了革除科举制的某些弊病。晚唐至宋科举在高官要官来源中占据了优势地位，又以形形色色的科举文化簧动社会，所举人才是否深明治道和经国之术也开始成为问题。尤其是举世推崇的进士科，当举贡标准大为放宽，统一考试又仅重视诵经记忆和诗赋文辞的前提下，人们尖锐发问："日诵万言，何关理体；文成七步，未足化人！"[1] 尤其令人印象深刻的是，大量进士出身身居要职，在晚唐朝廷危若累卵时既无救济之才，在五代政权轮替之时又罕死节之臣，其德才"浮薄"几成定评。[2] 而救弊之法，不外乎通过其他仕途求才，以补科举之缺；或调整科举制形式，使之得以真正选拔德才兼备之士。正由于此，通过严格考察让科举和非科举出身者平等竞争的保荐制，便深受重视而发展起来。

对科举制本身，自宋太祖、太宗以后，已在考试录用环节采取了锁院、誊录等更为严格的防弊措施，[3] 并且确立了三年一举和省试

---

[1] 杜佑《通典》卷一七《选举五·杂议论中》载上元元年刘峣上疏语。典九四。

[2] 《旧唐书》卷一八上《武宗纪》载会昌四年十二月李德裕对帝语："臣祖天宝末以仕进无他伎，勉强随计，一举登第。自后不于私家置《文选》，盖恶其祖尚浮华，不根艺实。"第603页。《新五代史》卷三三《死事传》序述五代之俗有曰："至于儒者，以仁义忠信为学，享人之禄，任人之国者，不顾其存亡，皆恬然以苟生为得，非徒不知愧，而反以其得为荣者，可胜数哉！"卷五四《杂传》序则叹五代儒生死节者少，"使忠义之节，独出于武夫战卒"。中华书局，1974，第355、611页。其以"仕不及于二代者"，作《梁臣传》《唐臣传》《晋臣传》《汉臣传》《周臣传》，其余仕非一代者入《杂传》。而《梁臣传》唯卢程，《唐臣传》唯李袭吉、何瓒，《周臣传》唯王朴、扈宰为进士出身，《晋臣传》则无。第303、311、317、341、345页。

[3] 锁院即诸路州军科场和朝廷省试考前数日至考毕阅卷完成的规定日期内，考官皆被封锁于贡院不得与他人往来。各地科场多在八月初五至十五日，省试多自正月初九至二月初一或初五。其制始于宋太宗淳化三年（992）。见《宋会要辑稿·选举》一九之二，第4563页。誊录即将考生试卷留底，另抄一份供阅卷，其制始于宋真宗大中祥符八年（1015）。见《续资治通鉴长编》卷八四《真宗》大中祥符八年正月甲午条，第1913页。另参见李攸《宋朝事实》卷一四《科目》，丛书集成初编，中华书局，1985年影印本，第217~219页。

以后再加殿试之制。① 理所当然的是，在皇帝亲自主持的殿试制确立后，吏部也就无权再对及第者进行铨试，只能据殿试等次来授官了。不过当时科举制真正重要的调整，还是围绕着科目体系和考试内容展开的。

在科目体系上，武举仍遭冷落，且屡被停罢。制举则由于规制越发严格，已渐失了破格求才的灵活性，② 保荐制的兴起又部分替代了其功能，绍圣时曾废止，南宋虽复亦已衰落。③ 自宋初以来，文举常科已被归并为进士和诸科即除进士以外的其他各科两大类，经熙宁年间王安石变法大肆裁撤后，诸科只留下了明法一科。再经哲宗元祐、绍圣年间和两宋之际的反复，自南宋高宗绍兴三十一年（1161）起，文举常科仅置经义进士和诗赋进士的局面已稳定下来。④ 从此，所谓科举，差不多已经成了进士科的别名。

在考试内容上，除对经典的具体解释尚有歧见，如神宗以来围绕王安石《三经新义》是否纳入考试体系即有长期的纠葛，⑤ 总的说来儒学已占唯一重要的地位。唐以来书、算、法、史等专门性科目被陆续废止，就突出地体现了这一点。几乎一家独大的进士科在神宗熙宁四年（1071）、哲宗绍圣元年（1094）两度排除诗赋，完全以经

---

① 宋太祖开宝七年（974）后，每两三年一次贡举，至英宗治平三年（1066）始定为三年一次。殿试始于唐武后时，然仅偶尔行之，至宋开宝六年方为定制，其初有黜落意义，仁宗嘉祐二年（1057）后只定名次不再黜落。见马端临《文献通考》卷三二《选举五·宋登科记总目》，考三〇四至三〇七；《宋会要辑稿·选举》七之一、七之一七，第4356、4364页。

② 《宋史》卷一五六《选举志二》述制举无常科，所以待天下之才杰，"然宋之得才，多由进士，而以是科应诏者少"。后载开宝九年诸道举孝悌力田及有才武者740人，诏于礼部试其业，"一无可采"。又载仁宗初诏"制举独久不设，意者吾豪杰或以故见遗也，其复置此科"。于是增制举诸科，"其法先上艺业于有司，有司较之，然后试秘阁，中格，然后天子亲策之"。其方式已与常举相当接近。第3645~3647页。

③ 李心传：《建炎以来朝野杂记》甲集卷一三《取士·制科》，丛书集成初编，中华书局，1985年影印本，第165~166页。

④ 马端临：《文献通考》卷三二《选举五·宋登科记总目》，考三〇四至三〇七。

⑤ 参见张希清《论王安石的贡举改革》，《北京大学学报》（哲学社会科学版）1986年第4期。

义为考试内容。① 至高宗建炎二年（1128）复试诗赋，绍兴十五年（1145）分为经义进士与诗赋进士二科，绍兴三十一年以来二科并存之况一直维持到了宋末。② 但在诗赋进士省试的四场考试中，经义仍作为基本科目而放在首场，其次才考决定考生能否录取的诗赋。其具体等次，则主要由贯彻儒学立场的第三、四场论、策考试来决定。显然，唐代进士唯诗赋为尚的风习及其轰动效应，至此已只剩余波了。

其他如科举与学校的进一步结合，庆历新政、王安石变法和徽宗时期都曾做过推广，却都由于政治风云而发生了反复。除太学的"三舍法"外，③ 基本上没有形成稳定的发展趋势。总之，在唐以来科举制继续发展的多种可能中，宋代所选择的这种以官方儒学为基本标准，大幅度突出进士和删削各专门科目的做法，无论是否真正有利于取士质量，都在很大程度上重新塑造了科举制的形象，也基本上完成了汉以来分科取士之制的最后一个重大转折。④

宋代整顿唐以来制度的过程，一直是在辽、夏、金强邻环伺的局面下进行的，这也是宋制所以多有反复的一大背景。事实上，宋室南渡前后，相继统治中国北方地区的辽、金王朝，尽管政治、社会和仕途之况皆有较大变化，却也大体循唐损益了科举制，金朝之况尤为可观。⑤ 到

---

① 《宋会要辑稿·选举》三之四四、三之五五，第4283、4289页。

② 李心传：《建炎以来朝野杂记》甲集卷一三《四科》，第168~169页。

③ 参见马端临《文献通考》卷四二《学校三·太学》，考三九五至四○一。

④ 宋代文举常科每次举贡量通常超过10000人，但及第为官的却仍有限。除真宗咸平三年录取1638人等特例，宋初以来每两年一次的常科定为三年一次后，如仁宗时期规定礼部奏名以400人为限，加特奏名平均每年也不到200人，上下浮动亦幅度不大。见上引《文献通考》所录《宋登科记总目》。

⑤ 《辽史》卷一○三《文学传》序述辽起松漠，及太宗入汴而制度渐以修举，"至景、圣间，则科举浸兴，士有由下僚擢升侍从，骎骎崇儒之美。但其风气刚劲，三面邻敌，岁时以蒐狝为务，而典章文物视古犹阙"。第1593页。《金史》卷五一《选举志一》："金设科皆因辽、宋制，有词赋、经义、策试、律科、经童之制。海陵天德三年，罢策试科。世宗大定十一年，创设女直进士科，初但试策，后增试论，所谓策论进士也。明昌初，又设制举宏词科，以待非常之士。故金取士之目有七焉，其试词赋、经义、策论中选者，谓之进士；律科、经童中选者，曰举人。"第1130~1131页。

南宋偏安，金、宋对峙之局逐渐缓和下来，北部蒙古族又已崛起并迅速席卷了欧亚大陆。1234 年宋、蒙联军灭金，蒙军随即南下攻宋。至 1271 年忽必烈建立元朝，进而又于 1279 年灭南宋，整个中国的政治和社会态势又历一变。在元朝的统治下，人分四等，入仕登进经由何种途径，远不如占统治地位的蒙古人和色目人那么重要，而汉人和南人总是难以担任要职，直至元末义军蜂起之时，限制才稍有松动。① 与之相应，唐、宋、金朝的仕途结构自然已被打乱，代之以纷杂多歧著称的元代仕途。其中，除恩荫子孙甚至世袭为官已占显著地位外，最值得注意的是科举的冷落和吏道的兴盛。

武举在弓马娴熟的蒙古人眼中自无必要而被撤销。制举已与保荐制进一步结合，地位却比宋下落。最为坎坷的是文举常科。自元世祖忽必烈至元元年（1264）一些汉族元勋和汉化程度较深的大臣建议恢复进士科，到仁宗延祐元年（1314）加以实施，仅酝酿期即长达五十年。以后盛时也不过各地每三年举贡 300 人，录取 100 人。顺帝至元元年（1335）又曾明令废止科举，七年后才予恢复。② 元代进士考试的内容倒是沿袭了宋以来的趋势，诗赋进士已被取消，蒙古人、色目人和汉人、南人在考试内容上虽略有不同，却都以据说是儒家经典中最称切实的《论语》《孟子》和从《礼记》中摘出的《大学》《中庸》为主要内容，并以宋代朱熹的《四书章句集注》为标准。此外，由于天下举贡总数已被限制在蒙古人、色目人、汉人、南人各 75 人的范围内，各省选拔"举人"的乡试，变得骤然重要起来。③

科举的冷落，正反映了元代社会和官场结构的大变动。在当时

---

① 参见赵翼《廿二史札记》卷三〇《元制百官皆蒙古人为之长》，第 433~431 页。

② 《元史》卷三八《顺帝纪一》至元元年十一月庚辰，"诏罢科举"；卷四〇《顺帝纪三》至元六年十二月，"复科举取士制"。第 829、859 页。参见陶宗仪《南村辍耕录》卷一《科举》，辽宁教育出版社，1998，第 16 页。

③ 以上并见《元史》卷八一《选举志一·科目》，第 2017~2027 页。

统治集团眼中，昧于世事的迂腐儒生和勤勉机智的贩夫走卒、引车卖浆者流，在登进官场时实在不该有种种藩篱，而应一视同仁。这就导致了明清士大夫大为感慨的"工匠皆入班资，而舆隶亦跻流品"局面，从而使"吏道杂而进仕之阶最宽"，① 吏员选用及其登进为官的渠道，空前增多和畅通了。② 其主要内容，一是祭祀、礼乐、技巧、工匠、仓库税收等部门的大量吏职，一般部门的各种委差性吏役和各地小吏，皆由各部门按规定分别逐级上报选充，重要吏员则由朝廷统一调补。二是朝廷统一调补或各地各部门选充吏员时，大体遵循高级机关和高级吏员从低级机关和低级吏员中逐层选贡、试补的原则。三是围绕各部门和各类吏员的性质和特点，在选调、升迁、转官等方面形成了大量具体细则，但总体上仍突出劳考条件。四是除各种差役性小吏外，其他吏员皆可据劳绩、才干，按相应规定预选为官，尤其是朝廷和省级机关的重要吏员，除通过相当严格的选贡考试来补用外，往往直接从现任官员中选用，故其一旦劳考期满，都可转而担任重要官职。由此可见，元代的吏道，是在大大抬高了吏员地位的同时，对唐宋以来各种执役依考登进之法做了进一步整理和归并。③

　　尽管元代仕途在纷乱中不乏有益的改革，但其适应民族等级结构和确保蒙古人执掌大权的基本制度，断送了自身发展、完善的可

---

① 《续通志》卷一四一《选举略二·历代制下》，浙江古籍出版社，1988，志四一〇六。王圻《续文献通考》卷五〇《选举·吏道》引元代陶安曰："朝廷以吏术治天下，中土之才，积功簿书，有致位宰执者，时人翕然尚吏。"《续修四库全书》第 762 册，第 617 页。

② 赵世延、虞集等撰，周少川、魏训田、谢辉辑校《经世大典辑校》第五《治典·入官》："簿书、期会、金谷、营造之事，供给应对，惟习于刀笔者为适用于当时，故自宰相、百执事皆由此起，而一时号称人才者，亦出于其间，而政治系之矣。"同处《补吏》："国朝入官之制，自吏业进者为多，卿相守令于此出焉，故补吏之法尤为详密。"第 57~58 页。

③ 《元史》卷八三《选举志三·铨法下》，第 2068~2089 页。参见许凡《元代吏制研究》，第 56~121 页。

能，而只是为打着"恢复中华"旗号灭元的明朝提供了有限的素材，[①] 也为继明而兴的清朝提供了一个失败的教训。事实上，明代仕途和基本沿袭其况的清制，与其说是在元代基础上演进的，不如说是循着唐宋时期的轨道继续发展的。

二 以科举为核心的"正途"

明初选官以进士、举贡（举人及国子监生）、杂流三途并用，其中杂流指吏道、纳赀等途，进士即通过了乡、会、殿三场考试的举人和贡生，举贡则是各省乡试或国子监入学、在学考试合格的生徒，两途虽有差别，在以学校为唯一阶梯的制度下却属同类。[②] 再说，当时还存在着制举、保荐、门荫、征召等地位不逊于举贡，性质则与杂流相对的多种仕途，因此，三途并用远非明代仕途的准确勾勒，相比之下，把明代各种仕途概括为以科举为核心的正途和以吏道为主体的杂途（异途）两个系统，更合乎当时的实际。

不过这也只是指文官而未包括军官的选拔。唐宋以来日益严格的文官治国原则被元朝大幅混淆后，却在明代得到了有力反弹。军人地位迅速跌落，文臣可以督师出征，军官却不能治民理政；从军官到文臣，的确已很难转迁了。结果便是唐以来吏、兵二部分管文武选用的分野极度严格化。[③] 明代军官的选用，主要有军将世家荫袭、与保荐密切相关的军功以及重新恢复了的武举等途。这看起来与文官选用途径不无相通之处，但其地位却正好相反。武举实

---

① 黄光昇《昭代典则》卷四《太祖高皇帝》载吴元年十月甲子，朱元璋命徐达、常遇春率甲士二十五万北伐，驰檄齐鲁河洛燕蓟秦晋之人有曰："当此之时，天运循环，中原气盛，亿兆之中，当降生圣人，驱逐胡虏，恢复中华，立纲陈纪，救济斯民。"第85页。

② 《续通志》卷一四一《选举略二·历代制下》："明初制进士、举贡、杂流三途并用，虽有畸重，未尝偏废。"其后文述成祖以来吏部文选司三途分用之况，与《明史·选举志三》略同而分官荫生与监生。志四一〇七至四一〇八。

③ 参见黄宗羲《明夷待访录·兵制三》，第33~35页。

际上是杂途，而行伍中凭功绩为官，才被看作正途。就正途出身者总能较快晋升为高级或重要官员，杂途出身者则多前途黯淡而言，军官与文官是完全相同的。尤其需要注意的是，军官在官僚队伍中的地位被降到了中国历史上的最低点，其与文官原则上已不能像唐代那样相互转换，这就使武官和军吏的选拔途径基本上不再兼含文官选拔的意义了。

以下以明为例，依次列述诸"正途"之概要。

1. 科举

就各种文官选拔途径来看，科举仍占最高地位。但在科目体系上，除仅涉军官选用的武举外，制举循宋以来的颓势继续萎缩，只有进士科在文举常科中一花独放。故当时科举的发展，主要是通过进士科体现出来的。具体则以学校基础上的乡、会、殿三级考试之制为骨架展开；除集阅、互保等基本沿袭唐以来形式的辅助性环节外，先由南北直隶和各行省提学官或兼管学政的巡按御史等，对各学生徒在岁考的基础上进行"科考"，[①] 从中选拔规定数量的优秀者参加子、午、卯、酉年八月初九在两京和各省会举行的乡试。

乡试通常由各地巡按御史会同布政、按察两司，从"文学廉勤"的学校教官中保举 2 人为主考，并按同样原则聘用分阅试卷的同考官 4 人，再由各省布政使司出"提调官" 1 人配合协调，并与御史一起监督其全过程。[②] 他们的任务是在各部门协助下，通过三

---

① 明正统以前，由巡按御史，各省布政使、按察使及府州县长官兼管学校之务；正统元年始专设提督学校官统辖一省学政，但边远地区仍由御史等兼管。见《明会典》卷七八《学校·风宪官提督》、卷七七《贡举·岁贡》，第 446~447、453~455 页。

② 两京乡试，主考皆用翰林，提调例为京官。各省的办法屡有更动，嘉靖七年（1528）开始由朝廷特遣翰林院编修、检讨或六科、六部官员二人赴各省主考，但同考仍参聘该省教官。见《明会典》卷七七《贡举·乡试》，第 449 页；参见王世贞《弇山堂别集》卷四《六主乡会文衡》及以下诸条，第 70~73 页。

场考试，按三十分之一的比例录取举人。举人的法定录取额，从南、北直隶100人上下到边远的云南30人上下，因而每科有千人左右赴京参加次年二月初九举行的会试。①

图3-1 北京国子监文庙内的元明清进士题名碑群

会试由朝廷特命大臣2人为主考官，若干人为同考官（最初3人由翰林、5人由教职充任，后数量多至17人，皆用翰林、科、部

---

① 各地参加乡试者的数量，是按每取举人1名，科考预试30名的比例确定的。洪武三年（1370）定各地举人的配额为直隶府州100名，河南、山东、山西、陕西、北平、福建、浙江、江西、湖广各40名，广西、广东各25名。以后陆续有所增加，景泰四年（1453）定南北直隶各135名，江西95名，浙江、福建各90名，湖广85名，河南80名，山东、广东各75名，四川70名，陕西、山西各65名，广西55名，云南30名。成化以来云南渐增至50名，至嘉靖十七年（1538）定贵州另自开科，定云南为40名，贵州25名。《明会典》卷七七《贡举·乡试》，第449页。以上十三省加南北直隶多时每科举人配额共1180名。按举人与预试者之比为1：30计，明代各地乡试生徒每次的总人数当在31000人以上。不少新科举人并不赴京参试，但往年的举人参试者亦应不少，当然更多的士子则终身蹉跎于乡试而不得为举人。参见李调元《制义科琐记》卷三《艾千子自叙》，丛书集成初编本，商务印书馆，1936，第105~113页。

官），由礼部派监试官 2 人，在京各部门协同礼部监试官操办一应事务，并由御史监察全过程。① 明初会试少则录取 32 人，多则近 500 人；到成化十一年（1475）后定额为 300 人，另外有特赐 50~100 人不等。洪熙元年（1425）以后，考虑到南北文化差异，录取名额有加以平衡的必要，又开始依举人籍贯南北分卷按比例录取。② 会试中试者，三月初一（成化八年改为三月十五）再到奉天殿或文华殿参加由皇帝亲自主持，以决定最终等第并确认为"天子门生"的殿试。殿试内容为时务策一道，由内阁先行拟题，试前一日由皇帝圈定；试日日落交卷，当晚弥封；次日由若干钦定读卷官在东阁评卷拟等，并呈皇帝裁决；又次日皇帝在太极殿会同文武百官及新科进士，当众宣布殿试结果，公布三甲进士名单。一甲 3 人赐进士及第，其余依次列入二、三甲，分赐进士出身和同进士出身，然后便可由吏部分别授官了。状元照例授翰林院修撰，榜眼、探花授编修。③ 翰林院堪称政要大臣的储备所，甚至逐渐形成了"非翰林不入内阁"的惯例，故这种任职意味着日后官场得意和位极人臣的极大可能。二、三甲进士通常也被授予在京和各地六至八品的重要官职。④

会试及殿试结束后，还有两个重要的尾声。一是乡试地位已随举人配额受限明显提高，故举人即便会试落第，往往仍可直接由吏

---

① 参见王世贞《弇山堂别集》卷四《三主会试》及以下诸条，第 70~73 页。

② 洪熙时会试取士定为南人 60%，北人 40%。宣德、正统年间，又开始划出中卷，录取比例为南 55%、北 35%、中 10%。景泰五年（1454）定应天及苏、松诸府，浙江、江西、福建、湖广、广东为南卷；顺天、山东、山西、河南、陕西为北卷；四川、广西、云南、贵州及凤阳、庐江府，滁、徐、和三州为中卷。但有权势的大臣皆想为本地多争名额，其额仍续有变更。见《明史》卷七〇《选举志二》，第 1697~1698 页。

③ 殿试第一名称状元，第二名称榜眼，第三名称探花，会试第一名称会元，乡试第一名称解元。有明一代唯正统乙丑科商辂连中三元。参见王世贞《弇山堂别集》卷五《三元》及以下诸条，第 91~98 页。

④ 以上并参见《明会典》卷七七《贡举·会试》《殿试》，第 450~451 页。

部铨选授官，或由礼部选入国子监继续学习后入仕。① 二是二、三甲进士可进而由吏、礼二部协同内阁考选近 20 人，为翰林院庶吉士，继续深造。② 经三年学成后，优者留院任编修、检讨，次者亦授科道要职。因一甲只有 3 人，考选庶吉士便成了进士入翰林再跻身高位的统一途径。所以一旦选入，往往会被当作"储相"看待。至此，这个三年一次的"抡才大典"便将进入下一轮了。而各种相关的典礼仪式、情节故事，还将继续在东西南北一波又一波地扩散，终而通过一代又一代感染着芸芸众生的曲剧评书之类，渗透到社会的最底层。

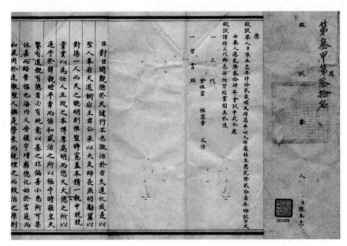

图 3-2　清代殿试卷

---

① 《明史》卷六九《选举志一》"举人入监"条，第 1679～1680 页。陆容《菽园杂记》卷二："新举人朝见，着青衫，不着襕衫者，闻始于宣宗有命，欲其异于岁贡生耳。及其下第，送国子监，仍着襕衫。盖国学自有成规也。"第 13 页。

② 由于这是庶吉士入院的资格考试，故称"馆选"。明初以来进士常先分拨各部门见习，期满再正式任命，称"观政进士"。进士观政于翰林院、承敕监等部门，称庶吉士。永乐二年（1404）始让庶吉士专属翰林院，其考选之法常灵活变动，至弘治四年（1491）后稳定下来。《明史·选举志二》，第 1700～1701 页。又陆容《菽园杂记》卷六："永乐三年，命翰林学士解缙等选新进士才质英敏者，就文渊阁读书。时与选者，修撰曾棨、编修周述……二十八人。时周忱自陈年少，愿进学，文皇喜曰'有志之士'，命增为二十九人，名庶吉士。闻洪武壬子岁（洪武五年），尝选会试士十八人授编修等职，读书文华堂，后又选进士为庶吉士，分置近侍诸署，若解缙为中书庶吉士是也。而专置之翰林，则始于此。"第 71 页。

科举制越热门，其考试内容和防范措施就更加规范和严密。这一点在最为关键的乡试、会试中多有表现。两者皆每隔 3 天考一场，首场四书义 3 道，五经（任择一经）义 4 道，仍以宋元以来理学家的经解为标准；次场试论 1 道，判 5 道，诏、诰、表内选试 1 道；末场试经义时务策 5 道。[①] 由于行文皆须排比对偶，且最被看重的首场"四书义""五经义"考试又必须"代圣人立言"而无发挥的余地，应试者和阅卷者遂特讲究文章的起、承、转、合，内容的正反虚实以至声调的清浊缓急。随着"程墨""房稿""行卷"等范文的流行，逐渐形成了一种体裁极为规整而俗称"八股"的标准文体。[②] 在考试及阅卷的贡院，考官于试前入院后便处于内外戒严状态。在内阅卷、录取的主考、同考等"内帘官"，在外监考、配合的提调、监试等"外帘官"，被隔离封锁，不得出入往来。[③] 收卷、贮卷、送卷、弥封、誊录、对读〔誊录后校对试卷正本（墨卷）与供阅卷的副本（朱卷），纠其差错或疑点〕等环节，俱有专官负责，互相牵制，并处于御史的严格监督之下。贡院围墙高达丈余，上插荆棘；考生须验明身份，检查其随身笔砚、食物等规定物品后方鱼

---

① 洪武十七年（1384）定首场四书义 1 道，二场论 1 道，三场策 1 道，并须再试骑、射、书、算、律。后颁定式，初场试四书义 3 道，经义 4 道；二场试论 1 道，判 5 道，诏、诰、表内科 1 道；三场试经史时务策 5 道。见王世贞《弇山堂别集》卷八一《科试考一》洪武十七年礼部颁科举程式，第 1543 页。但实际阅卷往往只重初场，"而不深求其二、三场"。见顾炎武撰，黄汝成集释《日知录集释》卷一六《三场》，第 589~590 页。清代更规定"头场为体，后场为用"。见伊桑阿等编著《大清会典（康熙朝）》卷五二《礼部十三·贡举一》"科举通例"，关志国、刘宸缨校点，凤凰出版社，2016，第 592 页。二、三场对录取实已无关紧要。

② 参见顾炎武撰，黄汝成集释《日知录集释》卷一六《十八房》《试文格式》，第 583~584、594~595 页。

③ 陆深《科场条贯》："旧制俱以八日锁院，至成化二年裁定以二月七日锁院。唯弘治五年以郊祀斋命先一日，盖六日云。"丛书集成初编，中华书局，1985 年影印本，第 5 页。王世贞《弇山堂别集》卷八四《科试考四》述万历十六年八月顺天主试黄洪宪等上疏有曰："内帘只阅朱卷，其墨卷在外，当誊录对读时，若有夤缘改窜，朦胧誊入，幸而得俊，不协舆情，臣等所不能知也。"第 1601 页。可见一斑。

贯而入。在贡院内犹如蜂巢的大片席舍（号房），考生一人一间，对号入座，并由"号军"1名，专门看守其全部考试过程，一旦发现作弊，便立即由两人将其挟出考场，且须解送司法部门定罪。嘉靖四十四年（1565）后，对会试时发生此种劣行者，又增加了在礼部门前戴枷示众1个月的严厉条款。① 诸如此类，都充分体现了朝廷严谨周到的设计思路，及其对科场舞弊深恶痛绝的态度。

2. 官学生徒

从科举与学校的关系来看，当文举常科的举贡、考试完全基于官学生徒及其课试，生徒入学实际上也就成了科举的第一步。而逐步去考举人、进士，无非是其两种法定出路罢了，这明显承袭了唐以来科举与学校相结合的趋势。不过，当明太祖洪武二年（1369）本着"治国以教化为先，教化以学校为本"的原则重建官学体制时，也发展了宋以来学校直接向朝廷输送官僚的功能，从而为明代各学生徒提供了第三条出路，即在官学系统内逐层升为地位与举人相仿的国子监生而入仕。这种"科举必由学校，而学校起家可不由科举"的制度，可说是明对唐宋以来的科举、学校制度和两者关系所做的一个总结。②

明代官学体制，以两京国子监、各地府州县学及军事系统卫一级的子弟学校为骨架。③ 地方各学的生员，由各省提学官从社学或自修的民间儒生即所谓"童生"中统一考试选取，中试者入学为生徒，俗称"秀才"。以后因选取量在原定额外不断增加，便出现了廪膳生、增广生、附学生三级差别，大致除享受免除赋役和礼仪上的待遇外，其生活保障依次降低，而初入学者皆为附生。除各学教

---

① 以上并参见《明会典》卷七七《贡举·科举通例》，第448~449页。

② 两处引文参见《明史》卷六九《选举志一》，第1686、1675页。

③ 其他还有宗学、武学、社学等。宗学专收宗室子弟，武学则取武官子弟，社学系县以下的基层学校。洪武八年至二十六年（1375~1393）中都凤阳亦设国学，后改为凤阳儒学。见《明史》卷七〇《选举志二》、卷七三《职官志二》，第1689~1690、1790页。

官按科举内容进行课试和奖惩外，① 提学官每三年对之考试两次：一是岁考，成绩分六等，一、二等者给予奖赏或依次补廪生和增生，三等如常，四等则加鞭挞，五等则降级或令退学，六等则黜革；二是科考，成绩一、二等准予乡试或升级，三等如常，以下分别责罚。生员除乡试合格而成举人外，又可各按规定渠道选拔至国子监就读。凡在学十年无所成就，或有受赃、奸盗、冒籍、宿娼及其他严重违犯学规礼制者，皆罢黜出学，往往贬充吏员，甚至斥至各学下厨、打更，并追还在学期间领取的廪米。②

　　国子监是由学校直接入仕的唯一途径。其生徒皆称监生，员额不定。洪武四年有 2782 人，至二十六年已达 8124 人，永乐十九年（1421）最盛时曾达 9884 人。此后在 4000~6000 人，正德以后又剧减至 1000~2000 人，并日渐萧条。③ 除勋、戚子孙以及各国及各地土司遣子来监就读者外，其生源大致分为四类：举人入学，称"举监"；各地贡选的生员，称"贡监"；④ 官僚子弟就监学习，称"荫监"；⑤

---

　　① 国子监祭酒司业以下，设监丞、典簿、典籍、掌馔及博士、助教、学正、学录、典乐、典书等官，其生徒分率性、修道、诚心、正义、崇志、广业六堂教授，"有升堂积分超格叙用之法"。府州县学学官，府设教授，州设学正，县设教谕，各 1 人；另有训导，府 4 人，州 3 人，县 2 人。多从举人或国子监生中选用，俱受一省提学官节制。对学官的考核，除通经博学外，洪武二十六年后专以各学考中举人数量为标准。见《明史》卷七三《职官志二》、卷七五《职官志四》、卷六九《选举志一》，第 1789~1790、1851~1852、1686~1689 页。

　　② 参见《明会典》卷七八《学校·学规》《学校·考法》，第 452~453 页。

　　③ 孙承泽：《春明梦余录》卷五四《国子监·生徒》，第 1115 页。

　　④ 共分三种："岁贡"，明初府州县学岁贡各 1 人，由翰林院考试后入监。正统六年（1441）定为府学每年 2 人，州学两年 3 人，县学每年 1 人，其他两京府学、卫学、孔、颜、孟子后裔及边远省份，岁贡额时有增减。因岁贡渐仅取廪生资深者，多"衰迟不振"之人，弘治时期便开始由各省提学从廪、增生中不定期考选品学兼优、年富力强者充贡，称"选贡"。而每当朝廷庆典由各地增贡者，称"恩贡"。见《明史·选举志一》，第 1680~1681 页。

　　⑤ 分为两种：明初文官一至七品即可荫子入监，天顺元年（1457）渐限在京三品以上历任年久政绩显著者，荫子、孙 1 人，或即授中书舍人等职，或由提学考选，部试入监读书，称"官生"。此外，文武官员死难殉国或侍从皇帝、太子有功，常不限官品特荫其子孙入监，称"难生"。见《明史·选举志一》，第 1682 页。

纳赀入监，称"例监"。① 监生待遇较各府州县学廪生优越，督课也更为严格。所学内容有"四书"、"五经"、律令、书、数、诏、诰、表、策等；修习方式有会讲、复讲、背书、轮课；除每日修习和每月考试外，平时衣冠、步履、饮食起居皆须合乎法度，中于礼节。凡有过失，皆一一记录在案，轻则鞭挞，重则发遣原籍，或谪充为吏。②

监生入仕办法，则在宋以来三舍法基础上损益。全部监生由国子祭酒及所属司业、监丞、博士、助教、学正、学录等教官督率，分为率性、修道、诚心、正意、崇志、广业六堂，依次升进。凡通"四书"而未通经者，抽签分至正意、崇志、广业三堂，一年半后优秀者升至修道、诚心堂，又一年半升至率性堂；然后按其每月考试成绩，文理优长者积 1 分，文拙理优者积 0.5 分，纰缪庸劣者无分。凡一年积 8 分者为及格，送吏部加以任用；才学超群者则特奏擢用；不足 8 分者继续留堂学习。③

监生也可转赴乡试，举监则可直接参加会试，这都是转由科举出身。监生还另有一种分拨各部门见习入仕的办法，即凡在监年久者，可由国子监选送各机构"历事"或"办事"，称"历事监生""办事监生"，短者三个月，长者三年或四年，由所在部门校其勤惰才绩，评为上、中等者报吏部酌情任用，下等回监。但同是监生，举监、贡监、荫监较受重视，为正途；例监则同于杂途，受鄙视。同是贡监，选贡又最受重视；岁贡则日益论资排辈，多滞留监内；其入仕后的地位也有所区别。总体看来，监生入仕以明初急需用人之际为最盛。洪武年间，监生积分而被擢为各省布政使、按察使的

----

① 《明史·选举志一》："例监始于景泰元年（1450），以边事孔棘，令天下纳粟纳马者入监读书，限千人止。行四年而罢。"下文载后来每当财政困难类皆援例行之，士大夫鄙其为滥。第 1682~1683 页。以上举、贡、荫、例诸生入监之况，并参见《明会典》卷二二〇《国子监·生员入监》，第 1093 页。

② 参见《明会典》卷二二〇《国子监·监规》，第 1091~1093 页。

③ 参见《明会典》卷二二〇《国子监·课试》，第 1093 页。

并不鲜见；历事监生往往被六部等重要机构留用。永乐之初，常选监生入翰林院办事，一旦会试中试，照例直接改为庶吉士。故当时无论民间寒儒，还是显贵子弟，"争以入学为荣"。但洪熙以后"进士日益重，举贡日益轻"，两者在任用及官场前途上的差距被拉开，逐渐陷入了监生有才者多趋骛于进士，留监者多颓老鲁钝之人，积分、拨历入仕多仅授冗官冷职的循环。例监兴起后，监内"流品混淆"，监生入仕的颓势便积重难返了。不过从万历九年（1581）所定历事和办事监生高达 1000 余人的数额来判断，监生每年的入仕量肯定仍要多于进士。所谓颓势，无非是指其较难得到或转任各种重要职务罢了。①

3. 荫子、制举、保荐、征召

除进士、举贡外，其他列为文官正途的还有制举、保荐、征召及荫子。明代荫子之途，在军官选用中固然因当时军事系统的特点而被强化成了世官制，② 在文官选用中却日益受到严格控制。自天顺、成化以来，除出于皇帝特恩外，可荫子为文官的法定范围，基本被限制在在京三品以上"满考著绩"的高官之内。即便出于皇帝特恩，除少量最为显贵的勋戚及孔、孟、颜、朱等圣贤后裔外，一般都以死难殉国及重大功绩为前提。同时，明代荫子为官的过程，也像唐代那样与学校之途密切相关，即只有少量荫子被直接恩赐中书舍人、尚宝丞、光禄丞、通政知事、大理评事等职，绝大部分都只能先入国子监，由"荫监"而入仕。③ 就是说，在文官选拔上，

---

① 以上并见《明会典》卷二二〇《国子监·拨历》，第 1094~1095 页；《明史·选举志一》，第 1683~1685 页。

② 中高级军官子孙可依法凭荫降若干级授予军职，低级军官则完全世袭。这与明代军人有专籍世为兵，且为士绅所轻的状态相关。明代文官亦可因军功荫子为百户、千户等军官。详见《明会典》卷一二〇《兵部三·铨选三》"武职袭替"条，第 619~624 页。

③ 见《明会典》卷六《荫叙》，第 32 页；王圻《续文献通考》卷四九《选举考·任子》，《续修四库全书》第 762 册，第 603~613 页。

明代门荫之途的主体部分，大半已被归并于学校之途了。这种在地位相对低下的军官荫子中强化血缘承袭，而在更为重要的文官荫子中淡化血缘作用的做法，乃是明代荫叙的重要特征。

制举、保荐、征召之途，在明代已相互关联而趋同一。明初以来，各种推举过程常由皇帝特设"贤才""武勇谋略"等名目招揽，经面试甄核后任用，其内涵与汉唐以来天子特诏以求非常之才的制举相当接近。但就滥举者有"逮治"之法、连坐之规而言，却又近乎保荐。朝廷召取有关部门或官僚所举之人，仍称为征，亦即征召。故其分之则三，合之则一，当时一般都将其通称为"荐举"。荐举在明初曾盛极一时，因为其相对来说较为简洁和灵活。明太祖洪武六年至十七年（1373~1384）还曾取消过进士科，而以"聪明正直""贤良方正"等八科举用人才。此后，荐举又与进士、举贡并重。史称当时由布衣获荐而登大僚者"不可胜数"，"其以渐而跻贵仕者，又无算也"。① 但进士科既日益为朝野所重，其他各种仕途的地位不能不相形见绌，加之朝廷立法日渐严格，永乐、洪熙以后，荐举已顿现颓势而趋于萎缩。虽然偶尔仍下求贤之诏，却人多不乐，应者寡少，被称为应虚景而无实效。其地位和作用，与明初已不可同日而语。不过在官场内部，为改善吏部用人按部就班、墨守成规的状况，还断续实施着由中高级官员保举各重要地方官或其他官职的制度。这种保举的对象都是现任官，因而也算不上是官僚的选拔途径，只是官僚继续登进的特定方式罢了。②

以上即明代文官选拔正途的大致情况，明初进士、举贡、荐举三者并重，永乐、洪熙以后进士科一枝独秀，其他则处于辅助地位。

---

① 《明史》卷七一《选举志三》载洪武十七年前后"吏部奏荐举当除官者，多至三千七百余人，其少者亦至一千九百余人"。第1712~1713页。

② 以上并见《明史》卷七一《选举志三》"荐举"条，第1711~1715页；《明会典》卷五《保举》，第28~29页；王圻《续文献通考》卷四八《选举考·荐举》，《续修四库全书》第762册，第581~598页。

这种局面的形成，显然与进士科承元凋敝之后须经一段时期才得恢复和光大，并辗转影响到举贡、荐举有直接关系。但正途序列的形成，实际上是与元代左右逢源的吏员、方伎之士现已重新受抑，以吏道为主体的杂途则正在逐渐定型相应的。在官僚选拔体制上，两者共同构成了明代由开国创业到逐渐稳定，整个社会、官场风气和朝廷制置不断转变和调整的主要内容。

三　以吏道为核心的"杂途"

明初的吏道，也在一定程度上延续了元代吏员入仕的宽松气氛，当时盛行各种灵活的荐举方式，也使吏员仕进的道路显得相当顺畅，吏员渐而跻身于知府、参政，乃至尚书、侍郎、都御史等高级职务之列的也不乏其例。[①] 但自永乐八年（1410）谕吏部"风宪官更不得用吏"以来，[②] 官场日重流品出身，吏道出身者与举贡、学校系统出身者渐成霄壤之隔，吏部铨选可供吏员晋升为官的，只是"外府、外卫、盐运司首领官，中外杂职、入流未入流官"而已，[③] 吏道的作用已被定位在一个比唐宋更为狭窄的范围内了。

就吏员的选用而言，除官学生徒黜充为吏外，当时地方吏员的基本来源，是各级长官自行"签充"。其大致条件是"农民身家无过年三十以下能书者"，[④] 由于吏员身份低下，俸给微薄，这种"签充"实际上往往是强行摊派，或称"勾充"。在京各衙门吏员，则是在各地选送吏员的基础上由吏部验封司统一调补的。而吏员继续登进直至入仕为官的具体办法，则是在元代吏员分类和依考登进之法的基础上损益而成的。其基本内容是各地机构吏员可在同等级别

① 王圻《续文献通考》卷五〇《选举·吏道》列有"掾吏显擢姓名"目，列知府以上共34人，约一半擢于洪武、永乐时期。《续修四库全书》第762册，第624~625页。
② 黄光昇：《昭代典则》卷一三《成祖文皇帝》，永乐八年十二月，第350~351页。
③ 《明史·选举志三》，第1715页。
④ 《明会典》卷八《吏部七·吏役参拨》，第50页。

的在京机构任同类吏职，在京及各地低级机构的低级吏员，可积累劳考，按特定办法向高级机构的高级吏员迁转。①

这些吏员须历事三年，期满无过者方可迁转，亦可由所属部门出具证明文件，赴京由吏部验封司按有关规定考试后，酌情分拨至在京相应衙门任吏。试中第一、第二等者，二品衙门通吏可转在京一品衙门提控，二品衙门令史可转在京二品衙门都吏，三品衙门令史、书吏可转在京三品衙门令史，依次降低；而试为第三等者，则可转六至九品衙门为吏。② 在京吏员亦历事三年，期满无过，由所在部门提供有关文件赴吏部验封司，或预选为官，或继续在吏员内升补。但到洪武三十一年（1398）定制后，只有在京两考、在外一考，或在京一考、在外两考，共三考九年期满而合乎条件的吏员，才能以表3-8所示的资格预选为官。

表3-8　明在京吏员出身资格

吏员类别	出身资格
一品衙门提控、二品衙门都吏	从七品
一品、二品衙门掾史、典吏 二品衙门令史、内府门吏	正八品
三品衙门令史	从八品
三品衙门典吏 四品衙门司吏	正九品
四品衙门典吏 五品衙门司吏、典吏、书吏	从九品
六至九品并杂职衙门吏典 都察院各道吏典	杂职

备注：
①本表据《明会典》卷八《吏部七·吏役参拨》编制。
②洪武三十一年后定在外两考、在京一考为满。

---

① 明代各衙门品级承元制以长官品级为准，如布政使为从二品，则布政使司为二品衙门；知府为正四品，则府衙为四品衙门；州县仓大使为未入流，则其仓司为未入流衙门。如《明会典》卷七六《礼部三十四·行移署押体式》洪武十七年奏定天下诸司文移纸式，一品、二品衙门，三品至五品衙门，六品、七品衙门，八品、九品与未入流衙门文移纸式各有规格。第446页。

② 此为洪武十七年所定之制，至十九年又制定了更为详尽的分拨办法。详见王圻《续文献通考》卷五〇《选举·吏道》，《续修四库全书》第762册，第618~619页。

　　在两京各衙门吏员编制达 4500 余人的前提下，即使只有半数按三年考满入仕，每年也有 750 余人有待吏部选用。① 因而从宣德七年（1432）起，便开始由吏部会同各部、院对满考吏员出题考试，再酌情选取为官。② 这种考试以经义、文牍为内容，以文义粗晓、行移得当、书札不谬为标准。三者皆优为一等，按原定资格任用为官；三者通二为次等，只能出任各种杂职；三者俱劣则发遣为民。这样一来，吏员登进为官之制似乎又过于苛刻了。故从成化二年（1466）起，又断断续续实施了满考吏员纳赀免试的规定。但尽管资深吏员转官时的级别可高达七品而与进士相类，明初以后留给他们的，却都是些烦冗碎杂之职。在一道道禁令下，非有特殊际遇，吏道出身者是不可能擢任重要或高级职务的。③

　　以上即为明代吏道的主要内容，也是当时杂途的主体部分。其他被明廷归为杂途的入仕门径，如各种类于吏役、由长官临时署充的"承差"、各高级机构中的"知印"，④ 以及各专门技术部门中的天文星历、阴阳卜筮、医药书算、译字通事等方伎之士，虽选用、调遣和转官方式有所不同，却都具有依考登进的共同特征。其任职

---

　　① 据《明会典》卷七《吏部六・吏员》所载统计，第 35～50 页。景泰三年（1452）裁革洪武以来增添吏额后所定之编制，北京各衙门吏员达 3026 名（不包括总督、巡按等特遣官属吏），南京各衙门吏员达 1561 名。

　　② 王圻《续文献通考》卷五〇《选举・吏道》载此在宣德七年，《续修四库全书》第 762 册，第 621 页。《明会典》卷一二《吏部十一・考核二》载在宣德四年，第 76 页。

　　③ 以上并见《明会典》卷八《吏部七・吏役参拨》，第 50～52 页；王圻《续文献通考》卷五〇《选举・吏道》，《续修四库全书》第 762 册，第 617～625 页。

　　④ 见《明会典》卷五《吏部四・选官》："凡知印，洪武二十六年定，五府、六部知印有缺，具奏于识字人材内取用。永乐十七年奏准，宗人府、五府、六部、都察院有缺，于役满承差内引奏选用，三年满日，考中，宗人府、五府从八品用；六部、都察院正九品用；不中与不愿考者，俱杂职用；都司、布政司知印，从九品用。凡承差，在外都、布、按三司，役满到部，分拨各衙门办事，二年满日，除驿丞（原注：国初，承差考满于行人内用，起复者于知印内用，今不行）。"第 26 页。参见同书卷一二《吏部十一・考核二》"承差、知印"之考核故事，第 77 页。

性质和入仕地位，则与吏道出身者完全相同。^① 此外，纳赀出身（包括国子监的例监和纳贡）亦被列为杂途。景泰元年（1450）以来，纳赀（或豆、或粟、或马、或草、或银）者或可充国子监生，或可径获做官资格，或可得世袭武职，或可由待选官吏直接被任用，或可量减年劳，免予考试而登进，应降职者或可官复原职，其方式五花八门又灵活多变。这实际上已不仅是一种入仕门径，也成了一种可以加快通过各法定选官环节的润滑剂。但由此为官者总是被人轻视，一般只在朝廷财用窘迫时酌情施行，与前代并无什么不同。^②

四　明清仕途结构及其对任用制度的影响

明代文官的选拔正途，由科举、学校、荫子和各种荐举所构成。与唐相比，其科举的文举常科已完全以学校为阶梯，荫子范围亦大为缩小并像唐代那样与学校之途衔接，制科则已开始与各色荐举合为一体。这种分化组合充分体现了唐以来有关仕途的发展脉络，需要指出的是，其尽管都是正途，也都是中高级官僚的来源，但明初以后进士地位的迅速上升，却使举人和监生的宦途受到了挤压，并使荐举制也停滞不前。进士在正途序列中的至上地位和巨大影响，主要仍不是通过由此选拔的官员总量，而是以进士出身者垄断各种重要职务，秀才、举人、进士考试的逐级动员和波及，尤其是通过全社会对进士科更加趋之若鹜的风气而体现出来的。

与以进士科为核心的正途序列相对，明代的杂途主要由吏员、承差、方伎、纳赀等途组成。除断续施行并与学校有所结合的纳赀

---

① 王世贞《弇山堂别集》卷七六《赏赉考上·即位之赐》景泰三年立皇太子，英宗复辟，宪宗、孝宗、武宗、世宗、穆宗即位，其赏赐皆以知印、承差与吏典及天文、乐舞、医药诸生列为同类。第1458~1463页。王圻《续文献通考》卷五〇《选举·方伎》列有能文者官至礼部尚书，乐舞生至工部尚书，医生至左副都御史，天文生至礼部侍郎者，皆为诸多机缘丛凑之特例。《续修四库全书》第762册，第632~634页。

② 以上见王圻《续文献通考》卷五〇《选举·赀选》，第628~631页。

之途外，其他实际都是唐以来各种执役积考登进之法演化和归并的结果，也都可以概括为吏道。随着明初以来对元代吏道的扬弃和正途的逐渐定型，以吏道为主体的杂途仅充当一般中低级官员来源的地位，也就被重新确定下来了。

值得注意的是，明代不仅明确了唐以来已具雏形的正、杂两大仕途序列的轮廓，还在哪种仕途出身可任哪种职务方面，建立了分别对应的关系。从明初以后的情况来看，这种对应关系如表3-9所示。

表3-9　明代仕途出身与初授职务对应关系

仕途类别	出身名称	初授职务
正途	进士	京官六部主事、中书、行人、评事、博士，外官知州、推官、知县、教官
	举人、贡监	外官推官、知县、教官等
杂途	例监、纳贡	京官上林苑、光禄寺等部门属官，外官州县佐贰、府及边远各省三司首领官、卫及王府教授等官
	吏员、承差、知印、书算、篆书、译字、通事等	外府、外卫、盐运司首领官、中外杂职入流或未入流官

备注：

①本表据《明史·选举志三》编制。

②明初以后荐举基本停滞，天文星历、医药卜筮等方伎之士的登进限于本部门，故俱未列入。

③首领官即各部门主管总务的属官，如司务厅司务、经历司经历之类。

这样，各种来源不同的官僚在今后升转迁调时的竞争，被明确放到了不同的起点上。唐以来以科举和吏道为代表的各种仕途与官吏选拔过程大致对应的格局，便更为具体化和强化了。与魏晋南北朝按门阀等级对号入座的选官状态相比，明代的这种对应关系，虽在唐以来基础上继续淡化了血缘关系对官僚选拔过程的影响，却进一步强调了长期以来沉积在官—吏、儒生—方伎等不同层类上的身份尊卑意义。因此，明代的仕途结构，显然适应了官僚队伍发展至宋元以来的构成状态，适应了当时中国社会的士、农、工、商阶层状态。在很大程度上，继明而起的清代仕途结构，仍不过是对明代这种正、杂途并行局面的损益。除相应的民族关系成分并予统治民族某些特殊优待外，①正途由进士、举人、学校、荐举，杂途由吏道、方伎、纳赀等构成，及其与特定官职之间的对口关系，大体上都可视为明代样式的翻版。具体如表 3-10 所示。

表 3-10 清代文官仕途简况

仕途类别	具体出身	初授职务
正途	进士	翰林官及主事、中书、评事、行人、博士、知州、推官、州县教授等
	举人	内阁中书、国子监学正、学录、知县、州县学正等
	国子监优贡、恩贡、副贡生	七品小京官、知县、教职、州判、州同等
	国子监荫监生	在京及各地六至八品官，一、二品荫监可任五品员外郎及知州等
杂途	国子监恩监、优监、例监及例贡生	州同、州判、县丞、主管、吏目等
	吏员	正八至从九品及未入流杂职如府州县的经历、主簿、吏目、典史等

备注：

①本表据《清史稿·选举志五》编制。清制军官选用有世袭、恩荫、武举等途，与军功、保举并行，不在表内。

②由杂途出身者，汉人非经保举，汉军非经考试，不得任京官或正印官，即使经保举、考试，也不得任科、道、翰林院、詹事府及吏、礼二部官。

③荐举授职无定例，随才而用；方伎则仍限于本部门，故不列。

④清国子监生中明确列为正途的为优、拔、岁、恩、副贡生及荫监。优、拔贡与明选贡相类，副贡由各省贡乡试中副榜者充。荫监仍分恩荫、难荫。恩荫，文官在京四品、在外三品以上，武官二品以上，送一子入监；难荫即死难者荫子入监。其余有恩监即恩赏入监者，优监即各地方官学附生考选入监者，例监即纳赀入监者，例贡即官学生捐纳入监。清国子监生多在原籍自修，规定的坐监学习时间，短的仅半年，长的也不超过三年。其入仕自顺治十七年（1660）后即不用明拨历、积分之法而改为各种形式的考选。

⑤清吏员来自捐纳或招募，凡历事五年可预考选，一等者以正八品经历用，二等者以正九品主簿用，三等者以从九品用，四等者以未入流杂职用。

⑥清进士录取额每科 300 余名，即年均 100 余名。最多的雍正八年（1730）取 400 名，最少的乾隆五十四年（1789）取 96 名。举人录取额每科约 1200 名，年均 400 名。

---

① 《清史稿》卷一一○《选举志五》："满人入官，或以科目，或以任子，或以捐纳、议叙，亦同汉人。其独异者，惟笔帖式。"笔帖式即在京各部院和各地将军、都统等高级衙门内从事翻译、缮写工作的职务，满人可由荫任、捐纳、议叙、考试充任，升迁极为便捷。此外，各仕途大抵均满汉区别对待，内外各机构编制则有满、汉、蒙古阙，如吏部"尚书满汉各一人，左右侍郎满汉各一人"，"文选清吏司，郎中满三人，蒙古、汉各一人"之类。见允裪等纂《大清会典（乾隆朝）》卷三《吏部》，李春光校点，凤凰出版社，2018，第 11 页。

第四章

任用程序、 任职形式和任用限制

官僚选拔的结束即任用的开始。历代官僚的选拔、任用虽前后衔接，却毕竟是两个环节，各有一套特定制度。一方面，无论人们经由何种选拔途径"出身"，其官员身份或做官资格最终都须通过明确的任命来落实，朝廷也就总是要用另一套办法对之再加鉴甄，以把住登进官场的最后一关。另一方面，即便人们进入官场后，在具体职务的分配上，朝廷也还是要以相应的程序和规定来控制这一过程，以求官才相称，人尽其用。总之，当人们在各条仕途中终于获得做官资格后，或官员们有一定履历后有待转任新的职务时，还要面临整套任用制度的筛选，才能各得其所。

必须看到的是，任用制度直接与具体职务的授受相关，在专制集权体制和行政权力笼罩一切的社会中，职务授受实际也就是统治权和行政管理权的配布和调度。这就使历代任用制度同时带上了国家机关组织法的性质，其意义远远超出了一般人事管理制度的范畴。故若官僚选拔还可以宽其出口，任用则必须严其入口，以一系列制度规范和强化其程序、形式和限制。

第一节　任用程序和类型

任用程序即平民通过选拔后获得具体官职，或官僚升降迁调而另行任用的步骤，为官僚任用制度的核心内容。除适应和保障专制集权这一基本原则外，这些步骤的目的和实质，早已由古圣先贤的训诫说清楚了，即所谓"为官择人"，也就是为各种职务挑选最合适的担任者。① 相关的选择程序通常称为"铨衡"，或称"铨选""铨叙"。"铨"的含义，便是与衡量、法度、公正等严肃的字眼联系在一起的。为保障任用质量和任用过程有条不紊，历代官僚任用程序总是把各种官职分为一定类型展开。其中最为基本的是按各种官职的级别或职能性质来区分，即行政级别不同的官职往往有不同的任用程序；而职能性质较特殊的官职，也经常是按特定程序来任用的。以下分别介绍各重要历史时期任用程序的形态和变化，由此观察历代官僚任用制度的发展情况。

一　类型轮廓粗具的秦汉任用程序

秦汉时期的官僚任用程序和类型相当粗略，这恐怕不是资料散佚之故，而是由于当时的任用制度本来就比较笼统。秦及汉初，大

---

① 《潜夫论·思贤第八》："《书》曰：'人之有能，使循其行，国乃其昌。'是故先王为官择人，必得其材，功加于民，德称其位，人谋鬼谋，百姓与能，务顺以动天地如此。"王符著，汪继培笺，彭铎校正《潜夫论笺校正》，中华书局，1985，第82页。案此条所引《书》曰云云乃《尚书·洪范》语；"人谋鬼谋"至"动天地如此"，典出《易·系传》；"先王为官择人"云云，深合《尚书·皋陶谟》"无旷庶官，天工人其代之"之义。故为官择人的理论前提，是官员代表上天治理人间，故须选择才德合乎天道人心者担任。《汉书》卷八一《孔光传》载哀帝免光相，策文末言："《书》不云乎？'毋旷庶官，天工人其代之。'於虖！君其上丞相博山侯印绶，罢归。"第3358页。

一统王朝刚刚建立，各地各部门长官的权力还比较完整，其人事权也较为突出，由朝廷统一任命的官员数量不多，整套官僚任用制度正处于形成过程之中，自然不可能有多么细密精致。不过，随着汉武帝以来的诸多制度安排和创革，官僚任用的大致类型和相应的程序，毕竟已经轮廓粗具。

当时各种官职的级别类型，基本上是围绕本书第三章所述人事权的划分层次而形成的，即级别较高的官职由朝廷统一任用，甚至由皇帝亲自选择；而级别较低的职务，则由各级长官在统一协调下自行署用。但级别并不反映各种官职的具体差别，也不是官职重要与否的唯一标准，尤其是当整套官僚机器处于调整阶段时，级别较低而地位十分重要，或者相反的情况是大量存在的。这就需要区分官职性质和实际地位，以不同方式讲求其任用之方，以贯彻专制集权和"为官择人"的原则。武帝以来这两种类型的大致情况，可见图 4-1。

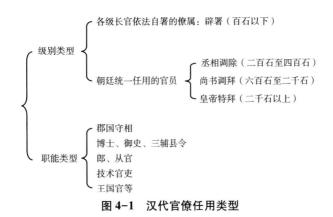

图 4-1 汉代官僚任用类型

备注：
本图综据《汉旧仪》《汉书·百官公卿表》《续汉书·百官志》等记载绘制。

大体说来，当时各种任用程序便是在这一框架下分别展开的。其中，各级长官自行辟署百石以下掾属的状态，上章已述部分属吏署用除各地须报守相，① 在京各机构须报大鸿胪外，其余基本上是由长官按故事和实际需要独立而灵活地展开的。较为集中的署用，当在年终考课或新长官上任时进行。② 一般低级僚属，大致是由功曹、西曹等在长官授权或批准的前提下加以举用，称"外署"；重要僚属或特殊情况，则由长官直接署用，称"教署"；③ 然后下达除书，知照有关人员或部门，④ 其情形可以看作朝廷统一任用的一个缩影。

朝廷统一任用的程序，首先按官僚级别而呈现区别，全部过程都是在二府或三司协调下展开的。必须注意的是，随着武帝以来内朝对任用过程控制的加强，尚书台的地位已日益突出。其大致过程如下。

除皇帝特诏任用或各种临时急迫的任用外，较为集中的官职任用，一般是与察举常科及上计考核等制配套，于年终在二府或三司

---

① 如居延汉简 33.2："甲渠言吏迁缺，令居延备补言/• 一事集封/府。"谢桂华、李均明、朱国炤：《居延汉简释文合校》，第 51 页。这是甲渠吏迁出缺，居延令补用，上言郡守府的例子。居延新简 E. P. T68：69："今年正月中，府补业守候长，署不侵部主，领吏。"E. P. F22：475A："十一月己未府告甲渠鄣候遣新除=/第四隧长刑凤之官符到令凤乘第三遣。"《居延新简——甲渠候官与第四燧》，第 459、509 页。这是郡守府补业为候长署不侵部主领吏，除刑凤为甲渠鄣候第四隧长之例。

② 《睡虎地秦墓竹简》之《秦律十八种·置吏律》："县、都官、十二郡免除吏及佐、群官属，以十二月朔日免除，尽三月而止之。其有死亡及故有夬（缺）者，为补之，毋须时。"第 94 页。这是关于集中署吏时间之规定。《汉书》卷八三《朱博传》载其成帝时为琅邪太守，到任见"右曹掾史皆移病卧"，曰"故事二千石新到，辄遣吏存问致意，乃敢起就职"。博"乃召见诸曹史书佐及县大吏，选视其可用者，出教置之。皆斥罢诸病吏，白巾走出府门，郡中大惊"。第 3400 页。是新长官上任不免会有属吏之成批任用，各地且有某些惯例。《汉书》卷八六《何武传》载其成哀时为公卿，"欲除吏，先为科例以防请托"。第3485 页。

③ 上引《汉书·朱博传》"出教置之"即其例，又《后汉书》卷六二《陈寔传》载其颍川许人，为郡西门亭长，寻转功曹。"时中常侍侯览托太守高伦用吏，伦教署为文学掾。寔知非其人，怀檄请见。言曰：'此人不宜用，而侯常侍不可违。寔乞从外署，不足以尘明德。'伦从之。"第 2065 页。

④ 参见李均明、刘军《简牍文书学》，第 236~238 页。

主持下统一进行。① 应任为二百石至四百石的，主要有各地各部门举贡的孝廉、廉吏和按功次应升为官的吏员，以及各种任满待迁的低官。② 其过程大致在公府掾属协助下，综合各地各部门呈报的缺编情况、各待用者行能功过的证明文件，按规定的先后次序酌情调补，再报尚书备案。③ 应任为六百石至二千石之职的，主要是各类现任官和不定期察举的贤良方正等。与二百石至四百石官僚任用程序有别的是，对这些官职，丞相、三司通常只综合职务需要和人员情况向皇帝推荐人选，再由尚书协助皇帝裁定后下诏任用。④ 中二千石以上的王公重臣，则由皇帝在尚书等机要近

① 《汉书》卷七四《丙吉传》："长安令、京兆尹职所当禁备逐捕，岁竟丞相课其殿最，奏行赏罚而已。"《后汉书》卷四《和帝纪》永元七年四月辛亥，因日食令百官各言封事，李贤注引《十三州志》曰："谒者，秦官也，员七十人，皆选孝廉年未五十，晓解傧赞者。岁尽拜县令、长及都官府丞、长史。"第180页。《后汉书》卷二六《韦彪传》载司徒刘恺欲辟署其兄韦豹，语曰："今岁垂尽，当选御史，意在相荐，子其宿留乎?"第920页。可见官员任用多集中于年终，这与上引睡虎地秦简《秦律十八种·置吏律》自十二月初一至次年三月成批任用之条相合，应与年终考核相关。

② 《汉书》卷五九《张汤传》载其曾"给事内史，为宁成掾，以汤为无害，言大府，调茂陵尉"。师古注："大府，丞相府也。"第2637~2638页。吏以"文无害"被擢，汉简中多有其例。同书卷八一《匡衡传》载其"射策甲科，以不应令除为太常掌故，调补平原文学"；又载元帝时长安令杨兴向大司马车骑将军领尚书事史高荐匡衡，称其"以无阶朝廷，故随牒在远方"。师古注引《儒林传》述射策甲科为郎中，乙科为太子舍人，丙科为文学掌故，"不应令，是不中甲科之令，所以止为掌故"。又述"随牒，谓随选补之恒牒，不被超擢者"。第3331~3333页。凡此足见汉时一般低官之任用有其定例。

③ 《后汉书》卷七八《宦者·吕强传》载其灵帝时为中常侍，上疏谏事有曰："旧典选举委任三府，三府有选，参议掾属，咨其行状，度其器能，受试任用，责以成功。若无可察，然后付之尚书，尚书举劾，请下廷尉，覆案虚实，行其诛罚。今但任尚书，或复敕用。"第2532页。

④ 《汉书》卷五九《张汤传》载"武安侯为丞相，征汤为史，荐补侍御史，治陈皇后巫蛊狱"。同书卷八六《王嘉传》载其哀帝时为相，"荐儒者公孙光、满昌及能吏萧咸、薛修等，皆故二千石有名称，天子纳而用之"。第2638、3492页。《后汉书》卷三一《贾琮传》载中平元年（184）交趾屯兵反，"灵帝特敕三府精选能吏，有司举琮为交趾刺史"。第1111页。同书卷七二《董卓传》载卓身后樊稠及郭汜开府，"与三公合为六府，皆参选举"。李贤注引《献帝起居注》："催等各欲用其所举，若壹违之，便忿愤恚怒。主者患之，乃以次第用其所举，先从催起，汜次之，稠次之。三公所举，终不见用。"第2336页。

臣协助下亲自裁择，亦不免咨询具体掌管百官考绩功过的二府三司，[1] 最终下达具有最高法律效力的策书并以一定仪式加以任命。[2]

图 4-2　秦阳陵虎符

有些官职性质比较特殊，其任用程序可在上述基础上变通。从汉代的情况来看，具有不同作用和地位的官职确实形成了不同类型，任用上也与同级官职有所区别，但其总体还缺少明确的规定而仅轮廓粗具。

这类官职比较突出者如下。一是郡国守相，如宣帝曾说：要达

---

① 《汉书》卷三六《楚元王传》附《刘向传》载成帝"数欲用向为九卿，辄不为王氏居位者及丞相御史所持，故终不迁居列大夫官前后三十余年，年七十二卒"；卷八三《薛宣传》载成帝时御史大夫于永卒，大夫谷永上疏荐宣"材茂行洁，达于从政，前为御史中丞，执宪毂下，不吐刚茹柔，举错时当；出守临淮、陈留，二郡称治；为左冯翊，崇教养善，威德并行，众职修理，奸轨绝息，辞讼者历年不至丞相府，赦后余盗贼什分三辅之一。功效卓尔，自左内史初置以来未尝有也。孔子曰：'如有所誉，其有所试。'宣考绩功课，简在两府，不敢过称以奸欺诬之罪"。第 1966、3391 页。

② 蔡邕《独断》卷之上述汉王命四品，策书、制书、诏书、戒敕，策书"以命诸侯王、三公"。程荣纂辑《汉魏丛书》，吉林大学出版社，1992，第 180 页。《汉旧仪》卷上载有神爵三年十月丞相上任、五凤三年正月御史大夫上任的皇帝戒饬文，可参。孙星衍等辑《汉官六种》，第 71、73 页。

到政平讼理天下大治，"与我共此者，其唯良二千石乎!"① 这里的二千石即指守相，其任用在汉代尤受重视也更为讲究，任满考核优秀常被加秩留任以造福一方，升迁则往往任为三辅长官或九卿，甚至可超擢为御史大夫。②

二是博士、御史、三辅县令，秩皆在六百石至千石之间，各须特定专业和能力要求，在中级官员中地位相当特殊。武帝以来其相对集中的任用渠道即前已指出的"丞相四科"，也就是先由丞相分别按博士、御史和三辅县令的标准任为其府僚属，经历练考核合格后再予任命。③

三是直接侍奉皇帝的官员，秦及汉初称"宦皇帝者"而明显不同于一般官员。④ 这种区别后来虽被淡化，但史书中统称为"郎、从官"的侍臣仍多特殊之处。⑤ 作为侍臣的郎，任用来源有任子、

---

① 《汉书》卷八九《循吏传》序，第3624页。《后汉书》卷二六《韦彪传》载其章帝时为大鸿胪，议选举之事有曰："士宜以才行为先，不可纯以阀阅。然其要归，在于选二千石。二千石贤，则贡举皆得其人矣。"帝深纳之。第918页。又《汉书》卷八六《王嘉传》载其哀帝时为相，曰成帝时督责二千石甚严，后悔，"下诏书，二千石不为纵，遣使者赐金，慰厚其意，诚以为国家有急，取办于二千石，二千石尊重难危，乃能使下。孝宣皇帝爱其良民吏，有章劾，事留中，会赦壹解……二千石、部刺史、三辅县令有材任职者，人情不能不有过差，宜可阔略，令尽力者有所劝。"第3490~3491页。

② 参见严耕望《中国地方行政制度史——秦汉地方行政制度》，第323~328页。

③ 《汉官仪》卷上载世祖诏："丞相故事，四科取士。一曰德行高妙，志节清白；二曰学通行修，经中博士；三曰明达法令，足以决疑，能案章覆问，文中御史；四曰刚毅多略，遭事不惑，明足以决，才任三辅。皆有孝悌廉公之行。"孙星衍等辑《汉官六种》，第125页。第一为德行特高之人，第二、三、四须各具博士、御史、三辅县令特需之能力并兼具孝廉之德行。参见阎步克《察举制度演变史稿》，第15~22页。

④ 《睡虎地秦墓竹简》之《法律答问》有曰："可谓宦者显大夫? 宦及智于王，及六百石吏以上，皆为显大夫。"整理小组释此条可参《汉书·惠帝纪》载其即位赦"爵五大夫、吏六百石以上及宦皇帝而知名者，有罪当盗械者，皆颂系"。第233~234页。张家山汉简《二年律令》又多处出现了"宦皇帝"字样，阎步克《论张家山汉简〈二年律令〉中的"宦皇帝"》一文揭示"宦皇帝者"皆为侍臣，先无禄秩，后为比秩，与万石至百石以下一般官吏有别。《中国史研究》2003年第3期。

⑤ 《汉书》卷八《宣帝纪》载元康二年二月乙丑立皇后王氏，"赐丞相以下至郎、从官钱帛各有差"；三年春，"以神爵数集泰山，赐诸侯王、丞相、将军、列侯、二千石金，郎、从官帛各有差"。第255、257页。《汉旧仪》卷上载期门骑者"秩比郎、从官"，羽林孤儿"官比郎、从官"。孙星衍等辑《汉官六种》，第66页。皆其例。

孝廉、太学生徒课试合格者等，进而升迁亦有某些成例。① 元帝永光元年（前43）二月，诏"丞相、御史举质朴、敦厚、逊让、有行者，光禄岁以此科第郎、从官"。② 此即所谓"光禄四行"，是从郎、从官中拔擢重要侍臣和其他官员的常规方式。侍臣中的大夫、博士、谒者等，有时也由皇帝特诏任用；③ 其中博士的升任又据考绩分为三类。④

四是前已指出汉代专业部门的技术官吏，有不少是从官府学室中培养的。其中不少是史、卜、祝之子弟，这些学童经课试合格，如学书者最高可补"尚书、御史、史书令史"，习卜、祝者则可补太卜、太祝之卜、祝，积累功绩年劳又可升官。⑤ 这种经过专业教习训练以后的任用，应是诸技术官吏任用之特殊要求与程序。

五是还有一些官职的任用方式与众不同。如王国官在汉初由诸侯王自行任免，景帝以来诸侯王权力大为削弱，一般却仍可自行任

---

① 参见王克奇《论秦汉郎官、博士制度》，安作璋、熊铁基《秦汉官制史稿》上册，齐鲁书社，1984，第344~408页。

② 《汉书》卷九《元帝纪》，第287页。同书卷九九中《王莽传中》载天凤三年七月戊子，以日食"令公卿大夫诸侯二千石举四行各一人"。第4144页。是四行之举不限于郎、从官。又《后汉书》卷四《和帝纪》永元七年四月辛亥，诏"有司详选郎官宽博有谋、才任典城者三十人，既而悉以所选郎出补长、相"。第180页。

③ 《汉书》卷五〇《张释之传》载其为谒者，论秦汉间事，"文帝称善，拜释之为谒者仆射"；卷五八《兒宽传》载其先被御史大夫张汤举为侍御史，"见上，语经学，上悦之，从问《尚书》一篇，擢为中大夫，迁左内史"；卷六五《东方朔传》载其待诏公车，见武帝对，"上以朔为常侍郎，遂得爱幸"，后因其奏事有节，拜太中大夫。第2307、2629、2844~2851页。

④ 《汉书》卷八一《孔光传》载高第为尚书，次为刺史，不通政事者以久次补诸侯太傅。第3353页。

⑤ 《汉书》卷三〇《艺文志》六艺略小学类后叙引《律》："太史试学童，能讽书九千字以上，乃得为史。又以六体试之，课最者以为尚书御史史书令史。"第1720页。此为汉初以后之况。《二年律令·史律》载为"试史学童以十五篇，能讽书五千字以上，乃得为史"；又载试以八体，太史每岁"取最一人以为县令史"，三岁"取最一人以为尚书卒史"。《史律》另有卜、祝学童教习课试的补吏规定，详见彭浩、陈伟、工藤元男主编《二年律令与奏谳书——张家山二四七号汉墓出土法律文献释读》，第295~304页。

命四百石以下官属。① 又如尚书台诸官作为近侍皇帝的秘书，其任用故事之一即为尚书郎缺，常从一般郎官中择 5 人赴尚书台试其公文处理能力，择优者 1 人任用。② 尚书则多由尚书郎升任，至东汉安帝下诏从六百石以上官员中考试择任。③ 此外，尚书台内部的职务调整，又比其他部门更重年资，④ 这些都使尚书台官的任用隐隐自成一种类型。

以上所述汉代任用方式的级别和职能类型，一方面确已开始奠定基本的轮廓，有相关法令和成例可循；另一方面也都存在大量例外和个案，反映了秦汉时期任用方式相对简略、灵活，不少官职性质和任用要求还待明确的总体特点。⑤ 当然所有任命皆须依循关于官吏选用的普遍性法律规定，⑥ 须随皇帝制诏或除书等公文的下达生效，并且授予相应凭证。除大夫、郎等没有具体职事的官员外，长吏类皆发给印绶，其印

---

① 《史记》卷一一八《淮南衡山列传》载元光六年衡山王入朝，"有司请逮治衡山王，天子不许，为置吏二百石以上"。《集解》引如淳曰："《汉仪注》吏四百石以下，自调除国中。今王恶，天子皆为置之。"第 3095 页。

② 《汉官仪》卷上，孙星衍等辑《汉官六种》，第 142 页。

③ 《后汉书》卷二六《韦彪传》载其章帝时上议选举之事，要求改变尚书选用之法："天下枢要，在于尚书，尚书之选，岂可不重。而间者多从郎官超升此位，虽晓习文法，长于应对，然察察小慧，类无大能。宜简尝历州宰素有名者，虽进退舒迟，时有不逮，然端心向公，奉职周密……"同书卷四八《翟酺传》："时尚书有缺，诏将大夫六百石以上试对政事、天文、道术，以高第者补之。"第 918~919、1602 页。

④ 《汉书·孔光传》载其哀帝时拜为光禄大夫给事中，位次丞相，诏光举可尚书令者封上，光谢曰："窃见国家故事，尚书以久次转迁，非有踔绝之能，不相逾越。"第 3361 页。

⑤ 如《汉书》卷八六《王嘉传》载其哀帝时为相，上疏论事有曰："今诸大夫有材能者甚少，宜预畜养可成就者，则士赴难不爱其死，临事仓卒乃求，非所以明朝廷也。"第 3491 页。《后汉书·韦彪传》载其章帝时上议选举之事有曰："谏议之职，应用公直之士，通才謇正，有补益于朝者。今或从征试辈为大夫。又御史外迁，动据州郡，并宜清选其任，责以言绩。"第 3491 页。

⑥ 如《睡虎地秦墓竹简》之《秦律十八种·置吏律》载："除吏、尉，已除之，乃令视事及遣之；所不当除而敢先见事，及相听以遣之，以律论之。啬夫之送见它官者，不得除其故官佐，吏以之新官。"第 94~95 页。此为任命与视事及调任、摄守之规定。张家山汉简《二年律令·置吏律》亦有多条任职视事的相关规定，见彭浩、陈伟、工藤元男主编《二年律令与奏谳书——张家山二四七号汉墓出土法律文献释读》，第 172~180 页。

质地与绶带颜色清楚地体现了高中低级之别，即二百石以上为铜印黄绶，六百石以上为铜印黑绶，二千石以上为银印青绶，而级别最高的万石为金印紫绶。① 外地及执掌某些权力的官员还须授予传、符，以便其利用各地的驿传，② 调度兵卒、财物。皇帝特命出使或加权的官员，则被授予象征着相应全权的节。③ 凡此之类，都体现了官员任命的慎重和战国以来符玺制度的发展。

图4-3　东汉广陵王玺

---

① 《汉书》卷一九上《百官公卿表上》，第743页。《三国志》卷六《魏书·董卓传》载其身后诸将作乱，裴注引《魏书》载诸将"竞表拜诸营壁民为部曲，求其礼遗，医师、走卒皆为校尉，御史刻印不供，乃以锥画，示有文字，或不时得也"。第187页。可见给印乃任命的必要环节。

② 《续汉志·舆服志上》："驿马三十里一置。"刘昭案："东晋犹有邮驿共置，承受旁郡县文书。又邮有驿，行传以相付。县置屋二区，有承驿吏，皆条所受书，每月言上州郡。《风俗通》曰：今吏邮书掾，府督邮职掌此。"《后汉书》，第3651~3652页。

③ 《史记》卷六《秦始皇本纪》秦并天下后，推终始五德，以秦代周为水德，"旄旌节旗皆上黑……符、法冠皆六寸"。《正义》："旄节者，编毛为之，以象竹节。《汉书》云'苏武执节在匈奴牧羊，节毛尽落'是也。"《集解》引张晏曰："水，北方，黑，终数六，故以六寸为符，六尺为步。"第237~238页。《汉书》卷四《文帝纪》三年九月"初与郡守为铜虎符"。符、竹使注引应劭曰："铜虎符第一至第五，国家当发兵遣使者，至郡合符，符合乃听受之。竹使符皆以竹箭五枚，长五寸，镌刻篆书，第一至第五。"师古曰："与郡守为符者，谓各分其半，右留京师，左以与之。"第118页。同书卷一二《平帝纪》元始五年诏征天下诸艺，"在所为驾一封轺传遣诣京师"。注引如淳曰："律，诸当乘传及发驾置传者，皆持尺五寸木传信，封以御史大夫印章。"第359~360页。

秦汉时期简略、灵活的任用程序，适应了大一统王朝初创期的体制特点，不仅保障了朝廷对各地各部门的统一控制，而且显示了某些出人意料的优点。在官僚权责较为完整明确的委任责成体制下，这种大致上分层分类展开的任用状态，首先确保了朝廷对各级长官的人事控制和政绩督责，而其因简略灵活所可能存在的漏洞，则可主要通过对各级长官的任免黜陟来预防和弥补。这就在很大程度上突出了任用的主动性和责任，既为有关官职提供了较大的选任余地，又可以实效为中心追究任用责任。显然，要"为官择人"，把千差万别的人恰当地放到同样千差万别的岗位上去，这种余地和追责都是十分必要的。从这个角度来看，汉代所以留下了大量不拘一格的用人佳话，除其他原因外，又是与当时任用程序并不苛密，任用量较小而责任和灵活性较大，更便于发挥人才鉴识艺术的状态联系在一起的。

二　级别和职能类型并重的唐代任用程序

自东汉后期"选举诛赏，一由尚书"，魏晋以来人事权进一步集中统一，原先逐层责成和最终以政绩对朝廷负责的控制原则，渐被动辄照皇帝旨意来办的做法取代，原来的任用程序已不能适应各种新的需要而须调整，原来其简略灵活所蕴含的消极面也就日益凸显而亟待改进了。

在这个复杂的演变过程中，汉代三公在官僚任用过程中的地位，已被完全围绕皇帝诏令运行的尚书吏部所取代；而皇帝的人事决策和吏部对之的贯彻，则在直接参与决策的门下省、中书省和尚书省的相互配合中逐渐规范化了。此外，随着官多缺少成为定局，有待朝廷统一任用的官员数量越来越多，文、武各机构、职务和关系的新旧转换，又大大增加了公平铨衡的难度和复杂性。设立州郡中正，对待用者品德才能和籍贯门阀加以鉴定，虽一度发挥过重要的筛选作用，却很快因其"高下任意，荣辱在手"，或全以族姓立论而变得不足凭借。吏部的铨衡，已不能不极大地依赖记录劳绩功过的簿册档案。这一切，都催驱着官僚任用过程重新分门别类按部就班地展开。最终，在隋代统一全国，并把魏晋以来这一系列趋势明确下来的基础上，承隋而兴的唐代便形成了一套新的任用类型和程序，见图4-4。

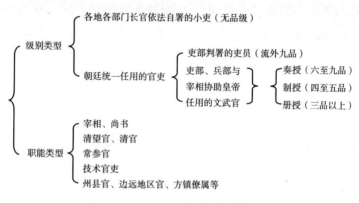

图4-4　唐代官僚任用类型

备注：
本图综据《旧唐书·职官志一》，《新唐书·选举志下》，《唐会要》卷七四《选部上》、卷七五《选部下》绘制。

在唐代的任用分类中，不同级别的官员按不同程序任用仍是基本原则。经隋及初唐整顿后，魏晋以来各机关的重要吏员，或已升格为正式官员，或被纳入了流外九品，都归朝廷统一任用。因此，唐代仍然分散进行的任用，主要是各地各部门处于法定等级序列之下的小吏，即所谓"内外职掌人"。各地即"外职掌人"选任在州府刺史、府尹主持下展开，称"州选"。① 大致先由各县定期将符合条件的勋官、六品以下低官子弟、四年任满待迁的小吏和"家世重

---

① 《唐六典》卷三〇《三府督护州县》府州功曹参军事："凡州、县及镇仓督、县博士、助教，中下州市令及县市令，岳渎祝史，并州选，各四周而代。"第748页。

大"、才行可取的"白丁"选送至州，再由刺史在主管本州选举事
务的功曹参军事协助下，依据有关证明文件和档案对之加以勘核和
衡量，然后依法分别任以州县各曹佐史及仓督、市令、博士、助教
等职，下达相应公文并须报尚书省备案。① 在朝廷各部门任职的
"内职掌人"则由本司长官在佐官与僚属协助下依法选任，性质不
同的人员各有具体要求和规定，基本程序与州选相类。② 与汉代长
官辟署制相比，唐代这类小吏任用首先考虑的是勋官及官员子弟，
其次甚重专业需要，相应的法令规定也已更为具体明确，且须申报
尚书省以凭审查校核。这都进一步规范了各种小吏的任用过程，体
现了其选拔署用以朝廷诸司和地方州级机构为中心来控制的格局。

　　列入法定等级序列的全部官吏皆由朝廷统一任用，却仍区分为
几个级别层次分别展开。

　　流外九品吏员为最低一层，其任用是由尚书省吏部，具体是由

---

　　①　《唐六典》卷三〇《三府督护州县》府州功曹参军事原注："州镇仓督、州县市
令，取勋官五品已上及职资九品者；若无，通取勋官六品已下，仓督取家口重大者为
之。州市令不得用本市内人，县市令不得用当县人。博士、助教部内无者，得于旁州通
取。县录事通取部内勋官五品已上，若无堪任者，并佐史通取六品已下子及白丁充之。"
第 748 页。明抄本《天圣令·医疾令》所存唐令第 17 条："诸州医博士、助教，于所管
户内及停家职资内，取医术优长者为之。若管内无人，次比近州有处兼取。皆州司试
练，知其必堪，然后铨补，补讫申省。其学生取人依太医署。若州在边远及管夷獠之
处，无人堪习业者，不在置限。"《天一阁藏明钞本天圣令校证——附唐令复原研究》下
册《校录本·医疾令卷第二十六》，第 320 页。《册府元龟》卷六三〇《铨选部·条制
二》载天宝二年十一月十六日敕："诸州医学生等，宜随贡举人例申省补署，十年与散
官，恐年岁深久，检勘无凭，仍同流外附甲。"第 7553 页。
　　②　如明抄本《天圣令·厩牧令》所存唐令第 2 条："诸畜牧，群别置长一人，率
十五置尉一人、史一人。尉，取八品以下散官充，考第年劳并同职事，仍给仗身一
人。长，取六品以下及勋官三品以下子，白丁、杂色人等，简堪牧养者为之。品子经八
考，白丁等经十考，各随文武依出身法叙。品子得五上考，白丁得六上考者，量书判授
职事。其白丁等年满无二上考者，各送还本色，其以理解者，并听续劳。"此为群牧职
吏之任用，"尉"具官身，长、史等为小吏，可由主司依法从白丁及杂色中选任，并可
积考入仕。同处所存唐令第 3 条规定兽医选任"于百姓、军人内，各取解医杂畜者为
之。其殿中省、太仆寺兽医，皆从本司准此取三人，补讫，各申所司，并分番上下。军
内取者，仍各隶军府"。俱见《天一阁藏明钞本天圣令校证——附唐令复原研究》下册
《校录本·厩牧令卷第二十四》，第 294 页。

吏部司郎中 1 人实际负责的，此即前所指出的"流外铨""小选"，常于每年冬季举行。参加流外铨的主要是各种任满待迁的流外吏员、[①] 执役期满愿充流外之职的官僚子弟、勋官，以及各州选送至京的佐史、低官子弟和部分白丁。其程序大致是先由吏部南曹勘验有关文档，对按规定前来报到者的出身来路、年劳资历等项条件加以校核；然后由吏部郎中主持，对其书写、计算能力和时务识见进行考试；[②] 合格者再综合其各项条件和志愿，拟定应任职务，全部任用名单报吏部侍郎、尚书批准后，[③] 即可分别给予告身上任。由于这种任命无须皇帝下旨，仅吏部命令即可生效，故称"判补""行署"。

　　流内九品文武官员皆由吏、兵二部和宰相协助皇帝任用。文官由吏部，武官由兵部，基本程序相同，故以下皆以文官为例说明其况。其任用过程首先按级别高低分为三类，在六品至九品低官的任用中，吏部或兵部的作用较突出，待任者主要是各种任满离职待选之官，以及通过科举、吏道、门荫、军功等多种仕途新获做官资格者，通称"选人"。由于其数量最多，任用定期分批举行，即所谓

---

　　① 《唐六典》卷二《吏部》原注："流外转迁者，始自府寺而超授七司者，以为非次。长安中，毕构奏而革之。应入省者，先授闲司及后行，经两考，方转入七司，便为成例。"第 36 页。是初唐流外官从府寺可超擢入台省要司任职，武周末起须先入后行闲司，才能转入"七司"即尚书省吏部、兵部、考功司、都省及御史台、中书省、门下省任职，七司称"前行要望"，其余称"后行闲司"。《旧唐书》卷四三《职官志二》载前行要望还有礼部，称"前八司"。第 1820 页。

　　② 《唐六典》卷二《吏部》："凡择流外职有三：一曰书，二曰计，三曰时务。其工书、工计者，虽时务非长，亦叙限；三事皆下，则无取焉。每经三考，听转选，量其才能而进之；不则从旧任。"第 36 页。《旧唐书·职官志二》载小铨所试"三事中，有一优长，则在叙限"。第 1820 页。

　　③ 《唐六典》卷二《吏部》原注："旧则郎中专知小铨，开元二十五年敕铨试讫，应留放，皆尚书、侍郎定之。"《唐会要》卷七四《选部上·吏曹条例》载开元二十一年六月二十八日诏："比者流外奏甲，仍引过门下，簿书堆盈于琐闼，胥吏填委于披垣，岂是合宜，过为烦碎。自今以后，亦宜依旧。"第 1348 页。是此前一段时期流外官任用经侍郎、尚书裁定后还须引过门下。

"流内铨""大选"，为当时各类任用中最易程式化的一类。

流内铨于每年十月举行，次年三月完成。而其准备工作则于每年五月开始。具体步骤如下。

第一，每年五月吏部向全国颁布当年铨选的限制和规定，称"选格"，①凡符合相应条件者，在原籍或原任所报到，办理一应证明文件及赴京手续。距京 500 里者限十月上旬到京，1000 里者限十月中旬到京，1000 里以上者限十月下旬到京，至尚书省吏部报到。

第二，选人 5 名相互为保，再引京官 5 人作保，由吏部南曹核勘其资格履历、年劳功过，有虚伪差错不符条件者驳还，合格者则区别其应任级别分为三批，合称"三铨"：应任六品至七品的送付尚书选任，②即所谓尚书铨；应任八品、九品的送付两位侍郎分别选任，即所谓中铨和东铨。

第三，选人分别集中至三铨后，须集试书、判，再察其身、言，询其愿至何地任何官职，平衡德行、才能、劳绩三项条件，先德行，德均以才，才均以劳，再拟定其应任职务并当众宣布，凡不满意者，可申述理由酌情重拟其职。在这些体现铨衡的环节中，最受重视的是试判的成绩。初唐以来，为弥补流内铨日益限制年劳资历而难以不拘一格用人的缺陷，便在笔试的基础上，逐渐发展出一系列内容不同而严格程度不下于科举考试的科目，如试判 3 道称"拔萃"，试文 3 篇称"宏词"，其他试经、史、律令等，皆设专门名目，优

---

① 《新唐书》卷四五《选举志下》："凡选有文、武，文选吏部主之，武选兵部主之……每岁五月，颁格于州县，选人应格，则本属或故任取选解，列其罢免、善恶之状，以十月会于省，过其时者不叙。"第 1171 页。敦煌文书 P. 4978 号为兵部颁布的武官年度大选资格等规定。见 P. 4978《开元兵部选格断片》，刘俊文《敦煌吐鲁番唐代法制文书考释》，第 301~302 页。

② 初唐五品亦尚书铨，见《唐会要》卷五八《尚书省诸司中·吏部尚书》，第 1004~1005 页。

胜者可不拘资格授职。① 这就是只用于选人而有别于科举各科的"科目选"。

第四，吏部将三铨所拟任用名单和相应文档送尚书都省（侍郎主持的中、东铨须先过尚书讫）；由分管吏、户、礼三部的左司、左丞和仆射核准后，将之连同有关选人申送门下省"过官"，即由给事中、门下侍郎和侍中读名审视，有不当者则驳回重拟，合格者则将名单呈皇帝画闻；然后下达尚书省吏部，分别向被任者颁发一份由参与此次任用过程的有关官吏联名签署，钤有吏部告身之印的委任凭证也就是告身。② 接下来便是新官诣阙谢恩、领取符印、克期赴任等事了。由于这类任命依法皆须请旨画闻后生效，故称"奏授""旨授"。③

五品以上官僚的任用又可分为两类，五品、四品"制授"，三品以上德高望重者"册（策）授"，两者皆以皇帝下达法定"册书"或"制书"任命而得名。④ 这两类官僚数量不多，但责任重大，常随时依缺任用。其中，宰相的作用十分突出，但吏部仍在资格劳

---

① 《通典》卷一五《选举三·历代制下》述唐初以后因选人愈多而铨试愈难，"案牍浅近，不足为难，乃采经籍古义，假设甲乙，令其判断。既而来者益众，而通经正籍又不足以为问，乃征僻书、曲学、隐伏之义问之，惟惧人之能知也。佳者登于科第，谓之入等，其甚拙者，谓之蓝缕，各有升降。选人有格限未至，而能试文三篇，谓之宏词；试判三条，谓之拔萃，亦曰超绝。词美者得不拘限而授职"。典八五。

② 其式见敦煌文书 P. 2819 号《开元公式令残卷》之"奏授告身式"，参见王昶《金石萃编》卷一〇二《颜鲁公书朱巨川告身》，扫叶山房，1921 年石印本，第二函册七，卷一〇二第 5~7 页；楼劲《伯 2819 号残卷所载公式令对于研究唐代政制的价值》，《敦煌学辑刊》1987 年第 2 期。

③ 《陆贽集》卷一七《中书奏议·请许台省长官举荐属吏状》："庶官五品以上，制敕命之；六品已下，则并旨授。制敕所命者，盖宰相商议奏可而除拜之也。旨授者，盖吏部铨材署职，然后上言，诏旨但画闻以从之，而不可否者也。"《陆贽集》，王素点校，中华书局，2006，第 538 页。

④ 《唐六典》卷九《中书省》："凡王言之制有七：一曰册书（原注：立后建嫡，封树藩屏，宠命尊贤，临轩备礼则用之），二曰制书（原注：行大赏罚，授大官爵，厘革旧政，赦宥降虑则用之）。……"第 273~274 页。

绩的勘核和才行评价上，起重要的辅助或咨询作用，而以本人功绩、才行、人际关系为重要的任用依据。

制授的大致程序，是由吏部协助核勘相关人选的文档，由宰相与之商量人选；经鉴审和平衡后拟出具体任用方案，进呈或面询皇帝裁定批准；下旨至中书省，由中书舍人知制诰起草任命制书；[①] 由于事关重大，这份制书须转送门下省复核，有不当者则驳回，无误后再进呈皇帝画可；[②] 然后下达尚书省吏部，颁发告身，并安排廷谢、赴任事宜。[③] 册授程序与制授基本一致，无非是为了表示隆重和尊崇，所下达的是具有最高法律效力的册书，并往往须举行一个专门的仪式加以授受罢了。[④]

在按级别区分任用类型和程序的基础上，因各种需要而导致的变则和临事随机的个案也仍大量存在。只是，现在中书、门下、尚书三省互相牵制、配合，共同协助皇帝总揽大政，各种制度都变得空前严密起来。连皇帝旨意也须经三省协调起草、复奏和审核，才能成为具有法定地位的正规制敕；否则，其效力只能局限在内廷或某些特定场合。倘在此范围之外不按法定程序下达旨意，往往会遭到有关大臣抵制及谏官劝告，即便一时得到贯彻，也会被认为是有

---

① 玄宗开元以来常由他官知制诰，大任命则由翰林学士草诏，称白麻。见李林甫等《唐六典》卷九《中书省》，"中书舍人"条，第 276 页；《唐会要》卷五七《翰林院》，第 977~978 页。

② 《唐律疏议·职制篇》"事直代判署"条《疏议》曰："依《令》，授五品以上画可，六品以下画闻。"第 203 页。《唐六典》卷八《门下省》载侍中凡制诏及章奏批答"皆审署申复而施行焉"，原注曰："复奏，画可讫，留门下省为案，更写一通，侍中注'制可'，印缝，署送尚书省施行。"第 242 页。

③ 《天一阁藏明钞本天圣令校证——附唐令复原研究》下册《唐假宁令复原研究》附《唐假宁令复原清本》第 27 条："诸外官授讫，给假装束。其去授官处千里内者四十日，二千里内五十日，三千里内六十日，四千里内七十日，过四千里外八十日，并除程。其假内欲赴任者，听之。若有事须早遣者，不用此令。旧人代至，亦准此。若京官先在外者，其装束假减外官之半。"第 602 页。

④ 详见《大唐开元礼》卷一〇八《临册命诸王大臣》《朝堂册命诸臣》，卷一〇九《遣使册授官爵》，民族出版社，2000，第 507~510 页。

损体统和不足为后世法的弊政。像武韦之乱时，皇帝不按体制直接下达"墨敕"任命官员，便被史家记录在案，引为鉴戒。[①] 也正是在这样的制度背景下，唐代任用程序的职能类型也已空前明确并有法可依。

第一，三师、三公及三省长官和六部尚书，代表了三品以上高官中地位最为尊荣的部分。三师即太师、太傅、太保，为训导皇帝之官；三公即太尉、司徒、司空，为论道经邦之官。皆正一品而位极人臣。三省长官即尚书左右仆射、侍中、中书令，唐初以来皆为当然宰相，[②] 六部尚书不仅分管举国各项政务，且与仆射共为八座参议大政，在所有三品以上"诸司长官"中位望最高。相较于其他三品以上高官，这部分官员的法定任用程序是任命下达后，允许其"进让"。[③] 以示其位尊重须待贤能，所让之人则相当于正规举荐，同时也使其进让以后的任命更显尊荣。[④]

---

① 《旧唐书》卷五一《后妃中宗韦庶人传》载其时韦后用人唯亲，上官昭容等树用亲党，"别降墨敕斜封授官，或出臧获屠贩之类，累居荣秩"。第 2173 页。参见《唐会要》卷六七《员外官》，第 1175~1177 页。

② 《通典》卷二二《职官四·尚书上》"仆射"述唐"尚书令废阙，二仆射则为宰相……及贞观末，除拜仆射，必加同中书门下平章事及参知机务等名，方为宰相，不然则否。然为仆射者亦无不加焉。至开元以来则罕有加者。"典一三一。但开元以来左右仆射仍是公认的百官领袖，位望极高。参见严耕望《唐仆尚丞郎表》卷一《述制》，上海古籍出版社，2007，第 7~12 页。

③ 《唐六典》卷二《吏部》："凡授左右丞相、侍中、中书令、六尚书已上官，听进让；其四品已上清望官，才职相当，不应进让。（原注：旧制御史大夫、六尚书已上要官皆进让，臣林甫等伏以为进让之礼，朝廷所先，两省侍郎及南省诸司侍郎、左右丞，虽在四品，职居清要，亦合让也）"第 34 页。《新唐书》卷四八《百官志三·御史台》载三省长官"以表让"，其余"进状谢于侧门"。第 1263 页。

④ 《文心雕龙·章表第二十二》："是以汉末让表，以三为断。曹公称为表不必三让，又勿得浮华。"刘勰撰，黄叔琳注，李详补注，杨明照校注拾遗《文心雕龙校注》，中华书局，1961，第 163 页。《晋书》卷四一《刘寔传》载其著《崇让论》以矫世多进趣，以为让道不仅以崇公义，亦有举贤之实，"三司有缺，择三司所让最多者而用之，此为一公缺，三公已豫选之矣"。南朝博士亦有让，唐初以来仍有侍郎进让之例，代限宰相及尚书进让应是开元所定之制。《张说集》卷二四《表·为薛稷让工部尚书表》末称"谨诣朝堂，奉表陈让以闻。臣所让人，别状封进"。事在景云元年，足见进让所具的举荐功能。熊飞校注《张说集校注》，中华书局，2013，第 1188 页。

第二，清望官、清官，是专为举贡、门荫等出身入仕的士人提供的职务。清望官即内外三品以上及三省、太常寺、秘书省、国子监和东宫詹事府的四品副贰官，加上东宫左右春坊、左右率府长官；清官指四至八品省台、太常寺、秘书省、国子监、左右卫、左右千牛卫和东宫的重要官职。两者范围包括了朝廷各部门长官，三省、六部、御史台副贰和主要官员，以及东宫、太常寺、秘书省、国子监的文教要职，① 将之与其他三至八品官员区别开来，是要贯彻"凡出身非清流者，不注清资之官"的任用原则，② 也就是明确规定其只能由科举、门荫等途，而不能由杂流出身者担任。这是魏晋以来士庶清浊有别的任用传统在唐代的延续，只限仕途而不限门第等级，又体现了唐代对此传统的改造。

第三，常参官，即参加常朝的在京五品以上职事官、八品以上供奉官及尚书诸司员外郎、监察御史、太常博士。③ 五品以上职事

---

① 《唐六典》卷二《吏部》原注述清望官"谓内外三品已上官及中书、黄门侍郎、尚书左右丞、诸司侍郎，并太常少卿、秘书少监、太子少詹事、左右庶子、左右率及国子司业"。清官"四品谓太子左右谕德、左右卫、左右千牛卫中郎将、左右副率、率府中郎将。五品谓御史中丞、谏议大夫、给事中、中书舍人、赞善大夫、太子洗马、国子博士、诸司郎中、秘书丞、著作郎、太常丞、左右卫郎将、左右率府郎将。六品谓起居郎、舍人，太子司议郎、舍人，诸司员外郎，侍御史，秘书郎，著作佐郎，太学博士，詹事丞，太子文学，国子助教。七品：左右补阙、殿中侍御史、太常博士、詹事司直、四门博士、太学助教。八品：左右拾遗、监察御史、四门助教"。第33~34页。

② 《唐六典》卷二《吏部》："凡出身非清流者，不注清资之官。"原注："谓从流外及视品出身者。其中书主事、门下录事、尚书都事，历任考词、使状有清干及德行、言语、兼书、判、吏用，经十六考已上者，听拟寺监丞、左右卫及金吾长史。"第27~28页。敦煌文书 P.2504 抄录了天宝时期行用的部分令式内容，其中所列一至九品正、从、上、下职事官阶，不少上有朱点，并且标明"朱点者是清官"。刘俊文：《敦煌吐鲁番唐代法制文书考释》，第360页。

③ 《唐六典》卷二《吏部》述供奉官，"谓侍中，中书令，左右散骑常侍，黄门、中书侍郎，谏议大夫，给事中，中书舍人，起居郎，起居舍人，通事舍人，左右补阙，拾遗，御史大夫，御史中丞，侍御史，殿中侍御史"。第33页。

官本来就在"制授"之列，关键是其不仅包括了八品以上供奉官即门下省、中书省和御史台诸要职，还包括了不在供奉官之列的五品已下诸司员外郎、监察御史和太常博士。将之与其他五品以下官府相比，参与常朝自然意味着其更为接近权力中心，其任用特殊性则在于"六品已下常参之官量资注定，其才识颇高，可擢为拾遗、补阙、监察御史者，亦以名送中书门下，听敕授焉"。① 也就是其品阶本在"奏授"之列，但因其为常参官而须交由宰相定夺，遂为"敕授"之官。②

第四，技术官吏为又一种以职能区别的任用类型。唐代官府也像秦汉一样需要多种技艺，也在相关部门教习、培养和选用大批拥有技艺者。前已指出其作为仕途与吏道性质相类，而宦途前景则更狭窄。其任用特点是所属机构长官在选用过程中具有实际决定权，即由所属长官负责其日常课试并最终确认其术业合格或优秀，即可申尚书省补为官吏。如太史局所属天文生、卜筮生补天文观生和卜师，③ 太医署

---

① 《唐六典》卷二《吏部》，第33页。《资治通鉴》卷二一一《唐纪二十七》开元四年末载"旧制，六品以下官，皆委尚书省奏拟。是岁始制员外郎、御史、起居、遗、补不拟"。胡注："员外郎、御史、起居、遗、补皆台省要官，由人主亲除，不由尚书奏拟。按唐制，员外郎从六品，侍御史、起居郎亦从六品，补阙七品，拾遗及监察御史则八品耳。"上海古籍出版社，1987，第1432页。

② 仁井田陞《唐令拾遗》之《唐令·选举令第十一》："诸诸王及职事正三品以上，若文武散官二品以上，及都督、都护、上州刺史之在京师者，册授（诸王及职事二品以上，若文武散官一品，并临轩册授；其职事正三品、散官二品以上，及都督、都护、上州刺史，并朝堂册。讫，皆拜庙，册用竹简，书用漆）。五品以上皆制授，六品以下守五品以上及视五品以上，皆敕授。"第283~284页。可见敕授本来用于六品以下守五品以上及视五品以上者的任用，常参官参与常朝，性质地位非同寻常，故亦可在敕授之列。

③ 明抄本《天圣令·杂令》所存唐令第1条："太史局历生，取中男年十八以上，解算数者为之，习业限六年成；天文生、卜筮生并取中男年十六以上，性识聪敏者，习业限八年成，业成申补观生、卜师。"《天一阁藏明钞本天圣令校证——附唐令复原研究》下册《校录本·杂令卷第三十》，第374页。

所属医、针生补医工、医师、医官之类，① 皆限任于本技术部门，今后晋升大抵皆至本部门长官而止。

第五，其他还有一些官职的任用程序不同寻常。

如州县长官向被视为天下治理之要，唐初以来都督刺史任命或临轩策拜，或便殿召对，赐以恩礼，程序已与同级官员不同。但唐代用人外轻内重，外官或多贬累之人，故各时期多有重视州县官任用的呼吁。唐太宗即亲自选任刺史，并下诏京官五品以上各举县令一人；玄宗则命在京重要官员与州县长官及重要僚属相互调补，又诏内外百官举荐可任刺史、县令者；其后又有强调各地长官须任满三年，鼓励久任和京外官互调等举措，② 中唐以来更屡屡强调州县长官和重要僚属的推荐制度。③ 可见唐代州县亲民之官的任用，也像秦汉以来那样多有特殊之处。

又如岭南、西南桂、广、交、黔等偏远州府的大量官职，多由当地人担任，由于距京路途遥远，往返参选多有不便，高宗以来遂设

---

①　明抄本《天圣令·医疾令》所存唐令第 2 条："诸医、针生，博士一月一试，太医令、丞一季一试，太常卿、丞年终总试。若业术灼然，过于见任官者，即听补替。其在学九年业无成者，退从本色。"第 3 条："诸学体疗者限七年成，学少小及疮肿者各五年成，学耳目口齿者四年成，学角法者三年成，针生七年成。业成之日，令尚药官司取业术优长者，就太常引，丞以上皆精加校练，具述行业，申送尚书省。"第 7 条："诸医、针生以业成申送尚书者，所司覆试策，各三条……问答法式及考等高下，并准试国子监学生例。得第者，医生从九品上叙，针生降一等。不第者，退还本学。经虽不第，而明于诸方，量堪疗疾者，仍听于医师、针师内比校，优者为师，次者为工。即不第人少，补阙不足，量于见任及以理解医、针生内，简堪疗疾者兼补。"《天一阁藏明钞本天圣令校证——附唐令复原研究》下册《校录本·医疾令卷第二十六》，第 317~318 页。

②　见《唐会要》卷六八《刺史上》、卷六九《刺史下》，第 1196~1214 页。

③　《唐会要》卷七四《选部上·论选事》元和十一年九月中书门下奏："字人之官，从古所重，遂许闻荐，冀得循良……自今已后，所举人事迹与节文不同，及检勘无据，并到官后不称职，及有负犯等事，并量轻重坐其举主，轻则削夺，重则贬谪。伏以前后敕文，虽有条约，比来铨核，多务因循。今重申明，所期画一。"同书卷七五《选部下·杂处置》贞元元年正月二十五日敕："宜令清资常参官，每年于吏部选人中，各举一人堪任县令、录事参军者，所司依资注拟。便于甲历具所举官名衔，仍牒御史台，如到任政理尤异及无赃犯，事迹明著，所司举录官姓名闻，当议褒贬。仍长名后二十日举，仍永为常式。"第 1341~1342、1362 页。

"南选"，由皇帝特命五品以上官员为"选补使"前往铨选。其选任程序有所简化，条件也放得较宽，通常三四年一次，安史之乱后或"权停"，或推广于江南、淮南、福建等地。[①] 其过程先由当地州府将符合条件的选人的资历劳绩等材料呈报尚书省，由选补使协同吏、兵二部本司共同审议拟订方案，然后携之与负责监察其事的御史前往铨选。铨毕的任用名单由吏部照准，奏闻皇帝后，再由专使将诸文牒告身送至当地州府分发。[②] 除此之外，对偏远地区的官职，吏部的常规铨选也可放宽条件在选人中"召补"，若有不肯前往，作弊逃避者，则须毁其告身别加惩罚。[③]

另如王府侍讲等官，大理寺法官与太常寺礼官之任用，[④] 以及前面所述方镇幕僚之有奏辟等，亦皆因其职务性质而各有成例。总体看来，唐代官员的任用程序，既继承了秦汉魏晋以来级别和职能类型的某些方面，又多有立足现实的总结和发展，不仅在任用通例与变则的系统性、综据官员才行劳绩的严密性上大有推进，更在相关法律规定的明确性上达到了空前水平。与此同时，唐代官僚任用制度也面临着前所未有的新局面，存在和蕴藏着大量新的问题。

由于幅员辽阔、官职多样和权力高度集中，尤其是由于隋以来

---

① 《新唐书》卷四五《选举志下》，第 1180 页。

② 《唐六典》卷二《吏部》述南选之事，原注曰："应选之人，各令所管勘责，具言出身、由历、选数，作簿书预申省。所司具勘曹名、考第，造历子，印署，与选使勘会，将就彼铨注讫，然后进甲以闻。"第 34 页。参见《唐会要》卷七五《选部下·南选》，第 1369~1371 页。

③ 见《唐会要》卷七四《选部上·掌选善恶》开元十一年十二月吏部侍郎崔林铨"远恶官六七百员"之事、卷七五《选部下·杂处置》开元四年七月敕，第 1345~1346、1360 页。

④ 《唐会要》卷七四《选部上·吏曹条例》开元二十四年十二月二十四日敕："王子未出阁者，侍讲、侍读、侍文、侍书，并取见任官充，经三周年放选，与处分。习艺馆诸色内教，通取前资及常选人充，经二年已上，选日各于本色量减两选与处分。"同书卷七五《选部下·杂处置》建中元年正月五日敕："大理法官及太常礼官，宜委吏部每至选时，简择才识相当者，与本司商量注拟。"第 1348、1362 页。

朝廷统一任用的官吏数量剧增，唐初每年参加吏部大选者便达几千人，[①] 加上各种官员的转迁，每年需由吏部铨衡的文职"选人"应在万人以上，其中可以得到任用的不过30%~40%。[②] 这样的基数和比例，不能不使朝廷统一铨选任用的工作量较之秦汉数十百倍增加，从而带来了一系列后果。如四面八方数以万计的选人集中至京参加铨选，首先就使京畿驿传面临压力，京师供应不克负荷。故从太宗贞观元年（627）至文宗太和三年（829），便在皇帝常驻跸"就食"并设有类于京师官僚机构的东都洛阳，分头铨选关东选人。这就是由皇帝特命官僚主持的"东都选"，其程序略同于京师大选，若皇帝不遣门下省官前往复审，合格选人仍须赴京"过官"，其任命最终也须呈报皇帝画闻后再履行必要手续。[③]

　　人事权高度集中统一和朝廷铨选量空前增加，更使任用过程发生了深刻变化。官职选任本是一项艺术，要"为官择人"，让形形色色的选人各得其所地担任性质千差万别的职务，其工作之复杂远超想象。[④] 而唐代直接从事这项每年上万人铨选工作的吏部尚书、

---

　　① 《册府元龟》卷六二九《铨选部·条制一》载贞观元年正月侍中摄吏部尚书杜如晦上言，"今每年选集，尚数千人"。又载高宗显庆二年黄门侍郎知吏部选事刘祥道上疏，"今年当入流者，遂逾一千四百，计应须数外，常余两倍，又尝选放还者，仍停六七千人，更复年别新加，实非处置之法"。第7546页。

　　② 《唐会要》卷七四《选部上·论选事》开耀元年四月十一日敕："吏部、兵部选人渐多，及其铨量，十放六七。既疲于往来，又虚费资粮。宜付尚书省，集省官九品已上详议。"第1335页。

　　③ 见《唐会要》卷七五《选部下·东都选》，第1368~1369页。"东都选"主要是分担京师大选的工作量，其性质与针对岭南、黔中等边远地区官职的"南选"有别。

　　④ 上引《册府元龟》所载杜如晦上言，即称选人过多，"厚貌饰词，不可知悉，选司但配其阶品而已"。又载魏徵亦曰："知人之事，自古为难，故考绩黜陟，察其善恶，今欲求人，必须审访，才行兼美，始可任用。"又载贞观十九年十一月，"吏部尚书马周以吏部四时提衡，略无休暇，奏请所由文解，十月一日赴省，三月三十日毕"。俱第7546页。又《唐会要》卷七四《选部上·吏曹条例》载总章二年十一月，"吏部侍郎李敬玄委事于员外郎张仁祎，仁祎有识略吏干，始造姓历，改修状样、铨历等程式，敬玄用仁祎之法，铨综式序，仁祎感国士见委，竟以心劳，呕血而死"。第1348页。

侍郎及吏部司官吏编制，却不过 120 余人。尤其是由侍郎和尚书分头主持的三铨，以一人而铨上千人，精鉴细别实难做到，审慎访问亦无可能，即便附加经义和实务考试，也无法凭此认定真才实学，整个过程往往只能在"俯仰之间"匆匆而过。在此前提下，对选人的鉴定不能不依赖更多机构和人员的配合，整个铨衡任用过程也就要比以往任何时候都更多地依赖其他部门提供的文档，从而使最需要讲求识人辨才之术和洞察鉴别能力的铨选任用过程，沦为验勘这些千篇一律的簿册的刻板工作，最终则是看起来相对公平过硬的年劳资历起了基本作用。故高宗总章二年（669）以来，便采取了一系列措施，强调选人依资参选排队，相应加重了官僚迁转的等差；[1] 玄宗开元十八年（730）设"循资格"，以年劳资历为初选的先决条件，虽为人讥议而终不能革。[2] 结果是除少量高官要官任用尚能精心鉴识斟酌外，凡按严密划一的程序定期成批展开的任用过程，实已再不可能抢才任职，而只能以簿册文档、年劳资历面前人人平等的公正性为主要目标了。

可以认为，唐代官僚的任用过程业已显露了贯穿此后人事行政史的一个基本问题：在权力进一步集中统一，牵制与协调日趋发达，官僚权责难以分明的大趋势下，任用程序的加细加密虽有助于保障任用过程规范公正，却不能不与墨守成规联系在一起，也往往

---

① 《新唐书·选举志下》："高宗总章二年，司列少常伯裴行俭始设长名榜，引铨注法，复定州县升降为八等，其三京、五府、都护、都督府悉有差次，量官资授之。"第 1175 页。上引《唐会要》李敬玄、张仁祎事及其后续。又《册府元龟》卷六二九《铨选部·条制一》："总章二年，司列少常伯裴行俭以承平既久，选人渐多，始设长名姓历榜引铨注等法，又定州县升降官资高下以为故事，其后莫能革。"第 7546 页，是长名姓历榜引等铨法实由"选人渐多"引起。

② 《新唐书·选举志下》："开元十八年，侍中裴光庭兼吏部尚书，始作循资格，而贤愚一概，必以格合，乃得铨授，限年蹑级，不得逾越。于是久淹不收者皆便之，谓之'圣书'。及光庭卒，中书令萧嵩以为非求材之方，奏罢之。乃下诏曰：'凡人年三十而出身，四十乃得从事，更造格以分寸为差，若循新格，则六十未离一尉。自今选人才业优异有操行及远郡下寮名迹稍著者，吏部随材甄擢之。'"第 1177 页。

会以牺牲任用质量为代价。尤其官僚机器的运行机制总是会把相关的规章制度从手段变为目的，这就使其代价更为高昂。故自初唐以来，便不断有人对当时的任用制度提出批评，以至于中唐时期杜佑撰《通典·选举典》，仅以三卷描述古代有关制度的沿革，却以同样的篇幅记录了对唐代选任制度的各种评论和建议。其中的一种主张，是改变高度集中的任用格局，按人们心中理想化了的汉代模式，重新把必要的责权赋予各级长官，从而使选任过程重归从容、切实和灵活。① 只是，中唐至宋的政治史，却是一部朝廷力图从藩镇手中收回权力的历史，因而整套任用程序在一度失控以后，也就并未朝分权方向重构，而是随强有力的新王朝诞生，走上了在进一步集权的格局内做某种修缮的轨道。

三　强调性质类别的明清任用程序

结束了五代十国混乱分裂局面的宋朝，在官僚任用上明显体现了以进一步集权来提高任用质量的倾向。如宋初全部京朝官和武官皆由中书、枢密二府及中书所属的审官院和三班院协助皇帝选任，吏部只铨选性质已近乎阶官的州县官和幕职官。② 由于各地知州、知县皆由京朝官差遣出任，这实际是把各地各部门全部重要职务都纳入了唐代属于宰相进拟的范围，相对于吏部铨任过于依赖年劳资历要来得灵活一些。宋初又实行了选人"引对"制度，即任命前由皇帝面见选人，

---

① 《通典》卷一八《选举六·杂议论下》"请改革选举事条"："内外文武官五品以上，右请宰相总其进叙，吏部、兵部得参议可否……京官六品以下，右请各委本司长官自选用，初补称摄，然后申吏部、兵部，吏部、兵部奏成，乃下敕牒并符告于本司，是为正官……州府佐官，右自长史以下，至县丞、县尉，请各委州府长官自选用，不限土客，其申报正摄之制与京官六品以下同。"典一〇三。

② 《宋史》卷一五八《选举志四》载宋初"吏部铨惟注拟州县官幕职，两京诸司六品以下官皆无选；文臣少卿、监以上中书主之，京朝官则审官院主之；武臣刺史、副率以上内职枢密院主之，使臣则三班院主之"。第3693页。

假以辞色，擢优黜劣，以此介入、指导、督责铨选；① 另又通过广泛奏荐保举提拔官员，并由政事堂直接荐用某些官职，称"堂选""堂除"。② 这些都反映了宰相协助皇帝更为有力地控制官僚任用过程的倾向，同时亦有助于提高任用质量，革除墨守成规的吏部铨选之弊。

只是，因权力过于集中导致的问题，不可能通过更高程度的集权来解决。无论上述做法在某个皇帝或宰相时解决了什么问题，终究是把繁剧的铨任之务从吏部移到了最高决策层，也就不能不使原来吏部的弊端蔓延至宰相协助皇帝的铨衡过程，使之同样陷入不克负荷而高度依赖文档簿籍的境地。故与建隆三年（962）全面推行保荐之法几乎同时，太祖命主司制订了"循资格"，其后又加参详修订，以使"铨选有伦"。③

---

① 《宋会要辑稿·选举》二四之一〇载真宗景德"二年九月诏：流内铨依审官院例，前一日具选人历任进内，次日引对。旧制：每选人赴调，即检勘历任功过并出身以来事迹，至便殿引对日进呈，帝亲阅而甄擢之。至是特令预先进入，且欲详观其能否"。其后文又载"旧制引对官吏，三班、差遣不过十人，奏课不过三人，铨司不过十人"，真宗时增至五至十五人。第4624页。《续资治通鉴长编》卷一三《太祖》开宝五年十二月甲寅，"诏流外选人，经十考入令录者，引对方得注拟驱使"。第292页。这是定流外选人入令录皆须引对。《宋史·选举志四》载"太宗选用庶僚，皆得引对"。第3699页。是其范围已扩大至所有官员，但引对官员过多显然难以为继，故此后又定限额。

② 《宋史》卷一五八《选举志四》："祖宗以来，中书有堂选，百司、郡县有奏举，虽小大殊科，然皆不隶于有司。"同书卷一六〇《选举志六》述保任之制："铨注有格，概拘以法，法可以制平而不可以择才，故予夺升黜，品式具在，而又责官以保任之。凡改秩迁资，必视举任有无，以为应否；至其职任优殊，则又随事立目，往往特诏公卿、部刺史、牧守长官即所部所知，扬其才识而任其能否。上自侍从、台谏、馆学，下暨钱谷、兵武之职，时亦以荐举命之，盖不胶于法矣。"第3705、3739页。堂选之外又有堂除，《续资治通鉴长编》卷二八九《神宗》元丰元年四月丁未，中书奏检正吏房公事向宗儒申请，"乞今后堂选人并依堂除则例，从中书取索会问施行"。从之。第7064～7065页。堂选至元丰四年悉归吏部，而堂除行至南宋。

③ 《续资治通鉴长编》卷三《太祖》建隆三年十月癸巳，"有司上新删定《循资格》《长定格》《编敕格》各一卷"。第73页。《玉海》卷一一七《选举·铨选》"建隆循资格"述乾德二年正月，"仍命陶穀等重详定《循资格》及四时参选条。二月戊申朔，窦仪等上新定四时参选条；七月庚寅，中书详定上之……开宝六年七月己未，命参政卢多逊、知制诰扈蒙、张澹参详《长定》《循资格》，取悠久可用之文，为《长定格》三卷，总二百八十七事（原注：《循资格》一卷，《制敕》一卷，《起请条》一卷），书成上之，颁为永式，自是铨选益有伦矣"。元刻合璧本，第2244页。

又命吏部取选人中考绩出色、才能突出者，"送中书引验以闻"，史称当时"仕者愈众，颇委积不可遣"。① 故宋初采取的这类措施总归还是收效甚微，至元丰改制也未能扭转官僚选任循资磨勘迁转之风，南宋人称自此"典选者一切不得以意从事，振拔幽滞，无复闻焉"。②

元朝官僚任用，总体上仍保持了七品以下由吏部、七品以上由宰相协助皇帝任命的格局。由于社会结构和观念形态变动，华夏原有用人标准已被搅乱，长期沉积在科举、吏道等仕途之上的尊卑贵贱意义已被打散，唐宋以来的各式铨试则被取消，这一方面有助于统治者打破常规任用官员，另一方面也使年劳资格的作用显得更为突出，并被强调到了"秋毫不可越"的地步，③ 从而形成了两者共存的独特局面。

具体即一般中低级官员，仍由吏部对各有关部门提供的选人文档详加勘核，再按整套细密的资格规定和精确到月的年劳标准拟任，然后上报中书省，照准取旨加以任命。其中，正七品以上一般官员，虽往往由中书省在吏部校定文档的基础上拟任，但其过程之墨守成规与吏部略同。因而当时大量一般官员的选用过程，几乎已完全体现为对年劳资格的审核。④ 在这里，吏部对官员才、行的鉴

---

① 《宋史·选举志四》，第 3696 页。

② 李心传《建炎以来系年要录》卷六三高宗绍兴三年二月丁亥，工部尚书兼权吏部尚书席益上言，称太祖乾德时"尚或任人而不专任法也，其后官制厘改，典选者一切不得以意从事，振拔幽滞，无复闻焉。望稽用乾德诏书，凡常调中材，行可取者，许长贰具名以闻"。从之。上海古籍出版社，1992，第 817 页。参见《宋史》卷一六九《职官志九》叙迁之制，第 4023~4070 页。

③ 《元史》卷八三《选举志三》，第 2064 页。

④ 如《元典章》吏部卷之二《典章八·选格》"循行选法体例"载世祖忽必烈至元十四年八月初六中书省奏准，其中规定职官迁转："一，随朝诸衙门、行省、宣慰司官，三十个月为一考，一考升一等。一，外任官员三周年为一考，除达鲁花赤、回回官员另行定夺，从九三考升从八，正九两考升从八，从八两考升正八……正五两考须历上州尹一任，方入四品。如无上州尹窠阙，再历正五品一任，方入从四品。正从四品内外人员通做八十个月，与三品职事。三品以上非有司定夺。诸自九品依例迁至正三品，止于本等流转，三品以上职不拘常调。"其下文还有不少理考细则。《元典章》，陈高华等点校，中华书局、天津古籍出版社，2011，第 237~238 页。

甄已被抛弃，保障人才质量似已主要托付给积考登进的长官鉴定和甄别环节了。但在此通例之下，各种重要官职仍可按一定的递升次序来不拘常格地任用；[①] 对某些性质特殊的官职，也可另定标准或程序来选任。如宗教祭祀等专门技术部门和某些王公大臣辖地的属官，已推广了由主管该地、该部门的大臣选举，然后统一上报任命这种唐宋已有的方式。其他如御史台和中书省的重要官员，往往以台、省共议的方式互选。各路、府、州、县除达鲁花赤外，其长官选用汉人，须"素有声望"，且以户口、垦田、狱讼、治安、赋役五项标准来定其升降。翰林院、国子监官员则以熟谙经史、能文善辞为条件，如此等等。[②] 由于这些另定的标准或程序在不同时期和场合往往可以灵活变动，故整个任用领域显得杂乱而"无定制"，却不失为对过度重视劳考资格和簿历考校之弊的补救，也大致达成了通例与变则及个案之间的平衡。

元朝官僚任用领域这种区别一般官员和特殊官员的状态，很可能是将蒙古人和汉人的不同传统相杂糅的结果。其价值是在任用权高度集中，任用过程不能不囿于簿历考校，朝廷已不可能对全部官员任用都精加鉴裁的前提下，展示了一种另定各类更为具体的标准、程序，尽可能保障更多官员任用质量的方案。在一定程度上，明清的官僚任用程序，正是循着这一方向继续发展的。

与元代七品以上官员由中书省宰相主持拟任的局面相比，明清皆由吏部、兵部直接协助皇帝任用举国文武官僚，其铨任之务自然

---

① 如《元典章》吏部卷之二《典章八·选格》"至元新格"强调诸职官"若未及任满，本管官司不得辄动公文，越例保升。果才干不凡，有事迹可考者，从御史台察举。其非常选所拘、若急阙择人才识相应者，临时定夺"。第247页。《元史·选举志三》："凡选用不拘常格：省参议、都司郎中、员外高第者，拜参预政事、六曹尚书、侍郎，及台幕官、监察御史出为宪司官。外补官已制授，入朝或用敕除，朝迹秩视六品，外任或为长伯。在朝诸院由判官至使，寺监由丞至卿，馆阁由属官至学士，有递升之法。用人重于用法如此。"第2064～2065页。

② 以上并参见《元史》卷八二《选举志二》，第2073～2055页。

更加浩繁，也就不能不更深地陷入文牍困境。为在这样的前提下保障任用质量，除少量廷推、部推呈请皇帝亲自简择的高官要职外，对于数量最多的中低级官职，现在大体是在更为细密的年劳资格规定下，尽可能区别那些相对重要的官职特点和要求，由吏、兵二部协助皇帝以不同标准和方式进行任用。从总体上说，明清时期的官僚任用程序中，长期以来各种官员首先依据级别来分别任用的原则已大为淡化，各种官职的级别和性质已被综合起来加以考量。具体以清代文官的任用程序为例，其任用程序的分类情况可见图 4-5。从中不难看出，这样的任用分类仍体现了层级控制的原则，但更为引人注目的是同一层级官僚任用所分的不同类型，可见这是一种级别和职能类型紧密相连，并在职能类型上有较大发展的任用体系。

处于整个官僚队伍和各机构底层的小吏，即书吏、典吏、吏攒之类，仍由各衙门具体负责任用，其选用办法却已改变。康熙时定制，各地小吏按纳银多寡，分送各衙门加以任用；在京小吏，则分别由各衙门主管大臣募任。其程序为：愿充各地小吏者，先统一纳银至户部，由户部按其多寡分送各地相应衙门，再由该衙门甄核后行文其原籍地方官，出具证明其符合规定条件的文件，然后视缺编情况和本人条件酌情任用；愿充在京小吏者，则先提出正式申请，并参加该衙门举行的考试，"文理明达者"再由其原籍地方官出具证明文件，合格者以抽签确定到哪个部门顶缺。凡已正式任用的小吏，皆由所在衙门发给一份注明其姓名、年岁和任用日期的"执照"，并须"按季汇册咨部"。① 与明代带有一定强制性的"签充"方式相比，清代在自愿前提下以纳银、招募加各衙门鉴定才用加以选补的制度，表明各种小吏虽仍为官场和士大夫所鄙视，却已进一步职业化了。

---

① 以上并见《大清会典（康熙朝）》卷一五《吏部十三·吏员著役考职》，第156~157页。光绪《大清会典事例》卷七五《吏部·除授》"吏员授职""外省吏攒授职"目，台北：启文出版社，1963，第6061~6063页。

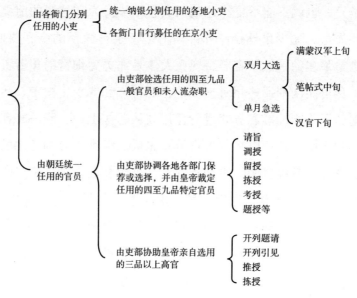

图 4-5　清代文官任用类型

备注：

本图综据《清史稿·选举志五》及《大清会典事例》卷五八《吏部·除授》等绘制。未入流一、二、三等杂职，性质介于官、吏之间，类于唐的流外官。

　　当然朝廷的注意力仍集中在由其统一任用的官员上。首先是数量最多的四至九品中低级官员和未入流一、二、三等杂职，对他们的选任以往已有大量经验教训，由吏部统一对之一一鉴裁，唐以来的铨衡早已证明这是奢望；全部按细密刻板的资格规定来论资排辈，那等于完全放弃了"为官择人"的目标，特别是对其中的重要职务是不足取的。相对合理的正是区分一般和特殊官职、任用通例和变则的做法，况且明代已在这方面留下了不少成功经验，① 清代承此损益可谓顺理

---

　　① 《明史》卷七一《选举志三》："在外府州县正佐，在内大小九卿之属员，皆常选官，选授迁除，一切由吏部。其初用拈阄法，至万历间变为掣签。"后文载科道官庶吉士改授，或取内外科目出身三年考满者考选，或行取，或特荐；又载在京郎中、员外郎、御史及司务、行人、寺副，各省监司、知府，皆"不依常调"而须奏保，部曹及御史往往又由尚书侍郎和都御史、副都御史等荐引。第 1716～1717、1719 页。可见常选官完全按簿档循例铨任，而如科道等要职则另定标准和办法选任。

成章。其要仍然是在严格讲求年劳资格的前提下，把全部四至九品中低级职务分为寻常官职和重要职务两大部分，从而使在京各衙门所属和地方省、府、州、厅、县的各类职务，都相应出现了任用程序上的多种差别。

由吏部统一例行铨选的官员数量最为可观，清仍循明制，每月铨任，双月铨任各种初试者和任满考定待迁的官员，称"大选"；单月铨任各种临时改授、改降、丁忧、候补之官，称"急选"。由于清朝自身的特点，满人及入关前与之关系密切的蒙古人和汉八旗成员（汉军），都有一些专供职位，且可获一定优待，其铨任专门在上旬举行；笔帖式是各高级衙门主要为满人而设，升迁机会极多的翻译缮写之职，其铨任亦单列，于中旬举行；汉官则在下旬铨任。①

部选完全按细密的资格规定对号入座，即所谓"选人并登资簿，依流平进，蹑故牒序迁之"。② 一旦选人的年劳资格确认无误，在其出任何种职务的问题上，除非另有特殊操作，实际已不再有多少选择余地。这也就是明清部选所以能让同等资格的选人通过"抓阄""掣签"决定其在同类职务中出任何职的背景。从康熙八年（1669）以后确定的部选程序来看，选人于应选前月初一赴部报到，呈交一应证明文件，由吏部勘定其应选类别和次序，然后各类选人分别抽签，决定自己应补何职。按制度规定，得缺者还须呈交一份介绍自己履历和行政见解的"条陈"，以供吏部鉴裁；吏部还要会同九卿、科道官，当面验看其中有无行止不端、出身不正及父祖有钱粮亏空，或人、缺不相符者；最后亦须引见，由皇帝甄鉴通过，才能给凭赴任。但在实际过程中，选人所上条陈，往往请人捉刀代笔，且多发空泛的颂辞，很快便失去了据以鉴别选人才能的作用，

---

① 见《大清会典（乾隆朝）》卷五《吏部·文选清吏司》"铨政"目，第29页。

② 《清史稿》卷一一四《职官志一》"吏部尚书"条，第3272页。

因而被废；验看、引见也日益徒具形式，后来选人又可通过捐纳免去这两个环节，遂名存而实亡了。① 故清代部选的整套程序，完全是以明万历以来的掣签制为核心损益展开的，其精髓在于保证整个对号入座任用过程的公正有序。由此看来，吏部在这里的作用主要体现为两个方面：一是综计各地各部门随时上报的缺编情况，区分满、蒙、汉缺及不同类型，以确定不同种类的可掣之签；② 二是勘核选人的一应文档，以确定掣签人的类别和次序。③ 接下来就无非是抽签的组织、防弊以及掣签完成以后的任命手续了。④

部选"按格拟注，凭签掣缺"，⑤ 虽有合理性，却不能设想以此选任全部官员。故清代也理所当然地重视另定程序、标准的官员选任办法，这些办法虽也讲求年劳资格，但都要比刻板的部选切实灵活。正其如此，图4-5所示从请旨到题授的具体选任对象及其展开过程，便总是在不同时期因适应不同要求而有所变动。大体说来，

---

① 以上并见《清史稿》卷一一〇《选举志五》，第3207~3208页；光绪《大清会典事例》卷三七《吏部·满洲铨选》"双月升选""单月升选"目，卷四三《吏部·汉员铨选》"分月选官""投供验到"等目，卷四四《吏部·汉官铨选》"议官掣签""月官考验"等目，卷四五《吏部·汉员铨选》"官员给凭"等目，第5531~5532、5623~5629、5635~5639页。参见杜家骥《清代官员选任制度述论》，《清史研究》1995年第2期。

② 《大清会典（康熙朝）》卷八《吏部六·汉缺选法》："凡开缺，内外官员推升、行取、告假、迁葬、省亲、更调、添设、复缺等项，以奉旨科抄到部之日开缺；学差报满，礼部咨到考竣开缺；丁忧、终养、稽勋司移付开缺；休致、告病、解任、质审、降调、革职提问及大计京察甄别处分官员，考功司移会开缺；斥逐官，督抚咨册开缺；病故官，京职由本衙门咨文，外职由督抚咨册或科抄揭帖先到者，即行开缺。顺治十五年议准：各官有缺，科抄咨文到部送司，即令单开，不得迟误。按日登记缺簿，呈堂稽考。"第75页。区分类型如地方官之府、县等级及冲繁疲难之类，参见刘铮云《"冲、繁、疲、难"：清代道府厅州县等级初探》，《"中央研究院"历史语言研究所集刊》第64本第1分，1993年。

③ 《清史稿·选举志五》："凡选缺，分即选、正选、插选、并选、抵选、坐选，各辨其积缺不积缺，到班者选之。选班有服满、假满、俸满、开复、应补、降补、散馆庶吉士、进士、举、贡、荫生、议叙、捐纳、推升。"第3207页。参见何平《清代的官缺制度》，《文史杂志》1990年第1期。

④ 以上并见乾隆《钦定吏部则例》卷二《铨选满官·月选》《铨选汉官·月选》。《清代各部院则例·钦定吏部则例》，香港：蝠池书院出版有限公司，2004，第94~109、163~183页。

⑤ 《清史稿·选举志五》，第3210页。

通过这些办法选任的，都是各地各部门比较重要的官职，且其范围自清初以来一直都在扩大。其共同的特点，一是其中不少都给直接用人和更了解实际情况的各衙门长官提供了一定的用人余地；二是皆体现了皇帝更为直接和深入的干预，吏部则为之辅助或协调。

如请旨，其适用者在清中期约为翰林官、詹事府官、科道官、各省学政、盐使及要地道、府官等，凡其官出缺，则由吏部或军机处依法开列可补任的人员名单，呈请皇帝择一补授。又如应用广泛的题授，大致适用于朝廷各部院和各省要职的选任，是由部院长官和督抚主持并在其属下相关部门配合下，综据年资、功过、行能，选拟出缺应补的官职，再以该衙门名义题请皇帝裁准授受，并"咨部注册"。① 这个办法与各大臣以个人名义和连带责任向皇帝奏荐官员，并被明确定为"补铨法之不逮"的保荐制，实际上异曲同工。② 其他如留授、调授、拣授、考授，尽管吏部仍在其中起重要作用，但其一应选择拣试过程完成后，皆须引见皇帝，由皇帝亲加取择，下达专门谕旨加以任命。另如考选科道，行取知县之类，通常都由部院大臣和各地督抚先行选择和推荐，然后再由吏部偕都察院从中选拟，请旨授受。③ 不难

---

① 光绪《大清会典事例》卷五二《吏部·满洲遴选》"各部司员酌定保题"目，卷五六《吏部·汉员遴选》"各部司官酌定保题"目，卷六一《吏部·汉员遴选》"直隶州知州题补""运副运判题补"目，第 5743~5746、5798~5804、5868~5871 页。

② 如《大清会典（康熙朝）》卷九《吏部七·委署题补（保留附）》："康熙九年题准，官员缘事被降，若果系清廉良吏，许督抚题请留任。如保留匪人，听科道纠参，照荐举劣员例议处。"第 95 页。即为题奏保留像保举一样须负连带责任。

③ 光绪《大清会典事例》卷五六《吏部·汉员遴选》"考选科道""行取知县"目，第 5793~5798 页。另如调授又称调补，是由吏部及部院长官和督抚荐拟合适官员调任出缺之职，留授是将职缺留在本部门合适人员补授，由部院长官和督抚负责拟定人选；拣授又称拣选，是由吏部从选人中考试拣择，或由主管兼管长官在下属中简选；考授则由吏部据不同对象和标准，奏请钦派内阁、翰林院和有关部院官考试，据考第拟其人选；而皆须提出正陪人选，请旨定夺，引见后任用。参见光绪《大清会典事例》卷四七《吏部·汉员铨选》"拣选人员回避"目，卷五二《吏部·满洲遴选》"国子监司业""科道员缺"目，卷五七《吏部·汉员遴选》"主事题补截留归选"目，卷六一《吏部·汉员遴选》"冲繁疲难各项拣选调补"目，第 5672~5673、5735~5740、5805~5806、5871~5872 页。

看出，与唐宋时期较为划一和整齐的选任体系相比，这些当时广为采行的办法，在一定程度和意义上体现了要职选任过程向实际主持政务的部院长官和督抚分权的趋向；与元代的有关做法相比则更为规范，并被进一步置于皇帝的驾驭之下了。

至于朝廷和各地三品以上高官的选任，清初仍像明代那样，依据其具体级别和性质，由吏部与其他高级官员一起，按特定要求和规格会推若干人呈请皇帝最后定夺。① 这种让各衙门长官与吏部一起参与高官选任事务，由此为皇帝提供更多的干预手段和选择余地的制度，与上面所述诸重要职务不由吏部大选而另定标准和程序的做法，显然有其相通之处。② 看来，当时似乎是把本来用以选任高官的某些原则，推广到了部分中低级重要职务的选任过程。不过会推制度的实际运作却出人意料。高级官职毕竟为数甚少，皇帝更倾向于宸衷独断，而参加推选的大臣又各有倾向甚至党同伐异，这样一来，理论上可以集思广益，并有助于皇帝多方选择的会推，却往往增加了皇帝决断的难度和丧失了应有的效率。③ 故至康熙以来渐废止了会推，改由吏部核定有关人员的资历功过提交备用名单，再

---

① 《明史》卷七一《选举志三》："内阁大学士、吏部尚书，由廷推或奉特旨。侍郎以下及祭酒，吏部会同三品以上廷推。太常卿以下，部推。通、参以下，吏部于弘政门会选。詹事由内阁，各衙门由各掌印。在外官，惟督抚廷推，九卿共之，吏部主之。布、按员缺，三品以上官会举。"第 1716 页。清初以来之况，见《大清会典（康熙朝）》卷七《吏部五·满缺升补除授（盛京官及外官附）》、卷八《吏部·汉缺推升》，第 61、82~84 页。

② 《清史稿·选举志五》载开列题请和开列引见之官，若"不开列，以应升员拟正陪引见授官，曰拣授"，其中包括太常、鸿胪、满洲少卿。又载外官"道府缺有请旨、拣授、题授、调授、留授，余则选"。第 3206 页。是"拣授"既适用于三品以上高官选任，也适用于四品的少卿及外官道府，可见高中低级重要官职的选任办法间存在相通性。

③ 如孙承泽《春明梦余录》卷三四《吏部·附载》述明代崇祯七年八月二十一日廷推吏部尚书，竟推出了 17 人请皇帝定夺，其中多人皆推其同乡或上级。第 563~564 页。清代会推一般限正、陪各一人，但也不乏数次会推方得一人选之例，如《康熙起居注》载十九年正月会推四川巡抚，经十六日、二十二日、二十四日三次会推方定杭爱补缺。见中国第一历史档案馆整理《康熙起居注》第一册，中华书局，1984，第 483、487、489 页。时正用兵四川，用人尤重，但其效率之低可见一斑。

由皇帝从中选任。具体说来，凡内阁大学士、部院长官和各省督、抚、布、按出缺，概由吏部按规定呈报符合规定条件的候任者名单，供皇帝裁择，这就是"开列题请"。而各寺长官及其他原来会推的重要官职，则或"开列引见"，即除开列候选人名单外，吏部还须把他们引见给皇帝面择；或"拣授"，即把符合升迁条件的候选人区分为正、陪引见给皇帝取择；或"推授"，即从合格者中取资历较深者 20 人，引见给皇帝；最终确定 1 人。[①] 与明代以来的会推相比，这些办法突出了吏部勘核年资功过簿档和提交备用人员名单的作用，又更加突出了皇帝的独裁地位。

总体观察历代官僚任用程序的发展历程，在总量极小的高官任用过程中，汉代以来各朝宰相及朝廷人事机构的参预方式与程度虽有差异，但基本上是提供咨询和资格审查，其实质性环节一直都在确保皇帝的独断。而处于整个官僚队伍底层的小吏，汉代以来大致都保持着各级长官在某种协调下依法自行署用的状态，尽管经历了辟署、州选、签充、募任之类的变相，但其任用主体和对象基本是如此。相比之下，在全部官僚任用史上发展最为跌宕起伏也最值得注意的，当首推为数甚巨而作用、地位参差不齐的中低级官员的选任。其间的所有问题几乎都集中在一点上：如何在制度上保证统一控制又兼顾任用质量。而不断凸显出来的一个严峻的事实是：随着人事权任的不断集中和官员数量的激增，这两个目标已变得越来越难以兼顾了。

事情很清楚，当朝廷每年统一任用的职务发展至上千乃至数千个，候选人更多达数倍、十数倍时，在人事机构编制有限而选任过程又不能无限拖延的情况下，无论是唐代的"三铨"、宋代的"四选"，还是明

---

① 以上皆见乾隆《钦定吏部则例》卷一《铨选满官·开列》《铨选汉官·开列》，第 85~92、157~162 页；光绪《大清会典事例》卷四八至四九《吏部·满洲开列》，卷五〇至五一《吏部·汉员开列》，第 5683~5709、5711~5734 页。

清的"部选"，任何集中进行的选任，都已不可能对被选者才行做切实鉴别。因此，自北魏制定停年格到唐代制定循资格以来，由朝廷集中进行的官员选任过程，已越来越围绕着较为过硬也最易把握的年劳资格来展开。相应的，保障任用质量的重点也越来越从任用领域转到任用前的领域，转到各种用来确定被选者年劳资格的初级选拔过程中。这就逐渐形成了"选严用宽"的局面，其情形一如明末清初的黄宗羲所说："古之取士也宽，其用士也严；今之取士也严，其用士也宽。"①

必须指出的是，所谓年劳资格本来是可以在一定程度上反映被任者才行的，无论是借以确定劳绩的考核制度，还是用来认定选人资格的出身仕途，都包含了对其才能和品行的鉴定。而问题恰恰在于，当整套官僚任用制度日益依赖对年劳资格的勘核时，考核和入仕制度在确认被选者真正具有何种才行时的作用，已变得越来越浮泛了。隋唐以来在官员选拔中最严格的科举制，已开始完全视逐层考试为及第与否的关键，从此科举制在甄定人们德行时的作用已极有限。当科举考试内容和形式不断规范化，从按诗赋、经义选才，发展到明清几乎完全以八股甚而以"小楷"取士时，② 其在鉴别才能上的作用就更可质疑了。当然，能够通过童、乡、会、殿等试这一道比一道严酷的考试炼狱者，在某种意义上的确是"够格"的；但这种资格距离行政才能及德行未免过于遥远。至于考核，隋唐以来考核制度发展的总体趋势是考绩日趋浮泛，高度集权势必导致官僚权责关系的模糊不清，只要没有重大过失，大部分官员的考绩都是中上或

---

① 黄宗羲：《明夷待访录·取士下》，第 15 页。

② 薛福成《庸庵文外编》卷一《选举论下》述当世取士之弊有曰："即使连掇科第，苟不工于小楷试帖，不过得一知县而止。而世所谓清要之选，如翰林如御史如内阁中书如军机章京，大都专选小楷，或以试帖辅之，舍是未由进也。又如三品以下京员之膺试差及大考翰、詹之迁擢，舍是亦未由得也。此数端者，定制或考策论，或考制艺，或考律赋，而小楷试帖往往兼之。自校阅之大臣不皆邃于学，又殿廷之上，期限促迫，日趋苟简，唯小楷试帖一望可知优劣，不能无偏重之势。避烦斗捷，流风相师，久之而考者阅者皆忘其所以然，莫不谓功令当然者矣。"光绪十九年刊本，第 6 页。

称职，以此为任用依据，自然只能越来越强调年劳资历和无大过，对此下一章将要详述。

既然如此，要保证任用质量或"为官择人"，又要确保人事权的集中统一，就不能不重视以往选任官僚的各种变则，尤其是那些有助于改善选任过程过于划一所致弊端的做法。宋以来保举制作用和地位的提高，正可以看作这方面一个值得注意的信号。经元、明发展到清朝，集中举行的部选固然完全沦为刻板论资的掣签，但其选任的官员比重却已大为下降了，几乎所有要职的任用，都已由那些既能确保皇帝独裁，又能兼顾其职能性质和需要，并为部院长官和各地督抚留有一定用人余地的方式和程序来完成。也就是说，清代的这种任用体系，正是朝廷在无法全以变则或个案，也不能全以掣签来任用官员的情况下做出的选择。可以认为，在集中举行的部选和其他各种较为分散的选任办法间寻求平衡，以尽可能协调和保证统一控制与任用质量之间的矛盾，自隋唐以来便是官僚选任制度的一大主题。

第二节　任职形式及其运用

任职形式，即官僚代理、兼任或正式出任某个职务的方式。历代在这方面均相当讲究，诸如试、守、兼、真、假、领、行、摄等，极为丰富。对朝廷来说，继官僚选拔和任用的一应程序之后，灵活运用多种任职形式来做人事安排或调度，不仅可以有效地改善管理，简化问题，适应需要，更可为皇帝对各行政过程和各机构形态的干预提供有力的杠杆。在此前提下，如何运用各种任职形式的问题，一方面确有若干法令和成例，另一方面则总是灵活和变通有余，历代在这方面形成的一些制度，鲜有长期持续发展的脉络可循。

需要指出的是，朝廷统一任命的官员有各种任职形式，各级长官自署的吏员也相似，汉简中即多有小吏"兼"、"行"或"守"

某职务之例。^① 但随着吏员身份的卑微化，至唐已禁止其判署文书，明代已严格禁止其"挪移管事"，^② 其任职形式也就萎缩了。以下将集中围绕官员来考察几种重要的任职形式。

一 试守即真——职务试用和转正制度

秦朝已有官员试守之法。^③ 汉代"诸官吏初除，皆试守一岁乃为真，食全奉"。^④ 尽管情况并非完全如此，当时相当一部分官职的任用，的确是先称"守"或"试守"，经一年称职后才转正"为真"的。^⑤

但汉代作为任用形式的"守"，还有比一般所谓"试用"更多

---

① 居延汉简 308.38 "乘要虏隧长薛立乘今守士吏"。谢桂华、李均明、朱国炤：《居延汉简释文合校》，第 505 页。居延新简 E. P. T26：18 "☐告守尉谓部候长☐"；E. P. T51：190A "五月丙寅居延都尉德库守丞常乐兼行丞事谓甲渠塞候=/写移书到如大守府/书律令掾定守卒史奉亲"。《居延新简——甲渠候官与第四燧》，第 77、187 页。敦煌汉简 193A "始建国天凤三年十二月壬辰敦德玉门行大尉事试守千人辅试守丞况谓大前都尹西曹聊掾行塞蓬"。甘肃省文物考古研究所编，吴礽骧、李永良、马建华释校《敦煌汉简释文》，甘肃人民出版社，1991，第 18 页。

② 《睡虎地秦墓竹简》之《秦律十八种·内史杂》："下吏能书者，毋敢从史之事。"第 107 页。《唐律疏议·职制篇》"事直代判署"条："诸公文有本案，事直而代官司署者，杖八十；代判者，徒一年。亡失案而代者，各加一等。"《疏议》曰："公文，谓在官文书。有本案，事直，唯须依行。或奏状及符、移、关、解、刺、牒等，其有非应判署之人，代官司署案及署应行文书者，杖八十……此皆谓事直而代者，若有增减出入，罪重者即从重科。"第 203 页。这条律疏针对的主要是没有文案判署权的吏员，可见吏员原则上不得兼事。明代对吏员兼事有更为严厉的禁令："各房吏典不许挪移管事，违者处斩。"《明会典》卷九《吏部八·关给须知》，第 54 页。

③ 《睡虎地秦墓竹简》之《秦律十八种·置吏律》："官啬夫节不存，令君子毋害者若令史守官，毋令官佐、史守。"第 95 页。此处"守"亦为试守之义，"君子毋害者"则兼有身份和品行要求。

④ 《汉书》卷一二《平帝纪》元始元年正月"赐天下民爵一级，吏在位二百石以上，一切满秩如真"。注："如淳曰：'诸官吏初除，皆试守一岁乃为真，食全奉。平帝即位故赐真。'师古曰：'此说非也。时诸官有试守者，特加非常之恩，令如真耳。非凡除吏皆当试守也。'"第 349 页。

⑤ 如《汉书》卷七六《张敞传》载其宣帝时为胶东相，甚有治绩，"是时颍川太守黄霸以治行第一人守京兆尹。霸视事数月，不称，罢归颍川。于是制诏御史：'其以胶东相敞守京兆尹。'自赵广汉诛后，比更守尹，如霸等数人，皆不称职"，至敞而治。又载京兆在三辅中事尤繁剧，"郡国二千石以高弟入守，及为真，久者不过二三年，近者数月一岁，辄毁伤失名，以罪过罢。唯广汉及敞为久任职"。第 3221~3222 页。

的含义。西汉郡守常遣亲信僚属至属县代行其令、长、尉之职，即称"守令""守长""守尉"等。① 各种秩次较低的官员上兼较高职务时，通常也称为"守"。② 再者，当时不仅"守"或"试守"者有待"为真"，其他如"行""假"等兼理和暂代性的任职也可以转"真"。③ 看来，汉代任职形式中的"守"或"试守"，除指官员初任先行试用外，也广泛地在地位较低者暂理或兼理较高职务时运用，而"试守一岁乃为真"的制度，很可能是由之发展出来的。同样，汉代的"为真"，除指守职试用者转正外，也在更广泛的意义上包括了各种代理或兼理职务的转正。必须指出的是，后世对汉代试守为真之制的发展，似乎主要是在这种更为宽泛的意义上；而"诸官吏初除，皆试守一岁乃为真"，却一直未能普遍推广和持续发展。

魏晋南北朝大体继承了试守为真之制，其实例基本上都属于低阶上兼，看不出还有多少满岁即真的试用之义。④ 到唐初以后，所谓

---

① 《汉书》卷八三《薛宣传》载其成帝时自陈留太守"入守左冯翊，满岁称职为真"。曾移书显责栎阳令谢游，末云"令详思之，方调守"。师古注："言欲选人且代游守令职。"第3387~3388页。可见郡守可让县令待罪而遣吏守令，尹湾所出木牍五正似名为"东海郡下辖长吏不在署未到官者名籍"，其中22人公出，12人告宁请假，7人去世，3人免职，2人受劾，6人未到官。《尹湾汉墓简牍》，第96~99页。这些都是守相遣人代行县事的理由。

② 《汉书》卷六六《王诉传》载其武帝时被绣衣御史暴胜之荐，"征为右辅都尉，守右扶风"；卷七二《鲍宣传》载其为渤海高城人，"好学明经，为县乡啬夫，守束州丞"。第2888、3086页。《汉旧仪》卷上："丞相史物故，调御史少史守丞相史。"孙星衍等辑《汉官六种》，第72页。

③ 《史记》卷九二《淮阴侯列传》载汉王被楚军困于荥阳，韩信来书"愿为假王便"，汉王"骂曰：'大丈夫定诸侯，即为真王耳，何为假王！'乃遣张良往立信为齐王"。第2621页。《后汉书》卷二二《马成传》载建武十年，"大司空李通罢，以成行大司空事，居府如真"。第779页。参见赵翼《陔余丛考》卷二六《假守》，第451~452页。

④ 《宋书》卷八一《顾觊之传》载其以湘州刺史治甚有绩，"大明元年，征守度支尚书，领本州中正。二年转吏部尚书"。第2080页。《陈书》卷一七《袁敬传》附任《枢传》载其以都官尚书"天嘉元年守吏部尚书，三年即真"。中华书局，1972，第241页。《魏书》卷七二《阳尼传》附《阳固传》载其宣武帝时为给事中，"出为试守北平太守，甚有惠政。久之，以公事免"。第1603页。可见南北朝之"试守"已无满岁称职即真的试用含义，盖仅低阶上兼而已。

"正授"（亦称"真授""正拜""真拜"），除指直接正式任职外，已被广泛运用于各种临时性、代理性和超编职务的转正。武后以来纷纷涌现的"试""摄""判""知""检校""员外""里行"等任职形式，有些虽仍含有些许试用性质，实际用意和作用已远远不止于此。如"试"，武周以来主要是将之当作超编授职的手段来运用的；①"守"基本上均为正授，太宗时用以表明官员散阶低于其所任职事官级别，高宗以来似又寓有一定的试用之意。②唐代试职和正授的这种扩展变化，在晚唐至宋形形色色的职事差遣方式中达到了顶峰。③宋初以来释褐入仕任州县幕职带校书郎、大理司直、评事等衔，称试衔，依稀仍遗试用之义。④到宋神宗元丰改制时，参照唐制定"守""试"为被任用者职事官高于寄禄官一品或二品之称。⑤此外，宋初以来权知或暂领某职多称"摄"，其法屡经调整行至南宋，

---

① 《通典》卷一九《职官总叙》述武周擢人甚多，"大置试官以处之"。至中宗时又"有员外、检校、试、摄、判、知之官"。原注："试者，未为正命，凡正官皆称行、守，其阶高而官卑者称行，阶卑而官高者称守，官阶同者并无行、守字……摄者，言敕摄，非州府版署之命。检校者，云检校某官。判官者，云判某官事。知者，云知某官事。皆是诏除而非正命。"典一〇六至一〇七。又《元氏长庆集》卷四七《制诰·李翔授监察御史》："敕前监察御史里行李翔，比制多以详练理者行于御史府，或满岁即真，或不时署位，亦试可之义也。"文学古籍刊行社，1956，卷四七第4页。是"里行"亦寓有一定的试用含义。

② 《旧唐书》卷四二《职官志一》，第1785～1786页。

③ 如唐代摄官已分两类：一是"敕摄"即皇帝临时命官摄理某职某事，一是得到授权的行政长官行令人摄理属下官职，性质略近魏晋以来的板授。如《通典》卷三二《职官十四·州郡上》"总论州佐"述唐采访使及节度使等判官、推官等僚属"皆使自辟召，然后上闻，其未奉报者称摄（原注：其节度、防御等使寮佐辟奏之例亦如之）"。典一八五。

④ 《宋史》卷一七〇《职官志十》引"《三朝志》云：检校、兼、试官之制，检校则三师、三公、仆射、尚书、散骑常侍、宾客、祭酒、卿、监、诸行郎中、员外郎之类，兼官则御史大夫、中丞、侍御、殿中、监察御史，试秩则大理司直、评事、秘书省校书郎。……幕职初授则试校书郎，再任如至两使推官，则试大理评事。掌书记、支使、防御、团练判官以上试大理司直、评事，又加则兼监察御史，亦有至检校员外郎以上者。……其解褐评事、校书郎、正字、寺监主簿、助教者，谓之试衔。"第4077页。

⑤ 《宋会要辑稿·职官》六二之三八："元丰四年十月庚辰诏：自今除授职事官，并依寄禄官高下为法。凡高一品者为行，下一品者为守，二品以下者为试，品同者不用。此宋制所谓试也。"第3801页。案此末句言"宋制"非例，疑《永乐大典》窜入文字。

可依法积考转为正官。① 自后，以粗放质简著称的元制在这方面乏善可陈，直至明清才重建了官员初任先行试用的制度。

明代官员试用之制主要用于京官。太祖洪武二十六年（1393）规定：凡初入仕即任京官者，或地方官非因保荐、特旨、朝觐等，而是按常规升转为京官者，皆须先试用一年，称"试"或"署"。② 若届时被考核为"不称职"，便须"降调"，堪用者方予实授，给予正式诰命或敕命即委任状。③ 这种为期一年的试用制度，以后又发生了变化。英宗天顺元年（1457），命京官履职未满规定期限而升郎中、寺正等官者，亦先称"署"，待积累了必要年劳（或三年，或六年，或九年）且考核合格后，才能实授。到神宗万历年间，除监察御史和中书舍人尚有分别试职 1~3 年之制，员外郎署郎中，主事署郎中、员外郎，仍须分经 3~6 年考满实授外，对其余京官来说，以往那种试用一年再考核实授的制度，已不再实行而成了具文。④

清初又重新制定了试用制度，不论京官、外官，初任多先"署"或"试署"，称"试俸"，顺治十七年（1660）规定外官署职试用期为两年，有"实政"者方由督抚具题，部覆实授。⑤ 乾隆时

---

① 参见《宋会要辑稿·职官》六二之三八至六〇所载太祖至宁宗权摄官之故事，第 3801~3812 页。

② 《明会典》卷五《吏部四·选官》："凡京官试职、实授，洪武二十六年定，在京初入仕者试职，其实授试职官员，凡有升除，即与实授，量才授职；比与前任品级降等者，亦实授。外任官员，果有才德荐举，升除在京者，亦实授。若因朝觐给由等项到部，遇有员缺，就便对品改除者，实授；升除者，试职。如遇特旨升降及与实授者，不在此限（原注：今惟监察御史、中书舍人试职）。在京已入流仓官，不须试职；未入流品官员，俱与实授。"第 24 页。《明史》卷七二《职官志一》："以署职、试职、实授奠年资，以开设、裁并、兼摄适繁简。"第 1735 页。

③ 《明会典》卷六《吏部五·诰敕》："国初在京品官，逾年实授，给本身诰敕，三年考称，始得封赠。外官三年考称，给本身诰敕，六年、九年始得封赠。"第 32 页。可见外官虽无初仕试署之制，但须三年考满后才颁给诰敕。这一规定似亦寓有一定的试用意义。

④ 以上并见《明会典》卷一二《吏部十一·京官考核》，第 70 页。

⑤ 《大清会典（康熙朝）》卷九《吏部七·委署题补》，第 94 页。

又定京、外各职试俸两年至三年不等，"年满始得升转"。① 不过清代"署"或"试署"之义也不只是试用，而是还有临时委署、离任交代署职、额外署职等意味，② 这又与唐代任用试摄官有些类似了。清代还有"学习行走"等形式，用于资历低浅者初任某些职务，或暂在某些重要部门供事等情况。但此类职务往往都不待转正即可迁调，只有较含糊的试用意义。③

二 借以表明任职者级别高低的任用形式

再来看那些用以表明任职官员级别高低的形式。前已谈到汉代低官兼高级职务者，往往称"守"；暂代临时出缺的高级职务时，也常用"行"。④ 相反，以高官掌理某些低职时，则多称"领"。⑤

① 《大清会典（乾隆朝）》卷五《吏部·铨政》"试俸"目，第30页；光绪《大清会典事例》卷三八《吏部·满洲铨选》"各官试俸"目，第5552~5554页。

② 《大清会典（康熙朝）》卷九《吏部七·委署题补》即载各直省地方官可由督抚遴选良吏，或在所属衙门保举基础上确验委署，军前效用官员亦可据资格劳绩由大将委署。同书卷一一《吏部九·离任交代》载康熙十四年议准，督抚解任于部文到日，"总督事务令巡抚署理，巡抚事务令总督署理。若无总督省分及总督兼辖省分，将巡抚事务交布政使护理"。第94、117页。参见光绪《大清会典事例》卷六〇《吏部·汉员遴选》"署事实授"目、卷六三《吏部·汉员遴选》"外任各官护理委署"目，第5851~5852、5892~5896页。

③ 如光绪《大清会典事例》卷三三《吏部·满洲铨选》"科甲除授"目载嘉庆十一年奏准，"满洲翻译进士奉旨以部属用者，学习三年期满，向照汉进士之例，奏留补用。同书卷四六《吏部·汉员铨选》"小京官学习期满"目载乾隆元年奏准："各部保举学习七品小京官，三年期满，该堂官出具考语咨送外用者，以通判归于单月，一应补一捐纳之后，选用一人。"第5483、5649页。另如"军机大臣上学习行走"，为初入军机处者之衔，"一二年后，奉旨实授"。见吴振棫《养吉斋丛录》卷四，北京古籍出版社，1983，第42页。

④ 居延汉简206.9"五月丙戌殄北隧长宣以私印兼行候事移甲渠写移书到如律令"。谢桂华、李均明、朱国炤：《居延汉简释文合校》，第320页。居延新简E.P.T56：67"六月戊子甲渠第八隧长敢以私印行候事敢言谨写移敢言之"。《居延新简——甲渠候官与第四燧》，第310页。《汉书》卷五二《韩安国传》载其"为御史大夫五年，丞相蚡薨，安国行丞相事"。第2405页。《后汉书》卷二《明帝纪》载永平八年三月辛卯以"卫尉赵憙行太尉事"。第110页。

⑤ 《汉书》卷三六《楚元王传》附《刘德传》载其得罪霍光，被免为庶人，"复白召德守青州刺史"；卷八一《孔光传》载其成帝时先以诸吏光禄大夫秩中二千石给事中领尚书事，"后为光禄勋，复领尚书，诸吏给事中如故"。第1927、3253页。

但正如"守"的用法相当宽泛那样，"行"和"领"当时也具有泛用于多种场合的特点。故文献中也可见到"行"用于高官兼任低职，"领"用于低官兼任高级职务的例子。^① 给人的印象是，汉代用以表明任职官员级别高低的形式也与官员试用相类，没有什么严格的制度，在存在一定惯例的同时也有许多例外。

到魏晋南北朝，一方面，因公卿体制向三省体制的变迁，各种官职的兼、代、带、领关系相当发达也十分复杂，^② 诸如守、行、领等任职形式，基本上已不再有表明特定级别关系的意义。另一方面，官员数量迅速膨胀，而必须办理的实际事务却未按同等幅度增长，整个官僚队伍和国家机器的各种职务已趋游离。如何处理官、职关系的问题开始凸显。^③ 隋唐便在这种状态和魏晋以来某些措置的基础上，把长期新旧转换中沉积下来的各种闲散官职筛选归并，整合成一套并无实际职事而仅用来表明官员身份和资格的"散官"序列，又称"散阶""散职""本品"。而那些仍在发挥职能作用的官职，则被划为"职事官"序列。在具体操作时，散官完全按出身、年劳、资格按部就班地循次登进；职事官则往往"从闲入剧，去高就卑"地被调动或安排。^④ 与之相

---

① 《史记》卷一八《高祖功臣侯者年表》载太始四年汾阳侯石"坐为太常行太仆事"治狱枉纵，国除。第961~962页。《汉书》卷七七《何并传》载哀平间"颍川钟元为尚书令，领廷尉"。第3267页。《后汉书》卷一五《王常传》："更始立，以常为廷尉、大将军，封知命侯……西都长安，以常行南阳太守事。"第580页。

② 《晋书》卷七五《范汪传》附子《宁传》载其东晋孝武帝时陈时政有曰："郡守长吏，牵置无常，或兼台职，或带府官。夫府以统州，州以监郡，郡以莅县，如令互相领帖，则是下官反为上司，赋调役使无复节录。"第1986~1987页。

③ 《魏书》卷一一三《官氏志》载天赐元年（404）九月："又制散官五等……若百官有缺者，则于中擢以补之。"第2973页。这是"散官"序列的首次制定，其制源出汉魏以来的闲冗无职官衔。参见阎步克《品位与职位：秦汉魏晋南北朝官阶制度研究》，中华书局，2001，第34~40页。

④ 《旧唐书》卷四二《职官志一》："凡九品已上职事，皆带散位，谓之本品。职事则随才录用，或从闲入剧，或去高就卑，迁徙出入，参差不定。散位则一切以门荫结品，然后劳考进叙。"第1785页。所谓"一切以门荫结品"，也透露了唐初定制所受六朝士族政治的影响。

伴，便产生了一些专门用来表明官员资历和其所任职务间级别差异的形式。

这类形式主要有"守""行"两种，大体凡官员所任职务级别高于其散阶者用"守"，反之则用"行"。① 但发展到唐后期，隋及初唐逐渐确定下来的官、职关系又变得复杂化了，大量临时性任职已趋于正规化，以往的许多职事官成了仅寓一定身份、资格而无实际事务的闲散冗官，原来的散阶则已泛滥不堪。② 因而"守""行"这两个形式虽仍按初唐规定在用，与官员的实际地位及其所任实际职务的关系却已越来越远了。直至宋神宗元丰改制，调整并确定了唐以来的职事官序列，又参照唐散官制定了一套表明官员资历和俸禄的"寄禄官"序列后，才开始重新使"守""行"等任职形式具备了反映官员资历与所任职务高下的功能。凡正式任用职事官时，皆以其寄禄官品为基准，"高一品已上为行，下一品为守，下二品已下为试"。徽宗宣和以后，又有"领""视"以示官高而职低或官低而职高。③ 这也表明元丰改制未能使

---

① 《旧唐书·职官志一》："《武德令》：职事高者解散官，欠一阶不至为兼，职事卑者不解散官。《贞观令》：以职事高者为守，职事卑者为行，仍各带散位。其欠一阶，依旧为兼，与当阶者，皆解散官。永徽已来，或为兼，或带散官，或为守，参而用之。其两职事者亦为兼，颇相错乱。咸亨二年，始一切为守。"第1785~1786页。

② 《唐会要》卷八一《阶》苏氏记曰："乾封以前，未有泛阶之恩……自乾封已后，有泛阶入五品三品。"又载元和十三年六月中书门下奏将士兼试官及加泛阶入五品三品，德宗以来具有科条，"近日因循，多不遵守，遂名器具滥，升进无章"。第1493~1494、1498页。洪迈《容斋续笔》卷五《银青阶》："唐自肃代以后，赏人以官爵，久而浸滥，下至州郡胥吏军班校伍，一命便带银青光禄大夫阶，殆与无官爵者等。"上海古籍出版社，1996，第275页。

③ 《宋史》卷一六九《职官志九》载元丰至政和所定寄禄官阶，后云："凡除职事官，以寄禄官品之高下为准，高一品已上为行，下一品为守，下二品已下为试，品同者否。"下文又载绍圣三年户部侍郎吴居厚称元祐时"职事官带行者第存虚名而已"，又以试非正官，"请凡为正官者皆改试为守"。又载"崇宁中，吏部授选人差遣，亦用资序高下分行、守、试三等。政和三年，诏选人在京职事官依品序带行、守、试，其外任则否。宣和以后，官高而仍旧职者谓之领，官卑而职高者谓之视，故有庶官视从官，从官视执政，执政视宰相"。第4060页。

官、职关系相对稳定下来，据寄禄官而不直接据职务来发放俸禄的规定还是多有问题，表明官、职级别差异的方式仍在不断调整之中。

自唐至宋，除守、行这类属于正授的任职形式外，还有不少流行于当时的临时性任职形式，也在一定程度上反映了有关兼、代、带、领者品阶和职务的级别差异。如"判""领"这两个任职形式，通常都在级别较高的官员掌理较低级的职务时使用；而"摄""权"，则一般用于级别较低的官员暂代或被破格擢任高职。[①] 有意思的是，尽管这些任职形式的作用和运用过程极为灵活错综，其所兼具的级别意义也都停留在有惯例而无定制的水平上，但在后世得到延续的，却正是这些形式，而不是守、行这类较为确定的形式。

在元朝对传统的一系列冲击中，以往官、职关系的纷乱状态终于告一段落。其职务授受既严格论资排辈，分别用来表明官员资格和职掌的散官、职事官阶实已趋于一体。到明清，衡量官员资格及其服色、封赠、荫叙等待遇的散官级别，几乎完全与其在职事官序列中的地位对应，一旦官员职务升迁或贬降时，其散官的级别亦须随之而变动。这样，凡得到正式职务的官员，其散官的级别也同时得到了确定。因而元朝以来便不再需要，实际上也没有守、行这类正式的和专用于体现官、职级别差异的形式了。

尽管如此，只要存在着对官员职务的灵活任用和调度，只要存

---

① 见《宋会要辑稿·职官》六二之三八至六○所载太祖至宁宗诸试摄官故事，第3801-3812 页。钱大昕《潜研堂文集》卷三四《答袁简斋书》："判与知之分，则宋次道《春明退朝录》所云'品同为知，隔品为判'者得之。宋初曹翰以观察使判颍州，盖用隔品为判之例。后来惟辅臣及官仆射以上领州府事称判，其余皆称知，不称判矣。判、知之外，又有云'权发遣'者，则以其资轻而骤进，故于结衔稍示区别。程大昌云：'以知县资序隔二等而作州者，谓之权发遣；以通判资序隔一等而作州者，谓之权知。'是也。宋制，六曹尚书从二品，而权尚书则正三品，侍郎从三品，而权侍郎从四品，则权知与知亦大有别矣。"商务印书馆，1936，第534 页。

在着不同官职之间的兼带关系，就总是会出现一个官员同时担任高低不同职务的现象；而各种临时性任职方式的存在，又总是在随时导致官员品阶和职务的高低差异。因此，明清时期虽不再有唐宋时期那样的守、行制度，却也仍有不少任职形式程度不同地反映有关官员的地位高低。从明代的相关规定和诸多实例来看，诸如"署""试""摄"等形式，在用于试用或代理性任职场合时，通常也都表明这是以低官暂时署理或从事较高官职之务；① 而像"领""督""监"之类的任用形式，一般都指官员临时掌理某种职务，但也都包含着高官统领低职的含义。② 无非是这种用法和含义并未被法律明确规定，因而多有例外罢了。

　　不难看出，自汉以来，无论是试用性任职形式，还是反映官员级别的任职形式，实际上都是在大量临时性任职形式的基础上出现的。只要这类任职可按一定的规定转正，有关的任职形式便成了一种试用形式；只要其经常被用于低官兼带高职或相反，便同时有了

---

① 《明会典》卷一《文职衙门·宗人府》："凡宗室有所陈请，即为上闻，听天子命。初以亲王领之，后但以勋戚大臣摄府事，不备官。"同书卷五《吏部四·选官》："其授官则有署职、试职、实授。"后文载"洪武二十六年定，在京初入仕者试职"云云。同卷《推升》载"天顺元年，令各部主事及大理寺评事，历俸未及两考，员外郎、寺副未及一考序升郎中、寺正等官者，俱令署职。满考后，奏请实授"。第1、24、27页。实例如《明史》卷二四〇《何宗彦传》载其万历"四十二年迁礼部右侍郎，署部事……寻转左侍郎，署部如故"。后文称其"摄尚书事六年，遇事侃侃敷奏，时望甚隆"。第6252页。是"署""摄"在官低职高意义上略同。

② "领"如上引《明会典》宗人府"初以亲王领之"。"督"如《明会典》卷二《吏部一·官制一》载户部于"宣德五年，添设本部尚书一员专督仓场。后或用侍郎，无定衔，俱不治部事"。"监"如《明会典》卷二〇《户部七·户口二》"黄册"载"弘治三年奏准，各处大造黄册，俱责成分巡分守知府正官，其州县监造官不拘正佐，但推选行止端庄、年力精锐、干办明敏者专管"。第1、4、133页。其实例如《明史》卷一五〇《李庆传》载其"洪武中，以国子生署右金都御史"；卷一五四《张辅传》载仁宗即位辅掌中军都督府，进太师，"命知经筵事，监修《实录》"；卷一五七《林鹗传》载其为景泰二年进士，"授御史，监京畿乡试"；卷一五九《熊概传》载"仁宗监国时，尝命概以御史署刑部"。第4160、4223、4304、4330页。

反映兼带者级别的意义。从这个角度来看，历代所谓正式的或含义、用法较为确定的任职形式，都可以概括为形形色色的临时性任职形式在某一点上相对稳定下来的产物。

三 临时性任职形式及其作用

在朝廷统一任用的范围内，所谓临时性任职，即皇帝不拘常制，特派官员暂时兼任、代理或掌管某些职务和专门事务。这其实就是一般所说的"差遣"，在专制集权官僚体制中，从满足形形色色的个别需要，到行政状态的局部变动，乃至权力结构的适时调整，最简洁有效也最惯常的做法，首先便是这种随机的人事安排和调度。因此，这类任职不仅与其他领域的事态一样体现了皇帝超然于一般法律之上的绝对权力，同时也极灵活、极敏锐地反映了当时社会和政局的变动。以下分为五个阶段述其要况。

1. 秦汉时期

前已指出，殷周官职多随人、随事、随时任命，因而临时性任职的源头极其古老。[1] 即便是将之与"正授"相对而言，最晚也可从战国讲起。[2] 从睡虎地秦简《秦律十八种·置吏律》中对暂代官职做出限定的条文，则可推知秦统一前后这类任职已较多出现。[3]

---

① 金文中有"司九陂""司弓矢""司鼓钟"等"司某某事"的职名。见张亚初、刘雨《西周金文官制研究》，第11、17、50页。这类动宾结构的职名不少应是当时的差遣，后来鼎鼎大名的司徒、司马、司空之类，也应是从这类差遣中稳定下来的官名。

② 《史记》卷六《秦始皇本纪》十六年九月，"发卒受地韩南阳假守腾"。第232页。是战国时期韩国已有假守这类暂任方式。

③ 《汉书》卷九五《西南夷两粤朝鲜传》载南越王赵佗本为秦龙川令，秦末乱起，佗聚兵自守，"因稍以法诛秦所置吏，以其党为守假"。第3847页。是秦制有守假之证。

发展到汉代，文献所见用于一般兼带或代理的常见形式，有"兼"①、"假"②、"录"③，以及前面所述的"行""领""守"等。此外，有些形式往往被用于特定场合，如"使"，一般指官员临时受命出使。④ 另如武帝以后常以其他官员"领""视""录"尚书事，以掌管枢机事务。再如东汉时期的"督"，通常在皇帝临时遣官统率有关征讨活动时运用。⑤

临时性任职并不一定要用"假""行""录""督"这类字眼来表示。汉代皇帝随时命儒臣校书于石渠、东观等处，或从事撰述时，为首者或称"领"，⑥ 一般的只随具体情况称"典校秘书""著作东

---

① 如《汉书》卷六九《赵充国传》载其昭帝时"擢为后将军，兼水衡如故"；卷七六《王尊传》载其"初元中举直言，迁虢令，转守槐里，兼行美阳令事"。第2972、3227页。《后汉书》卷二三《窦融传》载其建武二十三年"代阴兴行卫尉事，特进如故，又兼领将作大匠"。第807页。

② 《史记》卷五四《曹相国世家》载其"高祖三（二）年，拜为假左丞相"。第2026页。《汉书》卷六九《赵充国传》载其"武帝时，以假司马从贰师将军击匈奴"。第2971页。《后汉书》卷一三《公孙述传》载其新朝亡后，"使人诈称汉使者自东方来，假述辅汉将军、蜀郡太守兼益州牧印绶"。第534页。

③ 《汉书》卷八一《孔光传》："成帝初即位，举为博士，数使录冤狱。"第3353页。《后汉书》卷三《章帝纪》载其即位大赦，以行太尉赵憙为太傅，司空牟融为太尉，"并录尚书事"。第130页。

④ 《汉书》卷二九《沟洫志》载"宣帝地节中，光禄大夫郭昌使行河"；卷六八《金日磾传》载其孙涉，"哀帝即位为奉车都尉，至长信少府，而参使匈奴，匈奴中郎将"。第1686、2964页。《后汉书》卷一下《光武帝纪下》载建武二十六年"遣中郎将段郴授南单于玺绶，令入居云中，始置使匈奴中郎将，将兵卫护之"。第78页。

⑤ 《后汉书》卷四《和帝纪》永元十四年四月，"遣使者督荆州兵讨巫蛮，破降之"；卷五《安帝纪》永初三年"七月，海贼张伯路等寇略缘海九郡，遣侍御史庞雄督州郡兵讨破之"；四年正月，"海贼张伯路复与勃海平原剧贼刘文河、周文光等攻厌次，杀县令。遣御史中丞王宗督青州刺史法雄讨破之"；卷七《桓帝纪》延熹三年九月，"太山、琅邪贼劳丙等复叛，寇掠百姓，遣御史中丞赵某持节督州郡讨之"。第190、213~214、307页。

⑥ 《汉书》卷三六《楚元王传》附《刘向传》载成帝"方精于《诗》《书》，观古文，诏向领校中五经秘书"；又载其子歆"河平中，受诏与父向领校秘书"。第1950、1967页。

观"，多是以一个动宾结构表示其临时办理何种事务，而无专门称呼。① 另如高祖刘邦曾命张苍至萧何的相国府主管上计事务，号"计相"，一个月后又改称"主计"；② 武帝后期则常以侍御史为"直指使者"衣绣衣赴各地督捕盗贼或案治大狱。③ 这又是一种做法，即遣官办理某事而临时特设名号。再如西汉"侍中""散骑""西域都护"等皆为"加官"，官员加上这些官衔即可入宫侍从皇帝，或兼领其他有关事务，④ 这是虽设固定官称，但仅用于皇帝随时灵活指派官员办理特定事务。顺便指出，秦汉官制中那些并无法定编制的郎、大夫，除侍从皇帝，提供咨询外，其职能中另有一项"唯诏令所使"，即随时听命办理具体事务。因而见于记载的大量非

---

① 《汉书》卷三〇《艺文志》载："成帝时，以书颇散亡，使谒者陈农求遗书于天下。诏光禄大夫刘向校经传诸子诗赋，步兵校尉任宏校兵书，太史令尹咸校数术，侍医李柱国校方技。"第1701页。以上"使""校"皆特诏任用明其职事。《后汉书》卷四〇上《班彪传》附《班固传》载其明帝时诏诣校书部，除兰台令史，"迁为郎，典校秘书"。第1334。袁宏《后汉纪》卷二七《孝献皇帝纪》载初平三年王允设计杀董卓后，又杀蔡邕，邕博学有隽才，"初辟司徒府，迁郎中，著作东观，以直言被刑"。《两汉纪》，张烈点校，中华书局，2017，第518页。

② 《史记》卷九六《张丞相列传》载张苍精于算数律历，高帝六年封北平侯，"迁为计相，一月，更以列侯为主计四岁。是时萧何为相国……故令苍以列侯居相府，领主郡国上计者"。《集解》引如淳曰："以其所主，因以为官号，与计相同。时所卒立，非久施也。"《索隐》："谓改计相之名，更名主计也。此盖权时立号也。"第2676页。

③ 见《汉书》卷六《武帝纪》载天汉二年以泰山、琅邪群盗，"遣直指使者暴胜之等衣绣衣、杖斧分部逐捕，刺史郡守以下皆伏诛"；卷四五《江充传》载其"拜为直指绣衣使者督三辅盗贼，禁察逾侈"；卷九〇《酷吏·咸宣传》载武帝后期各地盗贼蜂起，"乃使光禄大夫范昆、诸部都尉及故九卿张德等衣绣衣、持节、虎符发兵以兴击"。第204、2177、3662页。所述不同，是因其亦为"权时立号"。

④ 《汉书》卷一九上《百官公卿表》："西域都护加官，宣帝地节二年初置，以骑都尉、谏大夫使护西域三十六国……侍中、左右曹诸吏、散骑、中常侍，皆加官，所加或列侯、将军、卿大夫、将、都尉、尚书、太医、太官令至郎中，亡员多至数十人。侍中、中常侍得入禁中，诸曹受尚书事，诸吏得举法，散骑骑并乘舆车。给事中亦加官，所加或大夫、博士、议郎，掌顾问应对，位次中常侍。"第738～739页。

正式临时性任职形式，许多都用于郎、大夫。①

　　制度运行和统治过程总是在产生无穷无尽的问题，需要有人来弥补缺漏，解决难题。在专制集权体制中，这种弥补和解决过程最终往往体现为皇帝如何用人，如何创制或破制，其间又会寓有多重复杂的用意和目的，这也是历代临时性任职形式千变万化的基本原因。正由于此，这些任职形式的生生灭灭，虽然在某个局部，或短时期看起来是纷乱不定的，却还是可以在整体上和长时段中参照有关制度的运行状态加以把握和说明。

　　从上面谈到的情况来看，当统治过程中出现某些现有设置难以满足的需要时，朝廷一般不会立即增设官职，而是首先选择指派官员去"典校秘书""著作东观"等，包括为有关职务临时加上"计相""主计""绣衣直指"等名号。这些都可以视为临时性任职最为方便和初步的方式，如果引起这类做法的需要确属偶然，诸如此类的做法自会随需要的消失而结束，但若有关需要不断重现，相应的做法一再运用，起先仅表示官员临时办理某事的动词如"守""行""兼""假""典""领"之类，也就逐渐成了表明职事兼带代领关系的常见形式。

　　事情如果到此为止，这些临时性任职形式就会一直都是有关制度的必要补充。但问题在于，制度运行永远也不会静止在某一点上，已经暴露出来的问题和缺漏往往反映了相关制度从适应到不适应时势需要的深刻裂痕。倘若如此，为之弥补的临时性任职形式即有可能长期持续和不断推广。像前面谈到的"使"，无论

---

　　① 两汉书诸帝纪中有大量遣大夫、郎存问、观览、宣谕、出使之例，又常以"给事谒者""给事尚书"等名目指派其供职于相关部门。参见王克奇《论秦汉郎官、博士制度》，安作璋、熊铁基《秦汉官制史稿》上册，第344~408页；阎步克《从爵本位到官本位：秦汉官僚品位结构研究》下编，生活·读书·新知三联书店，2009，第370~407页。

运用这种任职形式的历史可以追溯到多远，但汉武帝以来"使"及其他具有使者意义的"循行""使行""分行""行视"等任用形式的盛行，① 却无疑是朝廷力图强化对各地的控制，以往制度则难适应这种需要的反映。与之相类的另一例证是加官和郎、大夫的活跃，尽管其早已存在，却还是到武帝力图通过内朝深入控制整套官僚机器以后，加官和郎、大夫给事等任用方式才真正得到淋漓尽致的运用和推陈出新的发展。也正是因为遣使、加官之类合乎大一统王朝强化内朝和控制各地的总体趋势，相应的临时性任职形式才会逐渐趋于正式和稳定，本来作为动宾结构的差遣式表述有些变成了新的官名，加官则变成了正官，相关制度也发展了起来。从"侍中""给事中"到"西域都护"之类，其演变路径大略皆从随事随时的差使变成加官再转为正官，而基于加官和遣使形成的内朝秩序和州部刺史制度，② 更导向了朝廷和各地制度框架的变迁。当然从更长时段来看，这些新官职和制度的形成又构成了下一轮临时性任职形式发展的起点。

从以上对汉代临时性任职形式的勾勒中，可见其有两个基本特点。

第一，灵活多样的临时性任职，是解决现有设置难以满足需求

---

① 《汉书》载汉初也有若干遣使循行各地之例，但经常成批遣使巡察是在武帝以后。如卷六《武帝纪》载元狩三年"遣谒者劝有水灾郡种宿麦，举吏民能假贷贫民者以名闻"；六年"遣博士大等六人分循行天下，存问鳏寡废疾，无以自振业者贷与之，谕三老孝弟以为民师，举独行之君子征诣行在所"；元鼎二年又以江南水灾"遣博士中等分循行，谕告所抵，无令重困，吏民有振救饥民免其厄者，具举以闻"；元封五年"初置刺史部十三州"，每秋出行巡察郡国。第 177、180、182、197 页。其间武帝亦多亲巡各地，自后遣使仍络绎不绝，例多不举。

② 武帝以后内朝开始形成以大司马、大将军为首，由侍中、给事中等加官分平或领、录尚书奏事，尚书台则逐渐分曹理务的新秩序。刺史制度源于汉初以来的丞相史出刺各地，又从每年出巡渐至长驻各地而有治所，也是从临时性任职一步步演变而来。参见安作璋、熊铁基《秦汉官制史稿》上册，第 230~306 页；下册，第 15~21 页。

的重要手段。对它的运用广泛存在于拥有一定人事权任的各个层级，① 当然最为重要的非正式临时性任用是由皇帝直接掌握的，较少或基本不受人事制度的限制。其简捷明快的优点甚便于皇帝不拘常制加强对政务的控制，甚便于破格用人并对不同事端做出灵活反应，故其往往是有关制度的必要补充，又不可避免地表现为对现存制度的干扰。即在解决了一些问题的同时，或使有关官员名实不符而致人事管理复杂化，或影响有关机构的法定编制和职责范围，或打乱现存行政联系和秩序。这种对现存制度补充和干扰相互依存两面一体的状态，可以说是临时性任职形式的基本特点。

第二，临时性任职形式的运用范围和程度，最终都与当时制度所存问题的大小有关。在制度逐渐不适应时势发展而顾此失彼时，常会以这类任职形式的延续和推广而表现出来，而其盛行又会导致以往制度产生更为深刻的裂痕。当两者关系变得越来越紊乱时，相应的调整便成了必要。而调整的结果，则往往是部分临时性任职形式渐趋稳定和正规化，或者另以其他制度来体现和满足这类任职所反映的行政内容和要求。这样，从零散到整合，由权宜而定制，事情终将导向对以往制度的变革。因此，临时性任职形式盛行之时，亦即新旧制度过渡和转换之始；对它的运用、发挥和调整，实际上是专制集权官僚政体借以达成制度更新的特有机制。

2. 魏晋南北朝时期

从秦及汉初临时性任职形式的零散运用，到汉武帝以后的盛行，

---

① 与皇帝身边无固定职事而唯诏令所使的郎、大夫相似，秦汉各级长官也有一些没有固定职事的僚属。《汉书》卷五八《兒宽传》载其曾在张汤廷尉府为吏，汤见其为儒生，"见谓不习事，不署曹，除为从史，之北地视畜数年"。师古注："从史者，但只随官僚，不主文书。"同书卷八一《匡衡传》载其元帝建昭三年拜相，封乐安侯，地在僮之乐安乡，曾"遣从史之僮，收取所还田租谷千余石入衡家"，成帝时有司劾其"专地盗土"，免为庶人。此"从史"亦相府内并无固定职事之掾史。同书卷四九《爰盎传》、卷九二《游侠·陈遵传》俱载郡守府设有从史，是汉代各级长官僚属中类皆有此。第 2628、3346、2274、3711 页。

说明随着大一统王朝巩固发展，秦所建立的公卿郡县体制已渐不甚适应统治的需要。但经两汉之际的动荡直到东汉，从部分临时性任职形式中发展出来的新制度，如州部刺史和具有明确分工的尚书台等，似已初步解决了强化各地控制和内朝功能的问题，也较好地嵌入了原来的公卿郡县体制，问题显然已缓和了下来。显然，非正式临时性任职形式的盛行及其可能带来的制度紊乱，是可以通过适时调整加以控制的。但到东汉末年至魏晋南北朝，情况就不同了。在政局动荡并终于陷入分裂割据后，困于内忧外患的大小朝廷经常处于拆东补西、捉襟见肘的窘境，制度调整或更新的脚步，也就总是落到时势进程的后面。结果便是更多临时性任职形式的持续盛行、不断推广和整套制度的长期紊杂。

魏晋南北朝盛行的临时性任职形式，仍然贯彻了汉以来调整和补充皇帝与整套官僚机器、朝廷与各地关系的意图，也延续了汉以来有关状况的发展势头。比如，循汉以来宦官和侍中、散骑等随时受命、参与最高决策的做法，魏晋首先在把尚书台扩充为尚书省的同时，建立了中书省、门下省这两个参预枢要事务的机构。这不仅立即使三省关系成为新的问题，更使中书、门下二省在协助皇帝处理章奏和形成诏书时职能交叉，并因皇帝委寄游移而常导致省中有省和下官权势超过上官的情形。[①] 三省及其相互关系的这种状态，自然会使临时性任职形式在协助皇帝决策领域持续盛行。像"参掌机事""毗赞朝政""参综朝权"以及汉以来已有的"录尚书事""给事中"等，都是当时该领域常用的任职形式，三省或其他部门的官员一旦加上这类名衔，便成了宰相。故"魏晋以来，宰相但以

---

① 魏晋以来见于记载的散骑省、集书省、舍人省等，皆门下省、中书省官而分侍中、中书令之权，或兼门下与中书之职。参见杜佑《通典》卷二一《职官三》门下省散骑常侍、中书省中书舍人，典一二三、一二五至一二六；祝总斌《两汉魏晋南北朝宰相制度研究》，北京大学出版社，2017，第214~272页。

他官参掌机密，或委知政事者，则是矣，无有常官"。①

在朝廷与各地的关系上，魏晋以来继承和发展汉以来非正式临时性任职形式的显例，是都督制度的形成和发展。在东汉末年大乱中，以往随事特遣官员出督军务的做法经常化了，诸如"护""监""督""典""都督"这些用于临时性带兵领军的任职形式，魏晋以来已极盛行，并形成了一定的惯例和制度。② 西晋以来凡临时受命统领各地军事的官员，加"都督"者地位最高，"监""督"则依次下降；同时又授予他们象征生杀大权的"节"，并以特定授受方式为之加权。"使持节"者权力最大，可专杀二千石以下官员；"持节""假节"者递减，分别只能专杀一般人和在军事行动时专杀一般人。③ 问题在于，由于军事活动本身的要求及战争的频繁，这些"使持节""持节""假节"去"都督""监""督"一州或数州、数郡军事的官员，其职权实际上并未也不可能限于狭义的军事范围，而总是包括其军事辖区内的财政、刑法、监察等一应政务。正其如此，都督制度形成和发展的影响，也就必然地波及全部政治和社会领域。其直接后果之一，是各地相继出现了集军、民、财、刑诸权于一身的首脑，极大地冲击了朝廷与各地的原有关系，从而意味着进一步调整的必要和各地军政长官任职形式的继续演变。

"护""监""典""督"等任职形式的盛行和都督制度的形成，无外乎是朝廷与各地关系和地方军政格局适应当时现实要求发展的结果。在同样情况下出现的另一个更为普遍的做法，是大量官员开

---

① 杜佑：《通典》卷二一《职官三·宰相》，典一二〇。

② 《三国志》卷一《魏书·武帝纪》载建安十八年正月，"进军濡须口，攻破权江西营，获权都督公孙阳"；卷三《魏书·明帝纪》载太和二年"遣大将军曹真都督关右"；卷四〇《蜀书·李严传》载诸葛亮表劾平（时严已改名为平）曰："去年臣欲西征，欲令平主督汉中，平说司马懿等开府辟召……是以表平子丰督主江州，隆崇其遇，以取一时之务。"第37、94、1000页。参见杜佑《通典》卷三二《职官十四·州郡上》"都督"，典一八五至一八六。

③ 《宋书》卷三九《百官志上》"持节都督"，第1225页。

始兼负军事职能或兼带将军号，这不仅使将军号开始阶官化，[1] 更使表现各种兼带关系的行、守、兼、领等形式进一步蔓延开来。其后续影响如各地刺史、郡守一旦兼带将军号，往往都可以在其原有府僚外另立军府置僚，从而形成一个长官两套班子管理同一地区的局面。倘若其还兼任其他职务，其机构庞杂之况就更严重了。[2] 此外，魏晋以来某些重臣还经常握有对部分下属的任用权，能不经朝廷随时为其下属安排职务，"假""板（版）"便是常见形式。[3] 这种表面上"承制而行"实则权在大臣的临时性任职形式的存在和盛行，更增加了当时整套统治体系的复杂性。

就当时临时性任职形式的总体状况而言，一个引人注目的事实是，在汉以来守、行、兼、领等任职形式被继续运用和推广的同时，一些新的词语开始被用来表述当时流行的任职形式。较为常见的如"摄"[4]、

---

① 《宋书》卷一八《礼志五》载晋以来之制，"宣威将军以下至裨将军，铜印。朝服、武冠，其以此官为刺史、郡守若万人司马、虎贲督以上，及司马史者，皆假青绶"。第516页。可见此类将军号在被地方州郡长官兼任时，已开始有了某些惯例和制度。

② 如《宋书》卷三《武帝纪下》永初二年三月乙丑，"初限荆州府置将不得过二千人，吏不得过一万人；州置将不得过五百人，吏不得过五千人"。第57页。参见杜佑《通典》卷三二《职官十四·州郡上》"总论州佐"，典一八四至一八五。

③ 《宋书》卷五《文帝纪》元嘉二十七年正月辛未，"制交、宁二州假板郡县，俸禄听依台除"；卷六《孝武帝纪》大明五年八月庚寅，"制方镇所假白板郡县，年限依台除，食禄三分之一，不给送故"。第98、128页。《魏书》卷八《世宗纪》景明二年三月壬戌诏："州府佐史，除板稍多，方成损弊，无益政道。又京司百司，僚局殷杂，官有闲长者，亦同此例。苟非机要，悉从罢省。"卷一一三《官氏志》延兴二年五月诏："非功无以受爵，非能无以受禄，凡出外迁者皆引此奏闻，求乞假品。在职有效，听下附正，若无殊称，随而削之。旧制诸镇将、刺史假五等爵，及有所贡献而得假爵者，皆不得世袭。"第193、2975页。由此可见南北朝时期这类由大臣承制或擅自展开的假、板授官，与朝廷统一任用的官员在地位和待遇上有不小差距。

④ 《晋书》卷七七《殷浩传》载其建元初为建武将军扬州刺史，与桓温颇相疑贰，"遭父忧去职，时以蔡谟摄扬州以待浩"。第2045页。《南齐书》卷四一《张融传》载其为尚书仪曹郎，元徽五年坐事，"为左丞孙缅所奏免官，寻复位，摄祠、仓部二曹"。第726页。《魏书》卷六三《宋弁传》载其为右卫将军领黄门，孝文帝末年南征，"留弁以本官兼祠部尚书摄七兵事，及行，执其手曰：'国之大事，在祀与戎，故令卿绾摄二曹，可不自勉。'"第1415~1416页。

"权"①、"参"（含"参掌""参领"等）②、"知"（含"典知""总知"等）③，以及"员外"④、"检校"⑤ 等。应当说，以公卿郡县为框架的秦汉官僚体制，正是在这一波又一波涌现的临时性任职形式的推进过渡下，从局部到全面转向三省州县体制的。

魏晋以来，在"参知机密""给事中""员外""通直"等任职形式趋于稳定的背景下，汉以来公、卿职权被进一步削弱，原在皇帝身边的郎、大夫等侍从官则多被归并或闲置无事。⑥ 各地的情况与之相应，在兼、领、监、督、权、知等多种任职形式下，越来越多的地方官带京官衔，大量京官又往往遥领郡、县地方官以补充薪俸，加之朝

---

① 《宋书》卷七四《沈攸之传》载其泰始五年持节监郢州诸军事郢州刺史，泰豫元年"荆州刺史建平王景素被征，新除荆州刺史蔡兴宗未之镇，乃遣攸之权行荆州事"。第1931页。《梁书》卷二七《明山宾传》载其普通五年"以本官假节权摄北兖州事"。第406页。《魏书》卷三三《谷浑传》载其曾孙颖，孝明帝时"大军伐蜀，时益州刺史傅竖眼出为别将，以颖权行州事"。第781页。

② 《宋书》卷一〇《顺帝纪》升明元年八月庚午，"司空长史谢朏、卫军长史江敩、中书侍郎褚炫、武陵王文学刘候入直殿省，参侍文义"。第194页。《梁书》卷三《武帝纪下》大同五年正月丁巳，"御史中丞参礼仪事贺琛奏"云云。第83页。《魏书》卷八五《文苑·邢昕传》："永熙末，昕入为侍读，与温子昇、魏收参掌文诏"。第1874页。《北齐书》卷三〇《高德政传》："世宗嗣业如晋阳，显祖在京居守，令德政参掌机密，弥见亲重。"第407页。

③ 《宋书》卷四三《徐羡之传》载高祖欲北伐，"命羡之为吏部尚书、建威将军、丹阳尹，总知留任"；卷八九《袁粲传》载其泰始五年为中书令领丹阳尹，六年"又知东宫事"。第1330、2231页。《魏书》卷八五《文苑·裴伯茂传》载其"为行台长孙承业行台郎中，承业还京师，留伯茂仍知行台事"。第1873页。

④ 如《宋书》卷四〇《百官志下》："魏文帝黄初初，置散骑，合于中常侍，谓之散骑常侍……魏末散骑常侍又有在员外者，晋武帝使二人与散骑常侍通直，故谓之通直散骑常侍，晋江左置五人。"下文载魏初以来散骑侍郎也有通直、员外者，后亦陆续转为正官。第1244页。《魏书》卷一一三《官氏志》载宣武帝正始四年诏设"殿中司马二百人，员外司马三百人"。第3003页。这显然也是对既有事实的整顿。

⑤ 《晋书》卷二四《职官志》述"孝武太元中有检校御史吴琨"。第739页。《宋书》卷九二《良吏·王悦传》述其曾"为侍中，检校御府、太官、太医诸署，得奸巧甚多"。第2272页。《魏书》卷九一《术艺·江式传》载其"初拜司徒长兼行参军、检校御史，寻除殄寇将军、符节令"。第1960页。

⑥ 《宋书》卷三九《百官志上》："左光禄大夫以下，养老疾，无职事。"第1230页。

廷各部门新旧转换，各州、郡、县与朝廷关系复杂多变；① 都督及刺史、郡守在各种兼职下扩置府僚，又使当地的行政机构重叠；而各地大臣以"假""板"等形式进行非正式临时性任用，又更增地方治理之头绪。所有这一切不仅导致了机构设置新旧错杂，官员所带诸多职衔徒有虚名，也进一步催化了整套官制的蜕变。总之，当时整套官职系统发展变化的一个核心内容，是以往大量官职都在频繁而持续地兼领其他事务时名实不副，或因其原有职权不断被各种随机性措置袭取。魏晋以来大批闲散官职的出现，② 以及各种散官荣衔和新官职的相应形成，都可以说是各种临时性任职形式持续盛行和逐渐正规化的产物。

　　正其如此，南北朝以来整顿大量闲散冗官，明确各种实际职务及两者的关系，已成了当时制度调整的一大关键。结果则是南、北两大区域都依其所需，在重新确定官僚队伍结构及其等级序列的同时，归并了长期积累下来的闲散冗职，北朝更率先设置了象征特定门第功绩和有关礼遇，又可转补或加给各种实际职务的散官序列。③ 这就简化了长期附着于各种官职上的兼、代、带、领关系，从而扭

---

　　① 《晋书》卷四七《傅玄传》附子《咸传》载其武帝时上言称今户口仅汉之十一，而置郡县更多，"空校牙门，无益宿卫，而虚立军府，动有百数。五等诸侯，复坐置官属"。卷七五《范汪传》附子《宁传》载其陈时政有曰："守宰之任，宜得清平之人。顷者选举，惟以恤贫为先，虽制有六年，而富足便退。又郡守长吏，牵置无常，或兼台职，或带府官。"卷八〇《王羲之传》载其为会稽内史，遗书谢安曰："自吾到此，从事常有四五，兼以台司及都水、御史、行台文符如雨，倒错违背，不复可知。"第 1324、1986~1987、2098 页。

　　② 《晋书》卷四七《傅玄传》载其武帝时上疏论事有曰："今圣明之政资始，而汉魏之失未改，散官众而学校未设，游手多而亲农者少……前皇甫陶上事，欲令赐拜散官皆课使亲耕，天下享足食之利。……今文武之官既众，而拜赐不在职者又多，加以服役为兵，不得耕稼，当农者之半，南面食禄者参倍于前。使冗散之官农，而收其租税，家得其实，而天下之谷可以无乏矣。"第 1318~1319 页。

　　③ 前已指出北魏天赐元年制定了散官序列。《隋书》卷二七《百官志中》载北齐"特进，左右光禄，金紫、银青等光禄大夫，用人俱以旧德就闲者居之。自一品以下，从九品以上，又有骠骑……偏裨等将军，以褒赏勋庸"。第 752 页。《北齐书》卷三六《邢卲传》载其"累迁太常卿中书监摄国子祭酒，是时朝臣多守一职，带领二官甚少，卲顿居三职，并是文学之首，当世荣之"。第 478 页。可见北朝后期对之整顿尤力。南朝梁措置虽相对滞后，然亦整理戎秩。见《隋书》卷二六《百官志上》，第 736~741 页。

转了整套官职在大量临时性任职形式的作用下名实淆乱的局面，也标志着这类形式又一轮由盛而衰的转变。①

3. 隋唐时期

正是在这样的基础上，隋及初唐除继续对各机构职能和地位进行调整外，也进一步明确了职事官和散官两大序列的区分和联系，从而不仅确立了以三省六部和州、县为骨架的行政体制，也把各种非正式临时性任职形式纳入这一体制的必要补充范围之内了。但接下来，由于制度的运行和形势变迁，各种临时性任职形式不久又开始活跃起来，其继续发展的轨迹，在许多方面都像是秦汉以来同样情况的一个翻版。

如前所述，汉以来相沿行用的"守""行"之类，唐太宗时已定为表示官员所任职事官与散官级别差异的任用形式。其余如"假""平""领""录"等形式，自南北朝后期至隋及唐初亦渐罕见。当时最为常见的，正是南北朝流行而唐初以后又尤为盛行的那些任职形式，即"检校"②、"摄"③、"权"④、"判"⑤、"知"⑥ 等。⑦

---

① 参见阎步克《中国古代官阶制度引论》，北京大学出版社，2010，第473~475页。

② 《隋书》卷四六《长孙平传》载其开皇时先后为度支尚书、工部尚书，后"遇遣，以尚书检校汴州事"；卷四七《韦世康传》附弟《冲传》载文帝曾命其"检校括州事"。第1255、1270页。

③ 《隋书》卷五六《卢恺传》载其开皇初"除尚书吏部侍郎，进爵为侯，仍摄尚书左丞"；卷五九《炀三子传·越王侗传》载宇文化及弑炀帝后，"以段达为纳言、右翊卫大将军摄礼部尚书；王世充亦纳言、左翊卫大将军摄吏部尚书"。第1384、1438页。

④ 《隋书》卷二八《百官志下》载炀帝罢司隶台后，"临时选京官清明者，权摄以行"司隶从事之事；卷四四《卫昭王爽传》载其为高祖异母弟，隋初曾为"右领军大将军，权领并州总管"。第797、1223页。

⑤ 《隋书》卷四七《韦世康传》附《韦寿传》载其弟韦津，"位至内史侍郎，判民部尚书事"；同卷《柳机传》附子《述传》载其文帝时先"判兵部尚书事"，"仁寿中，判吏部尚书事"。第1271、1272页。

⑥ 《隋书》卷二八《百官志下》载仁寿元年罢国子祭酒、博士，置太学博士，"总知学事"；卷六七《裴矩传》载"西域诸蕃多至张掖与中国交市，（炀）帝令矩掌其事"，后文载矩上疏称"臣既因抚纳，监知关市"。第799、1578~1579页。

⑦ 上述任职形式唐武后以来尤为盛行，见杜佑《通典》卷一九《职官总叙》，典一○六至一○七。

这种新旧形式一涨一落的状态，正好反映了秦汉旧制的终结和魏晋以来新制的发展。

对当时制度起正常补充作用的临时性任职，仍被集中运用于王朝体制的两个必须经常调整的领域，即直接体现皇帝与百官关系的宰相制度和朝廷与地方关系的使职制度上。在隋代，三省处理军国大政的最高地位及其相互关系业已确定，三省长官也已成为当然宰相，不过其他官员临时受命参与协调三省，因而也直接参与最高决策的做法，一直是皇帝调控其辅佐班子，也更有效地驾驭三省的重要手段，其常用任命形式有"参掌朝政""参掌机事""专典机密"等。① 同样，尽管隋代已重新分割了地方行政长官的权力，并通过一系列制度大大强化了朝廷对各地的控制，炀帝时甚至建立了司隶台这种专门巡察各地的正式机构及其官员，但临时遣使外出巡视或办理有关专门事务的做法仍极常见，其名目有"安抚使""简黜大使""巡省使"等。②

初唐的情况与隋相类。皇帝与百官、朝廷与地方这两对维系专制集权体制的基本关系，一直是各种政治问题汇聚的焦点，也就经常须灵活有效地加以调节。同理，一旦引起这种调节的问题随时势变迁而趋于严重和普遍，那么，各种临时性任职形式便不仅在宰相或使节制度中，而且也会在其他领域持续运用和推广。初唐以来这类任职形式与整套制度相辅相成的局面之所以从武后执政开始发生明显变化，其原因正在于此。

---

① 《隋书》卷四七《柳机传》附子《述传》载文帝晚年"任寄逾重，拜兵部尚书，参掌机密"；卷六七《虞世基传》载其炀帝时"与纳言苏威、左翊卫大将军宇文述、黄门侍郎裴矩、御史大夫裴蕴等参掌朝政"。第1273、1572页。唐初以来入相名号不一，至开元已基本稳定了下来。见《新唐书》卷六一《宰相表上》，第1627~1680页。

② 《隋书》卷四一《苏威传》载文帝时，"令持节巡抚江南，得以便宜从事。过会稽，逾五岭而还"；卷四六《韦师传》载其高祖受禅后拜吏部侍郎，"数年，迁河北道行台兵部尚书，诏为山东河南十八州安抚大使"。第1187、1257页。《旧唐书》卷五九《任瓌传》载高祖时"关东初定，持节为河南道安抚大使"；同卷《李袭志传》附弟《袭誉传》载其高祖时"为江南道巡察大使，多所黜陟"；卷六二《李大亮传》载其贞观时先为西北道安抚大使，以绥集北荒内属诸部，贞观"八年，为剑南道巡省大使，大亮激浊扬清，甚获当时之誉"。第2323、2332、2388~2389页。

　　武后以来蜂起的临时性任职，主要部分是超编授职。除高宗以来开始出现的"员外""员外同正""里行"等名目外，① 南北朝以来流行的"检校""试""摄""判""知"等已空前盛行。这些名目的运用既体现了武则天力欲扩大统治基础，打破初唐以来用人格局的意图，同时也是武周以来剧烈政争权斗的反映。② 除此之外，其所以兴起的背景，也与初唐所定行政体制本身的缺陷有关。这套以三省六部和州县为骨架，各种权力被纵横切割的行政体制，虽显得相当严密，也便于皇帝驾驭，却无可避免地在相互牵制、行遣迂回的运转过程中效率不断下降。因此，从贞观六年（632）把京官编制压缩到 643 员这个很小的规模后不久，③ 充当举国政本的尚书省发生了明显的"案牍稽滞"问题。④ 这种状况在一般情况下尚可以被容忍，但在政局连续动荡、事变迭起之时，就无法听之任之了。而改善这种状况的选择，实际上不外乎适当扩充官员编制和减少行政周转环

---

　　① 《唐会要》卷六七《员外官》："永徽五年八月，蒋孝璋除尚药奉御员外特置，仍同正员。员外官自此始也（原注：又显庆五年五月授廖绍文检校书郎员外置同正员，又云'员外官自此始'，未知孰是也）。"其下文载中宗神龙元年五月三日敕："内外员外官及检校、试官，宜令本司长官量闲剧，取资历，请与旧人分判曹事。自外并不在判事之限，其长官、副贰官，不在此限。"第 1176 页。所谓员外之始是就唐代而言，前已指出"员外"之称早在曹魏初年的员外散骑常侍就已出现。神龙元年此诏则说明自来对诸员外官也在加以规范，《通典》卷一九《职官总叙》原注述"员外加同正员者唯不给职田耳，其禄俸赐与正官同，单言员外者，则俸禄减正官之半"，亦属此类。典一〇七。

　　② 参见陈寅恪《唐代政治史述论稿》，生活·读书·新知三联书店，1957，第 1～49 页；《记唐代之李武韦杨婚姻集团》，《金明馆丛稿初编》，上海古籍出版社，1980，第 237～263 页。

　　③ 《贞观政要·论择官第七》述太宗贞观元年（627），命房玄龄等量定庶官员位，"玄龄等由是所置文武总六百四十三员"。吴兢撰，谢宝成集校《贞观政要集校》，中华书局，2003，第 155 页。

　　④ 《唐会要》卷五八《尚书省诸司中·左右丞》载贞观十年治书侍御史刘泊上书请精选左右丞及左右郎中，曰："比者纲维不举，并为勋亲在位，尚书不能断决，故事稽延案牍，虽理屈词穷，仍更放下，去无程限，来不责迟，一经出手，便涉年载。"同卷《左右司员外郎》载开元五年四月九日敕责吏部、户部、刑部、兵部、祠部、虞部郎官十人案牍稽滞："如此稽遝，动即经年，是何道理？至如行判程限，素标令式，自今后，各置惩革，再若有犯，别当处分。"第 999、1004 页。

节两端。在这个意义上，武则天以来超编授官以及试、摄、判、知、检校等任职形式的盛行，未尝不是用魏晋以来的老办法来改善现存体制效能，只是其干扰制度的一面在剧烈政争之际显得更为强烈一些罢了。①

唐玄宗即位后的一系列措施中，很大一部分便针对武后以来因大量超编授职导致的名实错综、"官纪大紊"局面。② 其要是大幅度压缩或废止超编授官，又适当容纳以往这类任职形式所蕴行政内涵，从而调和了初唐以来统治体制中的新旧因素，也使各种临时性任职在调整中呈现了此落彼涨的态势。其中部分已进一步制度化，宰相和节度使即其典型：隋及初唐以来的多种入相名号，到高宗时已渐归约为"同中书门下平章事""同中书门下三品"二衔，以此二衔入相的官员却仍具临时兼职色彩。到玄宗做了这类官员不必再回原司理事等一系列规定后，这两个头衔才真正独立化了。③ 所谓节度使，其初不过是指都督带使持节者，睿宗以来才开始成为官职名号，却仍只是有关将领兼职，其同样是在玄宗时开始成为独立官衔的。④ 当时还有部

---

① 《通典》卷一九《职官一·官数》载唐官共 18805 员，其中内官 2621 员，外郡县官 16185 员；卷四〇《职官二十二·秩品五》"大唐官品"末载内外文官 18805 员，文官 14774 员，武官 4031 员，内官 2620 员，外官 16185 员。典一〇九、二三〇。是为玄宗开元二十五年（737）在编数，内官较贞观初增四倍以上。

② 《通典》卷一九《职官总叙》述武后以来"擢人非次，刑网方密，虽骤历荣贵，而败轮继轨……逮乎景龙，官纪大紊，复有斜封无坐处之诵兴焉。先天以来，始惩其弊"。典一〇七。

③ 《新唐书》卷二〇六《外戚杨国忠传》："先天以前，诸司官知政事者，午漏尽，还本司视事……开元末，宰相员少，任益尊，不复视本司事。"第5848页。《通典》卷二一《职官三·宰相》原注："武太后长历三年四月敕：'同中书门下三品平章事，赐会并同中书门下三品例。'开元十年十一月敕：'自今以后，中书门下宜共食实封三百户。'二十二年十一月制：'宰相兼官者，并两给俸禄。'"典一二〇。可见玄宗以来他官加号入相者待遇、地位的制度化之况。

④ 《通典》卷三二《职官十四·州郡上》"都督"载唐制："分天下州县制为诸道，每道置使，治于所部，其边方有寇戎之地，则加以旌节，谓之节度使。自景云二年四月，始以贺拔延嗣为凉州都督，充河西节度使，其后诸道，因同此号，得以军事专杀，行则建节，府树六纛，外任之重莫比焉。本皆兼支度、营田使，开元九年十一月敕，其河东、河北不须别置，并令节度使兼充。"典一八六。参见张国刚《唐节度使始置年代考定》，《唐代藩镇研究》，第 235～238 页。

分临时任职在继续发展，如以他官判尚书省度支司，以综理全国财政收支；① 以文臣入直翰林学士院，"供奉敕旨"并"内参谋猷"。② 玄宗还对部分临时特派性使职做了整顿和推广，如以八节度使镇防边境要地，以十五道采访处置使构成分区监察各州县的完整体系，以及转运使、盐铁使的兴起等。③ 这些对后世制度有着重大影响的措施，都在玄宗开元年间确定了基本轮廓。在此基础上，玄宗开元二十五年再定官制，所呈现的是以正规官职系统为经，以各种差遣性使职为纬的局面。

"设官以经之，置使以纬之"，看起来合理而圆满，在当时却存在着无穷的问题。唐初以来涌现的差遣性使职有着深刻的社会根源和制度背景，因而部分使职稳定化后，所带来的问题总是要比解决了的多得多。如理财诸使的兴起，即与唐初以后均田制和租庸调制逐渐瓦解，整个财政系统入不敷出有待重组，尤其是需要开辟更多税源的趋势紧密相关。④ 节度使也是一个显著的例子，其既全权统率一地军事，除非另有支撑系统，就不能不兼带辖区民政、财、刑、监察等多种职务，实际成为一区最高长官，才能调度治下资源展开和完成军事行动。这也就使隋及初唐煞费苦心切割控制的权力，在

---

① 见《唐会要》卷五九《尚书省诸司下·别官判度支》，第 1018 页。

② 《唐会要》卷五七《翰林院》，第 977~978 页。参见李肇《翰林志》，洪遵《翰苑群书》卷一，中国书店，2018，第 5~27 页。

③ 参见何汝泉《唐代使职的产生》，《西南师范大学学报》（人文社会科学版）1987 年第 1 期。

④ 《旧唐书》卷一〇五《宇文融传》载开元"时天下户口逃亡，免役多伪滥，朝廷深以为患。融乃陈便宜，奏请检察伪滥，搜括逃户。玄宗纳其言，因令融充使推勾。无几，获伪滥及诸免役甚众，特加朝散大夫，再迁兵部员外郎兼侍御史。融于是置劝农判官十人，并摄御史，分往天下，所在检括田畴，招携户口，其新附客户则免其六年赋调，但轻税入官。"又该卷所传宇文融、韦坚、杨慎矜、王鉷皆以理财聚敛称，其末史臣评其"或以括户取媚，或以漕运承恩，或以聚货得权，或以剥下获宠，负势自用，人莫敢违。张说、李林甫手握大权，承主恩顾，尚遭凌摈，以身下之，他人即可知也"。第 3217~3218、3232 页。足见玄宗当时确以开辟财源为头等要务，转运、盐铁、度支诸使皆由此兴。参见何汝泉《唐代转运使的设置与裴耀卿》《唐代度支使出现时间的探讨》，《西南师范大学学报》（人文社会科学版）1986 年第 1 期、1988 年第 3 期。

边地重镇重新纠结到了一起，初唐以来内重外轻、内外制衡的建制格局由此出现了极大的漏洞。① 显然，在官经使纬的现实状况中，已经潜伏了现存制度的又一轮变化。

4. 宋元时期

从中唐到北宋前期，一方面，各种临时性任职形式在弥补制度缺漏或满足各种新需求的过程中极为盛行，除使、试、摄、判、知等仍在持续运用、推广外，新兴而常见的任用形式如"提举"、"提领"、"提点"、"点检"、"勾当"、"管勾"、"主管"、"管干"以及"直"、"充"等，似皆源出方镇幕职等较为鄙俗的行政氛围。另一方面，尽管制度调整的脚步缓慢，但临时性任职既然已是一种全面而持续的存在，也就形成了一定的惯例或制度，不少原来的临时性任职尤其是使职，宋初以来已是朝廷各部门和各地建制的重要部分，而大量唐以来的正规官职则已有名无实。这两个方面的交错发展，清楚地表明了唐宋行政体制新旧转换的大势。

这也就是宋代差遣盛行的总体背景。由于长期未有通盘整顿，新旧官职间一直处于取代而未完全取代，退化又未彻底退化的状态，从而形成了官制错杂、叠床架屋的局面。反映到具体官员身上，即其名义上兼任多职，却往往只有那个临时性任职即所谓差遣才是实职，其他官衔则很少或没有职权，仅象征一定的等级和俸禄等待遇。对于整套行政体制来说，这种现象的普遍化不仅使官职徒有其名，机构人浮于事，行政成本高昂而弊窦丛生，更给人事管理带来极大的麻烦。② 因此，如何处理各种新旧官职间的关

---

① 参见张国刚《唐代藩镇研究》，第 29~45 页。

② 《续资治通鉴长编》卷二九八《神宗》元丰二年五月己丑，右正言知制诰李清臣言："本朝官制踵袭前代陈迹，不究其实，与经舛戾，与古不合。官与职不相准，差遣与官职又不相准，其阶、勋、爵、食邑、实封、章服、品秩、俸给、班位各为轻重后先，皆不相准。乞诏有司讲求本末，渐加厘正，以成一代之法。"第 7250 页。此奏当时虽"朱本签贴云不行"，但次年六月神宗下诏中书置局详定官制，即所谓元丰改制。

系，简化和澄清这种一官多衔、名实错综的状态，一直都是北宋在官制领域的头等要务。鉴于宋初整套官职和差遣大致有类隋及初唐散官和职事官序列的关系，看起来，只要把各种差遣进一步确定下来，整合为新的职事官序列，再归并寓有相应等级待遇内涵的各种旧官职，北宋便可以像隋唐做过的那样，以新的职事官和散官序列的形成，为中唐以来行政体制的变迁做出总结，并且终结诸多临时性任职的盛行状况。①

图4-6　北宋范仲淹供职资政殿牌

出人意料的是，神宗元丰三年（1080）开始的官制改革，虽在不少方面总结了中唐以来行政体制的发展势头，尤其是在地方和军事建制上确认了宋初的许多措置，但在整顿朝廷各机构这个全部改制过程的关键问题上，却并没有走上进一步肯定各种差遣和将

---

① 《司马温公集》卷一九《章奏四·十二等分职任差遣札子》："今官爵混淆，品秩紊乱，名实不副，员数滥溢，是以官吏愈多而万事益废。欲治而清之，莫若于旧官九品之外，别分职任差遣，为十二等之制，以进退群臣。"司马光撰，李之亮笺注《司马温公集编年笺注》第三册，巴蜀书社，2009，第93页。司马光的这套方案，即以肯定差遣为基点而设计。

之整理为新职事官序列的路子，而是选择了大幅恢复唐代旧官职能和地位的方案。① 到元丰六年（1083）改制活动告一段落，中唐以来几乎成了空架子的省（中书省、门下省、尚书省等）、台（御史台）、寺（太常寺等）、监（国子监等），都已"各还所职"，回到了近乎盛唐时的模样；官员的班位和禄秩，则另以一套杂取唐宋散阶名目而构成的"寄禄官"序列来衡量。与之相应，原来临时任职办理各类实务的差遣，便大都废止了。②

这个方案的确简化了长期以来因官、职、差遣而显得错杂紊乱的行政体制，只是其向后看的复旧路向局限太大，削弱了其总结唐以来行政体制变迁本应具有的意义。首先，复旧很难容纳大量临时性任职所反映的强化控制、改善财政状况、平衡集权与分权关系等方面的新事态、新要求，也就不可能消除临时性任职之所以盛行的根源。③ 其次，朝廷各部门虽大幅回归至盛唐之制，但那些"先后所同便"的领域尤其是地方和军事建制，却因元丰改制确认了宋初以来的状态而仍是五代以来的模样。④ 这就重新导致了新旧制度的

---

① 刘敞等《上仁宗论详定官制》："臣等昨奉敕，为翰林学士韩绛上言'国家奄有四海，承平百年，官制未修，方苦其陋。欲望讨论唐百官制及本朝官制品秩事件，量加裁定，正其名体'等事，奉圣旨差臣等同共详定……臣等今详定到事件如左。"其下所列各条多以《唐六典》之制为准罢撤唐五代以来新制，可以视为元丰改制的预案。赵汝愚编《宋朝诸臣奏议》卷六九《百官门·官制》，北京大学中国中古史研究中心校点整理，上海古籍出版社，1999，第755~756页。

② 参见章如愚编撰《山堂考索·后集》卷四《元丰新官制》，第478~479页。

③ 《宋会要辑稿·职官》一二之一载《续宋会要》引《两朝国史志》曰："度支判司事一人，以无职事朝官充，凡调度之费皆归于三司，本司无所掌。元丰官制行，郎中、员外郎始实行本司事。"第2663页。中唐至宋初三司使全面接管财政有其深刻原因，简单恢复原户部诸司之职无从解决三司使所以兴起的问题。

④ 《宋史》卷一六一《职官志》序："盖自元祐以逮政和，已未尝拘乎元丰之旧；中兴若稽成宪，二者并行而不悖。故凡大而分政任事之臣，微而馆库监局之官，沿袭不革者，皆先后所同便也。"第3771页。具体如《宋会要辑稿·职官》五二之二五载徽宗政和二年九月二十九日诏："昔神考董正治官，肇建文阶，以禄多士，联职合治，各有等差，名实既宾，以克用乂。而武选官称，循沿末世，有志未就，以迄于今。"遂定横行新官十二阶及诸司使副等新阶，并命"所有武阶磨勘迁改请给奏荫等事，凡厥恩数，悉如旧章"。第3573页。

关系问题，也为各种临时性任职的活跃留下了余地。① 最后，恢复旧官职的作用和地位后，为重新衡量其级别和俸禄而新创了寄禄官序列，② 这一措置并未改变，而是承认了官员俸禄与其实际职务相脱离的局面。与隋及初唐整顿魏晋以来制度时，先重新确定职事官序列，再据以发放俸禄和各项津贴的措置相比，寄禄官阶的制定，不仅集中暴露了元丰改制在复旧和处理各种新问题时的窘态，更给今后的人事管理带来了大量麻烦和消极影响。

　　总之，向后看而不是向前看的元丰改制，远不是对中唐以来行政体制新旧转换过程的合理总结，也不是一个可供后世继续增饰和完善的坚实起点，况其又与政见多歧而聚讼纷纭的王安石变法相衔接，也就注定了其命运多舛。史载哲宗"元祐以后，渐更元丰之制"；徽宗时"元丰之制，至此大坏"。③ 这里面固然有元丰以后政争激烈而政局反复等原因，却也是与元丰"新制"的上述缺陷直接相关的。北宋覆灭后，南宋高宗以来虽有过一些制度上的整顿，其主旨无非是要恢复和维持已被战争扰乱了的统治秩序，在解决北宋官制遗留问题上并无多少进展。④ 彻底扭转中唐以来行政体制紊杂局面的历史任务，实际上是通过金、元两朝对中华政治传统的消化而完成的。

　　金、元官制套用了大量宋制，并对宋制采取了删繁就简、弃浮

---

　　① 《宋朝诸臣奏议》卷六七《百官门·监司》收录吕好问《上钦宗论杂科监司不可不尽罢》有曰："臣窃见比年以来，诸路杂科监司猥多。司分既异，所行不复相照，各执己见，意在必行，事相牵连，首尾相戾，文移如雨，督责如火，官吏书纸尾之不暇，矧能及民事乎？"第746页。

　　② 寄禄官外又定文武散阶及选人七阶，俱见《玉海》卷一一九《官制》"元丰新定官制"等条。元刻合璧本，第2276~2278页。

　　③ 马端临：《文献通考》卷四七《职官一·官制总叙》，考四三八。

　　④ 李心传《建炎以来朝野杂记》甲集卷一二《寄禄官分左右》："寄禄官分左右字，元祐政也。绍兴初，复举行之。淳熙初，宗室善俊者建言，以为本范纯仁偏见，孝宗纳其说，又去焉。"第155页。南宋相关整顿，大略皆为此类。

用实的措施。这就有意无意地使其建制过程，走上了确认中唐以来行政体制的发展方向，在此前提下整理新旧制度关系的正确道路。如金制已把唐宋三省合并为尚书省，[①] 元则循金改为中书省，又确定了中书省与分管举国军事和监察的枢密院、御史台的分工关系，改组了各在京行政机构，从而解决了朝廷各部门与地方及诸军事建制的协调问题。同时又设立了分隶于朝廷省、部、院、台等部门的大量直属机构，明确了分门别类管理大至军事、财政、监察，小至工匠、医药、矿冶事务的行政网络，较好地容纳了中唐以来临时性任职尤其是诸使盛行蕴含的需求和要素，确认了整套行政体制的条条化发展趋势。元代还重新划分了职事官和散官序列，摒弃和淘汰了寄禄官和其他各种繁复的虚衔，既以之简化了人事管理，也使长期以来新旧制度的转换有了一个较为彻底且合理的结局。[②] 其最为明显的表现，便是以往诸多临时性任职形式随"官有常职，位有常员"而终于衰歇，其中绝大部分至此都已制度化了。以往临时性任职名号，如参政、参议、知、同知、提举、提领、使、大使、判、管勾、签书、签事等，至金元时期皆已转为正式官名，这一事实突出地说明了当时在唐宋以来制度发展中选择和淘汰了什么，也代表了唐以来临时性任职形式发展的实际成果。

5. 明清时期

以元制为新的起点，明清时期各种临时性任职形式，再也没有出现过魏晋南北朝和中唐以来那样到处涌现和愈演愈烈的局面。明清文

---

① 《金史》卷五五《百官志》序："正隆元年罢中书门下省，止置尚书省。自省而下官司之别，曰院、曰台、曰府、曰司、曰寺、曰监、曰局、曰署、曰所，各统其属以修其职。职有定位，员有常数，纪纲明，庶务举，是以终金之世守而不敢变焉。"第1216页。

② 《元史》卷八五《百官志》序述世祖即位，登用老成，大新制作："总政务者曰中书省，秉兵柄者曰枢密院，司黜陟者曰御史台。体统既立，其次在内者，则有寺，有监，有卫，有府；在外者，则有行省，有行台，有宣慰司，有廉访司。其牧民者，则曰路，曰府，曰州，曰县。官有常职，位有常员，其长则蒙古人为之，而汉人、南人贰焉。于是一代之制始备，百年之间，子孙有所凭借矣。"第2120页。

献中常见的如"参赞"、"赞理"①、"干办"、"办理"②、"巡视"、"抚治"③，以及继续行用的"兼""摄""督""直"等形式，④ 其具体作用和地位，基本上都维持在补充整套行政体制的正常水平上。

　　在集中体现皇帝与百官关系的政枢领域，明太祖废相并撤销中书省后，各种旨在帮助皇帝处理章奏的临时性任职便应运而生了。其具体形式，一度是令人兼摄春、夏、秋、冬"四辅"官，从事复奏、封驳等事；⑤ 或又临时指派翰林院和左右春坊的儒臣"详看诸

---

　　① 《明史》卷六《成祖纪二》永乐四年七月辛卯，命朱能、沐晟、张辅等帅师分道讨安南，"兵部尚书刘儁参赞军务，行部尚书黄福、大理卿陈洽督饷"；卷一三《宪宗纪一》成化元年正月甲子，"都督同知赵辅充总兵官，佥都御史韩雍赞理军务，讨两广叛蛮"。第83、162页。《清史稿》卷二《太宗纪一》天命十一年九月庚午即位，"设十六大臣赞理庶政，听八旗讼狱；又设十六大臣参理讼狱，行军驻防则遣之"。第20页。

　　② 黄光昇《昭代典则》卷一四《宣宗》宣德四年十月敕谕："近年以来，尔等钦差内外官员故违旧制，遇有事务，辄委三司及差军卫府州县正官、掌印官干办……自今一应办理，其内外官员并不许指以钦差为由，辄自差委正官、掌印官及坐名差委，违者悉处重罪。"第399~400页。《清史稿》卷一〇《高宗纪一》乾隆三年四月壬辰，"命顾琮往直隶，会同朱藻办理河工"；卷一三《高宗纪四》乾隆三十八年闰三月己巳，"命刘统勋等充办理四库全书总裁"。第357、494页。

　　③ 《明史》卷三《太祖纪三》洪武十七年正月壬戌，"汤和巡视沿海诸城防倭"；卷一四《宪宗纪二》成化十二年五月丁卯，"副都御史原杰抚治荆襄流民"。第41、173页。《清史稿》卷四《世祖纪一》顺治二年七月，"以何鸣銮为湖广巡抚，高斗光为偏沅巡抚，潘士良抚治郧阳"；卷六《圣祖纪一》康熙十一年四月，"命侍卫吴丹、学士郭廷祚巡视河工"。第98、182页。

　　④ 《明史》卷二八六《程敏政传》载其"成化二年进士及第，授编修，历左谕德，直讲东宫……孝宗嗣位，以宫僚恩擢少詹事兼侍讲学士，直经筵"。第7343页。陆容《菽园杂记》卷四："其常朝宿卫，各以番上，谓之正直。有大事，无番上，谓之贴直。正直者，金牌相传悬挂；贴直者，尚宝司奏而给发；事毕复纳之。"第44~45页。

　　⑤ 《明实录·太祖实录》卷一三三洪武十三年九月丙午，第2114页。又《明史》卷一三七《安然传》载其洪武十三年后"召为四辅官。先是，胡惟庸以谋反伏诛，帝以历代丞相多擅权，遂罢中书省，分其职于六部。既又念密勿论思不可无人，乃建四辅官，以四时为号，诏天下举贤才……月分三旬，人各司之，以雨旸时若验其称职与否。刑官议狱，四辅及谏院复核奏行；有疑谳，四辅官封驳"。第3944~3945页。

司奏启，兼司平驳"。① 到成祖永乐年间，便开始经常采取临时特命儒臣兼挂殿、阁学士头衔，以"预机务"之名任职，② 从而形成了内阁的雏形。从以后的发展来看，这些措施并未像汉武帝加强内朝和唐代以其他官员掌知机务的措施那样不断扩散开来，引起更多变化，而是在一定程度上恢复了适应客观需要的皇帝秘书班子，又迅速地与整套行政体制相互协调。自洪熙、宣德迄于明末，内阁学士虽地位渐居六部尚书之上，其间形成了一定的主辅关系，并且有了制敕、诰敕房等附属设施，却一直保持着原来那种临时性任职的属性，无定员，无任期，不得独立对外，"虽文渊阁有印，止于封进诏草，登达章疏用之，不得下诸司"，③ 呈现了一种"无丞相之名而有丞相之权，有丞相之权而无丞相之责"的奇特状态。④

这种状态，似乎正是明清专制集权体制对宰相制度的基本要求。从清初重建内阁，康熙九年（1670）将之稳定下来和正规化

① 具体如《明实录·太祖实录》卷一三九洪武十四年十月癸丑，"命法司论囚，拟律奏闻。从翰林院给事中及春坊正字、司直郎会议平允，然后复奏论决"。第2194页。《明史》卷七二《职官志一》载内阁缘起，述洪武十三年正月诛胡惟庸而罢中书省，九月置四辅官，十五年又仿宋制置殿阁大学士，二十八年下诏永废丞相。"当是时，以翰林、春坊详看诸司奏启，兼司平驳。大学士特侍左右，备顾问而已。"第1733~1734页。是为成祖时内阁形成之前声。

② 《明史》卷五《成祖纪一》永乐四年八月壬子，"侍读解缙、编修黄淮入直文渊阁。寻命侍读胡广，修撰杨荣，编修杨士奇，检讨金幼孜、胡俨入同直，并预机务"。同书卷一四七以解缙、黄淮、胡广、金幼孜、胡俨同传，其末史臣曰："成祖始命儒臣直文渊阁预机务，沿及仁、宣而阁权日重，实行丞相事。解缙以下五人，则词林之最初入阁者也……观诸臣从容密勿，随事纳忠，固非仅以文字翰墨为勋绩也。"第76、4129页。另参见《明史》卷一〇九《宰辅年表》序，第3305页。

③ 雷礼《国朝列卿记》卷八《直内阁元辅及同直辅臣年表》末之按语，第374页。沈德符《万历野获编》之《补遗·内阁失印》："文渊阁印一颗，用银铸，玉箸篆文，乃宣宗所赐，止许阁用以进奏，不得施于外廷。历世相传珍护，至万历十四年四月廿六夜，忽为何人连篋盗去……上不得已，重铸以赐，今所用者是也。"《明代笔记小说大观》第三册，上海古籍出版社，2005，第2777~2778页。

④ 谷应泰《明史纪事本末》卷五四《严嵩用事》载杨继盛劾嵩十大罪，第一罪即言"嵩无丞相之名，而有丞相之权；有丞相之权，而无丞相之责"。中华书局，1977，第817页。

后，内阁大学士虽得到了宰相名分，但其原来拥有的特殊作用和地位，很快转移到了南书房行走，① 又转移到了雍正七年（1729）以后崛起的军机大臣手中。而"军机大臣"的性质和地位，正如嘉庆帝所说，与隋唐的"平章军国重事"相仿，② 同样属于临时性任职。事实上，军机大臣的性质与明代的内阁学士更为一致。它同样依附于皇帝而不独立，也无定员、任期。内阁大学士、尚书、侍郎等重臣或亲王，随时奉旨兼办理军机大臣、军机大臣、军机大臣上行走、军机大臣上学习行走等衔，入直内廷军机处协助皇帝处理各种政务。③ 尽管军机处也形成了一定的制度和惯例，又逐渐衍生出内翻书房、方略馆等附属设施，④ 并被公认为雍正以来实际执掌清代相权的中枢，⑤ 但其在根本上仍一直都是最便于皇帝灵活调度的临时性部门，保持了"勤、速、密"的工作特点，并与包括内阁在内的各种正规机构保持着相辅相成的关系。

在朝廷与地方的关系上，明太祖撤销元代总制各地政务的行中

---

① 吴振棫《养吉斋丛录》卷四："所谓南书房者，在乾清宫之西南隅，圣祖旧时读书处也。三十三年，以翰林为文学亲近之臣，宜不时咨询，以备擢用。命翰林学士以下，编、检以上，詹事府詹事以下，中、赞以上，每日轮四人入直南书房。四十七年停止，五十三年复命四人轮直，与南书房翰林一处行走，五日一更代。"第47页。

② 梁章钜、朱智《枢垣记略》卷一《训谕》："（嘉庆）十年五月十九日谕御史何元烺奏请酌改军机处名目一折……军机处名目自雍正年间创设以来，沿用已久，一切承旨书谕及办理各件，皆关系机要。此与前代所称平章军国重事相仿，并非专指运筹决胜而言。"中华书局，1984，第10页。

③ 参见《清史稿》卷二八八《张廷玉传》，第 10237～10238 页；梁章钜、朱智《枢垣记略》卷二《除授一（军机大臣）》，第 16～25 页；吴振棫《养吉斋丛录》卷四军机处各条，第 41~47 页。

④ 《清史稿》卷一一四《职官志一》"军机处"条，第 3270~3271 页。

⑤ 《清史稿》卷一七四《大学士年表》序："清大学士沿明旧名，例称政府，实则国初有议政处以掣其柄。雍正以后，承旨寄信有军机处，内阁宰辅名存而已……清大学士满汉两途，勋高位极乃以相授，内阁实权远不逮明，然其品列皆首文班。"同书卷一七六《军机大臣年表》序："军机处名不师古，而丝纶出纳，职居密勿。初祇秉庙谟商戎略而已，厥后军国大计，罔不总揽。自雍、乾后百八十年威命所寄，不于内阁而于军机处，盖隐然执政之府矣。"第 6089、6229 页。

书省后，朝廷便面临着如何协调分掌民政、财赋、军事、刑法等事务的地方专项行政机构的问题。各地权力切割且互相牵制，固然有利于朝廷控制，却很难应付须由各专项机构协力处理的重大军政问题。洪武十年起命监察御史巡按州县，① 因其地位过低只能起到一定监察作用，无法协调地方各机构行政。故永乐以来，便开始随事随时特遣尚书、侍郎等大臣，以"巡行""镇守"等名目出督各地，监督、主管重大区域性军政活动，统领或协调各有关机构工作。又因这些大臣与隶属都察院的巡按御史"文移窒碍"，遂又以都察院长官都御史、副都御史、佥都御史用"巡抚""抚治""镇抚""整饬""经略"等名目出督各地，并逐渐形成了兼军务者加"提督"，有总兵地方加"赞理"或"参赞"，辖多事重者加"总督"，及尚书、侍郎总督军务者皆兼都御史等一系列惯例。② 这就先后在各省承宣布政使司、提刑按察使司、都指挥使司等专项政务机构及部分重要府州之内，出现了一批权力较为完善的实际行政首脑。直至清朝，实际掌管一省、数省军政和漕运、河道等大范围事务的督、抚制度，便是在这样的基础上删并、整理而成的。

清代所设总督、巡抚虽趋于稳定和规整，却仍未脱其临时性任职的本色。乾隆十四年（1749）后，总督例兼都察院右都御史，相机特加兵部尚书衔；巡抚例兼右副都御史，或再加兵部侍郎衔。③也就是说，两者均是都察院和兵部堂官出督、镇抚各地，所谓总督和巡抚都非正规官称，象征其权力的印钤，也与方形正规官印迥然

---

① 《国榷》卷六洪武十年七月，"遣监察御史巡按郡县"。第 553 页。

② 见《明史》卷七三《职官志二》"都察院"条，第 1767~1768 页；《明会典》卷二〇九《都察院一·督抚建置》，第 1040~1042 页。

③ 《清史稿》卷一一六《职官志三·总督巡抚》，第 3336~3344 页。

有别，而是长方形的铜关防。① 其职权范围尤其是督、抚之间的关系，则一直处于笼统和灵活伸缩之中。故督、抚同城者，便往往"政令歧出"。② 具有这些特点的督、抚制度，既为皇帝提供了控制和协调各地专项政务的便捷方式，又与各正规机构保持了相辅相成的关系，故其与内阁、军机处一样，一方面集中反映了明清时期各种临时性任职形式的作用、地位和发展轨迹，另一方面也是历代较好地运用这类任职形式的实例。

第三节　任用限制

为保障任用质量和行政过程的正常展开，历代都在年龄、身世、品行、资格等方面规定了一些限制和条件。这是当时社会和建基其上的官僚系统对各种官职担任者的基本要求。总体上看，这些限制和条件绝大部分都不像官僚选拔和任用规则那样严格，也未在不同朝代间呈现较为连贯的传承或损益关系，而是显得零散而笼统，以致许多限制并无明确的制度。其况既与各朝各代自身的特点及其对官员要求不同相关，也与专制皇权总在突破有关规定而制造大量例外这一根本症结分不开。

以下把有关任用限制和条件分为四部分依次阐述。

一　年龄、身世、品行

这是一些相对来说最基本的条件，即其不是只对某些官职，而

---

① 《大清会典（康熙朝）》卷四五《礼部十五·印信》"铜印"目载诸正规机构印方一寸四分至二寸七分不等；"铜关防"目载"总督、巡抚、各镇守总兵（原注：长三寸二分，阔二寸）"。第615页。

② 薛福成：《庸庵海外文编》卷四《叙督抚同城之损》，光绪二十一年刊本，卷四第17~22页。

是对各种官职都有效；同时也是指其不仅体现在官僚任用，也体现在官僚选拔环节上。

1. 年龄

年龄上的例外极多。历代有关做官年龄的限制规定中，往往都有"其有茂才异行……不拘年齿"之类的附加条款。① 因而贵游子弟总是可在甘罗、颜渊这类励志故事下，因皇帝特旨而"坐致高位"。尽管如此，对大部分人来说，年龄仍然是其入仕登进的第一道门槛。

睡虎地秦简《内史杂律》中有"除佐必当壮以上"的规定，即担任佐史这类僚属的年龄条件是"壮"（30 岁）以上。② 虽然很难知道当时这条法律是否也适用于其他官僚，但 30 岁的确是可以在历代官僚选任过程中屡屡看到的年龄界限。汉代选任各种官僚的年龄规定差别甚大，汉律中，学童习字选拔为佐史的年龄条件是"十七已上"；③ 而汉武帝立太学，从各地选取太学生徒即博士弟子的条件之一，是"民年十八以上"。④ 两者间似乎有着某种共同的观念。⑤ 其业成或通经得以为史做官则在 20 岁以上。不过在特别重视老成持

---

① 《后汉书》卷六《顺帝纪》，第 261 页。又《三国志》卷二《魏书·文帝纪》黄初三年正月庚午诏："十室之邑，必有忠信，若限年然后取士，是吕尚、周晋不显于前世也。其令郡国所选，勿拘老幼，儒通经术，吏达文法，到皆试用。有司纠故不以实者。"第 79 页。

② 《睡虎地秦墓竹简》之《秦律十八种·内史杂》，第 106 页。整理小组释"壮"为"一般指三十岁"。"佐"当指佐史，《汉书》卷一九上《百官公卿表》："百石以下有斗食、佐史之秩，是为少吏。"第 472 页。

③ 《说文解字》后叙："《尉律》：学僮十七已上始试，讽籀书九千字，乃得为史。"许慎撰，段玉裁注《说文解字注》，第 758 页。睡虎地秦简和张家山汉简的《史律》中均有相关规定可予以印证。

④ 《汉书》卷八八《儒林传》序，第 3594 页。

⑤ 崔寔著，缪启愉辑释，万国鼎审订《四民月令辑释》载正月，"农事未起，命成童以上（原注：谓年十五以上至二十）入大学，学五经……命幼童（原注：谓九岁以上至十四）入小学，学书篇章。"农业出版社，1981，第 2 页。是汉代"学童"的一般年龄为十五至二十岁，官府学室学童及博士弟子为十七、十八岁，盖取其中数。

重之士的汉代，30 岁以上入仕应是更为普遍的现象。在东汉阳嘉元年（132）十一月为察举"孝廉"规定年龄条件时，其中便有"年不满四十，不得察举"的条文，十二月又规定"诸以诏除为郎，年四十以上课试如孝廉科者，得参廉选，岁举一人"。[1] 而任用博士这种需要较深阅历和渊博知识的官职，年龄须在"五十以上"。[2] 以上可见汉代任官的年龄要求是各有规定、参差不齐。

到魏晋南北朝，入仕年龄限制各朝多有不同，且又士、庶有别。南朝曾规定甲族子弟 20 岁即可入仕，而寒微士人则须 30 岁以上，[3] 而诸贵胄则全然不受限制。如宋文帝刘义隆在东晋义熙十二年不到 10 岁，即授使持节监徐兖青冀四州诸军事。[4] 梁初曾规定"年二十五方得释褐"，[5] 至天监四年（505）正月下诏："今九流常选，年未三十，不通一经，不得解褐。"[6] 北魏孝明帝熙平二年（517）八月己亥，"诏庶族子弟年未十五，不听入仕"，[7] 则是针对庶族入仕的规定。

隋唐时期的入仕年龄十分宽泛，并无划一的规定。以唐代科举

---

[1] 《后汉书》卷六《顺帝纪》、卷六一《左雄传》，第 261、2020 页。《礼记·曲礼上》：人生"三十曰壮，有室；四十曰强，而仕"。《十三经注疏》，第 1232 页。可见四十而仕的观念亦其来有自。

[2] 《后汉书》卷七九下《儒林·杨仁传》载其举孝廉除郎，"太常上仁经中博士，仁自以年未五十，不应旧科，上府让选"。李贤注引《汉官仪》曰："博士限年五十以上。"第 2574 页。

[3] 《梁书》卷一《武帝纪上》载齐末梁国初建，选诸要职，萧衍上表称"且闻中间立格，甲族以二十登仕，后门以过立试吏。求之愚怀，抑有未达"，认为其理不通。第 23 页。

[4] 《宋书》卷五《文帝纪》载其义熙三年生于京口，"十一年，封彭城县公。高祖伐羌至彭城，将进路，板上行冠军将军留守。晋朝加授使持节监徐兖青冀四州诸军事、徐州刺史"。第 71 页。

[5] 《梁书》卷三八《朱异传》："旧制，年二十五方得释褐。时异适二十一，特敕擢为扬州议曹从事史。"第 537 页。

[6] 《梁书》卷二《武帝纪中》天监四年正月癸卯诏："今九流常选，年未三十，不通一经，不得解褐。若有才同甘、颜，勿限年次。"第 41 页。

[7] 《魏书》卷九《肃宗纪》，第 226 页。

为例，10 岁以下可以参加童子科考试，① 进士有 16 岁、18 岁及第者。② 再从参加科举的各学生徒的入学年龄来看，除律学生限 18～25 岁外，其余都限定在 14～19 岁。至于门荫入仕，如三卫限定在"二十一已上"，③ 却常因皇帝特旨而破例。隋代郑善果以父战死，年十四即授沂州刺史。④ 晚唐高骈之从子高昭，则以 14 岁遥领华州刺史。⑤ 史载"贵戚子弟，例早求官，或龆龀之年，已腰银艾；或童丱之岁，已袭朱紫"。⑥ 尽管如此，在开元年间，仍然存在着"凡人三十始可出身，四十乃得从事"这样的说法，这大概是对一般人入仕年龄的概括，而并非法定的条件。⑦ 武官选用，唐制例须"少壮"。⑧ 至于那些重要官职尤其是县令等亲民官，则通常以老成持重为基本条件。⑨

宋代则把科举和特旨任官以外的入仕最低年龄，规定为 25 岁。⑩ 而元代门荫入仕限 25 岁以上，在当时仕途中占有重要地位的

① 《新唐书》卷四四《选举志上》，第 1162 页；《唐会要》卷七六《贡举中·童子》，第 1399 页。

② 王定保：《唐摭言》卷三《慈恩寺题名游赏赋咏杂记》，第 43 页。

③ 《唐六典》卷五《兵部》："凡三卫皆限年二十一已上。"第 155 页。

④ 《隋书》卷八○《列女·郑善果母传》，第 1804 页。

⑤ 《旧五代史》卷二○《梁书·高劭传》，中华书局，1976，第 273 页。

⑥ 《通典》卷一七《选举五·杂议论中》载垂拱中魏玄同上疏，典九四。

⑦ 《唐会要》卷七四《选部上·吏曹条例》开元十八年六月二十八日诏，第 1348 页。

⑧ 《唐六典》卷五《兵部》："其选人有自文资入者，取少壮六尺已上，材艺超绝，考试不堪，还送吏部。"第 151 页。

⑨ 《唐会要》卷七五《选部下·杂处置》开元十一年四月十五日敕："要官儿子，少年未经事者，不得作县官亲民。"第 1360 页。《旧五代史》卷一○二《汉书四·隐帝纪中》乾祐二年八月辛卯，"右拾遗高守琼上言：'仕官年未三十，请不除授县令。'诏：'起今后诸色选人，年及七十者，宜注优散官；年少未历资考者，不得注拟县令。'"第 1360 页。

⑩ 《宋史》卷一五八《选举志四》："凡非登科及特旨者，年二十五方注官。"后文又载哲宗时司谏苏辙议曰："祖宗旧法，凡任子，年及二十五许出官，进士、诸科，初命及已任而应守选者，非逢恩不得放选。"第 3695、3708 页。同书卷一五七《选举志三》："崇宁初，疏属年二十五，以经义、律义试礼部合格，分二等附进士榜，与三班奉职，文优者奏裁。"第 3676 页。则宗室疏属附进士科入仕，亦限二十五岁以上。

大量吏员，则往往限年 45 岁或 40 岁以下。① 明代这方面与隋唐相类，李东阳 5 岁"以奇童举"，杨一清 14 岁中乡试，王臣 16 岁登进士，状元年龄最小者为成化二十三年丁未科的费宏，20 岁。② 此外，对荫袭和国子监生，明初分别做过"年二十五岁以上"和"年二十以上"的规定;③ 签充吏员则限"年三十以下"。④ 但规定是规定，例外自例外，明代就曾有过 8 岁即被皇帝特任为官的事例。⑤

从以上所述历代任官年龄条件来看，像汉、唐、明、清等制度较为严密的朝代，都呈现了一种区别对待而不划一、笼统规定而不严格的状态。这反映传统政治社会在入仕问题上，并不以年龄为重要条件。除东汉晚期孝廉科一度做过年 40 岁以上的限制外，唐以来科举不限年龄的事实，似乎正为这一点提供了注脚。但不做规定或仅做零碎的规定，并不说明古人在入仕年龄上没有大致的共识。从秦汉至南北朝时期较为常见的 30 岁以上或 40 岁以上的规定，发展到唐宋以来通常为 20 岁以上，甚至限定 30 岁以上、40 岁以下的情况，可以看出

---

① 《元史》卷八三《选举志三》载至元四年诏："诸荫官不以居官、去任、致仕、身故，其承荫之人，年及二十五以上者听。诸用荫者，以嫡长子。"后文又载"各卫提控案牍，年过五旬已历四考者，升千户所知事。及两考年四十五以下，发补各卫令史"。又载"各处蒙古都元帅府额设令史有阙，于本府所辖万户府并奥鲁府上名司吏年四十以下者选取"。第 2059、2088 页。

② 王世贞：《弇山堂别集》卷五《早达》，第 86~87 页；同卷《晚达》述状元最老者为正德九年甲戌科的唐皋，58 岁，第 91 页。

③ 王圻《续文献通考》卷四九《选举·任子》皇明"凡职官子孙许荫一人，年二十五岁以上能通本经、四书大义者叙用，其不通者，发还习学再试"。《续修四库全书》第 762 册，第 603 页。《明会典》卷七七《礼部三十五·贡举》"岁贡"载洪武"二十一年，令岁贡府学一年，州学二年，县学三年，各贡一人，必性资纯厚，学业有成，年二十以上者方许"；卷二二〇《国子监·生员入监》载洪武"十五年，令各按察司选府州县学生员年二十以上厚重端秀者送京考留"。第 446、1093 页。

④ 《明会典》卷八《吏部七·吏员参拨》："凡金充吏役，例于农民身家无过，年三十以下能书者选用。但曾经各衙门主写文案、攒造文册及充隶兵与市民，并不许滥充。"第 50 页。

⑤ 《明史》卷一六八《刘珝传》载其"子铖，字汝中。八岁时，宪宗召见，爱其聪敏，且拜起如礼，即命为中书舍人。宫殿门阈高，同官杨一清常提之出入"。第 4527 页。

这种共识的变迁。

2. 身世

身世条件中包含两方面内容：一是体格相貌，二是家世即家庭出身。中国古代崇尚的是精英政治，社会和官场都极重视官员才行学识及其外貌的威严体统，体格和相貌便成了做官的一项重要条件。在历史上，做官的体格条件大体上是一致的。从汉高祖刘邦命令臣下推荐"贤士大夫"，并做了"年老癃病勿遣"的规定，[①] 历代在这方面的正面要求是"仪状端正"，[②] 而反面的限制，则至少表面看来应没有"偏盲""金夷"以及声音嘶哑等重大缺陷，[③] 大体不外乎此。唐代吏部的铨选讲究"身""言""书""判"，其中"身""言"两项即分别要求"体貌丰伟""言辞辩正"。"风疾、使酒"之徒则不得入仕[④]，患病难以视事者亦须解除职务。[⑤] 直到清朝，即便是恩荫入仕，"患病残废者"也须"验明退荫别补"。[⑥] 下面将着重介绍家世限制。

---

① 《汉书》卷一下《高帝纪下》十一年二月求贤令，第 71 页。

② 《汉书》卷八八《儒林传》序述武帝立太学，"太常择民年十八以上仪状端正者补博士弟子"。第 3594 页。《明会典》卷二二〇《国子监·生员入监》载洪武十五年令各省按察司从府州县学生员中选送国子监生，也要求"厚重端秀"。第 1093 页。国学生徒为入仕之阶，仪状端正可代表入仕的体格要求。

③ 《汉书》卷六〇《杜周传》附孙《钦传》："少好经书，家富而目偏盲，故不好为吏。"第 2667 页。《后汉书》卷四五《张酺传》载其章帝时为东郡太守，郡吏王青曾遇贼"被矢贯咽，音声流喝。前郡守以青身有金夷，竟不能举。酺见之，叹息曰：'岂有一门忠义而爵赏不及乎？'遂擢用极右曹，乃上疏荐青三世死节，宜蒙显异。奏下三公，由此为司空所辟"。第 1530 页。身有金夷不得举，故酺以三世死节荐之。

④ 《旧唐书》卷四三《职官志二》"吏部郎中　员外郎"条载："凡官人身及同居大功已上亲，自执工商，家专其业，及风疾、使酒，皆不得入仕。"第 1820 页。《唐六典》卷二《吏部》载为"风疾、使酒，不得任侍奉之官"。第 34 页。

⑤ 《唐会要》卷六七《致仕官》："显庆元年四月制，文武官五品以上老及病，不因罪解，并五品以上散官，以礼停任者，听令致仕。"第 1173 页。这是针对五品以上官员的优待，其解职规定显亦适用于五品以下。

⑥ 光绪《大清会典事例》卷一四四《吏部·荫叙》载顺治初年"定荫生未仕而故，准补一人，患病残废者，验明退荫别补。已补而又故者，不准再补"。第 6987 页。

　　自商鞅变法崇尚农战抑制游惰，对"事末利"的商贾采取歧视政策，① 秦统一六国后秦始皇巡游各地，更以"上农除末"宣告天下，② 直至西汉商贾还是朝廷谪遣徒役的重要对象。③ 这就奠定了帝制时代重农抑商的基调，商贾作为一种社会分工和职业，成了为人所轻，尤其为官场所贱的身份而代代相传。汉高帝规定商人不得衣丝乘车，重其租税以困辱之。至惠帝、吕后时，"弛商贾之律，然市井之子孙亦不得仕宦为吏"。④ 尽管如此，汉初以来商贾势力仍承战国之风而发展迅速，所谓"今法律贱商人，商人已富贵矣"。⑤ 至武帝因为国用匮乏广开财路时，吸收了不少精于理财的商人入仕为官；同时又以算缗告缗强化对商人的压制、征敛，并且规定"商者

---

　　① 《商君书·农战第三》："农战之民百人，而有技艺者一人焉，百人者皆怠于农战矣。国待农战而安，主待农战而尊。"蒋礼鸿：《商君书锥指》，第 22 页。《史记》卷六八《商君列传》载孝公用商鞅变法，"僇力本业耕织，致粟帛多者复其身，事末利及怠而贫者，举以为收孥"。《索隐》："末谓工商也……则纠举而收录其妻子没为官奴婢，盖其法特重于古也。"第 2230~2231 页。

　　② 《史记》卷六《秦始皇本纪》载琅邪台刻石文，有"皇帝之功，勤劳本事，上农除末，黔首是富"之语。第 245 页。

　　③ 《史记》卷六《秦始皇本纪》三十三年"徙谪，实之初县"。《索隐》："徙有罪而谪之，以实初县，即上'自榆中属阴山，以为三十四县'是也。故汉七科谪亦因于秦。"第 253~254 页。《汉书》卷六《武帝纪》天汉四年正月用兵匈奴，"发天下七科谪及勇敢士"。师古注引张晏曰："吏有罪一，亡命二，赘婿三，贾人四，故有市籍五，父母有市籍六，大父母有市籍七，凡七科也。"第 205 页。

　　④ 《史记》卷三〇《平准书》，第 1418 页。《盐铁论·本议第一》："高帝禁商贾不得仕宦，所以抑贪鄙之俗，而醇至诚之风也。"王利器校注《盐铁论校注》，第 4 页。《汉书》卷五《景帝纪》后元二年五月诏，称号"有市籍不得宦，无訾又不得宦，朕甚愍之"；卷二八下《地理志下》述"汉兴，六郡良家子选给羽林、期门，以材力为官，名将多出焉"。注引如淳曰："医、商贾、百工不得豫也。"第 152、1644 页。是有市籍不得为官，景帝以来仍然如此，武帝时仍部分行用。故《后汉书》卷二八上《桓谭传》载其光武帝时上疏有曰："夫理国之道，举本业而抑末利，是以先帝禁人二业，锢商贾不得宦为吏，此所以抑并兼长廉耻也。"第 958 页。

　　⑤ 《汉书》卷二四上《食货志上》载文帝时晁错上疏请入粟实边有曰："今法律贱商人，商人已富贵矣；尊农夫，农夫已贫贱矣。故俗之所贵，主之所贱也；吏之所卑，法之所尊也。"第 1133 页。是汉初虽有商人不得衣丝行马等歧视性法规，然其仍为俗所贵，且有卖爵令和输粟除罪维护其政治利益。

不农"，商人之家不得占有土地。① 这种局部放开工商仕宦之禁，又限制其改变身份的规定，正代表了统治集团对待工商的矛盾态度。随着独尊儒术等政策的推进和整个社会的变迁，元帝时相关限制似又趋紧，御史大夫贡禹即屡屡上疏抑制工商，并建议官宦人家不得经商谋利，"犯者辄免官削爵，不得仕宦"。② 到儒生占据官场主导地位的东汉以后，士大夫从商几乎等同自绝于官场。③

禁止或限制商贾为官的规定，只是汉代官吏选任诸多家世限制中的一种。与之性质相类的，还包括放弃其原有族姓和相应责任的"赘婿"，④ 以及专事巫术的家庭。⑤ 此外，韩信在秦时"贫无行，不得推择为吏"，可见家财也是做官的一个标准。⑥ 汉初入仕为官的最低家财标准是"訾算十以上乃得宦"，即家财在 10 万钱以上才能

---

① 《汉书》卷二四下《食货志下》载武帝重用盐铁巨商东郭咸阳、孔仅及洛阳贾人之子桑弘羊理财，"除故盐铁家富者为吏，吏益多贾人矣"；"令吏得入谷补官，郎至六百石"；又载武帝时定"贾人有市籍，及家属，皆无得名田，以便农。敢犯令，没入田货"。第 1164~1168 页。卷八〇上《文苑·黄香传》载其延平元年迁魏郡太守，称"田令商者不农"。即指武帝此令。第 2697 页。

② 《汉书》卷七二《贡禹传》载其元帝时为御史大夫，屡上言崇本抑末，以为"宜罢采珠玉金银铸钱之官，亡复以为币，市井勿得贩卖，除其租铢之律，租税禄赐皆以布帛及谷，使百姓壹归于农，复古道便"。又"欲令近臣自诸曹、侍中以上，家亡得私贩卖，与民争利，犯者辄免官削爵，不得仕宦"。元帝"虽未尽从，然嘉其质直之意"。第 3075~3079 页。

③ 《后汉书》卷四〇下《班彪传》附子《固传》载其作《东都赋》，其中歌颂光武、明帝以来之政曰："除工商之淫业，兴农桑之上务，遂令海内弃末而反本，背伪而归真。"至称工商为"淫业"。同书卷八一《独行王烈传》载其东汉末避地辽东，"太守公孙度接以昆弟之礼，访酬政事，欲以为长史。烈乃为商贾自秽得免"。第 1368、2697 页。

④ 《汉书·贡禹传》载其上言有曰："孝文皇帝时，贵廉洁，贱贪污，贾人、赘婿及吏坐赃者，皆禁锢不得为吏。"第 3077 页。

⑤ 《后汉书》卷八三《逸民高凤传》载其为南阳叶人，少为书生家，以农亩为业，名声著闻而执志不仕。"太守连召请，恐不得免，自言本巫家，不应为吏。又诈与寡嫂讼田，遂不仕。"第 2769 页。

⑥ 《史记》卷九二《淮阴侯列传》，第 2609 页。

做官，景帝时降到了家财四万纳赀"四算"。① 鉴于汉代中等人家的资财在 10 万钱上下，② 则其以往的限制是中等以上人户方得为官，景帝将标准降低后，大体上除极贫户外的一般家境者均得入仕。

魏晋南北朝时期，家世限制首先表现为士庶门第之隔。其特点大致有二。一是身份低于一般平民的社会成员被列入贱籍，包括官私奴婢和隶属官府支配的大量官户、杂户，如工匠、屯牧、乐户、兵户、役门等。③ 贱籍一般是不得入仕为官的，即便获得机缘进入官场，也多限于小吏低官。④ 二是官宦人家因有免役及占田荫客等特权，也在户籍上有别于庶民，⑤ 然其门族高下等级不同，有甲、乙、丙、丁乃至更为显贵的膏粱、华腴之别，以之为九品中正制下任用官职的重要依据，其中最低一级的寒微士人地位近于庶民。⑥

---

① 《汉书》卷五《景帝纪》后元二年五月诏："今訾算十以上乃得宦，廉士算不必众。有市籍不得宦，无訾又不得宦，朕甚愍之。訾算四得宦，亡令廉士久失职，贪夫长利。"注引"服虔曰：'訾万钱，算百二十七也。'应劭曰：'古者疾吏之贫，衣食足，知荣辱，限訾十算乃得为吏。十算，十万也。贾人有财不得为吏，廉士无訾又不得宦，故减訾四算得宦矣。'"第 152 页。

② 《汉书》卷四《文帝纪》末赞："尝欲作露台，召匠计之，直百金。上曰：百金，中民十家之产，吾奉先帝宫室，常恐羞之，何以台为？"第 134 页。汉时一金相当于万钱。

③ 《左传》襄公二十三年"著于丹书"孔疏引《魏律》："缘坐配没为工、乐、杂户者，皆用赤纸为籍，其卷以铅为轴。"《十三经注疏》，第 1976 页。至《唐律疏议·名例篇》也仍有"工乐杂户及太常音声人犯流"条，第 74~75 页。《北齐书》卷四《文宣帝纪》天保二年九月"诏免诸伎作、屯、牧、杂色役隶之徒为白户"。第 55 页。《梁书》卷二《武帝纪中》天监元年四月丁卯诏："后宫女府，西解暴室，诸如此例，一皆放遣。"第 35 页。

④ 《南史》卷四〇《宗越传》载其"本为南阳次门，安北将军赵伦之镇襄阳，襄阳多杂姓，越更被黜为役门，出身补郡吏……元嘉二十四年，启文帝求复次门，移户属冠军县，许之"。后遂显达。中华书局，1975，第 1028 页。兵户不得仕进之况，参见唐长孺《晋书赵至传中所见的曹魏士家制度》，《魏晋南北朝史论丛》，第 30~36 页；匠作户之况，参见唐长孺《魏晋至唐官府作场及官府工程的工匠》，《魏晋南北朝史论丛续编》，第 29~92 页。

⑤ 《晋书》卷二六《食货志》载平吴后制户调之式，官员依品占田有差，"而又各以品之高卑荫其亲属，多者及九族，少者三世。宗室、国宾、先贤之后及士人子孙亦如之"。第 790 页。这就在法律上划出了"士族"或"士籍"的范围。

⑥ 参见池田温《中国古代籍帐研究》，龚泽铣译，中华书局，1984，第 79~156 页。

与之相应，官职也被区分清、浊流品，流内、流外迥然有别，同属流内还有第一清、第二清、第三清之类的等级，位清望美而升迁较快的官职被高等士族子弟垄断。① 总之，当时无论是初次做官还是继续登进，各种身份、职业方面的限制，都体现在门第族姓这个笼罩一切的条件中了，因而魏晋以来，讲求门第传承的谱牒之学十分发达，② 北朝至唐初清定姓族等级均为重大国策。③ 而所谓家世限制，除贱籍原则上不得入仕外，其余大都只关乎具体官职按门第出身分配任用。当然在连绵的战乱和朝代更替中，"贱户"和"仕籍"难免屡屡打乱重组，专制皇权体制的发展更在不断突破门阀的束缚，族姓等级和相应的限制也就不能不经常重定和调整，并产生以往的寒门大量跃居高位，原来的贱户不断跻身要职的事例，从而逐渐冲垮了魏晋以来的门阀制度。④

到隋唐，做官的门第限制已大大淡化，但以往的某些传统却仍延续了下来。隋文帝开皇七年（587）重新强调"工商不得入仕"；⑤ 唐则规定"巧作器用者为工，屠沽兴贩者为商"，凡"自执工商，

---

① 参见唐长孺《九品中正制度试释》，《魏晋南北朝史论丛》，第85~126页；宫崎市定《九品官人法研究》，第8~9页。

② 《隋书》卷三三《经籍志二》谱系篇后叙："后汉有《邓氏官谱》。晋世挚虞作《族姓昭穆记》十卷，齐梁之间，其书转广。后魏迁洛，有八氏十姓，咸出帝族。又有三十六族，则诸国之从魏者；九十二姓，世为部落大人者，并为河南洛阳人。其中国士人，则第其门阀，有四海大姓、郡姓、州姓、县姓。及周太祖入关，诸姓子孙有功者，并令为其宗长，仍撰谱录，纪其所承。"第990页。

③ 参见《魏书》卷一一三《官氏志》载太和十九年定姓族诏及后敕，第3014~3015页；《贞观政要·论礼乐第二十九》载贞观六年太宗与房玄龄论修《氏族志》之事，《贞观政要集校》，第396~397页。

④ 参见万绳楠整理《陈寅恪魏晋南北朝史讲演录》，黄山书社，1987，第254~267页；唐长孺《南朝寒人的兴起》，《魏晋南北朝史论丛续编》，第93~123页；周一良《魏晋南北朝史札记·北朝之中正》，中华书局，1985，第362~367页。

⑤ 《通典》卷一四《选举二·历代制中》："隋文帝开皇七年制，诸州岁贡三人，工商不得入仕。"典八一。《隋书》卷一《高祖纪上》七年春正月乙未"制诸州岁贡三人"，未载工商之禁。第25页。《册府元龟》卷六二九《铨选部·条制一》载"隋高祖开皇七年制工商不得入仕"，未载岁贡三人之事。第7545页。

家专其业……皆不得入仕"，并有"工商杂类，不得预于士伍"的规定。① 所谓"杂类"又称"杂色""异类"，大体是指专事卜筮、伎乐、医药、造食等"贱业"的家族。② 从实际情况来看，唐初名臣褚遂良曾说，"大唐创历，任官以才，卜祝庸保，量能使用"。③ 可见"杂类"还是有不少途径进入官场的，只是一般"不得过本色局、署令"罢了。④ 就是说，这些得到官职的"杂类"，原则上都被限制在官府所设的行业部门之内，其在官场中与受人尊崇的士大夫是相对隔绝的。

隋唐以来在做官的家财条件上似已不再特加规定，但诸贱籍仍然存在，⑤ 官私奴婢仍被排除在官场之外，官户、杂户执役于官府，也像魏晋以来一样有机会晋升为吏甚至进而做官，但也仍属"杂类"而受重重限制。总体看来，唐代的社会毕竟已较开放，上述限

---

① 《旧唐书》卷四三《职官志二》"吏部郎中　员外郎"条载"凡官人身及同居大功已上亲，自执工商，家专其业，及风疾、使酒，皆不得入仕"；同卷"户部郎中　员外郎"条载"凡习学文武者为士，肆力耕桑者为农，巧作器用者为工，屠沽兴贩者为商。工商之家，不得预于士；食禄之人，不得夺下人之利"；同书卷四八《食货志上》载武德七年定令，"食禄之家，不得与下人争利；工商杂类，不得预于士伍"。第 1820、1825、2089 页。

② 《唐会要》卷三四《论乐》载贞观六年监察御史马周上疏："臣见王长通、白明达本自乐工，舆皂杂类；韦槃提、斛斯正则更无他材，独解调马……与夫朝贤君子比肩而立，臣窃耻之。"同书卷五八《尚书省诸司中·司封员外郎》元和十二年十月"司封奏：'……其流外官、诸司诸吏职务并技术官等，迹涉杂类，并请不在封限。'从之"。第 624、1008 页。《旧唐书》卷一七七《曹确传》载懿宗以伶官李可及为威卫将军，确执奏引"贞观故事，太宗初定官品令文武官共六百四十三员，顾谓房玄龄曰：'朕设此官员以待贤士，工商杂色之流，假令术逾侪类，止可厚给财物，必不可超授官秩，与朝贤君子比肩而立，同坐而食。'"第 4607 页。

③ 《旧唐书》卷七五《张玄素传》载褚遂良谏太宗语，第 2643 页。

④ 《新唐书》卷四五《选举志下》，第 1174 页。《旧唐书》卷一五八《韦贯之传》载其宪宗时为礼部员外郎，"新罗人金忠义以机巧进至少府监，荫其子为两馆生，贯之持其籍不与，曰：'工商之子不当仕。'……既而疏陈忠义不宜污朝籍，词理恳切，竟罢去之"。第 4173 页。

⑤ 参见张泽咸《唐代阶级结构研究》，中州古籍出版社，1996，第 476~499 页。

制的例外在各时期都为数不少，并有愈趋宽弛之势。乐工入仕始于高祖，[①] 贞观年间仍不乏此例，武后以来平民、杂流入仕甚多，至中宗时即有人讥"富商豪贾，尽居缨冕之流；鬻伎行巫，咸涉膏腴之地"。[②] 另须指出的是，唐代社会仍具浓厚的六朝气息，身份等级仍具极重分量，其时进入官场的家世限制较以往宽松，实际上主要是平民为吏和由吏为官的条件放宽，这是与魏晋以来胥吏逐渐成为"贱业"，与吏道登进者继续升迁所受限制等一系列事实联系在一起的。

宋代才是做官的家世限制明显放松的转折时期。像科举制，太宗淳化三年（992）下诏强调应举者须由本贯州县证明，"工商杂类，身有风疾，患眼目，曾遭刑责之人，并不在解送之限"；同时又规定"工商杂类人内有奇才异行，卓然不群者，亦许解送"。[③] 这就为之留出了余地，以致仁宗以来仍在重申工商杂类及曾为僧道之人不得参加解试，[④] 但徽宗时"杂流阉宦，俱玷选举"；[⑤] 南宋时婺州金氏、钟氏为"狞干、黠吏之子"，被斥"冒名郡庠，冒玷乡举"，[⑥] 可见工商杂类参加科举还是有途径的。由于科举及第者在宦途中一般不受限制及其在中高级官员来源中的比重，宋代为"工商杂类"与举所开口子，是具有标志性意义而深具影响的。至于其他如吏道之类，家世限制无疑要更为宽泛，尤其是南宋以

---

① 见《唐会要》卷三四《论乐》武德四年九月二十九日诏，第623~624页。

② 《旧唐书》卷一〇一《辛替否传》，第3155~3156页。

③ 《宋会要辑稿·选举》一四之一五载淳化三年三月二十一日诏，第4490页。

④ 《续资治通鉴长编》卷一四七《仁宗》庆历四年三月乙亥诏，令州试相保任所禁有七，末条即"工商杂类或尝为僧道，皆不得预"。第3564~3565页。

⑤ 《宋史》卷一五五《选举志一》述宣和六年取人之事，"礼部试进士万五千人，诏特增百人额，正奏名赐第者八百余人，因上书献颂直令赴试者殆百人。有储宏等隶大阉梁师成为使臣或小史，皆赐之第……自设科以来，南宫试者，无逾此年之盛。然杂流阉宦，俱玷选举，而祖宗之良法荡然矣"。第3623页。

⑥ 蔡久轩：《哗鬼讼师》，中国社会科学院历史研究所宋辽金元史研究室点校《名公书判清明集》卷一三《惩恶门·哗徒》，中华书局，1987，第481页。

来因军功等多种途径登进官场者，鱼龙混杂，就谈不上什么家世限制了。① 要之，两宋社会下层在仕途上面临的阻碍，可以肯定已较唐代少得多了，联系到当时社会流动加快和平民阶层崛起的种种事实，登进为官的家世限制放宽和品行要求增多，实际已成基本趋势。

元代做官的家世限制发生了重大变化。由于统治集团的价值取向和文化背景，以往的"贱业"尤其工商处境已大为改善，擅于经商的色目人备受官场重视，而唐宋以来几乎专为社会下层而设的吏道，则成了最为通达顺畅的仕进之阶，前已指出人们"往往由是跻要官，受显爵"。但与此同时，也须看到蒙古统治者既无意也并未放弃家世限制，更无法摆脱自身的局限。首先，当时的家世限制很大程度上表现为对蒙古人、色目人的优待和对汉人、南人入仕登进的歧视。其次，与宋相比，元代无疑大大强化了各种血缘身份差别，各种世袭官职的大幅增加便说明了这一点。而数量巨大的官私奴婢和地位明显低于编户的佃、雇农，无疑也要比以往更难改变处境。② 最后，元代也沿袭了唐宋以来的某些家世限制，其科举虽容纳了阴阳、医术之士，但"倡优之家"却明令"不许应试"。③ 而以往寓有身份尊卑意义的流内、流外界限也仍保留了下来，凡出身较为低微的军官、匠官、医官、站官等，往往"例不转入流品"，或仍被限

① 《宋史》卷一五八《选举志四》："建炎兵兴，杂流补授者众，有曰上书献策，曰勤王，曰守御，曰捕盗，曰奉使，其名不一，皆阃帅假便宜承制之权，以擅除擢。"后文又载绍兴以来，行人赍补官法，其况更可想而知。第3717~3718页。
② 参见何兹全《中国社会发展史中的元代社会》，《北京师范大学学报》（社会科学版）1992年第5期。
③ 《元史》卷八一《选举志一》，第2022页。《至正条格》卷八《断例·户婚》有"禁娶乐人""职官娶倡"条，可见倡优在元仍是贱户。韩国学中央研究院编《条格》，2007年影印本，第113~114页。

制在官府所设本行业部门而“勿令迁转”。[①] 据此数端，再联系当时的“一官、二吏、三僧、四道、五医、六工、七猎、八民、九儒、十丐”之说,[②] 那么元朝实际是按自己的方式重新安排了做官的家世限制。

这种重新安排对后世是有相当影响的。明太祖废除了元朝的民族等级歧视制度，却延续了对倡优等贱民的排斥；至于元对工商技巧之家的宽容，则因其与唐宋以来社会发展趋势相合，明朝也在一定程度上沿袭下来了。继明而起的清朝，基本上沿袭了明代这方面的措置。如明清科举都规定倡优、隶皂之家及居父母丧者，不得与试。[③] 需要注意的是，明清皆以奴仆及倡优隶卒之类为贱,[④] 故所谓“倡优之家”，除乐户之类外，实际还可包括“丐户”“疍户”“渔

① 赵世延、虞集等撰，周少川、魏训田、谢辉辑校《经世大典辑校》第五《治典·入官》：“宗王之有分地，官府而保任之者，与夫治酒浆、饮食者，执乐伎者，为弓矢、衣甲、车庐者，治历数、阴阳、医药者，出纳财赋者，远夷掌其部落者，或身终其官，或世守其业，不得迁他官。”第 58 页。具体如《元史》卷八二《选举志二》载至元二十四年部言：“管匠衙门首领官，宜于本衙门内选委知会造作相应人员区用，勿令迁转，合依旧例，从本部于常选内选差相应人员掌管案牍，任满交代迁叙。”同书卷八三《选举志三》载凡迁调循行，“军官、匠官、医官、站官、各投下人等，例不转入流品者，虽资品相应，不许铨注”。第 2051、2063 页。

② 赵翼:《陔余丛考》卷四二《九儒十丐》，第 775~776 页。

③ 《明会典》卷七七《礼部三十五·科举》“乡试”目：“其学官及罢闲官吏、倡优之家、隶卒之徒与居父母之丧者，并不许应试。”第 450 页。《清史稿》卷一〇八《选举志三》述乡试，凡“倡优隶皂之家，与居父母丧者，不得与试”。第 3148 页。清代科举的籍贯和家世规定相当细致，《大清会典（康熙朝）》卷五二《礼部十三·贡举一》“科举通例”载顺治二年又定：“生童有籍贯假冒，姓系伪谬者，不论已未入学，尽行斥革，仍将廪保惩黜。若有中式者，在内科道，在外抚按，核实题参，革去举人，发回原籍当差。如另有刑丧过犯，诈伪夤缘等情，依律治罪。如祖父入籍在二十年以上，坟墓田宅俱有的据，取同乡官保结，方许应试。”第 591~592 页。

④ 参见经君健《试论清代等级制度》，《中国社会科学》1980 年第 6 期；郑定、闵冬芳《“良贱之别”与社会演进——略论唐宋明清时期的贱民及其法律地位的演变》，《金陵法律评论》2003 年第 2 期。

户""惰民"等各色贱户；而所谓"隶皂"，除在官府执操贱役者外，① 也涵盖"世仆""伴当"等依附性极强的私家奴仆。尽管清雍正以来屡次下谕，令其"削籍改业，与编氓同"，② 但其登进官场，按规定仍须以"越四世，亲支无习贱业者"为前提，③ 况且贱民在社会上多受歧视，朝廷也有"官吏俱限身家清白，八旗户下人，汉人家奴、长随，不得滥入仕籍"的规定。④

当然"不得滥入"，说明还是存在着可以登进为官的渠道。社会发展对明清有关制度的影响，集中体现为当时所谓"身家清白"的范围，较之唐宋已大为扩展。明朝将全国户籍分为民、军、匠三等，其中"民"籍包括儒、医、阴阳，军籍有校尉，力士，弓、铺兵，匠籍则含裁缝、厨役、马船之类。⑤ 这种等级的身份性已甚淡薄，

---

① 《明会典》卷一五七《兵部四十·皂隶》载其大抵是由府州县从民间佥派征解，再拨供各衙门和公出官员驱使杂用的差役，可免其他杂泛差役，仍须缴纳税粮，服事官府期间给予一定柴薪。第807～810页。其实质是官府仆役，在社会身份观念中也在奴仆及倡优为贱之列。

② 如《清世宗实录》卷六雍正元年四月："除山西、陕西教坊乐籍，改业为良民。"《清实录》第七册，中华书局，1985，第136页。同书卷五六雍正五年四月，帝闻徽州、宁国府等处有"伴当""世仆"，"本地呼为细民，其籍业下贱，几与乐户、惰民相同"，遂命安徽巡抚魏廷珍查明"开豁为良"。《清实录》第七册，第863～864页。同书卷九四雍正八年五月，江苏巡抚尹继善奏准苏州常熟、昭文等处丐户，"照乐籍、惰民之例，除其丐籍，列于编氓"。《清实录》第八册，第263页。

③ 光绪《大清会典》卷一七《户部·尚书侍郎职掌五》原注："其山西、陕西之乐户，江南之丐户，浙江之惰民，皆于雍正元年、七年、八年先后豁除贱籍。如报官改业后已越四世，亲支无习贱业者，即准其应考出仕。其广东之疍户，浙江之九姓渔户，皆照此例。凡衙门应役之人，除库丁斗级民壮，仍列于齐民。其皂隶、马快、步快、小马、禁卒、门子、弓兵、仵作、粮差，及巡捕营管番役，皆为贱役长随，亦与奴仆同。其奴仆经本主放出为民者，令报明地方官咨部复准入籍，其入籍后所生之子孙，准与平民应考出仕。京官不得至京堂，外官不得至三品。"台北：启文出版社，1963，第180页。

④ 《清史稿》卷一一〇《选举志五》，第3205页。

⑤ 《明史》卷七七《食货志一》，第1878页。《明会典》卷一九《户部六·户口一》："凡军、民、医、匠、阴阳诸色户，许各以原报抄籍为定，不许妄行变乱，违者治罪，仍从原籍。"第129页。

其入仕一般只限"身家无过"而无特殊障碍者。① 尤其在赘婿、义男、商贾、工匠、医药、天文生、阴阳之人参加科举时，除一般士大夫仍成见重重外，② 朝廷已很少再有其能否应试的法律限制。③ 清代的情况与之相类而更宽泛，其大致分民籍为民、军、商、灶（盐民）四类，"四民为良，奴仆及倡优、隶卒为贱"。④ 四民入仕基本上不受限制，顺治十一年（1654）专门对"商籍入学"做了规定，后来商籍、灶籍童生常在盐运使司或所在府州县应试，⑤ 乾隆三十八年（1773）又规定了商籍为官的回避之法。⑥ 此外，即便是贱民，其中部分在清代科举制中也已有了依法参试的一定渠道，⑦ 以利其向上自新之志和社会阶层的流动，这也典型地反映了明清入仕为官家世限制进一步放宽的状态。

---

① 《明会典》卷八《吏部七·吏员参拨》规定吏员金充须"农民身家无过"；卷一一七《礼部七十五·南京礼部》规定铸印局使、副及儒士等官，由应天等府及浙江、江西、湖广、福建各布政司"访保身家无过、楷篆精熟、兼通文理子弟，起送赴部，会同吏部堂上官考选"。第50、611页。所谓"身家无过"首先自然是没有犯罪记录。

② 《明会典》卷六一《礼部十九·冠服二》"士庶巾服"目："正德元年，禁商贩、吏典、仆役、倡优下贱，皆不许服用貂裘；僧道、隶卒下贱之人，俱不许服用纻丝纱罗绫绵。"第394页。是习惯和观念上商贩和吏典仍与倡优仆役同被视为"下贱之人"。

③ 《明会典》卷七七《礼部三十五·科举》："景泰元年，令应试儒士册内，原无名籍儒士，及赘婿、义男并文武官舍军校匠余，悉不许于外郡入试。天顺二年，令两京天文生、阴阳人及官生子弟，许就在京乡试。"后文又载弘治五年有条件地限制天文生、阴阳人例不许习他业者"入试"；十年又令"太医院各官医下子孙弟侄，本院册内有名者，照旧乡试"。第450页。

④ 光绪《大清会典》卷一七《户部·尚书侍郎职掌五》："凡民之著于籍，其别有四，一曰民籍，二曰军籍，三曰商籍，四曰灶籍，察其祖寄，辨其宗系，区其良贱（原注：四民为良，奴仆及倡优隶卒为贱……），冒籍者，跨籍者，越边侨籍者，皆禁之。"第180页。

⑤ 《大清会典（康熙朝）》卷五一《礼部十二·儒学》："凡商籍入学，顺治十一年题准：商籍入学，直隶附河间府，江南附扬州府，浙江附杭州府，俱照大学考取儒童，拨入府学，充附肄业。其山东、山西、陕西三处设有运学。山东属济南府，陕西属宁夏卫，俱照小学考取。山西有河东运城，另设运学，照大学考取。"第580页。

⑥ 乾隆《钦定吏部则例》卷八《铨选汉官·杂例》"回避本省"目："商籍省分若寄籍者，凡寄籍原籍地方员缺，俱令回避。每月月选在部验到各官，如有祖籍寄籍商籍者，于二十四日过堂时，取具同乡京官印结呈明。但与选补文结相同者，准其回避。"第272页。

⑦ 参见刘希伟《清代科举考试中的"贱民"冒考问题》，《厦门大学学报》（哲学社会科学版）2011年第3期。

3. 品行

品行亦即德行，这是一种充满了弹性的条件，但也有其核心内容。在中国古代，品行很早就与家族伦理联系在一起了。即便是"以法为教，以吏为师"的秦，也无从摆脱家族伦理对当时行政过程和观念形态的支配。[①] 自汉至明清，历代都奉基于家族伦理的儒家学说为统治指导思想，标榜家国一体、忠孝合一的理念，更直接依据"孝悌廉正""孝悌力田""贤良方正"这种品行条件来选取官员。可以说，汉以来选官的品行条件在合乎家族伦理这个内核上一直都是非常明确的。

但具体如何来衡量品行，仍然存在着很多问题。"行"是个实践问题，不能靠书面论证，却的确需要有一定的标准和评鉴办法。汉武帝以来独尊儒术，实际也是要明确这方面的问题，但也易于把是否熟谙儒经等同于才能德行，而名教与利禄的结合，除使某些价值观念深入人心外，亦易导致各种异化伪滥，结果反而危及了名教。这也可见官僚选用的品行要求并不简单，既要秉持崇高的理念和标准，更要脚踏实地易于鉴别，历代在这方面既有经验更多教训。

秦朝已把"善行"当作推举和选拔官吏的基本条件之一。[②] 至

---

① 秦汉对"赘婿"的歧视，即家族伦理支配政策和法律的典型事例。《汉书》卷四八《贾谊传》载其上《治安策》有云："商君遗礼义，弃仁恩，并心于进取，行之二岁，秦俗日败。故秦人家富子壮则出分，家贫子壮则出赘，借父耰锄，虑有德色，母取箕帚，立而谇语。抱哺其子，与公并倨；妇姑不相说，则反唇而相稽。"第2244页。贾谊此处所诋的秦俗之薄，大半为西戎之风，而非商鞅所致。《商君书·说民第五》："国治：断家，王；断官，强；断君，弱。……故王者刑赏断于民心，器用断于家。"蒋礼鸿：《商君书锥指》，第40页。《韩非子·说疑第四十四》："禁奸之法，太上禁其心，其次禁其言，其次禁其事。"陈奇猷校注《韩非子集释》，第913页。商鞅和韩非子的这些论述，显与儒家正心诚意修齐治平说路径相通。

② 《史记》卷九二《淮阴侯列传》载韩信年少时，"贫无行，不得推择为吏"。《集解》引李奇曰："无善行可推举选择。"第2609页。《睡虎地秦墓竹简》之《秦律杂抄》录有《除吏律》文："任法（废）官者为吏，赀二甲。"第127页。即不得保举被废不用者为吏。

于当时"善行"之所指，亦与"廉洁""敦悫"之类的内容有关。[①]
汉代选官屡屡提到的"行"，如高帝置乡三老的条件，"有修行，能
率众为善"；[②] 武帝以来的丞相四科举士，须"皆有孝、悌、廉、公
之行"；光禄勋举郎、从官的四行，"敦厚、质朴、逊让、节俭"。[③]
诸如此类的品行标准体现了儒家所尚家国一体的伦理道德和价值观
念。不仅如此，汉朝还确认了家乡父老在评价官吏遵循和符合这种
品行条件时的权威地位，即所谓"科别行能，必由乡曲"。[④] 这也是
后世常说汉代官员是由"乡举里选"而来的原因，但无论"乡里"
是指本乡本县还是本郡本州，一旦朝廷在制度上把品行鉴定置于乡
里评鉴的基础上，是极易失去对此的主导地位的。尤其是随着乡里
父老逐渐成为豪强势家，乡曲之誉势必沦为特定圈子内部的互抬声
势，从掌握评鉴到把控察举等重要仕途，进而影响到官员登进和资
源的聚散，其间所伏的种种事态，实已预示了后来九品中正制出现
和士族集团形成等方面的事态。

　　除孝悌廉公这类品行要求外，汉代还存在着一些由官府掌握、
确认的品行底线，大致上都与违法情节有关。其中最严厉的是"妖
恶"，不仅其本人，一度连其父、母、妻三族都"莫得垂缨仕宦"。[⑤]
这是对性质最为恶劣的"妖言大狱"罪犯亲属做官的禁锢，与之相
类的是官员违法涉及朋党、诬陷，也会被"废锢"即终身不得仕，

---

　　① 《睡虎地秦墓竹简》之《语书》为秦始皇二十年南郡守腾下所属县道官的告诫
书，其中提到"良吏"明法律令而事无不能，廉洁敦悫好佐上，有公心而行事端正，不
与人争辩；"恶吏"则不明法律令不知事理，不廉洁无以佐上，又偷惰推诿，无公正之
心而喜与人争，常虚张声势，文过饰非。第 19~20 页。这应该是当时公认为吏的善恶标
准，其中已经蕴含了汉代察举的部分内涵。
　　② 《汉书》卷一上《高帝纪上》，第 33 页。
　　③ 《汉官仪》卷上，孙星衍等辑《汉官六种》，第 125、130 页。《汉书》卷九《元
帝纪》永光元年二月"诏丞相御史举质朴、敦厚、逊让、有行者，光禄岁以此科第郎、
从官"。第 287 页。"有行"作"节俭"或是来来之事。
　　④ 《后汉书》卷四《和帝纪》永元五年三月戊子诏，第 176 页。
　　⑤ 《后汉书》卷三《章帝纪》元和元年十二月壬子诏，第 147~148 页。

甚至殃及子孙、门人乃至"素所厚者"。① 对"赃吏"的处罚也是如此，汉文帝以来的规定是"坐赃者，皆禁锢不得为吏"，似乎仅及本人而不株连。② 到崇尚和砥砺士大夫名节的东汉，对官员贪赃的措置便骤然严厉起来了，通常的规定是"三世禁锢"，即官吏一旦贪污受贿，不仅本人，其子孙两代也不得进入官场。③ 这表明汉代某些违法行为是被直接与品行挂钩的，故不仅需要依法处罚，也必须封闭其进入官场的道路，并因家族关系的极端重要而从本人株连其子孙，而使其品行限制与家世限制密不可分。

魏晋南北朝为官的品行要求看起来与汉代多有相类，但实际已有较大变化。曹魏始行的九品中正制重在才行鉴定，但要让大小中正官及主管其事的司徒府把全部士人的品行才干分为九等又恰如其分，困难和问题太大太多了。更何况，汉以来乡举里选内蕴的趋势和独尊儒术带来的政治社会变迁，已使各地形成了一批有其特定崇尚和门风的大姓望族，实际已构成了朝野上下的主导力量。故西晋以来，不仅州郡中正多入其手，才行评鉴也往往"上品无寒门，下品无势族"，九品中正制由此沦为维护世家大族利益的工具。④ 在此前提下，品行高低已与身份门第空前紧密地纠结缠绕，直接影响官员任用和升迁，品行鉴定中最被看重的则是士林清议，其结果亦为法律所确认，而清议中最为严重的名目是"赃污淫盗"，这几乎涵盖了贪赃枉法等所有情节恶劣的法律罪名和道德污秽，士人一旦玷

① 《汉书》卷四五《息夫躬传》，第 2187 页。参见《后汉书》卷六七《党锢传》序，第 2187~2190 页。

② 《汉书》卷七二《贡禹传》，第 3077 页。

③ 《后汉书》卷七《桓帝纪》太初元年七月丙戌诏严孝廉、廉吏之举："其令秩满百石，十岁以上，有殊才异行，乃得参选。臧吏子孙，不得察举。杜绝邪伪请托之原，令廉白守道者得信其操。"同书卷四六《陈宠传》附子《忠传》载其安帝时为廷尉正，"上除蚕室刑，解臧吏三世禁锢……事皆施行。"第 288、1556 页。两相对照，则安帝时陈忠奏除臧吏三世禁锢之法，桓帝又禁锢其子孙不得察举。

④ 参见唐长孺《九品中正制度试释》，《魏晋南北朝史论丛》，第 85~126 页。

此，即终身不齿，甚至经赦不原。①

至于以惩处犯罪的形式实施的做官限制，则轻重不等。文献中有士人挪用公款被禁锢终身，蓄妓被禁锢十年的处罚。② 此外较为突出的是对"刑家""盗门"的禁锢，大致凡遭严重刑事处分者，皆被注入专籍，与其他被视为贱类的商贩、皂隶、奴客、役门一样禁止做官，甚至"同籍合门不仕"。③ 这类措置，自然也是与当时强调家族血缘的风气分不开的。另须注意的是，魏晋以来浊官吏职日趋卑微，品行要求上与清流士人也拉开了距离。所谓清议其实仅适用于士流，其品行要求远比常人严厉；而一般性犯罪惩处时，对寒门庶人也要严于士人。④ 是为此期士庶鸿沟在同类道德和法律问题

① 《宋书》卷三《武帝纪下》永初元年六月丁卯登位大赦，"其有犯乡论清议，赃污淫盗，一皆荡涤洗除，与之更始"。第52页。所述清议有"赃污淫盗"之目显属晋制，其后孝武帝和前废帝皆曾有过类似诏令。《魏书》卷一○《肃宗纪》武泰元年帝崩，皇子即位，太后诏赦天下，有"清议禁锢，亦悉蠲除"之文，是北魏亦有类似规定。第249页。这类赦令下犯者即可再度为官，其污玷仍将随其终身而为士林难容，故有"经赦不原"之说。参见顾炎武撰，黄汝成集释《日知录集释》卷一三《清议》，第477~478页。

② 《隋书》卷二五《刑法志》述梁制"士人有禁锢之科，亦有轻重为差。其犯清议，则终身不齿"。第700页。其轻重为差的是法令规定，终身不齿的是士林清议。另参见沈家本《历代刑法考》之《刑法分考十七·禁锢》，邓经元、骈宇骞点校，中华书局，1985，第491~500页。

③ 《晋书》卷八九《忠义·沈劲传》载其为吴兴开录人，父充与王敦构逆被杀，"年三十余，以刑家不得仕进"。第2317页。《魏书》卷五八《杨播传》附弟《椿传》载其坐事须处五岁刑，依法"应除名为庶人，注籍盗门，同籍合门不仕。世宗以新律既班，不宜杂用旧制，诏依寺断，听以赎论"。第1286~1287页。

④ 《晋书》卷一二五《冯跋载记》载有工人李训窃宝而逃，行货于大臣马弗勤，弗勤以训为方略令，被人告发，"跋曰：'……弗勤宜肆诸市朝，以正刑宪，但大业草创，彝伦未叙，弗勤拔自寒微，未有君子之志，其特原之。李训小人，污辱朝士，可东市考竟。'于是上下肃然，请赇路绝"。第3130页。《宋书》卷四二《王弘传》载其文帝时录尚书事，以"同伍犯法，无士人不罪之科，然每至诘谪，辄有请诉"，命八座丞郎讨论，"左丞江奥议：'士人犯盗赃不及弃市者，刑竟，自在赃污淫盗之目，清议终身，经赦不原。当之者足以塞愆，闻之者足以鉴诫。若复雷同群小，谪以兵役，愚谓为苦。'"第1318页。《北齐书》卷六《孝昭帝纪》："帝性颇严，尚书郎中剖断有失，辄加捶楚，令史奸慝，便即考竟。"第80页。

上标准不同的又一体现。

隋唐时期，承南北朝以来士族集团衰落、集权程度加深的趋势，朝廷开始确立自己在判定士大夫品行操守方面的主导地位。当时面临的基本问题是，仅靠乡里舆论，或让夹杂了阶层圈子等诸多因素的"清议"来鉴定人们的品行，既不可能也不足取。由官方把本来难以细致分割的品行划成很多等级，再依此展开任用，以往的九品中正制已多失败的记录。而不讲伦理道德，完全按华章美辞和经典记诵来选官取士，亦徒乱世道人心而非擢贤之道。① 看来相对合适的做法，莫过于以本来就包含着家族伦理准则的法律为依据，以是否触犯有关律令作为官僚的品行底线，从而既使衡量鉴别明确易行，也保证了朝廷在选才取士这一大政要务上的主动权。尽管初唐以来在这些问题上仍不无犹豫，② 但大体上还是依此方向发展的，官僚选任的品行限制自此已从较大程度倚重乡曲舆论、士林清议的状态，转到了主要以律令来规定和约束的方向上。

就唐律条文来看，"亏损名教，毁裂冠冕"的"十恶"罪，即"谋反""谋大逆""谋叛""恶逆""不道""大不敬""不孝""不睦""不义""内乱"，总结了汉魏两晋南北朝以来危害基本政治制度和社会秩序的罪名罚则。③ 如不孝一款，即指告讦、诅骂祖父母、

① 《通典》卷一七《选举五·杂议论中》载贞观二十二年，张昌龄、王公理文采俊逸，耸动朝野，知贡举王师明抑在下第，对太宗之问曰："此辈诚有词华，然其体轻薄，文章浮艳，必不成令器。臣若擢之，恐后生相仿效，有变陛下风雅。"帝以为名言，后并如其言。典九三。

② 如九品中正制自隋废止后，唐高祖武德七年一度恢复，至太宗贞观初再废除。见《唐会要》卷六九《丞簿尉》武德七年正月敕，第 1222 页；《资治通鉴》卷一九〇《唐纪六》武德七年正月，第 1274 页。参见张旭华《九品中正制研究》，中华书局，2015，第 493~497 页。

③ 《唐律疏议·名例篇》"十恶"条《疏议》曰："五刑之中，十恶尤切，亏损名教，毁裂冠冕，特标篇首，以为明诫……汉制《九章》，虽并湮没，其'不道''不敬'之目见存，原夫厥初，盖起诸汉。案梁陈已往，略有其条。周齐虽具十条之名，而无'十恶'之目。开皇创制，始备此科，酌于旧章，数存于十。大业有造，复更刊除，十条之内，唯存其八。自武德以来，仍遵开皇，无所损益。"第 6 页。

父母，或对之"供养有缺"；祖父母、父母尚在而"别籍异财"，或其去世而不及时举哀发丧；在法定丧期内歌舞、作乐、婚娶、释服等。凡犯"十恶"罪，除按情节须分别处以斩、绞、徒、流等相应刑罚外，若为官员，则即使逢大赦亦须"除名"。唐律中专设"除名""免官"之条，即在依罪惩处的同时，还要剥夺其官员身份或免去其所任官职，故可将此视为朝廷确认的官员品行底线。须除名的除犯"十恶"罪外，还包括故意杀人、反逆缘坐和在监守内犯奸、盗、略人及受财枉法，以及杂犯死罪者。① 须免官的包括犯奸、盗、略人及受财不枉法，犯流、徒罪及狱成逃走，以及祖父母、父母犯死罪被囚禁而作乐及婚娶者。② 其特点如下：一是这些罪名多属干犯家族伦理和忠孝准则，具有鲜明的道德审判和品行否定色彩；二是除名、免官皆开有"自新"之门，允许犯官在六年或三年之后再度为官任职；三是在上述规定的基础上，还有其他律条和法令为之补充或与之相辅而行。

这类补充和并行规定中，有不少是株连家人的。如唐律中凡犯谋反、谋大逆、谋叛、不道等罪者，不仅本人须绞或斩，其父、母、子、孙、妻、妾（包括子之妻、妾）、兄、弟、姐、妹及叔、伯，也将依法连坐，或被没为官奴婢，或处以徒、流等刑，从而也将被剥夺相应的政治权利。再者，对初入仕者的守法要求，远比官员严格得多。此外，唐代亦承魏晋南北朝有"刑家之子"不得入仕的禁条，科举制则要求应试者不曾"坐法"即没有犯罪记录。③ 官员干犯名教情

---

① 《唐律疏议·名例篇》"除名"条，第47~51页。同篇"除、免、官当叙法"规定："诸除名者，官爵悉除，课役从本色，六载之后听叙，依出身法。"第58页。

② 《唐律疏议·名例篇》"免官"条，其末原注述"免官谓二官并免，爵及降所不至者，听留"。意即职事官、散官、卫官和勋官皆免，三年之后可降先品二等铨叙。而爵级不夺，又保留其历官履历。第55~56页。

③ 《通典》卷一五《选举三·历代制下》述唐吏、兵部各分三铨，原注述选人报到后须五五联保并取京官五人为保，"皆列名结款，不得有刑家之子、工贾殊类及假名承伪、隐冒升降之徒"。典八四。《新唐书》卷四四《选举志上》载元和二年定科举禁限，"其尝坐法及为州县小吏，虽艺文可采，勿举"。第1165页。

节恶劣而被劾奏，除依法除名、免官外，亦有特诏终身禁锢的。[①]
至于犯赃官吏，唐律规定凡官吏受财枉法、不枉法，受所监临财物及
强盗、窃盗、坐赃称"六赃"，[②] 各有具体惩处量刑的条款和赃物处
置规定，凡官员利用职权犯罪贪贿，除须比一般人加重处罚和除
名、免官外，往往还要终身禁锢不得做官。如玄宗开元十年三月戊
申诏："自今内外官有犯赃至解免已上，纵逢赦免，并终身勿齿。"[③]
文宗太和七年五月命府州长官举荐堪为县令和录事参军者，规定其
连带责任时也规定"犯赃官永不齿录"。[④] 由此可见唐代对赃官的禁
锢已不及子孙。[⑤]

　　唐以后直至明清，这种以不触犯有关法律作为官僚品行条件的
原则一直贯彻了下来。宋元为官登进，其以往"过犯"皆须登录以
凭查核，不少官职都以"无过犯"或无特定犯罪为前提。[⑥] 尤其是
明清，前已指出当时做官入吏俱限"身家无过"或"身家清白"。
对普通百姓来说，所谓"无过"或"清白"，显然是不曾触犯刑法

---

　　① 《颜鲁公文集》附录《行状》载公于天宝八载充河东朔方军试覆屯交兵使，"有
荥阳郑氏兄弟三人，或居令长，或尉京畿剧任，往年母亡，殡于太原佛寺空园之内，经
二十九载未葬。公乃劾奏之，敕三人放归田里，终身勿齿"。中国书店，2018，册二，
第 169 页。

　　② 长孙无忌等：《唐律疏议·名例篇》"诸以赃入罪"条，第 88~89 页。

　　③ 《旧唐书》卷八《玄宗纪上》，第 183 页。

　　④ 《唐会要》卷七五《选部下·杂处置》，第 1367 页。

　　⑤ 唐代禁锢及于子孙的，主要是开元时期对武后以来诸酷吏的惩治。见《唐会
要》卷四一《酷吏》，第 744~745 页。

　　⑥ 《宋会要辑稿·职官》八之四五载光宗绍熙元年十二月一日中书舍人倪思言：
"吏部四选，有名籍簿，凡文武臣僚乡贯，三代出身，历任劳绩、过犯，莫不具载。每
朝廷除授，吏部注拟，台谏论列，给舍缴驳，皆于此有考。"第 2580 页。《宋史》卷一
五八《选举志四》载高宗绍兴五年，"诏凡注拟，并选择非老疾及未尝犯赃与非缘民事
被罪之人"。第 3714 页。《元史》卷一一一《世祖纪八》至元十七年正月丙辰，"立迁转
官员法，凡无过者授见阙，物故及过犯者，选人补之，满代者令还家以俟"。同书卷八
三《选举志三》述诸荫官，"本处官司体勘房亲，揭照籍册，及无废疾过犯等事，上司
审验相同，保结申覆，令亲赍文解赴部"。第 2060 页。

的同义语。明代礼祀之官及王府官吏对此要求最严，[①] 一般官员犯私罪笞五十以上即须解职，犯赃、奸、盗、诈伪等罪惩治尤为严厉，而文职官吏及举人、生员凡"一应行止有亏，俱发为民"。[②] 与之相应，明代地方官一旦在三年一次的"大计"过程中被确认为触犯"八法"而遭革职，便"不复叙用"，即被永远开除出官场。[③] 而"八法"中除"老""病""不及"纯属生理或才干条件外，其余的"贪""酷""浮躁""疲软""不谨"，都可以说是法定的品行标准。[④] 不难看出，明代法律中的最低品行条件，已越发严厉了。

在品行限制方面，与相对稳定的乡里劝诫和士林清议相比，法律内容尤其是执法过程，其波动相对较大。如元、明相比，则元代极宽；明、清相较，则明又较严。尽管如此，对"孝""廉"这种根本性的品行要求，却一直没有发生重大变更。宋代凡"大逆之人缌麻以上亲，及诸不孝、不悌"，元代"犯十恶、奸、盗之人"，皆不得参加科举考试。[⑤] 明

---

① 《明会典》卷五《吏部四·选官》："凡太常寺官……曾经问罪者不许"；"凡王府长史等官，永乐十一年，令曾经过犯者，不许选用"。第25页。《明律集解附例》卷一《名例》"职官有犯"条之"条例"规定：礼祀官及乐舞生"有犯奸、盗、诈伪、失误供祀并一应赃、私罪名"，即须罢黜，照例发落。王府文职"因人连累并一应过误，律该笞杖罪名者，纳钞还职"。第204~205页。两相对照，前者为选用限制，后者为罢黜规定，可见初仕者限制严于官员为历代之通例。

② 《明律集解附例》卷一《名例》"文武官犯私罪"条，第218~224页。

③ 《明史》卷二〇八《戚贤传》载其嘉靖时为吏科给事中，"十四年春，当大计外吏。大计罢黜者，例永不用，而是时言事诸臣忤柄臣意，率假计典锢之。贤乃先事言所黜有未当者，宜听言官论救。帝称善，从其请"。同书卷三〇六《阉党·刘志选传》载其万历时"以大计罢归，家居三十年。光宗、熹宗相继立，诸建言得罪者尽起，志选独以计典不获与"。第5506、7853页。

④ 《明史》卷七一《选举志三》，第1721页。参见沈德符《万历野获编》卷一一《大计年份条款》以下诸条、卷一二《中书考察》以下诸条，《明代笔记小说大观》第三册，第2211~2226页。

⑤ 《宋史》卷一五五《选举志一》载科举省试人员齐集后须什伍相保，"不许有大逆人缌麻以上亲，及诸不孝、不悌"之人。第3605页。《续资治通鉴长编》卷一四七《仁宗》庆历四年三月乙亥诏定州试"所禁有七：曰隐忧匿服，曰尝犯刑责，曰行亏孝悌，有状可指；曰明触宪法，两经赎罚，或不经赎罚，而为害乡党；曰籍非本土，假户冒名；曰父祖十恶四等以上罪；曰工商杂类，或尝为僧道。"第3564~3565页。

代举人、生员凡属"行止有亏"者皆须革去功名，还为白丁，就更不必说犯有十恶之人了。对赃官的禁锢也一直比较稳定。像宋太宗太平兴国三年（978），便继唐以来的相应法令，下达了赃官除名者虽赦不叙，"永为定制"的诏书；① 元代虽以法纪弛慢而著称，但也有官员贪赃枉法"除名不叙"，"吏人犯赃，终身不叙"的规定；② 到明清，便把犯赃后"官追夺除名，吏罢役"这样的条款正式纳入了律文。③ 这类要求，除较少或不再明确禁及其子孙外，与汉以来的限制基本上是一致的。

二　履历资格

官僚任用的要点是如何使权力分配更为合理，怎样把合适的人选放到各种不同的职位上去，这始终都是统治者高度关注的问题。除其他种种考量和措施外，在任用制度上对不同官职担任者提出不同的履历资格条件实属必要。而所谓履历资格，主要的不外乎两类：反映人们入仕前家世、品行、才干条件的出身仕途，体现人们从政阅历和功过行能的任职履历。两者一向是任官的重要依据。

1. 出身仕途

关于出身仕途在官僚任用过程中的作用，前述秦汉至明清正、杂两大仕途序列的形成和发展已有阐述，这里只做一些大致的归纳。总的来看，在依据出身仕途展开具体任用时，下列两点无疑是最为重要的。

一是不同仕途出身者的初仕官职有所不同。这一点在汉代已初露端倪，军功往往在军事系统任职，纳赀入官大都"不署右职"；

---

① 《宋史》卷四《太宗纪》太平兴国三年六月癸未诏："太平兴国元年十月乙卯以来诸徙职官以赃致罪者，虽会赦不得叙，永为定制。"第59页。

② 《元典章》刑部卷之八《诸赃一·赃罪条例》，第1544~1546页。

③ 《明律集解附例》卷二三《刑律·受赃》"官吏受财"条："凡官吏受财者，计赃科断，无禄人各减一等，官追夺除名，吏罢役，俱不叙用。"第1743页。

任子和察举孝廉一般是为郎，察举茂才多为县令；吏道则先辟署为吏，但若被丞相或三公辟为其府属吏，那就与制举地位相近了。[①] 随着汉代社会的发展和汉文化体系演进，不同仕途的初仕官差距渐被拉开，官方意识形态和朝野共识越来越有利于察举、学校、保荐、门荫等途的初仕者，而甚不利于由吏道、方伎、纳赀、军功等途登进官场者。[②] 与前一组仕途相比，后者对家世、品行要求较低，尤其才行条件与儒学崇尚的修齐治平之道无甚关系，由之进身者的初仕职务便愈趋于低下了，儒生及文儒世家入仕地位的上升趋势东汉以来已成定局。[③]

魏晋南北朝推行的九品中正制和门阀制度，使寓有身份尊卑意义的正、杂两大仕途序列开始形成，士庶之别与官职清浊相互对应，高低门品出身者各有特定初仕起家官。如西晋散骑侍郎、黄门侍郎，东晋南朝秘书郎、著作郎例为顶级世家子弟垄断，[④] 东晋以

---

① 参见黄留珠《秦汉仕进制度》，第 232~241 页。

② 《史记》卷三〇《平准书》述武帝时入赀补官，"诸买武功爵官首者试补吏……军功多用越等，大者封侯卿大夫，小者郎吏。吏道杂而多端，则官职耗废"。其后文又述武帝时用大工商者东郭咸阳、孔仅、洛阳贾人子桑弘羊理财，于是"吏道益杂，不选，而多贾人矣"。第 1423、1429 页。《汉书》卷五六《董仲舒传》载其贤良对策之二有曰："臣愿陛下兴太学，置明师，以养天下之士，数考问以尽其材，则英俊宜可得矣……夫长吏多出于郎中、中郎，吏二千石子弟，选郎吏又以富訾，未必贤。且古所谓功者，以任官称职为差，非谓积日累久也。故小材虽累日，不离于小官，贤材虽未久，不害为辅佐……臣愚以为使诸列侯、郡守、二千石各择其吏民之贤者，岁贡各二人以给宿卫，且以观大臣之能。"《汉书》卷七二《王吉传》载其上疏亦有"至于积功治人，亡益于民，此《伐檀》所为作也"之语。第 2512~2513、3065 页。可见儒家立场是由吏道功次登进为官者只宜抑于中低层任职，而选贤擢良要在举贡和学校。

③ 参见阎步克《秦政、汉政与文吏、儒生》，《历史研究》1986 年第 3 期。

④ 《宋书》卷五八《谢弘微传》："晋世名家身有国封者，起家多拜员外散骑侍郎。"第 1591 页。《南史》卷五六《张弘策传》附子《缵传》："秘书郎四员，宋、齐以来为甲族起家之选。待次入补，其居职例不数十日便迁任。"第 1385 页。参见《初学记》卷一二《职官部下》"黄门侍郎""散骑常侍""秘书郎"等条，中华书局，1952，第 283、286、298 页。

来尚书郎除吏部郎外已为次等高门子弟起家之职。① 北魏孝文帝迁都以后区分清浊流品而定胡汉族姓，明令四姓高门与勋贵八姓"勿充猥官"，其门荫入仕的起家官上自散骑、秘、著，下至御史长兼，也像南朝那样对应于门第高下。② 由此至唐续经整顿，初仕者职务、级别按不同仕途出身区别对待，便成了基本的任用原则。唐制在这方面仍受南北朝影响，故有前所指出的"凡出身非清流者，不注清资之官"的规定，尤其是初仕品阶差距较大，如门荫出身者从嗣王郡王下至从五品官及国公之子，初仕可授从四品下至从八品下之官。科举出身者，明经多授从九品上，进士多授从九品下，也就是州曹参军及县尉、主簿之类，其制度规定与吏道积考出身者从最底层官职做起差别不大，③ 当然其实际区别已若霄壤。随着唐宋以来社会日趋平民化，随着科举制愈为朝野所推崇和正、杂两大仕途序列的进一步定型，进士出身与其他仕途出身初仕官职和级别的差距至宋以来不断拉大，至明清则为各种仕途出身者一一列出了其可任官职的范围，进士与高官门荫最为优越。④

---

① 《晋书》卷七五《王湛传》附曾孙《王坦之传》载其以荫入仕时，"仆射江彪领选，将拟为尚书郎，坦之闻曰：'自过江来，尚书郎正用第二人，何得以此见拟？'彪遂止"。后王坦之之子《王国宝传》载其入仕时亦除尚书郎，"国宝以中兴膏腴之族惟作吏部，不为余曹郎。甚怨望，固辞不拜"。第 1964、1970 页。

② 《魏书》卷一一三《官氏志》太和十九年定姓族诏："其穆、陆、贺、刘、楼、于、嵇、尉八姓，皆太祖已降，勋著当世，位尽王公，灼然可知者，且下司州、吏部，勿充猥官，一同四姓。"第 3014 页。《通典》卷一六《选举四·杂议论上》载北魏明帝时清河王怿上表："孝文帝制出身之人，本以门品高下有恒。若准资荫，自公卿令仆之子，甲乙丙丁之族，上则散骑秘著，下逮御史长兼，皆条例昭然，文无亏没。"典九一。北魏自太武帝时已立中正官，勋贵子弟穆崇在献文帝时"起家为侍御中散"，可见勋贵士族起家官已与普通民众不同。见《魏书》卷二七《穆崇传》附《穆亮传》，第 667~668 页。

③ 《唐六典》卷二《吏部》："凡叙阶之法，有以封爵，有以亲戚，有以勋庸，有以资荫，有以秀孝，有以劳考。"见其下原注所述这些出身的初仕品阶。第 31~32 页。又科举制度的规定是秀才分三等，明经、经士各分两等，实际上则绝大部分皆按下等及第叙官。

④ 见本书表 3-9、表 3-10。

　　二是不同的出身仕途不仅影响初仕官职，也将影响其终身前程。这也是在魏晋以来逐渐明显化的，且常通过一系列特殊的限制而体现出来。如汉代纳赀入仕者一开始虽受限制，却仍然可因其任职实绩和才能迅速升迁，其中不乏登于显列、跻身公卿者。① 此后历代纳赀为官史不绝书，但禁限也越来越多，② 到捐纳之途扩大和系统化了的清代，非有特殊机遇，仅凭政绩才干入仕者也终身不得任科、道官，不能入翰林院、詹事府、吏部、礼部等重要机构任职。③ 又如西汉因方伎入仕者，在此后的宦途中似亦不受特殊限制。④ 东汉以来方伎出身在官场的处境便明显恶化了，至于唐代，前已指出方伎入仕登进，原则上"不得过本色局、署令"。此后除元代情况较为特殊外，将方伎入仕者限制在本行业部门内为官，一直是竖立在其前程上的一道障碍。再如秦汉时期吏道宽广，由吏入仕者不受任何限制，汉代将相多有出身吏道者。魏晋以来吏道渐为寒门庶人登进之途，由吏为官者汇入了"杂流"之列，从而形成了一旦为吏而终身受玷的局面。唐代所谓"非清流"，首先是指"从流外及视品出身者"，⑤ 其依法不得担任各种重要职务。到明清，这方面的限制仍未放松。清代吏道与捐纳、方伎等同被列为"异途"，由之登进者不仅不得任科、道官，不得入吏、礼、翰、詹等重要部门供职，非经保举也不得任京官和正印官，更在其他升转条件如资历功过、升擢比例等方面重重受限。⑥

　　由上不难看出，秦汉时期的社会发展和意识形态演化进程，极

---

① 见《汉书》卷五〇《张释之传》、卷五八《卜式传》、卷八九《循吏·黄霸传》，第 2307～2310、2625～2628、3627～3632 页。

② 参见马端临《文献通考》卷三五《选举八·输财得官》，考三三五至三三六。

③ 《清史稿》卷一一〇《选举志五》："异途经保举，亦同正途，但不得考选科、道。非科甲正途，不为翰、詹及吏、礼二部官，惟旗员不拘此例。"第 3205 页。

④ 见《汉书》卷四六《卫绾传》、卷六四上《吾丘寿王传》，第 2201～2202、2794～2798 页。

⑤ 李林甫等：《唐六典》卷二《吏部》，第 27～28 页。

⑥ 《清朝文献通考》卷五四《选举八·吏道》，浙江古籍出版社，2000，考五三六三至五三六四。

为深刻地改变、整合了战国以来的阶层结构和思想观念，不同出身仕途由此增添了特定价值和身份内涵，这才导致了魏晋以来各种仕途区分为正、杂两大序列的趋势，使由此登进者的初仕官职和宦途前程出现较大差别，也体现了出身仕途限制与身份、家世限制的内在联系。其况正反映了大一统王朝统治基础、行政结构和指导思想从春秋战国社会大变动中的酝酿，到汉代以来趋于定型，再在以后各历史时期适应新的形势而不断变迁的历程。

2. 任职履历

任职履历只适用于官僚的迁转亦即重新任用过程，其具体内容和作用则历代都有变化。

任职履历在汉代皆有人事部门的簿籍文档为凭，有时也像先秦那样称为"伐（阀）阅"，"伐"指考绩功课，"阅"指岁时阅历，伐阅包含了官僚任职经历及年劳、功绩条件。[①] 在汉代官僚升擢过程中，任职履历是首先需要考虑的条件，[②] 通常是据以往所任职务及其年劳、功绩，按官职的级别层次由低渐高加以任用。[③] 即使是特别重视才行的推举和破格的超擢也是要考虑资历的，或须勘核其

---

① 《史记》卷一八《高祖功臣侯者年表》载太史公曰："古者人臣功有五品，以德立宗庙定社稷曰勋，以言曰劳，用力曰功，明其等曰伐，积日曰阅。"第 877 页。《汉书》卷八三《朱博传》载其为琅邪太守，下书命姑幕县游徼"赍伐阅诣府"。师古注："伐，功劳也；阅，所经历也。"第 3401~3402 页。

② 《汉书》卷八四《翟方进传》载其永始二年由京兆尹迁御史大夫，其时候选者三人，少府陈咸、卫尉逢信"官簿皆在方进之右"。师古注："簿谓伐阅也。"同书卷九九上《王莽传上》："天下吏能颂公戒者，以著官簿。"师古注："著官簿，言用之得选举也。"第 3418、4066 页。又《后汉书》卷五《安帝纪》延光元年八月己亥诏三公、中二千石举刺史、二千石、令长相，"无拘官簿"。李贤注曰："无拘官簿谓受超迁之，不拘常牒也。"第 236 页。

③ 《汉书》卷八一《匡衡传》载元帝时，长安令杨兴向大司马车骑将军史高推荐："平原文学匡衡材智有余，经学绝伦，但以无阶朝廷，故随牒在远方。"高遂辟衡为议曹史。师古注："阶谓升次也。随牒，谓随选补之恒牒，不被超擢者。"第 3332 页。《后汉书》卷三八《冯绲传》载其"初举孝廉，七迁为广汉属国都尉"。第 1281 页。所谓"七迁"即按阀阅循次升迁，文献多见之"累迁"亦然。

历任之"考绩功课",① 或如东汉的某些举荐要求那样,有"视事一岁以上至十岁""视事三岁以上"等规定。② 汉代任用过程中这种讲究资历和次序的特点,已经为后世这方面的措置定下了基调。

汉代官员迁转有其特定次序和规则,如丞相常以御史大夫称职者递补,御史大夫则多从九卿中选任,而九卿又往往择自郡国守相。③ 又如博士升迁以高第为尚书,次为刺史,"不通政事,以久次补诸侯太傅";而尚书、尚书仆射和尚书令,则依次由任职久者递补。④ 再如郎官出任县令,御史转为廷尉正、监、平等。⑤ 这些故事总的特点有如下三点,一是重视资历和老成之士,在其他条件相近时,以功次登进仍为基本原则。⑥ 二是资历要求较为笼统且并不严格,因而存在着较多"不拘官簿"的灵活任用和超擢。⑦ 三是在决

① 《汉书》卷八三《薛宣传》,第 3391 页。

② 《后汉书·安帝纪》延光元年八月己亥,"诏三公、中二千石,举刺史、二千石、令、长、相,视事一岁以上至十岁,清白爱利,能敕身率下,防奸理烦,有益于人者";二年八月庚午,"初令三署郎通达经术任牧民者,视事三岁以上,皆得察举"。第 236~237 页。

③ 《汉书·朱博传》载成帝时改丞相、御史大夫二府为大司马、大司徒、大司空三司,后二岁余,朱博请复二府之制有曰:"故事,选郡国守相高第为中二千石,选中二千石为御史大夫,任职者为丞相,位次有序,所以尊圣德,重国相也。"第 3405 页。

④ 《汉书》卷八一《孔光传》,第 3353 页。

⑤ 《后汉书》卷二《明帝纪》末称帝之德业,述馆陶公主为子求郎,帝不许而赐钱,谓群臣曰:"郎官上应列宿,出宰百里,有非其人,则民受其殃,是以难之。"第 124 页。《汉旧仪》卷上:"廷尉正、监、平物故,以御史高第补之。"孙星衍等辑《汉官六种》,第 72 页。

⑥ 前引《汉书·董仲舒传》载其贤良对策之二请立太学,开察举,即针对积累年资升迁之伐流而言。例如《汉书》卷四六《卫绾传》载其"以戏车为郎,事文帝,功次迁为中郎将,醇谨无它";卷五八《兒宽传》载其为博士弟子,"以射策为掌故,功次补廷尉文学卒史"。第 2200、2628 页。《后汉书》卷一七《贾复传》附子《宗传》载其为朔方太守,擢用内郡徙人与边吏参选,"或以功次补长吏,故各愿尽死"。第 667 页。

⑦ 如《汉书》卷六五《东方朔传》载:"武帝初即位,征天下举方正贤良文学材力之士,待以不次之位,四方士多上书言得失,自衒鬻者以千数,其不足采者辄报闻罢。"同书卷六二《司马迁传》载其《报任安书》有曰:"所以自惟:上之,不能纳忠效信,有奇策材力之誉,自结明主;次之,又不能拾遗补阙,招贤进能,显岩穴之士;外之,不能备行伍,攻城野战,有斩将搴旗之功;下之,不能累日积劳,取尊官厚禄,以为宗族交游光宠。四者无一遂,苟合取容,无所短长之效,可见于此矣。"此四者为官员登进之常途,"累日积劳"仅居其一。第 2841、2727 页。

定官僚升迁的伐阅条件中，经常可见的是"课最"或"高第"，说明当时最被看重的是与考课上计制度联系在一起的政绩状态。[1]

魏晋南北朝时期，士族门阀安流平进的政治状态和政局的动荡不安，影响了官僚任用和管理制度的展开，尤其是为官之途多端而职务不敷分配，官职任用中资格履历的作用日益明显起来。北魏孝明帝神龟年间"停年格"的制定，便是一个突出的标志。这项法规针对的是一般中低级官职的成批任用，其基本内容是以官员任满去职年月的长短为其迁转的首要条件，而才、行、政绩之类，都放在次要地位加以考虑。[2] 这就明确把任职履历中的年月条件置于其他条件之上了。结果正如时人评价的那样："士无善恶，岁久先叙；职无剧易，名到授官。执按之吏，以差次日月为功能；铨衡之人，以简用老旧为平直。"[3] 但追溯起来，停年格所含的主要内容，早在曹魏就已形成了，魏明帝时，官僚任满月日的先后，便已是朝廷对之再加任用的前提。[4] 其根源则无非是官多职少成为定局，选任权高度集中而又面临世家大族和军功勋贵的巨大压力，在同类官职分配中强

① 《续汉书·百官志一》载太尉"掌四方兵事功课"，岁尽即奏其司徒掌"四方民事功课"，司空掌"四方水土功课"，皆"岁尽则奏其殿最而行赏罚"。《后汉书》，第3557、3560、3562 页。

② 《魏书》卷六六《崔亮传》载其为吏部尚书，"灵太后令武官得依资入选，官员既少，应选者多，前尚书李韶循常擢人，百姓大为嗟怨。亮乃奏为格制，不问士之贤愚，专以停解日月为断。虽复官须此人，停日后者终不得；庸才下品，年月久者灼然先用。沉滞者皆称其能"。第1479 页。其后续施行见同书卷七五《尔朱彦伯传》附弟《世隆传》，第1668 页；《北史》卷二五《薛彪子传》附子《琡传》，中华书局，1974，第922 页。

③ 《魏书》卷七七《辛雄传》，第1695 页。参见杜佑《通典》卷一四《选举二·历代制中》，典八○。

④ 《三国志》卷九《魏书·夏侯尚传》附子《玄传》述中领军许允之事，裴注引《魏氏春秋》曰："允为吏部郎，选郡守，明帝疑其所用非次，召入，将加罪……允对曰：'某郡太守虽限满文书先至，年限在后，（某守虽后），日限在前。'帝前取事视之，乃释遣出。"第303 页。

调履历条件，并以任满年月先后为序，是相当自然的。① 北魏以后的北齐、北周，虽或革除了停年格而强调推举制，却未消除停年格所以产生的上述根源，也就势必会使官僚迁转倚重年资的问题重现。

隋唐时期官员任用过程对任职履历的讲求，很快又走上了停年格所示的轨道。在隋代明确区分散官和职事官两大序列的基础上，唐代官员升迁的履历条件，业已分别在散官和职事官上表现出来，但其核心内容却是一致的，即强调年劳和参选的次序。

散官又称阶官、散阶，隋唐的散阶序列是在汉魏以来诸多冗官虚衔的基础上整合而成的，只有礼仪待遇，而无实际职事。初唐以来，官员的散阶皆依法以初仕官阶为起点，再一律按"劳考进叙"。即综计官员在四年任期内每年考核的等级，四考皆中中者即可在铨任时进一阶，有一中上者再进一阶，有一上下者再进一阶，可以累加进阶并以上考抵消下考。① 看起来这种升进已在年月要求中兼顾了每年考核的才行政绩，实际情况却并非如此。因为当时的考绩，除能真切反映官僚的任职岁月外，已变得日益空洞而体现不了多少真才实绩。早在确定散阶一概"以劳考进叙"的贞观年间，官员得上

---

① 《三国志》卷一三《王朗传》附子《肃传》载其明帝时上疏陈政本曰："除无事之位，损不急之禄，止因食之费，并从容之官，使官必有职，职任其事，事必受禄，禄代其耕，乃往古之常式，当今之所宜也。"第415页。《晋书》卷三九《荀勖传》载晋武帝时"议省州郡县半吏以赴农功，勖议以为：'省吏不如省官，省官不如省事，省事不如清心……若直作大例，皆减其半，恐文武众官郡国职业，及事之兴废，不得皆同。……'"同书卷五〇《庾峻传》载其上疏论礼让陵迟有曰："普天之下，先竞而后让，举世之士，有进而无退。大人溺于动俗，执政挠于群言，衡石为之失平，清浊安可复分？"第1154~1155、1393页。是官多职少之局势在魏晋已积重难返。又《魏书·崔亮传》载其为停年格辩护曰："况今日之选专归尚书，以一人之鉴，照察天下。刘毅所云'一吏部、两郎中而欲究竟人物，何异以管窥天，而求其博哉'……又武人至多，官员至少，不可周溥。设令十人共一官，犹无官可授，况一人望一官，何由可不怨哉？吾近面执，不宜使武人入选，请赐其爵，厚其禄。既不见从，是以权立此格，限以停年耳。"第1480页。这里已把官多职少、任用权集中而吏部不能不讲求资历的原因说得十分清楚。

① 李林甫等《唐六典》卷二《吏部》述叙阶之法"有以劳考"之原注，第32页。

考者已极罕见；开元、天宝以来则逐渐形成了皆大欢喜而"一例申中上考"的风气。[①] 因而散官级别"以劳考进叙"，实际上不过是"熬年头"的别名。

不过唐前期，对必须奏闻皇帝才能下达任命的五品以上散官还是较为看重的，也做过相应的限制。如武则天万岁通天元年（696），便做过历十三考以上无私犯、现居七品以上清官者方得晋升五品，历二十五考以上无私犯、现居四品者方得入三品的规定。到玄宗开元十一年（723）又把晋升五品和三品散阶的劳考条件，分别增加到了十六考和三十考以上。[②] 到唐后期，散官乃至职事官的授受也已冗滥不堪，"大将军告身一通才易一醉"，[③] 也就谈不上有什么限制了。

唐初所定职事官的授受原则是"随才录用"，因而与散阶授受相比，职务的任用"参差不定"，[④] 条件较为严格。但在实践过程中，绝大部分官职尤其是由吏部成批任用的一般低官，基本上还是按"官资"循序渐进的，即以任职履历和停解年月为其获得重新任用的重要条件。除隋唐交替之际曾出现过短期的"官不充员"局面外，随着政局的逐渐稳定和以往相关问题的重现、激化，官多缺少、

---

① 《唐会要》卷八一《考上》载太宗贞观六年监察御史马周上疏，称其时考课"人多者不过中上，未有得上下以上考者"，请每年择一二人授以上考以激励之。后文又载德宗贞元七年八月，考功奏"开元、天宝以前敕，朝官每司有中上考，亦有中中考。自三十年来，诸司并一例申中上考"，请诸司有所升降。当年遂有书中中考者，尚书左丞赵憬自请降考，"校考使吏部尚书刘滋以憬能言其过，奏中上考"。第1500、1504~1505页。

② 《唐会要》卷八一《阶》，第1494页。

③ 《资治通鉴》卷二一九《唐纪三十五》肃宗至德二载五月述安史之乱平定之难，"是时府库无蓄积，朝廷专以官爵赏功，诸将出征，皆给空名告身，自开府、特进、列卿、大将军下至中郎、郎将，听临事注名，其后又听以信牒授人官爵……由是官爵轻而货重，大将军告身一通才易一醉，凡应募入军者，一切衣金紫。至有朝士僮仆衣金紫，称大官，而执贱役者。名器之滥，至是而极焉"。第1496页。

④ 《旧唐书》卷四二《职官志一》："职事则随才录用，或从闲入剧，或去高就卑，迁徙出入，参差不定。"第1785页。

"十人竞一官"的压力，① 高度集权、"以天下之大，士人之众，委之数人之手"的任用格局，② 以及考核制度和政绩内涵的蜕变等，任职履历中的年劳条件很快又得到了进一步强调。

自高宗总章二年（669）司列少常伯（即吏部侍郎）裴行俭制订"长名""姓历""榜引"等章程以来，整个吏部铨注过程便围绕着资历和排队参选的次序迅速程式化了。其实质性内容是把各种职务按闲剧远近等分为更细的等次，并与特定的资历条件建立对应关系，从而为官职转迁提供较多的阶梯。这就使任用过程明显走上了按资历对号入座、"配其阶品"的道路。③ 到玄宗开元十八年（730）裴行俭之子光庭为侍中兼吏部尚书时，又在这样的基础上制定了"循资格"。其基本内容，一是"凡官罢满，以若干选而集，各有差等"，即以官员任满离职岁月的长短，作为朝廷分别对之重新任用的前提；二是"自下升上，限年摄级，不得逾越"，即以官员的资历年劳作为依次登进的主要依据。结果便形成了"贤愚一贯，必合于格乃得铨授……非负谴者，皆有升而无降"的态势。④ 此后"虽小有移改"，为各种官职的转迁确定相应的年劳条

---

① 《新唐书》卷四五《选举志下》，第 1175 页。

② 《旧唐书》卷八七《魏玄同传》，第 2850 页。

③ 《贞观政要·论择官第七》载贞观三年太宗与杜如晦论择官任用之道，如晦曰："今每年选集，向数千人，厚貌饰词，不可知悉，选司但配其阶品而已。铨简之理，实所未精，所以不能得才。"《贞观政要集校》，第 160 页。《唐会要》卷七四《选部上·论选事》载贞观二十年褚遂良上表称当年杜如晦掌选，每"积久研覆，一人之身，或经百问，知其器能，以此进举"，所进七十余人俱有嘉声，"大唐得人，于斯为美"。第 1334 页。可见在总体"配其阶品"的同时，任用质量只能靠掌选者竭尽心力且有鉴识来保障了。

④ 以上并见《新唐书·选举志下》，第 1175、1177 页。《册府元龟》卷六三〇《铨选部·条制二》载裴行俭循资格事，较新志多数语："虽小有常规，而求材之方失矣（原注：此起于后魏崔亮停年之制也），其有异才高行，听擢不次。然有其制而无其事，有司但守文奉式，循欲压例而已。"第 7552 页。王鸣盛《十七史商榷》卷八七《长名榜》释之为："豫为长榜，具列其名，每遇铨选，据此以定也。"卷八七第 4 页。另参见顾炎武撰，黄汝成集释《日知录集释》卷八《停年格》，第 302~305 页。

件，据之分配各种官职的做法，却一直稳定地延续了下来。可以说，从北魏的停年格发展到唐代的循资格，标志的是任职岁月作为官职任用的基准已不可动摇。

除年劳外，唐代在不同时期，也为某些职务规定过特定的履历条件。如玄宗时规定，凡担任地位和性质最为重要的台、省官员，必须具有任职于州县的履历；较早如高宗时，也曾下过"清望官先于县令内简择"的敕令。[①] 就总体而言，这类规定并不连贯和严格，而且总是在年劳条件的基础上做出的。

循资格既与停年格一样，是一种不得已的产物，又主导了吏部的铨选过程，朝廷便只好在其他方面采取措施，以贯彻"任人唯贤"的用人原则。唐代科目选的兴起，[②] 并在州县官和台省官任用上实行较为系统的保举奏荐之制，[③] 便应在这样的背景下加以理解。再者，受循资格限制的，主要是由吏部铨选的六品以下一般官员；而在宰相协助皇帝拟任五品以上官员时，虽也须在吏部检勘资历年劳的基础上展开，却因其为个案方式的任用，故其灵活性和对法定年劳条件的变通余地要大得多。值得注意的是，武后以来日渐兴盛的各种临时性任用方式，尽管引起了大量新问题，却也以其不太拘

① 《新唐书·选举志下》载玄宗即位，厉精为治，下诏："凡官，不历州县，不拟台省。"第 1176 页。《旧唐书》卷一八下《宣宗纪下》大中元年正月戊申有事于郊庙，大赦，改元，制条有曰："今后谏议大夫、给事中、中书舍人未曾任刺史、县令，或在任有赃累者，宰相不得拟议。"同书卷一九○下《文苑·薛逢传》载其会昌初进士擢第，累迁侍御史、尚书郎，人荐其为知制诰，宰相刘瑑奏"先朝立制，两省官给事中、舍人除拜，须先历州县。逢未尝治郡，宜先试之"。乃出为巴州刺史。第 616、5080 页。是玄宗台省官必历州县而任的故事，后来仅限谏议大夫与给事中、中书舍人。

② "科目选"即限选人参加的分科考试制度，所试有博学宏词、书判拔萃及一史、三史和三礼、三传之类，合格者可突破年资优先授职。《册府元龟》卷六三一《铨选部·条制三》载中书门下奏："应礼部诸色贡举人及吏部诸色科目选人等，凡未有出身未有官，如有文学，只合于礼部应举；有出身有官，合于吏部赴科目选。"参见杜佑《通典》卷一五《选举三》载贞元二年六月及五年五月敕。典八四。

③ 参见《册府元龟》卷四六八《台省部·荐举》，第 5576~5578 页；《唐会要》卷六八《刺史上》，第 1197~1207 页。

于资历的特点，弥补了日趋刻板的成批任用的弊失。可以说，唐以来任职的履历条件，实际是在年劳限制的进一步严格化，以及在以保举、考选等制为代表的各种措施的补救作用中体现出来的。

宋朝以来，尽管官职关系屡有变动，任用制度也有过几次调整，但唐代循资格首重年劳、循次而迁的原则，却日渐从一般中低级官职扩展到了高级和重要官职的任用。元朝更把资格条件强调到了"秋毫不可越"的地步。在此基础上，明清时期的官僚任用过程，已处于繁多而精细的资格条例的笼罩之下。即便是为之纠偏补弊的考选、保举之制，也在严格讲究资格的风气下难以发挥其应有作用。明清吏部所以被称为"例部""签部"，原因正在于此。有必要强调的是，明清论资授官的过程中，阅历、年劳条件已进一步与出身仕途方面的限制结合起来了。同时，明清的散官晋级，也完全依据官员所任职务的级别和年劳来确定。故散官和职事官的转迁，已不再像唐代那样相对分离，而是大致重合。

以明代官员迁转为例，制度上规定的情形有二：一是考满后重新任用，即随定期考核例行转迁；二是不待考满即行转迁的"推升"。两者往往相辅而行，但前者为本则，后者为变则。在前一种情形下，"满考"即任职满法定的历考年数，是官僚转迁最为基本的条件。按明代的考核制度，这一年数通常是九年，但也可以是三年或六年。[①] 除被考为善恶尤异者往往即行升降赏罚外，这种历考的年头条件，一般都按官员任职的性质，依据朝廷在不同时期所制订的条规来确定。如外官考满升迁，洪武三年（1370）规定府同知一考无过升知府，知县二考无过升知州；又如边防官员，嘉靖三十一年（1552）规定，"各边巡抚"系佥都御史者，三年考满可升副都御史，六年再考后可升侍郎；再如远方官员考满，如洪武十六年

---

① 《明史》卷七一《选举志三》，第 1721 页。

规定，"地有瘴疠者，俱以三年升调"；等等。① 考虑到闰月等问题，这里的三年、九年通常都以有关任用文件正式下达之月起，按 36 个月或 37 个月、108 个月或 110 个月来统计。而在官员被临时调遣，或因病、丧停职等情况下，朝廷还有一套统一和精细的折算办法，以累加其实际任职时间，保证其满期离职和转迁的公正，这也充分体现了历考年头对于官员任用的重要性。

在任职满规定期限的前提下，凡被考为称职应予升迁的官员，其出身仕途及以往职务的性质，便是其具体可转至何种级别和职务的重要条件。如成化四年（1468）规定："中书舍人九年考满称职，系进士、举人出身者升员外郎，监生出身者升主事，乞恩报效出身者升寺副等官。"其中，官员以往职务的繁简类别也甚重要。像弘治二年（1489）奏准：各地有司官九年考满，"事繁历俸日多者升二级，事简历俸日少者升一级"。从中可以看出年头条件与其他条件的关系。事实上，在明初考核制度尚未健全时，一度"全论历俸深浅转升"，即完全按官员任职年头的长短来决定其转迁，至洪熙以后方有所变化。② 但这种做法从未取消，除上引弘治二年奏准外，有明一代，凡"京官三年、六年考满，俱不停俸"；凡两京所正、所副、所丞、大使、副使、司狱、杂职期满者，"例不考核，查俸明白，引奏复职"。便是显例。

至于考绩在决定官员升降时的作用，明代与唐相类而更犯难。由于集权程度进一步加深，官僚权责更加晦暗笼统，考辞"含糊浮泛"、流于形式的情况，也就更为普遍。至于基本没有奖优而仅有

---

① 吏员通常都以三年为限，但也有或短或长的变通。见《明会典》卷一二《吏部十一·考核一》"京官"目、"在外司府州县官"目，第 70~73 页。

② 王琼：《双溪杂记》，"国初官制"，丛书集成初编，中华书局，1985 年影印本，第 7 页。

罚劣意义的考察，后又沦为各派官员互相攻讦的工具而纷纭不已，[①]万历后期政争尤烈，考察奏疏甚至被"留中不报"。[②] 凡此皆削弱了考绩在官员例行转迁时的作用，相形之下则突出了年劳和履历的作用。在考绩基本相同的情况下，当官员考满停职、等候重新任用时，无论升降均须据其任职年头和停职时间长短依次排队。因此，除京察和大计对极少数官员的淘汰外，明代官员考满例行转迁的条件，仍贯彻了唐循资格的基本原则，无非是技术性细节更加完善一些罢了。

不待考满即行转迁的"推升"，往往用于高官要官的补用。由之获升者多先"署"职，待积满规定年头后再行实授。除不以三年、六年、九年考满为前提，并采取会议推举、大臣面试和指定范围优中选优等多种选用办法外，在论资排辈的原则下，推升之法仍与考满例行转迁完全一致。如嘉靖六年（1527）"令今后参政、副使缺，查参议、金事内有资望稍深、地里相近者，酌量相兼升补"。嘉靖三十一年（1552）规定，凡沿边分守、分巡、兵备、管粮等道及知府"有裨益边方者，三年以上，参政、参议径转布政、参政，副使、金事径转按察使、副使，知府径转参政。其任浅者，两司互转；知府升副使"。再如隆庆前后，各部司郎中、六科都给事中和都察院"年深御史"的推升，一度"但挨资次，定为岁例升转"。再如万历二年（1574）"令吏部将科道官量其才

---

① 《明史》卷二二〇《辛自修传》载其累官至左都御史，万历"十五年大计京官，政府欲庇私人，去异己。吏部尚书杨巍承意指惟谨，自修患之，先期上奏，请勿以爱憎为喜怒，排抑孤立之人。帝善其言，而政府不悦"。第5799页。参见沈德符《万历野获编》卷一二《吏部》"辛亥两察之争""己亥大计纠拾""乙巳两察之异""考察胁免"等条，第2217~2226页。

② 《明史》卷二一八《沈一贯传》载其万历二十一年入阁，"至岁乙巳（万历三十三年），大察京朝官，纯与时乔主其事，梦皋、兆斗皆在黜中。一贯怒，言于帝，以京察疏留中。久之，乃尽留给事、御史之被察者，且许纯夺仕去。于是主事刘元珍、庞时雍、南京御史朱吾弼力争之，谓二百余年计典无特留者。时南察疏亦留中，后迫众议始下。"同书卷二三三《谢廷讚传》附兄《廷谅传》载其为万历二十三年进士，上疏言事曰："章疏之留中也，自申时行始；年例之不举，考察之不下也，自沈一贯始。此皆乱人国者也。"第5759、6087页。

力资俸，内外一体升转"；同年又定知府任满九年者，可被推升为布政使或按察使，"不及九年，升参政、副使"。① 这些例子，都说明了推升必须"论俸""挨次"的实质。同时，推升既然不须考满，也不论考绩，因而有关规定中"才力"之类的条件，也就要比考满例行转迁中的考等更显得浮泛和纷纭。正其如此，清代便索性在各种高官要职的选任过程中，广泛采取了"开列题请"或"开列引见"的办法。即当有关官职出缺时，先由吏部从符合规定履历和年资的官员中"论俸"，取资历最深者若干人奏上，再由皇帝亲自敲定人选。②

此外，明代的考选在以考试环节强调才能条件的同时，也已处于法定资历年劳的限制之下了。如科道官，成化以后一般只从科目出身三年考满者中考选，或另加特殊规定。像弘治十八年（1505），"令举人出身教官，历俸六年以上，有才行出众者，取选科道等官"。隆庆四年（1570）又规定，"取历俸将及三年中书舍人，并已及三年博士、助教等官及各部员外郎、主事改选（科道官）"。③ 至于"佐铨法之不及，而分吏部之权"的保举，除明初盛行时确曾发挥过破格用人的积极作用外，此后也随资格之风的日益炽烈而趋于萎缩了。④

总之，从明清官员转迁的履历条件来看，"历职年久""资俸相应"，无疑是两个最为重要和明确的因素，两者不仅渗透到其他各种任用条件尤其是资格要求中，在某种意义上也主宰了当时各种官员的转迁过程。应当说，这种在以往停年格和循资格轨道上不断发

① 以上并见《明会典》卷五《吏部四·推升》，第27~28页。
② 参见乾隆《钦定吏部则例》卷一《铨选满官·开列》《铨选汉官·开列》，第85~92、157~162页。
③ 以上并见《明会典》卷五《吏部四·选官》，第24页。清代的"遴选"在这些方面大抵与明相类，如光绪《大清会典事例》卷五二《吏部三十六·满洲遴选》载"雍正六年奏准，满洲司业缺，传齐应升各官，交九卿遴选四五人，由部引见恭候简用。"卷五六《吏部四十·汉员遴选一》载"康熙九年议准，由中书、行人、评事、博士升主事者，不拘年限，准其考选。由别项官员升授者，食俸二年，方准考选"。第5735、5793页。
④ 参见顾炎武撰，黄汝成集释《日知录集释》卷九《保举》、卷一七《进士得人》，第314~317、608~610页。

展起来的任用条件，一方面体现了官员任职的履历资格确实是一个综合指标，讲求资历是有其行政合理性的；另一方面也说明了专制集权官僚政体在任用上形成的某种合力，使讲求资历的过程不断呈现背弃"为官择人"准则的趋向。

三　亲戚和地域回避

为保证官员正常履行职责，防止其徇私枉法，也由于家族关系及与之相连的家乡因素对政治过程有着重要影响，历代都有一些按官员亲属关系和籍贯来限制其任职地域和部门的做法。这些做法或表现为笼统的惯例，或表现为较为明确的制度，时松时紧，或宽或狭。从秦汉到明清的总体情况来看，所呈现的是从个别、零碎到比较普遍和统一，相关限制也逐渐变得更为合理的发展脉络。

秦时已有任职回避制度，睡虎地秦简中的《置吏律》有"啬夫之送见它官者，不得除其故官佐、吏以之新官"之条。[①] 即长官调任时，不得把故吏带到新官府任职，则其亦当有相应的回避之法。从西汉有关记载来看，直系亲属如父子，似不得在同一部门内分任上下级职务，而须以卑避尊。[②] 同时，汉初以来任用属吏已有一定地域限制，官员一般也不得任原籍郡守。[③] 到东汉，官吏任用过程

---

① 《睡虎地秦墓竹简》之《秦律十八种·置吏律》，第 95 页。

② 《汉书》卷三六《楚元王传》附《刘德传》："昭帝初，为宗正丞，杂治刘泽诏狱。父为宗正，徙大鸿胪丞。"第 1927 页。此例无回避之名而有其实。

③ 张家山汉简《二年律令·置吏律》："都官除吏官在所及旁县道。都官在长安、栎阳、洛阳者，得除吏官在所郡及旁郡。"彭浩、陈伟、工藤元男主编《二年律令与奏谳书——张家山二四七号汉墓出土法律文献释读》，第 178 页。这是对中都官署用属吏的地域范围做出的规定，《汉书》卷七五《京房传》载元帝以房为魏郡太守试行考功法，房请"得除用他郡人"。第 3163 页。可见属吏依法限于本郡人，中都官则可用所在郡及旁郡县人。又《汉书》卷六四上《严助传》载其为会稽吴人，家贫，为友婿富人所辱，武帝因其立功"问所欲，对愿为会稽太守"，遂授之。同卷《朱买臣传》载其亦会稽吴人，以上书待诏，因缘获武帝赏识，建议征服诸越，遂拜会稽太守，"上谓买臣曰：'富贵不归故乡，如衣绣夜行，今子何如？'"第 2789、2792 页。是本郡人为太守实属特例。

中人情阿附之风渐盛，朝廷便在西汉以来上述做法的基础上，做出了"婚姻之家及两州人士不得对相监临"的规定。这一规定适用于由朝廷统一任免的官员，并不针对长官自行辟署的掾属。其主要内容大致有二。一是两个联姻的家族成员，不得交互构成直接管辖关系，直系亲属之间自然就更如此了。二是凡籍贯分属两州的联姻，如夫家籍冀州而妻家籍幽州，那么，夫族或妻族成员既不能与冀州人，也不能与幽州人交互构成直接管辖关系。到灵帝建宁年间，又在此基础上增加了夫妻家族成员不得交互在两家所籍之州任职的限制。这就是同时包含了严格的亲戚和籍贯回避内容的"三互之法"。① 由于这个制度的回避规定过于严格，也给任官过程带来了极大麻烦，每遇官缺，主司往往拘于三互之法而"狐疑淹迟""逾月不定"，久久未有合适人选。故灵帝以后，此制很快便因难以贯彻而从文献中消失了。

值得注意的是，在汉代亲属回避措施的范畴内，不同时期还有过一些专门针对宗室、外戚和近侍子弟的限制。如西汉有"宗室不宜典三河"②、"王舅不宜备九卿"③；至东汉时仍有"宗室子弟无得在公卿位"之限制，④ 又有"中官子弟不得为牧人职"，"侍中、尚书、中

---

① 《后汉书》卷六〇下《蔡邕传》："初，朝议以州郡相党，人情比周，乃制婚姻之家及两州人士不得对相监临。至是复有三互法，禁忌转密，选用艰难。幽、冀二州，久缺不补。邕上疏曰：'……昔韩安国起自徒中，朱买臣出于幽贱，并以才宜，还守本邦。又张敞亡命，擢授剧州。岂复顾循三互，继以末制乎？'"李贤注："三互谓婚姻之家及两州人不得交互为官也。《谢承书》曰'史弼迁山阳太守，其妻钜野薛氏女，以三互自上，转拜平原相'是也。"第1991页。参见杜佑《通典》卷一三《选举一·历代制上》，典七五。

② 《汉书》卷三六《楚元王传》附《刘歆传》，第1972页。"三河"即河南、河东、河内三郡，向为中原腹地及战守要地。

③ 《汉书》卷七九《冯奉世传》附子《野王传》，第3303页。

④ 《后汉书》卷四二《光武十王传·东平宪王苍传》载其明帝时以至亲辅政，特诏置长史掾史四十人，位在三公之上。声望日重，意不自安，上疏归职有曰："汉兴以来，宗室子弟无得在公卿位者。惟陛下审览虞帝优养母弟，遵承旧典，终卒厚恩。乞上骠骑将军印绶，退就蕃国，愿蒙哀怜。"第1435页。这一限制早有例外，如《汉书》卷三六《楚元王传》附《刘向传》载其上封事称"臣前幸得以骨肉备九卿"云云。第1932页。

臣子弟不得为吏察孝廉”等规定。① 从中不难看出，当时统治集团在显贵子弟做官登进的问题上，除给予种种优待外，还存在着多方防范和约束的一面。

在魏晋南北朝，尽管战乱不绝，政局动荡，但也还是存在着姻亲、从兄、服亲、族弟“不得相监临”等规定，② 相关记载又表明本地人一般不得为本州长官，③ 从而为隋唐制定有关制度提供了成例。从唐的情况来看，其亲属回避制度已在汉以来发展的基础上有了界限清楚而合理的规定。其核心是“凡同司联事及勾检之官，皆不得注大功以上亲”。④ “同司”，即同一官署；“联事”，即在依法裁断行政事务时的连名处理和签署，其中包括了各种上下级关系和监督、协同关系；“勾检”，即公文处理日程和内容的督查勘核，同

① 《后汉书》卷三八《冯绲传》载其桓灵时为河南尹，“上言‘旧典，中官子弟不得为牧人职’，帝不纳”。同书卷六三《李固传》载其阳嘉二年对策，曰：“诏书所以禁侍中、尚书、中臣子弟不得为吏察孝廉者，以其秉威权，容请托故也。”第1284、2075页。

② 《三国志》卷一五《魏书·刘馥传》末载及其孙刘熙，裴注引《晋阳秋》载西晋末熙弟刘弘都督荆、交、广州诸军事，欲以牙门将皮初为襄阳太守，诏书改以弘婿夏侯陟，弘“表‘陟姻亲，旧制不得相监临事，初勋宜见酬’。报听之，众益服其公当”。第465页。《南史》卷一九《谢裕传》载其东晋末刘裕秉政时“迁吏部尚书，时从兄混为尚书左仆射，依制不得相监。帝启依仆射王彪之、尚书王劭前例，不解职”。第529页。《宋书》卷五一《宗室·长沙景王道怜传》述其孙刘彦期“大明中为中书郎，太宰江夏王义恭领中书监，服亲不得相临，表求解职。世祖诏曰：‘昔二王两谢，俱至崇礼，自今三台五省，悉同此例。’”第1465页。《魏书》卷六六《崔亮传》附《崔光伯传》载其孝明帝时为尚书郎青州别驾，“以族弟休临州，遂申牒求解”。第1484页。

③ 《南齐书》卷二五《张敬儿传》载其甚有勇力，宋末隶齐武帝，兵屯新亭时，齐武帝激励之曰：“卿能办事，当以本州相赏。”第465页。《南史》卷五六《吕僧珍传》载其梁武帝时总知宿卫，“帝欲荣以本州，乃拜南兖州刺史”。第1396页。《北齐书》卷三〇《崔昂传》载文宣帝谓曰：“旧人多出为州，我欲以台阁中相付，当用卿为令仆，勿望刺史。卿六十外，当与卿本州，中间，州不可得也。”第411页。这些例子都表明本地人为本州长官乃是特例，说明当时大体存在本地人不得为本州长官的限制。

④ 李林甫等：《唐六典》卷二《吏部》，第28页。“司”原作“事”，《旧唐书》卷四三《职官志二》载为“司”，是。第1819页。今据改。

样是一种行政监督关系。① 也就是说，三服之内的亲属，既不得发生直接行政协同和监督关系，也不得在同一官署内任职。到玄宗天宝二年（743），则规定同职异司"虽父子兄弟亦无所嫌"；宪宗元和十三年（818）八月，又定不论是否同一官署，"但非连判及勾检之官并官长，则不在回避改换之限"。②

此外，唐对高级重要官僚的子弟也有不少限制。如宰相之子"不仕台、省"，"不合为谏官"；③ 宰相之婿或兄弟须"避嫌"不任翰林学士等内职。④ 再如肃宗时规定，宰相及中书、门下二省五品以上，尚书省四品以上，诸司正员三品以上，诸王、驸马中期周以上亲及女婿、外甥，"不得任京兆府判官、畿令、赤县丞、簿、尉"；⑤ 代宗时又规定中书、门下二省五品以上，尚书省三品子孙，皆只能授京官，"不得拟州县官"；文宗时又进一步做了"勋臣贵戚

---

① 《唐律疏议·名例篇》"诸同职犯公坐"条："检勾之官，同下从之罪。"《疏议》曰："检者，谓发辰检稽失，诸司录事之类。勾者，署名勾讫，录事参军之类。"第113页。

② 《旧唐书》卷一五《宪宗纪》元和十三年八月乙亥，"敕应同司官有大功已上亲者，但非连判及勾检之官并官长，则不在回避改换之限。时刑部员外郎杨嗣复以父於陵除户部侍郎，遂以近例避嫌，请出省，不从。因有是敕。"第464页。《册府元龟》卷六〇《帝王部·立制度第一》载此事，"不在回避改换之限"下述"况国朝故事，不少敕令，明文具存，其官署同职异司，虽父子兄弟亦无所嫌。起今已后，宜准天宝二年七月六日敕处分"。第676页。所述天宝二年七月六日敕显然规定了同职异司父子兄弟无嫌。

③ 《旧唐书》卷一四七《杜佑传》载其子从郁"元和初转左补阙，谏官崔群、韦贯之、独孤郁等以从郁宰相子，不合为谏官，乃降授左拾遗。群等复执曰：'拾遗之与补阙，虽资品有殊，皆名谏列。父为宰相，子为谏官，若政有得失，不可使子论父。'乃改为秘书丞。"同书卷一七四《李德裕传》："元和初，以父再秉国钧，避嫌不仕台省，累辟诸府从事。"第3986、4509页。

④ 《旧唐书》卷一六八《独孤郁传》载其元和四年为右补阙兼史馆修撰，寻充翰林学士，后迁起居郎，"权德舆作相，郁以妇公辞内职"。同书卷一七七《杨收传》附弟《严传》载其会昌四年进士擢第，"是岁仆射王起典贡部，选士三十人，严与杨知至、窦缄、源重、郑朴五人试文合格，物议以子弟非之，起复奏。武宗敕曰：'杨严一人可及第，余四人落下。'"又载严后来以工部侍郎充翰林学士，"兄收作相，封章请外职，拜越州刺史、御史中丞、浙东团练观察使"。第4381、4601页。

⑤ 《旧唐书》卷一一五《魏少游传》，第3377页。

及常参官（即在京五品以上职事官、八品以上供奉官及员外郎、监察御史、太常博士等）子弟，不可任远处州县官"的限制。①

在籍贯回避制度上，唐代大体仍维持着本地人不得在本州为官的限制。唐初虢州人张士贵任虢州刺史，"高祖谓之曰：欲卿衣锦昼游耳"，②为荣宠大臣的特例。高宗咸亨三年（672）下制，"雍、洛二州人，听任本州官"。③这一方面体现了长安、洛阳所在的雍、洛二州任官回避的特殊性；另一方面也说明唐代任官的籍贯限制虽多有例外，但其规定已不限于刺史、县令等长官，而是也包括了录事参军、县尉等官，其制直至晚唐仍在发挥一定作用。④

宋代的回避制度类于唐代而多有变通。⑤元制虽较粗疏，但从当时科举考官与举人五服之内"自须回避"，以及世祖至元五年（1268）以"各路地里阔远，若更避路，恐员阙有所碍，止宜斟酌避籍铨选"的规定来看，⑥这方面还是有所发展的。在这种陆续发展的基础上加以

---

① 《唐会要》卷七五《选部下·杂处置》大历十二年五月敕，太和五年二月吏部奏。第1362、1366页。

② 《旧唐书》卷八三《张士贵传》，第2786页。又同书卷五九《丘和传》载其为落籍洛阳的鲜卑人，高祖授和稷州刺史，"以是本乡，令自怡养"。第2326页。

③ 《旧唐书》卷五《高宗纪下》，第96页。

④ 《册府元龟》卷六三一《铨选部·条制三》载文宗开成四年正月，因吏部奏请诏岭南五管及黔中道选补更停五年，议者以为"旧制无遗于远人，事可经久，令一方之政得其人，则一境之人受其福。苟非其人，则假摄之官皆里人，至有胥贾用贿，求假本州令、录，哀敛剥下而又恣其喜怒，以报己私"。第7573页。求假本州县令、录事参军而须贿赂胥史，可见其时为官依制度仍有籍贯回避。

⑤ 《宋会要辑稿·职官》一一之一九载神宗熙宁二年十二月"审官院言：'国子监博士苏充合该磨勘，勘会充是同知院苏颂弟。《嘉祐编敕》：知院臣僚有亲戚者，其差遣磨勘',附牒同知院官施行；俱是亲戚，即具申中书施行。'诏更不回避，审官院流内铨今后应差注升迁，本司官亲戚合回避者，无官可牒送，并依此施行"。同书《职官》三之一五载神宗熙宁三年十月二十六日，"工部郎中直史馆李寿朋乞免直舍人院，因言舅韩绛见任参知政事，理合回避。诏候韩绛到关日罢，续诏以寿朋兼领处多，与免之"。同书《职官》一七之二七高宗绍兴七年正月八日御史中丞陆蕴奏："臣尝论列省台寺监等官应以亲嫌合行回避，仰蒙圣恩，曲垂听览，已降睿旨施行"。同书《帝系》六之二六载绍兴二十七年七月二十日，"吏部尚书陈康伯言：勘会绍兴令诸宗室知通与官，官不得同任，又令诸职事相干或统摄有亲戚者，并回避"。第2632、2405、2747、143页。

⑥ 《元史》卷八一《选举志一》、卷八三《选举志三》，第2023、2066页。

充实后，明清时期的回避制度达到了相当严密的地步。在亲属问题上，明制凡"内外管属衙门官吏，有系父子、兄弟、叔侄者，皆从卑回避"；"官与王府结亲者，俱改调外任。若王府官，不拘军民职，但与王同城居住者，俱改调"。① 清代的规定更为细致，如满官凡"部院尚书以下，司员小京官以上，嫡亲祖孙父子亲伯叔兄弟，并外姻亲属中母之父及兄弟、妻之父及兄弟，已之女婿、嫡甥，俱分属至亲，若在同衙门，令官小者回避"；汉官的"至亲"回避规定与之相同，又有"后补者回避"、出差人员"俟差竣之日再行令其回避"等具体规定。② 外官的亲属回避则扩大至聚居之"同族"而更为严厉，如雍正三年（1725）所定外官回避之制：凡督、抚、布政使、按察使及事关全省之道员，其族人皆不得在本省任职，而须"赴京另补"；凡分管数府的道员及知府、同知、通判、知州等官，其族人皆不得在其治下任职，但可以在"本省内调补"。③

对皇亲国戚和大臣子弟的任职限制，明代有"宗室不宜官禁近""大臣子不得居言职"之规定。④ 又规定王亲不得为京官，凡京官与宗室诸王结亲，"俱改调外任"；凡父兄伯叔任两京堂上官，其

---

① 《明会典》卷五《吏部四·改调》，第 29~29 页。《明史》卷七二《职官志一》载"凡王官不外调，王姻不内除，大臣之族不得任科道，僚属同族则以下避上"。第 1735 页。

② 乾隆《钦定吏部则例》卷四《铨选满官·杂例》"官员回避"目、卷八《铨选汉官·杂例》"亲族回避"目，第 127、274 页。

③ 《清朝文献通考》卷五六《选举十·举官》，考五三七八。乾隆《钦定吏部则例》卷八《铨选汉官·杂例》"亲族回避"目载："外官有关系刑名、钱谷、考核、纠参者，不分远近，系族中俱令官小者回避（原注：族中之人虽服制已远而聚居一处者，情谊最为关切，俱令官小者回避。若支分派远，散居各省各府，籍贯迥异，于同姓实为疏属，毋庸回避。若在五服之内者，虽住处不同，仍应回避。若满洲人员有应行回避者，仍照例回避外，其有虽系同族，同住京城而旗分各别，又出五服之外者，亦照汉人支分派远例，毋庸回避）。"第 274 页。

④ 《明史》卷七〇《选举志二》崇祯四年朱统鉓选庶吉士故事，第 1707 页。《明史》卷一八六《许进传》附子《诰传》载其因"寻劾监督中官苗逵贪肆罪，进刑科右给事中。正德元年，父进为兵部尚书。故事，大臣子不得居言职，遂改翰林检讨"。第 4926 页。

弟男子侄"不得任科、道"。[①] 清代则规定，宗室不得任道员以下官；顺天府府尹、府丞，奉天府府丞，及京府、京县官，司、坊官不授满洲；[②] 京官三品以上及督、抚子弟不得考选科、道；[③] "大员（道员以上）子弟不准充补军机章京"；等等。[④] 此外，在科举制中，明清皆继承唐宋以来相应措施建立了更为严格的回避制度。明正德十年规定，两京文职衙门及各布政司，凡有弟、男人等回籍乡试者，"令赴告本州县取结明白，转送提学官考试入场。不许径于仕宦衙门移文起送。其提学官一体遵守，不许阿徇，违者通查参究"。[⑤] 而内阁辅臣的子、婿，景泰以来在登科及第时也存在着各种习惯上的限碍，屡起纠纷，自万历二十九年（1601）起辅臣之子便"无登第者矣"。[⑥] 清代乡试、会试主考、房考、监临、知贡举、监试、提调之子孙及宗族，"例应回避"；乃至受卷、弥封、誊录、对读等官的子弟、戚族，"亦一体回避"。但对恩遇大臣、儒臣耆年子弟和边方士子，往往特别下旨"逾格"录取。[⑦] 此外，各省学政、学官因直接关系到科举取士，朝廷也专门规定其与生员不仅须回避"同族近

---

① 《明会典》卷五《吏部四·改调》，第 28 页。其例如《明史》卷一九七《席书传》附弟《春传》载其"由庶吉士授御史，巡云南，以兄为都御史，改翰林检讨"。第 5206 页。

② 《清史稿》卷一一〇《选举志五》，第 3206 页。

③ 乾隆《钦定吏部则例》卷八《铨选汉官·杂例》"科道回避"目，第 271 页。参见光绪《大清会典事例》卷五六《吏部四十·汉员遴选》"考选科道"目，第 5793 页。

④ 光绪《大清会典事例》卷四七《吏部三十一·汉员铨选》"亲族回避"目，第 5668 页。

⑤ 《明会典》卷七七《礼部三十五·贡举》"乡试"目，第 450 页。

⑥ 《明史》卷七〇《选举志二》，第 1702~1703 页。

⑦ 《清史稿》卷一〇八《选举志三》载雍乾间考官子孙及戚族"或另试，或题由钦命，另简大臣校阅"，乾隆九年停此而强化了回避办法。又载乾隆四十二年停五经分房之例，"至顺天房考，南、北省人回避南北皿卷，边省人回避中皿卷，会房则同省相回避"。第 3167、3155 页。"皿"为贡监生应顺天府乡试的试卷编号，奉天、直隶、山东、河南、陕西、山西为北，四川、广西、云南、贵州为中，江南各省为南。

支"，更有一系列回避细则。①

至于籍贯地域回避，明初规定："南人官北，北人官南。"以后南北官互调之制虽不行用，但"自学官外，不得官本省"的原则，却一直贯彻了下来。②清代沿袭了这一做法而更形严密。如顺治十二年（1655）题准，"在京户部司官、刑部司官回避各本省司分；户部福建司兼管直隶八府钱粮，直隶人亦应回避；在外督抚以下、杂职以上，均各回避本省；教职原系专用本省，止回避本府"。康乾以来又增"各道御史各回避本省"，五城兵马司正副指挥、吏目等官"顺天府人均令回避"等限制。又康熙四十二年（1703）议定，诸外任官"其原籍在现出之缺五百里以内者，均行回避"。这就把省份有别而乡里相距不到五百里的官员也纳入了回避之列。除"本籍"外，清代也区分"祖籍"和曾游幕、从商的"寄籍""商籍"，以免回避制度留下死角；并对情况特殊的"河工同知以下各员"，做了"官居本省而距家在三百里以外者，俱准其毋庸回避"的规定。③凡此均体现了清代地域回避制度的细密程度。

四　其他限制

上述三类限制大致为各朝各代的官员选任所共有，此外还有一些为某些朝代或时期特有的限制。从汉代王国人不得宿卫和"典兵

---

① 乾隆《钦定吏部则例》卷八《铨选汉官·杂例》"亲族回避""师生回避"目，第274~276页。

② 《明史》卷七一《选举志三》，第1716页。参见顾炎武撰，黄汝成集释《日知录集释》卷八《选补》，第296~302页。

③ 光绪《大清会典事例》卷四七《吏部三十一·汉员铨选》"本籍接壤回避"目，第5663~5666页；乾隆《钦定吏部则例》卷八《铨选汉官·杂例》"回避本省""接壤回避""回避人员仍留原省"目，第272~274页。

马、处大位"等规定，^① 到明代浙江、江西、苏州、松江人不得任户部官的限制，^② 皆属此类，不胜枚举。某些少数民族所建王朝在官员任用上的族属规定和限制措施，可以说是其中最为引人注目的一种。

华夏或汉人所建王朝对于少数民族成员入仕为官，原则上是开放的。除历代多见的羁縻式土官府司外，尽管有形无形的限制多少也还存在，但少数民族成员跻身文官阶层甚至担任高级重要官职的仍代不乏人，军事系统中的将领就更为普遍了。很早以来，华夏族或汉族与少数民族更多是以后天的饮食、服饰、语言、风习，而不是以血统来区分的。^③ 所谓有形无形的限制，主要是间接通过特定的家世、职业、品行、才识要求而体现出来的。即便是少数民族建立的王朝，往往也受此影响，在做官的族属问题上采取类似的态度和做法，同时也从胡汉分治的客观需要和维护自身统治出发，采取各有特色的规定和限制。其中，辽朝的南、北面官，元朝的四等族属和清朝的满、汉、蒙缺制度，可以说是这方面的三个典型。

契丹族建立的辽朝，在政治体制上有一个最为突出的特点，即

---

① 《汉书》卷七一《彭宣传》载其为淮阳阳夏人，成帝时自右扶风"迁廷尉，以王国人出为太原太守，数年复入，为大司农、光禄勋、右将军"。哀帝即位后迁左将军，乃策宣曰："有司数奏言诸侯国人不得宿卫，将军不宜典兵马、处大位。朕唯将军任汉将之重，而子又前取淮阳王女，婚姻不绝，非国之制。使光禄大夫曼赐将军黄金五十斤、安车驷马，其上左将军印绶，以关内侯归家。"同书卷七二《龚胜传》载其为楚人，"三举孝廉，以王国人不得宿卫，补吏"。第 3051～3052、3080 页。

② 《明会典》卷五《吏部四·选官》，第 24 页。

③ 陈寅恪《隋唐制度渊源略论稿》指出："全部北朝史中，凡关于胡、汉之问题，实一胡化、汉化之问题，而非胡种、汉种之问题……即文化之关系较重而种族之关系较轻，所谓有教无类是也。此意非此书所能详尽，要为论北朝史事不可不知者。"（上海古籍出版社，1982，第 71 页）元代王元亮在此山贯治子注解基础上编纂的《唐律释文》曰："中华者，中国也。亲被王教，自属中国，衣冠威仪，习俗孝悌，居身礼仪，故谓之中华。非同远夷狄之俗，被发左衽，雕体文身之俗也。"所述即代表了汉唐以来以文化界定中华的一般看法。长孙无忌等：《唐律疏议》附录《唐律释文》卷三《名例》，第 626 页。

把各机构及其官职分为北面和南面两大类。北面官与契丹早期制度一脉相承，"治宫帐、部族、属国之政"，除属国官参用部分其他少数民族"酋长"外，皆由契丹人担任。其中，分别由"皇族（耶律氏）四帐"和"国舅（遥辇氏）五帐"垄断的北、南宰相府，其不只职掌契丹之事，而且是作为直接辅佐皇帝总理举国要政的中枢机构。北面官系统的北、南枢密院等，其实权和地位也远在南面官系统的汉人枢密院等机构之上。南面官仿唐制组织，设于辽占燕云十六州之后，"治汉人州县租赋、军马之事"，多由汉人担任，但某些重要职务也参用契丹人。[①] 这种本族和他族分官而治的做法，其源可以上溯到十六国北朝，[②] 而辽则做得较为系统和自觉。其中既有其合理性，又寓有对他族任职的限制，且定出了明确的界限。

与元朝的族属等级制度相比，辽的做法又显得温和多了。尽管户籍和法律上没有明确界定，但自元世祖忽必烈起，蒙古人、色目人和汉人、南人具有不同的政治、法律和社会地位的确是明显的事实。蒙古人在政治、经济、军事、法律和其他各种社会生活中，都以征服者自居，享有最高地位。稍次为色目人，大体包括西夏、回回及西域各族，虽处蒙古人之下，却可以与之分享某些特权，地位明显在汉人之上。受奴役被歧视的是"汉人"和"南人"，两者分别指原金朝治下的汉、女真、契丹、高丽等族和原南宋境内的各族

---

① 《辽史》卷四五《百官志》序："至于太宗，兼制中国，官分南北，以国制治契丹，以汉制待汉人。国制简朴，汉制则沿名之风固存也。辽国官制，分北、南院，北面治宫帐、部族、属国之政，南面治汉人州县、租赋、军马之事。因俗而治，得其宜矣。"第773页。

② 汤球《十六国春秋辑补》卷一三《后赵录三》载石勒赵王元年设官分职，以"中垒支雄、游击王阳并领门臣祭酒，专明胡人辞讼；以张离、张良、刘群、刘谟等为门生主书，司典胡人出内，重其禁法。不得侮易衣冠华族，号胡为国人"。商务印书馆，1958，第97页。《魏书》卷一一三《官氏志》载其昭成帝什翼犍时设官分职，"其诸方杂人来附者，总谓之'乌丸'，各以多少称酋、庶长，分为南北部，复置二部大人以统摄之"。第2971页。

居民，其中又以被征服时间最晚，反抗也最激烈的南人地位最低。①

具体如科举中，占人口绝大多数的汉人和南人，只能在参加会试的定额中占半数，即蒙古人、色目人、汉人、南人各 75 名；同是科举考试，蒙古人、色目人试题较简易，而且可以比汉人、南人少试一场；同是御试对策，蒙古人、色目人只需 500 字以上，而汉人、南人则限 1000 字以上；同是科举及第，蒙古人、色目人愿试汉人、南人科目者，又可以加一等授官。② 尤其在各种具体官职的授受亦即权力的分配上，更是族等森严，禁限重重。

第一，自世祖定制后，各重要机构的最高长官一般限用蒙古人，要职亦多为蒙古人所垄断。研究表明，在当时总辖国政的中书省中，除中书令例由皇太子兼任外，左、右丞相之职，终元之世仅 3 人非蒙古人。③ 第二，南人一般不得担任高级职务，而各重要机构如中书省、枢密院、御史台和宿卫部门等，成宗以来也例不用南人，甚则明令禁止。人称："天下治平之时，台省要官皆北人为之，汉人、南人万中无一二；其得为者，不过州县卑秩，盖亦仅有而绝无者也。"④ 到元顺帝至正十三年（1353），虽迫于起义蜂起的形势而"依世祖旧制"，允许省、部、台、院参用南人，但仍被限制在一般低职的范围内。⑤ 第三，色目人、汉人任职时，其地位又迥然不同，前者占有明显优势，后者则处处受限。像总执地方各路、府、州、县之权

---

① 陶宗仪：《南村辍耕录》卷一《氏族》，第 11~13 页。参见钱大昕《潜研堂文集》卷三四《三答袁简斋书》，第 536~538 页；箭内亘《元代蒙汉色目待遇考》，陈捷、陈清泉译，山西人民出版社，2015，第 29~88 页。

② 《元史》卷八一《选举志一·科目》，第 2017~2027 页。

③ 赵翼：《廿二史札记》卷三〇《元制百官皆蒙古人为之长》，第 433~434 页。

④ 叶子奇：《草木子》卷之三上《克谨篇》，《明代笔记小说大观》第一册，第 46 页。

⑤ 《元史》卷二八《英宗纪二》至治二年三月己巳，"诏四宿卫、兴圣宫及诸王部勿用南人"；卷四二《顺帝纪五》至元十二年三月戊辰，"诏南人有才学者，依世祖旧制，中书省、枢密院、御史台皆用之"。所称"世祖旧制"参见同书卷一七二《程钜夫传》载至元二十三年、二十四年事。第 620、896、4016 页。

的达鲁花赤一职，虽在制度上限任蒙古人，但实际上往往也参用色目人，而汉人则明令禁止。① 再如成宗时规定：各道肃政廉访使必先择蒙古人，其次择色目贵族，再次才参用一般色目人和汉人。② 而那些事关军机的官职，更与汉人无缘。即使有极少数汉人进入中书省等部门任平章政事、参知政事这类被视为"宰辅"的职务，也往往不得预闻军机之事。③ 不难看出，元朝的这种做法，是以确保蒙古人的统治地位，又联同色目人压制汉人和南人为核心内容的，但其实际上丝毫无助于元朝延长国祚，反而构成了导致其政局动荡不安乃至灭亡的要因。

相对而言，少数民族所建王朝在任用族属限制上做得较为完善而合理的，应推清朝的满、蒙、汉缺制度。这个制度显然与女真人所建金朝的某些措施存在着渊源关系，甚至也可以在元朝找到类似痕迹，④ 但其用心之深刻，设计之严密，贯彻之彻底全面，已今非昔比。其主要内容是在保障满人的统治地位，适当优待入关前即已结盟或服从满人的蒙古人和汉军（汉八旗成员），又较充分地接纳一般汉人参政的原则下，把内外大量正规官职分为满缺（含宗室缺及专为满人家奴所设的包衣缺）、蒙古缺、汉军缺和汉缺四大类分别授受。除

---

① 《元史》卷六《世祖纪三》至元二年二月甲子，"以蒙古人充各路达鲁花赤，汉人充总管，回回人充同知，永为定制"。至元五年三月丁丑，"罢诸路女直、契丹、汉人为达鲁花赤者，回回、畏兀、乃蛮、唐兀人仍旧"。第106、118页。

② 《元史》卷一九《成宗纪二》大德元年四月丙申中书省、御史台臣言。第410~411页。

③ 《元史》卷九八《兵志》序述"以兵籍系军机重务，汉人不阅其数"；卷一八四《韩元善传》载其顺帝时为中书左丞，至正"十一年丞相脱脱奏事内廷，以事关兵机，而元善及参知政事韩镛皆汉人，使退避，勿与俱"；卷一八六《成遵传》载其顺帝时议事有曰"平章之职，亚宰相也，承平之时，虽德望汉人，抑而不与"。第2509、4241、4281页。

④ 如《金史》卷五六《百官志二》"大理寺"条载"自少卿至评事，汉人通设六员，女直、契丹各四员"。第1278页。《元史》卷三二《文宗纪一》天历元年九月甲申"命御史台：凡各道廉访司官，用蒙古二人，畏兀、河西、回回、汉人各一人……"第712页。

一小部分专限满、蒙、汉军担任的缺分外，其余京师和各直省地方衙门的大量缺分，又可用一套周密的递补和限制措施来调节。其简况可见表4-1。

表4-1　清代缺分限制及递补概况

限由满人担任的缺分	奉天府尹。奉锦、山海、吉林、热河、口北、山西、归绥等道,各省驻防官,理事、同知、通判(宗人府官限由宗室,内务府官限由包衣担任)
限由蒙古人担任的缺分	唐古特司业、助教、中书、游牧员外郎、主事
限由汉军担任的缺分	钦天监从六品秩官正
不得由满人担任的缺分	顺天府尹,奉天府丞,京府、京县官,司、坊官(道以下官不授宗室)
不得由满人、蒙古人担任的缺分	外官从六品首领、佐贰以下官
不得由汉军担任的缺分	刑部司官
满人(含宗室)、汉军可互补的缺分	满京堂以上缺
汉军、汉人可互补的缺分	汉司官以上缺
蒙古人可递补的缺分	满外缺
满人、蒙古人可递补的缺分	各类汉缺

备注:

本表据《清史稿·选举志五》编制。

从中不难看出，汉人在各种递补措施中明显处于不利地位。但与前述辽、元之制相比，汉人的政治地位因各种汉缺的设立有了较大提高和保障。特别是在内阁、六部等在京重要机构中，虽然司一级负责官员的编制通常是满缺多于汉缺，但其长官却是满汉各若干人。具体情况见表4-2。

表4-2　清代内阁、六部主要官职编制

机关	主要官职	缺分配布	
		满缺	汉缺
内阁	大学士	2人	2人
	协办大学士	1人	1人
	学士	6人	4人

机关	主要官职	缺分配布	
		满缺	汉缺
吏部	尚书，左、右侍郎	各1人	各1人
	各清吏司郎中	6人	5人
	各清吏司员外郎	9人	6人
户部	尚书，左、右侍郎，总督仓场侍郎，管理三库大臣	各1人	各1人
	各清吏司郎中	18人	14人
	各清吏司员外郎	38人	14人
礼部	尚书，左、右侍郎	各1人	各1人
	各清吏司郎中	6人	4人
	各清吏司员外郎	9人	2人
兵部	尚书，左、右侍郎	各1人	各1人
	各清吏司郎中	12人	5人
	各清吏司员外郎	10人	4人
刑部	尚书，左、右侍郎	各1人	各1人
	各清吏司郎中	16人	19人
	各清吏司员外郎	25人	19人
工部	尚书，左、右侍郎	各1人	各1人
	各清吏司郎中	17人	4人
	各清吏司员外郎	17人	4人

备注：

①本表据《清史稿·职官志一》编制。

②蒙古、汉军缺极少，且无尚书、侍郎，故略。

③六部各清吏司郎中、员外郎中的宗室缺并入满缺内。

④除掌藩部事务的理藩院由满人、蒙古人担任外，其余各在京机构主要官职的配布情况与内阁、六部略同。

根据以上情况，应当说清朝容纳各族参政的级别之高、幅度之大均为以往罕见，这是多民族统一国家长期发展所形成民族关系格局的体现，同时也反映了清廷在汲取前人统治经验和处理当时民族问题时的较高水平。但满人在官僚选任中的优越地位仍很明显，如当时规定非出身于科甲正途者不得任翰林院、詹事府和吏、礼二部官，"惟旗员不拘此例"。另如"补官较易，辄致通显"而为满、蒙、汉军所专有的"笔帖式"之途的设立，满人可"考授武职"的规定，都是这方面的显例。[1]

　　值得一提的是，在那些并无法定缺额的要职分配上，清朝也还是注意保持着满、汉兼用，虽偏重满人但不以族属为取舍的状态。如最关紧要的军机大臣，自雍正帝初设军机处至咸丰末年，其中汉人占比不到40%，[2] 从而体现了满人更受信重的一面。不过在朝廷与各省间起着最重要作用的督、抚，则以汉八旗和汉人出身者为多，尤其汉八旗比重之高，显然寓有沟通满汉之深意。有学者统计，有清一代可考督、抚465人，其中为汉人和汉军八旗者共达344人，占74%；满人102人，占24%；蒙古人9人，占2%。相关比重又因不同时期的政策侧重而有所变化，满人督抚比例最高的是乾隆朝，共133位督抚中占了46人；[3] 汉人督抚占比最高的是同治朝，共34位督抚中占了31人。[4] 这样的高比重与镇压太平天国运动直接相关，但此时离清朝灭亡也已不远了。

　　① 《清史稿》卷一一〇《选举志五》，第3205、3213~3214、3216~3218页。

　　② 据《清史稿》卷一七六至卷一七七《军机大臣年表》一至二统计，第6229~6295页。

　　③ 王先谦《东华续录》卷六乾隆八年二月癸巳上谕，称昨因考选御史，试以时务策，杭世骏对策言，其时"天下巡抚尚满、汉参半，总督则汉人无一焉"。《十二朝东华录（乾隆朝）》（一），台北：文海出版社，1963，第189页。

　　④ 以上人数及占比俱据王雪华《关于清代督抚甄选的考察》，《武汉大学学报》（社会科学版）1989年第6期。

第五章

相辅相成的考核与监察制度（上）

——秦汉的考核与监察

依任用制度分配官职，按考核和监察制度核查、判别官员是否胜任和称职，是官僚管理制度首尾相衔的重要组成部分。通过考核和监察，评价和把握官僚的任职状态和绩效，在此基础上展开相应的奖惩或重新任用，一直都是激励官僚恪尽职守以保证行政绩效的主要杠杆，也是控制和调节整部官僚机器正常运行的基本手段。

考核和监察显然各有特点。就其主要方面来看，考核是对官僚在规定期限内任职情况的综合评价，通常以包含各种主、客观因素的功绩实效为核心，广泛比较同类官僚的任职状态，最终则据考等高下奖赏或惩罚。因此，无论是在激励各色官僚，还是在调节整套官僚机器的运行上，考核的功能都要比主要针对官僚违法渎职行为而偏重惩罚的监察来得全面、积极。但考核的局限也很明显。由于定期举行，不可能及时处理必须立即惩处的违法渎职官僚，更为重要的是，从平素对官僚任职状态的把握和记录，到考核时的综合比较和评价，直至考等的确定和赏罚的兑现，举国上下逐层展开的考核对各地各部门整体协调的依赖性较大，以至于某个环节一旦出现问题，便会使整个考核过程难以起到应有作用。尤其是当政局动荡，各种官职的职能和地位急剧变更和调整时，考核过程便总是陷入困境。因此，尽管考核具有不可替代的长处，但对保障官僚恪尽职守和官僚机器正常运行来说，其短处亦甚明显，不能仅仅凭此管理人事。相形之下，可以随时随地随人随事灵活发挥纠偏补弊作用的监察便显示出其长处。① 一般说来，监察虽较难激发官僚的行政积极性，却可将其行为约束在法定轨道内，以此维系整套官僚机器的基本效能和秩序。

考核和监察的上述特点既然可以互补，对各朝各代来说，如何分别以考核和监察制度构成督责官僚的完整网络，又怎样在两者之间建立一定的配套和协调关系，就始终是一个关乎官僚管理全局的重大问题。而历代对此问题的不断实践，也深切反映了当时整套制度、整个政坛，乃至全社会的演化状态。

考核和监察制度及其相互关系的具体形态，首先是与各时期行政体制的基本结构和控制原则相配套的。正如本书第二章指出的，春秋战国孕育的专制集权官僚政体脱胎于周代的天子—诸侯架构，由此发展而来的秦汉行政体制是按委任责成的精神构筑的。② 在这套公卿、郡县权力较大也较完整的体制中，朝廷可以把握的其实不是各地各部门的施政过程，而是其最终的实绩。这就使整套控制体系的基点不能不放

---

① 《续汉书·五行志六》延光四年三月戊午朔日蚀条，刘昭补注引《马融集》有曰："方今有道之世，汉典设张，侯甸采卫，司民之史，案绳循墨，虽有殿最，所差无几。其陷罪辟，身自取祸，百姓未被其大伤。至边郡牧御失和，吉之与凶，败之与成，优劣相悬，不诫不可。"《后汉书》，第3365~3366页。即是述考核有所短而监察有所长。

② 相关言论如《史记》卷一〇二《冯唐列传》载其对文帝曰："臣大父言，李牧为赵将居边……委任而责成功，故李牧乃得尽其智能。"第2758页。《淮南子·主术训》："人主之术，处无为之事，而行不言之教，清静而不动，一度而不摇，因循而任下，责成而不劳。"刘文典：《淮南鸿烈集解》，冯逸、乔华点校，中华书局，1989，第269页。《后汉书》卷六〇下《蔡邕传》载灵帝光和时，邕论灾异有曰："宰相大臣，君之四体，委任责成，优劣已分，不宜听纳小吏，雕琢大臣也。"第1999页。《隋书》卷七五《儒林·刘炫传》载其对牛弘曰："古人委任责成，岁终考其殿最，案不重校，文不繁悉。"第1721页。

在依据官僚功绩而展开的人事任免上，从而也使旨在评价和确认这种功绩的考核在其中占了核心地位。正是在这种委任责成的体制精神和控制原则下，无论是各级官僚对其工作全权负责的状态，还是人事任免主要须据功绩进行的格局，实际上都限制了既要干扰官僚职权又要落实到人事任免上才有意义的监察的作用范围和方式。因此，尽管秦汉时期监察的作用正在随专制集权官僚体制的发展而逐渐增强，但在总体上，除事涉严重违法渎职等少数场合外，当时的监察主要是附属于考核，通过对官僚功绩的查核和最终应得考等的影响而发挥作用。考核和监察的这种一主一辅的互补关系，正是秦汉时期对官僚任职状态实施督责的主要特点，也是理解秦汉时期相关制度作用和地位的关键。

第一节　长官主导、功绩至上的考核

在春秋战国以来上计考课制度轮廓初具的基础上，秦汉王朝的考核制度，仍以长官主导、功绩至上为基本特色，并在整套人事管理体制中发挥着核心作用。以下述其主要方面及其发展要况。

一　责任明确、要而不繁的考核组织和步骤

秦汉时期的考核，首先是按两个系统逐级展开的。

一是地方行政系统。依此系统展开的考核，在秦灭六国前便已明确。云梦睡虎地秦简中，不仅有郡守对县道官实施考核的条文，[1]还有在乡里举行考核的规定。[2] 秦统一后至汉初以来，由各郡的最高

---

① 《睡虎地秦墓竹简》之《语书》："南郡守腾谓县、道啬夫……今且令人案行之，举劾不从令者，致以律，论及令、丞。有（又）且课县官，独多犯令而令、丞弗得者，以令、丞闻。"第15~16页。

② 《睡虎地秦墓竹简》之《秦律十八种·厩苑律》："以四月、七月、十月、正月肤田牛。卒岁，以正月大课之……有（又）里课之，最者，赐田典日旬；殿，治（笞）卅。"第30~31页。

长官牵头，定期按境内的法定行政节制系统，逐级查核和评价下级官吏的任职状态，一直是各地官府展开考核的基本组织原则。① 从汉代的情况来看，这个系统主要是由两个分支组成的：郡守（国相）—县令（长）—乡有秩（啬夫）乃至里正（里魁）为一支，郡都尉所属军事治安系统为另一支。② 但都尉仍从属于对全郡负有总责的郡守，因而这个分支最终仍受制和汇总于郡守府，以便把握本郡"盗贼多少"，及军事守备方面的政况和都尉等军事官吏的任职状态。③ 到东汉光武帝建武六年（30）八月，"省诸郡都尉并职太守"后，对边郡以外的绝大多数郡国来说，这两个分支已合而为一了。④

在此框架内，地方各级官吏的具体考核过程，大致以各种簿籍的逐级上报和审计为核心而展开。以郡、县两级的考核为例，每年入秋后，各县令（长）在其僚佐的配合下，对下属各乡及直属部门的官吏进行会考，称"集课"。其基础首先是这些下级报送的相关簿籍，其中，秋后汇送的为岁计簿，即"集簿"，⑤ 逐季申报的为

---

① 张家山《二年律令·置吏律》："县道官之计，各关属所二千石官。其受恒秩气禀，及求财用年输，郡关其守，中关/内史。"彭浩、陈伟、工藤元男主编《二年律令与奏谳书——张家山二四七号汉墓出土法律文献释读》，第 174 页。

② 都尉所属军事系统，在边郡为都尉—候、千人、司马、城尉、塞尉—部候长—隧序列，见陈梦家《汉简所载居延塞与防御组织》，《汉简缀述》，第 37~70 页。在内地为都尉—县尉—亭长—游徼序列，见王毓铨《汉代"亭"与"乡""里"不同性质不同行政系统说——"十里一亭……十亭一乡"辨正》，《历史研究》1954 年第 2 期。

③ 严耕望：《中国地方行政制度史——秦汉地方行政制度》，第 148~151 页；安作璋、熊铁基：《秦汉官制史稿》下册，第 395~397 页。

④ 《续汉书·百官志五》郡守本注："中兴建武六年，省诸郡都尉，并职太守，无都试之役。省关都尉，唯边郡往往置都尉及属国都尉，稍有分县，治民比郡。"《后汉书》，第 3621 页。

⑤ 如居延汉简 35.8A："阳朔三年九月癸亥朔壬午渠鄣守候塞尉顺敢言之府/书移赋钱出入簿与计偕谨/移应书一编敢言之。"谢桂华、李均明、朱国炤：《居延汉简释文合校》，第 55 页。尹湾汉墓 M6 所出木牍一正、反原题"集簿"，木牍二正、反今题"东海郡吏员簿"及木牍六正、反原题"武库永始四年兵车器集簿"，学界以为其可能均属东海郡上计集簿组成部分，从而提供了西汉成帝时期东海郡岁计簿的名称、内容和格式，其内容即当在各县申报基础上形成。《尹湾汉墓简牍》，第 77~84、103~118 页。参见李均明、刘军《简牍文书学》，第 293~297 页。

"四时簿"，按月申报的为"月言簿"。① 当然下级申报的这些簿籍只是部分依据，② 另外还有县廷直接掌握的有关情况，③ 经查核、确认和比较其年劳功绩和辖区或部门的行政状态，再拟其高下（殿、最）和赏罚。同时综合本县本考核年度在"户口垦田、钱谷入出、盗贼多少"等各方面的政况，④ 编为集簿，上计于郡，接受郡守的

① 如居延汉简 128.1："广地南部言永元五年六月官兵釜砲月言簿／承五月余官弩二张箭八十八枚釜一口砲二合／今余官弩二张……永元七年六月辛亥朔二日壬子广地南部候长 叩头死罪敢言之谨移四月尽六月见官兵釜／砲四时簿一编叩头死罪敢言之。"谢桂华、李均明、朱国炤：《居延汉简释文合校》，第 211～213 页。此为东汉和帝永元五年六月广地南部候长申报弩箭釜砲之"月言簿"与"四时簿"合编之簿档，内地各乡亦当有申报政况之同类簿籍。前引睡虎地秦简《秦律十八种·厩苑律》"以四月、七月、十月、正月肤田牛"，可见秦时已有四时申报之制和四时簿。

② 这些簿籍皆在"日计"基础上形成。《周礼·天官冢宰·宰夫》职文"掌官法以治要"，郑玄注："治要，若岁计也；师辟小宰、宰人也，治凡，若月计也；司辟上士、中士，治目，若今日计也。"《十三经注疏》，第 655 页。是汉代确有"日计"，具体如居延汉简 317.31："丁酉，卒六人，其一人养，一人病，四人伐苇百廿束。"即为丁日隧卒执勤记录，盖"吏卒日迹簿"之类。谢桂华、李均明、朱国炤：《居延汉简释文合校》，第 514～515 页。居延新简 E.P.T51：13："甲渠候官建昭五年九月卒日迹簿。"《居延新简——甲渠候官与第四燧》，第 172 页。

③ 《后汉书》卷五《安帝纪》永初三年七月庚子，"诏长吏案行在所，皆令种宿麦蔬食，务尽地力，其贫者给种饷"；卷三九《江革传》载其为齐国临淄人，"建武末与母归乡里，每至岁时，县当案比，革以母老不欲摇动，自在辕中挽车，不用牛马，由是乡里称之曰'江巨孝'"。李贤注案比："案验以比之，犹今兑阅也。"《续汉书·礼仪志中》："仲秋之月，县道皆案户比民，年始七十者授之以王杖，餔之糜粥。"第 213、1302、3124 页。王昶《金石萃编》卷一八《荡阴令张迁表》述张迁为谷城长，"八月算民，不烦于乡"。扫叶山房石印本，第一函册三，卷一八第 5 页。这些定期或随机的案行、案比，即为县廷自身掌握的情况来源。

④ 《睡虎地秦墓竹简》之《秦律十八种·内史杂律》："都官岁上出器求补者数，上会九月内史。"第 105 页。《续汉书·百官志五》载郡国"岁尽遣吏上计"，刘昭补注引卢植《礼注》曰："计断九月，因秦以十月为正故。"《后汉书》，第 3621～3622 页。《周礼·秋官司寇·小行人》职文"令诸侯春入贡，秋献功"，郑玄注："功，考绩之功也，秋献之，若今计文书断于九月。"《十三经注疏》，第 893 页。可见秦汉皆以上年十月至本年九月为一个考核年度。

年终会考。① 郡会考的具体过程，与县的考核相类。作为地方最高长官和朝廷的全权代表，郡守在其僚属的协助下"课校"各县政况，并确定有关官吏的考等后，又须考核郡尉等军事官吏和本府郡丞等僚属，② 在此基础上编定本郡本考核年度的上计簿册，在正月以前遣吏（称"计掾"或"计吏"）送抵朝廷接受考核。在此过程中，县令等由朝廷统一任用的官员的考等，大体是由郡守拟定与计簿一起上报，听候朝廷裁处的，③ 同时郡守亦可对之施加一定程度的奖惩，④ 甚至"缚责"丞尉，"迫胁"长吏。⑤ 而对自行署置的属吏，无论是其考绩功课的最终确认，还是轻则赐劳或斥责，重则察举或下狱等赏罚的兑现，考核过程到此便结束了。

---

① 张家山汉简《二年律令·置吏律》："县道官之计，各关属所二千石官。"彭浩、陈伟、工藤元男主编《二年律令与奏谳书——张家山二四七号汉墓出土法律文献释读》，第 174 页。《续汉书·百官志五》载县、邑、道"秋冬集课，上计于所属郡国"。刘昭补注引胡广曰："秋冬岁尽，各计县户口垦田，钱谷入出，盗贼多少，上其集簿。丞尉以下，岁诣郡，课校其功。功多尤为最者，于廷尉劳勉之，以劝其后。负多尤为殿者，于后曹别责，以纠怠慢也。诸对辞穷尤困，收主者，掾史关白太守，使取法，丞尉缚责，以明下转相督敕，为民除害也。"《后汉书》，第 3623 页。其实县令长亦常诣郡上计，亦须后曹别责。见《汉书》卷七八《萧望之传》附子《育传》为茂陵令会课第六之事，第 3289 页。

② 参见严耕望《中国地方行政制度史——秦汉地方行政制度》，第 73～105、258～264 页。尹湾汉简今题"东海郡下辖长吏名籍"中，有 48 人为前州郡县属吏迁为东海郡下属县道及盐铁官者，其中不少以功次迁，即因考课而升迁者。参见廖伯源《简牍与制度》卷一《汉代仕进制度新考》，第 21～28 页。

③ 《汉书》卷七五《京房传》载其师焦延寿，字赣，曾为小黄令，"举最当迁，三老官属上书愿留赣，有诏许增秩留"；后文载元帝以房为魏郡太守试行考功法，房自请"自第吏千石已下"，即得自定所属令长以下之殿最，"天子许焉"。同书卷九〇《酷吏·义纵传》载其曾为上党郡中令，"县无逋事，举第一，迁为长陵及长安令"。第 3160、3163、3653 页。所谓"举"显然是郡守拟定随计簿报送，而决定权在朝廷。

④ 《汉书》卷七六《王尊传》载其以高第擢为安定太守，"到官，出教告属县曰：'令长丞尉奉法守城，为民父母，抑强扶弱，宣恩广泽，甚劳苦矣。太守以今日至府，愿诸君卿勉力正身以率下。故行贪鄙，能变更者与为治。明慎所职，毋以身试法。'"第 3228 页。

⑤ 《后汉书》卷七《桓帝纪》建和元年四月壬辰，"诏州郡不得迫胁驱逐长吏。长吏臧满三十万而不纠举者，刺史、二千石以纵避为罪"。第 289～290 页。缚责见前引《续汉志》引胡广语。

二是朝廷各专项政务系统。大量京官和朝廷派驻各地掌理专门事务的直属官，都是按此系统展开考核的。从云梦秦简的有关条文来看，这个系统的考核，在秦统一前便与地方官考核相辅而行，也有了相当细致的规定。① 到汉代，这个系统中又明确了由主管全国各项政务的诸卿分头主持，并按法定统属关系逐级展开考核的原则。

如《续汉志》载太常"每选试博士，奏其能否"，光禄勋典诸郎官"考其德行而进退之"，② 都反映了诸卿分别考核其所属的事实。值得注意的是光禄勋对郎官的考核。按光禄勋—五官及左、右等署中郎将—各署郎官这一法定序列，对数量庞大的郎官的考核，先由中郎将考核本署郎官，再汇总于光禄勋并加以课校，因而也是逐级展开的。③ 又如班固《汉书·序传》记其曾祖班况曾官"上河农都尉，大司农奏课连最"，为大司农对其各地直属官的考核。④ 而农都尉属下分别主管屯田事务的，还有农令—部农长—农亭长这样的序列。⑤ 大司农对其考核显然也须按此序列逐级展开，

---

① 如《睡虎地秦墓竹简》之《秦律十八种·厩苑律》："今课县、都官公服牛各一课，卒岁，十牛以上而三分一死；不〔盈〕十牛以下，及受服牛者卒岁死牛三以上，吏主者、徒食牛者及令、丞皆有罪。内史课县，大（太）仓课都官及受服者。"第33页。

② 《续汉书·百官志二》，第3571、3574页。其制皆始于西汉，见《汉书》卷九《元帝纪》永光元年命光禄勋岁以四行课第郎、从官，卷八一《孔光传》载"博士选三科"之制。第287、3353页。

③ 《史记》卷一〇三《万石张叔列传》载文帝时卫绾"以功次迁为中郎将……郎官有罪，常蒙其罪，不与他将争；有功，常让他将"。第2769页。《汉书》卷六六《杨敞传》附子《恽传》载其宣帝时为中郎将，凡郎官"疾病休谒洗沐，皆以法令从事。郎、谒者有罪过，辄奏免，荐举其高弟有行能者"。第2890页。

④ 《汉书》卷一〇〇《叙传上》，第4198页。

⑤ 刘光华：《汉代西北屯田研究》，兰州大学出版社，1988，第87~110页。到东汉调整和罢撤诸卿所属，将其分布于各地的盐、铁、工、水等官划归郡县统属后，其考核已归郡县系统。见《续汉书·百官志三》"大司农"、《百官志五》"郡国"，《后汉书》，第3590、3625页。

其余诸卿对各地直属官的考核应同样如此。① 其具体步骤大体当与郡县递次考核的过程相类，最终则由诸卿在课校下级和本府僚属任职情况的基础上，一方面，汇总和编制本部门在本考核年度内的综合政况上报朝廷；另一方面，除必须"奏其能否"即奏上考等以凭朝廷裁处的官吏外，对本府或本部门各行政长官自署的属吏，则可直接据其考绩实施相应赏罚。

诸卿率领各专项政务部门，郡国守相统辖地方各级机构，这两个系统既是秦汉整套行政体系的骨架，也是考核各种官吏的基本组织。到来年春季，诸卿和郡守向朝廷汇报本部门和本地区的综合政况并接受考核，这张前一年"秋冬岁尽"逐层展开的考核网，便最终收拢到皇帝这里了。但要依据繁杂琐细的簿册，考核百余个情况各异的郡国守相、十余个分门别类主管专项政务的卿和其他一些地位及性质与之相近的行政长官，又要对他们呈报的下属官吏考绩做出最后裁处，这些工作显非皇帝一人所能承担。在汉代人事行政中占有特殊重要地位的上计事务，也像其他大政的处理一样，是由直接协助皇帝的有关大臣和机构具体负责的。

从西汉的情况来看，这类大臣和机构首先是指丞相、御史大夫二府。② 如宣帝地节四年（前66）九月，诏郡国"上系囚以掠笞若瘐死者所坐名、县、爵、里，丞相、御史课殿最以闻"。③ 元康时魏相为丞相，上疏谏帝有曰："案今年计，子弟杀父兄、妻杀夫者，

---

① 《史记》卷三〇《平准书》载武帝时"置大司农部丞数十人，分部主郡国"，以行均输平准之法。第1441页。居延汉简82.18B："建昭元年十月尽二年九月/大司农部丞簿录簿算及诸簿十月旦见。"即是一个考核年度内大司农某部丞汇编之集簿的记录。居延汉简41.22："☐十一月五日 长信少府丞王涉劳一岁九月七日。"此为年劳记录，考课之所必据者。谢桂华、李均明、朱国炤：《居延汉简释文合校》，第145、72页。可见每年除考课外，任满离任还须统计其任内功绩。

② 参见王鸣盛《十七史商榷》卷一〇《事下丞相御史大夫廷尉》，卷一〇第3~4页；卷二三《二府三府四府五府》，卷二三第2~4页。

③ 《汉书》卷八《宣帝纪》，第253页。

凡二百二十二人，臣愚以为此非小变也。"① 又谷永建议成帝重用曾任郡守和诸卿的薛宣时，奏称"宣考绩功课，简在两府，不敢过称以奸欺诬之罪"，② 都反映了这一点。必须指出的是，御史大夫在考核过程中的地位远逊于丞相。据高帝刘邦命北平侯张苍居相国府"领主郡国上计者"，为时长达四年，其间近一年御史大夫赵尧随帝征陈豨在外的事实，可推断汉初御史大夫在计政中的作用似尚未明确。③ 大致要到武帝元封元年（前110）以后规定"御史职与丞相参"，④ 御史大夫与丞相综理国政的格局才被确定下来，也就形成了由其协同丞相主持考核的体制。当然"副贰丞相"的御史大夫的协同，大体应是监督考核，查察有关上计文簿，并向各地上计官吏宣布皇帝的慰饬诏书和传达其奏对等。⑤

丞相在计政中无疑具有主导作用。在春秋战国以来委任责成的统治原则下，一人之下、万人之上的丞相，实际上是皇帝之下相对独立的最高行政层级，拥有远比后世宰相要大也要完整得多的权力和责任。而按战国以来的逻辑，督率百官恪尽职守，岁终论功行赏，并以全国治绩对君主负责，正是其最根本的任务。⑥ 丞相的这种性

① 《汉书》卷七四《魏相传》，第 3136 页。

② 《汉书》卷八三《薛宣传》，第 3391 页。

③ 《史记》卷九六《张丞相列传》，第 2676~2679 页。

④ 《汉旧仪》卷上，孙星衍等辑《汉官六种》，第 72 页。

⑤ 《汉书》卷八《宣帝纪》黄龙元年二月，诏"方今天下少事，徭役省减，兵革不动，而民多贫，盗贼不止，其咎安在？上计簿具文而已，务为欺谩，以避其课。三公不以为意，朕将何任？诸请诏省卒徒自给者皆止。御史察计簿，疑非实者，按之，使真伪毋相乱"。第 273 页。《汉旧仪》卷上载"大夫见孝廉、上计丞、长史，皆于宫司马门外"。后文载有御史大夫敕上计守丞、长史之文，大意是命其到郡与二千石同力务治，为民兴利除害，以称诏书，并将政有所宜及今岁与往年年成善恶及盗贼之况"对上"。孙星衍等辑《汉官六种》，第 73~74 页。

⑥ 如《荀子·王霸第十一》："君者，论一相，陈一法，明一指，以兼覆之，兼照之，以观其盛者也。相者，论列百官之长，要百事之听，以饰朝廷臣下百吏之分，度其功劳，论其庆赏，岁终奉其成功，以效于君。当则可，不当则废。"王先谦：《荀子集解》，第 224 页。

质和地位，不仅主掌监察的御史大夫难以相匹，也是汉武帝以来
权力迅速膨胀而仍附属于皇帝的内朝诸臣无法比拟的。因而汉初
以来，尽管存在着御史大夫的监察和参与，但对诸卿和郡国守相
的考核，基本上都是在丞相主持下展开的。西汉两个著名丞相的
事迹确切地印证了这一点。一个是汉初陈平在文帝询问全国每年
刑狱和钱谷出入多少时的回答："问决狱，责廷尉；问钱谷，责
治粟内史。"① 另一个是宣帝时丙吉对京城发生斗殴事件的看法：
"民斗相杀伤，长安令、京兆尹职所当禁备逐捕，岁竟丞相课其
殿最，奏行赏罚而已。"② 因此，按当时的集权原则和行政层级，
考核诸卿和郡守这个法理上权在皇帝的大典，实际上是在丞相主
持和负责、御史大夫监督和配合下展开的。其具体步骤大致
如下。

考核从正旦百官朝贺大会后至三月底，由丞相主持，在相府
大殿举行。③ 相府僚属如具体管理郡国二千石考绩功课的东曹、主
管集课和上计簿册的集曹等，④ 便是各种具体工作的主要承担者。
此外，丞相府中"为众史之长"又"职无不监"的丞相长史、"佐

---

① 《史记》卷五六《陈丞相世家》，第 2061~2062 页。
② 《汉书》卷七四《丙吉传》，第 3145~3147 页。
③ 《汉书》卷八九《循吏·黄霸传》载其宣帝五凤三年代丙吉为丞相，京兆尹
张敞奏"窃见丞相请与中二千石、博士杂问郡国上计长吏守丞，为民兴利除害成大
化条其对"云云。第 3632~3633 页。《续汉书·百官志一》"司徒"条刘昭补注引
应劭曰："丞相旧位在长安时，府有四出门，随时听事……国每有大议，天子车驾亲
幸其殿，殿西王侯以下更衣并存。每岁州郡听采长吏臧否，民所疾苦，还条奏之，
是为之举谣言者也。顷者举谣言者，掾属令史都会殿上……"《后汉书》，第
3560 页。
④ 东曹之况前已述及。《汉书》卷八一《匡衡传》载其元、成帝时为相，封于僮
之乐安乡，署主簿陆赐为集曹掾，"明年治计时"改乐安乡南界，取谷数千斛。遂为司
隶校尉骏、少府忠行廷尉事劾奏，免为庶人。第 3346 页。集曹掾显然是主管集课诸务
之掾史。

丞相举不法"的丞相司直，则对之起着重要的监督作用。① 在课校各种上计文簿和拟定诸卿、郡守的考绩功课时，相府和御史大夫府直接掌握的材料固然是重要的依据，② 但朝廷各部门和地方两大系统分头上报的簿册，也会被用来相互查对和核实。③ 在上述过程前后，丞相和御史大夫自然也须考核本府僚属，校其功劳高下，定其赏罚。④ 最后，当这个事繁务殷的考核大典基本结束时，除须领衔奏上诸卿、郡守及其他重要官吏的考等和相应的赏罚意见，听候皇帝裁处外，丞相也须在其人事黜陟权范围内，据各地各部门所报四百石以下官员考等加以赏罚。⑤ 各地上计史离京前，还要举行一个隆

---

① 《北堂书钞》卷六八《设官部二十·长史一百二十四》引《汉官仪》云："汉丞相置长史一人，铜印墨绶，秩千石，职无不监。"第 300 页。《汉书》卷八九《循吏·黄霸传》载其宣帝时"守丞相长史，坐公卿大议廷中，知长信少府夏侯胜非议诏书大不敬，霸阿从不举劾，皆下廷尉。"同书卷七二《鲍宣传》载其哀帝时为豫州牧岁余，被丞相司直郭钦劾奏"宣坐免"。第 3629、3086 页。《汉官仪》卷上："太尉、司徒、司空长史秩比千石，号为'毗佐三台，助成鼎味'。"孙星衍等辑《汉官六种》，第 123 页。《后汉书》卷二四《马援传》附兄子《严传》载其章帝时上封事有曰："故事，州郡所举上奏，司直察能否以惩虚实。今宜加防检，式遵前制。"第 860 页。

② 《汉书》卷八九《循吏·龚遂传》载宣帝时渤海左右郡岁饥，盗贼并起，以遂为渤海太守，召见之，遂请曰："臣愿丞相、御史且无拘臣以文法，得一切便宜从事。"第 3639 页。可见二府据文法对郡守多有督责。

③ 《续汉书·百官志三》"大司农"条载："郡国四时上月旦见钱谷簿，其逋未毕，各具别之。边郡诸官请调度者，皆为报给，损多益寡，取相给足。"《后汉书》，第 3590 页。是郡国须向主管财政的大司农上"四时簿"，至于随时调度者亦复不少，这类簿籍自然会被用来与郡国上计的集簿校核。

④ 《汉书》卷九〇《酷吏·赵禹传》："禹为丞相史……武帝时，禹以刀笔吏，积劳，迁为御史。"第 3651 页。《后汉书》卷六六《王允传》载其少好大节，有志立功，"三公并辟，以司徒高第，为侍御史"；卷六七《党锢·李膺传》载其"初举孝廉，为司徒胡广所辟，举高第，再迁青州刺史"。第 2172、2191 页。

⑤ 丞相权力在汉初尤为突出，《汉书》卷四二《申屠嘉传》载其文帝时为相，谏帝宠幸太中大夫邓通，"罢朝坐府中，嘉为檄召通诣丞相府，不来，且斩通"。第 2101 页。《史记》卷一〇七《魏其武安侯列传》载元光四年丞相田蚡"言灌夫家在颍川，横甚，民苦之，请案。上曰：'此丞相事，何请？'"后文载田蚡与灌夫又起冲突，遂"麾骑缚夫置传舍，召长史曰：'今日宗室，有诏。'劾灌夫骂坐不敬，系居室。遂按其前事，遣吏分曹逐捕诸灌氏支属，皆得弃市罪"。第 2849～2850 页。是武帝认丞相治灌夫罪为分内事。

重的仪式。届时丞相须向上计吏询问政令得失和民间疾苦，并由相府的计室掾史宣读皇帝督饬上计吏"归告二千石"奉公职守的诏书。①

当然，丞相和御史大夫也要接受皇帝对他们任职状况的评介，却往往表现为天地大变或天下大过时的问责或策免。② 其他少量级别与丞相相类的将军等重臣和部分近臣，也是直接由皇帝按个案论功行赏，依过施罚的。③ 也就是说，这些在官僚队伍结构中居于顶端的官员，都不在丞相主持的统一考核范围内，其任职状况的好坏和相应的任免黜陟，是由皇帝随机以个案方式处置的。

以上是两汉时期官吏考核的基本组织格局。与当时整套行政体制的发展过程相应，自武帝常亲自"听计"，④ 又大力扩充内朝秘书班子后，皇帝对全国计政的控制和干预已愈发直接和切实，而丞相的作用则变得更具体化了。宣帝时"练群臣，核名实"，命"自丞相以下各奉职奏事，以傅奏其言，考试功能"，标志着武帝以来厉

---

① 《汉旧仪》卷上载哀帝元寿二年以丞相为大司徒，"郡国守丞、长史上计事竟，遣君侯出坐庭，亲问百姓所疾苦，计室掾史一人大音读敕毕"。"君侯"指丞相，敕中包括归告二千石为政的多项内容。孙星衍等辑《汉官六种》，第70页。

② 如《汉书》卷四六《万石君石奋传》载其子石庆元鼎五年为相，元封四年，公卿议关东流民安置之方。"上以为庆老谨，不能与其议，乃赐丞相告归，而案御史大夫以下议为请者。庆惭不任职，上书曰：'……愿归丞相侯印，乞骸骨归，避贤者路。'上报曰：'……今君上书言仓库城郭不充实，民多贫，盗贼众，请入粟为庶人。夫怀知民贫而请益赋，动危之而辞位，欲安归难乎？君其反室！'"第2197~2198页。

③ 两汉书载条责、簿责或策免丞相、御史之例甚多，如《汉书》卷五九《张汤传》载武帝"以汤怀诈面欺，使使八辈簿责汤"；卷七一《于定国传》载元帝时关东连年灾害，流民入关，于是皇上"数以朝日引见丞相、御史，入受诏，条责以职事"。第2645、3043页。《后汉书》卷三三《朱浮传》范晔论曰："光武、明帝躬好吏事，亦以课核三公，其人或失而其礼稍薄，至有诛斥诘辱之累。任职责过，一至于此……"第1146页。是东汉三公考核已有所加强。

④ 《汉书》卷六《武帝纪》元封五年三月甲子"因朝诸侯王列侯，受郡国计"；太初元年春自东巡蓬莱还，"受计于甘泉"；天汉三年三月行幸泰山修封，"祀明堂，因受计"；太始四年三月行幸泰山，壬午"祀高祖于明堂，以配上帝，因受计"。第196、199、204、207页。

行集权势头的持续推进。① 因而元帝时，在宫廷内协助皇帝的尚书台，开始取代丞相在评介诸卿"行能"时的地位。② 到东汉，在成、哀以来和新莽措置的基础上，把丞相、御史大夫二府综理国政的体制，改定为太尉、司徒、司空三司（三公）联合理政的体制，同时又明确和强调了尚书台在决策过程中居于三司之上的地位。至此，虽然诸卿和郡国二千石的考核仍由三司负责，③ 从西汉丞相改称而来的司徒也仍在其中发挥着主导作用，④ 但其已被置于尚书台的全盘管辖之下，皇帝对其所奏百官考绩的审批，也不再像西汉那样仅走一个过场，而已在尚书台有关曹署协助下切实查核。⑤ 尤其在关系到整个考核是否落到实处的赏罚问题上，三公主要是承秉尚书台下达的皇帝旨意贯彻执行。⑥ 从西汉"丞相典天下之诛讨赐夺"，到

---

① 《汉书》卷八《宣帝纪》地节二年五月，"上始亲政事……令群臣得奏封事，以知下情。五日一听事，自丞相以下各奉职奏事，以傅奏其言，考试功能。侍中尚书功劳当迁及有异善，厚加赏赐，至于子孙，终不改易。枢机周密，品式备具，上下相安，莫有苟且之意也"。同书卷七四《魏相传》载其为相，助宣帝平定霍氏，"宣帝始亲万机，厉精为治，练群臣，核名实，而相总领众职，甚称上意"。第247~248、3134~3135 页。

② 《汉书》卷《冯奉世传》附子《野王传》载其元帝时为大鸿胪，"御史大夫李延寿病卒，在位多举野王。上使尚书选中二千石，而野王行能第一"。其中尚书"选第"者还包括少府五鹿充宗和太子少傅张谭，帝以张谭为御史大夫。第3302~3303 页。

③ 《后汉书》卷二一《李忠传》载其建武六年迁丹阳太守，十四年"三公奏课为天下第一，迁豫章太守"。第756 页。《续汉书·百官志一》载太尉、司徒、司空分掌兵事、民事、水土功课，"岁尽奏其殿最而行赏罚"；《百官志二》至《百官志三》刘昭补注引《汉官目录》又载太常、光禄勋、卫尉为"太尉所部"，太仆、廷尉、大鸿胪为"司徒所部"，宗正、大司农、少府为"司空所部"。《后汉书》，第3557~3562、第3581、3584、3601 页。

④ 《后汉书》卷八〇下《文苑·赵壹传》载其为汉阳西县人，"光和元年举郡上计，到京师。是时司徒袁逢受计，计吏数百人皆拜伏庭中，莫敢仰视，壹独长揖而已"。第2632 页。

⑤ 《汉官典职仪式选用》："（尚书）典天下岁尽集课事。三公尚书二人，典三公文书。"孙星衍等辑《汉官六种》，第204 页。《宋书》卷三九《百官志上》引应劭《汉官》云："三公尚书二人，掌天下岁尽集课。"第1235 页。《周礼·天官冢宰》述"治官之属"有"司会中大夫二人"，郑玄注："会，大计也。司会主天下之大计，计官之长，若今尚书。"《十三经注疏》，第642 页。

⑥ 见《后汉书》卷四九《仲长统传》载其撰《昌言·法诫篇》语，第1657 页。

东汉"选举诛赏，一由尚书"，[①]三公在计政中的地位，已下降到具体主持簿册课校这种附属和听命于尚书台的水平上了。应当说，考核组织及相关制度的这种变迁，正反映了政务中枢和整套行政体制在集权化方向上的发展进程。

综上所述，汉代官僚考核的基本组织原则，是由直接行政上级负责评价官僚任职情况，而最终裁定官僚任职情况的好坏，并以任免调迁等人事举措加以赏罚的，则是其职务的授予者。这就决定了其既严格按行政层级逐级考核，又按皇帝—丞相—各地各部门长官这种人事权划分层级，来逐层确认官僚考绩并加以赏罚的状态。其总的特色是各级行政长官在考核中具有至关重要的作用，人事任免调迁在落实考核结果时占有最为突出的地位，而随时展开的监察督责则予以辅助和拾遗补阙。这就使汉代的整个考核过程均贯穿了委任责成的精神，显得权责分明而简洁有力，从而适应了大一统王朝和专制集权政体的基本要求，也为此后历朝历代考核的组织奠定了基础。

二　考核的主要内容

考核过程的组织、步骤很重要，却只是一种保障，考核的具体内容、确定考等的标准以及相应的赏罚规定，才是考核的内在要素。

关于汉代考核的内容，文献中有大量例子。如文帝时，河南太守吴公"治平为天下第一"。所谓"治平"是指为政应天顺人，政理民安。[②]宣帝时颍川太守黄霸"治为天下第一"，是因其力行教

---

① 《后汉书》卷四六《陈宠传》附子《忠传》载其安帝时为尚书仆射，"时三府任轻，机事专委尚书，而灾眚变咎，辄切免公台。忠以为非国旧体，上疏谏曰：'……今之三公，虽当其名而无其实，选举诛赏，一由尚书，尚书见任，重于三公，陵迟以来，其渐久矣。'"第1565页。

② 《汉书》卷四八《贾谊传》，师古注："治平，言其政治和平也。"第2221页。

化而后诛罚，"外宽内明得吏民心，户口岁增"。① 此两例的"治"，皆指治理成效，是考核时与同类官员比较的中心内容。在此之下，诸如"户口垦田，钱谷出入，盗贼多少"等，自然都包括在其中了。此外，居延汉简中有不少登录官吏全年功、劳的残简，② 《汉书》和简牍中也不乏官吏"积功"或"积劳"而升迁的事例。③ 这里的"功"即功绩，大致与"盗贼多少"等内容一样指官吏实际做出的绩效；④ "劳"常指年劳，即官吏实际任职的岁月，可通过一系列办法来折算和赐、夺。⑤ 由此看来，除功绩外，年劳也是考核的内容之一。再者，文献中留下了不少"治行第一"的记载。⑥ 前已指出，"行"即德行、品行，像质朴、敦厚、逊让、节俭以及孝悌、廉公之类，都在其中。所谓"治行第一"，表明品行也在考核之列。另如武帝以来刺史须在岁终举"有治能者为最"；元

① 《汉书》卷八九《循吏·黄霸传》，其后文载霸为相后风声顿减，"然自汉兴，言治民吏，以霸为首"。第2221、3631~3634页。

② 如居延汉简37.57："肩水候官始安隧长许宗　中功一劳一岁十五日/能书会计治官民颇知律令文年卅六长七尺二寸觻得/千秋里家去官六百里。"谢桂华、李均明、朱国炤：《居延汉简释文合校》，第63页。居延新简E.P.T52：760："河平元年十一月□□□年□……视事尽三年一月积=/☑一岁"。《居延新简——甲渠候官与第四燧》，第276页。

③ 参见廖伯源《简牍与制度》卷四《〈东海郡下辖长吏名籍〉释证》，第105~162页。

④ 《续汉书·百官志五》"县令"条刘昭补注引胡广曰各县岁尽计户口垦田、盗贼多少，"岁诣郡，课校其功，功多尤为最"，"负多尤为殿"。《后汉书》，第3623页。

⑤ 如居延汉简10.28："北边絜令第四候长候史日迹及将军吏劳二日皆当三日。"谢桂华、李均明、朱国炤：《居延汉简释文合校》，第16页。居延新简E.P.T51：286："□卒未央迹尽乙卯积十日　凡迹□□☑卒候游迹尽乙丑积十日　出入☑☑卒许敢迹尽甲戌积九日。"《居延新简——甲渠候官与第四燧》，第197页。可见"劳"是以"日迹簿"为据依法积累的。《汉书》卷五〇《冯唐传》载其说文帝，称士座"安知尺籍伍符"，师古注引如淳曰："汉军法曰吏卒斩首，以尺籍书下县移郡，令人故行。不行，夺劳二岁。"第2314~2315页。

⑥ 如《汉书》卷七六《赵广汉传》载其"察廉为翟阳令，以治行尤异，迁京辅都尉"；卷八九《循吏·朱邑传》载其"举贤良为大司农丞，迁北海太守，以治行第一人为大司农"；同卷《召信臣传》载其以明经甲科为郎，"出补谷阳长，举高第，迁上蔡长。其治视民如子，所居见称述，超为零陵太守，病归，复征为谏大夫，迁南阳太守，其治如上蔡……迁河南太守，治行常为第一，复数增秩赐金"。第3199、3635、3641~3642页。

帝时让尚书"选第"中二千石，大鸿胪冯野王"行能第一"，则能力也须考核。[①] 秦汉文献中习见的"文毋害""软弱不任""能书会计治官民颇知律令文"这样的评语，[②] 便是对官吏能力的某种概括。

可见汉代的考核，在功绩、年劳、行能三大项目下包含了众多内容。但这里存在着两个问题。第一，对各种职能、性质迥然不同的官僚来说，在考核的具体内容上是否区别对待，是否形成了一定的分类考核标准。第二，在功绩、年劳、行能中，究竟哪一项是确定官僚考等的关键标准。

在前一个问题上，汉代似乎大都具体情况具体对待。如同对地方长官的考核，在法律规定上计户口垦田、钱谷出入、盗贼多少等状况的前提下，文献所载其具体定等有的侧重于断狱和盗贼，有的偏重于户口增殖或减少，[③] 有的则以"劝民农桑""县无逋事"，或以组织军事征调和漕运的绩效为主；[④] 诸如此类，千差万别。这样

---

① 《续汉书·百官志五》："诸州常以八月巡行所部郡国，录囚徒，考殿最"。刘昭补注引胡广曰："课第长吏不称职者为殿，举免之。其有治能者为最。察上尤异州，又状州中吏民茂才异等，岁举一人。"第3617～3618页。

② 居延汉简57.6："张掖居延甲渠塞有秩士吏公乘段尊中劳一岁八月廿/能书会计治官民颇知律令文。"110.22A："尉史张寻　文毋害　可补☒"110.29："☒软弱不任候望吏不胜任。"谢桂华、李均明、朱国炤：《居延汉简释文合校》，第100、179页。居延新简E.P.T 59：104："延城甲沟候官第三十隧长上造范尊中劳十月十枭日能=/书会计治官民颇知律令文年三十二岁长枭尺五寸应令=/居延阳里家去官八十里属延城部。"《居延新简——甲渠候官与第四燧》，第366页。

③ 《汉书》卷七六《韩延寿传》载其为东郡太守，"令行禁止，断狱大减，为天下最"；卷八九《循吏·黄霸传》载其为颍川太守，得吏民心，"户口岁增，治为天下第一"。第3212、3631页。

④ 《汉书》卷五八《卜式传》载其"迁成皋令，将漕最"；同卷《兒宽传》载其为左内史，为治仁厚，"以负租课殿，当免"，民争输之，"课更以最"；卷九○《酷吏·义纵传》载其补上党郡中令，"治敢往，少温籍，县无逋事，举第一"；卷九五《西南夷列传》载天水太守陈立，"劝民农桑，为天下最，赐金四十斤，入为左曹卫将军、护军都尉"。第2626、2630、3653、3845页。

的状态可能与不同时期的治理主题和不同地区行政重点的变换有关，① 但也表明其考课在一般法律要求的基础上，也为行政长官拟定考等和最终裁定者综合平衡提供了较大余地。其好处是可因时制宜和切合各地各部门特点，弊端则是使衡量比较容易发生问题，易受长官意志影响。

值得重视的是，汉代虽然还没有形成用来分类考核全国官僚的标准体系，却已经零散地出现了一些分类考核的雏形。像上面提到的郡县长官，尽管对其考核定等的侧重点不同，却基本还在"户口垦田、钱谷出入、盗贼多少"的范围内，大概便可以算作一类。再如各地各部门从事具体文案工作的吏员，他们的责任和性质都相当接近，在文献中常给以"文毋害"或"能书会计"之类的评语，约略也是一类。另如前述，元帝以来光禄勋每年以朴质、敦厚、逊让、有行（节俭）四科课第郎、从官，说明当时已为郎、从官这种"亲近天子常侍从者"定出了一些共同的品行标准，② 似乎又是一类。而西汉以来丞相以四科取士的后三科，"学通行修，经中博士"，"明达法令，足以决疑，能案章覆问，文中御史"，"刚毅多略，逢遭不惑，明足以决，才任三辅令"，虽然用于选官，但由于名不副实者须"奏罪名，并正举者"，③ 也未尝不可看作分别为博士、御史和近畿县令特设的行能标准。应该说，由于汉代官方意识形态正在调整定型之中，许多职务的地位和性质尚未尽蜕战国之习而不甚明朗，当时没有一套完整的分类考核标准并不出人意料，但这些分类雏形的

---

① 《后汉书》卷一下《光武纪下》载建武十六年十月以青、徐、幽、冀等州群盗并起，诏牧守令长"以畏懦捐城委守者，皆不以为负，但取获贼多少为殿最，唯蔽匿者乃罪之"。第67页。

② 《汉书》卷九《元帝纪》载初元五年四月，"令从官给事宫司马中者，得为大父母、父母、兄弟通籍"。师古注："从官，亲近天子常侍从者皆是也。故此下云科第郎、从官"。第286页。

③ 《汉官仪》卷上，孙星衍等辑《汉官六种》，第125页。

出现，却为后世提供了可以不断总结和系统化、制度化的方向。

至于功绩、年劳、行能哪一项最为重要，这在理论上本不成问题。只有实际做出的功绩才是国家和社会对公职人员的本质要求，而且其中兼含了年劳和行能因素。如果年劳和行能不通过功绩体现出来，那即使不是有害也是缺乏意义的。汉代考核制度正是在这一点上体现了优长，无论是考课以功绩为重心的状态，还是功绩内容的具体化和明确化，汉代都可推为历史上最为成功的时期之一，当时确定考等和实施赏罚的具体状态直接体现了这一点。

三　以功绩为基准的定等和赏罚

汉代的考等，最基本的有"殿""最"两种。在字面上，殿乃末尾，最则排头。据前述诸例，可知与两者对应的实际意思是殿即"不称职"，最为"有治能"。诸如"治平第一""治行第一""治行尤异"等，其含义都与"最"接近，或在"最"的范围内；而"殿"常被表述为"负课""不称职"。[①] 因此，与其把殿、最狭窄地理解为"最后一名"和"第一名"，倒不如把它们看作"上等"和"下等"这种涵盖面较广的等次更为合适。

殿、最的确定首先在于官僚功绩的多少和大小。如前举地方郡县长官中，左内史兒宽先以"负租课殿"，旋又因其治下百姓踊跃输租而"课更以最"；小黄令焦延寿使境内"盗贼不得发，举最当迁"。诸如此类的事例，都体现了功绩在考核定等中的关键作用，即所谓"功多尤为最""负多尤为殿"。[②] 但比较功、负的多少和大

---

① 《汉书》卷七六《张敞传》载宣帝以敞代黄霸为京兆尹，"自赵广汉诛后，比更守尹，如霸等数人，皆不称职。京师寝废，长安市偷盗尤多，百贾苦之"。卷八六《何武传》载其兄弟五人皆为郡吏，"武帝显家有市籍，租常不入，县数负其课"。师古注："以显家不入租，故每令县负殿课。"第3221、3482页。

② 《续汉书·百官志五》"县令"条刘昭补注引胡广言，《后汉书》，第3623页。又《文选》卷四五《设论》班孟坚《答宾戏》有句"犹无益于殿最"，李善注引《汉书音义》曰："上功曰最，下功曰殿。"中华书局，1977，第633页。

小，既然可以定出殿、最，自然也可以定出一些居中的档次；同样，既然出现了"第一"，就会有第二、第三。如文献中常见的"高第"，① 尽管不同官职标准有所不同，但与"治平为天下第一""治为天下第一"相比，显然有着一定的距离，反映了某种等差。如果说"高第"和"第一"都可以纳入"最"的范围，那么成帝时茂陵县令萧育被右扶风岁终会考为第六等的事例，就表明郡国守相"课校"属县令长之功，定其殿、最的同时，不仅排出了一些适用于功不足称最、负不足课殿的中间考等，而且也有了"第六"这种刚刚可以免予责罚的中等偏下的等次。② 这也可见殿和最在汉代大略可以视为上等与下等，而在考课校核官僚功、负时，更多的自然是处于其间，基本属于称职的中等考第。

当然职务性质不同，功的具体内容也会有所不同。对各级行政长官来说，所谓"功"也就是其主管部门或地区的治绩。对一般官吏来说，功的内容就要琐碎得多了，但仍应指官吏在职期间所建树的实际绩效和事功。汉简记录中，绩效常以"劳""中劳二""功""中功五"这种形式来分类和计量，并与年劳一起载入专门的"功劳案"；③

---

① 《汉书》卷六六《郑弘传》载其兄次卿，"迁淮阳相，以高弟入为右扶风，京师称之"；卷八三《朱博传》载其成帝时为王凤举为栎阳令，"徙云阳、平陵县，以高弟入为长安令"。第2903、3399页。《后汉书》卷五《安帝纪》元初六年二月壬子，"诏三府选掾属高第，能惠利牧养者各五人，光禄勋与中郎将选孝廉郎宽博有谋、清白行高者五十人，出补令、长、丞、尉"。第229页。

② 《汉书》卷七八《萧望之传》附子《育传》载其"为茂陵令，会课，育第六。而漆令郭舜殿，见责问，育为之请，扶风怒曰：'君课第六，栽自脱，何暇欲为左右言？'及罢出，传召茂陵令诣后曹，当以职事对"。第3289页。所谓"第六，栽自脱"，意似第六为中下，再往下即为殿即下等了。尽管不知其是否为当时考课法令的统一规定，但这显然是后世把考等划为上中下等九级的苗头。

③ 如居延汉简13.7："肩水候官并山隧长公乘司马成中劳二岁八月十四日能/书会计治官民颇知律令武年卅二岁长七尺五寸觵得/成汉里家去官六百里。"157.9："居延甲渠候官第廿七隧长士伍李宫/建昭四年功劳案。"485.17："居延甲渠第六隧长☐/中功二劳一月八☐"谢桂华、李均明、朱国炤：《居延汉简释文合校》，第21、257、585页。居延新简E.P.T53：139："☐延甲渠第廿☐候长☐☐☐/☐凤三年功劳案。"《居延新简——甲渠候官与第四燧》，第290页。两份"功劳案"说明官吏功劳记录各有专门的卷宗。

同时也有"上功""对功""案功劳"这种向上级呈报功状和加以核对的记载；^① 又有统一规范这些过程的专项法律"功令"。^② 尽管这都是些琐细的事功，却仍与郡县长官以"户口垦田、钱谷出入、盗贼多少"等绩效一样，是可以量化和便于比较的。应当说，正是功的这种归属明确、内容具体而实在的状态，为当时考核过程贯彻功绩至上的原则，提供了坚实的基础。

与功绩和行能相比，年劳所起作用最次。司马迁在《报任安书》中自嘲曰："外之，不能备行伍，攻城野战，有斩将搴旗之功；下之，不能累日积劳，取尊官厚禄。"^③ 便说明了功与劳的差别，至于"取尊官厚禄"，则是讥刺在位者之语，并不能说明当时尊官厚禄者无功少能。董仲舒当年对策强调功绩、行能与年劳之别："且古所谓功者，以任官称职为差，非谓积日累久也。故小材虽累日，不离于小官；贤材虽未久，不害于辅佐。是以有司竭力尽知，务治其业而以赴功。今则不然，累日以取贵，积久以致官，是以廉耻贸乱，贤不肖浑淆，未得其真。"^④ 其语也是以古讽今，提请武帝注意仅以年劳为功的倾向。从武帝以来形成的惯例看，功绩显然是擢至二千石以上高官的重要条件。如刺史居部九岁举为守相，"其有异材功效著者

---

① 如居延汉简 6.5："五凤二年九月庚辰朔己酉甲渠候汉强敢言之府书曰候/长士吏蓬隧长以令秋射署功劳长吏杂试枭□/封移都尉府谨移第四隧长奴□□□□□□敢言之。"203.24："临木候长□昨日诣官上功不持射具□会□□□□□远/不及到部谨持弩诣官射七月丁亥蚤食人。"210.3："第十橐候长赵彭诣官对功□。"270.11："□●谨案吏功算□。"谢桂华、李均明、朱国炤：《居延汉简释文合校》，第 9、317、323、454 页。居延新简 E. P. T5：32："●右五命上大夫增劳名籍。"E. P. T43：181："□□日丙□直平可封功计□。"《居延新简——甲渠候官与第四燧》，第 20、111 页。

② 如居延汉简 285.17："●功令第卌五士吏候长蓬隧长常以令 秋试射以六为/程过六赐劳矢十五日。"谢桂华、李均明、朱国炤：《居延汉简释文合校》，第 481 页。《睡虎地秦墓竹简》之《秦律杂抄》有《中劳律》文："●敢深益其劳岁数者，赀一甲，弃劳。"第 135 页。是秦律已有相关律篇及惩治擅加年劳者之条。

③ 《汉书》卷六二《司马迁传》，第 2727 页。

④ 《汉书》卷五六《董仲舒传》，第 2512~2513 页。

辄登擢"；① "二千石有治理效，辄以玺书勉励，增秩赐金，或爵至关内侯，公卿缺则选诸所表以次用之"。② 东汉朱浮总结汉初以来官吏久任局面说："以尧舜之盛，尤加三考，大汉之兴，亦累功效，吏皆积久，养老于官，至名子孙，因为氏姓……盖以为天地之功不可仓卒，艰难之业当累日也。"③ 其论是要劝谏光武帝动辄斥罢违法官员，却还是以功绩为年劳的价值所在，持论仍与董仲舒略同，而所述"养老于官，至名子孙"，皆为低官。总体看来，虽然官场内部总在自发滋长"没有功劳也有苦劳"之类的倾向，但低官久任现象的普遍存在和高官升擢特重功绩的做法，④ 仍足说明汉代确实是把年劳放在重要位置上，作为建功立业的一种条件来看待。

与之相应，在汉代的考课中，行能也须通过功绩才能被确认。如博士升迁的三科，"高为尚书，次为刺史，其不通政事，以久次补诸侯太傅"。⑤ 从"不通政事"可知博士课第是蕴含了行能要求的，故这三个升迁等级，正表明了当时功绩、行能优于年劳的法意。又如光禄勋"举三署郎，以高功久次才德尤异者为茂才四行"。⑥ 这同样反映了才行以功绩为前提来加以肯定的理念。前已论述汉代获"最"的两种习惯解释，即"功多尤为最""有治能者为最"，体现了有功绩者即为有治能的逻辑。⑦ 也正是这种以功绩来衡量官僚行

---

① 《汉书》卷八三《朱博传》，第3406页。

② 《汉书》卷八九《循吏传》序，第3624页。

③ 《后汉书》卷三三《朱浮传》，第1142页。

④ 《汉书》卷八六《王嘉传》载其哀帝时为相，上疏论事曰："孝文时，吏居官者或长子孙，以官为氏，仓氏、库氏则仓库吏之后也。其二千石长吏亦安官乐职，然后上下相望，莫有苟且之意。"第3490页。

⑤ 《汉书》卷八一《孔光传》，第3353页。

⑥ 《后汉书》卷六一《黄琼传》附孙《琬传》，第2040页。

⑦ 《汉书》卷七二《王吉传》附子《骏传》载其成帝时为京兆尹，"有能名"，"会御史大夫缺，谷永奏言：'圣王不以名誉加于实效。考绩用人之法，薛宣政事已试。'上然其议，宣为少府月余，遂超御史大夫，至丞相。骏乃代宣为御史大夫，并居位"。第3067页。

能和年劳价值的特点，构成了汉代考核过程所以常令后人赞叹不已的重要原因。

考核主要依据明确而实在的功绩标准来进行，由此展开的赏罚也就易于严明了。汉代与考核相连的赏罚，一般的犒赏或惩戒自然可在每年考核后进行，而按先秦圣王之说及秦以来的有关制度，重大的尤其是对官僚来说利害关系最大的职务变动，则往往须以三年为期，综合其三年考绩加以落实。① 但"功多尤为最者"和"负多尤为殿者"是例外，按当时的解释，"殿"即"不称职""不胜任"，而按汉代法律，凡确认为不称职、不胜任者，便须立即罢免。② 当时所谓"免"，即一免到底，也没有后世那种免职后保留其官员身份和资历，以便其再度任职的规定，故对官僚来说，一旦课殿，一下子就成了平头百姓。与"课殿当免"相对的，是"举最当迁"。这种升迁也无须以三年为期，而是立即兑现的，且多跃等越级的"超迁"。前述吴公治平为天下第一，"征以为廷尉"，北

----

① 《尚书·舜典》有"三载考绩，三考黜陟幽明"之说，《十三经注疏》，第132页。汉人多引此以论考课，见《汉书》卷七五《李寻传》，第3188页；《白虎通·考黜》，陈立：《白虎通疏证》，吴则虞点校，中华书局，1994，第302页。《睡虎地秦墓竹简》之《秦律杂抄》："漆园殿，赀啬夫一甲，令、丞及佐各一盾，徒络组各廿给。漆园三岁比殿，赀啬夫二甲而法（废），令、丞各一甲。"第138页。是秦制已每年考课，三年总计其况处分。《群书治要》卷四五崔寔《政论》："三载考绩，三考黜陟，所以表善而简恶，尽臣力也。汉法亦三年壹察治状，举孝廉尤异。"商务印书馆，1937，第787页。《汉书》卷六四上《严助传》载武帝以之为会稽太守，上书有曰"愿奉三年计最"；卷七〇《段会宗传》载其为西域都护"三岁，更尽还"。师古注引如淳曰："边吏三岁一更，下言'终更'皆是也。"第2790、3029页。

② 《汉书》卷九〇《酷吏·尹赏传》载其戒诸子曰："丈夫为吏，正坐残贼免，追思其功效，则复进用矣。一坐软弱不胜任免，终身废弃，无有赦时，其羞辱甚于贪污坐臧。慎毋然。"同书卷六《武帝纪》元朔元年十一月诏严察举，"不察廉，不胜任也，当免"；卷一九下《百官公卿表下》永光四年，"光禄大夫琅邪张谭仲叔为京兆尹，四年，不胜任，免"；卷九八《元后传》载其祖翁孺武帝时为绣衣御史，"以奉使不称，免"。第3675、167、819~820、4013~4014页。《后汉书》卷五六《种暠传》载其顺帝末为侍御史，"奏请敕四府条举近臣父兄及知亲为刺史、二千石尤残秽不胜任者，免遣案罪。帝乃从之"。第1827页。

海相朱邑"以治行第一，入为大司农"，都是从一般郡守直接升迁为中二千石的"九寺大卿"，主管举国专项政务，上距三公已仅一步之遥。当然获最者亦常留任增秩，赐予金钱，封以侯爵，再以慰劳玺书加以勉励，以示荣宠。获最与获殿者的这种强烈的赏罚反差，体现和保障了考核的真谛和激励作用，也再清楚不过地展示了官僚在职位上建树功绩对其命运的巨大影响。

介于殿、最之间，仅得中间考等而基本称职的官僚，功绩虽不足以获最超迁，但逐年累积到一定程度后，也可以"稍迁"，即按所积之功循次升迁，或称"积功迁""以功次迁"。[①] 由于其功不甚突出，须按三考黜陟之期升迁，也就不免使人感到"劳"的作用，故又有"积功劳迁"、"积劳"或"以久次"迁。[②] 只是对当时官僚来说，除非适逢机遇，朝中有人，否则即便是循功次升迁，通常也只能"随牒在远方"，而很难跻身于重要官职行列，[③] 若仅凭年劳，则只能一辈子辗转跋涉于一般官职之间了。

第二节　疏而不漏的监察

崇尚功绩和强调考核在官僚管理时的作用，是集权体制初步建

①　居延汉简 62.56："☒以功次迁补肩水候　候官以三月辛未到官☒☒。"谢桂华、李均明、朱国炤：《居延汉简释文合校》，第 111 页。《汉书》卷四六《周仁传》载其"为舍人，积功迁至太中大夫"。第 2203 页。《后汉书》卷一七《贾复传》载其为朔方太守，擢用内郡徙人为吏，"或以功次补长吏，故各愿尽死"。第 667 页。孙星衍校集《汉旧仪补遗》卷上载谒者"功次当迁，欲留增秩者，许之"。孙星衍等辑《汉官六种》，第 90 页。

②　《汉书》卷四六《万石君石奋传》载其以姊为高帝美人，授中涓，"积功劳，孝文时官至太中大夫"；卷七四《丙吉传》载其为鲁国人，"为鲁狱史，积功劳，稍迁至廷尉右监"；卷九〇《酷吏·赵禹传》载"武帝时，禹以刀笔吏积劳，迁为御史"。第 2193、3142、3651 页。《后汉书》卷一〇下《皇后纪下·安思阎皇后纪》载其祖父章，"永平中为尚书……精力晓旧典，久次，当迁以重职，显宗为后宫亲属，竟不用，出为步兵校尉"。第 435 页。

③　《汉书》卷八一《匡衡传》，第 3332 页。

立，各地各部门长官权力相对完整的产物。但即便如此，要确保大一统秩序和专制统治，就不能不将定期考核与随时监察相结合，才能既讲求绩效，又能防范和纠正重大事故或风险，也才能构成完整合理的控制网络和人事管理体系。

与委任责成的行政体制相适应，秦汉时期的监察在战国以来的基础上损益完善，呈现了由以下三个部分组成的完整系统。

一　御史府、司隶校尉等监察机构和官员

秦汉时期，朝廷所设监察机构的监察面广及内外百官，构成了整套监察系统的中坚。其建置、职能、地位和内外部关系，是随大一统王朝的巩固和发展而调整变化的，由来已久的御史则一直在其中扮演主要角色。

御史最早属史官系统，战国以来其大体仍是君王的近侍秘书，[①]也已开始兼具一定的监察职能。到秦灭楚，以寓意为"触不直以去之"的獬豸冠作"执法近臣御史"的法定冠冕，御史职能中执法监察的一面应已突出化了。[②]秦在这方面采取的另一个影响深远的措施，即设立御史大夫管理众多御史，使之呈现了明确的组织系统和分工秩序，也为以后的监察系统的建立和完善奠定了基石。尽管如此，到汉代，御史大夫及其所属御史掌管机要图籍、充任皇帝秘书的职能，仍在很大程度上保留了下来。御史大夫府在宫中，[③] 凡律

---

① 战国韩、赵、秦之御史均有传书记事之职。参见赵翼《陔余丛考》卷二六《御史》，第 444 页。

② 《汉官仪》卷上："侍御史，周官也，为柱下史，冠法冠……秦灭楚，以其冠赐近臣，御史服之，即今獬豸冠也。"孙星衍等辑《汉官六种》，第 144 页。《睡虎地秦墓竹简》之《秦律十八种·尉杂律》："岁雠辟律于御史。"第 109 页。《史记》卷九六《张丞相列传》载其为阳武人，"好书律历，秦时为御史，主柱下方书"。第 2675 页。是秦时御史兼具执法、主书职能。

③ 《汉旧仪》卷上："御史、卫尉寺在宫中。""御史大夫寺在司马门内，门无塾，门署用梓板，不起郭邑，题曰'御史大夫寺'。"孙星衍等辑《汉官六种》，第 71、73 页。

图 5-1　甘露二年丞相御史律令册

令和有关"天下厄塞、户口多少、强弱之处、民所疾苦"的重要图
籍，皆须收藏保管，[①] 这固然可说是其监察职能所需，却也与其备
皇帝顾问咨询的秘书性质相连。在百官上奏和皇帝下诏的过程中，

---

　　① 《史记》卷五三《萧相国世家》："沛公至咸阳，诸将皆争走金帛财物之府分之，
何独先入收秦丞相御史律令图书藏之。"同书卷六〇《三王世家》载元狩六年武帝封皇
子齐王闳、燕王旦、广陵王胥，先由大司马霍去病上奏，"三月乙亥，御史臣光守尚书
令奏未央宫，制曰'下御史'"。再由丞相庄青翟、御史大夫张汤等几经往复，奏请立
三皇子为诸侯王，"请令史官择吉日，具礼仪上，御史奏舆地图，他皆如前故事。制曰
可"。第 2014、2105~2109 页。可见汉代御史府仍藏天下舆图，御史奏上和制下御史，
亦体现了御史的秘书职能。

御史大夫常在其间承上启下，^① 这种枢纽地位显然来自先秦御史的传统，同时也说明御史大夫在监察上具有极高的地位。

与之相应，御史大夫下属的构成，居于府中的有一员御史丞和三十员御史，在从事府务和监察的同时，也"理百官事"；另有给事内廷的御史中丞和侍御史十五员，虽在人事管理上属御史大夫，其职掌和行事过程却直属皇帝。^② 御史中丞又称御史中执法，"在殿中兰台，掌图籍秘书"，"督领"侍御史及出巡各地的刺史；侍御史则因近侍皇帝而"受公卿奏事，举劾按章"，同时也掌管符玺，参决疑狱，顾问应对，传递制诏，负责一系列机要事务。^③ 正如宋代章如愚所说，在汉初内朝尚不发达时，御史中丞和侍御史正所谓"亲近天子而疏决内外，以助人主听断者"，为参与机要和纠察百僚的要职。^④

汉武帝以来加强内朝权力，围绕尚书形成了新的近侍秘书班

---

① 上举《史记·三王世家》即其例，又如《汉书》卷一下《高帝纪下》十一年二月诏："贤士大夫有肯从我游者，吾能尊显之。布告天下，使明知朕意。御史大夫昌下相国，相国酂侯下诸侯王，御史中执法下郡守……"第71页。居延汉简10.27："御史大夫吉昧死言丞相相上大常昌书言大史丞定言元康/五年五月二日壬子日夏至宜寝兵大官抒/并更水火进鸣鸡谒以闻布当用者●臣谨案比原泉御者水/衡抒大官御井中二千石二千石令官各抒别火。"谢桂华、李均明、朱国炤：《居延汉简释文合校》，第16页。皆其例。

② 《汉书》卷一九上《百官公卿表上》载御史大夫"有两丞，秩千石，一曰中丞，在殿中兰台，掌图籍秘书，外督部刺史，内领侍御史员十五，受公卿奏事，举劾按章"。第725页。《汉旧仪》卷上："御史，员四十五人，皆六百石。其十五人衣绛，给事殿中，为侍御史，宿庐在石渠门外。二人尚玺，四人持书给事，二人侍前，中丞一人领。余三十人留寺，理百官事也，皆冠法冠。"孙星衍等辑《汉官六种》，第63页。又《汉书》卷七七《孙宝传》载"御史大夫张忠辟宝为属……后署宝主簿"；卷七八《萧望之传》载其宣帝时为御史大夫，丞相司直繁延寿劾望之"知御史有令不得擅使，望之多使守史自给车马，之杜陵护视家事。少史冠法冠，为妻先引"。师古注引苏林曰："少史，曹史之下者也。"第3257、3281页。是御史相当于御史大夫府之掾史，另又有自辟之主簿、属等属吏。

③ 《汉书》卷四○《陈平传》载其为高祖解平城之围，南过曲逆，"顾问御史：曲逆户口几何？"对曰始皇时三万余户，今见五千余户，"于是诏御史，更封平为曲逆侯"；卷四二《周昌传》载"赵尧为符玺御史……侍高祖，高祖独心不乐，悲歌，群臣不知上所以然。尧进请问"云云。第2045、2096页。《汉官解诂》载宣帝"幸宣室，斋居而决事，令侍御史二人治书"。孙星衍等辑《汉官六种》，第16页。这些明显都是侍御史。

④ 章如愚编撰《山堂考索·续集》卷三六《台谏》，第1124页。

子，御史中丞和侍御史作用日渐为之所取代，其执法监察的性质突出起来。与此同时，御史大夫府的文书机要职能也趋减弱，转而在深入参与丞相府总理国政的过程中实施监察，其曹署掾史也相应扩充。① 最后，经成、哀时期的反复直至东汉，御史大夫被改定为司空，与太尉、司徒共掌国政，所属御史皆被撤销，仅保留了原在内廷的御史中丞一员、治书侍御史二员、侍御史十五员，构成了一个直属皇帝的专职监察机构——御史台。大体则以中丞"为御史台率"，秩千石；治书侍御史秩六百石，"掌选明法律者为之，凡天下诸谳疑事，掌以法律当其是非"；侍御史亦秩六百石，分为五曹，"掌察举非法，受公卿群吏奏事，有违失举劾之。凡郊庙之祠及大朝会、大封拜，则二人监威仪，有违失则劾奏"。② 御史台的这种建制状态，标志着秦以来御史发展的重大转折和朝廷专职监察机构的形成。

与御史的上述变化相伴，武帝还通过两个措施加强了京城的监察力量。一是继文帝设"职无不监"的丞相长史后，元狩五年（前118）又在丞相府设立"掌佐丞相举不法"的"司直"一职，③从而加强了丞相所属监察力量。二是于征和四年（前89）创置了持

---

① 《汉旧仪》卷上载元封元年后，"御史职与丞相参，增吏员凡三百四十一人，分为史、少史，亦从同秩补，率取文法吏"。案其前文载元狩六年"丞相吏员三百八十二人"，知此三百四十一人为御史府之吏员。孙星衍等辑《汉官六种》，第68、72页。"史""少史"原作"吏""少吏"，据《汉书·萧望之传》改。

② 《续汉书·百官志三》，《后汉书》，第3599页。《宋书》卷四〇《百官志下》载汉侍御史"凡有五曹，一曰令曹，掌律令；二曰印曹，掌刻印；三曰供曹，掌斋祠；四曰尉马曹，掌官厩马；五曰乘曹，掌护驾"。第1251页。

③ 《汉书·百官公卿表上》，第725页。上引《汉书·萧望之传》载宣帝时丞相司直繇延寿劾奏御史大夫萧望之，《鲍宣传》载其哀帝时为豫州牧，被丞相司直郭钦纠劾免官之事，即为其纠举不法之显例。第3281、3086页。

节、带兵、"捕巫蛊，督大奸猾"的司隶校尉,[①] 一度形成了"以中丞督司隶，司隶督丞相，丞相督司直，司直督刺史，刺史督二千石下至黑绶"的监察链条。[②] 但这种状态不久又起了变化。武帝以后，原来针对"巫蛊之祸"而设的司隶校尉，很快便褪去了领兵、持节的非常色彩，转而主要纠劾京畿三辅及河南、河内、河东、弘农四郡不法官僚，其职能和所属已与分部监察各郡的刺史大体相同，参见表5-1。丞相司直则随丞相改为司徒而失去了继续存在的依托，于东汉建武十八年（42）罢撤。丞相长史转为司徒长史后，也仅主府内僚佐，失去了对外监察的职能。[③] 也就是说，东汉时期监察在京百官的，已只有统掌内外监察事务的御史台和职能性质近乎刺史的司隶校尉了。

表5-1　东汉司隶校尉职掌、僚属情况

官称		职掌
从事史十二人	司隶校尉	掌察举百官以下及京师近畿犯法者
	都官从事	主察百官犯法者
	功曹从事	主州署及众事
	别驾从事	校尉行部则奉引、录众事
	簿曹从事	主财谷簿书
	兵曹从事	有军事则置,主兵事
	部郡国从事	每郡国一人,主督促文书察举非法

---

① 《汉书·百官公卿表上》，第 737 页。纠督之例如《汉书》卷八一《匡衡传》载其元、成时为相，"司隶校尉骏、少府忠行廷尉事劾奏：'衡位三公，辅国政，领计簿，知郡实，正国界，计簿已定而背法制，专地盗土以自益。及赐、明阿承衡意，猥举郡计，乱减县界，附下罔上，擅以地附益大臣，皆不道。'于是上可其奏，勿治，丞相免为庶人，终于家"。第 3346 页。

② 《通典》卷二四《职官六·中丞》，典一四二。《汉旧仪》卷上载此为："武帝时，御史中丞督司隶，司隶督司直，司直督刺史、二千石以下至墨绶。"孙星衍等辑《汉官六种》，第 73 页。武帝初设"督大奸猾"的司隶校尉，隐隐是针对三公重臣的。参见安作璋、熊铁基《秦汉官制史稿》下册，第 6~13 页。

③ 《续汉书·百官志一》载司徒长史一人，掾属三十一人，令史及御属三十六人。本注曰："世祖即位，以武帝故事置司直，居丞相府，助督录诸州，建武十八年省也。"《后汉书》，第 3561 页。

续表

官称		职掌
假佐 二十五人	主簿	录阁下事，省文书
	门亭长	主州正门
	功曹书佐	主选用
	孝经师	主监试经
	月令师	主时节祠祀
	律令师	主平法律
	簿曹书佐	主簿书
	都官书佐	主都官文书
	典郡书佐	主郡国文书
	其他	不详

备注：

①本表据《续汉书·百官志四》编制。

②《续汉书·百官志五》载：刺史"各主一州，其一州属司隶校尉。诸州常以八月巡行所部郡国，录囚徒，考殿最。初岁尽诣京都奏事，中兴但因计吏，皆有从事史、假佐。本注曰：员职略与司隶同，无都官从事，其功曹从事为治中从事。"

③《汉书·王尊传》载其为京兆尹，"司隶遣假佐放，奉诏书白尊发吏捕人"。《孝成赵皇后传》载："司隶解光奏言……臣遣从史掾业、史望验问……"则西汉刺史、司隶所属为从史、假佐之类。至于刺史吏员，有治中、别驾、诸部从事等。

④汉武帝分天下为十三州，各置刺史一人；东汉省朔方部。司隶部辖三辅三河弘农。

二　刺史和其他出巡地方的使节

秦汉时期代表朝廷监察地方的使者，或由御史，或由丞相史，或由皇帝身边的侍御史、谒者、光禄大夫、谏大夫或博士等官充任。大体可以将之分为随机派赴兼负监察职能和定期出巡专事监察两大类，其中又以后者为要。

战国时已有御史出监郡县。① 秦统一后，各郡皆设守、尉，朝

---

① 《战国策·韩策三》："安邑之御史死，其次恐不得也。输人为之谓安令曰：'公孙綦为人请御史于王，王曰：颇固有次乎，吾难败其法。'因遽置之。"张清常、王延栋：《战国策笺注》，第748页。可见战国韩有驻县御史，且有副贰可循例递补。《韩非子·内储说上》："卜皮为县令，其御史污秽，而有爱妾。"陈奇猷校注《韩非子集释》，第566页。是魏国亦有驻县御史。《睡虎地秦墓竹简》之《秦律十八种·传食律》："御史卒人使者，食粺米半斗……"这是关于御史所属卒史伙食标准的规定，整理小组疑此御史"为监郡的御史"。第101页。

廷另遣御史驻郡监察，有时也从事督军讨伐等务，岁终则入京奏报政况，① 称"监郡御史"或"监御史"。到汉初这种遣御史出监各郡的制度虽一度废止，但以大一统王朝疆域之广袤，地方官之众多，如何保障朝廷对各地控制一直都是重大问题。因而自惠帝始，先是重新派御史出监三辅，后又置郡国监察御史。② 然而监察郡国之御史往往"不奉法，下失其职"，故文帝时丞相又遣掾史分头刺察各地不法官吏，同时纠劾郡国御史，或称之为"刺史"。③ 在此基础上，厉行巩固大一统集权体制的汉武帝便于元封元年（前110）封禅大典之际，废止了御史监郡之制，至元封五年定制，把全国划分为十三个州部，各设刺史一人专事定期巡察。④ 这就是后世交口誉为良法美制的刺史制度的由来。

西汉刺史奉诏监察，受内廷御史中丞监督，⑤ 说明其行事过程

① 《史记》卷八《高祖本纪》秦二世二年，"项氏起吴。秦泗川监平将兵围丰"。《集解》引文颖曰："泗川，今沛郡也，高祖更名沛。秦时御史监郡，若今刺史。平，名也。"《史记》卷五三《萧相国世家》载其为吏干练，"秦御史监郡者与从事，常辨之。何乃给泗水卒史事，第一。秦御史欲人言征何，何固请，得毋行"。第351~352、2014页。

② 《唐六典》卷一三《御史台》"侍御史"条原注："惠帝三年，相国奏遣御史监三辅不法事，有辞讼者，盗贼者，铸伪钱者，狱不直者，繇赋不平者，吏不廉者，吏苛刻者，逾侈及弩力十石以上者，非所当服者，凡九条。监者每二岁一更，常十一月奏事，三月还监焉。"第379页。《通典》卷三二《职官十四·州郡上》"州牧刺史"条载此事，末句作"十二月还监，其后诸州复置监察御史"。典一八三。

③ 《汉旧仪》卷上："日食，即日下赦曰：制诏御史，其赦天下自殊死以下。及吏不奉法，乘公就私，凌暴百姓，行权相放，治不平正，处官不良，细民不通，下失其职，俗不孝弟，不务于本，衣服无度，出入无时，众强胜寡，盗贼滋彰，丞相以闻。于是乃命刺史出刺，并察监御史。元封元年，御史止不复监。"第72页。此条未明时间。《通典》卷三二《职官十四·州郡上》"州牧刺史"条载"文帝十三年，以御史不奉法，下失其职，乃遣丞相史出刺，并督监察御史。武帝元封元年，御史止不复监。至五年，乃置部刺史，掌奉诏六条察州"。典一八三。则是以上引《汉旧仪》佚文为文帝十三年之事。

④ 《汉书》卷一九上《百官公卿表上》，第741页。

⑤ 前已述御史中丞"外督部刺史"。《汉书》卷六六《陈万年传》附子《咸传》载"元帝擢咸为御史中丞，总领州郡奏事，课第诸刺史，内执法殿中，公卿以下皆敬惮之"；卷八三《薛宣传》载其成帝时"为中丞，执法殿中，外总部刺史"。第2900、3386页。又前引《汉旧仪》卷上载武帝时"司直督刺史、二千石以下至墨绶"。这大概是因汉初曾由丞相史出刺郡国，武帝置刺史后遂由丞相司直监察刺史。

相对独立且直属皇帝，常八月乘法驾出巡所部郡国，岁终还京奏事。[①] 其制特点大致有二。

一是监察事项清楚，重点突出。刺史"周行郡国，省察治状，黜陟能否，断治冤狱，以六条问事，非条所问，即不省"。即在其巡视所部郡国，考察当地政治、受理冤狱时，只能按皇帝规定的六个诏条（或称"六条诏书"）展开监察。具体即："一条，强宗豪右田宅逾制，以强凌弱，以众暴寡。二条，二千石不奉诏书遵承典制，倍公向私，旁诏守利，侵渔百姓，聚敛为奸。三条，二千石不恤疑狱，风厉杀人，怒则任刑，喜则淫赏，烦扰苛暴，剥戮黎元，为百姓所疾，山崩石裂，妖祥讹言。四条，二千石选署不平，苟阿所爱，蔽贤宠顽。五条，二千石子弟恃怙荣势，请托所监。六条，二千石违公下比，阿附豪强，通行货赂，割损政令也。"[②] 在实际监察过程中，"所察应条"的刺史才算称职；"所察过诏条"的刺史，则往往被黜免。[③] 这就是监察事项清楚。同时，刺史所察又限六百石以上要官而不得下延，尤以监督二千石郡国守相为务。[④] 因而上述六

---

① 《续汉书·百官志五》"州刺史"条："孝武帝初置刺史十三人，秩六百石。成帝更为牧，秩二千石。建武十八年，复为刺史，十二人各主一州，其一州属司隶校尉。诸州常以八月巡行所部郡国，录囚徒，考殿最。初岁尽诣京都奏事，中兴但因计吏。"刘昭补注："《古今注》曰：'常以春分行部，郡国各遣一吏迎界上。'诸书不同也。"《后汉书》第3617页。

② 《汉官典职仪式选用》，孙星衍等辑《汉官六种》，第208页。

③ 《汉书》卷八四《翟方进传》载"河平中，方进转为博士，数年，迁朔方刺史，居官不烦苛，所察应条辄举，甚有威名。再三奏事，迁为丞相司直"。同书卷七二《鲍宣传》载其哀帝时为豫州刺史，"丞相司直郭钦奏：'宣举措烦苛，代二千石署吏听讼，所察过诏条。行部乘传去法驾，驾一马，舍宿乡亭，为众所非。'宣坐免"。第3412、3086页。

④ 《汉书》卷八三《朱博传》载其为冀州刺史行部时，吏民数百遮道而官寺尽满，博使从事明敕告吏民："欲言县丞尉者，刺史不察黄绶，各自诣郡。欲言二千石墨绶长吏者，使者行部还，诣所部。其民为吏所冤，及言盗贼辞讼事，各使属其部从事。"同书卷八六《何武传》载其为扬州刺史，"所举奏二千石长吏必先露章，服罪者为亏除，免之而已；不服，极法奏之，抵罪或至死。"第3399、3482页。汉制二千石银印青绶，六百石以上铜印墨绶，二百石以上铜印黄绶，县万户以上令六百石至千石，以下三百石至五百石。

条除包括藩国王侯在内的"强宗豪右"外，其余皆针对"二千石"。①
此即所谓监察重点突出。这两点既防止了监察权力自发扩张或对地方
政务的过分干扰，又可提纲挈领地通过监察地方高级官员保障各地行
政秩序，且便于朝廷对刺史的督责考课。

二是秩卑权重赏厚，能切实履职。刺史以监察地方二千石为
主，自身级别却仅六百石。按后世学者解释：这样定制的目的，是
要充分利用秩卑者亟待进取、行事较为果敢而少顾虑的长处。② 朝
廷显然考虑了官场中秩次高者暮气深的现实。当然，要让秩卑者
搏击高官，就必须赋以重权；而西汉刺史"任重责大"，史有明
文。且不论其监察过程如何严峻，仅以关乎其监察能否落实的黜
陟问题而言，郡国守相一旦遭其纠劾，通常即行罢免；而为之所
荐的二千石，又常可升至九卿。故当秋风起时，刺史法驾一出，
郡国往往"闻风振悚"。而刺史履职有方，朝廷也不惜报以厚赏。
按当时惯例，刺史一般任职九年，便可擢为郡国二千石；如有
"异材功效"，则随即超擢。③ 秩卑权重赏厚，正是朝廷激励刺史尽
心于弹劾纠察的有力举措，这一特点加之其监察重点突出而事项
明确，足见汉代刺史制度立意之高明，也是其所以能获切实效果
的要因。

随着中央集权的加强和监察制度的发展，从西汉后期到东汉，

---

① 参见顾炎武撰，黄汝成集释《日知录集释》卷九《六条之外不察》，第 322～
323 页；王鸣盛《十七史商榷》卷一四《汉刺史察藩国》，卷一四第 1 页。

② 顾炎武撰，黄汝成集释《日知录集释》卷九《部刺史》，第 319～322 页；王鸣
盛：《十七史商榷》卷一四《刺史权重秩卑》，卷一四第 2 页。

③ 《汉书》卷八三《朱博传》载何武为大司空，与丞相翟方进奏改刺史为州牧有
曰："今部刺史居牧伯之位，秉一州之统，选第大吏，所荐位高至九卿，所恶立退，任
重职大……"哀帝时朱博又奏罢州牧，称刺史"故事，居部九岁举为守相，其有异材功
效著者辄登擢，秩卑而赏厚，咸劝功乐进"。第 3406 页。

刺史性质发生改变。其监察的事项不断逾越原有范围，① 定期出巡渐变为常驻本州治所，机构僚属亦趋于完备而被称为"外台"，② 总的趋势是在日益广泛和深入干预郡县政务的过程中，从仅掌监察朝着虽非法定，却是事实上的地方最高一级行政长官和机构转变。故西汉成帝绥和元年（前8）和哀帝元寿二年（前1），两度增刺史秩为二千石，并改名为州牧。东汉初又将州牧改为刺史，但其成为地方最高一级政区长官的势头仍在不断增强。

至于朝廷随事特派，兼负监察职能的使节，其起源虽早，却也是汉武帝厉行集权时发展起来的。这些使节在奉诏抚慰灾区、存问孤寡贫民的同时，亦"举奏"所到之处的"奸猾为害，野荒治苛者"；在担负"览观风俗，察吏治得失"等监察任务的同时，亦举"茂才异伦之士"或存问鳏寡。③ 其所行地区和职权，全视特诏规定，因而极为灵活且便于适应多种情况，并往往蕴含着一些重要的制度苗头。尽管这种做法起着不容忽视的作用，但由于并无定制，也就只在朝廷对各地的监察中起补充作用，其地位与在其中起骨架作用的刺史是无法比拟的。即便东汉在此基础上又建立了专掌出使的谒者台，④ 大体情况也仍如此。

---

① 《汉书》卷八三《薛宣传》载其成帝时为御史中丞，上疏以为"政教烦碎，大率咎在部刺史，或不循守条职，举错各以其意，多与郡县事，至开私门，听谗佞，以求吏民过失，谴呵及细微，责义不量力"。第3386页。《后汉书》卷六《顺帝纪》永建元年五月丁丑，"诏幽、并、凉州刺史，使各实二千石以下至黄绶，年老劣弱不任军事者，上名"。第252页。是西汉成帝以来刺史所察趋于细苛，至东汉已下及黄绶。

② 《后汉书》卷八二上《方术谢夷吾传》载其为荆州刺史，迁钜鹿太守，所在有善绩。司徒第五伦命班固为文荐夷吾有曰："爰牧荆州，威行邦国……寻功简能，为外台之表；听声察实，为九伯之冠。"第2714页。

③ 《汉书》卷六《武帝纪》载元狩六年六月"遣博士大等六人分循行天下"诏，卷八《宣帝纪》载元康四年正月遣大中大夫彊等十二人循行天下之事。第180、258页。

④ 《汉官仪》卷上："世祖以幽、并州兵骑定天下，故于黎阳立营，以谒者监之。"其后文又载"尚书为中台，谒者为外台，御史为宪台，谓之三台"。孙星衍等辑《汉官六种》，第125、141页。《续汉书·百官志二》载东汉置谒者仆射一人，为谒者台率，下设常侍谒者五人，主殿上时节威仪；谒者三十人，"掌宾赞受事，及上章报问。将、大夫以下之丧掌使吊"。

三　自上而下的行政监督

这是秦汉监察系统中最为经常和普遍的部分。要保障专制统治和各行政层级正常履职，仅以特定机构和使节从外部监察是不够的，只有让各级长官直接监督其下属，才是最为基本和现成的方案。这是行政节制系统必有的功能，为行政过程自身的规律使然，而汉代各级长官权力远较后世完整，不仅拥有辟署属吏和赏罚属官的较大自主权，且可全权决定各种刑事处罚乃至死刑，[①] 则更加强了行政系统内部上下级监督的分量。

如丞相位居一人之下、万人之上，其各种职权中最为重要的一项，便是"典天下诛讨赐夺"。[②] 纠劾各地各部门不法官僚尤其是高要官员，乃是其分内之事，[③] 同时也有举用百官，以"四科"课第僚属出为御史、博士、畿辅县令之责。[④] 诸卿如太常可"选试"其所属博士"奏其能否"，又得实际决定博士之课第及升迁；光禄勋对

---

① 《汉书》卷二三《刑法志》载高帝七年制诏御史："自今以来，县道官狱疑者，各谳所属二千石官，二千石官以其罪名当报之。所不能决者，皆移廷尉，廷尉亦当报之。廷尉所不能决，谨具为奏，傅所当比律令以闻。"同书卷一下《高帝纪下》载高帝七年春，"令郎中有罪耐以上，请之"；卷八《宣帝纪》黄龙元年四月诏"吏六百石位大夫，有罪先请，秩禄上通，足以效其贤材，自今以来毋得举"；卷一二《平帝纪》元始元年正月赦令，"公、列侯嗣子有罪耐以上，先请"。第1106、63、274、349页。可见汉初方定疑罪上请之制，无疑者除亲贵要官耐以上罪须依法上请外，原则上各级长官均可全权审决各类案件，乃至死刑。两汉书中多有长官辄杀或刑僚属之例，即在此背景下发生。

② 《汉旧仪》卷上，孙星衍等辑《汉官六种》，第69页。

③ 如《汉书》卷八四《翟方进传》载其成帝永始时为相，"持法刻深，举奏牧守九卿，峻文深诋，中伤者尤多。如陈咸、朱博、萧育、逢信、孙闳之属，皆京师世家，以材能少历牧守列卿，知名当世，而方进特立后起，十余年间至宰相，据法以弹咸等，皆罢退之"。第3417页。

④ 如公卿之察举权，孙星衍辑佚名《汉官》："建武十二年八月乙未诏书，三公举茂才各一人，廉吏各二人；光禄岁举茂才、四行各一人，察廉吏三人；中二千石岁察廉吏各一人，廷尉、大司农各二人；将兵将军岁察廉吏各二人；监察御史、司隶、州牧岁举茂才各一人。"孙星衍等辑《汉官六种》，第1页。此必从西汉公卿察举之额损益而来。

其所领郎官、从官，亦须"考其德行而进退之"，且须举"四行"为朝廷擢贤。① 同样，太守是朝廷派驻各郡的最高长官，也须在"劝农振贫，决讼断辟，兴利除害"的同时，"检察郡奸，举善黜恶，诛讨暴残"。② 县令、长也与之相类，"显善劝义，禁奸罚恶"是其本职；甚至连乡有秩、啬夫，也担负着"知民善恶"的责任。③ 正是在这样的基础上，当时的行政监督不仅在整个监察体制中占有特殊重要的地位，也已形成了一定的制度。其中较为引人注目的有下列两项。

一是在大量可能被采取的行政监督方式中，各级长官也像皇帝所做的那样，或遣使，或亲自视察下属为政之况。如丞相便须"以四时行园"，即按季视察皇家陵园；④ 又须"月一行屯卫"，即每月视察宫门禁卫之况。⑤ 此外，丞相也常差遣相府僚属外出监督或刺察有关事务。⑥ 分管全国专门政务的诸卿的视察，则可以举出"太常月一行"陵县，⑦ "卫尉巡行宫中"，⑧ 廷尉遣从史至北地郡监领

① 《续汉书·百官志二》"太常""光禄勋"条，《后汉书》，第3571、3574页。参见《汉书》卷九《元帝纪》永光元年二月、卷八一《孔光传》载"博士选三科"，第287、3353页。

② 《汉官解诂》："太守专郡，信理庶绩，劝农赈贫，决讼断辟，兴利除害，检察郡奸，举善黜恶，诛讨暴残。"孙星衍等辑《汉官六种》，第20页。

③ 《续汉书·百官志五》"县令""乡官"条，《后汉书》，第3622、3624页。

④ 《汉书》卷五九《张汤传》载其武帝时为御史大夫，"会人有盗发孝文园瘗钱，丞相青翟朝，与汤约俱谢。至前，汤念独丞相以四时行园，当谢，汤无与也，不谢"。同书卷七二《鲍宣传》载哀帝以之为司隶，"丞相孔光四时行园陵，官属以令行驰道中，宣出逢之，使吏钩止丞相掾史，没入其车马，摧辱宰相"。第2644、3093页。

⑤ 《汉旧仪》卷上："君侯月一行屯卫，骑不以车。卫士初至未入，君侯到都门外劳赐吏士。"孙星衍等辑《汉官六种》，第69页。

⑥ 《史记》卷七九《范雎蔡泽列传》载，王稽载范雎入秦，"至湖，望见车骑从西来。范雎曰：'彼来者为谁？'王稽曰：'秦相穰侯东行县邑。'"第2402~2403页。是秦时有丞相行县邑之制。《汉书》卷七四《魏相传》载其宣帝时为相，"敕掾史案事郡国，及休告从家还至府，辄白四方异闻，或有逆贼风雨灾变，郡不上，相辄奏言之"。第3141页。

⑦ 孙星衍校集《汉旧仪补遗》卷上："汉陵属三辅，太常月一行。"孙星衍等辑《汉官六种》，第88页。这应当是元帝以前陵县属太常时留下的制度。

⑧ 《汉官解诂》："卫尉巡行宫中，执金吾徼于外，相为表里，以擒奸讨猾。"孙星衍等辑《汉官六种》，第17页。

直属本部门的牧场，① 大司农遣部丞督理盐铁、均输等事例。②

地方长官在这方面要比朝廷各部门官员更为活跃。汉代郡守为治，常广设耳目，刺察郡情，或遣掾史外出按事，③ 自己也常出巡各县。史载郡守"常以春行所主县，劝民农桑，振救乏绝；秋冬遣无害吏案讯诸囚，平其罪法"。④ 在有关记载中，郡守春季"行县"固须"劝民农桑，振救乏绝"，却也寓有监察意味，可纠捕豪强和不法官吏。⑤ 至于郡守秋冬遣通晓文法之吏出讯刑狱，无论是平反宽大，还是深文罗织，都负有监察各县司法情况的责任。⑥ 县的情况记载较少，但大体也应与郡相同。除县令亲自或随时遣吏办理、

---

① 《汉书》卷五八《兒宽传》载其"除为从史，之北地视畜数年。还至府，上畜簿"。师古注："畜谓廷尉之畜在北地者，若今诸司公廨牛羊。"第 2628～2629 页。

② 《史记》卷三〇《平准书》，第 1441 页。《疏勒河流域出土汉简》614："□□以道里就途大司农钱布辖酒泉郡□□□□□□□／□九匹轙靡伤莫毁伤县官布。"林梅村、李均明《疏勒河流域出土汉简》，文物出版社，1984，第 71 页。此为大司农钱布转运之文书，当与大司农部丞相关。

③ 如《汉书》卷七六《赵广汉传》载其为颍川太守及京兆尹时事，卷九〇《酷吏·王温舒传》载其为河南河内太守及中尉时事。第 3200～3202、3656～3657 页。

④ 《续汉书·百官志五》"郡守"条，《后汉书》，第 3621 页。《汉书》卷七六《韩延寿传》载其为左冯翊，"岁余，不肯出行县，丞掾数白：'宜循行郡中，览观民俗，考长吏治迹。'延寿曰……丞掾皆以为方春月，可壹出劝耕桑，延寿不得已，行县至高陵"。可见行县可以灵活进行，但春季劝农似有明确规定。第 3213 页。

⑤ 《史记》卷五七《绛侯周勃世家》："免相就国。岁余，每河东守尉行县至绛，绛侯勃自畏恐诛。"第 2072 页。《汉书》卷七六《尹翁归传》载其为东海太守，"收取人必于秋冬课吏大会中，及出行县，不以无事时"。师古注："于大会之中及行县时，则收取罪人，以警众也。"第 3208 页。

⑥ 《汉书》卷五一《路温舒传》载其为巨鹿东里人，学律令为狱史，"太守行县，见而异之，署决曹史"；卷七一《隽不疑传》载其昭帝时为京兆尹，"京师吏民敬其威信，每行县录囚徒还，其母辄问不疑：'有所平反，活几何人？'"是太守亦可亲自行县录囚。第 2367～2368、3036 页。《后汉书》卷四八《应奉传》载其为汝南南顿人，少聪明，"为郡决曹史，行部四十二县，录囚徒数百千人。及还，太守备问之，奉口说罪系姓名，坐状轻重，无所遗脱"。第 1607 页。

案验有关事务外，^① 多是在春夏、秋冬分别以"劝农掾"和"制度掾"出督各乡。^②

二是各级长官的僚佐中，均有专门辅助长官监督下属及同僚履职的佐官和属吏，为汉代整个上下级监督系统的关键部分。像总理国政的丞相府中，除前已述丞相长史和司直"职无不监"外，东曹和西曹亦在分别掌管郡国二千石和府内掾属令史人事管理的同时，对之负有一定监察职责。而诸卿僚佐中，如太常有丞一人，"总署"府内诸曹之事，又须"举庙中非法者"。^③ 光禄勋设有主簿，^④ 而各地各部门长官府中的主簿与功曹皆有监督府内事务之责；^⑤ 又设有协助其监督所属郎官的"南北庐主事、三署主事"。^⑥ 各地如郡守有丞，总署文书；其府僚中除以主管人事和监督府内的功曹外，有五官掾"署功曹及诸曹事"；又有督邮，分部监察各县官吏。县令亦有丞一人，"署

① 张家山汉简《二年律令·捕律》："群盗杀伤人、贼杀伤人、强盗，即发县道，县道亟为发吏徒足以追捕之。尉分将，令兼将，亟诣盗贼发及之所，以穷追捕之。毋敢□。"这是规定有群盗、贼杀伤人及强盗案件，县道即须由令、尉亲自率吏徒追捕。又《二年律令·户律》："恒以八月令乡部啬夫、吏、令史相杂案户籍，副臧其廷。"这是由乡部啬夫和县吏共同校阅户籍。彭浩、陈伟、工藤元男主编《二年律令与奏谳书——张家山二四七号汉墓出土法律文献释读》，第 148、222 页。王昶《金石萃编》卷一八《郃阳令曹全碑》述其为令适值县民郭家等逆乱之后，"收合余烬，芟夷残进，绝其本根。遂访故老，商量俊乂王敞、王毕等，恤民之要，存慰高年，抚育鳏寡"。同卷《荡阴令张迁表》述张迁为谷城长时，"蚕月之务，不闭四门，腊正之际，休囚归贺。八月算民，不烦于乡，随就虚落，存恤高年"。扫叶山房石印本，第一函册三，卷一八第 1~2、4~5 页。

② 《续汉书·百官志五》"县令"条，《后汉书》，第 3623 页。

③ 《续汉书·百官志二》载太常有丞一人，"掌凡行礼及祭祀小事，总署曹事"。刘昭补注引《汉旧仪》曰："丞举庙中非法者。"《后汉书》，第 3571~3572 页。由此可推诸卿之丞大略皆然。

④ 李林甫等《唐六典》卷一五《光禄寺》原注引《汉官仪》，第 443 页。

⑤ 参见虞世南《北堂书钞》卷六八《设官部二十·功曹一百三十九》、卷六九《设官部二十一·主簿一百四十》，第 303~305 页。

⑥ 《汉官仪》卷上："光禄勋有南北庐主事、三署主事，于诸郎之中，察茂才高第者为之，秩四百石。"孙星衍等辑《汉官六种》，第 129 页。《汉书》卷五九《张汤传》附子《安世传》载其"为光禄勋，郎有醉小便殿上，主事白行法，安世曰：'何以知其不反水浆邪？如何以小过成罪。'"第 2650 页。

文书，典知仓狱"；府僚除功曹主纲纪外，还有廷掾，"监乡五部"，与郡督邮相类。①

汉代的这些起着特定监督作用的长官僚佐大致可分为两类。一类是朝廷任命的长史、丞等佐官，其既分管特定事务，又协助长官督理政务，与长官共署诸曹文书，故对下属负有监督之责。但因当时长官权力较大，佐官地位与之差距甚远，其监督效果往往取决于长官的信任程度，否则就难以切实发挥作用。② 相比之下，另一类即长官所辟主管人事的功曹、主管阁下办公部门的主簿，以及直接从事监督事务的五官掾、督邮等僚属，由于其基本上由长官全权任免，信之则用，不信则去，在位执事的前提是长官信赖，其监督府中同僚和长官下属的作用往往要比佐官更为突出和有效。③ 这也是汉代上下级行政监督的一大特色。

综观秦汉的监察系统，行政系统自身的上下级监督无疑起着最为重要的作用。除此之外，秦以来以御史大夫为纲，由处于内廷的御史中丞、侍御史，居于御史大夫府的御史丞、御史和出监各郡国

---

① 以上并参见《续汉书·百官志五》"郡守""县令"条，《后汉书》，第3621~3623页；严耕望《中国地方行政制度史——秦汉地方行政制度》，第119~126、224~226页。

② 长史、丞与长官连署公文多见于汉简，参见李均明、刘军《简牍文书学》，第149页。又《史记》卷五三《萧相国世家》："及高祖起为沛公，何常为丞督事。"《索隐》："谓高祖起沛，令何为丞，常监督庶事也。"第2014页。《汉书》卷七六《王尊传》载其为安定太守，至任出教告诫僚属有曰："府丞悉署吏行能，分别白之……丞戒之戒之，相随入狱矣！"卷九〇《酷吏·严延年传》载其为河南太守，"府丞义出行蝗……义年老颇悖，素畏延年，恐见中伤"。第3228、3670页。是丞官确有"监督庶事"、"署吏行能"和出巡视事之职责，然其权位实难与郡守抗衡。

③ 《后汉书》卷六四《史弼传》载其为陈留考城人，"少笃学，聚徒数百，仕州郡"。李贤注引《谢承书》曰："弼年二十，为郡功曹，承前太守宋诉移浊之后，悉条诸生聚敛奸吏百余人，皆白太守，扫迹还县。"同书卷六七《党锢传》序曰："汝南太守宗资任功曹范滂，南阳太守成瑨亦委功曹岑晊，二郡又为谣曰：'汝南太守范孟博，南阳宗资主画诺。南阳太守岑公孝，弘农成瑨但坐啸。'"第2108、2186页。

的监御史，初步构成了一套直属皇帝的监察官系统。在此基础上，
经汉初和武帝以来的调整，御史大夫及分掌内、外执法监察的御
史中丞、侍御史和御史丞、御史，呈现了近侍功能消退而监察之责
强化的趋势；源于监御史的十三州部刺史、现已频繁派遣的临时
使节和新创的司隶校尉、丞相司直等官，又显著强化了对京师和
各郡国长官的监察。这两个部分加上既定行政系统的上下级监督，
其体系构成可见图 5-2。到东汉，随着太尉、司徒、司空三司体制
确立，原丞相、御史大夫及其府内的司直、御史皆被撤销，御史中
丞及诸侍御史构成了专掌监察的御史台，司隶校尉、刺史和随机

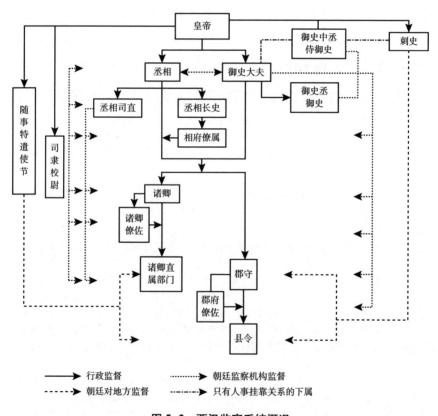

图 5-2　西汉监察系统概况

派遣各地巡察的使节则主要刺察京畿和各地不法，其况仍是西汉相关趋势的延伸，也进一步适应了大一统王朝和专制集权官僚政体的监察需要。

第三节　考核与监察的主辅关系

从激励和督促百官恪尽职守，保证整套官僚机器正常运行出发，监察究竟怎样发挥作用，应具有何种地位，一直都是政治与行政的重大问题。从为政苛急，"网密于凝脂"的秦到"网漏吞舟之鱼"的汉初，再到厉行集权的武帝以来，监察的作用状态和强弱程度波动很大。其间的经验教训是，监察的作用，强不能成为贤士能臣的桎梏，弱不能助长贪逆官吏的强横。能够兼顾和权衡此间利弊得失的统治，才称得上善政善治。从这个角度来看，从秦到汉初的大起大落，再到武帝以来监察强度续有所增，仍在不断调整中维持了以监察辅助考核的总体格局，说明统治集团对监察作用和地位的认识趋于成熟。

就行政监督自身的规律而言，正如居延汉简中的"日迹"、"月言"、"四时"和"岁计簿"所示，以平素监督为岁终考核的素材和铺垫，以考核为平素监督的总结和落实，是一般行政监督过程的通例。而以刑法或其他手段随时惩处平素监督发现的严重违法者，大体是异常情况下的变则。如果说秦的苛暴在官僚控制上表现为不恰当地增加了后者的比重，那么汉代便较好地摆正了两者的关系。汉初检讨秦政和无为而治，上级对下级政务的干预，已被压缩到了保障中央集权的最低限度。经此纠偏至武帝以来，尽管国策已转向有为，委任责成的体制框架和精神既在延续，逐级下达的行政指令也仍相当稀疏，朝野上下已惯以行政简要为上，而以烦碎细苛为下。^① 这就制约了行政监督的方式和程度，使各级长官不能不把控制、监督的重点放到下属的行政结果，而不是其具体行政过程上。在这种状态下，累计功过，"岁终课其殿最而行赏罚"，便在整个行政监督中占了主导地位。相应的，随时惩处违法失职，基本上是作为辅助或威慑手段发挥作用的。^②

需要特别注意的是汉代各级长官对其自辟僚属的监督，这些僚属与其并不纯是官方行政关系，而是兼具私人性的宾主关系，因而对他们的监督除行政手段外，还常表现为"礼"的调节，长官及其府署地位越高，这一点就越是明显。^③ 故除非掾属"背恩忘义，伤

---

① 武帝以来仍忌为政苛碎，《汉书》卷六《武帝纪》元狩六年六月诏遣博士大等六人分循行天下，所察包括"奸猾为害，野荒治苛者"；卷八《宣帝纪》五凤二年八月诏郡国二千石"勿行苛政"，擅禁民婚娶不得具酒食等；四年四月又诏丞相御史掾二十四人循行天下，"举冤狱，察擅为苛禁深刻不改者"；卷八六《王嘉传》载"故事，尚书希下章，为烦扰百姓，证验系治，或死狱中，章文必有'敢告之'字乃下"。第180、265、268、3491页。又同书卷九《元帝纪》初元三年四月因灾而闵百姓"烦扰乎苛吏，拘牵乎微文，不得永终性命"，遂行大赦；卷四八《贾谊传》载其文帝时上书称"夫移风易俗，使天下回心而乡道，类非俗吏之所能为也。俗吏之所务，在于刀笔筐箧，而不知大体"；卷七四《丙吉传》载其宣帝时为相，政尚宽大，掾史"以吉知大体"；卷八三《薛宣传》载其成帝时为相，"官属讥其烦碎无大体，不称贤也"。第284、2245、3147、3393页。此皆以苛碎之政为不识大体，已形成一种独特的政治价值观，故东汉光武帝和明帝用法甚严，史臣讥其察察。见《后汉书》卷二《明帝纪》末论曰、卷三三《朱浮传》论曰，第124~125、1146页。

② 《汉书》卷七六《尹翁归传》载其为东海太守，"收取人必于秋冬课吏大会中，及出行县，不以无事时"；同卷《韩延寿传》载其为颍川太守，"以期会为大事，吏民敬畏趋乡之"；同卷《王尊传》载其为安定太守，到官出教告属县"明慎所职，毋以身试法"；卷八三《薛宣传》载其为左冯翊，"告栎阳令：'吏民言令治行烦苛……令详思之，方调守。'"第3208、3211、3228、3388页。《后汉书》卷三三《朱浮传》载光武帝治甚明察，长吏有过必斥罢，朱浮谏请以考课为准，"盖以为天地之功不可仓卒，艰难之业当累日也"。卷四六《陈宠传》载其章帝初为尚书，上疏请改明帝为政严切之弊，曰："往者断狱严明，所以威惩奸慝，奸慝既平，必宜济之以宽。陛下即位，率由此义，数诏群僚，弘崇晏晏。"第1142、1549页。

③ 《汉旧仪》卷上："丞相车黑两幡，骑者衣绛，掾史见礼如师弟子，白录不拜朝，示不臣也。听事阁曰黄阁，无钟铃。掾有事当见者，主簿至曹请，不传召。掾见脱履，公立席后答拜。百石属不得白事，当谢者，西曹掾为通谢。""丞相府官奴婢传漏以起居，不击鼓。官属吏不朝，且白录而已。诸吏初除谒视事，问君侯应阁奴名，白事以方尺板叩阁，大呼奴名。君侯出入，诸吏不得见，见礼如师弟子状。"孙星衍等辑《汉官六种》，第36、39页。

化薄俗"，雷厉风行的行事手段通常难受嘉许而很少使用。^① 按宣帝以来的公府惯例，即便掾史犯有"罪赃"或不称职，一般也不加"案验"，而仅令其以病假离府了事；^② 一般小过则由西曹记过谪告，满百次后，再请示是否将其罢斥出府。^③ 从这些东汉以来逐渐消失的故事中，不难体会其中所含的先秦遗风，以及累积功过而行黜陟的委任责成精神。因而与朝廷统一任命的下级相比，汉代长官对其自辟僚属的监督，在同样贯彻平素监督辅以岁终考核的原则时，又要来得阔略得多。

抑制汉代行政系统内部监督方式和程度的因素，当然也会抑制从外部施加于各机构和部门的监察活动。刚从春秋战国发展而来的委任责成体制，决定了各级长官权力较为完整，更可自辟僚属组成依附于自己的施政班子，朝廷的统一控制自难渗透到下面的具体行政过程，也就不能不借重岁终考核实施赏罚。政体的这种特点，势必使过分细苛的内外监督、监察不合"大体"，保持一种仅具大纲和灵活及时的监察状态，而既补充考核的不足，保障施政的绩效，又辅助和配合既定行政节制系统来发挥作用，便成了刺史、御史等

---

① 《汉书》卷七六《张敞传》载其为京兆尹九年，被劾当免，"敞使贼捕掾絮舜有所案验，舜以敞劾奏当免，不肯为敞竟事，私归其家。人或谏舜，舜曰：'吾为是公尽力多矣，今五日京兆耳，安能复案事？'敞闻舜语，即部吏收舜系狱……乃弃舜市"。当时"天子薄其罪"，后敞再被起用而上书自辩，称舜"背恩忘义，伤化薄俗"。第3223～3224页。

② 《汉书》卷七四《丙吉传》载其宣帝时为相，"掾史有罪臧，不称职，辄与长休告，终无所案验。客或谓吉曰：'君侯为汉相，奸吏成其私，然无所惩艾。'吉曰：'夫以三公之府有案吏之名，吾窃陋焉。'后人代吉，因以为故事，公府不案吏，自吉始"。第3145页。

③ 《汉书》卷九二《游侠·陈遵传》载其哀帝末为公府掾属，"日出醉归，曹事数废。西曹以故事适之，侍曹辄诣寺舍自尊曰：'陈卿，今日以某事谪。'遵曰：'满百乃相闻。'故事，有百谪者斥，满百，西曹白请斥。大司徒马宫大儒优士，又重遵，谓西曹：'此人大度士，奈何以小文责之？'"第3709～3710页。《汉旧仪》卷上载丞相"掾史有过，君侯取录，推其录，三日，白病去"。孙星衍等辑《汉官六种》，第39页。公府不案吏和百谪者斥的惯例，皆是循此而来。

专职监察官行使职能的必要准则。

从朝廷对地方的监察来看，武帝以来刺史以八月出巡郡国，"省察治状，黜陟能否"，"录囚徒，考殿最"，岁终还京奏事。[①] 这些举措适与各地的岁终考核相协调，是配合朝廷对郡国的会考和为之提供参考材料的。刺史"以六条问事，非条所问即不省"的规定，又将其监察活动限制在一个明确的范围内，说明其只是在朝廷对郡国，郡国守相对属县道邑正常节制的外部，起一种补充和强化的作用，而不得过分干预地方政务。刺史制度的这种内涵，匹配了汉初以来朝廷与地方的关系格局，也啮合了上下级行政监督与岁终考核相辅相成的控制状态。武帝以来朝廷随时遣使循行天下扬清激浊的举措，大致也都具有刺史的这种所巡事项明确并与岁终考课赏罚相协调的特点。

再看朝廷对百官的监察，从御史大夫协助丞相考核百官的职能来判断，除直接监察考核过程外，其所属御史全年的监察记录，在最终确定官僚考等时起着重要作用。故御史监察也与刺史岁终奏事有相类的一面，这是御史府得以辅助丞相考核百官，为之提供必要材料的支撑。况且，御史对必须立即惩处的不法官僚的纠劾，一般也总是要交由丞相来处理，这还是在补充和协助丞相履职。因此，汉代御史大夫"副贰丞相"的体制，一方面说明其可以通过参预机要并与丞相共理国政的过程，切实监察相府及各地各部门的行政活动；另一方面，这也确切地体现了御史大夫主管的监察在朝廷对百官的控制中只占从属和配合的地位。御史大夫的地位如此，直属丞相的长史、司直的监察作用和地位，就更是如此了。至于司隶校尉，除武帝晚年初创时发挥过异乎寻常的作用外，其性质和地位很快便与刺史相仿了。

要之，汉武帝以来形成的监察体系虽框架已备，严密和严厉程度

---

① 参见《汉官解诂》"京畿师外十有三牧"以下诸条，孙星衍等辑《汉官六种》，第18页；《续汉书·百官志五》"刺史"条及刘昭补注，《后汉书》，第3617~3621页。

空前，却仍不能不受大一统王朝发展初期诸多基础条件的制约，植根于当时政治社会的委任责成式控制，使监察一时还很难渗透到各地各部门行政过程。故就一般状态而言，监察的效能往往须通过长官主导、功绩至上的考核赏罚来落实，随时监察和惩处不法官僚只是其必要的补充，官僚最终建树的事功实绩，才是影响其官场生涯的主要因素。显然，以随时监察纠劾来辅助定期考核黜陟组成疏而不漏的控制网络，实际上是大一统王朝初期社会状态和政治体制的内在要求。

至于其进一步发展的趋势，则与刺史、御史等专职监察官权力的扩张直接相关。与行政监督相比，刺史、御史职能中随时纠劾的一面本来就相对明显，直属皇帝的性质更使其监察范围蕴含着不断扩张的巨大潜能，故始终都存在着从补充到替代，从从属到独立于既定行政系统的可能。西汉以来刺史"所察过诏条"，① 御史大夫常派所属御史外出"案事"，御史丞直接受皇帝之命"案验"受劾官僚，② 都反映了这种苗头。尤其是"居殿中兰台""密举非法"的御史中丞和侍御史，"受公卿奏事，举劾按章"，使其可以通过对上奏文书的审查，系统监察公卿百官的行政活动；③ 直承皇帝旨意办

---

① 《汉书》卷八六《王嘉传》载其哀帝初为相，上疏论其时"公卿以下传相促急，又数改更政事，司隶、部刺史察过悉劾，发扬阴私，吏或居官数月而退……二千石益轻贱，吏民慢易之，或持其微过，增加成罪，言于刺史、司隶，或至上书章下"。第 3490 页。

② 《汉书》卷七六《韩延寿传》载御史大夫萧望之"遣御史案东郡，具得其事。延寿在东郡时，试骑士，治饰兵车，画龙虎朱爵……及取官钱帛私假繇使吏，及治饰车甲三百万以上。于是望之劾奏延寿上僭不道"。同书卷九〇《酷吏·严延年传》载其为侍御史，"劾大司农田延年持兵干属车，大司农自讼不干属车，事下御史中丞"；后文载延年为河南太守，被其丞义告，亦言罪名十事，"事下御史丞按验"。第 3214~3215、3667、3670~3671 页。

③ 《汉书》卷五九《张汤传》载其为御史大夫，"河东人李文，故尝与汤有隙，已而为御史中丞，荐数从中文事有可以伤汤者，不能为地"。师古注引服虔曰："荐，借也。文与汤故有隙，已而为御史中丞，借己在内台，中文书有可用伤汤者，因会致之，不能为汤作道地。"第 2643~2644 页。武威所出王杖诏令册有"兰台令第卌二""令在兰台第卌三""右王杖诏书令　在兰台第卌二"字样。武威县博物馆：《武威新出土王杖诏令册》，甘肃省文物工作队、甘肃省博物馆编《汉简研究文集》，甘肃人民出版社，1984，第 34~61 页。可见兰台汇聚了律令、章奏，御史中丞和侍御史正是居此枢纽展开监察的。

事，使其监察更有了凌驾于外朝各机构之上，且可随时加权扩展的特点。① 因此，说汉代官僚管理形成了考核和监察一主一辅的总格局，并不排除在某些场合，监察的重要性在考核之上，而东汉终改御史大夫为司空而独留中丞、侍御史，以及刺史等专职监察官职权的逐渐扩大，也正是与西汉后期以来扩展内廷权力的诸多举措，及至光武帝而"虽置三公，事归台阁"的格局相辅相成的结果。也就是说，汉武帝至光武帝以来的集权进程，已在促使整套官僚管理和控制体系朝更有利于过程控制而非绩效控制的方向发展，从而意味着委任责成的体制精神和以监察辅助考核的官僚管理格局的蜕变。

① 《史记》卷八七《李斯列传》载其二世时为相，下狱，"赵高使其客十余辈诈为御史、谒者、侍中，更往复讯斯"。第 2561 页。时赵高为郎中令侍中用事，可见秦时内朝侍御史等即可代表皇帝讯事案问。《汉书》卷六七《胡建传》载其武帝末为军正丞，有"监军御史为奸，穿北军垒垣以为贾区"；卷九八《元后传》载其祖王翁孺"为武帝绣衣御史，逐捕魏郡群盗坚卢等党与，及吏畏懦逗遛当坐者，翁孺皆纵不诛。它部御史暴胜之等奏杀二千石，诛千石以下，及通行饮食坐连及者，大部至斩万余人"。第 2910、4013 页。东汉以来御史监军、督事、案狱愈多，即承此而来。

第六章

相辅相成的考核与监察制度（中）

——魏晋至隋唐的考核与监察

汉武帝以来的集权进程固然影响了考核和监察的状态，但直到东汉，整套制度的格局还未发生重大转折。在某些时期，尽管皇帝有意通过改革考核或厉行监察等手段，以加强对百官的督责，却仍是波折重重，进展不大。如西汉元帝时，经师京房曾拟定过一种小范围试行的"考功课吏法"，虽得元帝和少数大臣赏识，却因其"烦碎"和"令上下相司"，有悖朝野认同的委任责成精神，遂被认为"不可行"，勉强在魏郡试行而仍阻力重重，终被废除。① 东汉光武帝和明帝通过尚书台厉行集权，为政苛察，长吏违法不待考核而

---

① 《汉书》卷七五《京房传》，第 3161～3167 页。《晋书》卷三四《杜预传》载其泰始中守河南尹，受诏为黜陟之课，称"昔汉之刺史，亦岁终奏事，不制算课，而清浊粗举。魏氏考课，即京房之遗意，其文可谓至密。然由于累细，以违其体，故历代不能通也。岂若申唐尧之旧，去密就简，则简而易从也"。第 1026 页。所述"魏氏考课"当指刘劭之法，亦有取于京房而仍被杜预视为过于碎密，与政体有违而难通。

辄罢废，到章帝时也被重新调整到了相对宽厚的轨道上。① 显然，长期形成的现实不可能一下子改变，对烦碎细苛而有失礼治教化大体的统治作风，业已成长为社会和政治中坚的士大夫更甚疑惧和厌烦，这就从根底里阻滞了监察不断向更广更深处渗透的势头，也使考核和监察的主辅关系仍然维持了很长时间。

从呈现种种乱世之兆的东汉晚期，到真正陷于乱世动荡的魏晋南北朝，考核和监察及其相互关系均发生了重大变化，至隋唐对此加以总结，相关制度的宏密严整已远超汉代，其所解决、发生的问题，均意味着官僚管理和控制体系进入了新的发展时期。以下先勾勒魏晋以来考核和监察制度的演变线索，再考察两者在隋唐时期的具体状态。

第一节　魏晋南北朝考核与监察的演变

魏晋以来考核与监察制度及其相互关系的发展，至东晋南朝与十六国北朝呈现了不同的线索脉络，又有不少共同的问题和倾向，并在相互影响中最终汇聚为隋唐的相关制度。

一　魏晋南朝考核的衰颓和监察的强劲

东汉以后的动荡分裂局面和政治、社会状况，极不利于考核的开展，监察长期充当了僭主霸王厉行控制或维持集权的主要手段。尤其是魏晋和南朝的宋、齐、梁、陈，考核制度的持续修订和流产，

① 《后汉书》卷三《章帝纪》末论曰："魏文帝称'明帝察察，章帝长者'。章帝素知人厌明帝苛切，事从宽厚……又体之以忠恕，文之以礼乐，故乃蕃辅克谐，群后德让。谓之长者，不亦宜乎。"同书卷七六《循吏传》序："然建武、永平之间，吏事深刻，亟以谣言单辞，转易守长。故朱浮数上谏书，箴切峻政，钟离意等亦规讽殷勤，以长者为言，而不能得也。所以中兴之美，盖未尽焉。自章、和以后，其有善绩者往往不绝。"第159、2457页。

监察制度的花样翻新和加强，可说是当时官僚管理和控制体系的一个突出现象。

魏晋以来，如何重整已在东汉末年战火中变得零散不堪的考核办法，如何把那些反映新趋向的局部调整纳入一套相对完整的制度体系之中，一直是极大困扰着统治者的难题。每当一时一地政局稍显稳定，这个问题总会被提上议事日程，但动荡多变的政局，大量非正式临时性任职的盛行，整套行政体制的名实错综，士族与军将、新贵等利益集团的歧见，却总是使之议而不决或决而难行。具体如魏明帝景初年间（237～239），曾令散骑常侍也是《魏律》主要起草人之一的刘劭制订了"都官考课法"72条，事下公卿百僚审议讨论，却因明帝驾崩且其内容难通而搁置不行。① 10年以后，司马懿操持国柄时，亦命其心腹王昶"撰百官考课事"；② 至晋武帝泰始年间（265～274），又命《晋律》主要起草者之一的河南尹杜预"为黜陟之课"；③ 惠帝时，吏部尚书刘颂欲改变官僚调迁过快的状态，以便"考课其能，明其赏罚"。④ 这些议案似皆未见贯彻，应与

---

① 《三国志》卷二一《魏书·刘劭传》，第619～620页。同卷《傅嘏传》载其难劭考课论曰："以古施今，事杂义殊，难得而通也。"卷二二《卢毓传》载其青龙二年为侍中，对帝曰："古者敷奏以言，明试以功，今考绩之法废，而以毁誉相进退，故真伪浑杂，虚实相蒙。"帝纳其言，即诏作考课法。卷二四《崔林传》："散骑常侍刘劭作《考课论》，制下百僚。林议曰：'……考课之法存乎其人也。及汉之季，其失岂在乎佐史之职不密哉？方今军旅，或猥或卒，备之以科条，申之以内外，增减无常，固难一矣……《易》曰：易简，而天下之理得矣。太祖随宜设辟，以遗来今，不患不法古也。以为今之制度，不为疏阔，惟在守一勿失而已。若朝臣能任仲山甫之重，式是百辟，则孰敢不肃？'"大意皆谓刘劭考课法古今相杂，繁密不简，难以施行。第623、652、680～681页。

② 《三国志》卷二七《魏书·王昶传》，第749页。

③ 《晋书》卷三四《杜预传》，第1026～1027页。

④ 《晋书》卷四六《刘颂传》载其武帝时为河内太守，上疏称其时"清议不肃，人不立德，行在取容，故无名士；下不专局，又无考课，吏不竭节，故无高能。无高能，则有疾世事；少名士，则后进无准，故臣思立吏课而肃清议"。惠帝时转吏部尚书，"建九班之制，欲令百官居职希迁，考课能否，明其赏罚。贾郭专朝，仕者欲速，竟不施行"。第1307、1308页。

其内容多古今错综，清议与考评相杂而争议较大相关。

阻碍考课新制贯彻的各种因素，自然也会影响当时循汉旧例考核的实效。① 魏明帝时大臣何曾上疏，即述当时官僚"在官积年，惠泽不加于人。然于考课之限，罪亦不至谴免"。② 东晋以来士族安流平进、军将拥兵自重，这对官僚任免调迁的干扰正如应詹所说："中间以来，迁不足竞，免不足惧。或有进而失意，退而得分。莅官虽美，当以素论降替；在职实劣，直以旧望登叙。校游谈为多少，不以实事为先后。以此责成，臣未见其兆也。"③ 职务授受升降几乎无关考课，其况在京官尤为严重，④ 故朝廷只能尽可能维系切关民生财政的各地长吏考课，如司马睿建立东晋前夕，即"诏二千石长吏以入谷多少为殿最"；⑤ 南齐武帝永明三年（485）、明帝建武二年（495），都明确要求对地方官"严课农桑"

① 《三国志》卷五〇《妃嫔孙破虏吴夫人传》裴注引《志林》曰："按会稽贡举簿，建安十二年到十三年阙，无举者，云府君遭忧，此则吴后以十二年薨也。八年、九年皆有贡举，斯甚分明。"第1196页。是汉末上计仍在进行，曹魏的考核，如《晋书》卷四〇《贾充传》载其魏时"拜尚书郎，典定科令，兼度支考课，辨章节度，事皆施用"；卷六〇《解系传》载其父俰，为"魏琅邪太守、梁州刺史，考绩为天下第一"。第1165、1631页。

② 《晋书》卷三三《何曾传》，第994页。

③ 《晋书》卷七〇《应詹传》，第1860页。

④ 《南齐书》卷二八《崔祖思传》载其齐初启陈政事，曰"今无员之官，空受禄力，三载无考绩之效，九年阙登黜之序，国储以之虚匮，民力为之凋散。能否无章，泾渭混流"。第518页。

⑤ 《晋书》卷二六《食货志》，其下文又载太兴元年诏徐、扬二州督令种麦。第791页。同书卷六《元帝纪》太兴元年七月戊申诏："二千石令长当祗奉旧宪，正身明法，抑齐豪强，存恤孤独，隐实户口，劝课农桑。州牧、刺史当互相检察，不得顾私亏公。"第150页。又《宋书》卷五《文帝纪》元嘉八年闰六月诏："自顷农桑惰业，游食者众，荒莱不辟，督课无闻……郡守赋政方畿，县宰亲民之主，宜思奖训，导以良规，咸使肆力，地无遗利，耕蚕树艺，各尽其力。若有力田殊众，岁竟条名列上。"二十一年七月诏南徐、兖、豫及扬州、浙江西属郡"自今悉督种麦"，徐、豫二州课垦稻田，"凡诸州郡，皆令尽勤地利，劝导播殖，蚕桑麻纻，各尽其方，不得但奉行公文而已"。第80、92页。

"考校殿最"。① 但直至南朝结束，在日益加深的社会动荡和政治危机中，不仅总结旧制、开创新制的任务远未完成，最终则连形同具文的考核也难维持了。梁末侯景之乱后，"百官无复考校殿最之法"。②

与考核制度的颓势形成鲜明对照的，是监察制度相对切实的发展。如曹魏代汉前后及孙吴时期，均曾设"校事"等职广行刺探纠察，③ 即反映了政局动荡之际统治者不惜以非常规举措来强化控制的倾向。而常规的措施，如东汉末年刺史开始成为地方最高长官，统掌一地军政的都督制度也发展了起来，以往以刺史为主监察地方官僚的格局为之一变，各种临时性特遣使职很快便在朝廷对地方军政长官的监察中占据了重要位置。从汉献帝延康元年（220）曹魏代汉前夕"遣使者循行郡国"起，④ 各朝各代遣使或遣大使"巡

---

① 《南齐书》卷三《武帝纪》永明三年正月诏："守宰亲民之要，刺史案部所先，宜严课农桑，相土揆时，必穷地利。若耕蚕殊众，足厉浮堕者，所在即便列奏。其远方骄矜，佚事妨农，亦以名闻。将明赏罚，以劝勤怠。校核殿最，岁竟考课，以申黜陟。"同书卷六《明帝纪》建武二年正月诏："守宰亲民之主，牧伯调俗之司，宜严课农桑，罔令游惰，揆景肆力，必穷地利，固修堤防，考校殿最。若耕蚕殊众，具以名闻，游急害业，即便列奏。主者详为条格。"第50、87页。又《梁书》卷二《武帝纪中》天监十五年正月诏将黜陟守宰，命"长吏劝课，躬履堤防，勿有不修，致妨农事。关市之赋，或有未允，外时参量，优减旧格"。第56页。

② 《通典》卷一四《选举二·历代制中》，典七九。

③ "校事"创于曹操执政时，罢于齐王芳嘉平中。《三国志》卷二四《魏书·高柔传》载曹操以柔"为刺奸令史，处法允当，狱无留滞，辟为丞相仓曹属"。后为法曹掾，"时置校事卢洪、赵达等，使察群下，柔谏曰：'设官分职，各有所司。今置校事，既非居上信下之旨，又达等数以憎爱擅作威福，宜检治之。'太祖曰：'卿知达等，恐不如吾也。要能刺举而办众事，使贤人君子为之，则不能也。昔叔孙通用群盗，良有以也。'达等后奸利发，太祖杀之以谢于柔"。同书卷四七《吴书·吴主传》赤乌元年，"初，权信任校事吕壹，壹性苛惨，用法深刻。太子登数谏，权不纳，大臣由是莫敢言。后壹奸罪发露，伏诛"。第683~684、1142页。另参见《三国志》卷一四《魏书·程昱传》附孙《晓传》、卷二二《魏书·卫臻传》，以及卷六一《吴书·潘濬传》《陆凯传》，第430~431、648、1399、1407页。

④ 《三国志》卷二《魏书·文帝纪》延康元年二月裴注引《魏书》载"辛亥，赐诸侯王将相已下大将粟万斛，帛千匹，金银各有差等。遣使者循行郡国，有违理掊克暴虐者，举其罪"。后文又载黄初六年春二月，"遣使者循行许昌以东尽沛郡，问民所疾苦，贫者振贷之"。第58、84页。

行""循行""分行"四方展开多种监察活动的做法，在很大程度上替代了类于原刺史的职能。① 显然，只要朝廷还保持着必要控制力，在考核难以凭借时，加强监察就是理所当然的选择。② 而加强监察首先就要强化御史台的功能，表6-1即为魏晋以来御史台的沿革状况。不难看出，在此期考核新制频频流产时，这个以御史中丞为首的最高监察机构已获极大发展。

表6-1　魏晋南北朝御史台沿革概要

	曹魏	晋	宋	齐	梁	陈	北魏	北齐
御史中丞	一人，为台主（黄初时一度改称宫正）	御史中丞			初改御史大夫，天监时复称中丞	御史中丞	改称御史中尉	御史中丞
治书侍御史	二人，掌律令；又置持书执法，掌奏劾	四人，掌举劾，分统侍御史若尚书左、右丞；泰始四年又置黄门狱，掌诏狱；太康时，减为二人	二人，掌举劾官品第六以上，分统侍御史					二人，掌纠禁内，朝会失时、章服违错、飨宴会见，悉所监之

① 如《晋书》卷三《武帝纪》泰始二年正月丙戌，"遣兼侍中侯史光等持节四方，循省风俗，除禳祝之不在祀典者"。四年七月，"遣使者侯史光循行天下"。第53、57页。《宋书》卷六四《裴松之传》载"太祖元嘉三年，诛司徒徐羡之等，分遣大使，巡行天下"，班宣诏书，还具条奏。第1699～1700页。《魏书》卷二《太祖纪》天兴四年二月丁酉，"分命使者循行州郡，听察辞讼，纠劾不法"。第38页。例多，不赘举。

② 《晋书》卷三《武帝纪》泰始四年六月丙申诏："郡国守相，三载一巡行属县，必以春，此古者所以述职宣风展义也。见长吏，观风俗，协礼律，考度量，存问耆老，亲见百年。录囚徒，理冤枉，详察政刑得失，知百姓所患苦。无有远近，便若朕亲临之。"第57页。除遣使巡察外，晋武帝把汉代守相每年行县改为三载一巡，即寓有以监察取代考课之意。

续表

	曹魏	晋	宋	齐	梁	陈	北魏	北齐
侍御史及所统曹属	八人,掌察举非违;统有治书曹,掌度支运;课第曹,掌考课;余曹不详	九人,统有吏、课第、直事、印、中都督、外都督、符节、水、中垒、营军、算、法等共十三曹;东晋初省课第曹,增库曹,稍后分库曹为外左库、内左库曹,共十四曹	十人,统曹同左,元嘉时减为十三曹,至顺帝又减为十一曹	十人,统曹不详	九人,统曹不详	不详	八人,统曹不详	
殿中侍御史	二人,居殿内,察非法	西晋四人,东晋二人	二人	二人	四人,掌殿内、禁卫内事	二人	不详	十二人
其他御史	有禁防、三台、五都、督军粮等御史	有符节、禁防御史,东晋太元时又置检校、督运御史	不详				太和末置检校御史	检校御史十二人

备注:

本表据《晋书·职官志》、《宋书·百官志下》、《南齐书·百官志》、《魏书·官氏志》、《隋书·百官志》及《通典》卷二四《职官六·御史台》、洪饴孙《三国职官表》编制。

　　御史中丞仍为台主,大体皆掌督司百僚,奏劾不法。汉代参决刑狱的治书侍御史,现已成为协助中丞统领台内众务和肃正纲纪的副贰,这就强化了御史台的组织和工作秩序。其余御史逐渐被区分为三组。第一组仍称侍御史,所领曹署已从汉代的五个增至十余个,[①] 从而意味着其监察面的扩大及令史等辅助人员的成倍增加。第二组为殿中侍御史,其职责是"居殿中伺察非法"或"掌殿中禁

---

① 《通典》卷三六《职官十八·魏官品》载"部曹侍御史",在第六品。典一〇六。

卫内事"，实际上是把东汉侍御史的部分职能专门化了。① 第三组为掌管诸专务的御史，这也是从汉代有关做法发展过来的。如西晋有掌管符节的符节御史、禁防宫殿的禁防御史。② 东晋孝武帝太元年间（376~396），又增设了监察宫禁以外百官的检校御史和督理转运事务的督运御史。③ 这种在东汉以来侍御史分化组合基础上形成的分曹理务和外出督司之制，代表了御史台主体部分建制的新轮廓，也真切体现了御史台监察职能的强化，及其在维护日常行政秩序和督察大政要务上的作用。④ 特别是"皇太子以下无所不纠"的御史中丞，晋以来常以侍中担任而人主倚重，百僚震肃，声威显赫，⑤ 这正是由于当

---

① 《续汉书·百官志三》载侍御史十五人，"凡郊庙之祠及大朝会、大封拜，则二人监威仪，有违失则劾奏"。《后汉书》，第 3599 页。

② 《宋书》卷四〇《百官志下》载秦汉有符节令，"汉至魏别为一台……晋武帝泰始九年，省并兰台，置符节御史掌其事焉"。第 1251~1252 页。又汉初"符玺御史赵尧"，当是侍御史尚玺者。见《汉书》卷四二《周昌传》，第 2096 页。禁防御史魏、晋皆有，第七品。见《晋书》卷二四《职官志》，第 738 页。曹魏另有三台五都侍御史，亦第七品。见杜佑《通典》卷三六《职官十八·魏官品》，典一〇六。另《三国志》卷六五《吴书·楼玄传》载其"孙休时为监农御史"。第 1454 页。

③ 《晋书》卷九《孝武帝纪》太元六年正月丁酉，"初置督运御史官"；卷二四《职官志》载"孝武太元中有检校御史吴珉"。第 231、739 页。其源出《汉官仪》卷上："侍御史出督州郡赋税、运漕军粮"。孙星衍等辑《汉官六种》，第 145 页。《三国志》卷二三《魏书·杜袭传》载其曹魏代汉时"为督军粮御史，封武平亭侯，更为督军粮执法，入为尚书"。第 667 页。

④ 《南齐书》卷三三《王僧虔传》载其刘宋时"入为侍中，迁御史中丞，领骁骑将军，甲族向来多不居宪台，王氏以分枝居乌衣者，位官微减。僧虔为此官，乃曰：'此是乌衣诸郎坐处，我亦可试为耳。'"甲族不愿居宪台，正是御史台监察之务繁剧而易树敌，当时士风不喜之故。《晋书》卷七一《熊远传》载其东晋初为御史中丞，称"今当官者以理事为俗吏，奉法为苛刻，尽礼为诌谀，从容为高妙……朝廷法吏多出于寒贱，是以章书日奏而不足以惩物"。第 1887~1888 页。《颜氏家训·风操第六》："江南诸宪司弹人事，事虽不重，而以教义见辱者，或被轻系而身死狱户者，皆为怨仇，子孙三世不交通矣。"第 122 页。

⑤ 东汉以来中丞不得纠尚书，《晋书》卷四七《傅玄传》附子《咸传》载其惠帝时为司隶校尉，力辩中丞、司隶俱可纠皇太子以下，"得纠皇太子而不得纠尚书，臣之暗塞既所未譬"。所述"条理灼然，朝廷无以易之"。同书卷七一《熊远传》载其东晋初为御史中丞，"时尚书刁协用事，众皆惮之……远疏免协官"。第 1329~1330、1887 页。两晋间御史台开始将尚书纳入监察范围，为其监察权势扩展的重要标志。关于中丞弹劾、震肃等故事，参见虞世南《北堂书钞》卷六二《设官部十四·御史中丞八十五》，第 268~269 页。

时"为国之急，惟在执宪直绳"，考绩已因多重牵制难以讲求，故须尽可能监察非违以使"纲维略举"。①

　　除以御史台为代表的专门监察机构外，行政上下级监督也已明显加强了。这一点突出体现在尚书台职能的扩展上。如前所述，自东汉后期"选举诛赏一由尚书"，尚书台在行政监督中的主导地位已经确立。然而东汉末年只有五六个曹署的尚书台，到魏晋很快便发展成了统有二三十个曹署的尚书省，② 这本身就强烈地表明了由之实施的行政监督的空前广度和深度。再者，建制庞大而严密的尚书省，固然由于中书省和门下省的崛起而已要统会众务，却仍保持了直属皇帝参与最高决策的地位。也就是说，与汉代丞相和三司的监督不同，此时尚书省展开的行政监督仍然是在代皇帝"执法"。因而魏晋以来尚书令、仆射不仅总领政务，位望愈趋尊显，而且也被朝野公认为是上应星象的最高执法官。③ 其职责中则前所未有地包括了弹劾御史台应纠不纠或所纠

---

　　① 《梁书》卷三四《张缅传》附弟《绾传》载其为御史中丞，"高祖遣其弟中书舍人绚宣旨曰：'为国之急，惟在执宪直绳，用人本不限升降。晋宋之世，周闵、蔡廓并以侍中为之，卿勿疑是左迁也。'"第 503 页。《陈书》卷二六《徐陵传》载其天嘉六年任御史中丞，"时安成王顼为司空，以帝弟之尊，势倾朝野"，陵依仪弹奏，"遣殿中御史引王下殿，遂劾免侍中、中书监。自此朝廷肃然"。同书卷三四《文学·褚玠传》载其宣帝时为御史中丞，"自梁末丧乱，朝章废弛，司宪因循，守而勿革，玠方欲改张，大为条例，纲维略举，而编次未讫，故不列于后焉"。第 332、461 页。

　　② 《宋书》卷三九《百官志上》，第 1233~1238 页。

　　③ 《宋书》卷二四《天文志二》载晋成帝咸康六年"四月丁丑，荧惑犯右执法。占曰：'执法者忧。'……是时尚书令何充为执法，有谮欲避其咎，明年，求为中书令"。同书卷二五《天文志三》载晋孝武帝宁康三年"九月戊申，荧惑奄左执法。占曰：'执法者死。'太元元年……十月，尚书令王彪之卒"。又载安帝义熙三年八月己卯，"太白奄荧惑，又犯执法"；辛卯，"荧惑犯左执法……四年……三月，左仆射王安国卒"。同书卷五一《宗室·刘义庆传》载其为长沙景王道怜次子，元嘉"六年，加尚书左仆射。八年，太白星犯右执法，义庆惧有灾祸，乞求外镇。太祖诏譬之……义庆固求解仆射，乃许之，加中书令"。第 710~711、722、731~732、1476 页。

不当的内容。① 西晋以来御史台与尚书省互相监察的地位和关系，一度处于纷纭之中，② 到南北朝，由尚书左仆射和左丞兼掌执法弹劾的规定已得明确，尚书省广泛监督包括御史台官僚在内的各种违法失职者的地位再无异议。正由于尚书省具有明确的监督功能，在魏晋以来强藩林立的严峻形势下，皇帝也常随时权置一个性质类于尚书省而规模较小的"行台"（或称"行台省"），用以外出就近管辖和监督某些重要地区或重大军政活动。③

由上可知，在魏晋以来考核陷于困境时，监察的方方面面虽亦受到多种制约，却仍通过一系列变化发挥了相对切实的作用。就其总的背景而言，当时的整套行政体制，正在错综动荡的表象之下，按进一步集权的方向经历极其深刻的变化。以尚书省为总枢纽，且得中书、门下省有力协助的皇帝，已把自己的控制分门别类地贯穿到以往无法达到的领域。以之为主导，整套行政建制变得条块错综，官员和机构的行政独立性大为减弱，上下左右的行政关系日趋复杂，空前频繁而对口贯彻的行政指令，各机构之间的协调和牵制，开始成为行政过程的基本特点。从官僚控制的角度看，这些都意味着各地各部门长官原来比较完整的权力，已被反复切割而趋破

---

① 李林甫等《唐六典》卷一《都省》引《宋百官阶次》云："仆射职为执法，置二则曰左右执法。"并述唐尚书左右丞，"若御史有纠劾不当，兼得弹奏"。第7页。《宋书》卷四二《王弘传》载其宋初迁尚书仆射，奏弹谢灵运，兼弹御史中丞王淮之默而不纠，请免所居官。并载尚书劾纠御史原先"不得用风声举弹"，自王弘此奏而可。第1313页。梁、陈及北齐至隋尚书令、仆与御史中丞皆"更相廉察"。见《隋书》卷二六至二八《百官志》上、中、下，第721、752、792页。

② 《宋书》卷三九《百官志上》："汉制，公卿、御史中丞以下，遇尚书令、仆、丞、郎，皆辟车豫相回避，台官过，乃得去。今尚书官上朝及下，禁断行人，犹其制也。"第1237页。汉代尚书台在内廷执掌机要，故御史中丞见尚书官员须回避，魏晋以来尚书省渐以统会众务为主要职责，遂有御史能否纠劾尚书台官的争执，最终形成了御史与尚书相互纠察的格局。

③ 《三国志》卷二二《魏书·陈群传》附子《泰传》载其为尚书左仆射，"诸葛诞作乱寿春，司马文王率六军军丘头，泰总署行台"。第641页。自后行台见于史载渐多，参见杜佑《通典》卷二二《职官四·行台省》，典一三四。

碎；意味着皇帝对百官、朝廷对地方、上级对下级的控制已日益渗透至具体行政过程。要而言之，此期考核和监察制度一颓一振的发展态势，实际上是新旧官僚控制格局转换的过渡现象，魏晋以来的集权化进程，正在导向委任责成的体制精神和控制原则的终结。

二　考核与监察地位消长的内涵

魏晋南北朝时期官僚制度的诸多乱象背后，是公卿体制向三省体制发展变迁的大势，与之相应，在上面所述考核和监察一消一长的背后，也潜藏着一些深刻的变化。

在考核领域，三省制所代表的上下左右行政关系的不断发展，以往长官主导、功绩至上的简要，正在向诸司和相关官僚间不断协同、牵制的细密转化。在官僚权力被反复切割，其责任不能不趋于含混的前提下，功绩标准开始被淡化。以魏晋制定的考核新制来说，曹魏明帝时刘劭制定的都官考课法，要点是"欲使州郡考士，必由四科，皆有事效，然后察举，试辟公府，为亲民长吏，转以功次补郡守者，或就增秩赐爵……至于公卿大臣及内职大臣，亦当俱以其职考课之也"。可见这个多达 72 条的章程不仅"可谓至密"，而且突出了行能标准在考核中的重要性，故时人喻其为重新捡起了"令上下相司"的京房考课法的本旨。[①] 此后，王昶撰集的考核办法中，透露了把全国官职分为许多类型，各定一套标准加以考核的倾向。刘劭考课法中"公卿及内职大臣率皆考之"的用意，在王昶的办法中得到了贯彻。据其片断记载，内职大臣如尚书、侍中，已被定为一类，公卿中诸卿又是一类，各有五个事项的考核标准，其中

---

① 《三国志》卷一六《魏书·杜畿传》附子《恕传》，第 500~501 页。其载杜恕时为散骑黄门侍郎，上疏曰："……今奏考功者，陈周、汉之法为，缀京房之本旨，可谓明考课之要矣。于以崇揖让之风，兴济济之治，臣以为未尽善也。"又《晋书》卷三四《杜预传》载其受诏作考课法，亦称"魏氏考课，即京房之遗意，其文可谓至密。然由于累细，以违其体，故历代不能通也"。第 1026 页。

占有较大比重的，是其具体行政过程是否顾全大局，公清勤慎。① 晋代杜预的考核方案也汲取了王昶的设想，② 在扬弃刘劭之法的基础上"去繁就简"，但与汉法相比，这个"委任达官，各考所统"，每年一考，六考黜陟，积优者升进，累劣者降免的方案，已夹杂了荐举、行能、名望等多重因素。其判别官僚孰为劣、孰为优的过程，已很难再以明确和便于衡量比较的功绩为据，而是须按官职的不同性质和职务难易来"准量轻重，微加降杀"，故其考核过程也就不能不与士林的"风声""清议"和监察部门的弹纠，结成更为紧密的关系。③

汉代的考课制度相对简略，将之严密化有其必要。魏晋所撰考课新制也的确包含了合理成分，尤其是诸家所示各定标准、分类考核的共同倾向，对人事管理实有重要意义。但三省制主导的行政体制发展意味着权力的过度切割，意味着上下左右的过度控制和协调、牵制，使权、责关系趋于模糊，功劳大家有份，过失

---

① 《艺文类聚》卷四八《职官部四·尚书》引王昶考课事曰："尚书侍中考课：一曰掌建六材以考官人，二曰综理万机以考庶绩，三曰进视惟允以考谠言，四曰出纳王命以考赋政，五曰罚法以考典刑。"欧阳询：《艺文类聚》，汪绍楹校，上海古籍出版社，1999，第860页。虞世南《北堂书钞》卷五三《设官部五·诸卿总十六》引王昶考课事曰："卿考课，一曰掌建邦国以考制治，二曰九功时叙以考事典，三曰经纶国体以考奏议，四曰共属众职以考总摄，五曰明慎用刑以考留狱。"第214页。是不同官职各有考核标准。

② 《三国志》卷二七《魏书·王昶传》载其"撰百官考课事，昶以为唐虞虽有黜陟之文，而考课之法不垂，周制冢宰之职，大计群吏之治而诛赏，又无校比之制。由此言之，圣主明于任贤，略举黜陟之体，以委达官之长，而总其统纪，故能否可得而知也。其大指如此"。第749页。可见其制亦如刘劭综取周、汉，并取京房法加强"校比"，突出了长官主导和逐级考核的原则。《晋书·杜预传》载其所撰考课法宗旨是"申唐尧之旧，去密就简，则简而易从……委任达官，各考所统"云云。第1026页。

③ 《晋书·杜预传》载其考课法概要："在官一年以后，每岁言优者一人为上第，劣者一人为下第，因计偕以名闻。如此六载，主者总集采案，其六岁处优举者超用之，六岁处劣举者奏免之，其优多劣少者叙用之，劣多优少者左迁之。今考课之品，所对不钧，诚有难易。若以难取优，以易而否，主者固当准量轻重，微加降杀，不足复曲以法尽也。《己丑诏书》以考课难成，听通荐例。荐例之理，即亦取于风声。六年顿荐，黜陟无渐，又非古者三考之意也。今每岁一考，则积优以成陟，累劣以取黜。"第1027页。可见当时因考课难据而曾下诏结合荐举升擢官员。

法不责众，① 也就势必会把考核制度引向关注官僚在行政过程中表现出来的素质和才干，而不是其实际绩效的方向上。而素质和才干的衡量一旦与实际功绩脱钩，考核过程便终将陷入以风评，实际也就是以人际关系来定等和赏罚的泥潭，结果则是考核对官僚建功立业的激励功能的丧失。从晋宋地方官黜陟按杜预考课法规定的那样以六年为期，② 以及监察在当时考核过程中的地位进一步突出等事实来看，魏晋以后考课的制度条文，正是沿着刘劭、王昶、杜预考课法所示轨道继续发展的。而其所以在发展中显得缺乏实效，时局严峻固然是重大原因，但严峻时局下政体和考核制度的上述变迁，恐更难辞其咎。

同样，权力过于集中引起的行政结构犬牙交错，官僚权力日益支离，相应责任趋于模糊，这一切既为监察的深入提供了条件，也对监察提出了更高要求。因而魏晋以来监察领域的盛况，并非汉制的原样放大或加苛，而是不断推陈出新，把监察触角伸入各项行政过程的深处。就其中直接与政体状态相关的行政监督而言，重要的趋势大致有二。一是行政关系的复杂化与行政指令的迅猛增加，使行政监督的重点逐渐转到了日常公文的催录、检勘和审复上，行政监督因此更趋深入和细密。各机构公文流转的枢纽即阁下（门下）办公部门，也就成了最为重要的行政监督部门，主管其事的主簿、

---

① 如《晋书》卷四六《刘颂传》载其武帝时累为河内太守、淮南相，上疏论政有曰："今人主不委事仰成，而与诸下共造事始，则功罪难分，下不专事，居官不久，故能否不别。何以验之？今世士人决不悉良能也，又决不悉疲软也。然今欲举一忠贤，不知所赏；求一负败，不知所罚。及其免退，自以犯法耳，非不能也。登进者自以累资及人间之誉耳，非功实也……于今亲掌者动受成于上，上之所失，不得复以罪下，岁终事功不建，不知所责也。"第1302~1303页。
② 《南史》卷七七《恩幸·吕文显传》："晋宋旧制，宰人之官，以六年为限，近世以六年过久，又以三周为期，谓之小满。而迁换去来，又不依三周之制，送故迎新，吏人疲于道路。"第1932页。参见《宋书》卷九二《良吏传》序，第2261页；《南齐书》卷三《武帝纪》永明元年三月癸丑诏，第47页。

录事参军等官也随之上升为地位最高之府僚。① 二是随人事、司法等方面统一控制的深入，各地各部门长官权力削弱，朝廷统一任免的佐官僚属开始对长官形成切实牵制，从而开始形成上下级共同对朝廷负责的新秩序。② 结果是需要随时上报和及时协调处理的事情大大增多，加上考核本身的颓势和不足凭借，平时监督与岁终考核的关系变得疏远起来，行政监督开始独立发挥作用。不难看出，这两个趋势体现的是同一个问题：烦碎细密的"文法"虽为清高的士大夫所不齿，却正在不断浸润而主导整套官僚管理和控制体系。

在御史台和特遣使者监察的强化中，特别值得注意的是监察向考核过程的渗透，及其在考核过程中地位的上升。这首先是因为官僚权、责趋于模糊后，无论是绩效还是才行素质的考评，"真伪混杂，虚实相蒙"的可能已与日俱增，也就不能不更大程度地依赖深入而经常化的监察。魏晋时期在御史台创置专门掌管考课事务的"课第曹"，便是适应此种要求的尝试。③ 尤其是官僚素质和才干的衡量一旦失去实

① 《晋书》卷七五《王湛传》附孙《述传》："试宛陵令，颇受赠遗而修家具，为州司所检，有一千三百条。"可见州司监督之细琐。同书卷六六《陶侃传》载其被庐江太守张夔"召为督邮，领枞阳令。有能名，迁主簿……部勒诸吏"。是主簿地位已在督邮之上。同书卷七一《陈頵传》载其为元帝镇东府录事参军，同僚多避事任，頵议："自今临使称疾，须催乃行者，皆免官。"是录事参军已掌府内纲纪。第1963、1768、1893页。《宋书》卷三九《百官志上》载东晋以来公府僚属，录事曹位在诸曹包括东、西曹之上。第1223页。

② 《三国志》卷九《魏书·曹休传》载曹操以曹洪征刘备，"以休为骑都尉，参洪军事。太祖谓休曰：'汝虽参军，其实帅也。'洪闻此令，亦委事于休"。第279页。《晋书》卷四二《唐彬传》载武帝"以彬为使持节，监幽州诸军事，领护乌丸校尉、右将军……鲜卑诸种畏惧，遂杀大莫廆。彬欲讨之，恐列上俟报，虏必逃散，乃发幽冀诸牛。参军许祗密奏之，诏遣御史槛车征彬付廷尉，以事直见释"。第1219页。《宋书》卷四五《刘粹传》附《刘道济传》载其刘宋时为益州刺史，欲"以五城人帛氐奴、梁显为参军督护"，其长史费谦"固执不与"。第1381页。《南史》卷四九《庾杲之传》附《庾荜传》载其萧齐时为荆州别驾，刺史萧惔命其立籍，证明惔之旧部邓元起曾为荆州从事，荜不从，"惔不能折，遂止"。第1211页。以下制上最为突出的是南朝的典签，参见赵翼《廿二史札记》卷一二《齐制典签之权太重》，第156~157页。

③ 《宋书》卷四〇《百官志下》，第1251页。据尚书令、仆与御史相互监督的法意，御史台课第曹与尚书省主管考课的考功曹显然也是相互监督的关系。

际政绩这个唯一可靠的定准，就会无可避免地落入"以毁誉相进退"、以"采言聆风"来"黜幽升明"的局面，[①] 从而导致考核与监察差别减少而功能趋同，也就会改变汉以来考核与监察一主一辅的基本格局。

考核由于种种原因难以正常展开，而官僚管理和统治过程所必需的赏罚又要尽可能切实进行，以监察代替考核，或以合监察与考核为一的方式来确定官僚称职与否和殿最高下，便成了风行的做法。这在当时地方官督课中表现最为突出。前面谈到汉以来刺史制变质时曾指出，各种临时性使节已在朝廷对各地的监察中发挥了重大作用，其巡察职能中便经常包含考核地方官的内容。如西晋初司徒石苞奉诏遣掾史出巡，"督察州郡播殖"，"举其殿最然后黜陟"。[②] 南朝如宋文帝元嘉三年（426）及明帝泰始元年（465）、泰豫元年（472）遣使或遣"大使"分行四方，都明确负有亦察亦考的任务。[③] 因此，在魏晋以来的官僚管理和控制体系的发展中，除表层发生的一系列事件外，其深层权力结构的演化和委任责成精神的蜕变，实质上已经不可逆转地改变了汉以来考核、监察制度的状态和相互关系，也潜移默化地酝酿了隋唐有关制度的精神。

三　北朝考核与监察的状态

在魏晋到隋唐制度的起承转合中，北朝居枢纽地位。汉以来整套行政体制的演变，包括考核、监察制度的上述转折，也包括东晋

① 《三国志》卷二二《魏书·卢毓传》，第 652 页。《宋书》卷六《孝武帝纪》大明七年十月丙寅诏，第 133~134 页。

② 《晋书》卷三三《石苞传》，第 1003 页。同书卷一二二《吕光载记》载太元十四年，"张掖督邮傅曜考核属县，而丘池令尹兴杀之，投诸空井"。第 3059 页。可见当时郡对各县往往也合监察与考核为一。

③ 《宋书》卷五《文帝纪》元嘉三年五月乙巳诏、卷八《明帝纪》泰始元年十二月癸酉诏、卷九《后废帝纪》泰豫元年六月壬辰诏，第 75、154、178 页。又同书卷四七《刘怀肃传》附侄《真道传》载元嘉十三年，"上遣扬州治中从事史沈演之巡行在所，演之上表曰：'……窃见钱唐令刘真道、余杭令刘道锡，皆奉公恤民，恪勤匪懈，百姓称咏，讼诉希简……并为二邦之首最，治民之良宰。'"第 1405 页。

南朝陆续积累的经验、教训，在实际历史过程中大都是通过北朝汲取扬弃后，才为隋唐完全消化的。北族尤其是鲜卑各族部带来了草原民族的质简直率，在一定程度上扭转了长期以来考核的颓势，但随着汉化程度的不断加深和对南朝制度的模仿、吸收，特别是由于专制集权这个紧附于华夏社会肌体的政治灵魂，北朝的考核和监察制度，很快又在重重波折和变异中重现魏晋时期形成的基调和特征。其况可以北魏为例加以说明。

北魏前期，考核制度已日益受到统治者关注，并在政策的络绎调整和不时反复中逐步趋于正常。① 到厉行改革和汉化政策的孝文帝时期（471～499），除对太武帝拓跋焘以来的地方官考核制度做了整顿外，② 太和十八年（494）起，又推动最为复杂、困难的京官考核走上了正轨，当时定制地方官和京官皆按既定行政层级三年考核一次；六品以下官员的考等和赏罚，由尚书省审核后报皇帝批准；五品以上则由皇帝亲自与公卿大臣会议裁定，上上者迁之，下下者黜之，中中者守本任。③ 这套考核制度表面上相当规整，但实际贯

① 《魏书》卷四上《世祖纪上》太延元年十二月甲申诏，卷五《高宗纪》太安五年九月戊辰诏、和平二年五月癸未诏。第86、118、119页。

② 《魏书》卷七上《高祖纪上》延兴二年十二月庚戌诏牧守久任，"岁积有成，迁位一级。其有贪残非道，侵削黎庶者，虽在官甫尔，必加黜罚。著之于令，永为彝准"。三年二月甲戌诏"县令能静一县劫盗者，兼治二县，即食其禄；能静二县者，兼治三县，三年迁为郡守。二千石能静二郡，上至三郡，亦如之，三年迁为刺史"。五年二月癸丑"诏定考课，明黜陟"。卷七下《高祖纪下》太和十五年正月孝文帝亲政，十一月"乙亥，大定官品。戊寅，考诸牧守……丁亥，诏二千石考在上上者，假四品将军，赐乘黄马一匹；上中者，五品将军；上下者，赐衣一袭"。第138、141、168页。是孝文帝即位之初冯太后和献文帝即重整了地方官考核，亦试图通盘整顿考课制度，至其亲政后进一步推进改革，又将官制、考课放在重要位置。

③ 《魏书·高祖纪下》太和十八年"九月壬申朔，诏曰：'……朕今三载一考，考即黜陟，欲令愚滞无妨于贤者，才能不壅于下位。各令当曹考其优劣，为三等。六品以下，尚书重问；五品以上，朕将亲与公卿论其善恶。上上者迁之，下下者黜之，中者守其本任。'壬午，帝临朝堂，亲加黜陟"。第175页。其内外考课令之制订过程及孝文帝亲临考核朝官之况，参见同书卷二一上《献文六王传上·广陵王羽传》，第546～550页。另参见楼劲《关于北魏后期令的班行问题》，《中国史研究》2001年第2期。

彻似仍问题重重。记载表明，太和末年考核已"旷废"四年，^①至宣武帝景明二年（501）尚书省重定考核"条制"颁下四方，正始二年（505）又再次修订了有关制度，^②但效果似都不如预期。故永平四年（511），宣武帝又专门下诏"通考"景明二年以来百官功过，^③却一直要到延昌三年（514）才最终落实相应的赏罚。^④由此判断，当孝文帝煞费苦心在王肃等人协助下制定考核制度时，固然汲取了魏晋以来中原和南朝相关做法之长，却也不能不沿袭沉积其中的种种问题。

事实上，孝文帝至宣武帝景明、正始年间制定的"考察令"，就已经偏离了讲求实绩的轨道。其考核定等标准"公清独著，德绩超伦，而无负殿者为上上，一殿为上中，二殿为上下，累计八殿，品降至九"，其德行、负殿与绩效相杂衡量，具体操作时不能不产生诸多疑问。如宣武帝时尚书右仆射郭祚奏问："未审今诸曹府寺，凡考在事公清，然才非独著；绩行称务，而德非超伦；干能粗可，而守平堪任；或人用小劣，处官济事，并全无负殿之徒，为依何

---

① 《魏书》卷六三《王肃传》载孝文帝崩后，宣武帝诏其尚陈留长公主，"肃奏：'考以显能，陟由绩著，升明退暗，于是乎在。自百僚旷察，四稔于兹，请依旧式考检能否。'从之"。第1410页。

② 《魏书》卷八《世宗纪》景明二年正月壬戌，诏"分遣大使，黜陟幽明"；三月辛亥，诏"诸州刺史，不亲民事……尚书可明条制，申下四方，令日亲庶事，严勒守宰，不得因循，宽急亏政"；六月丁亥，"考诸州刺史，加以黜陟"。正始二年七月甲戌，诏登位七年，德泽未敷，"贤愚靡分，皂白均贯，非所以革民耳目，使善恶励心。今分遣大使，省方巡检，随其愆负与风响相符者，即加纠黜，以明雷霆之威……襃赏贤者，纠罚淫慝，理穷恤弊，以称朕心"。第193、200页。是宣武帝欲强化地方官督责，而仍遣使以监察代行考课之事。

③ 《魏书·世宗纪》永平四年十二月壬申，诏曰："正始二年以来，于今未考，功过难齐，宁无升降？从景明二年至永平四年，通考以闻。"第211页。

④ 《魏书·世宗纪》延昌三年八月甲申，"帝临朝堂，考百司而加黜陟"。同书卷一九中《景穆十二王传中·任城王云传》附子《澄传》载其孝明帝时上表有曰："景明之初暨永平之末，内外群官三经考课。逮延昌之始，方加黜陟。五品以上，引之朝堂，亲决圣目；六品以下，例由敕判。"第478页。

第?"可见所谓"独著""超伦"，只是些含糊笼统的德行才绩要求，而真正明确也易于衡量的，乃是"负殿"的有无和多少，具体即"诸文案失衷，应杖十者为一负。罪依律次，过随负记"。这是一套与当时已更形严密化了的"文法"相辅而行，"以寡愆为最，多戾为殿"的标准，① 其中显露了当时政坛和考核过程中滋长蔓延的无过即功之风。尤其又在以往基础上规定"任事上中者，三年升一阶，散官上第者，四载登一级"，从而使考核除关系到职务变动、禄秩增减外已更多地体现于品阶升降，其具体操作办法则须区分职事官、散官及文、武之别，并有"折考"之文，"与夺"之节，泛阶前、后之异。② 这些与实际绩效无关的复杂规定，一方面加剧了考核定等过程与政绩脱钩而注重德才条件的倾向，另一方面也标志着考核激励功能的进一步削弱。人称景明以来考格，"自非犯罪，不问贤愚，莫不上中；才与不肖，比肩同转"。③ 又称孝明帝时每当考核，"官冈高卑，人无贵贱，皆饰辞假说，用相褒举……求者不能量其多少，与者不复核其是非"。④ 由此提出的调整建议则均被拒绝或搁置，将这类情况与西晋之时黜陟无章，"普天之下，先竞而后让，举世之士，有进而无退"的状态对照，⑤ 就不难意识到，北魏考核制度虽逐渐完备而效能却趋于退化的历程，恰恰重蹈了魏晋

---

① 以上并见《魏书》卷六四《郭祚传》，其载宣武帝当时答诏："独著、超伦及才备、寡咎，皆谓文武兼上上之极言耳。自此以降，犹有八等，随才为次，令文已具。其积负累殿及守平得济，皆含在其中，何容别疑也。所云通考者，据总多年之言，至于黜陟之体，自依旧来断，何足复请。其罚赎已决之殿，固非免限，遇赦免罪，惟记其殿，除之。"第1424~1425页。

② 见《魏书》卷二一上《献文六王传上·高阳王雍传》载其上表论考陟之法，第552~554页。又同书卷七八《张普惠传》载其孝明帝时上疏论政，亦说考课"六年三年之考，以意折之；泛前泛后之岁，隔而绝之"云云，可参。第1744~1745页。

③ 《魏书》卷六七《崔光传》附侄《鸿传》载其延昌二年论考令于体例不通之议，第1501~1502页。

④ 《魏书》卷五九《萧宝夤传》载其正光四年上表，第1318~1320页。

⑤ 《晋书》卷五〇《庾峻传》，第1393页。

考核之效在厉行集权的轨道上衰变的覆辙。①

北魏监察领域亦屡经曲折，但总的态势仍与魏晋南朝相类。以御史中尉为台主的御史台，仍是最重要的监察机构，其体制则更为崇重。② 凡中尉出行，"与皇太子分路"；"车辐前驱，除道一里"，"王公皆遥住车，去牛，顿轭于地……其或迟违，则赤棒棒之"。③ 皇帝亲自巡行或遣使巡察各地的做法，自道武帝拓跋珪以来即持续不断，而且往往像魏晋南朝那样黜陟守宰，亦察亦考。④ 行政监督也在按魏晋所示的轨道发展。如尚书省所属郎曹，自道武帝皇始元年（396）"始建曹省"，尚书便分为三十六曹，足见其以内制外的分工之细；太武帝神麚元年（428）又置尚书左、右仆射，以及左、右丞和诸曹尚

---

① 《魏书》卷九《肃宗纪》孝昌元年二月壬寅诏："其令每岁一终，郡守列令长，刺史列守相，以定考课，辩其能否。若有滥谬，以考功失衷论。"第239页。这是把地方官三载一考的规定改为每年一考，诏文还显示魏律中有"考功失衷"之条，但其时大乱已起，考课制度遂随统治体系而崩溃。

② 魏晋以来御史中丞皆为四品，北魏升至三品，改称御史中尉，《魏书》卷一一三《官氏志》载太和中官品御史中尉第三品上，景明初官品为从三品。第2980、2995页。又《十六国春秋辑补》卷二七《前燕录五·慕容儁》载光寿三年发石虎之墓，剖棺出尸，"遣其御史中尉杨约数其残酷之罪"。第212页。则"御史中尉"之称始于十六国时期。

③ 《魏书》卷一四《神元平文诸帝子孙传·高凉王孤传》附《元子思传》，第353～354页。《北齐书》卷一二《武成十二王传·琅邪王俨传》载其为武成第三子，领御史中丞，"魏氏旧制：中丞出，清道，与皇太子分路行，王公皆遥住车，去牛，顿轭于地，以待中丞过，其或迟违，则赤棒棒之。自都邺后，此仪浸绝，武成欲雄宠俨，乃使一依旧制"。第160页。

④ 《魏书》卷二《太祖纪》天兴元年八月，"遣使循行郡国，举奏守宰不法者，亲览察黜陟"；卷三《太宗纪》永兴三年二月己亥，"诏北新侯安同等持节循行并、定二州及诸山居杂胡、丁零，问其疾苦，察举守宰不法；其冤穷失职、强弱相陵、孤寒不能自存者，各以事闻"；神瑞元年十一月壬午，"诏使者巡行诸州，校阅守宰资财，非自家所赍，悉簿为赃"；泰常二年二月丙午，诏"遣使者巡行天下，省诸州，观民风俗，问民疾苦，察守宰治行。诸有不能自申，皆因以闻"；卷四上《世祖纪上》始光四年十二月，"行幸中山，守宰贪污免者十数人"；神麚元年正月，"以天下守令多行非法，精选忠良，悉代之"；卷四下《世祖纪下》太平真君四年六月庚寅，诏"牧守之徒，各厉精为治，劝课农桑，不听妄有征发，有司弹纠，勿有所纵"；卷五《高宗纪》太安元年六月癸酉，诏遣尚书穆伏真等三十人，巡行州郡，观察风俗，昏于政者，"黜而戮之，善于政者，褒而赏之"。第33、51、54、57、73、96、114～115页。

书十余人，"各居别寺"，即专署办公，以督饬和协调尚书省内外各部门之事。① 这都是北魏建立以来强化专制皇权的制度保障，体现了皇帝对百官、朝廷对各地各部门细密而有条理的严密控制状态。

孝文帝以来，监察的作用更持续得到了强调。随着考核章程逐渐完备，考核标准掺入德才、过失之况而混杂不清，"以寡愆为最，多戾为殿"既已势所难免，监察向考核过程的渗透则成为必然。故时人有奏请御史台调取尚书省一应考核文档，以"案校窃阶盗官之人"的；② 有要求尚书省各级官员对各地各部门的考核厉行监督，并与门下省共管封缄考核奏案以"少存实录，薄止奸回"的；③ 有欲加强御史台与廷尉配合以使监察更为切实的；④ 更有主张三公和尚书省、门下省"各布耳目，外访州镇牧将治人，守令能不"，察其是否称职，是"清白独著"还是"贪暴远闻"的。⑤ 不管这些建议有没有落实或落实得如何，其强调监察的倾向都十分明确。孝文帝以后考核主要影响官员品阶，其职务任免调迁已须极大地取决于

---

① 《魏书》卷一一三《官氏志》，第 2972~2973、2975 页。北魏前期尚书似经常维持着三十六曹分工，实为分署奏事统驭诸外署的内朝部门。参见《魏书》卷三二《崔逞传》、卷四四《罗结传》，第 757、987 页。

② 《魏书》卷一九中《景穆十二王传中·任城王云传》附子《澄传》载孝明帝时"御史中尉、东平王匡奏请取景明元年以来内外考簿、吏部除书、中兵勋案并诸殿最，欲以案校窃阶盗官之人，灵太后许之，澄表"以为不可。第 477 页。参见同书卷一四《神元平文诸帝子孙传·高凉王孤传》附《元子思传》、卷七六《卢同传》，第 353~354、1682~1683 页。

③ 《魏书》卷五九《萧宝夤传》，第 1320 页。

④ 《魏书》卷七七《高崇传》附子《恭之传》载其孝庄帝时上疏："请依太和故事，还置司直十人，隶名廷尉，秩以五品，选历官有称，心平性正者为之。御史若出纠劾，即移廷尉，令知人数。廷尉遣司直与御史俱发，所到州郡，分居别馆，御史检了，移付司直覆问，事讫与御史俱还。中尉弹闻，廷尉科按，一如旧式。"诏从之。第 1718 页。

⑤ 《魏书》卷一五《昭成子孙传·常山王遵传》附《元晖传》载其孝明帝时为尚书左仆射摄吏部选事，上疏曰："愚谓宜令三司、八座、侍中、黄门，各布耳目，外访州镇牧将治人，守令能不。若德教有方，清白独著，宜以名闻，即加褒陟。若治绩无效，贪暴远闻，亦便示牒，登加贬退。"又表以御史"宜简宿官经事、忠良平慎者为之"。诏付外，依此施行。第 379~380 页。

监察的状态，实已表明考核与监察已不再是主辅关系，而是相辅相成的关系；整个北魏考核和监察体制的演化脉络，也再清楚不过地印证了魏晋南北朝这方面制度发展的共同趋势。

第二节　隋代考核和监察制度的整顿

隋制对唐有着极大影响，无论是隋文帝开皇元年（581）的"复废周官，还依汉魏"，还是炀帝大业三年（607）再次定制和此后的"号令日改，官名月易"，① 其行政整顿的重点主要是放在朝廷和各地行政框架的构筑上，这就使当时考核和监察制度的沿革状态呈现不同的步调。

一　考核制度的调整和问题

隋代考核制度相比于北朝似乎未有重大变更。有关的做法，如把考绩分为上中下等，② 强调"功德行能"和依考等升降官僚阶品，③ 用不同的标准考核不同性质的官职等，④ 很明显是北朝制度的继续发展。文帝时，令"每岁考殿最，刺史县令三年一迁，佐官四年一迁"，⑤ 大致确定了每年一考，三年或四年后综其考绩，予以升

---

① 《隋书》卷二六《百官志》序，第720页。

② 《隋书》卷五八《李文博传》载其通于古今而无吏干，开皇时由校书郎"出为县丞，遂得下考，数岁不调"。第1433页。

③ 《隋书》卷三《炀帝纪上》大业二年七月庚申，"制百官不得计考增级，必有德行功能，灼然显著者，擢之"。第66页。

④ 《隋书》卷五六《令狐熙传》载其开皇时为沧州刺史，"下车禁游食，抑工商，民有向街开门者杜之，船客停于郭外星居者勒为聚落，侨人逐令归本，其有滞狱，并决遣之，令行禁止，称为良政……其年来朝，考绩为天下之最，赐帛三百匹，颁告天下"。同书卷六二《赵绰传》载"高祖受禅，授大理丞，处法平允，考绩连最，转大理正"。第1386、1485页。前一例中的令狐熙为地方官，而赵绰为法官，两者获最标准显然不同。

⑤ 《隋书》卷二八《百官志下》，第792页。又《隋书》卷一《高祖纪上》开皇六年二月丙戌，"制刺史上佐每岁暮更入朝，上考课"；卷二《高祖纪下》开皇十五年十二月己丑，"诏文武官以四考交代"。第23、40页。

降调迁的原则。此举仍然是对北魏后期以来有关变化的确认。① 值得注意的是，隋代常临时特命官员在尚书省考功司之上直接主持和监督一般官员的考等，是为考核组织和步骤上值得注意的变化。

虽然进行了调整，长期以来困扰考核领域的症结，在统一后的隋朝仍起色不大。如范阳名士卢昌衡开皇初由尚书祠部侍郎"出为徐州总管长史，甚有能名。吏部尚书苏威考之曰：'德为人表，行为士则。'论者以为美谈"。② 可见朝野皆以考核行能为要，政绩如何似已无关紧要。这就无怪乎有人直言其时考课"真伪混淆，是非瞀乱"，且格局已定而欲改无门。③ 考核的虚浮不实确实令统治者极为不安，故隋文帝开皇末年"察知"左领军府长史"考核不平"，甚至"亲临斩决"。④ 大业元年（605）三月，炀帝又严斥臣下"虚立殿最，不存治实"，次年更禁止百官"计考增级"，⑤ 可见当时官僚考等与其实际"功德行能"几乎无关的状况，亦令炀帝相当恼火。从大业五年炀帝下诏重复文帝开皇六年（586）的规定，令各郡太守"每岁密上属官景迹"来判断，监察在考核过程中的地位也已更为突出了。⑥

---

① 《魏书》卷七八《张普惠传》载其孝明帝时上疏论政有曰："夫三载之考，兴于太和；再周之陟，通于景明。闲剧禄力，自有加减。陪臣以事省降，而考则三年；朝官既禄等平番，更四周乃陟。"第1745页。前已指出明帝时已将地方官考核改为每年一次。

② 《隋书》卷五七《卢思道传》附从兄《昌衡传》，第1404页。

③ 《隋书》卷六六《房彦谦传》载其为监察御史，平陈以后，左仆射高颎定考课，彦谦谓颎当世考核之弊曰："比见诸州考校，执见不同，进退多少，参差不类。况复爱憎肆意，致乖平坦，清介孤直，未必高名，卑诣巧官，翻居上等。直为真伪混淆，是非瞀乱。宰贵既不精练，斟酌取舍，曾经驱使者，多以蒙识获成，未历台省者，皆为不知被退。又四方悬远，难可详悉，唯量准人数，半破半成。徒计官员之多少，莫顾善恶之众寡，欲求允当，其道无由。"第1562页。

④ 《隋书》卷二五《刑法志》，第715页。

⑤ 《隋书》卷三《炀帝纪》大业元年三月戊申诏、二年七月庚申制，第63、66页。

⑥ 《隋书·炀帝纪》，大业五年正月己丑条，第72页。同书卷七三《循吏·敬肃传》载其累任秦州司马、幽州长史、卫州司马，俱有异绩，"大业五年，朝东都，帝令司隶大夫薛道衡为天下群官之状。道衡状称肃曰：'心如铁石，老而弥笃。'"第1685页。这类心性行能类考词的流行，适足以明考课多杂主观臆断。司隶台为炀帝创置，专掌巡察，以司隶大夫主持考课甚值注意。

就隋代考核领域的总体情况而言，尽管对整套行政体制的梳理已基本澄清了魏晋以来的混杂，也为开创考核的新局面提供了基本条件，但朝廷在这方面的步调显得相当蹒跚。对考核制度只有局部修饰，未有重大和系统的改进；力图让考核更为切实的倾向相当明显，制度贯彻的情况却极为严峻。虽然炀帝大业三年对有关制度做了整顿，但不久隋朝即从危急状态转入了崩溃，纵有良法美制，也无济于事了。

二　监察系统的梳理与强化

与考核相比，隋代在监察制度方面的调整幅度要大得多了。就御史台而言，文帝在北朝建制的基础上，将御史中丞改为位望更崇的御史大夫，把魏齐从事灵活监察的检校御史改为职掌更广也较为规范的监察御史，收回了北魏宣武帝以来御史台长官自选御史的权力，让御史轮流宿直禁中，[①] 又鼓励台官直言弹事，从而在御史间促成了监察无所回避、弹奏无所屈挠的风气。[②] 这就明确了御史台在以往演变中逐渐形成的组织结构，也确立了台内众官相对独立地展开监察，共同对皇帝负责的秩序。炀帝大业三年定制时，一度以御史台和专掌定期巡察的司隶台[③]、担负各种灵活使命同时兼有明

---

① 《隋书》卷二八《百官志下》："后魏延昌中，王显有宠于宣武，为御史中尉，请革选御史。此后踵其事，每一中尉，则更置御史。自开皇后，始自吏部选用，仍依旧入直禁中。"第 775 页。炀帝时停入直。

② 《隋书》卷六二《梁毗传》："开皇初，置御史官，朝廷以毗鲠正，拜治书侍御史，名为称职……炀帝即位，迁刑部尚书，并摄御史大夫事。奏劾宇文述私役部兵，帝议免述罪，毗固诤，因忤旨，遂令张衡代为大夫。毗忧愤，数月而卒。帝令吏部尚书牛弘吊之，赠缣五百匹。"同卷《柳彧传》载其开皇时"迁治书侍御史，当朝正色，甚为百僚之所敬惮。上嘉其婞直"；卷六六《陆知命传》载其炀帝时为治书侍御史，"侃然正色，为百僚所惮，帝甚敬之。后坐事免，岁余复职，时齐王暕颇骄纵，昵近小人，知命奏劾之，暕竟得罪，百僚震栗"。第 1479~1480、1481、1560 页。参见同书卷七一《诚节·游元传》、卷七二《孝义·李德饶传》，第 1643、1669~1670 页。

③ 《隋书》卷六六《房彦谦传》载炀帝"置司隶官，盛选天下知名之士。朝廷以彦谦公方宿著，时望所归，征授司隶刺史。彦谦亦慨然有澄清天下之志。凡所荐举，皆人伦表式，其有弹谢，当之者曾无怨言。司隶别驾刘炟，陵上侮下，讦以为直，刺史惮之，皆为之拜。唯彦谦执志不挠，亢礼长揖，有识嘉之，炟亦不敢为恨"。第 1565~1566 页。

显监察职能的谒者台互相补充，在历史上第一次以三台共同组成了一张空前强大且完备的监察网。御史台的功能和监察方式也有调整，但炀帝对其重视丝毫未减。当时虽罢省了殿内御史，却增加了监察御史的编制；① 以后更撤销了司隶台，又"增置御史百余人"。凡"兴师动众，京都留守，及与诸蕃互市，皆令御史监之"。②

事实上，隋文帝整顿行政体制，尤其是以罢郡存州、剥离刺史兼职等一系列措施，拆解长期以来各地军事、监察、民政等权纠结在一起的局面，同时也是对监察的方式、地位和作用范围的重新区分和确定。而炀帝全面接手承办的，正是这件基础性的大事。

如行政监督本来就是与整套行政节制体系一体的，也就随着隋初以来的整顿进一步强化了。隋文帝首先强调了尚书省"事无不总"的地位，及其直接服务于最高决策来统管举国政务的性质；稍后又循北朝以来尚书都省的发展趋势，在继续保持尚书左丞和左仆射兼掌执法弹纠职能的同时，明确了左、右丞襄助左、右仆射各管三部十二司事务的体制。③ 到炀帝时，让以往直属左、右丞的都事改属六部尚书，以协助其监督管理所辖曹司；又创制左、右都司为左、右丞的办公部门，赋予其监督省内外官僚的广泛权力。④ 这些都加强了南北朝以来尚书都省的结构和功能，尤其是使尚书各曹司与其他各行政部门的履职，有了一个组织严密、分工明确且更为有

---

① 以上并见《隋书》卷二八《百官志下》，第 796~797 页。

② 《隋书》卷六七《裴蕴传》，第 1576 页。

③ 《隋书》卷二八《百官志下》，第 792 页。

④ 《隋书·百官志下》，第 794 页。同书卷四七《柳机传》附子《柳调传》载其炀帝时"累迁尚书左司郎，时王纲不振，朝士多赃货，唯调清素守常，为时所美。然于干用，非其所长"；卷七一《诚节·卢楚传》载"大业中，为尚书右司郎，当朝正色，甚为公卿所惮。及帝幸江都，东都官僚多不奉法，楚每存纠举，无所回避"。第 1279、1650~1651 页。可见左右司确有整肃纲纪之责，柳调虽自清而不称，卢楚为切实履职。

效的协调、督责枢纽。与之相应，朝廷其他机构也都以丞、主簿、录事等官为主体，组成了结构、功能更为完善和规范的长官办公部门，以协助其加强对下属的协调和督责。

在隋文帝重新配置地方权力的过程中，新确定的州县两级机构被大幅度精简，最终则以尚书省为模式，构成了长官、佐官和录事司下辖功、金、户、兵、法、士诸曹的建制框架，从而强化了地方行政的监督和协调机制。炀帝则在改州为郡的过程中，一方面撤销各地总管府，另于有兵之处设"与郡不相知"的都尉，收回和削弱了地方军权，基本完成了文帝以来地方政权的非军事化。另一方面则改组郡县佐官，加强通守、赞务对郡守和县令的配合与牵制，坚持了县、郡曹署上下相承并与尚书省部司呼应的格局。① 由此看来，隋代整顿行政体制的一个重要内容，及其在行政监督上获得的主要成果，是以尚书省为主导和基本模式来调整和重建各行政机构，从而把尚书省代表的行政归口对应关系，及其主要通过日常公文传达、处理和批复来展开行政监督的方式，推广和贯彻到了整部官僚机器的运行之中。

随着地方州县两级制及其地位和性质的确定，重建监察各地的新体系的时机亦渐成熟。自隋文帝起，北朝以来遣使分道巡察的做法被迅速推广。② 当时的"道"，乃是一种视监察需要而灵活划分的大区，少则包括十几个州，多则几十个州。有"东南道""河南道"

---

① 《隋书·百官志下》载炀帝罢州置郡，置太守，"罢长史、司马，置赞务一人以贰之。次置东西曹掾，主簿，司功、仓、户、兵、法、士曹等书佐……其后诸郡各加置通守一人，位次太守，京兆、河南则谓之内史。又改郡赞务为丞，位在通守下，县尉为县正，寻改正为户曹、法曹，分司以承郡之六司"。第802页。又《北史》卷七四《裴蕴传》载其大业五年由民部侍郎"拜京兆赞务，发摘纤毫，吏民慑惮"。第2552页。《旧唐书》卷一《高祖纪》载帝太原举事，先斩郡丞王威，以其阻碍尤力之故。第2页。

② 北朝分道巡察之例，如《魏书》卷三一《于栗磾传》附曾孙《忠传》："正始二年秋，诏忠以本官使持节兼侍中，为西道大使，刺史、镇将赃罪显暴者，以状申闻，守令已下，便即行决。与抚军将军、尚书李崇分使二道。"第741页。

"西南道""太原道""扬州道""冀州道"等;① 不称道而情形相类的，又有"山东河南十八州安抚大使""巡省河北""安抚泉、括等十州"诸种名目。② 看来，当地方行政骨架基本确立后，在州县之上再划大区，遣使巡察，仍是朝廷监察各地的常用方式。

正是在这样的背景下，大业三年炀帝重定各项制度时，便按归复汉代刺史制度的思路，创置了专掌巡察的司隶台。这个级别与御史、谒者台略同的机构，除设司隶大夫一员总其事，别驾二员分察东、西两京外，另设名称与汉完全相同的刺史14员，每年二月出巡郡县，十月还京奏事，甚至其据以监察的"诏条"数，也像西汉那样共有六条。③ 炀帝让遣使出巡之制规范化，把隋代地方行政整顿的成果，与汉以来各种巡察措施所积累的经验结合起来，④ 这不仅反映了强化地方监察的意向，也代表了一段时期以来地方监察问题的解决方向。因此，炀帝撤销司隶台后，还是保留了其部分内容，同时加强了御史台御史的外出监察。⑤ 唐代建构的巡察制度，也对

---

① 《隋书》卷五一《长孙览传》附从子《炽传》载其文帝时"持节使于东南道三十六州，废置州郡，巡省风俗……复持节为河南道二十八州巡省大使，于路授吏部侍郎。大业元年迁大理卿，复为西南道大使，巡省风俗，擢拜户部尚书"；卷六二《柳彧传》载其"持节巡省河北五十二州，奏免长吏赃污不称职者二百余人，州县肃然，莫不震惧……仁寿初，复持节巡省太原道十九州"；卷七三《循吏·辛公义传》载其"仁寿元年，追充扬州道黜陟大使"；卷五八《许善心传》载其大业元年"副纳言杨达为冀州道大使"。第1329、1484、1683、1427页。这些"道"名多出现于北朝尤其是北周，然其范围并不固定。

② 见《隋书》卷四六《韦师传》、卷五六《宇文弼传》、卷六六《房彦谦传》，第1257、1390、1562页。

③ 《隋书·百官志下》载司隶台"刺史十四人，巡察畿外。诸郡从事四十人，副刺史巡察。其所掌六条：一察品官以上理政能不；二察官人贪残害政；三察豪强奸猾，侵害下人，及田宅逾制，官司不能禁止者；四察水旱虫灾，不以实言，枉征赋役，及无灾妄蠲免者；五察部内贼盗，不能穷逐，隐而不申者；六察德行孝悌，茂才异行，隐不贡者。每年二月乘轺巡郡县，十月入奏"。第797页。

④ 如西晋武帝泰始四年十二月曾颁五条诏书于各地，西魏大统七年九月宇文泰曾颁六条诏书，北周宣帝宣政元年八月又定"诏制九条"命出巡大使宣下州郡。分见《晋书》卷三《武帝纪》，第58页；《周书》卷二三《苏绰传》、卷七《宣帝纪》，第382~391、116页。

⑤ 《隋书·百官志下》："后又罢司隶台，而留司隶从事之名，不为常员，临时选京官清明者权摄以行。"第797页。

炀帝以专门机构掌管巡察的办法多有借鉴。

由上可知，在隋代的监察领域，通过对魏晋以来各种变化的调整和总结，无论是以御史台为主体的在朝专门监察机构，还是遣使外出巡察和行政督察制度，都有了长足发展，组成了一张适应新的大一统局面和进一步集中的权力结构的监察网络。需要指出的是，文帝的"刻薄"和炀帝"益肆淫刑"的为政风格，又显著放大了这张网络的实际作用。史有明文的，如文帝"恒令左右觇视内外，有小过失，则加以重罪"，以至于"庭有马屎""受蕃客鹦鹉"这类过错，也往往"亲临斩决"，或"西市棒杀"。开皇十七年（597）更明令各级长官，对犯有一般"殿失"的属官，"律外斟酌决杖"。这就很快在体制内部形成了"以残暴为干能，以守法为懦弱"的峻刻之风，[1] 也扩大了隋代盛大繁密的监察领域与起色不大、实效仍鲜的考核领域的反差。

第三节　唐代对以往考核制度的总结

对以往考核制度的总结，是唐高祖和太宗关注的一件大事。高祖武德七年（624）颁布的各项法规，大都承袭了隋文帝开皇年间的成法，[2] 但从考核制度的新内容来看，以"四善""二十七最"为主体的考核标准，依据田、户增减而升降地方官考等，[3] 都表明高祖重定的《考课令》，已在隋代基础上进一步改进。[4] 太宗登位后

---

① 以上并见《隋书》卷二五《刑法志》，第713~717页。

② 《旧唐书》卷五○《刑法志》载高祖登位后，命尚书左仆射裴寂等"撰定律令，大略以开皇为准"。第2134页。

③ 《册府元龟》卷六三五《铨选部·考课一》："太宗贞观元年二月，诏刺史、县令以下官人，若能使婚姻及时，鳏寡数少，量准户口增多以进考第。如其劝导乖方，失于配耦，准户口减少以附殿失。"第7620页。可见诸处所载唐代在善、最考校基础上再按户口田地增减升降地方官考等的办法，应形成于太宗前。

④ 《唐六典》卷六《刑部》载开元定《令》二十七篇三十卷，"十一日《考课》"。原注述隋开皇定令三十卷，"十五《考课》"。第183~184页。

不久，基于隋代特命要官主持考核的做法，进一步明确和加强了对四品以下官员考核过程的协调和监督。具体即以尚书省考功郎中、员外郎分别负责京官和外官的考核；另以门下省给事中和中书省中书舍人各一人监督其事；每年还特命"京官望高者二人"，分别校定京官、外官考等；同时又保持了御史台对其全过程的监察。① 到贞观十一年（637）正月太宗颁行的新律令中，即包括了汲取高祖以来整顿成果的新《考课令》，又专门做了官僚级别升进和职务更动皆"以四考为限"的规定。②

以贞观十一年新律令的颁行为标志，整套行政体制已被再次整顿确定，考核制度也规模大定。纵观魏晋以来考核制度的调整，其核心问题不外乎两点：一是官僚权、责趋于含混后，如何重订考核标准和相应的赏罚；二是事权纵横切割后，怎样切实驾驭和协调考核过程。北魏也好，隋朝也好，都力图在这两个问题上取得进展，也都积累了一些成就，唐高祖和太宗正是在此基础上促成了这两个问题的解决。一套系统的考核标准和与之相连的赏罚规定，一种更为严密有力的驾驭和协调机制，正在挟新朝之势全面贯彻。以此为发展的新起点，到唐玄宗开元二十五年（737）系统总结初唐以来各项制度整顿的成果时，经太宗以后不断修整的考核制度，已呈现了一种足可推为中国历史上最为宏密的形态。

---

① 《新唐书》卷四六《百官志一》"考功郎中　员外郎"条，第1192页。同书卷四三《百官志三》御史台载"监察御史分察尚书省六司……号曰六察官"。第1240页。《唐六典》卷九《中书省》"中书舍人"条："凡有司奏议，文武考课，皆预裁焉（原注：按今中书舍人、给事中每年各一人监考内外官使）。"第276页。其制在安史乱后时罢时置。

② 《册府元龟》卷六三五《铨选部·考课一》贞观"十一年正月十三日敕：散位一切以门荫结阶品，然后依劳进叙。凡入仕之后迁代，则以四考为限，四考中中进年劳一阶，每一考中上进一阶，一考上下进二阶。五品已上，非特恩刺史，无进阶之令"。第7620页。

一　组织和协调的加强

在考核的组织步骤上，唐代仍按既定行政节制系统逐级考核，又按既定人事权任逐层定等和赏罚，但其表现形式却有了不小的变化。

长期演变的集权结构发展到唐代，已使频繁执行或传达上级命令，以及各机构和官员之间的广泛牵制和协调成为行政过程的基本特色。各级长官的权力已显著缩小收窄，而处理各种实务所须发生的行政关系，又总在超出本地本部门的管辖范围。在一个上下左右各部门和官员已串联起来相倚相存的政体中，各级长官对其直接下级任职状态的评价，很可能只能窥见一斑。遂须结合更高一级和更大范围，直至把问题交给朝廷，才能对某个官员的功德行能做出完整、准确的评价。因此，唐代考核的层级是各地县州依次考核所属，在京省、台、寺、监、卫、府分别考核所属司、局、署官员，再由尚书省牵头综考各地各部门官僚。如果以甲、乙、丙、丁代表四个由上而下的行政层级，那么汉代丙考丁、乙考丙、甲考乙的状态，现已在很大程度上变成了丙考丁，乙考丙、丁，甲考乙、丙、丁这样对象同步扩大叠加的过程。此即所谓"大小之官，悉由吏部；纤介之迹，皆属考功"。[①]

与之合若符契的，是当时逐层定等赏罚的层级状态。如本书第二章所述，隋代"海内一命以上之官，州郡无复辟署"，[②] 至唐遂形成了流外九品由尚书省判署，流内六至九品由尚书省提名，宰相审核报皇帝画闻后敕授，四至五品由尚书省协助宰相"进拟"，皇帝署可后制授，三品以上由皇帝综合衡量后册授的格局。以此为准，在唐代的考核过程中，流外九品的考等和赏罚由尚书省最终决定；流内四至九品由尚书省协同主考官校定，再依次由宰相和皇帝审准

---

① 《隋书》卷七五《儒林·刘炫传》，第 1721 页。
② 杜佑：《通典》卷一四《选举二》，典八一。

后生效；三品以上则由皇帝亲加考核和处置。即除各地"州选"小吏外，全部法定等级序列内官吏的考等和赏罚，虽经所在系统逐级审核，最终均须送交朝廷，在尚书省、宰相和皇帝的分工层次中来确定。而州选小吏虽有"四周而代"的规定，[1] 却无法定等级、俸禄，实质上是一种具有差役性的吏职，也就无须考核定等和赏罚。也就是说，唐代的考核制度中，实际上已经没有不经朝廷而自行定等、赏罚的考核了。严格说来，各地各部门的逐级考核已非完整意义上的考核，而只是考核素材的逐级准备过程，只有朝廷才有权最终完成考核定等和相应的赏罚。

考核不能不依赖上下内外各机构部门的密切配合，也就需要有一套更为有力的组织和协调机制，这也是唐代重建考核制度的关键之一。因为就考核组织步骤的集权原则而言，其基本轮廓早在西晋杜预"委任达官，各考所统"、主者总集、陟优黜劣的主张，以及北魏孝文帝以来"五品以上，引之朝堂，亲决圣目，六品以下，例由敕判"的做法中，便已形成了。[2] 但如何以一套完整的措施来保障其贯彻执行，如何把这样的考核过程与历经整顿和发展的整套行政机器协调起来，并非在考核制度内部可以解决。对此，形势多变而政局动荡的魏晋南北朝缺乏完成的条件，短命早亡的隋代也未及竟功，唐代在这方面的进展是引人瞩目的。

具体负责考核事务的尚书省考功司，至唐已发展为郎中、员外郎各一人，下辖主事、令史、书令史共41人的完整机构，其中还不包括掌司门户、陈设等杂务的掌固等小吏。与魏晋以来考功司和西汉丞相府中分管上计事务的集曹相比，这个大大扩大了的规模，表明了当时考功司承担的更多事务。不过考功司的效能，不仅是通过

<hr>

① 李林甫等：《唐六典》卷三〇《三府督护州县》，第748页。
② 《晋书》卷三四《杜预传》，第1026~1027页；《魏书》卷七下《高祖纪下》太和十八年九月壬申，第175页。

人员编制，更是通过空前强大的依托和严密的行政秩序增强的。按唐代有关法规，尚书省各司郎中、员外郎与下属主事、令史、书令史之间，已结成了更为细致的分工、节制关系，其处理和发出的每份公文，都须由令史、书令史负责有关文案校验和抄写，由主事加以督责检勘，由分管郎中或员外郎综合其事做出判断，再由吏部侍郎和尚书通判、裁定，各环节相应人员依次签署以示承担相应责任后，才具有法律效力。① 对考务来说，由考功司郎中、员外郎分别负责京官、外官一应考核文档的具体审核，然后递交给临时委派的主考官和监考官校定考等的过程，② 同样需要依次连署共同承担相应责任。诸如此类的建制秩序，都增强了朝廷对考课过程的控制和考功司处理具体考课事务的功能。

更何况，考功司是以整个尚书省和朝廷其他部门为依托而展开考课的组织协调事务的。唐代尚书省编制已达1300余人，规模已远超西汉300多人的丞相府和魏晋不超过300人的尚书省，③ 行政结构的严密更今非昔比。尤其是承隋以后编制已达200余人的尚书都省，业已切实充当了考功等二十四司的坚强后盾和各地各部门政务处理的总枢纽。这就为各机构部门围绕考核的协作，为考功司所需省内诸司和各地各部门的支持配合提供了组织基础。非但如此，皇帝这个最高考核主体，也已有了更为完备和强大的辅佐班子，在职责和相互关系已得明确的中书、门下省等近要机构和官员的辅佐下，通过特派主考、监考官主持和监督考务，制定更为周详的考核法令规

---

① 长孙无忌等：《唐律疏议·名例篇》"同职犯公坐"条，第110~114页。

② 《唐六典》卷二《吏部》"考功郎中　员外郎"条："每年别敕定京官位望高者二人，其一人校京官考，一人校外官考。又定给事中、中书舍人各一人，其一人监京官考，一人监外官考。郎中判京官考，员外郎判外官考。其检覆同者，皆以功过上使。"第42页。

③ 《汉旧仪》卷上："武帝元狩六年，丞相吏员三百八十二人。"孙星衍等辑《汉官六种》，第68页。据《宋书》卷三九《百官志上》载魏晋尚书八座加丞不过10余人，曹郎20余至30余人，"晋初正令史百二十人，书令史百三十人"，相加不到300人。第1235~1237页。

范和调节考核过程，皇帝对考核过程的协调、控制和裁决能力也已进一步强化了。至于各地各部门，其长官的考核权任虽已大为削弱，但考核过程的组织仍与朝廷类似。经隋及初唐整顿后，各地各部门机构建置和行政特点已与尚书省相仿。[①] 在考核过程中，各地官府具体从事考绩校核与管理的功曹等司署、各部门负责协调与监督的录事或主簿，以及主持与综合其全过程的长官和佐官，都须在一种与尚书省相同的节制与分工关系下展开考核事务。

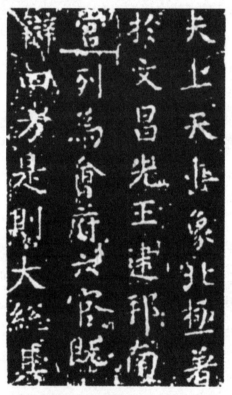

图 6-1　张旭楷书的《郎官石柱记》称尚书省为"会府"

---

① P.2819 号《开元公式令残卷》所存移、关、牒、符等公文格式，皆以尚书诸司行文为准，如"尚书省与诸台省相移式"云："内外诸司非相管隶者，皆为移。其长官署位准尚书……州、别驾、长史、司马、县丞署位，皆准尚书省，判官皆准郎中。"即体现了尚书省行政为各地各部门取准的法意。刘俊文：《敦煌吐鲁番唐代法制文书考释》，第 221~245 页。

要之，当官僚考核过程呈现上下内外广泛牵扯的局面时，为达成切实控制和必要的考核秩序，就须建立更高水平的协调和组织机制。这实际上是一个使整套行政体制与考核组织互相适应的问题，因而非通过全面整顿来解决不可。唐代官僚考核的上述组织和协调，显然不是以局部和零星的变革，而是通过机构建置、官僚职能、行政关系和相应法规的配套，在充分汲取隋代行政整顿成果的基础上达成的。也正是这套功能大为强化了的组织和协调机制，才使考核权高度集中，考核对象向上逐级叠加的原则，获得了顺利贯彻下去的现实保障。这一点在唐代的具体考核步骤中，处处有所体现。

考核步骤因官而异，总体上是不同行政系统中分别展开的考核，失去了以往曾经有过的重要性和个性，而依据官僚不同级别和性质以区别对待的做法则突出化了。流外九品、流内九至四品和三品以上官僚的层次划分，便反映了当时区别对待的三大类型。其中最为典型和规范，也需要着重介绍的，是介乎三品以上高官和流外九品吏员之间的中低级官员的考核步骤。这类官吏每年考核的过程，大致可分为以下三个阶段。

1. 准备阶段

即在朝廷统一会考前，由各地各部门先行展开考核和对有关材料逐级审核检勘、呈报和汇总的过程。由于流内九品以上最低也是县级机构的长、佐官，其所在县、署、曹、局只有辅助作用，并无对之考核的问题。这个阶段的焦点和主角，是地方最高一级的州和在京略高于州的"诸司"机关。[1]

---

[1] 《唐六典》卷二《吏部》述任官类型有"诸司长官"，原注："谓三品以上长官。"第33页。即凡长官在三品以上的都省、六部及其他各省、台、寺、监、卫、府等，皆为"诸司"。中唐以来，各道观察使因多种兼职成为事实上的地方最高一级行政长官后，在各地考核过程中起提纲挈领作用的已是州以上的道一级机关。参见《唐会要》卷八一《考上》宝应二年正月考功奏，第1503页。

首先，凡考前厘务达 200 天以上的在职官员，① 岁终皆须由功曹等具体掌管考课事务的司署与有关部门配合，据一系列文档簿籍检勘和审查其在本考核年度的"功过行能"，具状上报待考。按"考课令"的规定，这篇称为"考状"的文字，不得超过三张公文用纸。属于该官本职工作范围内的寻常事迹，不足为考核定等的依据，只能一笔带过，着重要写的是特殊贡献或"败阙"。② 接着，各州和诸司长官须在准备工作完成后，召集全部应考官员举行考核大会，当众逐一宣读各人考状，议论其功过高下、行能优劣。再据法定标准和具体情节，拟定应考者等次和一份对仗工整、评语简拢的"考辞"予以宣布。③ 各官的考等，还须交有关曹署逐一校定，并据本部门可定为中等以上者的限额适当平衡或调整。④ 然后将被考者所获考等、评语及其功过事迹等一应文件，编制成"考簿"（或称"考解"），由长官审定，有关官员联名签署、加印密封

① 《唐六典》卷二《吏部》"考功郎中　员外郎"条原注："凡流内、流外官考前厘务不满二百日者，不考。"第 42 页。

② 《唐会要》卷八二《考下》大中六年七月考功奏："……准《考课令》，凡官人申考状，不得两纸三纸。刺史、县令至于赋税毕集，判断不滞，户口无逃散，田亩守常额，差科均平，廨宇修饰，馆驿如法，道路开通，如此之类，皆是寻常职分，不合计课。自今后，但云'所勾当常行公事并无败阙'，即得准职分无失，及开田招户，辨狱雪冤，及新置之事，则任录其事由申上。亦须简要，不得繁多。"第 1509 页。

③ 到晚唐，这种"大合众而读之"的做法已渐不行，于是又有公示规定。《唐会要》卷八二《考下》大中六年七月考功奏："近年诸州府及百司官长所书考第，察属并不得知，升黜之间，莫辨当否。自今已后书考后，但请勒名牒于本司本州，悬于本司本州之门三日，其外县官，则当日下县，如有升黜不当，使任披陈，其考第便须改正，然后得申省。如勘覆之后事无乖谬，则认告之人亦必惩殿。"第 1509 页。

④ 《唐六典》卷二《吏部》"考功郎中　员外郎"条载："凡应考之官，皆具录当年功过、行能，本司及本州长官对众读，议其优劣，定为九等考第，各于其所由司准额校定，然后送省。"后文又载："百司量其闲剧，诸州据其上下，进考之人皆有定限。苟无其功，不要充数，功过于限，亦听量进。"第 41 ~ 42、43 ~ 44 页。所谓"进考之人"，即指考为中等以上须依法加禄或加阶者。参见《册府元龟》卷六三五《铨选部·考课一》开元四年十一月诏，第 7622 页。

后，送报尚书省。各地各部门校定和报送考簿的截止期限是：在京诸司皆九月三十日校定，十月一日送省；各州则由刺史及其佐官每年轮流充当"朝集使"，携一应文簿代表本州赴京参加朝廷会考，皆限十月二十五日前抵达。[①] 因而各州结束考核的时间，须按距京道里的近远依次提前。距京 1500 里内，限八月三十日完成；3000 里内，限七月三十日完成；5000 里内，限五月三十日完成；7000 里内，限三月三十日完成；万里以内，限正月三十日完成。[②] 这个呈同心圆状逐步提前的时间差，恰好呈现了唐代辽阔疆域自下而上、由外及内的井井有条的考核图景。

各种考核材料的检勘、呈报和汇总过程，头绪要纷杂一些。大体可将之分为三大部分。

一是各机构一般行政情况的日常上报和审查过程，如在京诸司和地方各州收发、执行皇帝和尚书省符令的一应文档，皆须以"岁终为断"，先由州、司有关曹、署详加"推校"，然后由录事参军事、主簿等长官办公机构的负责人"勾检"无误，[③] 联名签署印封后，诸司于四月一日，各州则附于计账使，于五月底以前送至尚书都省。都省通常于六月一日起，由分管六部文案收发和检勘的都事，召集二十四司的有关令史共同"对覆"。倘发现其中有"隐漏、不同"，便须将之具文移送考功司，以便在当年会考时对牵扯到的

---

① 《唐六典》卷三《户部》载朝集使由都督、刺史及长史、司马等上佐充，边要州及有灾害者可遣他官代，"皆以十月二十五日至于京都，十一月一日户部引见讫，于尚书省与群官礼见，然后集于考堂，应考绩之事"。第 79 页。《唐会要》卷五八《尚书省诸司中·考功郎中》元和十四年十一月十二日考功奏："外官应申考解，先无限约，请自今以后，限十一月十五日到省毕。"第 1009 页。这是安史之乱后所做的调整。

② 李林甫等：《唐六典》卷二《吏部》"考功郎中　员外郎"条，第 42 页。

③ "勾检"即查勘公务处理有无稽迟失误，唐称尚书都省左右司及各官府录事司、主簿等为"勾曹"，组成了一套完整的公文勾检系统。参见王永兴《唐勾检制研究》，上海古籍出版社，1991，第 3~34 页。

官员做相应处理。① 显然，这部分材料的上报和审查并不因考核而起，最终却与考核构成了一定的配套关系。其他如各州每年、诸司每季向尚书省报送各种重要籍账，由比部司对之实施总审计等过程，皆属此类。

二是直接与考核相关的材料，如前述各地各部门封送的"考簿"，皆须先至尚书都省开拆，由都司郎中勘检签署后，才送往考功司以待会考。② 若各地各部门考讫至朝廷会考前，应考者犯罪当免或有功当进，其有关材料亦须从速送至考功司，以便"附校"。特别是管辖举国各项政务的尚书省六部二十四司，每年还须把各州县长官的"殊功异行"，及其所在地区的户口增减、盗贼多少，乃至"灾蝗祥瑞"等材料，具册报送考功司。③

三是御史台等监察机构的相关报告。御史台官对重大违法情状的监察结果，常直接呈至中书、门下奏闻皇帝，再移送到大理寺等司法部门处理，一般不必通过考核即可落实到为关官员的任免黜陟。④ 此外，御史台因事行文各地各部门，以及各地各部门依法须报送御史台的相关材料，若有稽误错失之类，亦由御史台

---

① 关于计帐使抵京时间，《唐律疏议·职制篇》"公事应行稽留"条："朝集使及计帐使之类，依令各有期会。"第 213 页。《唐会要》卷五九《尚书省诸司下·比部员外郎》长庆元年六月比部奏："准制：诸道年终勾帐，宜承前敕例……其诸州府仍请各委录事参军，每年据留州定额钱物数，破使去处，及支使外余剩见在钱物，各具色目，分明造帐，依格限申比部。准常限，每限五月三十日都结奏。"第 1036 页。《唐六典》卷一《都省》："凡天下所敕、计奏之数，省符、宣告之节，率以岁终为断。京师诸司，皆以四月一日纳于都省。其天下诸州，则本司推校以授勾官，勾官审之，连署封印，附计帐使纳于都省。常以六月一日都事集诸司令史对覆，若有隐漏、不同，皆附于考课焉。"第 13 页。

② 《唐会要》卷八二《考下》大中六年七月考功奏，第 1510 页。

③ 《新唐书》卷四六《百官志一》"考功郎中 员外郎"条，第 1191 页；李林甫等：《唐六典》卷二《吏部》"考功郎中 员外郎"条，第 43 页。

④ 参见李林甫等《唐六典》卷一三《御史台》，第 379~382 页；《唐会要》卷七七《诸使上·巡察按察巡抚等使》，第 1412~1417 页。

牒送考功以供参考。① 中唐以来因政体和政局变化，其他可凭考课的材料出现了越来越多的问题，会考过程已不得不借重于相对来说更靠得住的监察报告。因而肃宗宝应二年（763）正月规定：御史台和各道观察使"访察"到的官员功过善恶，事小者须随时，事大者则于每年九月三十日以前，"具状报考功"，以便据以定等。② 这个制度的确立，可以说是朝廷为在严峻形势下尽可能保证会考严肃性的举措。③

2. 会考过程

这是由考功司协助主考官进行考核的过程。由于前一阶段的准备，这项分京官、外官两拨展开的繁重工作到这一阶段已变得相对简单了，其基本程序则与各州和诸司业已做过的相类。首先，从十月或从十一月底起，具体分管京官、外官考核事宜的考功郎中、员外郎及其下属主事、令史、书令史等，须对汇至本司的各种材料一一"检覆"，重新判定被考者的功过行能，以便把核实无误、眉目清晰的一应考核文案，呈送给受诏主持和监督本年会考的"校中外官考使（或称知中外官考使）"和"监中外官考使"。④ 若发现诸司长官"书考不当"，便须上报中书门下，而三品以下长官的同类

---

① 《唐会要》卷六○《御史台上》太和四年九月御史奏，第 1045~1046 页。
② 《唐会要》卷八一《考上》宝应二年正月考功奏，第 1503 页。
③ 《唐会要》卷八一《考上》元和十四年十二月考功奏："据宝应二年敕，御史台分察使及诸道观察使，访察官吏善恶功过，稍大事当奏闻者，每年九月三十日具状报考功，至校日参验事迹，以为殿最。伏以近日功过，都不见牒报。今后诸司不申报者，州府本判官便与下考，在京诸司追节级纠处，本判官敕课日量事大小黜陟。"敕旨从之。第 1507 页。
④ 安史之乱后，校考使与监考使时有停罢，如《唐会要》卷五五《省号下·中书舍人》："建中二年六月六日，门下侍郎卢杞奏：'《六典》云：中书舍人、给事中充监中外官考使，重其事也。今者有知考使，无监考使，既阙相临，难令详拣，请依旧置监使。'敕旨令依。"同书卷八一《考上》贞元"二年九月考功奏：校京官、外官考使，准旧例差闻奏。敕：其校考使宜停，其考课付所司准式校定。"第 945、1504 页。其后仍多设校、监考使。

问题，则须提请校考使据有关法令和"所失轻重"降其考等。[①]接着，校内外官考使分别召集全部应考京官和各州朝集使至尚书省"考堂"，据法定标准和具体情节，一一确定各人考等，并与相关的考辞一起宣布。其过程除由监内外官考使分别莅临监督，参预裁处外，往往还有尚书左、右丞及户部等诸司长官"参问"。[②]然后由考功司协助校、监考使，完成相关文案工作，将被考者所获考等和有关文件具册申奏。结束会考和申奏的具体时限是：较早进行的京官考，限于正月内校定；外官考由于各州朝集使抵京时间稍晚，考簿到都省开拆后，须十一月底方能送达考功司，故限于二月份校定，三月份"申奏了毕"。[③]

3. 结束阶段

此即会考奏案呈请皇帝批准，并由考功司完成一应后期工作的过程。其程序与当时一般章奏和皇帝批文的处理、贯彻无异。大体即校考使领衔申奏的百官考等和有关文件，先由门下省给事中、侍郎依次复核，并由宰相审定，"有失"则据实改正。[④]进呈皇帝画闻后，便可由门下省留底抄发，下达尚书都省，交付考功司落实。百官考等一旦由皇帝确认生效，相应的赏罚遂立即展开，因而整个后期工作仍相当纷繁。其中除优劣特异者须奏闻皇帝，专门下诏另案处理外，须由考功司做的常规性工作有：给被考者准备其在本考核年度所获考等的证明文件"考牒"；把被考者的定等结果分别下达各地各部

---

① 见《唐会要》卷八一《考上》贞元七年八月考功奏，第 1504~1505 页。

② 《唐会要》卷八一《考上》开元"十四年，御史大夫崔隐甫充校外官考事。旧例，皆委参问，经春未定。隐甫召天下朝集使，一时集省中，一日校考便毕，时人伏其敏断"。第 1502 页。可见依例须"参问"而可变通。

③ 《唐会要》卷八二《考下》大中六年七月考功奏，第 1509~1511 页。《五代会要》卷一五《考功》后唐天成元年尚书考功条奏格例引《考课令》，丛书集成初编，中华书局，1985 年影印本，第 189~192 页。

④ 《册府元龟》卷六三〇《铨选部·条制二》开元十九年四月廿六日敕："应授官校考叙功累勋有失者，门下省详复有凭，即为改注。"第 7553 页。

门，以便存档备案；依法安排有关赏罚的一应事务；① 向主管铨选的吏部司报送考核材料，以供其更动官员职务时参考；② 等等。总之，大量公文的往复流转和相应的措置，一直要到各种赏罚最后落实才会告一段落。

至于三品以上高官及流外吏员的考核步骤，分别在以上基础上省略了某些环节。前者包括三品以上高官、宰臣、亲王和各地的大都督。③ 对之考核"非有司所得专"，展开步骤中便省略了各地各部门先行考核这一段。其每年考绩大抵先由考功司与有关部门协调，具录各人功过后即须状奏，听候皇帝一一裁处，称"内考""内校"。④ 穆宗长庆元年（821）"权判"郎中的考功员外郎李渤，曾激于当时朝纲紊乱，径自将宰臣萧俛、段文昌、崔植拟为中下考，又分别将御史大夫李绛、大理卿许季同、少府监裴通等拟为上、下不同的考等，结果被奏劾为"卖直沽名，动多狂躁"，幸有宰相

---

① 《新唐书》卷四五《选举志下》："六品以下迁改不更选及守五品以上官，年劳岁一叙，给记阶牒。"第 1173 页。参见《唐会要》卷八二《考下》大中六年七月考功奏，第 1509~1511 页。

② 《旧唐书》卷四三《职官志二》"吏部郎中 员外郎"条："内外官吏，则有假宁之节，行李之命。簿书景迹，功罪殿最，具员皆与员外郎分掌之……员外郎一人掌判南曹。每岁选人，有解状、簿书、资历、考课，必由之以核其实，乃上三铨。"第 1820 页。

③ 唐后期这一范围已有扩大，《唐会要》卷八一《考上》贞元七年十二月，"校外官考使奏：准《考课令》，三品以上官及同中书门下平章事考，并奏取裁注云。亲王及大都督亦同。伏详此文，则职位崇重，考绩褒贬不在有司，皆合上奏。今缘诸州观察、刺史、大都督府长史，及上中下都督、都护等，有带节度使者，方镇既崇，名礼当异，每岁考绩，亦请奏裁，其非节度、观察等州府长官，有带台省官者，请不在此限"。第 1505 页。

④ 《唐会要》卷八一《考上》元和十五年，"刑部郎中权判考功冯宿奏：宰相及三品已上官，故事内校，遂别封以进"。第 1507 页。《新唐书》卷一一八《李渤传》载冯宿领考功奏称"内校"为"内考"。第 4284 页。《五代会要》卷一五《考功》后唐天成元年十月三日尚书考功条奏格例引《考课令》："京官三品已上，及同中书门下三品并平章事，奏裁。亲王及五大都督府亦同。"《新唐书》卷四九下《百官志四下》载节度、观察等使，"岁以八月考其治否"。第 1310 页。

"引过救解"，遂得出为虔州刺史了事。①

　　流外吏员的考核步骤，则省略了当众会考和申奏皇帝的环节。县级机构在流外官考核过程中的作用要突出一些，除标准有所不同外，各州、诸司对定其考等"具簿上省"的过程，仍与流内四品以下官员相仿。② 在考功司据有关材料审核和确认各人的考等后，便可直接落实相应的赏罚了。此外，在有关部门轮番值勤的在职人员，包括须通过执役积累劳考而登进者，其考核步骤亦与流外官类同；③ 天文、医药、乐舞等技术人员的考核，则是由秘书省、太常寺等主管部门拟其考等，申尚书省核准、赏罚的。④

二　标准的系统化

　　在唐代的考核制度中，最富特色的同样不是考核的组织步骤，而是其内容、标准和相应的赏罚规定。尤其是居于核心地位的考核定等标准，乃是唐代考核制度中最具创造性的部分。

　　前已指出，魏晋以来委任责成的体制精神日益退化，功绩至上的考核原则在实践中渐难贯彻。各朝都在重新考虑和调整考核的内容与标准，其基本的趋势是行能条件日益突出。但长期以来，与之

---

　　① 《旧唐书》卷一七一《李渤传》，第4438～4440页。参见《册府元龟》卷六三六《铨选部·考课二》，第7628～7629页。

　　② 李林甫等：《唐六典》卷二《吏部》，第44页。

　　③ 仁井田陞《唐令拾遗·考课令第十四》第三五："诸分番者，本府考讫，录申尚书省。"第339页。

　　④ 《唐六典》卷一〇《秘书省》"太史局"条载："历生三十六人（原注：隋氏置，掌习历。皇朝因之，同流外，八考入流）。""天文观生九十人（原注：隋氏置，掌昼夜在灵台伺候天文气色。皇朝所置从天文生转补，八考入流也）。"第303、304页。历生、天文生"八考入流"，其每年考第自须申省；医、针师等太常定考后，亦须申省。参见《唐会要》卷六七《伎术官》，第1183页。

相伴的问题已堆积如山。就行能条件的衡量而言，对尚未任职的选人的品行才能，尚且可以用基本的家族伦理准则和形之于言辞笔札的考试成绩来判别；对现任官僚来说，显然不能照此办理，而须首先以他们在履职过程中的表现为依据。那么，究竟哪些表现可以被认为合格或令人满意？问题不仅因为人们对德行和能力认识的参差而十分棘手，更由于其与功绩的疏离，潜伏着具体衡量和比较上的更大困难。再说功绩，其重要性谁都无法否认，但当各种行政过程都须在频繁接受上级指令和缺一不可的上下左右协调中才能完成时，如何划分和计算有关官僚的功绩就相当困难。诸如此类，都是制定考核制度必须解决的问题。在权、责分明的体制下，即使其他标准都含糊笼统，只要功绩标准简要划一和切实贯彻，就足以大体保证考核的本旨和效用；但在权、责关系模糊不清的现行政体中，重新安排和明确行能与功绩标准，已成为考核制度不至于名存实亡的关键所在。唐代正是在总结以往有关做法的基础上，以一整套区别各种官职的性质和地位，又兼容了功绩、行能要求的分类考核定等标准，针对面临的种种难题，提交了一份几乎不可能更好的答卷。

1. 流内官的标准

唐代的分类考核标准体系，是由流内文武各级官员、流外吏员（包括在各地各部门轮番执役供事积累劳考以入仕登进的人员）两大类型构成的，朝廷最为重视和规定得最详尽的，是流内官的考核标准。其大致可分为三部分：一是"四善"，即专为流内官制定的四项基本品行标准；二是"二十七最"，即依据他们所任职务性质和地位而分别制定的才绩要求，具体见表6-2；三是弥补"四善""二十七最"不足的一系列考等规定和升降条款。

"四善"一视同仁。就是说，一个官员无论具有何种级别，担任什么职务，朝廷对他的品行要求与其他官员完全一致。"四善"标准的设立，标志着判别官僚品行高下的问题上，以往乡议或清议的主导地位完全被取代；也反映了长期以来官僚功绩难以衡量，以功绩认定官僚行能的做法难以贯彻后，专门设立相对独立的品行标准的必要性。把大量重要的品行条件浓缩为德、清、公、勤四项，是唐代对以往各种正式或非正式品行要求的提炼和统一。与汉代察举"皆有孝、悌、廉、公之行"的规定相比，"四善"确认了汉武帝以来所坚持的一些最为核心的伦理准则。但除德、清、公外，"恪勤匪懈"被作为四大品行标准之一列入法典，可说是一个适应现行政体特色的标准。

表 6-2　唐代考核的"四善""二十七最"

四善	二十七最			
要求	官职分类	要求	官职分类	要求
德义有闻 清慎明著 公平可称 恪勤匪懈	近侍官	献可替否,拾遗补阙	文史官	详录典正,词理兼举
	选司官	铨衡人物,擢尽才良	纠正官	访察精审,弹举必当
	考校官	扬清激浊,褒贬必当	勾检官	明于勘覆,稽失无隐
	礼官	礼制仪式,动合经典	监掌官	职事修理,供承强济
	乐官	音律克谐,不失节奏	役使官	功课皆充,丁匠无怨
	判事官	决断不滞,与夺合理	屯官	耕耨以时,收获成课
	宿卫官	部统有方,进守无失	仓库官	谨于盖藏,明于出纳
	督领官	兵事调集,戎装完备	历官	推步盈虚,究理精密
	法官	推鞫得情,处断平允	方术官	占候医卜,效验多者
	校正官	雠校精审,明于刊定	关津官	讥察有方,行旅无壅
	宣纳官	承旨敷奏,吐纳明敏	市司官	市廛不扰,奸滥不行
	学官	训导有方,生徒充业	牧官	收养肥硕,蕃息孳多
	将帅	赏罚严明,攻战必胜	镇防官	边境肃清,城隍修理
	政教官	礼义兴行,肃清所部		

备注：
本表据《唐六典》卷二《吏部》编制。

在考核过程中，德、清、公、勤的重要性是相同的。亦即当时的考核定等过程，在品行上只关心官僚有没有或有几善，并不特别突出其中的哪一善。这就充分肯定了清廉、公正、勤恳这三项仅仅针对官僚履职过程，又便于以有关文档为据的标准的重要性，也简化了具体衡量和比较品行时莫衷一是的困难。因此，德、清、公、勤四项的"有闻""明著""可称""匪懈"，虽然并未排除士林清议和一般舆论的作用，但官方簿档记录的勘检显然已在判断官僚品行时占了重要地位。

"二十七最"则区别对待。其既然是针对不同官职制定的要求，对每位官员来说，一次考核也就最多只能有一最，要么没有。值得注意的是，"最"在汉代的考核中通常包含着"上等"的意思，现在却仅是官僚基本称职的同义语。至于是否上等或最好，还须取决于其他条件。履职成绩应在判别官僚能否获"最"时起重要作用，其具体判别过程仍须以簿籍数据和事实为据。如御史台有登录御史缺失以供"比类能否"的专档，称"黄卷"；① 博士、助教等学官则以"训导功业之多少"为殿最，亦有案可稽。② 从"二十七最"的具体内容可以清楚地看出，获"最"的才能条件是与绩效相同的，而许多官职的绩效不是规定得太高，就是规定得太低。规定得太高的，如选司官的"擢尽才良"，将帅的"攻战必胜"，简直无法做到；规定得太低的，则如判事官的"决断不滞"，宿卫官的"警守无失"之类。这就使每一"最"中同时提到的才能条件显得更为重要了。这种状态，一方面说明了现行政体中功绩难辨，才能与实绩常常不相对等，因而只好以笼统的目标要求，给考核定等过程提供较大的弹性和余地；另一方面，这也透露了朝廷在将品行标准独立化后，仍想将官僚才能和功绩联系到一起予以兼顾和确认的意图。

---

① 《唐会要》卷六二《御史台下·杂录》天宝四载十一月十六日敕："御史宜依旧制，黄卷书缺失，每岁委知杂御史长官，比类能否，送中书门下，改转日褒贬。"第1086 页。

② 《唐六典》卷二一《国子监》"祭酒　司业"条载："每岁终，考其学官训导功业之多少，而为之殿最。"第 558 页。天一阁藏明抄本《天圣令·医疾令》所存唐令第19 条："诸州医生，每季博士等自试，年终长官及本司对试。并明立试簿，考定优劣。"《天一阁藏明钞本天圣令校证——附唐令复原研究》下册《校录本·医疾令卷第二十六》，第 321 页。

　　"四善""二十七最"只是一些最为基本的品行、才绩规定，对整个考核定等过程来说，还有许多问题和情况需要兼顾。如考等如何确定，功过如何计算，对既无善也无最，或者善、最之外另有劣迹或佳行、佳绩者如何处理，等等。这就需要有其他条款来加以明确。唐代考核标准中这些条款约有三种。

　　第一种是基本的定等规则。考等共有上上到下下九档，中中以上首先须据官员所获善、最的情况来拟定，即四善一最为上上，三善一最或四善无最为上中，二善一最或三善无最为上下，一善一最或二善无最为中上，无善有最或有善无最为中中。中中以下则另有标准，即"职事粗理，善最弗闻为中下；爱憎任情，处断乖理为下上；背公向私，职务废阙为下中；居官谄诈，贪浊有状为下下"。[1]这些构成了当时考等确定过程的基本标准。

　　第二种是附设的考等升降条款。北朝依据官僚犯罪情状计殿降等的做法，唐代经修正后仍在行用。具体即凡官员因私事犯罪，须赎铜1斤（或笞10）者计一负；因公事犯罪，须赎铜2斤（或笞20）者计一负；共计十负为一殿。确定考等时，每有一殿，便应在上述基本定等规则的基础上再降其考等一档；但善、最俱全可得上上，而因公罪致罚者，"虽有殿不降"；若本考核年度该官事务繁剧"有异于常"者，则减一殿处理。[2]另如在职官员对皇帝所下而不便施行的制敕"执奏"，即暂不贯彻而及时奏陈利害关系的，亦可酌情进其考等。[3]

　　在各式考等升降条款中，还补充了监临主管诸实务的官员，按其所管人、财、物耗减为殿的补充规定。[4]对关乎民生和财政的地

---

　　① 李林甫等：《唐六典》卷二《吏部》，第43页。
　　② 见李林甫等《唐六典》卷二《吏部》，第43~44页。
　　③ 《新唐书》卷四六《百官志一》"考功郎中　员外郎"条："凡制敕不便，有执奏者，进其考。"第1192页。
　　④ 《新唐书·百官志一》"考功郎中　员外郎"条："监临之官，以能抚养役使者为功，有耗亡者，以十分为率，一分为一殿"。第1191页。

方州县长官，则据户口、垦田增减来升降其考等。具体即以刺史、县令到任时一州一县的户口和垦田数量为基准，凡课户即须依法输纳赋役的户口每增加或减少 1/10，便升或降其考等一档；在籍垦田每增加 2/10 或减损 1/10，则升或降其考等一档。[①] 若有虚报户口、垦田而进考等者，一旦发现，则须"追改"考等，并据情节轻重加以惩罚。[②] 显然，以上条款无论是对克服具体比较和衡量的困难，还是对维持考核的切实性和效用来说，都具有重要意义。

第三种是应付各种特殊情况的规定。如为考核部门留出充分余地的，有"若于善、最之外，别可嘉尚，及罪虽成殿，情状可矜；虽不成殿而情状可责者，省校之日，皆听考官临时量定"。另如官员在本考核年度因职务调迁等而"数处有功"或过者，"并听累加"或减。[③] 如此等等，都适应着千变万化的具体事端和需要。

2. 其他官吏的标准

流内官的考核定等规定，代表了唐代官僚分类考核标准体系达到的水平。相比之下，流外吏员和各种轮番执役者的考核标准，就要简单得多了。首先，由于其尚未进入正式官员行列，对其考核标准中并无"德义有闻"一项，只有直接与履职过程相关的清、公、勤等要求。其次，吏员和执役者的工作性质和地位差别并不甚大，流外吏员一般从事文案勘抄等杂务；轮番执役者之间身份不同而执役性质亦相近似，故无必要像流内官那样制定许多

---

① 《册府元龟》卷六三五《铨选部·考课一》原注载唐制，"增户口谓课丁，率一丁同一户法，增不课口者，每五口同一丁例。其有破除者，得相折。其一（劲案：疑当作州）户不满六千，县户不满五百者，各准五千、五百户法为分……其劝课田农，能使丰殖者，亦准见地分为十分论，每加二分，各进一等，此谓永业、口分之外，别能垦起公私荒田者。其有不加劝课，以致减损者，谓为永业、口分之内，有荒废者，每损一分，降考一等。若数处有功，并应进考者，并听累加。"第7620~7621页。

② 《唐会要》卷八二《考下》大中六年七月考功奏："准《考课令》，官人因加户口及劝田农，并缘余功进考者，子后著事不实，纵经恩宥，其考皆从追改。"第1510页。

③ 参见《册府元龟》卷六三五《铨选部·考课一》原注，第7620~7621页。

不同标准。最后，要求和标准既然比较简单，也就不需要把他们的考等细分为九档了。

流外吏员的考核标准高度统一。具体即：清谨勤公，勘当明审为上；居官不怠，执事无私为中；不勤其职，数有愆犯为下；背公向私，贪浊有状为下下。轮番执役供事的在职人员则被分为若干种，对宿卫皇帝的亲、勋、翊卫一般成员，以专勤谨慎，宿卫如法，便习弓马为上；番期不违，职掌无失，虽解弓马，非是灼然者为中；违番不上，数有犯失，好请私假，不习弓马者为下。在亲、勋、翊卫任"主帅"者，以统领有方，部伍整肃，清平谨恪，武艺可称为上；居官无犯，统领得济，虽有武艺，不是优长为中；在公不勤，数有愆失，至于武用，无复可纪为下。在各有关部门充任监门、校尉、直长者，则以正色当官，明于按察，监当之处，能肃察奸非为上；居官不怠，检校无失，至于监察，未是灼然为中；不勤其职，数有愆违，检校之所，事多疏漏为下。其余如杂任、飞骑、千牛、备身、亲事、执乘等，大概亦有大同小异的标准。①

顺便指出，唐中期以来派驻各地的许多使节已趋稳定和正式化，朝廷又专门为之制定了一些特殊的考核标准。如节度使，以销兵为上考，足食为中考，边功为下考；观察使，以丰稔为上考，省刑为中考，办税为下考；团练使，以安民为上考，惩奸为中考，得情为下考；防御使，以无虞为上考，清苦为中考，政成为下考；经略使，以计度为上考，集事为中考，修造为下考。这又构成了一套特殊的标准类型。②

三　赏罚的种类和层次

一旦官员的考等按特定标准和组织步骤确定下来，赏罚便随之

---

① 以上俱见李林甫等《唐六典》卷二《吏部》，第44页。
② 《新唐书》卷四九下《百官志四下》，第1310页。

而行。但在赏罚问题上被安排得最为细致的，仍然是流内官。除零星而不稳定的奖惩外，唐代在这方面的统一规定，仍循北魏以来的做法分为三个部分。

一是依据官僚每年所获考等增减其俸禄。具体是：凡获中中考者守本禄；"中上以上，每进一等，加禄一季；中下以下，每退一等，夺禄一季"。亦即获中上至上上，或获中下至下下等者，皆分别在其原有俸禄标准的基础上增发或扣除三个月至一年的禄米。此类皆自尚书省有关文件抵达官僚所在机构之日起兑现。若该增减禄米者当时已离职去任，则须专门行文"追夺"或给予。①

二是综合官僚四年所获考等以升降其品阶级别。具体即四考皆中中者，进一阶；其中有一中上考者，进两阶；有一上下考者，进两阶。同时规定，一个中上考可以抵消一个中下考，一个上下考可以抵消两个中下考，依此类推。但如四年内有一个上中或上上考者，即使有下考，总计时亦按上中或上上考处理。如综合的结果在中下以下者，则与其他惩罚联系在一起，依法降削其品阶。此类皆由吏部司在铨选时，据有关文件加以落实。不过，正如前文任用限制所谈到的，凡按劳考累加级别而应升至五品或三品者，必须由皇帝另行下诏，才能授予，其中又存在着一系列更为严格的规则。因而上述级别登进办法，一般只适用于六品以下低级官员。②

三是让官僚所获考等在不同程度上影响其职务变更。对"善恶尤异"者来说，这种影响是直接和决定性的。当时法律规定下下考者不待四年即行免职，即其体现。对获上考者来说，情况要复杂一些。文献记载中有不少官员因"课最"随即被破格提拔，并

①　《唐会要》卷八二《考下》大中六年七月考功奏引《考课令》，第 1510 页。《通典》卷三五《职官十七·禄秩》："大唐武德中，外官无禄。贞观二年制，有上考者乃给禄。其后遂定给俸禄之制。"典二〇〇。参见《唐会要》卷九〇《内外官禄》贞观二年二月二十日及三年正月十一日诏，第 1648 页。

②　以上并见李林甫等《唐六典》卷二《吏部》"叙阶之法""有以劳考"条，第 32 页。

予殊奖，① 但这是以个案方式处理的。如何擢升，甚至是否超擢，皆属于皇帝宸衷独断的范围，并无划一的规定。② 对于大量一般官员来说，唐制以四年为期任满解职，是要综合其四年考绩来决定其再次任何种官职，但任期规定的执行事实上并不严格，③ 除某些要职特需，任满解职官员再次获得职务，往往需要排队等候参加铨选，影响铨选的还有科目选等多重因素，考绩的影响实际上相当有限。④ 也就是说，除得下下考者即行免职，获上考者可以个案方式得超擢外，唐代依据考绩展开的赏罚，其重点主要是放在俸禄、阶品而非职务上。

对流外吏员和各种轮番执役供事的在职人员来说，依据考绩展开

---

① 《旧唐书》卷一一五《李承传》载其代宗时历抚州、江州刺史，"课绩连最，迁检校考功郎中兼江州刺史，征拜吏部郎中"；卷一二二《路嗣恭传》附子《恕传》载其随父讨岭南叛将哥舒晃，"恕功居多，年才三十，为怀州刺史"；卷一三五《卢杞传》附子《元辅传》载其德宗时"历杭、常、绛三州刺史，以课最高，征为吏部郎中"；卷一八五下《良吏·薛苹传》载其"拜虢州刺史，朝廷以尤课擢为湖南观察使"；卷一八八《孝友·崔沔传》载其开元时"出为魏州刺史，奏课第一，征还朝廷，分掌吏部十铨事"。第 3379、3501、3718、4832、4928 页。

② 《册府元龟》卷六三五《铨选部·考课一》载天宝三载正月制："自今已后，郡守、县令兼能勾当租庸，每年加数成分者，特赐一中上考。如二载之内皆有成分，所司录奏，超资与处分。"又载大历元年十一月诏："其刺史、县令宜以招缉户口、垦田多少，用为殿最，每年终委本道观察、节度等使按覆奏闻，如课绩尤异，当加超擢；或政理无闻，必置科贬。"第 7623、7625 页。

③ 《新唐书》卷四五《选举志下》载德宗时陆贽为相，"是时，河西、陇右没于虏，河南、河北不上计，吏员大率减天宝三之一，而入流者加一，故士人二年居官，十年待选，而考限迁除之法浸坏"。第 1179 页。《旧唐书》卷九八《卢怀慎传》载其中宗时为御史中丞，上疏论政有曰："臣窃见比来州牧、上佐及两畿县令，下车布政，罕终四考。在任多者一二年，少者三五月，遽即迁除，不论课最。"第 3065 页。《册府元龟》卷六三六《铨选部·考课二》大中元年正月制："贞元之中，频有明诏，县令五考方得改移，近者因循，都不遵守。诸州或得三考，畿府罕及二年……自今须满三十六个月，永为常式。"第 7630 页。这些都可见迁转过速考绩难凭至中晚唐仍是一大问题。

④ 《旧唐书》卷一三八《赵憬传》载其德宗贞元八年为相，献《审官六议》，其中"议京诸司阙官，则曰：当今要官多阙，闲官十无一二。文武任用，资序递迁，要官本以材行，闲官多由恩泽。朝廷或将任，多拟要官则人少阙多，闲官则人多阙少；明当选拔者转少，在优容者转多，宜补阙员，务育材用……"又"议举遗滞，则曰：官司既广，必委宰辅以举之；宰辅不能遍知，又询于庶官；庶官不能遍知，又访于众人。众声嚣然，互有臧否，十人举之未信，一人毁之可疑，迨至于今，兹弊未改……"第 3777~3778 页。

赏罚，又据两者特点而与流内官不同。流外吏员基本上并无统一列入朝廷预、决算中的俸禄，而是由诸司在本部门财务范围内酌量给予津贴；① 也就没有据其考等，增减其收入的划一制度。同时，吏员又无与职务相对独立的散阶，其级别与职务的升降完全是一回事，皆须由吏部"小铨"来落实，考绩在其中起着一定的作用。至于轮番执役的在职人员，由于其不辞辛劳、执役供事的目的是预选入仕，与考绩相应的赏罚也就主要是通过允许或不允许其参加铨选而表现出来。

四　制度的完备与效能下降

从唐代考核制度的总体状态来看，通过对汉代以来考核领域大量变化的总结、整顿，以往制度中前后左右参差脱节的现象，业已得到全面解决。无论是考核的组织步骤，还是其内容标准和后续赏罚，都已与现行体制适配，严密、系统的程度空前。这就给长期疲软的考核注入了活力，也为整套官僚管理和控制体系的协调运行提供了条件。特别值得一提的是在当时考核标准中体现出来的分类管理倾向，从汉代原始状态的具体情况具体对待，到曹魏王昶考课法对尚书侍中和诸卿的分类考课，直到隋代考核过程出现某些近乎唐代"二十七最"的类型，② 这些断续的发展似可连接成一条线索，并可与长期以来日益注重行政事务归口对应的发展态势联系起来解释。在此基础上，唐初以"二十七最"为代表，把全部在编官职加以分类各做要求，非对现有行政职务的性质、地位、特点和相互关系有深入认识不可。若论其整体构思之宏大、周详，分类界限之细密、清晰，各项标准之互为衔接、照应，则不仅在中国史上空前绝后，也在现代

---

① 参见杜佑《通典》卷三五《职官十七·禄秩》，典二〇〇至二〇一；《新唐书》卷五五《食货志五》，第1395~1397页。

② 《隋书》卷六二《赵绰传》载其隋初"为大理丞，处法平允，考绩连最，转大理正"。第1485页。案唐"二十七最"之九："推鞫得情，断狱平允，为法官之最。"可见唐代"二十七最"是在隋及以前相关考课标准的基础上总结而来。

文官职位分类体系出现以前的世界史上绝无仅有，足以作为人类制定的第一套具有完整意义的职位分类体系载入史册。故尽管其在具体内容、操作和推行上仍存在种种问题，却不失为行政制度和官僚管理制度史上的重大首创，为中国古代政治文明的杰出成果。

在充分肯定唐代考核制度所做贡献的同时，也应看到权力过于集中，行政结构和关系犬牙相制，官僚权责含糊笼统导致的症结，实际上并非制度表层的惨淡经营可得消除，也无可避免地影响、改变着制度的实际运行和效用。尽管表现形式有所不同，魏晋以来考核领域的痼疾事实上仍在唐代继续扩散。尤其是在最为关键的定等问题上，"四善"的独立设置，"最"的才、绩杂糅和地位降低，以一善无最和有最无善并列中中，诸如此类的规定都表明，在委任责成体制的废墟上建立起来的现行政体中，统一控制的重点既然已从行政结果转移到了行政过程，功绩与行能在决定官僚是否称职时的地位也就随之颠倒过来了。考核的内在逻辑在汉代是有功者即有行能，现在则在很大程度上变成了有行能者即算有功。考核本身也就从一个以功绩为基准总结官僚任职结果的过程，变成了一个以行能为中心来鉴定官僚任职状态和个人素质的过程。但问题在于，脱离功绩的行能不仅缺乏价值，且叵测难料，更不是非通过考核来鉴定不可，各级长官随时奏闻管内"善恶尤异"者，以及各式各样的监察，乃至皇帝亲自咨访，都可发挥一定的作用，所得结论也很难说有多可靠。① 从这个角度来

---

① 《旧唐书》卷一三八《赵憬传》载其德宗时上《审官六议》，其中"议进用庶官，则曰：'异同之论，是非难辨，由考课难于实效，好恶杂于众声，所以访之弥多，得之弥少……'"；卷一九〇下《文苑·刘蕡传》载其太和二年策试贤良有曰："臣前所谓'吏道多端，本乎选用失当'者，由国家取人不尽其才，任人不明其要故也。今陛下之用人也，求其声而不得其实；故人之趋进也，务其末而不务其本。臣愿核考课之实，定迁序之制，则多端之吏息矣。"第 3777、5074 页。《陆贽集》卷二一《中书奏议五·论朝官阙员及刺史等改转伦序状》述其时"朝之乏人，其患有七：不澄源而防末流，一也；不考实而务博访，二也；求精太过，三也；嫉恶太甚，四也；程试乖方，五也；取舍违理，六也；循故事而不择可否，七也"。其中大多是政绩难讲而考核不实所致。第 695~712 页。

看，当时与考等配套的赏罚所以集中在禄米增减和散阶升降，而与职务的黜陟只有若即若离的关系，对品行最劣的下下等也只做了即行免职的规定，也就不难理解了。

唐代考核中普遍出现的问题，是行能衡量和比较的巨大困难，以确凿证据说明问题的法律要求，总在把定等过程引向更为重视官僚过失记录的方向。事实很清楚，当功绩不足为据时，便只好以过失为准；而更加重视和强调官僚的行能素质，也必然是与越发不能容忍官僚的错误联系在一起的。如果拿当时的考核标准仔细推敲，由于根本无法为品行制定具体指标，德、清、公、勤的评定，便只能首先以官僚有无相应的过失记录为基本依据。"二十七最"中也渗透了行能要求，诸如"动合经典""不失节奏""进守无失""稽失无隐""丁匠无怨"之类，则直接传递了行政须力求无过的重要性，对于实绩则不是标准太高就是太低。这些都已隐隐透露，没有或很少滞失违误的记录，乃是判别官僚能获得"最"的可靠底线，这大概就是即使获最也只能得到中中的原因。①

考等升降条款也透露了这种有利于无过者而不是有功者的意味。其中因功升等的部分，只适用于少量尚有较多责任的长官，而敢冒不测"执奏"制敕，或能够让治下户口、垦田等指标增加十分之一以上的，自然更是少之又少。因而真正重要和常用，也对绝大部分官僚都有效的，还要数对过不对功的计殿降等规定。可见实际考核过程中，以行能为中心的定等过程，通常只能以官僚的过失为

---

① 《唐会要》卷八二《考下》大中六年七月考功奏："其官人先有殿犯，官长断云'至书考日与下考'者，如至时不举，其本州判官当书下考。其所申到下考，省司校其所犯，如与令式相符，便校定申奏。至敕下时后，并须各牒府州。又近日诸州府所申奏录课绩，至两考、三考以后，皆重具从前功课申省，以冀褒升，省司或检勘不精，便有侥幸。自今以后，不得辄更具从前功绩申上。又近日诸州府所申考解，皆不指言善、最，或漫称考秩，或广说门资，既乖令文，实为繁弊。自今以后，如有此色，并请准令降其考第。"第1510页。

基准来展开，极易把考核和被考核者都引到不求有功，但求无过的方向上去。

正其如此，上考的确定就成了一件特别烫手的事情。有最无善只能得中的规定，已经表明上考主要取决于官僚的行能。但无过毕竟难以说明行能优异，要说明行能优异，离开了政绩又没有客观基准可言，从而潜藏着严重出错的危险。因而早在太宗时期，便已出现了官僚"多者不过中上考，未有得上下以上考者"的局面。① 此后，朝廷虽有意改善这种状况，但除凤毛麟角的特例外，上下考一直是一条隐隐不可逾越的界限。② 这说明以过失而不以功绩为基准的考核，必然意味着考核效能的消极化。

要在绩效难求之际克服消极化，就必须在认定官僚没有或很少有过失的基础上，衡量其他可凭为据的事迹。因此才有了考官可以在善最负殿等标准外，兼顾情理"临时量定"考等的补充规定。但这样一来，考等的确定也就很容易由此缺口流入以往中正品评的套子，成为一个舆论采择和藻鉴杂糅在一起的奇特过程。故唐代的考辞往往与魏晋之品状相似，③ 当时的实际定等过程也总是存在着难以捉摸的一面。在文献记载中，官僚有并无"异效"而因"苦节"

---

① 《唐会要》卷八一《考上》贞观六年监察御史马周上疏，第1500页。

② 《唐会要》卷八一《考上》元和十四年十二月考功奏："自今已后，其有政能卓异，清苦绝伦者，不在止于上下考限。"依奏。第1507页。可见上下考隐隐已是难以突破的界限。《五代会要》卷一五《考功》载后唐天成元年十月三日尚书考功条奏格例有曰："应申校内外官寮考课，如有过犯，便降书下考。如在任之日，于常课之外，别有异绩可称，比之上下考。"也反映了唐制流衍的状态。

③ 《旧唐书》卷九七《张说传》载其为中书令，玄宗为之亲制考辞："动惟直道，累闻献替之诚；言则不谀，自得谋猷之体。政令必俟其增损，图书又借其刊削。才望兼著，理合褒升。考中上。"第3054页。《册府元龟》卷六三五《铨选部·考课一》载隋文帝开皇六年吏部尚书苏威考徐州总管长史卢昌衡，辞曰"德为人表，行为士则"，论者以为美谈。第7619页。这与前引炀帝大业五年薛道衡考敬肃之辞"心如铁石，老而弥笃"一样，皆体现了考核领域所存的六朝品状遗风。《北史》卷五〇《辛雄传》附从兄《纂传》载其北魏明帝时为清河王怿太尉府骑兵参军，"至定考，怿曰：'辛骑兵有学有才，宜为上第。'"凡此之类，皆以才行代考第。

获上考的，[1] 有因"宠辱不惊"考中上的，[2] 更有因"惧内"而得下考的。[3] 从这些五花八门的定等理由和自由裁量权中不难体会到，尽管唐代考核的各项定等规定看似完备，但重心已在品行鉴定的考核，终究难以摆脱把各种法定标准束之高阁的泥潭。

官僚权责关系模糊化后，功绩条件的淡化既不可逆转，考核也就失去了唯一可供全面准确评价官僚任职状态的基准。不过在唐代前期，通过层层把关的考核组织和协调机制，尤其是通过有力的监察纠偏补弊，整个考核领域还是保持了一种虽制度条文走样，定等过程却依然认真的状态。[4] 到安史之乱爆发后，各种遏制手段在政局的动荡中难奏其效，有关的赏罚又常无从落实，以往潜在的危险便迅速变成了现实。除军兴战乱和藩镇割据导致"四方不上计，内外不会同"的异常情况外，[5] 唐后期的考核，迅速重现了不论贤愚

---

　　① 刘肃《大唐新语》卷六《举贤第十三》："裴景升为尉氏尉，以无异效，不居最课。考满，刺史皇甫亮曰：'裴尉苦节若是，岂可使无上考，选司何以甄录也？俗号考终为送路考，省校无一成者。然敢竭愚思，仰申清德，当冀中也。'为之词曰：'考秩已终，言归有日。千里无代步之马，三月乏聚粮之资。食唯半菽，室如悬磬。若心清节，从此可知。不旌此人，无以激劝。'时人咸称亮之推贤。景升之考，省知左最，官至青刺。"中华书局，1984，第93页。是当时任满之考辞多送人情，省司一般不纳。

　　② 《太平广记》卷一七六《器量一·卢承庆》："卢尚书承庆，总章初考内外官。有一官督运，遭风失米，卢考之曰：'监运失粮，考中下。'其人容止自若，无一言而退。卢重其雅量，改注曰：'非力所及，考中中。'既无喜容，亦无愧词。又改曰：'宠辱不惊，考中上。'"第1310页。

　　③ 《太平广记》卷二五八《嗤鄙一·阮嵩》："唐贞观中，桂阳令阮嵩，妻阎氏极妒……刺史崔邈为嵩作考词云：'妇强夫弱，内刚外柔。一妻不能禁，百姓何以整肃？妻既礼教不修，夫又精神何在？考下。'省符解见任。"第2010页。

　　④ 《陆贽集》卷一七《中书奏议一·请许台省长官举荐属吏状》述武则天之时"欲收人心，尤务拔擢，弘委任之意，开汲引之门，进用不疑，求访无倦……然而课责既严，进退皆速，不肖者旋黜，才能者骤升。是以当代谓知人之明，累朝赖多士之用。此乃近于求才贵广，考课贵精之效也"。第546~547页。

　　⑤ 《唐摭言》卷一《朝见》："建中元年十一月，朝集使及贡士见于宣政殿。兵兴已来，四方不上计，内外不会同者，二十五年矣。今计吏至一百七十三人矣，仍令朝集使每日二人待制。"第10页。

"一例申中上考"的局面。① 本来就已极大地依赖严格监督和考官良心的定等过程，既然混入了"臧否同贯""善恶齐驱"的妥协，② 除年劳校阅意义外，考核的激励功能也就丧失殆尽了。

第四节　唐代监察制度的完善和严密

对整套官僚管理和控制体系来说，考核的基点由功绩评价转向重视过失的行能鉴定，就势必意味着监察在其中地位的上升。与唐对考核制度的大动干戈相比，当时监察制度中继承的一面比较明显。隋对以往在朝监察机构、遣使视察各地和行政监督的长期发展，都做了相当系统的总结，如何加强监察的基本框架和方向又相当明确，需要唐代继续解决的，只是局部调节、修补，使之适应基本政体格局的问题。

一　行政监督的细密化

在直接与行政过程合为一体的行政监督上，唐初基本上沿袭了隋的整顿成果，有所完善的主要表现在下列两个方面。

一方面，由于三省制的进一步确定和政事堂的设置，朝廷对各项行政过程的监督获得了更多手段，也更为深入。除正常的情况上

---

① 《册府元龟》卷六三六《铨选部·考课二》贞元"五年正月，司勋员外郎判考功赵宗儒复行贬考之令。自至德已来，考绩失实，朝官刺史悉以中上考褒之，善恶不别。及是……刺史核其课效，考之中上者不过五十人，余贬入中中。褒贬稍明，人知诫惧"。第7626页。《唐会要》卷八一《考上》贞元七年八月考功奏："准开元、天宝以前敕，朝官每司有中上考，亦有中中考。自三十年来，诸司并一例申中上考。且课绩之义，不合雷同，事久因循，恐废朝典。自今以后，诸司朝官，皆须据每年功过行能，仍比类格文，定其升降，以书考第，不得一例申中上考。"是月，"考功又奏：'准诸司官，皆据功过定其考等，自至德后，一切悉申中上考。今请覆其能否，以定升降。'从之"。元和十五年，"刑部郎中权判考功冯宿奏：……翰林学士职居内署，事莫能知，请依前书上考。谏官、御史亦请仍旧，并书中上考"。第1504~1505、1507页。
② 《白氏长庆集》卷六三《策林二·三四牧宰考课》，第1553~1556页。

报、审查和命令的下达、贯彻等制度已前所未有地周密化和严格化了外，像中书舍人、给事中在要案审理、考核的监督等方面新加的职权，[①] 两省谏官对各种行政事务的灵活干预能力，[②] 尚书省建制的进一步完善及其在公文流转、符契勘合、簿账审计、关津过所等方面功能的强化，[③] 也说明了这一点。

另一方面，随着整套行政建制的定型，各机关内部的监督机制更趋完备。尤其是通过公文收发、催促和检勘来实施更为细致和全面监督的长官办公机构，已在维护各机构内部纪律和秩序的过程中，占了突出的地位。相应的，在长官之下主管办公机构工作的官员，也都明确担负了纠谬正误的任务。如尚书都省，在继续对举国政务进行广泛监督，包括左仆射和左丞对御史台监察的同时，省内各部、司的工作已被置于尚书左、右丞有力的控制下了。文献中因而留下了其"事应弹举，无所回避""振举纲目，群曹肃然"的记载。[④] 其余省、台、

---

　　① 《唐六典》卷八《门下省》"给事中"条："凡天下冤滞未申及官吏刻害者，必听其讼，与御史及中书舍人同计其事宜而申理之。"原注："每日令御史一人，共给事中、中书舍人受词讼。若告言官人事害政者及抑屈者，奏闻。自外依常法。"第245页。参见同书卷九《中书省》"中书舍人"条，第276页。

　　② 《唐六典》卷八《门下省》"左补阙　左拾遗"条："凡发令举事有不便于时，不合于道，大则廷议，小则上封。若贤良之遗滞于下，忠孝之不闻于上，则条其事状而荐言之。"第247~248页。《唐会要》卷五五《谏议大夫》开元十二年四月敕令："自今以后，谏官所献封事，不限旦晚，任状进来。所由门司不得有停滞，如须侧门论事，亦任随状面奏，即便令引对。如有除拜不称于职，诏令不便于时，法禁乖宜，刑赏未当，征求无节，冤抑在人，并极论失，无所回避，以称朕意，其常诏六品以上，亦宜准此。"第950页。

　　③ 《旧唐书》卷一三五《裴延龄传》载其贞元中迁户部侍郎判度支，时陆贽秉政，二人皆为德宗所重，贽上书疏延龄之失有曰："总制邦用，度支是司；出纳货财，太府攸职。凡是太府出纳，皆禀度支文符，太府依符以奉行，度支凭案以勘覆，互相关键，用绝奸欺。其出纳之数，则每旬申闻；见在之数，则每月计奏。皆经度支勾覆，又有御史监临，旬旬相承，月月相继，明若指掌，端如贯珠，财货多少，无容隐漏。"第3722~3723页。可见唐制财物监督审计之一斑。参见《唐六典》卷一《都省》，第11~12页。

　　④ 《唐会要》卷五八《尚书省诸司中·左右丞》贞观十年治书侍御史刘洎上书、仪凤四年韦仁约除左丞条，第999、1000页。

寺、监下至各县的丞，性质也已向尚书左、右丞全面靠拢，在肃正本机构纲纪时发挥着重要作用。① 各州、府虽无丞，然而有地位与之相仿的录事参军，② 而且其监督功能更为明显，以至于时人直接称其为"纠曹"。③

各机构内、外部关系的这些整顿，对隋制做了充分总结和损益，结果是使整套行政监督体系空前严密和规范化了。

二 御史台建制和职能的发展

初唐大体恢复了隋文帝时期的御史台建制，以之为唯一的专职监察机构，其权势地位较之隋炀帝的三台并置已有提高。唐人惯把御史台与尚书省合称"台省"，④ 即说明御史台监察整套官僚机器和国务活动的重要性，足与督责举国政务的尚书省相媲美。武则天光宅元年（684），将原御史台改为左肃政台，专门监察在京百官和军队；又按同样编制增设了右肃政台，分察各地文、武官僚。这个

---

① 《柳河东集》卷二六《记官署·武功县丞厅壁记》："今尚书有左右丞，（御史有）御史中丞，至于九卿之列，亦皆有丞。下以达天下之县，政有小大，其旨同也。"上海人民出版社，1974，第436页。

② 《唐会要》卷五八《尚书省诸司中·左右丞》会昌二年左丞孙简奏事有曰："今京兆、河南司录，及诸州府录事参军，皆操纪律，纠正诸曹，与尚书省左右丞纪纲六联略同。"第1001页。

③ 《大唐新语》卷二《刚正第四》"桓彦范"条述侍御史李祥曾为录事参军排挤之事，第35页。《文苑英华》卷八〇三《厅记八·州官上》刘宽夫《汴州纠曹厅壁记》："郡府中有录事参军，犹文昌之有左右辖，南台之有大夫、中丞也。纠正邪匿，提条举目，俾六联承式，属邑知方。致上□于坐啸，举纲维之未振；俾侧者不敢挟其侧，奸者不敢萌其奸。法令修明，典章不紊。此其任也。"中华书局，1966，第4246页。《旧唐书》卷九〇《杜景俭传》载其武周时为益州录事参军，"时隆州司马房嗣业除益州司马，除书未到，即欲视事，又鞭笞僚吏，将以示威。景俭谓曰……乃叱左右各令罢散，嗣业惭赧而止"。第2911页。

④ 《陆贽集》卷一七《中书奏议一·请许台省长官举荐属吏状》："所谓台省长官，即仆射、尚书、左右丞、侍郎及御史大夫、中丞是也。陛下比择辅相，多亦出于其中。今之宰相，则往日台省长官也；今之台省长官，乃将来之宰臣也。"第545页。

变动掺杂了武氏急欲清除异己的动机，却与长期以来重建地方监察体制的趋势相合，可以视为隋炀帝创置司隶台意图的重现。此后，随着相关问题的消除和以专使巡察各地的逐渐明朗，继睿宗一度废除右台后，玄宗先天二年（713）便确立了以御史台统一履行有关监察职能的格局。①

无论如何，武周时期的这个举措是要进一步强化御史台的监察功能。尤其在分设左、右台的同时，还经常灵活增加御史人数，随时扩大御史职权范围，这对此后御史台面貌产生了深刻影响。武氏在位时，运用"御史内供奉""员外御史""试御史""御史里行"等临时性任职形式，使御史的实际人数数倍甚至十余倍于常规编制，以致被讥为一抓一大把。② 中宗神龙年间（705～707）和玄宗登位后予以整顿，撤销了"员外御史"和"试御史"，又大大压缩了"御史内供奉"和"御史里行"的人数，将之正规和半正规化，从而使御史台的编制扩大，也为今后按此路子灵活增加御史人数开了口子。③ 武则天时御史职权范围的扩大极为显著，如出监军务、监祭④、理匦、听讼⑤、掌理诏狱，以及各种旨在刺察诛杀的使命，⑥ 一度使御史台成了一个酷吏会聚、权势畸形膨胀的机构。此后虽屡经整治，但像理匦、听讼等项，还是被正式纳

① 见《唐会要》卷六〇《御史台》序，第1041页。

② 《通典》卷一九《职官一·职官总叙》载武氏天授二年"大置试官"以用新进，原注曰："其年二月十道使举人，并州石艾县令王山耀等六十一人，并授拾遗、补阙；怀州录事参军崔献可等二十四人，并授侍御史；并州录事参军徐昕等二十四人，并授著作郎；魏州内黄县尉崔宣道等二十二人，并授卫佐、校书、御史等。故当时谚曰：'补阙连车载，拾遗平斗量。杷推侍御史，碗脱校书郎。'"典一〇七。

③ 《通典》卷二四《职官六·御史台》，典一四一；《新唐书》卷四八《百官志三》，第1238～1239页。

④ 《旧唐书》卷九三《张仁愿传》、卷九四《李峤传》，第2981、2992页。《柳河东集》卷二六《记官署·监祭使壁记》，第432～434页。

⑤ 《唐会要》卷五五《省号下·匦》、卷六〇《御史台》，第956～959、1041页。

⑥ 《旧唐书》卷五〇《刑法志》，第2143～2149页。

入了御史的法定职责范围。即使到玄宗重整御史台，甚至到安史之乱后，以上这种御史的实际数量总在超出既定员额，其职权又总在突破原有范围的现象，仍然是唐代御史台发展的一个显著特点。①

典志政书所载唐代御史台的建制和职能，大体都是玄宗整顿损益后的结果。从图6-2所示御史台概况可以看出，历经波折后，其仍然沿袭了魏晋以来以御史中丞、治书侍御史及侍御史、殿中侍御史和监察御史三部分组成的基本状态。在这个以御史大夫（即以往的中丞，隋避文帝父杨忠讳改）和御史中丞（即以往的治书御史，唐避高宗李治讳改）为台主和副贰的机构中，汉魏以来御史侍从禁密，分曹承办多种内朝事务的职能业已消失，无论是以三院御史为主体的结构，还是其间的分工关系，都呈现了较之以往更为规整，尤其专掌监察的性质和地位已空前明确的状况。

作为最高监察机构，御史台从建制到履职始终有其特殊的一面。如三院御史级别皆在六品以下，御史任命本应由吏部统一铨选。但初唐以来，御史任命常出于皇帝旨意，吏部拟定的人选往往被否定。到玄宗开元四年（716）下诏对之专门做了规定后，御史人选便正式划入了由皇帝与宰臣商决的范围。② 同时，唐代也踵北

---

① 《柳河东集》卷二六《记官署·诸使兼御史中丞壁记》："古者交政于四方，谓之使。今之制，受命临戎，职无所统属者，亦谓之使。凡使之号，盖专焉而行其道者也。开元以来，其制愈重。故取御史之名而加焉。至于今若干年，其兼中丞者若干人。其使绝域，统兵戎，按州部，专货食，而柔远人，固王略，齐风俗，和关石。大者戡复于内，拓定于外，皆得以壮其威，张其声，其用远矣。假是名以苴厥职，而尊严若是，况乎总宪度于朝端，树风声于天下。其所以翼于君，正于人者，尤可以知也。"第439页。参见《唐会要》卷六一《御史台中·馆驿》、卷六二《御史台下·出使》，第1059~1066、1082~1084页。

② 《唐会要》卷六〇《御史台上·监察御史》引杜易简《御史台杂注》及苏氏驳语，第1055页。

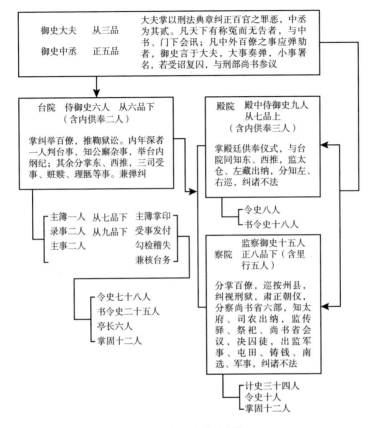

图6-2　唐御史台建制概况

备注：

①本图据《唐六典》卷一三《御史台》、《新唐书·百官志三》、《通典》卷二四《职官六·御史台》绘制。

②唐又于东都置御史台，编制极简，常由京师御史台官任其事，称"分司东都"。

③御史大夫、中丞多不并置，尤其御史大夫位望崇重，不常置。会昌二年进御史大夫秩正三品，中丞秩正四品下。见《唐会要》卷六○《御史大夫》。

④《通典》卷二四《职官六·监察侍御史》载监察侍御史"凡诸内供奉及里行，其员数各居正官之半，唯俸禄有差，职事与正同"。同处《侍御史》原注："侍御史内供奉与殿中侍御史内供奉、监察御史里行，其制同，皆无职田、庶仆。台例：占阙者得职田、庶仆，无阙可占，则岁两时请地子于太仓，每月受俸及庶仆于太府。"参《唐会要》卷六○《监察御史》龙朔元年八月事。

⑤"东、西推"，即分京城诸司及诸州为东、西两部推鞫狱讼、纠举不法，以侍御史二人分知之，殿中侍御史二人同知之，号"四推御史"，单日台院受事，双日殿院受事。"左、右巡"，即分西京城内为左、右两部，以殿中御史二人巡察不法，但其制迭有变化。

朝以来的做法，保留了御史台长官在御史任免中的建议权。① 这些有殊常制的措施，大体是要为御史台执法的独立性提供条件。值得注意的是，在大夫、中丞和众御史之间，尽管存在着一定的管理和配合关系，但其各自在检举非违、弹纠不法时的自主权也十分突出。御史台内部弥漫着一股"比肩事主，得各弹事，不相关白"，"竞为官政，略无承禀"，上下都对皇帝负责的浓厚风气。② 这方面形成的许多惯例，都影响着大夫、中丞对御史的节制。③ 即便开元年间有鉴于武后以来的弊端，强调御史的重大弹纠活动须先"进状"并与御史大夫取得一致意见，④ 御史与大夫、中丞"抗礼"，甚

---

① 《旧唐书》卷九九《张九龄传》附《张仲方传》载其少为高郢所识，"后郢为御史大夫，首请仲方为御史"；卷一一七《崔宁传》载其德宗初为御史大夫平章事，"宁以为选择御史当出大夫，不谋及宰相，乃奏请以李衡、于结数人为御史。杨炎大怒，其状遂寝"；卷一六八《独孤郁传》附弟《朗传》载其宝历元年为御史中丞，"宪府故事，三院御史由大夫、中丞自辟，请命于朝。时崔戢、郑居中不由宪长而除，皆丞相之僚旧也，敕命虽行，朗拒而不纳，戢竟改太常博士，居中分司东台"；卷一七一《高元裕传》载其开成四年为御史中丞，"上言曰：'御史府纪纲之地，官属选用，宜得实才。其不称者，臣请出之。'监察御史杜宣猷、柳瑷、崔郢，侍御史魏中庸、高弘简并以不称，出为府县之职"。第3100、3400、4382、4452页。是中晚唐御史大夫、中丞对御史的建议权有所加强，其建议之况可参见《元稹集》卷四六《制诰·高允恭授侍御史知杂事制》，冀勤点校，中华书局，1982，第501~502页。

② 《唐会要》卷六〇《御史台上·御史大夫》原注："故事：侍御史以下，与大夫抗礼。光宅元年九月，韦思廉除右肃政大夫，遂坐受拜……其后监察又与之抗礼。至开元十八年，有敕申明，隔品致敬，其礼由之不改。至二十四年六月，李适之为大夫，又坐受拜，其后又与之抗礼，至今不改。"第1049页。

③ 《通典》卷二四《职官六·监察御史》原注述长安四年三月，监察御史萧至忠弹纠宰相苏味道赃污，"御史大夫李承嘉尝召诸御史，责之曰：'近日弹事，不咨大夫，礼乎？'众不敢对，至忠进曰：'故事，台中无长官，御史，人君耳目，比肩事主，得自弹事，不相关白。若先白大夫而许弹事，如弹大夫，不知白谁也？'承嘉默然，惮其刚正"。典一四四。

④ 《唐会要》卷六〇《御史台上·御史大夫》："故事：大夫与监察竞为官政，略无承禀。至开元十四年，崔隐甫为大夫，一切督责之，事无大小，悉令谘决，稍有忤意，列上其罪，前后贬出者过半，群僚慑然。上常谓曰：'卿为大夫，深副朕所委也。'"同书卷六一《御史台中·弹劾》载景云以后，御史弹劾"皆先进状听进止"；至德元载九月十日诏"御史弹事，自今以后，不须取大夫同置"；乾元二年四月六日，"敕御史台所欲弹事，不须先进状"。第1049、1066页。

至相互纠讦的状态，也是一个引人注目的事实。① 御史台这种对外更为独立，内部则相对松散的状态，正适应着其执法弹劾的任务要求，也集中体现了台内众官"搏击权贵"，直接充当皇帝爪牙的工作性质。②

三　分道巡察制度的定型

在隋代分道遣使巡察的基础上，唐初的重大举措是把以往范围灵活不定的道变成了稳定的监察区。太宗贞观元年（627），按山河形胜分全国为关内、河南、河东、河北、山南、陇右、淮南、江南、剑南、岭南十道，遣使视察各地的分区情况自此稳定。③ 但当时遣使巡察的名目和职责仍无定制，贞观二十年正月，"遣大理卿孙伏伽、黄门侍郎褚遂良等二十二人，以六条巡察四方，黜陟官吏"，亦属偶一为之。④ 自高宗、武后时期起，朝廷对各地的监察，一方面由于当时动荡的政局和频繁更制而特别频繁，另一方面这种局面

① 《旧唐书》卷七〇《王珪传》载其曾孙王旭开元初为左司郎中兼侍御史，后"与御史大夫李杰不协，递相纠讦，傑竟坐左迁"；卷九二《韦安石传》载其与姜皎不协，皎弟姜晦为御史中丞，欲陷安石，"令侍御史洪子舆举劾之，子舆以事经赦令，固称不可。监察御史郭震希皎等意，越次奏之"。第2531、2957页。是御史可与大夫、中丞相抗，但也有希旨顺从者。

② 《旧唐书》卷八八《韦思谦传》载其高宗时为监察御史，"尝谓人曰：御史出都，若不动摇山岳，震慑州县，诚旷职耳"。永淳初为御史大夫，"思谦在宪司，每见王公，未尝行拜礼。或劝之，答曰：'雕鹗鹰鹯，岂众禽之偶，奈何设拜以狎之。且耳目之官，固当独立也。'"第2861~2862页。

③ 《旧唐书》卷五九《李袭志传》附弟《袭誉传》载其"为江南道巡省大使，多所黜陟"；卷六二《李大亮传》载其"为剑南道巡省大使，大亮激浊扬清，甚获当时之誉"；卷六三《萧瑀传》载其"为河南道巡省大使"。第2332、2389、2401页。这些贞观时期的遣使巡察均已按十道派遣，但当时也还有不按十道巡察之例，如《旧唐书·李大亮传》载颉利可汗败亡后，突厥种落有散在伊吾者，"以大亮为西北道安抚大使以绥集之"。第2388页。又《唐会要》卷七七《诸使上·巡察按察巡抚等使》载"贞观十八年，遣十七道巡察"。第1412页。

④ 《旧唐书》卷三《太宗纪下》，贞观二十年正月丁丑条，第58页。《资治通鉴》卷一九八《唐纪十四》贞观二十年正月载此，胡注此六条为"用汉六条也"。第1329页。

也在催驱着分道遣使巡察之制的成熟。部分专负监察任务的使节，正在迅速循稳定和规范化的轨道发展。武则天登位后，左右肃政台首先制定了每年春、秋派风俗、廉察使，按48条内容纠举州、县不法的制度。① 分道遣使巡察的做法也在继续，垂拱二年（686）遣使巡察，其事项多达44件，外加30余条依法应予监察的内容。② 之后肃政台不再定期发使，分道遣使巡察的地位已更趋突出。中宗神龙二年（706）二月定制，十道各置巡察使两人，以御史台和其他机构五品以上"坚明清劲"者担任，两年一换。睿宗景云二年（711）又将之改称"按察使"，定为每道一员。③ 至此，各道按察使在朝廷监察各地时的基干地位大致确立，而分察各地的御史右台已明显与之重叠，将其撤销只是迟早而已。

在此基础上，玄宗数度犹豫以后，于开元二十一年（733）析十道为十五道，④ 次年又总结初唐以来在分道遣使巡察问题上的各种措施，制定了一套几乎焕然一新的分道监察制度。其主要内容如下。第一，十五道各置采访处置使一员，以判官二员为佐，道大务繁者更设支使。第二，各道采访使以六条监察所在州县：一察官人善恶；二察户口流散，籍帐隐没，赋役不均；三察农桑不勤，仓库减耗；四察妖猾盗贼，不事生业，为公私蠹害；五察德行孝悌，茂

---

① 《唐会要》卷六〇《御史台》，第1041页；《新唐书》卷四八《百官志三》御史台原注，第1237页。

② 《旧唐书》卷一八五上《良吏·冯元常传》："高宗时，累迁监察御史，为剑南道巡察使，兴利除害，蜀土赖焉。"第4799页。《唐会要》卷七七《诸使上·巡察按察巡抚等使》载垂拱元年四月六日，"尚书左丞狄仁杰充江南安抚使，吴楚多淫祠，仁杰一切焚之"。又载万岁通天元年凤阁舍人李峤上疏："窃见垂拱二年诸道巡察使科目凡四十四件，至于别作格敕令访察者，又有三十余条。"第1414页。

③ 见杜佑《通典》卷三二《职官十四·州牧刺史》，典一八四。又《旧唐书》卷一八五下《良吏·阳峤传》载其睿宗时"充兖州都督、荆州长史，为本道按察使"；卷一九〇中《文苑·刘允济传》载其中宗时"左授青州长史，为吏清白，河南道巡察使路敬潘甚称荐之"。第4813、5013页。

④ 《新唐书》卷三七《地理志》序，第959~960页。

才异等，藏器晦迹，应时用者；六察黜吏豪宗兼并纵暴，贫弱冤苦不能自申者。^① 在具体履职过程中，除变更有关制度必须报请朝廷批准外，其余皆可"便宜从事"，先斩后奏。^② 第三，各道采访使常驻各道，有代表其特定权力的印鉴，"以所部大郡（州）"为治所，例兼治所刺史，任期三年。^③ 其分道及治所见表6-3。

表6-3　唐代各道采访使治所

道名	京畿	都畿	关内	河南	河东	河北	山南东	山南西
治所	京师	东都		汴州	蒲州	魏州	襄州	梁州
道名	陇右	淮南	江南东	江南西	黔中	剑南	岭南	
治所	鄯州	扬州	苏州	洪州	黔州	益州	广州	

备注：
①本表据《新唐书·地理志》编制。
②京畿、都畿各以御史中丞领使，关内以京官遥领。
③安史之乱后往往以节度使领采访使，则关内道不必拘于京官，而诸道采访使治所亦不必拘于表列。参见《通典·职官十四》州牧刺史原注。

以玄宗开元二十二年（734）十五道采访处置使的设立为标志，东汉末年以来一直处于断续发展之中的地方监察体制，终于在隋及唐初地方州（郡）县两级制确定后，重新以类似于西汉刺史制度的样态呈现出来了。北朝以来分道出巡的巡省、巡抚、巡察等使，也因此而被归并升华，从非正规化和随机性的朝廷特使，变成了较为稳定和正式的各道最高监察长官。如果说前者象征着一个旧的发展终结，那么后者便意味着一个新的演化开始。此后尤其是安史之乱爆发，肃宗乾元元年（758）改采访处置使为观察处置使以后，其

————————

① 《唐会要》卷七七《诸使上·巡察按察巡抚等使》开元元年二月、三年三月条，卷七八《诸使中·采访处置使》，第1415、1420~1421页。

② 参见《资治通鉴》卷二一三《唐纪二二九》开元二十一年岁末纪事，第1449页。

③ 《唐会要》卷七八《诸使中·采访处置使》开元二十六年三月敕，第1420页。

主要事态不外乎是采访（观察）使权势的逐渐扩大，①以及道一级各种使职的互兼，从而使地方各种权力再度纠结缠绕。

在分道出巡的使节被整理为采访使的过程中，其他各种随事特派的使职并未稍息，②由于其不同程度地兼负着"访察"任务，故仍发挥着灵活的补充作用。③必须强调的是，各种使职层出不穷，及其不仅插手地方，也插手在京诸司政务，始终是唐代行政的显著特点。玄宗开元二十五年（737）确定"设官以经之，置使以纬之"的方针，正表明了初唐以来使职向整套行政体制渗透的广度和深度。因此，唐代的大量使职，包括玄宗以后急剧膨胀的宦官内诸使，既适应了各种特殊情况和需要，导致了行政结构向条条化方向的变迁，同时也对监察领域起着唐前期是辅助、后期则趋向替代的作用。

四 监察渗入日常行政

总结以上这套监察体制的作用状态，有一点非常清楚：一种为汉代无法企及，也为汉代士人所不屑的烦碎细密之风，在当时的监

---

① 《唐会要》卷七八《诸使中·采访处置使》天宝九载三月敕："本置采访使，令举大纲。若大小必由一人，岂能兼理数郡？自今已后，采访使但察访善恶，举其大纲，自余郡务，所有奏请，并委郡守，不须干及。"第 1420 页。

② 如《册府元龟》卷六三五《铨选部·考课一》开元二十七年二月制："比来诸道所通善状，但优仕进之辈，与为选调之资，责实循名，或乖古义。自今已后，诸道使更不须通善状。每至三年，朕当自择使臣，观察风俗。"第 7623 页。参见《唐会要》卷七七《诸使上·巡察按察巡抚等使》、卷七八《诸使中·黜陟使》，第 1416～1417、1419～1420 页。

③ 《旧唐书》卷一二八《颜真卿传》载其代宗时上疏论政有曰："郎官、御史者，陛下腹心耳目之臣也。故其出使天下，事无巨细得失，皆令访察，回日奏闻，所以明四目、达四聪也。"第 3593 页。《唐会要》卷七八《诸使中·诸使杂录上》大历十四年六月一日敕："郎官、御史充使，绝本司务者，宜改与检校及内供奉里行。"同书卷七九《诸使下·诸使杂录下》会昌五年九月中书门下奏条流诸道判官员额，末云："仍望令正职外，不得更置摄职。仍令御史台及出使郎官、御史专加察访。"敕旨依奏。第 1440、1450～1451 页。是安史之乱以后，郎官、御史有长在使司者则改检校、里行，同时仍多随机之出使。

察领域，已是理所当然和不断制度化的现实。

如御史台，早在太宗时期，其通过御史严加监察的情况，就已通过台内新置监狱"牢犴常满"的事实透露出来了。① 到唐后期，尽管纲纪废弛，但御史左、右巡的"繁剧"和东、西推的"劳屑"也还是有口皆碑，② 遑论御史所事各种难以计数的纠弹活动了。从唐代三院御史的法定职责来看，通过更为有力的组织和细致的分工，经常性与临时性监察的交叉覆盖，尤其是由监察御史分察尚书省六部，③ 御史台的监察范围已远不限于大事要事、大案要案，而是渗透到了尚书省所统举国的日常行政过程。再如分道遣使，从初唐巡察事项的灵活收缩，到武则天时定出多达七八十个项目，以致"簿书委积"，有关使者不能不"昼夜奔逐，以赴限期"，其烦冗已无以复加。④ 玄宗整顿其制，虽重定了六条内容，但其"户口流散，籍帐隐没，赋役不均，农桑不勤，仓库减耗"等内容，非深入有关文案中实难察知；当时又没有"非条所问即不省"的限制，故这"六条"，大体只是必须注意的监察事项，而不是严格的

---

① 《旧唐书》卷一八五下《良吏·崔隐甫传》，第 4821 页。参见《唐会要》卷六〇《御史台》，第 1042 页。又《金石萃编》卷七四《御史台精舍碑》述此碑碑文为崔湜在长安初任殿中侍御史时所撰，述台狱"陷于兹者，岁以千计，群公等目而戚之"，遂建佛舍。扫叶山房石印本，第二函册三，卷七四第 11~12 页。

② 赵璘《因话录》卷五《徵部》述左右巡"号两巡使，所主繁剧。及迁向上，则又入推，益为劳屑，惟其中间，则入清闲。故台中谚曰：'免巡未推，只得自知。'"《唐会要》卷六〇《御史台上·殿中侍御史》贞元十年四月敕："准《六典》，殿中侍御史凡两京城内分知左右巡察……如此之类，方合奏闻。比者因循，务求细事，既甚烦碎，颇失大猷。宜令自今以后，据《六典》合举之事，所司有隐蔽者，即具状奏闻，其余常务，不须更闻。"第 1054 页。

③ 《新唐书》卷四八《百官志三》"御史台"条载监察御史"掌分察百寮，巡按州县，狱讼、军戎、祭祀、营作、太府出纳皆莅焉，知朝堂左右厢及百司纲目……兴元元年，以第一人察吏部、礼部，兼监察使；第二人察兵部、工部，兼馆驿使；第三人察户部、刑部。岁终议殿最。元和中，以新人不出使无以观能否，乃命颛察尚书省，号曰六察官"。第 1240 页。

④ 《唐会要》卷七七《诸使上·巡察按察巡抚等使》万岁通天元年凤阁舍人李峤上疏，第 1414 页。

职责范围。对各道采访使来说，更起作用也最为突出的，应当是"便宜从事"的原则，而朝廷也的确允许其"专停刺史务，废置由己"。① 因而采访使从更为具体和深入的监察，迅速转向过度干预州、县政务，甚至大包大揽，其实是其建制之初就潜伏的结果。②

行政监督的细密化同样引人注目。除各州府长官"每岁一巡属县"等沿自汉魏以来的措施外，③ 充当各机关公文流转枢纽的长官办公机构，现已彻底取代了汉代功曹等人事部门在监察过程中的地位，而且通过一系列法规，严格和深化了其所进行的监督。从当时各办公机构"受事发付""勾检稽失"的基本职能来看，所谓"受事发付"，即统一接收送达本机构的各种公文，再将之交付给有关部门或官员去处理。但这并不是一个简单的收发过程，在将公文分发出去之前，办公机构首先须据该项公文所涉事务的性质和类别，依法注明处理期限，并加以催督。具体规定如表6-4所示。而所谓"勾检稽失"，即统一检勘和签发本机构处理的一应公文，包括检核有关官吏对公文的处理是否稽缓逾期，勘查其

---

① 《唐会要》卷七八《诸使中·采访处置使》大历十二年五月中书门下奏，第1421页。参见洪迈《容斋三笔》卷七《唐观察使》，第497页。

② 《旧唐书》卷一二九《韩滉传》述其大历末为浙江东西都团练观察使兼御史大夫、润州刺史，后文述其"在浙右也，政令明察，末年伤于严急，巡内婺州傍县有犯其令者，诛及邻伍，死者数十百人。又俾推覆官分察境内，情涉疑似，必置极法，诛杀残忍，一判即剿数十人，且无虚日。虽令行禁止，而冤滥相寻"。第3603页。《元稹集》卷三八《状·论浙西观察使封杖决杀县令事》述浙西观察使润州刺史韩皋杖杀安吉县令孙澥，质问"观察使职在六条访察，事有不法，即合具状奏闻，封杖决人，不知何典？"德宗对其处分是"罚一月俸料"。第430~431页。案此韩皋应是韩滉之误，此亦可见六条访察并无硬性规定。

③ 《唐六典》卷三〇《三府督护州县》："京兆、河南、太原牧及都督、刺史掌清肃邦畿，考核官吏，宣布德化，抚和齐人，劝课农桑，敦谕五教。每岁一巡属县，观风俗，问百姓，录囚徒，恤鳏寡，阅丁口，务知百姓之疾苦。部内有笃学异能闻于乡闾者，举而进之；有不孝悌，悖礼乱常，不率法令者，纠而绳之。其吏在官公廉正己，清直守节者，必察之。其贪秽谄谀求名徇私者，亦谨而察之。皆附于考课，以为褒贬。"第747页。

内容有无错谬差失。① 凡无误者，皆须打钩通过，注明日期，或存档，或发出，或盖印；并在专门簿历上——登录，以备查考。② 凡稽缓者，据唐律"诸稽缓制书者，一日笞五十，一日加一等，十日徒一年"；一般公文逾期者，"一日笞十，三日加一等，罪止杖八十"；③ 若有错失，亦须据相应法律区别其程度情节，皆呈请长官行罚。就这样，通过上至尚书省左、右司，下至各县录事对公文的催督和检勘，唐代的全部日常行政活动已从头至尾处于细密的监督之下了。考虑到各长官办公机构在承上启下、左右沟通的工作中紧密衔接的状态，及其同时担负协理机关内务、纠弹违法官吏④、掌管值班缺勤记录等多种职能的事实，⑤ 这些串联为一体的办公机构和官员，实已组成了一张空前完整和细密的监督网络。在此之上再考虑朝廷和各级长官直接展开的各种控制活动，当时行政监督所达到的惊人广度和深度，也就不难想象了。

---

① 唐长孺主编《吐鲁番出土文书》壹《阿斯塔那五一七号墓文书》一六《唐下西州柳中县残文书为勘达匦驿驿丁差行事》73TAM517：05/4（a）残存六行："差行事/史/十一月廿七日受，十二月十一日行判/录事张达检无稽失/录事参军善顺勾讫/下柳中县勘达匦驿驿丁差行个。"同处所出一八《唐残案卷牍尾》73TAM517：05/2（b）残存五行："史鞠神威/二月四日录事张达受/录事参军付户/检案亨白/四日。"文物出版社，1992，第271~272页。此即"受事发付""勾检稽失"的实例。

② 李林甫等：《唐六典》卷一《都省》，第11~12页。

③ 《唐律疏议·职制篇》"稽缓制书官文书"条，第196~197页。

④ 《通典》卷二二《职官四·仆射（左右丞、左右司郎中、员外郎附）》："左丞掌管辖诸司，纠正省内，勾吏部、户部、礼部等十二司，通判都省事；右丞掌管兵部、刑部、工部等十二司，余与左丞同。"左右司郎中、员外郎"掌副左右丞所管诸司事，省署钞目，勘稽失，知省内直，判都省事。若右司不在，则左并行之，左司不在，右亦如之"。同书卷三三《职官十五·总论郡佐》载府州长史、司马俱通判府州之事，录事参军"掌府事勾稽，省署钞目，纠弹部内非违，监印、给纸笔之事"。典一三二、一八九。《唐会要》卷六九《县令》大中二年二月，"刑部起请节文：自今已后，县令有赃犯，录事参军不举者，请减县令二等结罪，其录事参军有罪，刺史不举者，刺史有罪，观察使不举者，并所司奏听。敕旨宜依"。第1221页。

⑤ 《唐六典》卷一《都省》："凡尚书省官，每日一人宿直，都司执直簿，一转以为次（原注：凡诸司长官应通判者及上佐、县令，皆不直也）。凡内外百僚日出而视事，既午而退，有事则直官省之，其务繁，不在此例。"第12~13页。

表 6-4　唐代公文处理限期

事务性质及类别	大事	中事	小事
	谓计算大簿帐 及须咨询者	谓须检覆前案 及有所勘问者	谓不须检覆者
处理期限	二十日	十日	五日
审核期限	每经一人给三日	每经一人给一日	经三人以下给一日， 四人以上给两日

备注：

①本表据《唐六典》卷一《都省》、《唐律疏议·职制篇》"稽缓制书官文书"条编制。

②急务须立即办理，不定期限，徒以上狱案辨定须断结者，限三十日。

③若文件最终须抄写若干份发出时，有抄写期限，"满二百纸以下，给二日程。过此以外，每二百纸以下加一日程。所加多者，总不得过五日。其敕书计纸虽多，不得过三日。军务急速，皆当并了"。

第五节　考核与监察关系的逆转

纵观隋唐的官僚管理和控制体系，自隋文帝到炀帝强化监察的诸多举措和制度建设，应可视为汉代以考核为主、监察为辅的状态再难重现的标志性现象。而唐代对一直处于坎坷之中的考核制度的全面整顿和调整，又进一步适应了三省六部代表的新体制和新秩序，使考核与监察在督饬百官恪尽职守时达成了一种新的平衡，也使两者关系进入了一个新阶段。

关于监察与考核在整套官僚管理和控制体系中的地位，前已述专制集权控制下错综的权力切割，不能不使官僚权责模糊，事功难以归于个人。功绩标准遂不能不淡化居次，行能标准则相形突出起来，从而迫使唐代的考核首先去注意官僚过失的有无和多少，而过失主要是由监察来确认的。其中又以上下级行政监督最具基础意义，尤其各级长官办公机构对公文流转及其稽缓错失和官吏值班、缺勤等的监督，不仅是累计负殿、递降考等的基础，[1] 而且是判别官僚是否具有"恪勤匪懈"等善行的首要依据。[2] 在确认官僚无过或少过的同时进而衡量其善最之况，由于行能不可能有具体可操作的划一标准，又必须更大地依赖于御史和采访观察等使的监察报告。[3] 由此可见，唐代的监察，实已在很大程度上主宰了考等确定过程。

更重要的是，当考核从重在功绩评价转向重在才行素质鉴定后，其基本性质实际已与监察类同。相比之下，监察在这方面发挥作用的场合和方式，又要比依赖多部门协调配合和定期举行的考核广阔和直接得多，这就为监察职能的膨胀甚至取代考核打开了大门，也势必导致考核与监察在整套官僚管理、控制体系中地

---

[1]　《唐律疏议·职制篇》"在官应直不直"条："诸在官应直不直，应宿不宿，各笞二十；通昼夜者，笞三十。若点不到者，一点笞十。""官人无故不上"条："诸官人无故不上及当番不到（原注：虽无官品，但分番上下，亦同），若因暇而违者，一日笞二十，三日加一等；过杖一百，十日加一等，罪止徒一年半。边要之官，加一等。"第185~186 页。按笞十计一负的规定，即迟到一点计一负，昼夜不直者计三负，不到官署未误事者，一日计二负，二十五日杖一百，三十五日徒一年，四十五日徒一年半。边要加一等处罚。

[2]　《唐会要》卷五八《尚书省诸司中·左右司郎中》："贞元五年正月，左司郎中严涗奏：'按《公式令》，应受事，据文案大小，道路远近，皆有程期，如或稽违，日短少差，加罪。今请程式，常务计违一月以上，要务违十五日以上不报，按典请决二十，判官请夺见给一季料钱，便牒户部收管。符牒再下犹不报，常务通计违五十日以上，要务通计违二十五日已上，按典请决四十，判官夺料外，仍牒考功与下考……'从之。"第1003 页。可见稽违计负及影响考等之一斑。

[3]　《册府元龟》卷六三五《铨选部·考课一》载开元三年"六月，诏每年十月委当道按察使较量理行殿最，从第一等至五等奏闻。校考使乃吏部长官，总详覆诸州，亦比类定为五等奏闻。上等为最，下等为殿，中间三等，以次定优劣，改转日凭为升降……"又载天宝十三载二月诏曰："三载黜陟，百王令典；殿最之迹，廉问攸归。欲更别遣使臣，虑有烦扰，今载宜委本道采访使具官人善恶奏闻，以申劝沮。"第7623~7624 页。又《五代会要》卷一五《考功》后唐天成元年尚书考功条奏格例有曰："应申校内外官僚考课，如有过犯，便降书下考。如在任之日，于常课之外别有异绩可称，比之上下考。"第192 页。大体可以视之为唐后期的考核惯例，所谓"异绩"如"促获造伪及光火强盗"等还较明确，但像"政能卓异，清苦绝伦"之类，其实并无标准可言。见《唐会要》卷八一《考上》大历十三年正月敕及元和十四年十二月考功奏，第1504、1507 页。

位的逆转。从唐代监察体制的总体功能来看，无论是内在地决定官僚考等，还是以更为细致和严密的方法厉行监察，其中通过考核发挥的作用，实际上只占很小的份额；而不通过考核直接将有关情况呈报给皇帝，随时促成相应的赏罚，一直是其最为基本和突出的特点。

如御史台对不法官员的纠举，都是事大者弹奏，听候皇帝裁决，事小者案讫径付司法部门处理。① 两者显然不必以考核为中介，便可立即影响犯官的政治命运。各道使节的情况类此而更典型，自初唐起，朝廷便撇开考核，直接依据有关使节的报告，大幅度展开任免黜陟。② 玄宗以来，考核巡内州县官已被纳入各道采访（观察）使的法定职责范围。③ 与此同时，或直接闻奏巡内官吏善恶能否，以便朝廷及时进行赏罚；或"便宜从事"，随机加以灵活的奖惩，是各道采访（观察）使的主要履职特点。④ 代宗宝应二年（763），命御史台和各道将监察记录于每年九月三十日前报送考功司，并明确规定事大"当奏者，使司案成便奏"。⑤ 可见监察不仅可配合考核，更可独立、随时发挥作用，直接影响官员的赏罚黜陟。上下级

① 《唐六典》卷一三《御史台》"侍御史"条载："凡有制敕付台推者，则按其实状以奏；若寻常之狱，推讫，断于大理。"《唐会要》卷六〇《御史台》贞元八年正月御史台奏："伏以台司推事，多是制狱，其中或有准敕，便须处分，要知法理。又缘大理寺、刑部断狱，亦皆申报台司，傥或差错，事须详定，比来却令刑部、大理寺法直较勘，必恐自相扶会，纵有差失，无由辩明。伏请置法直一员，冀断结之际，事无阙遗。"敕旨依奏。第1042页。

② 参见《唐会要》卷七七《诸使上·巡察按察巡抚等使》、卷七八《诸使中·黜陟使》，第1412、1419页。

③ 参见《册府元龟》卷六三五《铨选部·考课一》开元三年六月诏、大历元年十一月诏，第7621~7622、7625页；并参见《唐会要》卷七九《诸使下·诸使杂录下》大中六年十二月中书门下奏观察使职当廉问条，第1453~1454页。

④ 参见《册府元龟》卷六三五《铨选部·考课一》开元二十七年二月制、永泰元年正月诏，第7623、7624~7625页；并参见《唐会要》卷六八《刺史上》太和七年七月中书门下奏，第1205~1206页。

⑤ 《唐会要》卷八一《考上》宝应二年正月考功奏，第1503页；《册府元龟》卷六三五《铨选部·考课一》载此在宝应三年正月，第7624页。

行政监督的情形也是如此，其同样可以不通过考核就落实赏罚。如以笞、杖等司法手段灵活惩处违误官吏，是仍然留给各级长官的少数权力之一，且常被滥用。[1] 对治下的"善恶殊尤者"，有关长官又须及时上奏，以便朝廷随即赏罚。[2] 这也呼应了御史台和各道采访使大事直接奏闻、小事径行处罚的原则。

　　在赏罚过程中，考核与监察所占的分量更轻重有别。如前所述，除少数得上考或下考者外，与考等相应的赏罚，主要集中在散阶的升降和禄米的增减。即使把考核过程的种种问题排除在外，散阶并无职事意义，只与服色资荫有关，又不一定要通过考核来升降，加之高宗以来过于慷慨赐予官僚阶品，使之很快便泛滥起来。[3] 依考进阶之法，实在不足以砥砺人心士气。而禄米仅在官僚的全部俸禄收入中占很小份额，其增减也算不上有力的刺激。与之相比，随监察而来的赏罚就要有力得多了。监察结果一旦奏闻，尤其是遭到弹劾的官员，随之而来的常为利害攸关的职务变动。可以肯定，唐代在职官僚的任免调迁，直接通过监察进行的，远多于通过考核进行的。就是说，官职的变动已经不是考核的主旨，而是监察的重要任务。一旦官员违法渎职，在以后重

---

　　[1]　《旧唐书》卷八五《徐有功传》载其高宗时累转蒲州司法参军，"为政宽仁，不行杖罚，吏人感其恩信，递相约曰：'若犯徐司法杖者，众必斥罚之。'"卷八八《陆元方传》附子《象先传》载其先天二年以宰相出为益州大都督府长史、剑南道按察使，"在官务以宽仁为政，司马韦抱真言曰：'望明公稍行杖罚，以立威名。不然，恐下人怠堕，无所惧也。'"第2816~2817、2876页。《隋书》卷二《高祖纪下》开皇十七年三月丙辰诏曰："分职设官，共理时务，班位高下，各有等差。若所在官人不相敬惮，多自宽纵，事难克举。诸有殿失，虽备科条，或据律乃轻，论情则重，不即决罪，无以惩肃。其诸司论属官，若有愆犯，听于律外斟酌决杖。"第41页。是《开皇律》承前有杖罚殿失之条，文帝又命律外决杖。

　　[2]　《唐六典》卷三〇《三府督护州县》："若善恶殊尤者，随即奏闻。若狱讼之枉疑，兵甲之征遣，兴造之便宜，符瑞之尤异，亦以上闻，其常则申于尚书省而已。"第747页。

　　[3]　参见《陆贽集》卷一四《奏草四·又论进瓜果人拟官状》，第447~451页。

新任用时，又要依法降其阶品。① 稍次，对于监察部门确认为违法的官员，朝廷也可不显加贬黜，而仅通知吏部"用阙"，② 即提前结束其任期，让吏部另择他人担任其职，实际上是一种比较和缓的免职方式。同时，朝廷亦可限制其再次预选的时间，即"殿若干选"（反之为"减若干选"），③ 亦即限制其重新任用或升迁的时间。与之相伴，朝廷还可以酌情剥夺犯官若干月的俸禄、俸料钱（这是官僚俸禄收入中的大头）、禄米，或罚其额外多几十、上百次当直以示惩戒。④ 除此之外，与监察相连的当然还有笞、杖、徒、流或纳铜赎罪等各种刑事处罚。由此可见，除赏罚的强度往往更烈外，在赏罚的品类上，也是监察有的考核没有，而考核有的监察都有。

此外，监察结果可以深刻影响官员的考等，而考等高下却无法改变监察的结果。比如，凡被确认为犯有过误的官员，须即时施加相应的处分，通常还可能因得下考而再次遭罚。这一点在唐后期法规中已相当明确。⑤ 非但如此，在人事控制活动中，与考核相应的赏罚总是显得十分迟缓，包括职务变动在内的奖惩措施，也许早已

---

① 《唐律疏议·名例篇》"除免官当叙法"条，第 58~63 页。

② 《唐会要》卷五八《尚书省诸司中·左右司郎中》贞元五年正月左司郎中严涚奏，第 1003 页。

③ 《唐会要》卷六一《御史台中·馆驿》贞元二年十二月敕节文："从上都至汴州为大路驿，从上都至荆南为次路驿，知六路驿官，每一周年无败阙，与减一选，仍任累计，次路驿官，二周年无败阙，与减一选，三周年减两选。"元和四年正月敕："准元和三年诸道滥给券道敕文，总一百二十七道已上者，州府长官宜夺一季俸禄。其本州官曹官及录事参军，付吏部用阙，去任殿一选。"第 1061~1062 页。

④ 《唐会要》卷六〇《御史台》宝历元年九月御史台奏、太和四年九月御史奏，卷六一《御史台中·馆驿》元和四年正月敕，卷六二《杂录》会昌二年九月中丞李回奏，第 1045~1046、1062、1088 页。

⑤ 《唐会要》卷六〇《御史台》大中元年四月御史台奏：若"台司推勘冤屈不虚，其本司、本州元推官典，并请追赴台推勘，量事情轻重科断。本推官若罪轻，即罚直书下考；稍重，即停任贬降。以此惩责，庶免旷官"。第 1046 页。参见《元稹集》卷三七《状·弹奏剑南东川节度使状》，第 419~425 页。

通过监察实行过了。① 故与监察相比，考核常被当作"又其次"的手段来运用。② 若再考虑必须定期统一举行的考核，在应对各种异常事件和非正式临时性任职场合时的天然缺陷，那就可以更为强烈地意识到，一旦考核不再以功绩为重心，以往其所拥有的特长就适足以成为其累赘；而监察在唐代官僚控制体系中地位超过考核，实在是理之所当、势之所然。

最后简要总结一下唐代考核和监察制度的状态：承长期以来政治和行政领域的集权化趋势，汉代由各级长官主导的考核格局，已在朝廷统一主导和广泛协调下展开，功绩至上也已被行能为重的原则取代。这种状态适应了权力高度集中的体制要求，却无可避免地使考核走向了作用日益局促和消极化的归宿。与之相应，则是汉代显得粗疏阔略而辅助考核来发挥作用的监察，在唐代已织成了一张深入渗透至百官日常行政过程的繁密网络，在整套官僚管理和控制体系中发挥了主要作用。考核与监察的关系由此便完成了历史性转折，立竿见影地依据监察展开褒奖或惩罚，已是一种理所当然和压倒一切的选择；那种相对能够因官僚建树的功绩而容忍其过失的统治风格，则成了一去不返的陈年旧事。以后的史实表明，这种让监察在控制体系中占据主导地位，又内在地决定考核定等过程的状态，实际上已经绘出了直至明清监察和考核制度的基本轮廓。

---

① 如《册府元龟》卷六三六《铨选部·考课二》贞元五年正月，"司勋员外郎判考官赵宗儒复行贬考之令。自至德已来，考绩失实，朝官刺史悉以中上考褒之，善恶不别。及是，右司郎中独孤良器、殿中侍御史杜伦各以过犯免官，尚书右丞裴郁、御史中丞卢佋考之中上。宗儒抗令，又贬良器及伦考居中中。……帝善之，迁考功郎中"。第7626页。

② 《柳河东集》卷二六《记官署·馆驿使壁记》："大历十四年，始命御史为之使，俾考其成，以质于尚书……尸其事者有劳焉，则复于天子而优升之。劳大者增其官，其次者降其调之数，又其次犹异其考绩。官有不职，则以告而罪之。"第441页。

第七章

相辅相成的考核与监察制度（下）

——宋元明的考核与监察

宋元在政局和制度举措上都以纷纭著称。宋代力图把考核和监察制度恢复到盛唐模式上去，但实际情形今非昔比，严峻的内忧外患和不绝的政争都影响了相关制度的形态和效用。至北宋灭亡、南宋建立，其军政大势和众多急迫问题，又不能不使考核和监察领域长期仅是维持而已。元朝自世祖以来，尽管不断有一些制度出台，但其既以纲纪废弛著称，考核和监察的总体状态仍属乏善可陈。直至明初以监察为重心厉行整顿，推出一系列制度重建了监察与考核的主辅关系，这才总结了宋元以来相关领域的动荡和调整，揭开了官僚管理和控制体系发展的新篇章。

第一节　宋元考核和监察的态势

为维护基本统治秩序，维系官僚管理和控制体系，宋元时期在考核和监察制度上所做的局部调整，及其上承隋唐下启明清而呈现出来的发展脉络，还是有其特色和值得注意的。

一　考核的困境和变化

在沿袭唐以来考核和监察的基本原则及两者间基本关系的基础上，宋元时期考核制度上值得一提的变化，主要体现于下述两点。

第一，监察部门在考核过程中的作用和地位显著上升，可以说是宋元考核组织步骤上最突出的变化。与之相比，像宋初以审官院和考课院等差遣官主持的机构分掌京、外官考核的做法，吏部在考核过程中地位的降低，① 以及宋元皇帝为更直接地控制考核而采取的其他各种措施，② 都显得比较次要了。

在宋太祖整顿晚唐以来行政体制的基础上，太宗时，诸路转运使等"监司"及其他一些临时性出巡的使职，已在考察地方官善恶能否时起到了关键作用，③ 从而开始形成地方官考核"专以监司所第等级为据"的局面。到神宗即位后，又进而做了"监司以上，则命御史中丞、侍御史考校"的规定，④ 各地以监司牵头考察，在朝

---

① 见《宋史》卷一六〇《选举志六》考课，第3757~3759页；《文献通考》卷三九《选举十二·考课》，考三七五。《续通志》卷一四二《选举三·考绩》原注："按历代之法，皆专属吏部考功，惟宋制别有审官院以考京官，考课院以考幕职，皆历代所未有也。"志四一一一。

② 《续资治通鉴长编》卷二八《太宗》雍熙四年三月庚辰，诏："天下知州、通判，先给御前印纸，令书课绩。自今并条其事迹，凡决大狱几何，凡政有不便于时，改而更张，人获其利者几何，及公事不治曾经殿罚，皆具书其状，令同僚共署，无得隐漏。罢官日，上中书考较。"第632页。这一申严考绩的举措，核心是由政事堂直接从事考核文簿的审勘。元世祖至元十九年命"诸职官解由到省部，考其功绩，以凭黜陟"，用意与之相类。《元史》卷八四《选举志四》，第3094页。

③ 《宋史》卷四《太宗纪一》开宝九年十一月庚午，"诏诸道转运使察州县官吏能否，第为三等，岁终以闻"；太平兴国六年三月癸丑，"诏令诸路转运使察官吏贤否以闻"；卷五《太宗纪二》雍熙二年四月乙亥，"遣使行江南诸州，振饥民及察官吏能否"；淳化四年二月"己卯，诏以江、浙、淮、陕饥，遣使巡抚，诏分遣近臣巡抚诸道，有可惠民者得便宜行事，吏疲软、苛刻者上之，诏令有未便者附传以闻。丙戌，置审官院、考课院"。第54、66、75、91页。

④ 《宋史》卷一六〇《选举志六》，第3761页。宋初御史大夫无正员，为兼衔，御史中丞和知杂御史各一人为实际台长与副贰。见《宋会要辑稿·职官》一七之五至九，第2736~2738页。

以御史台和其他有关部门共同主持考核的格局，便明朗化了。这就确立了监察部门在整个考核过程中前所未有的重要地位。① 南宋地方官考课仍以监司考知州而考功总其成，② 至宁宗时又仿旧制，"于御史台别立考课一司"，③ 度宗时更命"守倅"月一考州县属官，各路监司再"互用文移，会其兵甲、狱讼、金谷之数，及各司属官书拟公事，拘榷钱物，招军备器之数，次月置册，各申御史台，上之课籍"。④ 足见其仍在北宋轨道上发展。元朝的做法与之相类。世祖忽必烈以来，一方面继续以各道提刑按察使（至元二十八年改称肃政廉访使）考察地方官；⑤ 另一方面也仍像宋、金等朝那样，保持了御史台直接主持考核的制度。⑥

监察部门在考政中地位的升高，意味着唐以来考核尤重官僚过失之势的继续。如宋初考核部门循唐末五代旧习，"唯是点检考帐阙失，不问重轻，便书下考"，太祖建隆三年（962）十一月，遂重

---

① 《宋史·选举志六》载元祐初御史中丞刘挚"请申立监司考绩之政，以常赋登耗、郡县勤惰、刑狱当否、民俗休戚为之殿最，岁终用此以诛赏"。诏令近臣议，遂"增损监司、转运课格"。卷一八《哲宗纪二》元符二年二月乙未，"诏吏部：守令课绩，从御史台考察，黜其不实者"。第3762、351页。

② 《宋史·选举志六》绍兴二年"初诏监司、守臣举行考课之法"。第3763页。

③ 《文献通考》卷三九《选举十二·考课》宁宗庆元三年右正言应武言，考三七七。《宋史》卷三九《宁宗纪三》嘉定六年闰九月戊辰朔，"诏御史台置考课监司簿"。第759页。

④ 《宋史·选举志六》，第3765页。"守倅"，守指郡守，倅指副贰，合指州郡级长官与副贰。

⑤ 《元史》卷一三《世祖纪十》至元二十二年二月己巳，"复立按察司……诏各道提刑按察司能遵奉条画，莅事有成者，任满升职，赃污不称任者，罢黜除名"。卷一六《世祖纪十三》至元二十八年二月丙戌，"诏改提刑按察司为肃政廉访司，每道仍设官八员，除二使留司以总制一道，余六人分临所部，如民事、钱谷、官吏奸弊，一切委之。俟岁终，省台遣官考其功绩"。第275、345页。

⑥ 《元史》卷二三《武宗纪二》至大三年七月癸巳，"给亲民长吏考功印历，令监治官岁终验其行迹，书而上之，廉访司、御史台、尚书礼部考校以为升黜"。卷二四《仁宗纪一》皇庆二年六月己卯，"御史台臣言：'比年廉访司多不悉心奉职，宜令监察御史检核名实而黜升之。广海及云南、甘肃地远，迁调者惮弗肯往，乞今后加一等官之。'制曰可。壬午，命监察御史检察监学官，考其殿最"。第525~526、557页。

申了唐代地方长官以增减户口升降考等的旧文，但也确认"公事疏遗，曾经敕命殿罚者，降考一等"，即如减耗户口同等处罚。① 除年度考核外，宋代每三年综考以酌量升进官僚阶秩时，皆须"磨勘"其历任功过，但此时的重点实在过失校核，因而存在着"例问刑部有无过犯，定夺公私罪名"的制度。② 除犯"赃滥"者须贬黜外，凡犯"私罪"及一般"殿累"者，通常登进无望；而无过者，即无功可记，往往可以循资升迁。③ 这种更有利于无过者而非有功者的做法，不仅易使官僚滋长不求有功，但求无过，熬足年头，依次升迁的恶习，也对元制产生了较大的影响。元代地方官考核的行迹记录须由刑部校核（"照过"）的规定，官吏升迁又以年劳资格为不可逾越的条件，便反映了这一点。④

第二，唐代"二十七最"所代表的以不同才绩标准考核各类官职的思路已经中止，代之而起的是强调年劳和功过记录的考核办法，再为某些官职补充若干具体考核条款。这是中国古代考核内容和标准演变史上的又一转折。

唐代建立的考核标准在唐末五代乱局中多遭隳坏，整个宋代都在这方面做恢复调整。在其考核定等过程中充当准绳的，大致包括以下三层规定。

---

① 《宋会要辑稿·职官》五九之一，第 3717 页。

② 《续资治通鉴长编》卷一〇二《仁宗》天圣二年正月，"吏部南曹言：'选人磨勘，例问刑部有无过犯，定夺公私罪名。又恐其间曾有过犯，或奏案在大理寺未经奏断，即刑部无由得知。自今更乞问大理寺。'从之"。第 2350 页。

③ 《宋会要辑稿·职官》一一之六载真宗咸平"五年六月二十二日，诏审刑院详议官、大理寺权少卿详断官，今后三年满无遗阙，磨勘引对迁官。如任内曾迁者，不在此限。故事：凡本司官满方有叙迁之文，今刑法司悉是他官兼领，故特降诏，以劝尽心焉……十二月十三日，诏审官院考较京朝官今任五年以上，无赃、私罪者，以名闻，当议迁其秩……景德四年七月四日，诏审官考较京朝官课绩，见任官三年已上者，方得引对，特令考课者不在此限，丁忧者除丁忧月日外，及三年方得磨勘。先是，京朝官代还，无殿累者皆考核引对，至是始定年限焉"。第 2625 页。

④ 《元史》卷八四《选举志四》："大德元年，外任官解由到吏部，止于刑部照过，将各人所历，立行止簿，就检照定拟。"第 2094 页。

一是重新强调唐代的"四善"标准。宋仁宗嘉祐六年（1061）八月诏行诸路转运使、副及提点刑狱课绩之法，"以岁满所上功状定其殿最，为上中下三等，用唐考功'四善'之法，以稽其行实，其等亦如之"。① 自后神宗熙宁二年（1069）五月整顿地方官考核标准，强调须"按三条课绩、四善事实，再行审定上中下三等"；及至哲宗、徽宗至南宋高宗整顿地方官考核标准时，都把"德义、清谨、公平、恪勤"放在首要位置。② 由此可推宋初以来各朝所定的内外官考核办法中，"四善"都应是基本的定等标准。直至南宋末年的度宗咸淳三年（1267），"命参酌旧制，凡文武官一是以公勤廉恪为主，而又职事修举，斯为上等；公勤、廉恪各有一长，为中等；既无廉声又多缪政者，考下等"。③ 这说明宋代各时期的考核过程，也像唐代那样是把德行素质放在首位的。

二是年劳、功过的校阅规定。如太祖建隆三年（962），定"京官并以三十月为满，内有合校考第者，以此为限"；乾德四年（966）又定"今后自少卿、郎中、员外郎、知杂侍御史已下及丞、簿、司直、评事等，并以三周年为满，闰月不理，须常在本司莅事者，至月限满日，便与转官"。④ 自后京官、外官大抵皆以三年综考，重点是核定其所积年劳及在任功过。如太宗太平兴国七年（982）五月十七日诏："自今外任京朝官，凡从政之迹，并委本部州县以实状书于所给印纸，不得增减功过，阿私罔上，其关津书考

---

① 《宋会要辑稿·职官》五九之八，第3721页。
② 《宋会要辑稿·职官》五九之九神宗熙宁二年五月考课院言、五九之一一哲宗元祐四年八月五日吏部言、五九之一三徽宗大观元年八月二十八日权京西路转运判官叶大方奏、五九之一九高宗绍兴二年八月十五日臣僚言，第3721、3722、3723～3724、3726页。
③ 《宋史》卷一六〇《选举志六》，第3765页。
④ 《宋会要辑稿·职官》五九之一至二，第3717、3718页。

之官，悉书其名，违者置罪。"① 真宗大中祥符元年（1008）又诏"自今文武官书历子解由，不得虚录劳课及隐漏过犯，违者重置其罪"；② 仁宗庆历新政之一为"明黜陟"，其要也是严格考核，按实际功过并与保举制结合来黜陟百官。③ 神宗熙宁三年（1070），则诏"中书门下考察内外官司，置簿记功过，俟年终及非次除擢，检录比较进呈，择其尤甚者进、绌之"。④ 这类年劳和功过校阅，直接关系官僚的迁转黜陟，此时已是考核的基本功能，却显然已从唐代"二十七最"分类考核标准退回到了并不分类而各计功过的状态。尽管其年劳资历的确认包括了功过情况，但在大功难得的前提下，其实际过程往往会像前已指出的那样重在校阅其殿累罪失。⑤

三是不同时期针对某些官职补充具体的考核定等规定。如神宗元丰七年（1084）正月，定御史以"纠劾六曹官之多寡当否殿最，每岁终比较取旨"；徽宗大观四年（1110）四月定各地教官"考课以四事第之，分为三等，以一路总之，别为优劣"。⑥ 这方

---

① 《宋会要辑稿·职官》五九之三，第 3718 页。同书《职官》五九之一太祖建隆三年十一月二十二日，诏县令尉之功过"并仰本州批录历子于逐年考帐内，分明开坐罚殿，较定功过、考第，申省"；《职官》五九之四又载太宗雍熙四年三月十二日诏："先给御前印纸，令书课绩，而功过未尽其实，黜陟未得其宜。自今并条其事迹，凡决大狱几何，凡政有不便于时政而更张，人获其利者几何，及公事不治，曾经殿罚，并具书其状。令同僚共书，不得隐漏。罢官日，上中书考校，以定殿最。"第 3717、3719 页。

② 《宋会要辑稿·职官》五九之六，第 3720 页。

③ 《续资治通鉴长编》卷一四三《仁宗》庆历三年九月丁卯范仲淹、富弼奏行新政条。第 3431~3433 页。其相关举措因新政流产而效用不彰，庆历五年二月三日遂诏"京朝官考课之法并如旧制"。见《宋会要辑稿·职官》五九之七，第 3720 页。

④ 《宋会要辑稿·职官》五九之九，第 3721 页。

⑤ 《宋会要辑稿·职官》五九之四太宗雍熙四年十一月七日，户部侍郎王"沔等言：'应京朝官殿犯，望令刑部件牒供报，以赃、私、公罪分三等以闻，取候进止。其京朝官投牒所陈历任殿最，有敢隐漏者，并除籍为民。刺问有司而受请托，隐蔽殿罚不以实报者，同罪。胥吏杖脊配隶远恶处。'从之。"第 3719 页。《宋史·选举志六》载英宗时地方官全由监司课第，而监司考课"悉书中等，无高下"。第 3761 页。地方官无大错失者皆考中等，反映的正是考核已重在殿累罪失校阅而以无过为功的事实。

⑥ 《宋会要辑稿·职官》五九之一〇、五九之一四，第 3722、3724 页。

面最为典型的是针对地方官考核的各种条款，前已述太祖重申了唐代以户口增减升降州县长官考等的规定，又附加了赋敛拖欠逾期十分之一及因公事旷违有制受罚者，"皆如耗户口降考"的条款。太宗登位初，命诸路岁终督课部内官，以"政绩尤异为上，职务粗治为中，临事弛慢、所莅无状者为下"。真宗景德元年（1004），又令诸路辨察所部官吏能否，以"公勤廉干，惠及民者为上，干事而无廉誉，清白而无治声者为次，畏懦而贪猥者为下"。仁宗庆历新政时，范仲淹、富弼亦奏请实行"外任善政著闻，有补风化；或累讼之狱，能办冤沉；或五次推勘，人无翻讼；或劝课农桑，大获美利"等考核条款。① 神宗即位以来至哲宗、徽宗时，曾规定地方官考核按四善三最及四最、五最定其考等。② 南宋高宗绍兴二年（1132）以来也曾对此予以重申，至孝宗淳熙二年（1175），又转而要求以"治效显著者为臧，贪刻庸缪者为否，无功无过者为平"。③ 这些都可见两宋朝廷对地方官考核始终给予重点关注，同时也反映了宋初以来先后为之推出的相关规定变化甚大

---

① 《续资治通鉴长编》卷一四三《仁宗》庆历三年九月丁卯范仲淹、富弼奏事。第3433页。

② 《宋会要辑稿·职官》五九之九载神宗熙宁二年五月考课院言："准诏定到考校知县、县令课法下项：在任断狱平允，民无冤滥，赋税及时了办，不烦追扰；及差役均平，并无论诉之人，及虽有论诉而人无不当之理。在任能屏除盗贼，里民安居，劝课力田，使野无旷土；及能振恤困穷，不致流移，虽有流移之人，而多方招诱，却令复业一任之中，主客户比旧籍稍有增俗。在任架阁簿书，务令整齐，经提刑、转运点检，别无散失；及兴修水利，疏导积水，以利民田，能劝诱人户种植桑枣。天下州军，委知州、通判每岁终取索辖下得替知县、县令前项三条课绩，兼依唐四善：德义、清谨、公平、恪勤，采访逐人有上项事实，即参详分为上中下三等，申本路转运、提刑司……"第3721页。此"三条课绩"约自《元丰考课令》，称"三最"，哲宗以来又有"四最""五最"，由于一人可有数"最"，其内涵已迥异于唐"二十七最"。

③ 以上除出注者并见《宋史·选举志六》，第3757~3765页；参见章如愚编撰《山堂考索·后集》卷一五《官制门·考课类》，第543~547页。

但效果有限。① 由上所列不难看出，尽管神宗至高宗断续为地方官考课补充了具体殿最要求，② 两宋大部分时期地方官考核标准强调的，大体仍是含糊笼统又众说纷纭的行能素质，至如真宗所定"干事而无廉誉，清白而无治声者为次"的条款，其消极程度可谓空前，最终到孝宗实施"臧否"之法，等于确认了考核定等过程取决于人际关系的事实。③

总的看来，宋代对考核内容和标准的调整，仍是严于年劳认定和功过校核，为随之进行的赏罚黜陟提供依据；对于部分性质特殊的官职尤其是地方长官，则以各种补充规定课其实绩，力图以此确保统治秩序和官僚管理的正常展开。但因权力过于集中，权责关系混淆不清，官僚管理和控制重心早已从行政成果转向具体行政过程，④ 其结果无非是行能要求的进一步突出和政绩标准的更趋笼统或细碎，不仅没有在唐代区分职类各定标准的基础上继续发展完善，连其考核效用也更消极化了。在很大程度上，元代考核除纠摘

---

① 参见李之亮笺注《欧阳修集编年笺注》卷九八《论按察官吏札子》《论按察官吏第二状》《再论按察官吏状》，巴蜀书社，2007，第六册，第83~84、95~99页；洪迈《容斋四笔》卷七《考课之法废》，第698~699页。

② 《宋书》卷一六〇《选举志六》述徽宗时"考法因时所尚，以示诱抑。若劝学、垦田、植桑枣、振贷、葬枯、兴发坑冶、奉诏无违、诱进道徒、赋税趣办、能按赃吏，皆因事而增品目，旧法固易举也。但奉行不皆良吏，以请谒移实者亦多"。又载高宗绍兴二年以来，先以宣诏令、厚风俗、劝农桑、平狱讼、理财赋、兴学校、实户口七条考课守令，又定"岁以十五事考校监司，四善、四最考校县令"；十三年又定"守臣之条有九，通判之条十有四，令佐而下有差"。第3761页。其制频繁变化，足以说明效果之不彰。

③ 《文献通考》卷三九《选举十二·考课》载乾道八年，"诏臧否为三等，治效显著为臧，贪刻庸缪为否，无功无过为平。令详加考察明著事实。如不公，令御史台弹奏"。又载"光宗初，言者谓臧否之法，多由请托，缪者营救其入否，平者侥幸其为臧"。考三七七。

④ 楼钥《攻媿集》卷二〇《奏议·论责成》："朝廷议之既熟，成命一颁，则谓事已施行，下之人奉承约束，文移行遣，纷纭良久，则以具文告于上。方其播告之初，天下皆谓其必行；书之记注，亦曰某日行某事。其实事未及竟而止矣。此所以事绪徒繁，奉行者无所适从。"丛书集成初编，中华书局，1985年影印本，第308页。这是唐宋时期行政控制重心从结果转至过程以后的普遍状态，楼钥身为南宋宰执对此体会尤切。

官僚过失外，几乎完全沦为一种年劳校考过程的状态，既适应了蒙古贵族统治的需要，也是其沿袭金宋考核体制理所当然的结果。①

二　对唐代监察制度的损益

在监察上，宋元时期总体上是循更为深入和繁细的方向发展的。其中值得注意和为明清有关制度张本的内容，主要有以下几点。

就御史台而言，宋代陆续采取了一系列措施提高御史的地位。如御史常由皇帝"亲选"，仁宗以后更屡屡禁止中书、枢密院二府大臣举荐御史，强调御史应从曾任县令的官员中选任，② 等等。此外，在深入参预考核过程的同时，神宗元丰改制规定以监察御史专事"六察"，进而又把在京寺监诸司乃至廪库仓场一一分隶于吏、户、礼、兵、刑、工监察，大者如奸猾邪恶，小者如"奉行稽违，

---

① 《金史》卷一二《章宗纪四》泰和四年四月丙申，"诏定县令以下考课法"；卷五五《百官志一》"吏部"条载"泰和四年，定考课法，准唐令作四善十七最之制"。下述"四善"与唐同，"十七最之一曰礼乐兴行，肃清所部，为政教之最；二曰赋役均平，田野加辟，为牧民之最；三曰决断不滞，与夺当理，为判事之最；四曰钤束吏卒，奸盗不滋，为严明之最；五曰案簿分明，评拟均当，为检校之最。以上皆谓县令、丞、簿、警巡使副、录事、司候、判官也。六曰详断合宜，咨执当理，为幕职之最；七曰盗贼消弭，使人安静，为巡捕之最；八曰明于出纳，物无损失，为仓库之最；九曰训导有方，生徒充业，为学官之最；十曰检察有方，行旅无滞，为关津之最；十一曰堤防坚固，备御无虞，为河防之最；十二曰出纳明敏，数无滥失，为监督之最；十三曰谨察禁囚，轻重无怨，为狱官之最；十四曰物价得实，奸滥不行，为市司之最，谓市令也；十五曰戎器完肃，捍守有方，为边防之最，谓正副部队将、镇防官也；十六曰议狱得情，处断公平，为法官之最；十七曰差役均平，盗贼止息，为军职之最，谓都军、军辖也"。第268、1227~1228页。此十七最均针对县令以下地方官而一官可有数最，与宋神宗以来地方官考核的四善三最、四最、五最之法相通。

② 《宋史》卷一六四《职官志四·御史台》，第3870~3872页。孙逢吉《职官分纪》卷一四《侍御史》："皇祐中，仁宗宣谕宰臣曰：'谏官、御史必用忠厚淳直通世务、明法体之人，以革浮华之弊。'自是诏举御史，必载帝语降敕。"中华书局，1988，第322页。《容斋四笔》卷一一《唐御史迁转定限》："唐世台官虽职在抨弹，然进退从违皆出宰相，不若今之雄紧。"第748页。《文献通考》卷五三《职官七·监察侍御史》："乾道二年，诏自今非曾经两任县令不得除监察御史。著为条令。"考四八八。后世以此为明代科道官行取之始。

付受差失，咸得弹纠"。这就标志了御史台对朝廷诸日常行政事务的监察已进一步深化。[①]

宋代监察体制的另一个重要变化是"台谏合流"。自真宗天禧年间（1017~1021）起，御史台开始专设"言事御史"论列时政，神宗元丰改制时，改以殿中御史专司其事，后来又以监察和殿中御史互兼其职。这样，御史台已兼具以往谏官的言事论政职能，而御史论政自不免纠其非违。[②] 与此同时，谏议大夫、司谏、正言等谏官，也日渐既论政治得失，又兼劾主事有司之不法，其锋锐之盛，促使仁宗嘉祐五年（1060）特别下达了一份诫斥"谏官弹劾小过不关政体"的诏书。[③] 尽管御史台一直在监察领域居于最要地位，但御史得以前所未有地抨弹政事，说明的正是监察在整个政治、行政体制中分量的上升；而长期以来从事对上规劝的谏官开始明确兼事对下监察，甚至与御史相讦，[④] 这实在是谏官和监察制度史上具有里程碑意义的大事。

朝廷对地方的监察，则以诸路监司为基干而展开。宋太宗分全国为十五路，仁宗时增至十八路，神宗时又增至二十三路，徽宗时为二十六路，到南宋犹存十六路，具体名称见表7-1。各路使司的建置过程，与宋对唐后期及五代藩镇割据局面的整顿密切相关。宋太祖时常遣朝官分路总掌各地财赋转运等事，或称知、同知、同及勾当某路转

---

① 马端临：《文献通考》卷五三《职官七·御史台》，考四八三。
② 《续资治通鉴长编》卷一五四《仁宗》庆历五年正月乙亥条，第3736页。参见《文献通考》卷五三《职官七·殿中侍御史》《职官七·监察侍御史》，考四八七至四八八。
③ 《续资治通鉴长编》卷一九一《仁宗》嘉祐五年六月乙丑条，第4627页。同书卷一六九《仁宗》皇祐二年九月辛亥，"诏内降指挥，百司执奏毋辄行，敢因缘干请者，谏官、御史察举之"；卷一七四《仁宗》皇祐五年五月甲子，"诏谏官、御史上章论事，毋或朋比以中伤善良"。第4060、4211页。是仁宗时台谏官言事举劾已甚活跃而或"朋比"。
④ 参见洪迈《容斋续笔》卷三《台谏不相见》，第250页；王夫之《宋论》卷四《仁宗七》，中华书局，1964，第88~92页。

运事或使。太宗即位后，悉定为转运使，为一路实际民事长官。^① 此外，在太宗以来遣官提点各路刑狱（往往隶转运使）的基础上，真宗景德四年（1007）开始稳定派遣各路提点刑狱公事，并与转运使"别为一司"。到神宗熙宁变法后，又从零星到广泛差遣各路提举常平使，独立管理原属转运使的仓场市易等务。以上加上宋初以来在诸军事要地不时遣置的经略安抚使，就构成了宋人所称的"漕""宪""仓""帅"四司。^② 在宋代朝廷派往各地的大量使职中，四司占据着主导地位，唐后期各道诸使互兼、权力纠结的状态，由之方得重新拆解，原来的节度、观察等使也随之成了虚衔。

表 7-1　宋代路分一览

时期	路分
太宗至道三年(997)	京东、京西、河北、河东、陕西、淮南、江南、荆湖南、荆湖北、两浙、福建、西川、峡西、广南东、广南西
仁宗天圣八年(1030)	京东、京西、河北、河东、陕西、淮南、江南东、江南西、荆湖南、荆湖北、两浙、福建、益州、梓州、利州、夔州、广南东、广南西
神宗熙宁七年(1074)	京东东、京东西、京西南、京西北、河北东、河北西、永兴、秦凤、河东、淮南东、淮南西、两浙、江南东、江南西、荆湖南、荆湖北、成都、梓州、利州、夔州、福建、广南东、广南西
徽宗宣和四年(1122)	京畿、京东东、京东西、京西南、京西北、河北东、河北西、永兴、秦凤、河东、淮南东、淮南西、两浙、江南东、江南西、荆湖南、荆湖北、成都、梓州、利州、夔州、福建、广南东、广南西、云中、燕山
南宋	浙江、浙东、淮东、淮西、江东、江西、湖北、湖南、京西、福建、成都、潼川、利州、夔州、广东、广西

备注：

本表据《宋史·地理志》、《二十五史补编》第六册聂崇岐《宋史地理志考异》编制。

---

① 《职官分纪》卷四七《诸路转运使副使判官》，第 840～841 页。参见《宋史》卷一六七《职官志七》，第 3964～3965 页。

② 参见章如愚编撰《山堂考索·后集》卷一三《官制门·监司类》，第 5530～536 页；钱大昕《十驾斋养新录》卷一〇《帅漕宪仓》，第 218 页。

从监察角度看，除应付军事需要的经略安抚使外，较稳定地管理各地财赋民政、刑法狱讼、仓场市易等务的转运、提刑、常平等使，皆负有"举刺"本路官吏的明确职责。尤其是转运、提刑二使，在宋代监察各府、州、县官的过程中，发挥着特别重要的作用，以至于宋人每称"监司"，通常指的就是转运使司或提刑使司。① 前已述神宗即位后规定由御史台"考校"监司后，监司的监察职能还在继续凸显。到南宋更要求监司考核像御史一样，"以纠劾多寡为殿最"。② 加之宋代各路监司所掌事务各自独立，在分头监察中又寓有互相监察之意。诸如此类的制度安排，不仅有效强化了朝廷对各地的监察，也为明清的有关建制提供了足资取鉴的素材。

元代的监察体制上承金、宋而有所调整。御史台的地位已进一步提高。从台主品级来看，宋神宗元丰改制时定御史大夫为从二品，但从不正授。实际主管台务的御史中丞为从三品，而辅佐中丞的侍御史则为从六品。③ 元世祖至元二十一年（1284），将御史大夫升为从一品，成宗大德十一年（1307）又升中丞为正二品，而侍御史则被骤进为从二品。④ 表 7-2 便是宋元御史台的建制概要。

---

① 如《续资治通鉴长编》卷五五《真宗》咸平六年十一月庚寅，"诏：监司之职，刺举为常……自今诸路转运使，令遍至管内按察"。第 1216 页。《宋会要辑稿·职官》四五之一载哲宗元祐五年，"臣僚言：监司便文苟简，多不遍行所部。诏转运、提刑司按部，二年一周"。第 3391 页。

② 《宋史》卷一六《神宗纪三》元丰三年四月"乙卯，令御史分案诸路监司。庚申，诏御史台六察以纠劾多寡为殿最，任满取旨升黜"；卷一六〇《选举志六》载绍兴二十五年，"命监司按郡守之纵容，台谏劾监司之失察，而每岁校其所按之多寡，以为殿最之课"。第 302、3764 页。

③ 《宋会要辑稿·职官》一七之三，第 2735 页。《金史》卷五五《百官志一》载御史大夫从二品、中丞从三品、侍御史从五品。第 1241~1242 页。

④ 《元史》卷八六《百官志二》，第 3177 页。

表 7-2　宋、元御史台建制概要

御史台官名	宋(元丰时)			元(大德后)		
	员数	品级	职掌	员数	品级	职掌
御史大夫	无员	从二	加衔,不正授	2	从一	御史台长
御史中丞	1	从二	实际台长	2	正二	协助大夫管理台务,纠举百官善恶、政治得失
侍御史	1	从六	辅佐中丞	2	从二	
治书侍御史				2	正三	
殿中侍御史	6	正七	以仪法纠百官之失	2	正四	纠朝会仪式
监察御史	2	从七	分察六曹百司之事	32	正七	任刺举之事
检法	1	从八	检详法律			
主簿	1	从八	受事发辰勾稽簿书			
经历				1	从五	受发文移稽核文案
都事				2	正七	
照磨				1	正八	审计文簿账籍
承发管勾兼狱丞				1	正八	公文出纳兼掌狱
架阁库管勾兼承发				1	正九	公文收管兼出纳

备注:
①本表据《宋史·职官志四》《元史·百官志二》编制。
②诸官之下，皆有吏员从事文抄等琐务。

　　较之级别，更值得注意的是元代御史台结构的变化。侍御史现在已正式成为御史台的副长官，故元代已无台院。殿院时称殿中司，虽仍纠朝会大典、百官参见仪制，而殿中侍御史却仅两员，实际上也已萎缩。而宋以来监察事务最为广泛和深入的察院诸监察御史，已被陆续扩充至 32 人，因而成了御史台职能部门的主体。① 明清改御史台为都察院之举，便直接由元代的这种状态损益而来。

　　为适应行中书省总制各地军、民、财、刑大权的局面，元世祖忽必烈至元十四年（1277），设立了江南诸道行御史台，以加强对东南各省的监察。到成宗大德元年（1297），将世祖至元二十七年设立的云南行御史台徙改为陕西诸道行御史台，便形成了朝廷御史台（称"内台"）与江南、陕西两个行御史台并设，各有监察重点的局面。② 行御史台的建置与官员级别悉同内台，诸台官职掌"饬官箴，稽吏课，内秩群祀，外察行人，与闻军国奏议，理达民庶冤辞，凡有司刑名、赋役、铨选、会计、调度、征收、营缮、鞫勘、审谳、勾稽，及庶官廉贪，厉禁张弛，编民茕独流移，强暴兼并，悉纠举之"。③ 内台和行台分别辖有元初以来陆续分道设置的监察机构——提刑按察司（至元二十八年改称为肃政廉访司，亦称宪司），是为元代各地监察的骨架。其各道设置概要见表 7-3。这种以内台和行御史台领各道宪司，分监诸省的体制，④ 为元代监察制度的一大特点。

---

　　① 赵世延、虞集等撰，周少川、魏训田、谢辉辑校《经世大典辑校》第五《治典·官制》"御史台"条，第 26~29 页。

　　② 《元史》卷八六《百官志二》，第 2179~2180 页。

　　③ 《元史》卷一〇二《刑法志一·职制上》，第 2617 页。

　　④ 《元史》卷一〇二《刑法志一·职制上》："诸廉访分司官，每季孟夏初旬，出录囚；仲秋中旬，出按治；明年孟夏中旬还。其惮远违期、托故避事者，从监察御史劾之。诸廉访司分巡各路军民，官吏有过，得罪状明白者，六品以下牒总司论罪，五品以上申台闻奏……诸官吏受赃，事主虽不告言，监察御史、廉访察之，实者纠之。诸行省官及首领官受赂，随省廉访司察知者，上之台，已下就问……诸职官受赃，廉访司必亲临听决，有必不能亲临者，摘敌品有司老成廉能正官问之。"第 2617~2618 页。

表7-3　元御史台、行御史台所统肃政廉访司

江南行台统十道		御史台统八道		陕西行台统四道	
道名	所在	道名	所在	道名	所在
江东建康道	宁国路	山东东西道	济南路	陕西汉中道	凤翔府
江西湖东道	龙兴路	河东山西道	冀宁路	河西陇右道	甘州路
江南浙西道	杭州路	燕南河北道	真定路	西蜀四川道	成都路
浙东海右道	婺州路	江北河南道	汴梁路	云南诸路道	中庆路
江南湖北道	武昌路	山南江北道	中兴路		
岭北湖南道	天临路	淮西江北道	庐州路		
岭南广西道	静江府	江北淮东道	扬州路		
海北广东道	广州路	山北辽东道	大宁路		
海北海南道	雷州路				
福建闽海道	福州路				

备注：

①本表据《元史·百官志二》编制。

②元初仅有山东东西道、河东陕西道、山北东西道、河北河南道；至元八年置河东山西道、陕西四川道；十二年分置燕南河北道；十三年一度全部罢撤；十四年复置，又增江北淮东道、淮西江北道、山南江北道、浙东海右道、江南浙西道、江东建康道、江西湖东道、岭北湖南道；十五年又增江南湖北道、岭南广西道、福建广东道；十九年增西蜀四川道；二十年增海北广东道，改福建广东道为福建闽海道，又置云南诸路道、海西辽东道；二十四年增河西陇右道；三十年增海北海南道。

三　行政监督的细化

宋元时期行政结构的条条化发展趋势，本身就意味着上下级监督的更加深入和细致。这方面一个显著的现象，是行政职能愈是细化，上级长官的协调督责就愈是繁重，也就势必会促使上自朝廷、下至各级长官直属的公文开拆、催驱、收管、检点、审核等部门发展起来，其官吏员额大为扩充，履职条例也进一步严格起来。这是行政管理和控制通过公文流转渗透至具体行政过程的体现，也是上下级行政监督更为深入细致的反映。

如宋初以来，仅直属度支、盐铁、户部三司，掌管或兼事公文收发检勘事宜的部门，就有三部勾院、都磨勘司、支收司、拘收司、

理欠司、都凭由司、开拆司、发放司、勾凿司、催驱司、受事司等多个班子。① 这还不包括三司各自的孔目、都勾押及勾覆等官，更不包括三司内实际办理财帛、茶铁、衣粮等务的文案部门。神宗元丰改制后的情况，如中书、门下、尚书都省，除具体办理六部二十四司上呈文案的吏、户、礼、兵、刑、工等房官吏外，又相继设置了开拆房、催驱房、点检房、章奏房、制敕库房等专事公牒事务的班子。此外，朝廷还保留了宋初以来的通进司、进奏院、银台司、登闻检院、登闻鼓院等多渠道接收或下达诸种章奏表状和各类制敕符牒的机构。② 其他在京和地方机构，也都在唐以来长官办公机构演化的基础上，以孔目、勾押、勾覆、检详、检正以及提控案牍、主管架阁库等名目，扩充了从事公文流转和检勘、收管的官吏数量。

从当时有关法律来看，对这类官吏的履职，除沿用唐代在公文程限、检勘等方面的法令外，③ 也增加了不少更为严格的规定。比

① 《宋史》卷一六二《职官志二》"三司使"条，第 3809~3811 页。实际存在过的还不止于此，如《宋会要辑稿·职官》五之二三至二四载"三部勾院"故事，五之二五载"三司勘合司""三司推勘院""三司都磨勘司""主辖支收司"，五之二六至三二载"三司都理欠司""三司帐勾磨勘司""详定帐籍所"，五之三三载有"勾簿司"，五之三四至三七载"都凭由司"，五之三八载"开拆司"。第 2474~2481 页。

② 《宋史》卷一六一《职官志一》三省分房及通进司、银台司、进奏院、登闻检院、登闻鼓院，第 3776、3781~3782、3783~3784、3788 页。参见《宋会要辑稿·职官》二之二六至三六"通进司"、二之三七至四〇"银台司"、二之四一"发敕司"、二之四二至四三"门下封驳司"、二之四四至五〇"进奏院"，《职官》三之四八"检正所"、三之六二至七四"登闻院"之故事。第 2384~2397、2421、2428~2434 页。

③ 《庆元条法事类》卷一六《文书门一·程限》"文书令"条："诸受制敕应翻录行者，给书写程，急速限当日，满百纸一日，二百纸以上二日，每二百纸加一日，非急速各加一日，余文书各加制敕限一日。所加虽多，制敕不得过五日，余文书不得过十日。即军务急速，不以纸数，皆限当日发出。"戴建国点校，黑龙江人民出版社，2002，第 351~352 页。将之对照《唐六典》卷一《都省》所载令式节文："通计符移关牒，二百纸已下限二日，过此以往，每二百纸已上加二日，所加多者不得过五日。"第 11 页。可见其大节基本相同。

如，"诸奏事应通封而辄实封者，杖一百"，①"诸监司属官辄离本司出诣所部，若行移文书下州县者，徒二年"。②又如公牍应存档而不存档，存档入库时不检简簿录，或检简草率不如法令，"各杖一百"。③以此参照《唐律疏议·职制篇》："诸事应奏而不奏，不应奏而奏者，杖八十。应言上而不言上，不应言上而言上，及不由所管而越言上，应行下而不行下，及不应行下而行下者，各杖六十。"④足见宋代的公文管理规定已变得更为细致，发生问题的处罚力度亦已明显加重。这正是唐以来通过公文流转及相应的催督、检勘、存档、查核制度，更为深入地开展行政监督的必然结果。

有意思的是，以统治粗放、纲纪废弛著称的元朝，不仅仍保持了通过公文流转深入监督各种行政过程的发展方向，而且还把唐宋以来这方面多少显得有些紊杂的状态梳理得清楚起来了。元制从中书省到朝廷各其他部门和地方行省至路府州县，皆设有经历、照磨，或有以检校、管勾、提控案牍、知事、典史等名目出现的长官直属部门和官吏，专门从事公文出纳、催督程期、稽核案牍以及封缄邮递等务。⑤宋代各机关普设架阁库以收贮档案，便于稽考的做法，也被元代沿袭

---

① 《庆元条法事类》卷一六《文书门一·文书》"职制敕"条。其后文"文书令"条载："诸奏事涉机密，若急速及灾异，或告妖术若狱案，或臣僚自有所陈（原注：谓非叙述身事者），及被旨分析事状，皆实封，余通封。即不应实封而实封者，所属点检举劾。"第343~344页。实封即直至御前开拆的奏事，限制实封是为了疏解皇帝理务的压力，反映了需由皇帝直接介入协调的事务之多。

② 《庆元条法事类》卷一六《文书门一·行移》"职制敕"条，第352页。

③ 《庆元条法事类》卷一七《文书门二·架阁》"职制敕"条，第356页。

④ 《唐律疏议·职制篇》"事应奏不奏"条，第202页。

⑤ 《元史》卷八五《百官志一》中书省置"检校官四员，正七品。掌检校左右司、六部公事程期、文牍稽失之事"，"照磨一员，正八品。掌磨勘左右司钱谷出纳、营缮料例，凡数计、文牍、簿籍之事"，"管勾一员，正八品。掌出纳四方文移缄滕启拆之事，邮递之程期，曹属之承受，兼主之"，"架阁库管勾二员，正八品。掌庋藏省府籍帐案牍，凡备稽考之文，即掌故之任"。第2125页。其余诸司设置大略类此。

了下来，并增设有蒙古架阁库和回回架阁库。① 尤其值得注意的是，唐宋以来监察御史勘核尚书省等重要机构的文档卷宗，以摘纠其违误稽失的做法，到元代已发展成一套完整的制度，上自御史台，下至各道宪司，皆定期对各衙门自行检勘过的卷宗实施全面稽查，亦称为"照刷""磨勘"，② 并为公文签署、稽督、催办等制定了大量细致而严格的规定。③ 发展至此，行政监督自不待言，御史等专门监察官员和机构的日常履职，也已建立在整套公牍制度的基础上了。

从宋元时期考核和监察制度的上述变化来看，监察在官僚控制体系中的主导地位已更为明显；监察的作用，也已更为深入和全面地贯穿于整套官僚机器的日常运行过程。而考核则进一步为监察所主宰，唐以来在考核内容和标准上面临的困境还在加剧，考核几乎已成了对监察记录的年度总结，成了一个大体上附属于监察的过程，考核效能仍在继续突出年劳校核而更趋于消极。总之，经宋元时期的发展，唐以来考核的弱势与监察的强势，以及各自的作用和地位及其相互关系，都已进一步确定下来了。

---

① 《元史》卷八五《百官志一》载"蒙古架阁库兼管勾一员，典吏二人。回回架阁库管勾一员，典吏二人"。卷一〇二《刑法志一·职制上》："诸有司案牍籍帐，编次架阁。各路提控案牍兼架阁库官与经历、知事同掌之；散府州县，知事、提控案牍、都吏目、典史掌之。任满相沿交割，毋敢不慎。"第2125、2611页。

② 如《元史》卷一〇二《刑法志一·职制上》："诸枢密院行省文卷，除军数及边关兵机不在考阅，余并从监察御史考阅之……诸宣政院文卷，除佛事不在照刷外，其余文卷及所隶内外司存，并照刷之。诸徽政院及怯怜口人匠，旧设诸府司文卷，并从台宪照刷……诸内外台，岁遣监察御史刷磨各省文卷，并察各道廉访司官吏臧否。"第2611、2617页。参见《至正条格》卷二《断例·职制》"照刷文卷"条，《条格》，第35页。

③ 具体如《元典章》吏部卷七《典章十三·公规一》"署押"有"净检对同方押"条："至元二十六年八月，行御史台：准御史台咨：'今后将应行公事，先须议定，详看检目，随即填写了毕，赴首领官处书卷完备，对读无差，于净本净检上标过'对同'，方许呈押。经日多者，量给程限。并不许将空纸书押，及于元草检上涂注改抹。如违，初犯罚俸一月，再犯二月，三犯的决。情理重者，自从重论。咨请依上施行。'准此。宪台合下，仰遍行照会施行。"第503页。《元典章》吏部卷七至卷八《公规一》《公规二》大都是这类公文处理、签署、催督、存档的法令。详见第500~532页。

第二节　明代的考核制度

明代考核和监察制度的基调和主题，在沿袭宋元的基础上，又据自己面临的形势和问题做了调整。但集权趋势仍在继续，权责关系难以厘清，深伏于官僚管理体系的痼疾就无法消除。① 在此前提之下，明代君臣在考核和监察制度方面的创制余地是相当有限的，当时主要是对宋元以来考核的消极化和监察的细密化做了一些调剂，同时推进各项制度的规范化，却又总是在强化专制集权的主题下左支右绌，故其做法在明末清初就有学者讥评为"非法之法"。②

就当时考核制度的总纲而言，宋元在职官僚满岁一考、三考一任的做法至明已变。除京官初授多先试职，满岁考核合格方予实授，另有某些官职的考期定为一年、两年外，绝大部分官员皆按相传为舜所定的三载考绩、三考黜陟之制，定为三年初考，六年再考，九年通考。③ 三年考课之说或因传统农业每三年总会有歉、平、丰

---

① 《明史纪事本末》卷六一《江陵秉政》述隆庆二年八月张居正陈大本急务六事，其三"核名实"有云："今用人则不然，官不久任，事不责成，更调太繁，迁转太骤，资格太拘，毁誉失实。臣愿皇上慎重名器，爱惜爵赏，用人必考其终，授人必求其当。仍敕吏部严考课之法，审名实之归。"所述可谓明代考课之痼疾，张居正虽推行考成法，力欲除其弊端，然"督责复急"，以致人有政严法密之虑。第936、955页。

② 黄宗羲《明夷待访录·原法》："后世之法，藏天下于筐箧者也。利不欲其遗于下，福必欲其敛于上。用一人焉，则疑其自私而又用一人以制其私；行一事焉，则虑其可欺而又设一事以防其欺。天下之人，共知其筐箧之所在，吾亦鳃鳃然日为筐箧之是虑。故其法不得不密，法愈密而天下之乱即生于法之中。所谓非法之法也。"其论虽言三代以下之法，而实基于明朝而发。

③ 孙承泽《春明梦余录》卷三四《吏部·考课》："百官考课之法，皆以三年为一考，六年再考，九年通考，始行黜陟之典。是则《舜典》三载考绩、三考黜陟幽明之制也。"第556页。

的事实。① 但委任责成的汉代尚且不能三年才考一次，经隋唐宋元时期发展到官僚转迁倏忽，监察之风尤盛的明代，再要实施"三载考绩"之法，自然就须以更为强烈的行政过程控制为前提。在当时的"考满"和"考察"之法中，这一点表现得很清楚。

　　所谓考满和考察，系明代三年、六年、九年考核体制中相辅而行的两个过程。考满之制定型于明太祖洪武二十六年（1393），其概要是官僚每任职三年，皆须按其法定职掌事例和程序接受统一考核，即所谓三年称初考，六年、九年分别为再考、通考，以便朝廷据以升降调迁。其目的是要确定官僚称职与否，实质却是"论一身所历之俸"，乃是一个校核年劳资历的意味远浓于评价其履职状况的过程。② 考察之制经洪武二十九年整理，至弘治年间（1488～1505）定型。大体是地方官每逢辰、戌、丑、未年，亦即每三年朝觐并接受考察，谓之"外察"，亦称"大计"；京官每逢巳、亥年，即每六年统一考察一次，谓之"京察"。③ 身份被士绅鄙视的吏员则无考察之制，其考核全系于考满，若有重大功过，则随时处理。④ 关于考察的内容，史载其"通天下内外官计之，其目有八：曰贪，曰酷，曰浮躁，曰不及，曰老，曰病，曰疲软，曰不谨"。⑤ 这里的"计之"，考虑到地方官考察称为"大计"，似乎意为与上计相仿的政绩考察过程；但考察的八项内容，却表明了其对过不对功，重在

---

　　① 《汉书》卷二四上《食货志上》："民三年耕，则余一年之畜。衣食足而知荣辱，廉让生而争讼息，故三载考绩。孔子曰：'苟有用我者，期月而已可也，三年有成。'成此功也。三考黜陟，余三年食，进业日登；再登曰平，余六年食；三登曰泰平，二十七岁，遗九年食。然后至德流洽，礼乐成焉。"第1123页。

　　② 《明史》卷七一《选举志三》："考满，论一身所历之俸，其目有三：曰称职，曰平常，曰不称职，为上中下三等……考满之法，三年给由，曰初考，六年曰再考，九年曰通考。依职掌事例考核升降。诸部寺所属，初止署职，必考满始实授。外官率递岁以待核。杂考或一二年，或三年、九年。"第1721页。

　　③ 见《明会典》卷一三《吏部十二·朝觐考察》《京官考察》，第78～80页。

　　④ 《明会典》卷一二《吏部十一·考核二》"吏员"条，第76～77页。

　　⑤ 《明史》卷七一《选举志三》，第1721页。

清算官僚违误过失的实质。显然，明代考核体制以考满校核年劳资历，以考察纠摘昏谬庸劣的状态，不仅与唐宋以来考核的发展趋势完全相同，而且还将宋元时期考核制度中的消极内容确定下来了。

当然考满和考察的内容也难免会有交叉，重在过失的考察固然无法回避资历问题，要在年资的考满也有勘核在任过失之责。统治者也不可能把政绩尤其是长期看重的行能标准排除在外，在制度条文上，考满和考察都有对"殊功异能"和"廉能卓异"者另行旌奖的内容。两者的这种分别展开又夹杂不清的状态，本身就说明了明代在建立评价官僚政绩、行能、年资的新体制时面临的困境。有鉴于此，清代便对其做了合乎逻辑的变通，大致是把考满和考察归并为每三年一次的考核，京官考称京察，每逢子、卯、午、酉年举行，外官考称大计，每逢寅、巳、申、亥年开展，同时又合考满和考察的基本内容和标准于一体而稍加调整。此即所谓"清沿明制而品式略殊"，① 而明代考核重年劳过失的精神，在此变通中仍一如既往。

以下将以明制为例，具体探讨当时考核制度的基本状态。

一　错综而繁复的考核组织、步骤

在考核组织和步骤上，按既定行政层级和人事权层次来组织考核、确认考等和赏罚的原则仍然有效，其具体表现却因行政体制的演化而有不同。尤其是宋元以来行政结构迅速条条化和监察部门深入参与考核的势头，已使明代在京和地方各系统逐级进行的考核更为错综，也受到了更为复杂而严格的监察。

朝廷具体负责组织考核的部门中，吏部考功司已不是总枢纽，甚至也不是唯一主管考簿校核的部门了。武官考核已由兵部主管，吏员考核则部分划归吏部验封司。作为最高监察机构，都察院在考

① 《清史稿》卷一一一《选举志六》，第 3221 页。

政中的重要地位已完全确立。在考察过程中，外察明文规定由吏部会同都察院主持，京察还须再会同各衙门长官共同进行。在讲求年资的考满过程中，吏部的地位相对要突出一些，但地方官如各省布政使司、按察使司、南北直隶、行太仆、苑马寺等凡无同职对口上司的部门长官，通常由都察院考核后再由吏部复考。五品以下京官，则一律由河南道监察御史考核后再由吏部复考；孝宗弘治元年（1488）后，往往由吏部和都察院共同在各衙门先行考核的基础上复考。在此基础上再把户部、兵部等有关部门的直接参预，科道官对吏部工作的深入监察及其在考察时实施"拾遗"等其他参预方式考虑进去，① 其参与主持的部门及其组织、步骤之错综繁复，监察在其中的作用之重要，② 也就可想而知了。

各地各部门先行展开的考核过程也是如此，如各省官员的考满，掌理军事的都指挥使司管内武官为一支，主管监察刑狱的提刑按察使司属下为另一支，总诸民政的承宣布政使司所统又是一支。府州县官虽在布政使司统属下，但其递次至布政使司（即藩司）考核后，却须由按察使司（即臬司）复考。考察过程尤甚。在藩、臬二司会考省内府州县官的一般规定之上，臬司在其中的作用常居藩

---

① 《明会典》卷二一三《六科·吏科》："凡天下诸司文职官员考满到京，各具给由奏本文册，送科稽考，其有违限差错等项，俱参出施行……凡天下诸司官吏，三年朝觐到京，奏缴须知文册到科，查出钱粮等项数目差错者，经该官吏参奏究治。凡外官三年考察，京官六年考察，自陈之后，本科官同各科具奏拾遗。"第1062页。《明史》卷七一《选举志三》载考察"去留既定，而居官有遗行者，给事、御史纠劾，谓之拾遗。拾遗所攻击，无获免者"。第1724页。

② 《明史》卷二〇二《张永明传》载其万历末为左都御史，"故事，京官考满，自翰林外皆报名都察院，修庭谒礼。后吏部郎恃权，张瀚废报名，陆光祖废庭谒。永明榜令遵故事，列仪节奏闻，诏诸司遵守。郎中罗良当考满，先诣永明邸，约免报名谒乃过院。永明怒，疏言：'此礼行百年，非臣所能损益。良轻薄无状，当罢。又卿贰大臣考满，诣吏部与堂官相见讫，即诣四司门揖，司官辄南面答揖，亦非礼，当改正。'良疏辨，夺俸。诏礼部会礼科议之，奏言：'永明议是。自今吏部郎其承旧制。九卿翰林官揖四司，当罢。'诏可"。第5344~5345页。此例典型地体现了都察院在考核过程中的地位。

司之上。而出纠各地不法的巡按御史，尤其是例兼都察院长官衔驻节地方的督、抚大臣，更在朝廷与各省间扮演着承上启下的关键角色。[①] 凡此之类，都充分体现了隋唐宋元以来考核体制的发展。

1. 步骤类型

合考满和考察而论，明代考核的组织和步骤，除武官由兵部主持另成一系外，大致可依据对象之不同分为三个类型。

一是流内四品以上京官，派驻各地的督、抚等大臣，以及部分级别虽低而性质特殊的官员如皇帝侍从等。这些官员虽也须考核，但其"任满黜陟，取之上裁"，或干脆不考，或自陈功过，或乞恩免考，实际是以个案处理，不在一般考核的范围之内。[②] 与唐三品以上自陈功过的规定相比，此时这类官员的范围已经扩大，处理办法也更灵活。

二是五品以下一般京官，各地布、按二司和府、州、县官，以及在内外仓场、造作、税课、河泊、巡检、茶盐等多种部门履职的大量杂职官。对这些官员的考核有一系列职事条例和规定，但基本上还是先分别在所属系统内逐级考核，再汇总至朝廷指定部门"从实考校"，或考察后奏闻皇帝，以便赏罚。这部分官员的范围也扩大了，尤其是布、按二司长官，论品皆在三品以上，却也被纳入了正常的考核轨道。

三是各地各部门的吏员。他们皆不予考察，通常或三年、或六年、或九年任满解职，由所在机关为其办理一应交割事务，明白无误后，给本人以有关证明文件，令其克期赴吏部考核，定其进退，再具册奏报备案。以往如唐代在各地各部门执役的在职人员，此时或已演化为各种杂职官，或已成正规吏员，少量性质类似的称为

---

① 以上并见《明会典》卷一二《吏部十一·考核一》"京官""在外司府州县官"，卷一三《吏部十二·朝觐考察》《吏部十二·京官考察》，第70~74、78~80页。以下非出注者亦见此。

② 雷礼《国朝列卿记》卷二四《吏部尚书行实·蹇义》："永乐元年七月，义言太仆寺、太常寺、光禄寺、通政司、大理寺、国子监、鸿胪寺、翰林院正佐官考满，旧例四品以上本部不考，五品以下未有定拟。上命准四品以上之例。"第1512页。

"承差、知印"，其考核之法与吏员基本一致。[①]

必须指出，明代文职官吏考核组织步骤的上述类型，看起来与唐代相去并不甚远，实际上却类中有类，兼顾了不同官职各自的特点，也就在具体考核时呈现了大量细致的区别。这一点与前面谈到明清任用程序的分类差异是相呼应的。可以说，随着明清人事权任的进一步集中及其高官要职任免调迁的个案化、复杂化，不同官僚的考核组织和步骤也已相应分化，从而共同构成了当时人事管理和控制体制的显著特点。给人的印象是经宋元时期发展以后，唐代"二十七最"所代表的分类考核倾向，到明代已变为高官要职、一般官员和教官、杂职等各以不同职事条例和组织步骤加以考课，这是在人事权高度集中统一和行政合理化要求之间折中平衡的结果。

这样，明代考核组织步骤的复杂程度也就进一步加大了。除历朝不时推出的调整变化外，当时考满、考察分别进行的体制，使许多官职在考满时可特殊对待，考察时则须一体处理，相反的情况也所在多有。[②] 况永乐以来除北京外，南京也有一套衙门班子，其吏部和科道等机构也兼有一定考核功能，这又使不少考核办法不仅因时而变，而且因地而异。[③] 这些都是了解和把握明代考核制度所须注意的问题，但其具有代表性的常态，仍是五品以下一般京官

① 《明会典》卷一二《吏部十一·考核二》"吏员（承差知印附）"，第76～77页。雷礼《国朝列卿记》卷二三《国初吏部尚书行实·杜泽》载洪武三十一年定考核府县首领官法，"其吏员考满不给由，丁忧不起复，其侍亲等项，托故在闲，已经官府问断仍充吏役者，重历三考"。第1495页。这些都体现了对吏员品行不做官方要求的观念，也是与吏员不考察相应的制度安排。

② 如《明会典》卷一三《吏部十二·京官考察》："弘治十七年，令翰林院学士免考。正德十六年题准，詹事府坊局五品以下官，照例考察，学士照例免考，仍会同考察。嘉靖六年题准，各衙门堂上五品以下官，照成化以来节年旧例考察，詹事府坊局等官，照正德十六年例考察，学士免考，令自陈。"卷二二八《上二十二卫·锦衣卫》："凡本卫军政官员，例免考察。"第80、1119页。

③ 参见《明会典》卷一三《吏部十二·南京吏部》、卷二一一《南京都察院》、卷二一三《六科·南京六科》，第83～85、1057～1058、1065～1067页。

和各省司、府、州、县官的考核过程。只要将之理顺弄清，其余也就容易理解了。

2. 考满步骤

明代官僚考满，皆历职满三年后随即进行，因而已不像汉唐时期各级考核那样，有一个通常于秋末岁终统一召集的大会，考政已完全表现为一种日常行政活动了。一年到头源源不绝的考满，已较以往更多地依赖一系列文档簿历的记录、汇总、整理和检勘。

自太祖洪武元年（1368）令监察御史、按察使考核各处府州县官，到洪武二十六年确定整套考满制度，地方各省司、府、州、县官考满之法大致形成了三大要点。第一，各机关专设文档，逐一登录所属官员的"行过事迹"，每季轮流派吏典一人连同其他有关材料，赍送本管上司。这就构成了逐级考满的基本依据。第二，各省司、府、州、县长官考核其属官，由布政使司长官考核府、州、县官，由府（直隶州）长官考核县（属州）官；再由按察使司长官对布政使司属官和各府、州、县官加以复考（按察使司长官由都察院考核）；最后送赴朝廷考核。第三，布政使司四品、按察使司五品以上长官及佐贰，直接由都察院考核，再由吏部复考。[①] 在此框架下，其具体步骤如下。

凡各省司、府、州、县官，自到任领俸之日起，连闰月历职满36个月或37个月者，依法停职、俸，由所在机构逐级呈报至吏部文选司立案作缺，以便及时任用新官，接任其职。同时须"保勘覆实"该官的任内事迹，造写一份必须"称臣签名"，实际上是向皇帝上奏的功业簿册，备好证明该官任满应考的一应文

---

① 《明会典》卷一二《吏部十一·考核一》载洪武二十三年敕定布、按二司及府、州、县官责任条例之末条曰："诸司置立文簿，将行过事迹，逐一开写，每季轮差吏典一名，赍送本管上司查考。布政司考府，府考州，州考县，务从实效，毋得诳惑繁文，因而生事科扰。每岁进课之时，布政司将本司事迹，并府州县各赍考过事迹文簿，赴京通考。"第77页。参同卷"在外司府州县官"考核目，第72页。

件，由本人携带赴考。① 若系初考和再考者，其任内所欠税粮须"立限追征"，而属九年通考者，必须"钱粮完足"才能给予任满应考的证明。② 接着便是一系列考核环节。

就考核环节最为完整的各县（或属州）任满官而言，本县考事了讫后，便须由府（或直隶州）长官当面"察其言行，办事勤惰，从实考核"，拟出考等及相应考辞，再依次由布政使司和按察使司加以考核和复考，其况"如之"。诸事完毕后，臬司将考核和复考结果密封，连同其他一应文件，由本人在规定期限内携赴朝廷。这种期限时有变化，按神宗万历十四年（1586）的规定，各省的考核必须于半年内完成，扣除行程外，限十个月内"投文到部"。朝廷对之的考核，具体由吏部考功司进行。但被考者携来的一应文件须先送六科，由吏科给事中"稽考"，一旦有差错，即行"参出"；由吏部司务厅勘其有无稽缓等事，交稽勋司查核，凡有差谬，"驳送"考功司，记有关经手者之过，年终类奏。③ 至于考核本身，无非也

---

① 《明会典》卷五《吏部四·选官》："内外大小衙门缺官，逐日申部作缺。"其制迭有变化，"永乐间，令按季造册送部。成化间定，在内缺官，照旧移送本部；在外所司，五日一申巡抚都御史、巡按御史，抚、按两月一奏，以凭铨补"。同书卷一二《吏部十一·考核一》"在外司府州县官"："（洪武）二十六年定，在外有司府州县官，三年考满，先行呈报，移付选部作缺铨注。司勋开黄，仍令给由，其见任官将本官任内行过事迹，保勘覆实明白，出给纸牌，攒造事迹功业文册、纪功丈簿，称臣金名，交付本官亲赍给由。如县官给由到州，州官当面察其言行，办事勤惰，从实考核称职、平常、不称职词语。州官给由到府，府官给由到布政司，考核如之。以上俱从按察司官覆考，仍将考核、覆考词语呈部考核。平常、称职者，于对品内别用；不称职，正官、佐贰官黜降，首领官充吏。"第24、72页。

② 《明会典》卷一二《吏部十一·考核一》"在外司府州县官"，第72页。《明史》卷二五八《华允诚传》载其崇祯五年六月上疏陈三大可惜、四大可忧，其可惜之二有曰："直指风裁徒征事件，长吏考课，惟问钱粮，以多士靖共之精神，为案牍勾较之能事。"第6648页。可见对钱粮亏欠的审计，迄至明末仍为考满的重要内容。

③ 《明会典》卷一二《吏部十一·考核一》"在外司府州县官"："又例：凡在外起送考满官，俱要合干上司查勘明白，一一具结，如无一处印信保结者，行查。凡牌册内不填小日，不金名，不称臣，该吏背书不画字，勋司驳送功司纪录，年终类奏。"第73页。

是当面观察，查勘簿册，包括行文户部、兵部、工部等相关部门，验明该官员在任情况，审处府、省考核、复考拟等及考辞是否得当，等等。最后，将其确定的考等和应赏应罚缘由，具册呈户部长官核过后，奏请皇帝批准。皇帝批过的奏请文册，亦须吏科复核，驳正其中的错谬，"参署钞发"，付部施行。① 此时吏部要做的，主要是由考功司把最终结果通知本人，并将相应文件付送文选司，以便在每逢双月专为听选者和考满升降调动的中低级官员举行"大选"时落实有关赏罚。

以上情况，可以说代表了地方官考满的一般步骤。而那些特殊官职的考满办法和各朝时而有之的调节，大致都是在此基础上增减和变化的。现择其重要者略做介绍。

各省布、按二司及诸处行太仆、苑马寺等别无同职对口上级的机构正佐长官，其考满过程与以上情况明显不同者如下。一是在办理一应任满手续后，赴京由都察院考核，然后由吏部复考。考功司在这里只从事文案工作。二是吏部考定后，"具奏黜陟，取自上裁"，因为他们的任用是由三品以上官推举的，随其任满而来的赏罚，自然也非吏部所可定夺。南北直隶府州正佐的考满与之略同，唯其稍稍降格，先由都察院河南道监察御史考核，再由吏部考功司复考。此外，各府、州、县学训导及教授、学正、教谕等教官，一律以历俸九年（连闰月按 108 个月或 110 个月计）办理一应任满手续后赴部，由考功司按其所教生徒考中举人的数量多少来考核。其中又有一场经义考试，所试文字须由翰林院"批考"，然后视其通经与否结合考等再行赏罚。② 步骤有所变通的还有各地仓库、造作、河泊、茶盐、铁冶等部门的

---

① 《明史》卷七四《职官志三》六科之吏科，第 1805 页。

② 《明会典》卷一二《吏部十一·考核一》"教官"，第 74 页。雷礼《国朝列卿记》卷二三《国初吏部尚书行实·詹徽》载洪武"二十六年议立教官考满法"，第 1489~1490 页。

杂职官，大体是任满后经所属府、州、县逐级考核，至布政司将其经手事务查理明白后，初考、再考者往往"就令复职"，仅将其有关任满文件及履职情况具册，遣专人送吏部备案。任职满九年的通考者，方赴部由考功司合其初考、再考事迹综考黜陟。[①] 其他如缘边地方，阴阳医学等技术部门以及与盐运、马政等机构官员，在考核组织和步骤上也都有其特点。[②] 而洪武三年（1370）以来，各地的王府官及其护卫、首领官则可依法不予考满。[③]

关于明代历朝在考满制度上所做的调节，除涉及一般问题或因特殊情势而作的大量更动外，最为重要的变化，是随成祖永乐以后遣大臣兼都察院长官衔外出总督或巡抚地方之制的盛行而发生的。凡各省司、府、州、县官任满，督、抚往往可奏明其因事难于离任赴考的理由，保留其原职务，而累计其资格年劳。同时，太祖后期以来地方官三年、六年考满往往不动其职，时常免予赴部，仅由督、抚或巡按御史考核后送缴有关文件了事。结果则使逃避赴部之风泛滥，于是世宗嘉靖二十五年（1546）规定：今后在外司、府主管方面政务的官员任满后，"除边方军马重大、灾伤紧急者"允许各该督、抚与巡按各省的监察御史"合辞奏留，就彼复职；其余专职常员、地方细故，不许一概任情轻渎"。但此势并未得到应有的遏制，因为嘉靖四十二年（1563）又做了一项更值得注意的规定，其三条具体内容均针对在外三年、六年任满官员而立。第一，"方面府佐，照旧赴京，有事地方，照旧保留"；第二，府、州、县正官免予赴京，听各该督、抚、巡按

---

① 《明会典》卷一二《吏部十一·考核一》"杂职官入流仓官（收粮经历等官附）"，第74~76页。

② 雷礼《国朝列卿记》卷二四《吏部尚书行实·塞义》载其成祖登位为吏部尚书，"又言盐课提举司考满，旧无定制，宜如税课司局官，三年赴布政司、按察司考核，于九年赴部通考。从之"。第1512页。

③ 《明会典》卷一二《吏部十一·考核一》"在外司府州县官（王府官附）"："凡各王府官及护卫、首领官考满，洪武三年，令俱复职，不考核。"第74页。

御史考核后具奏，有关文件遣专人缴送吏部；第三，州县佐贰，司、府、卫首领官及教职、杂职官，在按原有规定依次考核的基础上，转由督、抚、巡按御史详核后，于年终题奏，有关文册报吏部或都察院复考。[1] 显然，洪武二十六年以来地方官的考满办法，至此已因督、抚的介入而发生了极大变化。

五品以下一般京官的考满办法与地方官大同小异。较重要的不同处有二。一是明初曾较为严格地实行过京官初授先试职一年，考核堪用者方予实授的规定。也就是说，当时对初授京官有一年考核的制度，其制至万历年间方有改变。[2] 二是由于京官任职地点大多较为集中和靠近皇帝，其三年、六年考满过程在环节上要简单一些，而特殊类型要更多一些。

就其一般程序而言，凡五品以下一般京官自任命下达领俸之日起，任职每满三年者，皆由本部门办理并给予一应文件，累计任职满九年须通考者呈部开缺，初考、再考者不停职俸，各赴所在部、院、司、监、府、寺等衙门接受考核。各衙门长官则在汇总和审核有关材料的基础上，"察其行能，验其勤惰，从公考核明白"，"填注贤否的实考语"，拟其等第；然后送赴都察院，由协管都察院事务的河南道监察御史再加考核，转送吏部考功司复考。[3] 此后的情

---

① 《明会典》卷一二《吏部十一·考核一》"在外司府州县官"，第 73 页。

② 《明史》卷一三八《开济传》载其洪武"十五年七月，御史大夫安然荐济有吏治才，召试刑部尚书，逾年实授"；卷一五八《段民传》载其"宣德三年召入京，命署南京户部右侍郎，逾年实授"；同卷《魏骥传》载"正统三年召试行在吏部左侍郎，逾年实授"。第 3977、4314、4319 页。《明会典》卷一二《吏部十一·考核一》"京官"："近例唯试御史一年考核实授，试中书舍人三年考核实授，主事署郎中、员外郎六年考核实授，员外郎署郎中三年考核实授。"原注："其余京官一年考核之例俱不行。"为万历年间的规定。第 70 页。

③ 《明会典》卷二〇九《都察院·考核百官》，第 1045 页。《明史》卷一八八《陆崑传》载其为南京御史，"武宗即位，疏陈重风纪八事……七专委任，河南道有考核之责，请择人专任"。第 4978 页。孙承泽《春明梦余录》卷五二《四译馆》载"大学士高拱议补译字生疏"，其中一条为"查实历"，请今后三年会考"俱合扣算三十六个月为满，如未满数才，通不准考"。第 1088 页。这是以法令的规定为请，是京官亦当以 36 个月为满。

况，初考、再考合格者，通常是由吏部尚书、侍郎及吏科掌科给事中引见给皇帝，奏明复职，[1] 其余环节便与地方官考满基本相同了。

在此基础上的特殊类型和变化，如尚书、阁臣三年、六年、九年考满，往往有羊酒等赏赐和赐敕奖谕。[2] 东宫詹事府所属左、右春坊及司经局官员任满，系由詹事府衙门将其"行过事迹，应有过犯，备细开写"，不加考辞，亦不经都察院，直接送吏部考核。明初采取这类任满后由本管衙门开列事迹呈部考核的办法的，还有主管符玺牌印事宜的尚宝司官员、从事制诏敕书缮写的中书舍人，以及太医院官、钦天监官等。但成祖永乐以后，尚宝司官、中书舍人任满后，改由本衙门与通政使司、顺天府协调后，不经都察院，直接呈吏部考核；而太医院官、钦天监官及鸿胪寺的翻译官（通事），则由礼部考核后送吏部复考。再者，在京各部门如太常、光禄等寺及翰林院、国子监的正佐长官，品级虽在五品以下，亦与四品以上一样，"照例不考"。此外，任满科、道官中，监察御史由都御史考核，旋又因其"系耳目风纪之司"，亦定为"任满黜陟，取自上裁"。给事中则由都给事中考核，而都给事中则由本科"备细开写"事迹后，径送吏部考核。其余如担任传诏、慰劳等使命的行人司长官，其任满考核步骤与都给事中略同，而其下属行人，则以一年为任满，由其长官考核后再呈送礼部核定，转吏部复考。万历以来，将行人改为三年任满，长官考核后呈礼部，再转吏部行文都察院，由河南道监察御史考核后，"牒回复考"。再如在京军职文官，俱由分察其事的监察御史考核；京

---

① 《明会典》卷二一三《六科·吏科》，第 1062 页。孙承泽《春明梦余录》卷三四《吏部·考课》："官满者则造为牌册，备书其在任行事功绩。属则先考于其长，书其最目，转送御史考核焉，亦书其最目。至是考功，稽其功状，书其殿最，凡有三等，一曰称，二曰平常，三曰不称。既书之，引奏取旨，令复职，六年再考，亦如之。九年通考，乃通计前二考之所书者，以定其升降之等。"第 556 页。是京官考满亦须备书在任行事功绩造为牌册。

② 参见王世贞《弇山堂别集》卷一三《皇明异典述八·考满非常恩赐》，第 236~237 页。

府五品以下官由都御史考核，万历以来又改由其长官考核后，呈吏部行文都察院长官再考，然后"咨回核考"。五城兵马司官等兵部所属官，原由兵部考核，送吏部复考；自弘治三年（1490）规定，先赴兵部考核，再送吏部行文河南道监察御史再考后，"牒回复考"。两京各所官员及大使、副使、司狱、杂职官，则"例不考核"，仅须"查得明白"，历职九年合格者便可升一级。[①] 诸如此类，不一而足。总的来看，京官考满存在着大量特殊类型，却没有特别值得一提的重大变化。

3. 考察步骤

无论官员任满与否，考察除不时灵活展开者外，常态是外官以辰、戌、丑、未年，京官以巳、亥年统一进行考察。需要指出的是，考察与考满虽"相辅而行"，但考察可以处理考满过程中涉及或发生的问题，而考满则不能。[②] 尤其是地方政况的上报，实与考察过程紧紧联系在一起，这就使朝廷重视考察尤甚于考满，而且越到后来，这一点越是明显。[③]

地方官的考察制度，是在洪武初年令外官每年一朝觐的基础上，陆续增饰和完善起来的。太祖洪武二十九年（1396）其制虽

---

① 以上并见《明会典》卷一二《吏部十一·考核一》"京官"、卷一五六《兵部三十九·考核》，第70~72、801页。

② 《明会典》卷一三《吏部十二·朝觐考察》："（洪武）二十九年，始定以辰、戌、丑、未年为朝觐之期，朝毕，吏部会同都察院考察，奏请定夺……若廉能卓异，贪酷异常，则又有旌别之典，以示劝惩。"其后文又载"正德十年，令朝觐官员，廉能著称，治行超卓者，赏衣一袭，钞百锭，仍赐宴于礼部"。第78、79页。这都表明考察虽以考核罪失为重心，也不无奖励超卓者的内容。

③ 《明会典》卷一二《吏部十一·考核一》"京官"载"嘉靖二十七年奏准，在京各衙门给由官员，堂上官务要严加考核，从公填注贤否的实考语，封送本部，以凭覆考。案候考察年分，查照黜陟，毋得市恩避怨，含糊浮泛，以致是非颠倒，人心不服。仍行南京吏部转行各衙门一体遵行"。同卷"在外司府州县官"载"嘉靖十七年奏准，考察存留官员，顺赍考满文册者，免其考核，引奏复职"。第70、73页。都说明了考察重于考满的性质。

形已具，① 到成祖永乐以后督、抚介入考察，孝宗弘治时便焕然大成了。综其根基，则系于下列三个制度和有关文簿的形成、申报和处理过程。

一是上计，即地方机构岁终依次呈报本地本部门政况及官僚履职情况，从而为考察提供了部分材料。具体是县（属州）每月将钱粮、户口、刑狱等一应簿账上计于府（直隶州），由其审核和整理，并对有关官员的在职情况做出评价。上至布、按二司亦照此办理，巡抚、巡按则综计其所属方面之政和官员之况，再分别上报朝廷，将各地钱粮、户口、刑狱等项大事报送部院等相关衙门。②

二是“每年开报考语”。即每逢年终，各省司、府、州、县长官皆须为本衙门属官，布、按二司须为府、州、县官做一份鉴定报告，“填注贤否考语”，用印密封汇总于布政使司后，送至吏部以备查考。巡按任满、巡抚年终时，亦须照此将所属大小官填注考语送部。各该长官“俱要自行体访”，以求切实。③ 这一制度和过程，也为朝廷对地方官的考察提供了大宗资料。

三是每三年朝觐前，督、抚、巡按御史和各省布、按二司考察省内所属官员。督、抚、巡按御史考察各省方面长官，拟其三年来

---

① 雷礼《国朝列卿记》卷二三《国初吏部尚书行实·杜泽》：“（洪武）二十九年正月，特升吏部尚书，首定朝觐之制，以辰、戌、丑、未年为期，朝毕后，吏部会同都察院考入觐官员，奏请定夺。其存留者俱引至御前，刑部及科道各露章纠劾怠职之罪，一时谴责，宥免皆出。上命及宥免还任，各一赐敕一道，以申饬戒。其已往一岁一朝之制俱革。”第 1493 页。

② 《明史》卷七一《选举志三》述考察之法，“州县以月计上之府，府上下其考，以岁计上之布政司。至三岁，抚、按通核其属事状，造册具报，丽以八法”。第 1723 页。案《明会典》卷二〇《户部七·黄册》载“（洪武）二十六年定，凡各处户口，每岁取勘明白，分豁旧管新收，开除实在总数，县报于州，州类总报之于府，府类总报之于布政司，布政司类总呈达户部立案，以凭稽考”。卷二四《户部十一·会计一》载“景泰六年，令广东布政司并所属府州县实征并岁用总册，照旧年终造报。其岁支钱粮，年终仓库钱帛，及户口总册，俱限次年八月终到部”。第 132、157 页。是布政使司亦须以岁计上报朝廷。

③ 《明会典》卷一三《吏部十二·朝觐考察》嘉靖十三年奏准，第 79 页。

是否廉勤公谨，或贪酷不法等项情事，于年终具奏，并报吏部、都察院等相应衙门立案备考。且督、抚及巡按御史可在此时再以揭帖，将巡内渎职官员的不法事状"密报吏部"。[①] 这部分材料，可说是朝廷考察最为直接的依据。

由上可见，在辰、戌、丑、未年地方官赴京朝觐，接受考核之前，各种前期准备实际上一直在持续进行。这三个制度和过程不仅是明代地方官考察的前期组织步骤，更可由此看到考察基于上计述职和官员每年功过鉴定而展开的具体状态，理解其何以分量远重于考满。

接下来展开的朝觐考察环节，先是各省司、府、州、县及盐运司等衙门，皆须以正佐长官一员带领首领官、吏各一员，理问所官一员，据法定职掌事例，将本衙门各官三年来的事迹，三年前朝觐时皇帝赐予的敕谕，以及本地本部门土地、户口、赋税等一干材料攒造成册，由长官亲携赴京朝觐，奏缴各项簿册，代表本衙门各官受考。若长官到任日浅，则由佐贰官赴京；狭小州县唯设长官、首领官各一员者，由首领官赴京。凡边远及有事地方官，则由皇帝特旨或由抚、按预先奏明免朝，但仍须差人前往奏缴一应文件。应赴京者，远不许过期，近不得预先离职；若患病居丧者，皆须查实，否则"以逃论"；俱限当年十二月廿五日抵京。凡赴朝廷官员，服色"俱照品级花样，务要新鲜洁净"，[②] 且皆须"自备脚力"，不得使用官方邮驿系统的脚伕、车马等。[③]

朝觐官到京后，须向吏科呈缴一应敕谕、文册，由其稽查；凡

---

① 孙承泽《春明梦余录》卷三四《吏部·考课》引邱濬曰："本朝三年一朝觐，天下府州县各赍须知文册来朝，六部、都察院行查及所行事件有未完者，当廷合奏，以行黜陟。近因选调积滞，设法疏通，辄凭巡按御史开具揭帖，不复稽其实迹，立为老疾、罢软、贪酷、素行不谨等名以黜之，大非祖宗初意。"第558页。据《明会典》卷一三《吏部十二·朝觐考察》，命抚按开具司府州县官考绩揭帖报部，事在弘治八年。第78页。

② 《明史》卷一五九《杨继宗传》载其成化时为嘉兴知府，"谒上官必以绣服，朝觐谒吏部亦然。或言不可，笑曰：'此朝廷法服也，此而不服，将安用之？'"第4351页。

③ 以上及以下除出注者外，俱见《明会典》卷一三《吏部十二·朝觐考察》，第78～79页。

有差错，则应"参奏究治"有关经手官吏。① 自十二月廿六日起，由鸿胪寺陆续引见皇帝，同时参加每日的常朝，当然还须参加正旦举行的百官大朝。② 抽空还须各个条陈地方利弊，处置方略，以便吏部与各有关衙门官员会议后奏请施行。考察则在正旦大会后，在吏部、都察院长官或皇帝特别指定的官员主持下进行。③ 具体则由河南道监察御史会同吏部考功司办理，六科及其余各道监察御史亦参预其事。其过程主要是依据诸文档簿册和法定标准，定被察者的去留。各抚、按先期所书之考语和密报，都是重要的依据。而一旦发现抚、按及各省所上考语揭帖有"拟议不当"，乃至"自相矛盾，是非淆乱"，则由吏部、都察院并科道官"指实劾奏，各坐所由"。同时，考察又须"咨公论以定贤否"，即朝廷大臣可以把自己所闻的被考者情况书于"访单"，递交给考察部门以供参考。④ 如果被考察为渎职的官员认为结论不公，允许其"奏辩"、申诉；若科道官亦以为结论不当者，则可"论救"。⑤ 而且一旦发现被考者"央求势要嘱托"，即使其他条件合格，也须归入考察标准中"不

---

① 《明会典》卷二一三《六科·吏科》，第 1062 页。又同书卷二一九《鸿胪寺》："凡在外来朝官员人等，皆于本寺预先演礼，然后引入行礼。其公差及给由官吏，先将文册投下，明日引入。"第 1090 页。

② 《明会典》卷四四《礼部二·诸司朝觐仪》，第 318 页。《明史》卷一六四《弋谦传》载其仁宗时为大理少卿，常朝论政激切，帝不怿，待谦辞色甚厉，杨士奇谏曰："今四方朝觐之臣皆集阙下，见谦如此，将谓陛下不能容直言。"帝遂免谦朝参。第 4439 页。

③ 如《明史》卷七一《选举三》载成化五年"南京吏部右侍郎章纶、都察院右佥都御史高明考察庶官。帝以各衙门掌印官不同佥名，疑有未当，令侍郎叶盛、都给事中毛弘从公体勘"。卷二二四《杨时乔传》载其为吏部左侍郎，万历三十五年"大计外吏，时乔已偕副都御史詹沂受事，居数日，帝忽命户部尚书赵世卿代时乔，遂中辍"。第 1723、5908 页。

④ 《明史》卷二二九《沈思孝传》："访单者，吏部当察时，咨公论以定贤否，廷臣因得书所闻，以投掌察者。事率核实，然间有以中所恶者。"第 6006 页。

⑤ 《明史》卷二〇八《戚贤传》载其为吏科给事中，嘉靖"十四年春，当大计外吏，大计罢者，例永不用。而是时言事诸臣忭柄臣意，率假计典锢之。贤乃先事言：'所黜有未当者，宜听言官论救。'帝称善，从其请"。第 5506 页。

谨"一类，立行黜退。倘考察被黜者"造言生事"，甚而"妄奏"
考官之过，即须"发遣为民"。①

当考察基本完成，被考各官去留拟定后，吏部、都察院便须整理
情况，将去留名单及所据事状具册，奏请皇帝批准，并由六科参署抄
发，实施赏罚。其中少量"廉能卓异或贪酷异常者"须另册奏闻。凡
被考定渎职而系来朝者，随即革职、降调或强令退休，贪酷尤甚者，
通常即由锦衣卫拿送法司问罪；非来朝者则行文各该抚、按，依法处
理或"提问"查办。对廉能卓异者除可"纪录擢用"外，往往还将
赐宴礼部，赏以钱帛；或行文各该抚、按，"买办彩币羊酒赏奖"。最
后，凡考察合格而保留其职的官员，皆须由吏部、都察院长官"引至
御前"，举行一个极富威慑力的仪式。② 届时须由刑部及科道官对有
关官员的一般"旷职误事"情状再加奏劾，"责以怠职"，所有朝觐
官员则"俯伏免冠待罪候旨"，听候发落，直至最终并无不测，"奉旨
免宥，即加冠叩头，连呼万岁，次日谢恩，仍前朝参"。俟一应考察
事务完成后，各赐戒饬敕书一道，令其在限期内回任莅职。③

地方官的朝觐考察，在上述程序基础上加以变通的特殊类型极
少，唯两京府县按京官之例六年一次考察；上林苑监官，自武宗正
德六年（1511）起亦如之；各王府官原先不考，世宗嘉靖元年
（1522）起王府长史等部分官员，由各该抚、按于京官考核之年开
具事迹，"奏请定夺"。朝觐考察之制的调节和变通，主要是在所谓
"不时考察"时体现出来的，也就是朝廷随时命监察御史、督、抚
或各省按司监察所属，上报朝廷赏罚黜陟。如洪武六年（1373），

① 《明会典》卷一三《吏部十二·考察通例》，第80页。
② 《明会典》卷四四《礼部二·诸司朝觐仪》、卷一七九《刑部二十一·朝觐纠
劾》、卷二〇九《都察院一·考核百官》，第318~319、913~914、1045页。
③ 《明会典》卷一三《吏部十二·朝觐考察》："凡朝觐官员回任，各查照水程，
定立限期，如违限一月之上者，问罪；两月之上者，送部别用；三月之上者，罢职不
叙。监司容隐不举者，同罪。"第79页。

令监察御史及按察司察举有无过犯，具奏黜陟；永乐元年（1403），令府、州、县官到任半年以上，巡按御史和各省按司察其能否、廉贪实迹具奏；景泰七年（1456），令巡抚、巡按会同按察司堂上官，考察府、州、县官，其布、按二司官，听抚、按考察；弘治八年（1495），命各处巡抚、巡按会同从公考察布、按二司，并直隶府州县、各盐运司、行太仆寺、苑马寺等官贤否；如无巡抚，巡按会同清军或巡盐考察，如俱无，巡按自行考察。①

京官考察明初不定期，英宗天顺八年（1464）定为十年一次，宪宗成化四年（1468）有关内容开始完备。孝宗弘治十四年（1501）南京吏部尚书林瀚、十七年吏科给事中许天锡先后上疏，以为外官考察法之完密已无可加，而京官十年一次太过阔略，才确定了六年一考察。② 正如考满之制那样，京官本身的特点，也使其考察过程较为简单且分为更多类型。就其一般程序来看，京官考察并无上计和每年开报考语两项准备，而是直接从各衙门长官在考察年份先期拟具考语揭帖开始的。具体即凡巳、亥年考察前三个月，先由吏部行文各衙门长官，让其总计所属五品以下现任、居丧、出差、养病的全部属官，为之一一开具贤否实迹、考语揭帖，以便届时"亲携赴部"；同时又须将有关材料及时送部查收。吏部则通常于二月份"约会"都察院及各衙门长官"公同考察"。此后的步骤，除并无地方官朝觐考察后举行的那个庄严仪式外，大体与之并无二致。

---

① 《明会典》卷一三《吏部十二·朝觐考察》"凡外官不时考察"以下诸故事。第79页。

② 《明会典》卷一三《吏部十二·京官考察》，第79~80页。以下凡非注出者皆见此。《明史》卷一八八《许天锡传》载其为吏科给事中，弘治十七年五月以天变求言，天锡"上疏曰：'外官三年考察，又有抚按监临，科道纠劾，其法已无可加。惟两京堂上官例不考核。而五品以下虽有十年考察之条，居官率限九载，或年劳转迁，或服除改补，不能及期。今请以六年为期，通行考察。其大寮曾经弹劾者，悉令自陈而简去之，用儆有位……'帝善之，于是令两京四品以上自陈听命，五品下六年考察，遂著为令。惟大臣削公孤及内官考察，事格不行"。第4987~4988页。

　　京官考察的特殊类型及其变通颇值得注意。宪宗成化十三年（1477），定太常、光禄寺等部门五品以下的正佐长官，皆直接由吏部会官"一体考察"，这是一类。翰林院侍读、侍讲以下各官，以及内阁书办、四夷馆译字等带俸官，成化四年定由吏部会同翰林学士考核；弘治十七年（1504）命翰林学士免考；武宗正德十六年（1521）命东宫左、右春坊学士亦"照例免考"。① 这又是一类。科道官原则上直接由吏部、都察院考察，但成化十三年和嘉靖六年（1527）曾令吏部会官考察，并令科、道官"互相纠举"。南京各衙门官则由南京吏部、都察院会同考察后，具奏定夺。其余如国子监官，英宗正统元年（1436）规定由礼部尚书及祭酒、司业共同考察，但不晚于神宗万历十五年（1587），又改由吏部、都察院按一般程序进行。此外，除诸多宦官无考察外，钦天监、太医院、文华殿、武英殿办事中书、御用监等处匠作官，通常或"不必考察"，或"先期乞恩免考"。

　　以上是明代五品以下京官和各省司、府、州、县官考满和考察组织步骤的大致情况。其余各类官僚的考核过程，虽环节有所增减，定夺或主管部门有所不同，但基本精神仍与之相同。如吏员考核，除严格限制其任满后重新任职于该衙门，以防这些精通文案簿历的专家，在仅举大纲而迂腐疏阔的官员之下蠹害官政外，"事体大略与职官同"。② 武官自成化二年（1466）以来则有五年一次的"军政考选"，其性质"与文职考察同"，大致组织步骤是高级、重要军官"自陈候旨"，其余则由督、抚、巡按主持，分层填注考语揭帖，并送交一应簿

---

　　① 《明史》卷一八四《杨守陈传》附弟《守阯传》载其为翰林侍讲学士，"（弘治）十年大计京官，守阯时掌院事，言：'臣与掌詹事府学士王鏊，俱当听部考察。但臣等各有属员，进与吏部会考所属，则坐堂上，退而听考，又当候阶下。我朝优假学士，庆成侍宴，班四品上，车驾临雍，坐彝伦堂内，视三品，此故事也。今四品不与考察，则学士亦不应与。臣等职讲读撰述，称否在圣鉴，有不待考察者。'诏可。学士不与考察，自守阯始。"第4877页。所述翰林学士和东宫春坊学士免予考察的时间较早。

　　② 《明会典》卷一二《吏部十一·考核二》"吏员"条，第76~77页。

册，由兵部会同兵科"参详去留，上请定夺"。① 至于在京四品以上和派赴各地的督、抚大臣的考满和考察，虽直接由皇帝操纵而较少固定的规定，但也还是有一定的程序要走。其考满，通常是历职满日，在京者直接引至御前，在外者行文吏部，皆"奏请复职"，皇帝酌情加以赏赐；但对其所犯错谬过失，也毫不容情。除平常的监察外，对其考察也要较一般官员缓和。宪宗成化四年规定，凡考察之年，如果这些高级官员"曾经科道纠举及年老不堪任事，才德不称职，皆须自陈其状"，请求退休，听候皇帝裁处。一旦他们居官有过，而自陈时遗漏不涉，便将面临科、道官的"拾遗"弹奏，且据明代考察的惯例，凡被"拾遗所攻击，无获免者"。② 显然，对朝廷重臣的政治命运来说，在考满、考察后面起着更为基本作用的是平常的监察。

总体看来，监察部门在考核过程中空前重要的地位，以及考核更加依赖烦碎绵密的文簿查勘，这两个在宋元格外明显的势头，在明代考核的组织步骤上不仅已确定无疑，而且在制度的各个环节全面体现出来了。其体现的仍是权力过于集中和权责关系复杂化后，政绩好坏已极大地取决于官员是否忠实执行上级指令，也就不能不对其所犯过失采取更为计较的态度。③ 至于文档簿册作用

---

① 《明会典》卷一一九《兵部二·考选》，第 616~617 页。

② 《明史》卷七一《选举志三》，第 1724 页；《明会典》卷二〇九《都察院一·考核百官》："京官五品以下，六年一次考察，四品以上自陈。有遗漏者，科道纠举。"第 1045 页。

③ 《明史》卷二〇七《刘安传》载其嘉靖时为河南道监察御史，"入台甫一月，上疏曰：'人君贵明不贵察，察非明也。人君以察为明，天下始多事矣……夫治可以缓图，不可以急取；可以休养致，不可以督责成。以急切之心，行督责之政，于是躬亲有司之事，指摘臣下之失，令出而复返，方信而忽疑。大小臣工救过不暇，多有不安其位者，孰能为陛下建长久之策，以图平治哉！且朝廷者，四方之极也。内之君臣，习尚如此，则外而抚按守令之官，风从响应，上以苛政绳，下以苛察应，恐民穷为起盗之源，食寡无强兵之理……伏望大包荒之量，重根本之图，略繁文而先急务，简细故而弘远猷，不以一人之毁誉为喜怒，不以一言之顺逆为行止，久任老成，优容言官，则君臣上下一德一心，人人各安其位，事事各尽其才，雍熙太和之治不难见矣。'帝阅疏大怒，逮赴锦衣卫拷讯。兵科给事中胡尧时救之，并逮治"。第 5467~5468 页。

的异常突出，自唐宋以来考核过程极大地依赖各种琐屑文簿而称"磨勘"，发展到明代，以往那种大会众官而当场定等的做法，已越发显得不合时宜了。在最好的情况下，大量日常和幕后的文案整理和资料收集已悄悄地决定了一切。尤其最受重视的考察，往往会在本人一无所知的情况下定其去留。只是，无论是细琐的文档校勘，还是各级长官和监察官的周密"体访"，实际都不是官僚权责分明、政绩归属清楚和考核内容切实扼要的产物，而恰恰是现行政体下有关状态与之相反的结果，是考核已在很大程度上沦为年度监察总结的反映。

二　笼统而流于形式的考核标准与赏罚

前面已经指出，唐代以"二十七最"为代表的区别职类各定标准加以考核的规定，主要是被根深蒂固的集权化进程断送的。到明代，与错综而繁复的考核组织步骤相匹配的，是一套简明而笼统，实际操作多流于形式的考核内容、标准和赏罚规定，这是整个考核制度已更为有利于集中统一控制的标志。以下是这方面的基本规定和具体条款。

1. 基本规定

就旨在评价官僚任职状态的考满而言，明初以来其等有三：称职、平常、不称职。相应的赏罚则是称职者升迁，平常者复职，不称职者降黜。此外，不同类型的官职也有一些笼统的定等要求，诸如府州县官的"户口增，田野辟"，教官的"取中生员名数"，畜牧官的"所养马数升降"之类，① 可以视为"二十七最"仅剩的余

---

① 《明会典》卷一二《吏部十一·考核一》"在外司府州县官"载"洪武元年，令各处府州县官，以任内户口增、田野辟为上。所行事迹，从监察御史、按察司考核明白，开坐实迹申闻，以凭黜陟"。又载永乐八年奏准，诸行太仆、苑马寺及各地牧监官考核，"稽其所养马数升降，其九年考满者，先以缺申部，候代官至，方许给由"。又载洪武二十六年奏准，教官"以九年之内科举取中生员名数为则，定拟升降"。第72、74页。

绪。再就是区分职务"繁""简"，① 以供确定考等时参考。其规定可谓非常简明且非常笼统。

但问题在于，评定等级的依据，除规定须查勘有关文档簿册包括户口、田地、刑狱等反映政绩的数据外，并没有一套明确的标准，甚至连唐代那种只指品行的"四善"也看不到。朝廷似乎放弃了以统一标准来规范和管理考等确定过程的努力，而把面临浩繁文案材料如何折中取舍的难题，寄托于主考官员的良心，当然还有无所不在的监察。从考满必"察其行能，验其勤惰"之类的要求中可见，除现已通计闰月，精确到天的年劳前提外，一般品行素质的"贤否"，仍隐隐是朝廷和众考官心目中一致认同的核心标准。既然如此，可以从一个侧面衡量其行能状况的罪错过失，也就成了考满过程特别注意的内容。这在有关的赏罚中反映得很是清楚。现将洪武二十六年所定内外一般官员考满的通行赏罚则例列为表7-4。

表7-4　明洪武二十六年所定考满赏罚则例

职务繁简	考等	过失情况	赏罚内容
繁	称职	无过	升二等用
		有私笞公过	升一等用
		有记录徒流罪 1~4 次及以上	从降一等用、递降一等直至杂职内用
	平常	无过	升一等用
		有私笞公过	本等内用
		有记录徒流罪 1~4 次及以上	从降一等用、递降一等直至杂职内用
	不称职		降二等用
		有记录徒流罪	杂职内用

---

① 《明史》卷七一《选举三》："以事之繁简，与历官之殿最，相参互核，为等第之升降。其繁简之例，在外府以田粮十五万石以上，州以七万石以上，县以三万石以上，或亲临王府，都、布政、按察三司，并有军马守御，路当驿道，边方冲要供给处，俱为事繁。府粮不及十五万石，州不及七万石，县不及三万石，及僻静处，俱为事简。在京诸司，俱从繁例。"卷二二〇《辛自修传》载其嘉靖时为吏科给事中，"奏言：'吏部铨注，遴才要矣，量地尤急。迩京府属吏以大计去者十之五，岂畿辇下独多不肖哉？地艰而事猥也。请量地剧易以除官，量事繁简以注考。'吏部善其言，请令抚按举劾如自修议"。第1722、5798 页。是繁简之分原不为考察所据。

职务繁简	考等	过失情况	赏罚内容
简	称职	与繁而平常者同	
	平常	无过	本等内用
		有私笞公过	降一等用
		有记录徒流罪 1~3 次及以上	从降二等到杂职内用直至再加黜降
	不称职		降三等用
		有记录徒流罪	杂职内用

备注：
①本表据《明会典》卷一二《吏部十一·考核一》"考核通例"编制。
②不称职初考即罚；称职、平常者，制度规定是九年通考黜陟，实际却不一定。

此外，为通计九年中三次考核的等第，以便相应升降其职务，洪武二十六年还制定了一套折算办法：三次考核中凡有两次称职，一次平常者，总评为称职；两次称职，一次不称职，或两次平常，一次称职，或称职、平常、不称职各一次，皆总评为平常；有一次不称职，两次平常者，则总评为不称职。① 到永乐九年（1411），鉴于许多官员往往因事或三年、六年任满后未能考核，又对上述规定做了补充，具体情况见表7-5。

表7-5 明永乐九年考满赏罚补充规定

初考	再考	三考	最终等第
称职	未予考核	称职	称职
未予考核	未予考核	称职	称职
未予考核	称职	平常	平常
平常	未予考核	称职	平常
未予考核	平常	不称职	不称职

备注：
本表据《明会典》卷一二《吏部十一·考核一》"考核通例"编制。

必须注意的是，虽然有了这样的定等和赏罚规则，但其对官僚

---

① 《明会典》卷一二《吏部十一·考核通例》，第76页。

职务的黜陟来说仍作用有限，因为还有更为有力和直截了当的手段可以运用。更何况，缺乏明确的定等标准，又使定等和赏罚的规则虽然完备，却极易在官场浊流中成为具文。这也就是清人论其"中间利弊不可枚举"的原因。① 到熹宗天启年间（1621～1627），吏部奏准以操守、才能、心术、政事、年劳、体貌"六事定官评"，② 这是以长期以来公认的做官要求为统一的考核标准。这种拿风评替代考核的方案，早已被历史证明适足以为各种弊病打开大门，也再次暴露了当时朝野上下在确定考核标准时的问题。

考察虽可对"廉能卓异"者加以旌奖，但此类实属特例，而非一般通则。地方官朝觐考察时汇报一地户口、垦田、刑狱等务的"上计"，除去极少数确有明显增减需要专门奖惩者外，与绝大部分官员的考察并无直接关系。而考察的大旨，早自太祖时就是惩处官僚的贪污昏懦。英宗天顺四年（1460）以来，才逐渐形成了年老、有疾者强迫退休，疲软无为、素行不谨者免职闲居，贪、酷者发原籍为民（逃避考察者按此处理），浮躁和才力不及者酌情降调这样八大内容、四个等级和相应的处罚规定，从而确定了考察针对官僚渎职不法行为的基本性质。③ 与唐代计殿降等之法相比，明代的考察，首先是把综稽和惩罚官僚差谬的工作，独立成了一个专门的大

---

① 《明史》卷七一《选举志三》述明考核定等之制至永、宣间稍增其例，"自时厥后，大率遵旧制行之，中间利弊不可枚举，而其法无大变更也"。第1723页。

② 《明史》卷二四一《周嘉谟传》载万历末齐、楚、浙三党为政，黜陟之权，吏部不能主，及嘉谟为吏部尚书，惟才是任，至天启时，大起废籍，三党之魁及朋奸乱政者亦渐自引去。又"极陈吏治敝坏，请责成抚、按、监司。上官注考，率用四六俪语，多失实，嘉谟请以六事定官评：一曰守，二曰才，三曰心，四曰政，五曰年，六曰貌。各注其实，毋饰虚词。帝称善，行之"。第6259页。

③ 雷礼《国朝列卿记》卷二五《吏部尚书行实·李裕》载其成化末为吏部尚书，"朝觐考察天下官，与一二宪臣焚香告天，誓无容私其间。旧例沙汰之目若老疾，若疲软，若贪酷，若不谨，凡四格。裕谓迟钝似软，偏执似酷，二者于老疾、不谨复无所属，乃创立才力不及，通前谓五，此其爱惜人才之意，至今无改"。第1584页。是"不及"之目创自成化年间李裕为吏部尚书时。

典。对评价官僚任职状态来说，其无疑与监察存在着天然联系，但对官僚管理来说也存在着天然的缺陷。其次，老、疾、贪、酷和疲软、不谨、浮躁、不及间，显然有许多交叉互含之处，如何界定却缺乏规则和标准。最后，处罚动辄以职务黜免为旨归，便在法律上宣告了只求其过、不问其功的原则；同时，处罚越严厉，其标准的笼统所潜藏的危险就越大，主察者鉴识和风评所起作用也就越大。① 因此，考察制度虽然是明代对唐以来考核过程日益注重官僚过失之势的总结，却是一个并不成功的总结。

当然与考满相比，考察不仅有其统一的标准，而且可以很直接地与平素的监察记录挂钩运用，因而也较易维持一种相对认真的贯彻状态。至于其问题，则主要是考察对绝大部分官僚是脱离政绩来衡量行能的，加之现行政体既使权责关系错综复杂，一地一部门政绩经常很难归于个人，而脱离实际绩效的行能不仅没有价值可言，更会使行能失去客观的衡量标准。于是对官僚违误过失、渎职不法行为的稽查，几乎就成了考察过程唯一的支点，朝野上下也对之格外重视。对有关官僚的惩处，实际上也要比字面规定更加严厉。地方司、府、州、县官凡朝觐考察被黜，通常是"例永不用"，而一般士大夫之间更形成了唯恐被考察黜退的风气。史载从孝宗弘治到穆宗隆庆的五六十年间，"士大夫廉耻自重，以挂察典为终身之玷"。②

---

① 《菽园杂记》卷四陆容自述其为职方主事时，"考满，同年与予有隙者，适在河南道，遂以考语中之，吏部询之舆论而寝，且一岁得连迁"。第40～41页。雷礼《国朝列卿记》卷一三《殿阁大学士行实·许讚》载其嘉靖时为吏部尚书，"每大计吏治，虽凭考语，犹迹行履。若官常素守，为上官所刺，必留之；存心险诈，干清议，虽考无贬词，不曲贷。甲辰（嘉靖二十三年）春考察外官，有一二巧宦窃虚称，公欲黜之，都院不从。公指而言曰：'今为公等留此人，异日害人误国，陷善类，虽悔无及。'后果如公言。"第981页。

② 《明史》卷七一《选举志三》，第1723、1724页。同书卷三〇六《阉党·刘志选传》载其万历时"迁合肥知县，以大计罢归，家居三十年。光宗、熹宗相继立，诸建言得罪者尽起，志选独以计典不获与。会向高赴召，道杭州，志选与游宴弥月。还朝，用为南京工部主事"。第7853页。是大计被黜者，除有特殊原因难以复起。

2. 具体条款

除以上基本规定外，明代也常为某些官职追加一些具体的考核条款。这在考满时较为突出。如前已提到，各地教官，明初一律以九年任满后，综合其所教生员中举数的多少及其考试通经的情况来定等。具体条款可见表7-6。

表7-6　明初教官考核条款

教官类别	所授生员额	通经者称职、平常应达生员中举数	
		称职	平常
县学教谕	20人	3人	2人
州学学正	30人	6人	3人
府学教授	40人	9人	4人
府州县学训导	各教生员10人	3人	1~2人

备注：
①本表据《明会典》卷一二《吏部十一·考核一》"教官"所载洪武二十六年之制编制。
②不通经或生员中举数不足平常要求者为不称职。

与唐代教官纯以所授课程多少为殿最的规定相比，这种以通经与否，结合中举率的定等办法是相当严格的。不过其制在宣德以来日益走样，生员中举的要求渐可有可无。[①] 其他官职特别是各地府、州、县长官的情况比较复杂，前亦提到洪武元年（1368）曾令府、州、县官"以任内户口增、田野辟为上"，[②] 这似乎继承了元世祖至元八年（1271）诏守、令"以户口增、田野辟、辞讼简、盗贼息、

---

① 《明会典》卷一二《吏部十一·考核一》"教官"载宣德五年将教授称职、平常的中举者要求分别减为五名和三名，教授以下节级减少。至正统九年又定"教官九年任满无举人者，试其学问果优，仍任教官"而降级至训导，训导调边远，考不中者调杂职。嘉靖四年遂定"府州县学教官，考不通经，有举人者，仍照原职选用"。第74页。
② 《明史纪事本末》卷一四《开国规模》洪武五年十二月甲戌，"敕中书，命有司考课，必有学校、农桑之绩，违者降罚"。第208页。

赋役均五事备者为上选"的规定。① 但真正在有明一代地方官考核中为朝廷屡屡强调的，却一直是"催科"赋税钱粮的数额。洪武年间山东莒州日照知县马亮因"长于督运"，山西汾州平遥县主簿成乐因"能恢办商税"，皆州拟称职，来朝时被太祖斥为"非是"而予纠正，但也可见明初知州课县已甚重财赋。② 到宣宗宣德五年（1430）和孝宗弘治十六年（1503），都明确做了"钱粮未完者"不得给予任满证明文件的规定。穆宗隆庆五年（1571）又定"征赋不及八分者"，停发俸禄。神宗万历元年（1573）改为外官任满到部，须先行文户部查勘其钱粮，"完过八分以上"，方予正常考核。到万历四年，又实行"以九分为及格"，且须同时"带征宿负二分"，以至于当时户科都给事中萧彦上言："察吏之道，不宜视催科为殿最。"③ 至明末崇祯年间，国用日蹙，"以催科为殿最"的情况自亦更为突出。④

---

① 《元史》卷八二《选举志二·铨法上》载："凡选举守令：至元八年，诏以户口增、田野辟、词讼简、盗贼息、赋役均五事备者，为上选。九年，以五事备者为上选升一等。四事备者，减一资……五事俱不举者，黜降一等。"第 2038 页。《元典章》圣政卷一《典章二·饬官吏》："中统五年八月初四日，中书省钦奉圣旨内一款节该：……今拟于省并到州县内，选差循良廉干之人以充县尹，给俸禄、公田，专一抚字吾民，布宣新政。仍拟以五事考较而为升殿：户口增、田野辟、词讼简、盗贼息、赋役平，五事备者为上选，内三事成者为中选，五事俱不举者黜。"第 39 页。世祖中统五年（1264）八月的这一县令考课规定，显然就是《元史·选举志二》所载制度的前身。

② 黄光昇《昭代典则》卷八《太祖》洪武九年六月丁亥，"考满知县马亮"条载莒州日照知县"马亮考满入觐，州上其考曰：'无课农兴学之绩，而长于督运。'吏部以闻"；同日"命讯汾州考满主簿成乐"条又载"山西汾州平远县主簿成乐，秩满来朝，本州上其考曰：'能恢办商税。'吏部以闻"；太祖皆以州考本末倒置，令黜降马亮，并命吏部移文汾州讯成乐是否失职。第 190 页。

③ 《明史》卷二二七《萧彦传》，第 5964 页。卷二一三《张居正传》载其当时执政，"以江南贵豪怙势与诸奸猾吏民善逋赋，选大吏精悍者严行督责。赋以时输，国藏日益充，而豪猾率怨居正"。第 5649 页。

④ 《明史纪事本末》卷七二《崇祯治乱》崇祯二年九月顺天府尹刘宗周上言时弊："有司以掊克为循良，而抚字之政绝；大吏以催科为殿最，而黜陟之法亡，赤子无宁岁矣。"十一月，河南府推官汤开远言："今诸臣怵于参罚之严，一切加派，带征余征，行无民矣。"崇祯四年十二月，"时考选科道后，更核在任征输，于是户部尚书毕自严下狱，熊开元、郑友玄俱谪。吏科都给事中颜继祖上疏救，上切责之。自是考选将及，先核税粮，不问抚字，专于催科，此法制之一变也"。第 1178、1182 页。

显然，赋税完额本是地方官任职的基本要求，上述规定有其合理性。但既为基本要求，为何不在考核时正常据以定等，而是以不得参加考核相胁？又为何要朝廷频频下旨特加规定？可见考核或赋税制度本身必有问题。再者，"催科"毕竟只能反映政绩的一个侧面，而且是公认为涉迹刻剥聚敛的一个侧面，据此决定考核"及格"与否，在根本上也是不足取的。

三　评价

总之，明代的整套考核制度，虽有人称其"立法之简而要、详而尽，汉唐以来所未有也"，[①] 实际效果却相去甚远。太祖洪武十八年（1385），吏部上报当年朝觐官 4117 人中，称职者和不称职者各占 10%，平常者占 70%，而贪污渎职者亦占 10%。[②] 如此理想化的比例，只能令人怀疑其是否先定比例再有数字，其背后的事实恐怕是大成问题的。从有明一代考核领域的总体情况看，制度本身的前述缺陷和限制，始终都在使其实际贯彻宽严失度，也使种种官场陋习对考核的干扰更难排除，甚至连考核过程究竟在多大程度上认真进行也有疑问。

就没有明确标准的考满而言，公文旅行、因循塞责的状况，即使在太祖推行严刑峻法时也不能避免。洪武二十三年（1390）颁行地方各级机关的"责任条例"中，太祖严词指斥各地在考核时不逐级检查，敷衍了事，以致"自布政司至府州，皆不异邮亭耳"。[③] 宣宗宣德三年（1428）二月戒谕吏部："比年吏典考满者，岁以千计，

---

① 孙承泽：《春明梦余录》卷三四《吏部·考课》，第 557 页。
② 《明史》卷七一《选举志三》，第 1722 页。
③ 《明会典》卷一二《吏部十一·考核二》"责任条例"条，第 77~78 页。

不分淑慝，一概收用。廉能几何，贪鄙塞路，其可不精择乎？"① 孝宗弘治三年（1490）大臣王恕奏"考课之法，废格不行，甚非政体"，指责王琼为吏部尚书时，以"四方之远，一官赴京考满，往回劳费，且误公务，许令本处考核。方面官有巡抚、巡按开报考语，亦令就任复职，待朝觐定黜陟。于是成法尽坏，而政体日偷"。② 则此前的考满几乎已被考察替代。更为常见的是各级长官在考核时市恩避怨，含糊浮沉，且循例以"四六俪语"书写考语，更增加了拟等失实的风险。所有这些，都使考满不论贤否皆大欢喜的局面迅速重现，穆宗隆庆二年（1568），严令吏部"不得概考称职"。③ 神宗万历十一年（1583），新擢左副都御史邱橓奏陈吏治积弊八事，曰"京官考满，河南道例书称职；外吏给由，抚、按官概与保留"；"抚按定监司考语，必托之有司，有司则不顾是非，侈加善考。监司德且畏之，彼此结纳，上下之分荡然。其考守令也亦如是。此访察之积弊"。④ 这都说明考满对绝大部分官员来说无非是一种年资的校核，明清间孙承泽总结明考课之弊，称其"三年报满，概加褒

---

① 黄光昇《昭代典则》卷一四《宣宗》宣德三年二月"戒谕吏户礼工四曹"条。同书卷一八《宪宗》成化四年十月"命考察两京官员"条："以京师地震、妖星示警，着吏部会同各堂上官考察。吏科给事中毛志上言：'各堂官朋奸欺蔽，虚应故事，乞明正其罪，以为大臣欺罔之戒。'上谓考察事已处置矣，但今后诸司官考满，吏部、都察院严加考核。"第391～392、518页。是弘治以前京官考察亦可因灾异举行，而考满之"虚应故事"已为大患。

② 孙承泽：《春明梦余录》卷三四《吏部·考课》，第557页。

③ 《明会典》卷一二《吏部十一·考核一》"京官"隆庆二年议准，第70页。

④ 《明史》卷二二六《邱橓传》，第5934页。黄光昇《昭代典则》卷二〇《宪宗》成化十六年十月，"湖广、江西等处巡抚官以所部灾伤，奏免各官明年朝觐"，吏科给事中王瑞等言："今民饥盗起，皆各官不职所致，正当罪以示警，顾乃为之请留，前后因仍，恐为定制。诸司正官既留，则进退人才无由而审，止凭巡按等官所报揭帖，则考察之典，亦应故事而已。"第561页。

奖"，认为其总体上失于宽而致事功日隳，① 也点出了上面所述的积习和风气。

考察制度的贯彻要比考满切实一些，但其标准笼统而易受主观好恶及风评干扰，总在导致聚讼。宪宗成化年间史科都给事中王瑞指出，各地考察"任情毁誉，多至失真"。② 世宗嘉靖十三年（1534），饬各省司、府、州、县以及抚、按在开报考语时，不得"雷同含糊，作恶偏私"。③ 三年后，世宗又以考察全据考语，"未免失实"，而令吏部、都察院先事"查访"，可见其况不容乐观。④ 加之考察往往只求其过、不问其功，处罚则类于禁锢极为严厉，这固然可使"贪残之辈"得到惩治，却很难起到考核应有的激励作用。尤其是一般人"中间或小过，或讹误，或谮谤，或语言不合、趋承未至，以致黜退"；所谓以一事之失而遂弃其生平，或因一人之言而遽蔽其贤否；"习之于累年，弃之于一旦，以壮年有用之才终身

———————

① 孙承泽《春明梦余录》卷三四《吏部·考课》叙述明考课之弊曰："人务因循，事趋简便，内外大计，止据各衙门开报，聊一举行，而三年报满，概加褒奖，以为封典之地已耳。何怪乎人竞传舍其官，而事功日见其隳也。"第556页。又考满没有明确标准，故亦可随皇帝旨意或主考者态度而格外加严，如《明史》卷一五八《黄宗载传》载其永乐时为御史出按交趾，"时交趾新定，州县官多用两广、云南举人及岁贡生员之愿仕远方者，皆不善抚字。宗载因言：'有司率不称职，若俟九年黜陟，恐益废弛。请任二年以上者，巡按御史及两司核实举按以闻。'帝是之"。卷一六一《况钟传》载"宣德五年，帝以郡守多不称职，会苏州等九府缺，皆雄剧地，命部院臣举其属之廉能者补之"。第4310、4379页。《明史纪事本末》卷七二《崇祯治乱》载崇祯四年正月上召左都御史闵洪学等谕曰："巡按贤则守臣皆贤，若巡按不肖，其误非小。屡饬间道严核，何近日不称职之多也。"第1181页。是明代考满虽主流失之于宽，但亦有较为严格之时。

② 《明史》卷一八〇《王瑞传》，第4777页。事在成化十六至十九年间。

③ 《明会典》卷一三《吏部十二·朝觐考察》"凡每年开报考语"之嘉靖十三年奏准，第79页。

④ 《明会典》卷一三《吏部十二·朝觐考察》，第78页。《明史》卷二〇八《洪垣传》载其为御史，嘉靖十八年奏劾吏部"文选郎中黄祯先贿选郎杨育秀，得为考功。及居文选，贪婪欺罔。知州王显祖等考察调简，而补大州。知县何瑚年过六十，而选御史。皆非制。今当大计京官，乃以狠琐之曹世盛为考功郎，误国甚"。于是"帝下其章都察院，令会吏科参核。乃下祯诏狱，及育秀、显祖等，咸斥为民。因诘责吏部尚书许赞、都御史王廷相……御史曹郎以下得罪者至二十余人"。第5509页。

闲废，深可惜也"。① 具体如弘治六年（1493）考察应罢黜之官达
1400员，加杂职共须罢黜2535员，孝宗先是责令"毋以虚文浮言
以致枉人"，并让吏部、都察院对任职时间尚短者的考察结果复核
后再奏。事后吏部尚书王恕具奏，以为"贪鄙殃民者，虽年浅不可
不黜"。然帝"终谓人才难得，降谕谆谆，多所原宥"，亲自圈留90
余人。继而又因科道官竞相奏请黜退"遗漏及宜退而留者"，孝宗
遂再命吏部详加复核。② 这恐怕正是因为人皆明白，标准笼统而看
法多歧的考察极易失实，在此基础上的大幅惩罚势必贻害无穷。③
事实上，每每流于毁誉和聚讼的考察，很快又陷入了朋党交攘的旋
涡。尤其是明中叶以来围绕内阁首辅的角逐，士大夫间的派系分野
和清浊纷纭，考察也因激烈的权力斗争和其他各种牵扯到一起的对
立，而被重重涂上了与考察大旨无关的色彩。④ 其间派系斗争的恩
怨是非，亦令皇帝厌烦不已。神宗万历年间便开始经常对若干考察

① 孙承泽《春明梦余录》卷三四《吏部·考课》引韩尚书邦奇曰，第558页。同书卷
四八《都察院·监察御史》载嘉靖敕谕，称"近屡有旨命吏部多方选授，用心考察外，但未
闻某官果贤，某方民获安生；某官为否，某方民不聊生。无凭黜陟，实效未臻"。第1034页。

② 《明史》卷七一《选举志三》，第1723~1724页。同书卷一八一《丘濬传》载
弘治"六年大计群官，（王）恕所奏罢二千人。濬请未及三载者复任，非贪暴有显迹者
勿斥，留九十人。恕争之不得，求去"。第4809页。

③ 《明史》卷二三五《蒋允仪传》载其天启二年擢御史，论丁巳（万历四十五年）京察，
"凡抗论国本系籍正人者，莫不巧加罗织。阴邪盛而阳气伤，致有今日之祸"。第6135页。

④ 《明史》卷七一《选举志三》："至万历时，阁臣有所徇庇，间留一二以挠察典，
而群臣水火之争，莫甚于辛亥（万历三十九年）、丁巳（万历四十五年），事具各传中。
党局既成，互相报复，至国亡乃已。"第1724页。参见《明史》卷二二四《孙鑨传》载癸
巳（万历二十一年）京察，考功郎中赵南星以持公论被贬，员外郎陈泰来上章讼南星之
冤，述其亲历丁丑（万历五年）、辛巳（万历九年）、丁亥（万历十五年）及癸巳四度京
察之况；卷二二〇《辛自修传》载其为左都御史，主持万历十五年京察之事；卷二二四
《孙丕扬传》载其为吏部尚书，主持万历三十九年京察之事。第5895~5896、5799、5903~
5904页。又沈德符《万历野获编》卷一二《吏部二·己亥大计纠拾》述己亥（万历二十
七年）大计相对"平恕"，然"南京纠拾大僚，则可异矣。如右都御史沈继山思孝、吏部
右侍郎杨复所起元、兵部左侍郎许敬庵孚远，皆一时人望，尽入网中，远近骇愕，莫知其
故。冯巨区祭酒谓余曰：'此非纠劾疏，乃荐举疏也。'时祝石林世禄为南吏科，以一人掌
六科印，遂有此举。至次察乙巳，祝亦不免"。《明代笔记小说大观》第三册，第2219页。

奏疏留中不报，从而破坏了有明200余年来察疏不留中的惯例。显然，考察一旦成为挟私报复的工具，也就走到穷途末路了。

第三节　明代的监察制度

纵观明代的监察体制，无论是直接参预和主导整个考核过程，还是多渠道地对其中环节随时纠劾，抑或通过考核后的赏罚发挥作用，都不过是整个监察功能中的一小部分。明代监察的发达，实已达到了传统农耕社会所能达到的极限。弥漫于整个政治生活的察察之风，使一向以雍容矜持著称的士大夫变得惶惶不可终日。官僚们一个个以老气横秋而精擅自保的形象出现，以至于后世把"官僚"与"主义"相连，构成一个为社会普遍认同的概念，溯其正源，实自明代流衍而来。因过度集权而把控制重点放到官僚的日常行政乃至言行上，就不能不日甚一日地借重繁密的监察；而监察网络的扩大，又会进一步要求更大程度的权力集中，从而在很大程度上决定了明代有关制度和官场的状态。

自明太祖用刑严滥，监察之密迅速登峰造极，士大夫"以混迹无闻为福，以受玷不录为幸；以屯田工役为必获之罪，以鞭笞捶楚为寻常之辱"。[①] 迄至明亡，其间虽有若干相对缓和的时期，厉行监察仍可以说是有明一代的祖宗家法和基本国策。其整套监察体制大致仍像汉唐那样分为相互联系的三大部分，然具体构成已多有不同。

一　多头并行的朝廷监察部门

如前所述，汉以来长期发展的御史台至明已改为都察院，仍为最高监察机关。明初又在宋以来台谏合流的基础上设吏、户、礼、兵、刑、工六科给事中审查监督举国各项政务，从而构成了独立于

---

① 《明史纪事本末》卷一四《开国规模》洪武九年闰九月庚寅因五星紊度，日月相刑，下诏求言，山西平遥训导叶居升上言。第212页。

都察院的另一监察系统，常与十三道监察御史合称"科道"。此外，太祖以来借助锦衣卫广行刺察，屡兴诏狱，以后又有宦官执掌的东、西厂等机构，合称"厂卫"，这又构成了一个直属皇帝本人的刺察缉捕系统。三者并列设置，各有作用，相互牵制，共同织成了一张空前严密的法网。以下依次述其要况。

1. 都察院

在并列设置的朝廷监察部门中，最为重要的是太祖洪武十五年（1382）改以往御史台而成的都察院。[①] 都察院的建制此后陆续增饰，至英宗正统四年（1439）定制而趋稳定，其概要如图 7-1 所示。按洪武二十六年所定都察院规制，都察院长官左右都御史及左右副都御史、左右佥都御史"职专纠劾百司，辩明冤枉，提督各道，及一应不公不法等事"。[②] 这些长官与各道监察御史之间，也像唐以来御史台官员一样既有上下级管理关系，[③] 又有相对独立地展开监察，甚至相互纠劾的一面。[④]

---

① 《明史》卷三《太祖纪三》洪武十五年十月丙子"置都察院"；卷四《恭闵帝纪》建文二年二月甲子，"复以都察院为御史府"。第 40、63 页。诸处所载这两个时间不一，今姑以本纪为准。又王世贞《弇山堂别集》卷五二《都察院左右都御史表》亦述建文初改御史府，"永乐鼎革，悉复洪武之制"。第 976 页。

② 《明会典》卷二〇九《都察院一·风宪总例》，第 1039 页。

③ 孙承泽《春明梦余录》卷四八《都察院》："御史出按复命，都御史复其称职、不称职以闻。"第 1016 页。黄光昇《昭代典则》卷一五《英宗》正统元年五月"敕谕都察院及各处按察司"："朝廷设风宪，所以重耳目之寄，严纲纪之任……自今监察御史有滥赃及失职者，令都御史及各道御史纠举黜退；按察司官有滥赃及不称职者，令按察司使及同僚纠举黜退。仍令吏部，今后初任者不许铨除风宪。凡监察御史有缺，令都察院堂上官及各道官保举，务要开具实迹奏闻，吏部审察不谬，然后奏除。其后有犯赃滥及不称职者，举者同罪。"第 417 页。

④ 孙承泽《春明梦余录》卷四八《都察院·监察御史》载嘉靖六年署院事兵部左侍郎张孚敬申明宪纲条约，首条即为："宪纲开载：都察院、按察司堂上官及首领官，各道监察御史、吏典，但有不公不法等事，许互相纠举。今后……巡按、清军、巡盐、刷卷御史同事地方，固宜同寅协恭，亦须互相纠察，以清宪体。"第 1036 页。具体如黄光昇《昭代典则》卷一五《英宗》正统十二年十月："南京右都御史周铨及十三道御史并下狱。铨先督南京粮储，时诸御史尝劾其贪暴，深憾之。及掌院事，置功过簿，督责诸御史，诘且而言，日晏不辍。御史范霖、杨永等不能堪，乃合疏言铨不法事。诏征铨诣狱，铨亦讦奏诸御史。俱逮至，未白，而铨忿得心疾死。于是诸御史或降或谪。"第 431~432 页。

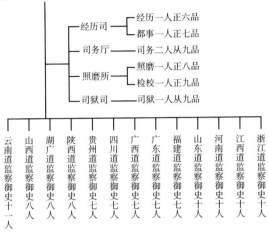

图 7-1 明都察院建制概况

备注：

①本图据《明会典》卷二《吏部一·官制一》、《明史·职官志二》绘制。

②诸都御史职专纠劾百官，辩明冤枉，提督各道。经历司受发文移，司务厅催督簿书，照磨所勘理卷宗，司狱司掌狱。诸监察御史皆正七品，分察各省及两京、直隶各衙门行政过程，纠劾内外百司之官邪。

③诸都御史或为大臣外出督、抚、理事兼衔。

④《明会典》卷七《吏部六·吏员》载，都察院各官所属吏员共达 160 名。御史巡按各地随带吏员不在其中。

⑤成祖迁都北京后，南京都察院建置与上略同，但编制较小。

至于十三道监察御史的工作状况，其要点大致有三。

第一，在宋元发展的基础上，明太祖改御史台为都察院，逐省设浙江、河南、山东、北平、山西、陕西、湖广、福建、江西、广东、广西、四川十二道监察御史后，便大体形成了各道御史分监各地兼察各部门政务的格局。到成祖永乐十八年（1420），撤北京道而增设贵州、云南、交趾三道；宣宗宣德十年（1435）罢交趾道，十三道监察御史自此稳定了下来。各道监察御史各纠一省之司、府、州、县官吏，① 以及境

① 《明会典》卷二一〇《都察院二·出巡事宜》载明初御史与按察司共巡察，正统定制后，"按察司官听御史弹劾，而御史始专出巡之事"。第 1048 页。

内行太仆寺、苑马寺、盐运司、市舶司、宣慰司和王府等各衙门官吏，还兼负对在京各衙门及南、北直隶府州卫所的监察任务。其分工概要见表7-7。这种把内、外机构部门一一纳入各道监察御史举劾范围的做法，集中体现了唐以来御史分察制度的发展。

表7-7　明代十三道监察御史带管衙门

道名	带管衙门
浙江道	中军都督府,茂陵卫,留守中卫,府军左卫,广洋卫,神策卫,金吾左、右、前卫,和阳卫,武功中、后卫,应天卫,直隶庐州府,庐州卫,六安卫,牧马千户所
江西道	前军都督府,豹韬卫,府军前卫,天策卫,宽河卫,龙骧卫,燕山左卫,永清卫,龙江左、右卫,直隶淮安府,直隶武清卫,直隶邳州卫,九江卫,大河卫,淮安卫,龙门卫
福建道	印造局,钞纸局,宝钞提举司,承运库,行用库,广盈库,赃罚库,供用库,甲字库,乙字库,丙字库,丁字库,戊字库,军储库,广惠库,广积库,天财库,长安等九门,驸马府,户部,献陵卫,景陵卫,裕陵卫,泰陵卫,武功左、右、前卫,武成中卫,金吾后卫,直隶常州府,池州府,安边卫,开平中屯卫,美峪千户所
四川道	御用监,司设监,都知监,尚衣监,神宫监,军器监,皮作局,宝源局,鞍辔局,织染局,针工局,兵仗局,巾帽局,器皿局,盔甲局,银作局,柴炭局,抽分竹木局,惜薪司,工部,营缮所,文思院,僧道录司,永清左卫,大宁前卫,府军卫,济州卫,蔚州左卫,神木千户所,蕃牧千户所,直隶松江府,广德州,直隶金山卫,怀来卫,怀安卫
陕西道	大理寺,行人司,后军都督府,康陵卫,昭陵卫,府军后卫,义勇右卫,鹰扬卫,横海卫,兴武卫,江阴卫,直隶和州,敢勇营,报效营,保定左、右、中、前卫
云南道	顺天府,羽林前卫,直隶永平府,广平府,直隶延庆卫,延庆左、右卫,山海卫,永平卫,营州左、右、中、前、后屯卫,涿鹿卫,涿鹿左、中卫,卢龙卫,通州卫,通州左、右卫,密云中、后卫,马兰谷营,万全左、右卫,东胜左、右卫,抚宁卫,大同中屯卫,居庸关,黄花镇千户所,宽河千户所,武定千户所
河南道	司礼监,尚膳监,尚宝监,直殿监,酒醋面局,尚宝司,中书舍人,钟鼓司,礼部,翰林院,都察院,国子监,光禄寺,太常寺,鸿胪寺,太医院,钦天监,教坊司,彭城卫,羽林左卫,留守前、后卫,神武左、右、前卫,两淮盐运司,直隶扬州府,大名府,扬州卫,仪真卫,高邮卫,归德卫,潼关卫,宁山卫,泰州千户所,通州千户所,汝宁千户所

续表

道名	带管衙门
广西道	六科,通政司,燕山前、右卫,忠义前、后卫,富峪卫,大兴左卫,沈阳左卫,会州卫,镇南卫,武骧左卫,腾骧左、右卫,直隶徽州府,真定府,保定府,安庆府,紫荆关,倒马关,安庆卫,新安卫,真定卫,镇武卫,广昌千户所
广东道	刑部,应天府,南京锦衣卫,孝陵卫,长陵卫,虎贲左卫,沈阳右卫,济阳卫,武功左、右卫,武骧右卫,直隶隆庆州,开平中屯卫
山西道	左军都督府,锦衣卫,留守左卫,义勇前、后卫,两京骁骑二卫,府军右卫,大宁中卫,英武卫,两京龙虎二卫,龙虎左卫,水军左卫,直隶镇江府、太平府,镇江卫,建阳卫,沈阳中屯卫,平定州千户所,蒲州千户所
山东道	御马监,宗人府,兵部,会同馆,大通关,皇陵卫,羽林右卫,永清右卫,济川卫,沈阳中卫,皇陵祠祭署,中都留守司,留守左、中卫,直隶凤阳府,徐州,滁州,凤阳卫,凤阳右、中卫,长淮卫,怀远卫,徐州卫,滁州卫,寿州卫,泗州卫,德州卫,德州左卫,宿州卫,武平卫,沂州卫,保定后卫,长淮关,洪塘湖千户所
湖广道	南京都察院、右军都督府、五城兵马指挥司、虎贲右卫、留守右卫、忠义右卫、江淮卫、广武卫、永陵卫、兴都留守司、武德卫、直隶宁国府、宁国卫、宣州卫、神武中卫、茂山卫、定州卫、水军右卫
贵州道	内官监,印绶监,吏部,太仆寺,上林苑监,旗手卫,忠义中卫,长芦盐运司,直隶苏州府,顺德府,河间府,保安州,万全都司,大宁都司,镇朔卫,遵化卫,苏州卫,太仓卫,镇海卫,蓟州卫,天津卫,天津左、右卫,河间卫,兴州左、右、中、前、后卫,永宁卫,保安卫,宣府左、右、前卫,蔚州卫,保安右卫,开平卫,宣府五路,沧州千户府,吴淞江千户所,嘉兴千户所,梁城千户所,龙门千户所,长安千户所,兴安千户所

备注:
本表据《明会典》卷二〇九《都察院一·各道分隶》编制。

　　第二，按上述分工，各道御史既须在本院处理内外左右呈来的一应文案，从事日常监察，纠劾不法官吏，还要频频受命出差，从事专项政务或大案要案的监察。后者的重要性不亚于前者，朝廷也为之建立了一套制度。约孝宗弘治以来，御史的各项差使被分为三个具有一定管理和督责意义的类别，如表7-8所示。

表 7-8　明监察御史差使类别

大差	南北京畿道,提学道,巡按顺天、真定、应天、苏松、淮扬、浙江、湖广、江西、福建、河南、陕西、山东、山西、四川、云南、广东、广西、贵州等处及巡视京营等
中差	巡按辽东、宣大、甘肃及清军、印马、屯田、巡盐、巡仓、巡关、攒运、巡茶等
小差	巡视光禄寺、皇城四门、马房、巡青、十库、卢沟桥、五城等

备注：
①本表据《明会典》卷二一〇《都察院一·奏请点差》编制。
②巡视光禄寺于万历时改为中差。
③本表未列者，还有监察科举考试、追问公事、审录狱囚等多种重要差使和各项"杂差"。
④十三道各以年深御史一人"掌道管事"，穆宗隆庆二年"俱准作差"。

　　凡御史出差监察、督事，或由皇帝直接派遣（即所谓"钦差"）。一般是事关重大者，由都察院具其事目奏请差点，或引至御前钦点。英宗正统四年（1439）规定，事讫或回京之日，"不须经由本院，径赴御前复奏"。而事较寻常，如巡城、巡库等，则由本院给札差遣。

　　在以上差使中，极为重要又通过说部、戏文给人留下深刻印象的，当首推分头外出，监察各省司、府、州、县官吏的巡按御史。①太祖洪武二十六年（1393），定其出巡"必须遍历，不拘期限"。通常是出巡一年之后，由都察院另行奏遣御史将其换回。其随员依法可自带书吏一至两名，或从国子监生中奏请若干人同行。其所到之处，负责该省监察的按察司官"务要"前后相随，并带典吏两名、承差一名，以协同处理有关事务，另有依法"差拨"的弓兵防护、驿马站船，构成了一支数量相当可观的队伍。由于巡按御史系"代天子巡狩"，故无论是省一级的"藩服大臣"，还是一般府州县官，皆在举劾之列，倘有不法，大事奏裁，小事立断。不过，在风风火火的惩处和旌奖背后，其工作还有琐碎不堪和令人疲于奔命的一面。现将太祖洪武二十六年所定巡按御史的职能具列于下：

　　甲、审录罪囚，吊刷卷宗。

----

① 《明史》卷二《太祖纪二》洪武十年七月，"是月始遣御史巡按州县"。第32页。

乙、亲诣各处祭祀坛场，点看祭器墙宇有无完缺。

丙、存恤孤老，审问衣粮是否支给。

丁、巡察仓库，查算钱粮有无亏欠。

戊、勉励学校，考课生员有无成效。

己、受军民辞讼，审系户婚田宅斗殴等事。必须置立文簿，抄写告辞，编成字号，用印关防；立限发与所在有司，追问明白，就便发落，具由回报。若告本县官吏，则发该府。若告本府官吏，则发布政司。若告布政司官吏，则发按察司。若告按察司官吏及申诉各司官吏枉问刑名等项，不许转委，必须亲问。若有关军职官员，随即奏闻请旨，不得擅自提取。

庚、所至官吏，有守法奉公、廉能昭著者，随即举奏；其奸贪废事，蠹政害民者，及在以上过程中有欺弊者，究问如律。

辛、审查所至地方各机构开报之下列政况：

①科差赋役，②圩岸坝堰，③荒地开垦，

④站驿船马，⑤急递铺事，⑥桥梁道路，

⑦税粮课程，⑧户口增减，⑨学校师生，

⑩收买军需，⑪织造染坊，⑫升斗称尺，

⑬辞讼完缓，⑭皂隶弓兵，⑮孝顺节义，

⑯旌善牌坊，⑰衙门印信，⑱赃罚寄收，

⑲地图取勘，⑳讲读律令，㉑鳏寡孤独，

㉒仓库房屋，㉓官吏履历。①

非但如此，巡按回京之日，又须逐一将其所巡所为事项造册汇报。据世宗嘉靖十三年（1534）所定"册式"，其必须汇报的事目多达28项，每季终、岁终需要汇报的事目又多达11项。② 巡按御史这种大小罪失一把抓和深陷于所巡各地各部门大量案牍之中的职能

---

① 《明会典》卷二一〇《都察院二·出巡事宜》，第1048~1049页。
② 《明会典》卷二一一《都察院三·回道考察》，第1054~1055页。

状态，正代表了明代监察的典型风格。除某些仪制程式不同外，例兼都察院长官衔赴各地监察的巡抚，以及各省的按察使司和分巡道的监察情形，大体也与之相同。

除巡按各处外，御史还要定期全面审查各衙门的公文卷宗。如南北京畿道监察御史，通常三年一次查勘在京各衙门卷宗，"以御史资深者差用，为大差之首"。① 御史又常督学政，如英宗正统元年（1436）起，由吏部会同礼部、都察院"选差"监察御史二员，请敕提调南北直隶学政，以后又以巡按御史兼提调辽东、宣大、甘肃等处学政。② 此外，明初以来，对"一应不公冤枉等事，钦差监察御史出巡追问"。③ 十三道监察御史广泛、灵活和系统化了的差使制度，与其分工细致稳定的日常职能构成了交叉覆盖的监察网络，也集中体现了都察院在监察深度和广度上达到的新水平。

第三，除一般管理外，御史履行监察职能的限制和要求，已更加严格和琐碎。大的规定如御史弹纠，务必开具确凿年月实迹，不得虚文泛诋，讦拾细琐；纠言有所不实者，抵罪；若见善不举，知恶不拿，须杖一百，发往"烟瘴地面"。御史请托舞弊，较一般

① 《明会典》卷二一〇《都察院二·照刷文卷》载洪武二十六年定监察御史并按察司分司查勘各地各部门文卷，"如刷出卷内事无违枉，俱已完结，则批以'照过'。若事已施行，别无违枉，未可完结，则批以'通照'。若事已行，可完而不完，则批以'稽迟'。若事已行已完，虽有违枉而无规避，则批以'失错'。若事当行不行、当举不举，有所规避，如钱粮不追、人赃不照之类，则批以'埋没'。各卷内有文案不立，月日颠倒，又在乎推究得实，随其情而拟其罪。其曰'照过'，曰'通照'，曰'稽迟'，曰'埋没'，此皆照驳之总名。而照刷之方又各有其法"。以下载有当时所定"六房照刷事例"，凡吏、户、礼、兵、刑、工房何种文卷需要重点查勘，如何行移等，俱有详尽规定。又载十三道监察御史须按其分工定期查勘，嘉靖十二年（1533）曾命巡按御史兼理，二十八年复差御史，至万历"俱巡按御史兼理"。第1051~1053页。

② 《明会典》卷二一〇《都察院二·提学》，第1046页。

③ 《明会典》卷二〇九《都察院一·风宪总例》载洪武二十六年定："十二道监察御史，凡遇刑名，各照道分送问发落，其有差委，监察御史出巡追问审理刷卷等事，各具事目请旨点差。"卷二一一《都察院三·追问公事》载洪武二十六年定："凡在外军民人等赴京，或击登闻鼓，或通政司投状陈告一应不公违枉等事，钦差监察御史出巡追问，照出合问流品官员，就便请旨拿问……"第1039、1055页。

官吏加三等惩处；若犯赃罪，则从重论处。都察院内部从都御史、经历、照磨到监察御史，但见不公不法、旷职废事、贪淫横暴，"许互相纠举，不得拘私容蔽"。细处的要求，如巡按御史所赴各地，若系原籍或曾当官、居住之处，皆须回避，亦不得令亲戚之类在所至衙门奔走办事。出巡时，除法定随员外，不许别带吏典皂隶人等，不许盛张宴席，邀请亲识"以张声势"；饮食供帐"只宜从俭，不得逾分"；对必须亲自处理的案子，不许转委，罪囚则不可"辄自与决"，须与当地主管协调行事。御史所到之处不得接见"闲杂人等"，与当地官员往还必须遵行法定"出巡相见礼仪"，不得问"此地出产何物"，亦不得纵容地方官"出郭迎送"。① 由于上述规定都被朝廷郑重列入统一颁行的"宪纲""宪体"之中，② 而都察院及各省按察使司俱称"风宪衙门"，因而适用以上限制或要求的，实际上包括了风宪衙门的全体风宪官。这种在负有繁密监察职能的御史身上施加同样繁密限制的做法，实为朝廷不能不极大地依赖深入每个行政角落的监察，又不能不按同样的逻辑对其限制监督以防监察失控的写照。③

2.六科

也正是在这样的背景下，长期从事制敕和章奏审核纠驳工作的

---

① 《明会典》卷二○九《都察院一·风宪总例》载正统四年所定"宪纲条例"、卷二一○《都察院二·出巡事宜》，第 1039~1040、1048~1051 页。

② 参见孙承泽《春明梦余录》卷四八《都察院·监察御史》载"嘉靖六年署院事兵部左侍郎张孚敬申明宪纲条约""右都御史汪鋐申明条约"。第 1036~1038 页。

③ 《明史》卷二一五《詹仰庇传》载其嘉靖末为御史，隆庆时巡视十库，上疏谏劾内官岁出不置籍，恣意渔利。其间有云："再照人主奢俭，四方系安危，陛下前取户部银，用备缓急。今如本监所称，则尽以创鳌山，修宫苑，制秋千，造龙凤舰，治金柜玉盆。群小因乾没，累圣德，亏国计。望陛下深省，有以玩好逢迎者，悉屏出罪之。"宦官忌恨仰庇，遂称"故事，诸司文移往还，及牧民官出教，用'照'字，言官上书无此体"。"因指'再照人主'语为大不敬。帝怒，下诏曰：'仰庇小臣，敢照及天子，且狂肆屡不悛。'遂廷杖百，除名，并罢科道之巡视库藏者。南京给事中骆问礼、御史余嘉诏等疏救，且言巡视官不当罢。不纳。"第 5679~5680 页。

给事中，在明代作为一支新的监察力量崛起，以至于人们论及当时的监察部门，动辄以科道并举，也就在情理之中了。

明代科道与宋以来的台谏体制关系极深。宋以来，御史兼论政治得失的一面仍被保留了下来。明英宗正统四年所定的"宪纲"中便规定，"凡国家政令得失，军民利病，一切兴利除害等事，并听监察御史、按察司官各陈所见，直言无隐"。① 而宋代隶属于门下省的专职谏官和给事中，到元代已无进谏之责，而仅记录诸司奏闻之事，世祖至元十五年（1278）则令其兼修起居注②。到明太祖洪武六年（1373），有鉴于唐宋封驳之制的合理性及台谏以不同方式各掌监察的价值，设立了吏、户、礼、兵、刑、工六科给事中，每科二员，不再兼修史之事，从而开始了给事中之职发展的新历程。此后几经周折，包括洪武十年让六科隶属于承敕监，十二年改隶通政司，十三年又仿宋设谏院而减少六科的言事职能，二十四年重定六科给事中品级等。到成祖即位后，六科给事中自成体系而直属皇帝，在午门外轮流办公，审核内批章奏制敕，稽查六部百司之事的体制便最终确立了下来。③ 在性质上，六科给事中既是言官，又是监察官，还是担负着部分枢要事务的皇帝侍从官，兼有三者的部分职能。不过从监察制度的角度来看，其各种职能在稽查纠劾这一点上是完全统一的，也就不能不与十三道监察御史的履职发生大量交叉。也就是说，宋代台谏官在整套监察体制中的独特关系，在明代科道关系中得到了延续和发展。

明代六科的建制和职能概况，可见表7-9。六科给事中的监察职能，在其与十三道御史职能的交叉中有集中的体现。

---

① 《明会典》卷二〇九《都察院一·风宪总例》，第1039页。

② 《元史》卷八八《百官志四》，第2225页。

③ 《明史》卷七四《职官志三》，第1805~1807页。王世贞《弇山堂别集》卷一二《皇明异典述七·建文官制后革》述"建文元年，更定官制"，其中包括"六科省左右给事中"，"至永乐初，俱改正，从洪武之旧"。第228~229页。

表 7-9　明六科建制概况

科名	员额	职事
吏科	都给事中一人 左右给事中各一人 给事中四人	凡吏部引选、都给事中同至御前请旨；外官领文凭，皆先至科画字；内外官考察自陈后，则与各科具奏，拾遗纠其不职者；及一应文档簿历稽查奏缴注销等事
户科	都给事中一人 左右给事中各一人 给事中八人	监光禄寺岁入金谷，甲字等十库钱钞杂物，与各科兼莅之；内外有陈乞田土、隐占侵夺者，纠之；及一应钱物赋税文档簿历稽查奏缴注销等事
礼科	都给事中一人 左右给事中各一人 给事中六人	监订礼部仪制；凡大臣曾经纠劾削夺、有玷士论者记录之，以核赠谥之典；凡锦衣卫提取人犯到京，引奏请旨；礼部给度僧道，本科会同考试；及一应礼制文册之稽查奏缴注销等事
兵科	都给事中一人 左右给事中各一人 给事中十人	凡武臣贴黄诰敕，本科一人监视；其引选画凭之制，如吏科；内外武职比试，本科官会同监试；凡五年一次考选军职官员，与兵部会同进行；及一应军马文档簿册之稽查奏缴注销等事
刑科	都给事中一人 左右给事中各一人 给事中八人	凡法司送到罪人数目，每月三次，本科早朝奏进；凡斩绞罪囚，本科三复奏；凡三法司依旨处决罪囚，俱送本科列名批钤，以凭问处决；及一应司法文档簿历之稽查奏缴注销等事
工科	都给事中一人 左右给事中各一人 给事中四人	试验军器，同御史巡视节慎库；与各科稽查宝源局，记录各衙门于午门、西安门进出一应钱粮；会同工部估计并收受内府派出各项钱粮；及一应物料造作文档簿历之稽查奏缴注销等事

备注：
①本表据《明史·职官志三》、《明会典》卷二一三《六科》编制。
②六科共有的职权是侍从规谏、补阙拾遗。凡制敕宣行，大事复奏，小事署而颁之，有失，封还执奏。凡内外所上奏疏予，分类抄出，参署付部，驳正其违误。凡各衙门题奏本状，奉旨发落事件开坐具本，五科俱送吏科，每日早朝，六科都给事中同于御前进呈。此外，参与会议、会推：随时奏劾不法；科举殿试充受卷等执事官，会试充同考官，乡试充考试官；各科轮流掌值登闻鼓楼受申诉冤枉、陈告机密重情，具本封进；等等。

六科给事中与十三道监察御史，在许多场合负有同样的监察任务，往往共同开展某些具体的监察事项。凡文武大臣有不法行为，监察御史须"不避权贵，具奏弹劾"，[①] 给事中同样也"俱得弹

———————

① 《明会典》卷二〇九《都察院一·纠劾官邪》，第1045页。

奏"。凡重大事务，皇帝下特旨让科道官"记著"，其间一旦发生违误不法，科道便须立即纠劾，不得隐漏。[①] 前述考满、考察时科道共纠不法，及京官四品以上考察自陈时，科道共同"拾遗"，也是显例。此外，御史出差，往往与给事中同行。如英宗天顺八年（1464）起，常差给事中、御史各一员巡察京营事务；宣宗宣德二年（1427），差御史十四员分至各地清理军役（"清军"），亦各有给事中一人同往；四年，又差监察御史会同光禄寺长官，验收牲口、果品、厨料等物，同样有给事中在场；神宗万历中以御史巡视各处草料的收割管理（"巡青"），亦皆与给事中一起前往。[②] 总之，这种与御史职责交叉，或与御史一道进行的监察稽查之务，在六科的职能中占了相当大的比重。

同时，正如十三道监察御史自有其独立发挥的作用那样，六科给事中也是如此，而且由于其接近皇帝和决策层的职务性质，在整个监察体制中占有特殊的地位。尤其是六科的基本职能是通过审核内批章奏展开纠察，更是高居要冲，非御史可比拟。[③] 具体如吏科对内外长官包括督、抚、巡按交通嘱托，滥行保举的章奏，皆须"参出，请旨究处"；户科对"奏讨地土，混占侵赖者"，亦须"参奏"；礼科对违例奏请荫子、赠谥者，亦须纠奏；礼科"凡锦衣卫差人勘提囚犯到京，本科引奏请旨"；兵科对各边提督等军务官奏

---

① 《明会典》卷二一三《六科》："凡两京大臣方面等官，有不职者，俱得劾奏。或大班面劾，及诸人有不公不法等事，俱得劾奏。正德元年题准，若系重事特旨，令科道记著者，即时纠举，不得隐漏。"第1061页。

② 见《明会典》卷二一〇《都察院二》"巡京营""清军""巡青"等目，第1046~1048页。

③ 《明史》卷二一五《王治传》载其隆庆时"进吏科都给事中，劾蓟辽总督都御史刘焘、南京督储都御史曾于拱不职，于拱遂罢。山西及蓟镇并中寇，治以罪兵部尚书郭乾、侍郎迟凤翔，偕同官欧阳一敬等劾之。诏罢乾，贬凤翔三秩视事"。同卷《骆问礼传》载其隆庆时为南京刑科给事中，奏上当务之要十条，其四"诏旨必由六科，诸司始得奉行，脱有未当，许封还执奏。如六科不封驳，诸司失检察者，许御史纠弹"。第5674、5681页。同卷《欧阳一敬传》载其嘉靖时为兵科给事中之奏劾，第5675页。

带其他军民职务者，可实施参纠；刑科对五城兵马司每月抓获囚犯奏本的查核；工科对工部奏差造坟等官员内批手本的定限发付和催督；等等。① 这些职能皆为六科给事中所有而为御史所无。此外，六科主管各类重要文册簿历的奏缴注销事宜，并可由此查察各衙门或有关官员的行政状态；又要奉旨莅临要官的会推和大政会议，并对其间"陈言希进，市恩报怨"者参驳究治。凡此之类，或六科给事中分头进行，或共同、或轮流从事，或由一科单疏奏劾，或数科连署上疏弹劾，都在政坛上发挥着重大作用。②

科、道的监察既有分头展开和层次有别的一面，也有互相交叉和共同进行的一面，可见其分工和牵制、协调关系均经精心设计安排，以确保其监察之严密可控。③ 但在明代科、道关系的实际发展历程中，两者各司其职，互相牵制、协调，嘉靖以来常因立场、是非标准、派系不同而陷入门户之争，乃至形成"台垣水火"之势，最终仍然走向了失控也削弱了其本应发挥的作用。这也可见专制皇权终须面临既要强化监察又要对监察本身防范约束的困境，意味着不断增设并行的监察部门叠床架屋的状态。

---

① 以上分见《明会典》卷二一三《六科·吏科》《户科》《礼科》《兵科》《刑科》《工科》，第 1062~1065 页。

② 《明会典》卷二一三《六科》载诸大政掌科官奉旨同文武大臣会议，"弘治元年题准，假以陈言，希进市恩报怨，及纷更旧法者，参驳究治"，"凡三年天下诸司官朝觐，除考察黜退外，其存留官员公事未完等项，大班露章面奏"，"凡各衙门援不为例事奏请者，正德三年，令该科指实劾奏"，"凡各衙门抄出该科参语，正德十六年题准，俱要写入本内覆奏，及行在外勘事衙门，若任情增减削去者，指实劾奏"，"凡礼部会试，科官三员充同考试官；兵部武举会试，掌科官二员充考试官"。第 1061 页。

③ 《明会典》卷一三《吏部十二·京官考察》："凡六科给事中，成化十三年令吏部会官考察。嘉靖六年奏准，两京科道官，有相应黜调考察遗漏者，互相纠举。十七年，令停科道互纠，仍听部院从公考察。"第 80 页。雷礼《国朝列卿记》卷一三《殿阁大学士行实·桂萼》载其嘉靖六年为礼部右侍郎，"建言清言路以定国是，乞如成化间令科道互相纠劾。部覆并无事例，得旨既先年有行，还着他互相纠举"。第 926 页。可见科、道在某些时候还须依法"互相纠举"。

3. 厂卫

皇帝在监察问题上面临的上述困境，即导致了锦衣卫、东厂等大规模刺缉机构的产生，这是明代监察体制的特殊组成部分。① 锦衣卫始设于洪武十五年（1382），是太祖为自己建立的十二支直属卫队（"上直卫"）之首，② 例以皇帝亲信为都督，或由都指挥使统领。其最突出的任务，是刺察、缉捕、理诏狱。相比之下，其所具有的其他较为平常的职能，不要说一般的侍卫、仪仗，就是亲莅监督三法司审囚之类的事务，也显得微不足道了。③ 锦衣卫径承皇帝旨意，"密缉"奸宄，独立审讯，太祖时屡兴大狱，消除异己，便常借助这支队伍罗织刑讯。洪武二十六年诛戮多达 1.5 万余人的蓝玉谋反案，便由锦衣卫指挥蒋瓛首告。④ 成祖以后历朝有所发展，其下属 17 所千户、百户、总旗、小旗、将军、校尉、力士、军人"自为一军"，⑤ 其指挥使、同知、佥事等地位提高，日趋贵盛。⑥ 所招募秦晋齐鲁间"超乘骑射之士以千计，卫之人鲜衣怒马而仰度支者凡十五六

---

① 《明史》卷九五《刑法志三》："刑法有创之自明，不衷古制者，廷杖、东西厂、锦衣卫、镇抚司狱是已……厂与卫相倚，故言者并称厂卫。"第 2329~2331 页。

② 上直卫于永乐时加至二十二支，宣德时加至二十六支。见《明史》卷七六《职官志五》，第 1860 页。

③ 《明会典》卷二二八《上二十二卫·锦衣卫》，第 1118~1121 页；《明史》卷七六《职官志五·锦衣卫》，第 1862~1863 页。

④ 《明史》卷一三二《蓝玉传》载洪武"二十六年二月，锦衣卫指挥蒋瓛告玉谋反，下吏鞫讯。狱辞云：'玉同景川侯曹震、鹤庆侯张翼、舳舻侯朱寿、东莞伯何荣及吏部尚书詹徽、户部侍郎傅友文等谋为变，将伺帝出耤田举事。'狱具，族诛之。列侯以下坐党夷灭者不可胜数"。第 3866 页。

⑤ 《明史》卷八九《兵志一》载洪武十五年"置锦衣卫，所属有南北镇抚司十四所，所隶有将军、力士、校尉、掌直驾侍卫，巡察缉捕……锦衣所隶将军，初名天武，后改称大汉将军，凡千五百人。设千、百户，总旗七员。其众自为一军，下直操练如制，缺至五十人方补。月糈二石，积劳试补千、百户，亡者许以亲子弟魁梧材勇者代，无则选民户充之"。第 2185 页。

⑥ 王世贞：《弇山堂别集》卷八《皇明异典述三·锦衣一品》，第 154 页；沈德符：《万历野获编》卷二一《禁卫·锦衣卫镇抚司》，《明代笔记小说大观》第三册，第 2457~2458 页。

万人"。① 随着人数剧增，锦衣卫的伺察和刑侦遂成汹涌之势。②

与锦衣卫秘密侦缉同时，太祖也已让宦官刺探政情。③ 到成祖时，宦官在政治生活中地位上升，永乐十八年（1420）正式在东安门北设立了东厂。④ 东厂纯由宦官提督，后来照例由宦官二十四衙门之首，司礼监秉笔太监第二人或第三人为之，下有掌班、领班、司房，以及由锦衣卫拨付的贴刑官和大批番役，专司"刺缉刑狱之事"。⑤ 与锦衣卫相比，东厂的神秘色彩更为浓厚。"每月旦，厂役数百人掣签庭中，分瞰官府"，将有关报告呈厂整理密封后，经由东华门呈进御览，深夜则从门缝塞入。⑥ 事实上，成祖设立这个专门由亲信宦官把持，侦缉活动也更直接的机构，正是由于锦衣卫首脑乃属"外官"，皇帝唯恐其处事"徇情"。就在这种谁都信不过的心态下，宪宗成化十三年（1477）正月，又在东厂之外设立了性质与之基本相同而官校倍之的西厂，由亲信宦官汪直提督，从而形成了厂卫间

---

① 王世贞：《锦衣志》，丛书集成初编，中华书局，1985 年影印本，第 34~35 页。

② 《明史》卷八九《兵志一》："太祖之设锦衣也，专司卤簿。是时方用重刑，有罪者往往下锦衣卫鞫实，本卫参刑狱自此始。文皇入立，倚锦衣为心腹，所属南北两镇抚司，南理本卫刑名及军匠，而北专治诏狱。凡判刑、奏请皆自达，不关白卫帅。用法深刻，为祸甚烈。"第 2186 页。

③ 《明史》卷三〇八《奸臣胡惟庸传》载惟庸久有异志，洪武"十二年九月，占城来贡，惟庸等不以闻。中官出见之，入奏。帝怒，敕责省臣。惟庸及广洋顿首谢罪，而微委其咎于礼部，部臣又委之中书。帝益怒，尽囚诸臣，穷诘主者。未几，赐广洋死，广洋妾陈氏从死。帝询之，乃入官陈知县女也。大怒曰：'没官妇女，止给功臣家，文臣何以得给？'乃敕法司取勘。于是惟庸及六部堂属咸当坐罪"。第 7907 页。此为胡案之导火线，而事起"中官"。

④ 《明史》卷七《成祖纪三》载永乐十八年"始设东厂，命中官刺事"。卷九五《刑法志三》载："初，成祖起北平，刺探宫中事，多以建文帝左右为耳目。故即位后专倚宦官，立东厂于东安门北，令嬖昵者提督之，缉访谋逆妖言大奸恶等。与锦衣卫均权势，盖迁都后事也。"第 100、2331 页。

⑤ 《明史》卷七四《职官志三》载宦官有十二监四司八局共二十四衙门，有"提督东厂"一职，"掌印太监一员，掌班、领班、司房无定员。贴刑二员，掌刺缉刑狱之事。旧选各监中一人提督，后专用司礼、秉笔第二人或第三人为之。其贴刑官，则用锦衣卫千、百户为之。凡内官司礼监掌印，权如外廷元辅；掌东厂，权如总宪"。第 1821 页。

⑥ 《明史》卷九五《刑法志三》，第 2333 页。

交叉制衡的刺察关系。① 西厂后因汪直失势被撤，武宗正德时一度又予重建，并加设了把东、西厂纳入其刺察范围的内行厂。②

厂卫的刺察特点，首先是直属皇帝，动辄撇开正常渠道展开缉捕、刑讯，缺乏必要的程序和约束。同时，其刺察重点，往往在人臣隐私，"妖言反侧"，极易陷人于虚妄。再者，厂卫之大小头目、官校番役，素质低下，多"轻黠狷巧"之辈，一旦得到皇帝的纵容，则狐假虎威，毛举细故，滥行毒噬。至于厂卫之间，锦衣卫差使较为芜杂，却是一支基本力量。除本身厉行侦逻外，东、西等厂的大量具体事情，也常交由其拨付官校去做，或转送其操刀执刑。成祖在卫内增置北镇抚司"专治诏狱"，后虽相对独立，假手用刑者仍为锦衣卫官校。③ 东、西诸厂虽职能较狭窄，但行事更为专横，锦衣卫亦在其刺察之列。厂卫的权势，初则每视皇帝倚重程度而消长，"厂势强，则卫附之；厂势稍弱，则卫反气凌其上"。以后宦官专权之势既成，锦衣"卫使无不竞趋其门"，厂卫也就同流合污了。④

---

① 《明史》卷一四《宪宗纪二》载成化十三年正月己巳，"置西厂，太监汪直提督官校刺史"；十八年三月壬申，"罢西厂"。卷九五《刑法志三》载成化时大学士万安言："太宗建北京，命锦衣官校缉访，犹恐外官徇情，故设东厂，令内臣提督，行五六十年，事有定规。往者妖狐夜出，人心惊惶，感劳圣虑，添设西厂，特命直督缉，用戒不虞，所以权一时之宜，慰安人心也。向所纷扰臣不赘言。今直镇大同，京城众口一辞，皆以革去西厂为便。伏望圣恩特旨革罢，官校悉回原卫，宗社幸甚。"帝从之。第174、177、2331页。参见同书卷三〇四《宦官·汪直传》，第7778~7781页。

② 《明史》卷一六《武宗纪》载正德元年十月戊午，"以刘瑾掌司礼监，丘聚、谷大用提督东、西厂，张永督十二团营兼神机营，魏彬督三千营，各据要地"。三年八月辛巳，"立内厂，刘瑾领之"。卷九五《刑法志三》载刘瑾又以"荣府旧仓地为内办事厂，自领。京师谓之内行厂，虽东、西厂皆在伺察中，加酷烈焉……瑾诛，西厂、内行厂俱革，独东厂如故。张锐领之，与卫使钱宁并以缉事恣罗织。厂卫之称由此著也"。其下载嘉靖、万历至崇祯时期的厂卫之建制及为帝所倚之况，"至国亡乃已"。第200、202、2332页。

③ 《明史》卷七六《职官志五》述洪武二十年罢锦衣狱，"成祖时复置。寻增北镇抚司，专治诏狱。成化间，刻印界之，狱成得专达，不关白锦衣，锦衣官亦不得干预。而以旧所设为南镇抚司，专理军匠"。第1863页。

④ 《明史》卷九五《刑法志三》，第2339页。

厂卫刺缉之恶劣，主要是滥。宪宗以来其势趋于膨胀，以往仅有的少量规章遂渐形同虚设。如厂卫刑讯成案，按规定一般者须移送刑部依法核处，但实际情况正如孝宗弘治九年（1496）刑部典吏徐珪所述："臣在刑部三年，见鞫问盗贼，多东厂、镇抚司缉获。有称校尉诬陷者，有称校尉为人报仇者，有称校尉受首恶赃而以为从，令傍人抵罪者。刑官洞见其情，无敢擅更一字。"① 弘治十五年亦有御史奏称："东厂、锦衣卫所获盗，先严刑具成案，然后送法司，法司不敢平反。"② 另如锦衣卫勘提囚犯到京，依制须礼科给事中"引奏请旨"；其奉旨提取人犯，则须刑科给事中批发凭证（"驾帖"）。③ 但这些手续很快也成了过场，未能对直属皇帝的厂卫形成约束。宪宗成化时汪直督西厂，所亲信之厂卫旗校已多"自言承密旨，得颛刑杀，擅作威福，贼虐善良"。④ 之后更有"为内戚、中官泄愤报怨"而"诬以罪名"，甚至伪造驾帖，诈称厂卫为非作歹者。⑤ 嘉靖时刑科都给事中刘济欲先核原奏再给驾帖，锦衣卫千户白某报告世宗，"竟诎济议"。⑥ 厂卫因皇帝倚重而气势熏灼，导致了原有规章的隳坏；而原有规章的隳坏，又复催驱了厂卫的气焰。史载宪宗以来，"自京师及天下，旁午侦事"，"自诸王府、边镇及南北河道，所在校尉罗列"。其手段如广布线人，埋伏暗桩，罗织于告密之门，锻炼于酷刑之下，使"死者填狱，生者冤号"；甚则

---

① 《明史》卷一八九《孙磐传》附《徐珪传》，第 5010 页。

② 《明史》卷一八〇《胡献传》附《车梁传》，第 4798 页。

③ 《明会典》卷二一三《六科·礼科》："凡锦衣卫差人勘提囚犯到京，本科引奏请旨。"同卷《刑科》："凡击登闻鼓诉冤，并锦衣卫等衙门捉获人犯、三法司处决罪囚，奉钦依者，俱该锦衣卫直日官，将原给驾帖，填写缘由，并人犯姓名，除鼓下词状从各科直鼓官批送外，其余俱送本科，列名批钤，以凭送问处决。""凡锦衣卫奉旨提取罪犯，从本科批驾帖。"第 1063、1064、1065 页。

④ 《明史》卷一七六《商辂传》，第 4690 页。

⑤ 《明史》卷一八〇《胡献传》，第 4797 页；沈德符：《万历野获编》卷二一《驾帖之伪》，《明代笔记小说大观》第三册，第 2459~2460 页。

⑥ 《明史》卷一九二《刘济传》，第 5089 页。

"民间斗嚚鸡狗琐事，辄置重法"。即使穷乡僻壤，但见"鲜衣怒马作京师语者"，皆竞相避匿。[①] 这种令大臣朝不保夕、小民重足而立的刺察体系实已为一大公害，其流毒所至远不限于官场政坛，而已广及社会各个角落。这就无怪乎有士大夫痛感"明不亡于流寇，而亡于厂卫"了。[②]

二　交叉重叠的地方监察体制

明廷所设监察部门及其职能如前所述。对地方的监察，则是由各省按察使、诸巡按御史和例兼都御史衔出赴各地的督抚大臣，分头或分层次进行的。对督抚和各省按察使司及其分巡道的情况，本书第二章已做了介绍，巡按御史前面也已详述，这里再从整套地方监察体制的角度做一些归纳。

1. 按察使、巡按、督抚的设置

朝廷对各省的监察，套取了汉唐宋元的相应措施而有过之。自太祖洪武九年（1376）改元行省为承宣布政使司后，对各省的监察改由类于元代的各道提刑按察使司与布政使司相表里而展开。建文帝定十三道肃政按察司，成祖复其旧名而增其官属，便形成了以按察使司掌一省刑狱和监察的体制。其与布政使司相互协调、牵制的状态，与宋代各路提点刑狱公事颇类。按察使司与都察院一样属于"风宪衙门"，其官皆属"风宪官"，其履职皆由"风宪总例""风宪条例""宪纲""宪体"等加以规范。正如都察院由诸御史出外督抚巡按那样，按察使司亦例遣副使、佥事分巡省内各地，称分巡道；与布政使司由参政、参议出守省内各地的分守

---

① 《明史》卷九五《刑法志三》、卷一九二《安磐传》、卷三〇四《宦官·汪直传》《宦官·刘瑾传》，第 2331~2332、5092、7778~7781、7789 页。

② 朱彝尊著，姚祖恩编《静志居诗话》卷二二《沈起》，黄君坦校点，人民文学出版社，1990，第 685~686 页。

道各司其职，相互协调和牵制。①

前已指出特遣监察御史巡按各地始自太祖洪武十年（1377），其后陆续发展，到二十三年铸"巡按某处监察御史印"后，大体也形成了分省出巡，职责范围相机略有调整的局面。其秩卑权重，"代天子巡狩"而凌驾于各省各衙门之上的监察地位，与汉武帝所设十三州部刺史有相似之处；不过其监察条例之繁密琐细，履职要求之规范明确，则远非汉代可比，体现了明代以监察为国策的特色。②

总督、巡抚之制渊源甚早，③ 明代则是在成祖以来不时遣钦差尚书、侍郎、都御史、寺卿等大臣出外镇抚，或办理专项事务的过程中逐渐形成一套制度的。大体自宣宗宣德（1426～1435）以来，巡抚之名渐趋稳定；代宗景泰（1450～1456）后，为与各巡按御史沟通和协调，又让其例兼都、副都和佥都御史之衔，形成了出巡者所辖多而事重者为总督的惯例。到嘉靖（1522～1566）中叶，各处巡抚、总督的建制才基本定型。④ 至于其权任，诚如研究者指出："晋、唐方镇固有弗及，两宋制抚实则过之；统治兵民，刺举司道，一方治乱，盖所攸系；必带宪衔，略如唐制。"⑤ 这就讲明了其近似于唐节度、观察使之制的一面。

由上可见，明廷对各地的这套监察体制，与当时朝廷所设监察机构和部门一样体现了一种纵横交叉、重叠并行以构成繁密法网的精神。

---

① 《明史》卷七五《职官志四》承宣布政使司、提刑按察使司，第1838～1845页。此外，布、按二司相机派出的兵备道、协堂道、水利道、屯田道、盐法道等，也像分守道和分巡道一样各司其职而相互协调牵制。另参见《明会典》卷二〇九《都察院一·风宪总例》，第1039页。

② 《明史》卷七三《职官志二》，第1772页；《明会典》卷二一〇《都察院二·出巡事宜》，第1048～1051页。

③ 钱大昕：《十驾斋养新录》卷一〇《总督巡抚》，第212～213页。

④ 《明会典》卷二〇九《都察院一·督抚建置》，第1040～1042页。

⑤ 吴廷燮：《明督抚年表》自序，《二十五史补编》第六册，第8579页。

2. 按察使、巡按、督抚的关系和地位

上述地方监察三大块建制之间的关系和各自地位，是由其不同的职责、性质决定的。对此可从以下三方面来观察。

首先，巡按御史和督抚大臣皆属朝廷特派，负有代表朝廷监察各地的明确责任；按察使司则虽称“使”而实已非“使”，已经褪尽了使职的色彩，成为稳定主管一省司法和监察的“有司”，其履职重点也日渐从监察转向了司法。[①] 因此，巡按和督抚都对按察使司有监察、节制之责。其中督抚与按察使司间的这种关系十分清楚，值得注意的是巡按与按察使司的关系。

在级别上，巡按御史仅为正七品，而按察使则已跻身高级官员之列而为正三品。这种悬殊的级别，却被巡按御史“代天子巡狩”的气势抵消掉了。据当时的“出巡相见礼”，巡察使与按察使“左右对拜”，礼仪规定上地位相当。[②] 但实际上，却总难免前者倨而后者恭，因而在英宗正统四年（1439）所定的“宪体”中，便特别规定巡按御史“初到按临之处，其都司、布政司、按察司及卫、所、府、州、县官相见之后，各回衙门办事，每日不许俟候作揖及早晚听事”。[③] 所以会发生“俟候作揖及早晚听事”，自然是与巡按肩负

---

① 陆容《菽园杂记》卷一〇载：“国初纠察诸司，谳审庶狱，在内从各道监察御史，在外从按察司官处分。其时御史建员未广，有事则奉命而出，事竣即还。巡按亦未有专官。故按察之官，职专而权重。今分巡官各有印章，此可见矣。其后分遣御史巡按外藩，按察之体势，由是始轻。”第 126 页。

② 《明会典》卷二一〇《都察院二·出巡事宜》之“出巡相见礼”规定：“方面官与御史初相见，左右对拜。方面官来见御史，前门外下马，由正道入，御史延至后堂，方面官坐左，御史坐右。及御史回望，司前下马，由正道入，方面官延至后堂，御史坐左，方面官坐右……中都留守司官、各处按察司官相见，并如前仪。”第 1050 页。

③ 《明会典》卷二一〇《都察院二·出巡事宜》之“宪体”，第 1050 页。《明史》卷二七六《曾樱传》载其天启初为常州知府，“诸御史巡盐仓江漕及提学、屯田者，皆操举劾权，文牒日至。樱牒南京都察院曰：‘他方守令奔命一巡按，独南畿奔命数巡按，请一切戒饬，罢钩访取赎诸陋习。’都御史熊明遇为申约束焉。樱持身廉，为政恺悌公平，不畏强御。屯田御史索属吏应劾者姓名，樱不应，御史危言恐之，答曰：‘僚属已尽，无可纠止。知府无状。’因自署下考，杜门待罪。抚按亟慰留，乃起视事”。第 7068~7069 页。

监察各该官员重任的地位分不开的。① 前面谈到巡按御史在地方官考察中的重大作用，便是其中之一。但更厉害的，是其随时进行的监察。英宗正统四年定"宪纲""宪体"以后，按察司官听巡按御史举劾便成定制。② 据英宗天顺元年（1457）的规定，巡按每年必须"诘察"包括布、按二司官在内的各省现任官，贪污不法者，"就便拿问"。到世宗嘉靖十九年（1540）和二十一年，又定为五品以上"指实参纠"，六品以下"径自拿问"，不待劾奏。③ 此外，凡一省大政，布、按二司会议后皆须"告抚、按，以听于部院"；凡按察使司处决死刑及有冤狱，亦须由巡按监临审录。④ 凡此都说明了巡按御史对按察使司的切实监察。

其次，督、抚皆钦差大臣，位高权重自不待言，尤其代宗景泰以来普兼都、副都、佥都御史衔后，其地位在巡按御史之上已无疑问。但其无论是巡抚地方兼提督军务，复兼理河道、粮饷、关津等务，还是总督军务兼理粮饷、漕运等务兼巡抚地方，皆非专掌监察，并正在日益转为包揽一省、数省大政的最高行政长官。因此，如果说明代各省的都、布、按三司突出地反映了地方行政的条条化趋向，那么，督、抚的不断产生和逐渐稳定，就集中体现了与这种条条化相伴的协调机制。在一定意义上，两者都是整套地方行政体系

---

① 孙承泽《春明梦余录》卷四四《刑部一·景泰》载给事中于泰奏准"今后真犯死罪监禁外，其余轻重罪囚，不许久禁。照旧例：大事五日，小事三日。不与决断者，听受禁之人赴巡抚、巡按等官告问"。第 911 页。按察司掌一省刑狱，听人赴巡抚、巡按伸告，即由巡抚、巡按监察一省刑狱并问责按察司官。

② 《明会典》卷二一〇《都察院二·出巡事宜》："国初，监察御史及按察司分巡官巡历所属各府州县，颇颛行事。洪武中，详定职掌。正统间又推广申明，著为宪纲及宪体、相见礼仪，事例甚备。迨后按察司官听御史举劾，而御史始专行出巡之事。"第 1048 页。

③ 《明会典》卷一三《吏部十二·朝觐考察》，第 79 页；卷二一〇《都察院二·出巡事宜》，第 1051 页。

④ 《明史》卷七五《职官志四》"提刑按察使司"条，第 1480 页；《明会典》卷二一一《都察院三·审录罪囚》，第 1055～1056 页。

不可或缺的部分，无非是其都肩负着一定的监察职能罢了。也就是说，按察使司固然已可算是地方有司，但是督、抚也已有了浓厚的地方化色彩，并且还在随时间的推移继续地方化，其残存的钦差大臣名义则已消退殆尽。而巡按御史就不同了，其代表朝廷轮流外出专事监察的性质，最为突出地继承了长期以来遣使出巡之制的精神。因此，尽管其在品级和仪制上都无法与督、抚抗衡，且世宗嘉靖十二年（1533）规定其在外接待巡抚"不逊者，回道之日以不谙宪体奏请降调"，① 但在监察和实际履职中，两者实际上是相互制衡的，不可以督抚兼都御史衔而将其简单地看作巡按御史的上级。

具体来看，巡按御史与督抚在履职时发生的关系，大致可以概括为三个类型。

一是巡按与督、抚会同行事。"凡抚、按遇有地方大事，皆会同而行"，② 具体如孝宗弘治八年（1495）令各处抚、按"会同从公考察布、按二司"。③ 世宗嘉靖二年（1523）规定，"事关抚、按两院者，仍照例委官会案发落"；二十五年，又令地方官因军情重大，灾伤紧急，无法赴京考满者，"许抚、按合词奏留"。④

二是分头行事。凡巡按出巡盘查，不必会同巡抚，而督、抚之提督军务，兼理粮饷、河道、关津等，自亦不必与巡按相共。对各省司、府、州、县，凡抚、按下达之"常行事务"，"止以文书先到

① 《明会典》卷二一一《都察院三·抚按通例》，第 1056～1057 页。以下引文非注出者皆见此。

② 如王世贞《弇山堂别集》卷一〇〇《中官考十一》隆庆三年三月，"巡按直隶监察御史张启元劾凤阳守备太监赵芬贪残骄僭，大坏法守，乞下芬吏，罢守备官员。兵部请下御史先系治芬党，仍会同抚臣熟议应存应革状以闻"。第 1906～1907 页。

③ 《明会典》卷一三《吏部十二·朝觐考察》，第 79 页。又《明史》卷一八八《许天赐传》载其弘治十七年上疏有曰："外官三年考察，又有抚按监临，科道纠劾，其法已无可加。"第 4987 页。

④ 《明会典》卷一二《吏部十一·考核一》"在外司府州县官"，第 73 页。

者为主，奉行官吏不必观望两请"。① 当然，无论是会同还是分头行事，都不排除两者间的互相监察。朝廷在这方面还做了明确的规定，具体如英宗正统十四年（1449），"令抚、按官不许互相荐举，如有不公不法，仍照宪纲互相纠劾"。② 巡抚或巡按动用钱粮，皆须"互相觉察"，"一体互报"，若用银一百两以上而事非紧急者，且须"先期商订，会案施行"。③

三是在分头行事时，督抚和巡按之职在许多场合呈现出一定的层次关系，当此之时，"代天子巡狩"的巡按御史，一般负有对督抚实施监察的责任。这在嘉靖以来督抚之制稳定化后已极为明显。"凡徭役、里甲、钱粮、驿传、仓廪、城池、堡隘、兵马、军饷及审编大户粮长、民壮快手等项地方之事，俱听巡抚处置"；但有关部门须将其"处置缘由"逐级上报至各省都、布、按三司，由之呈送巡按御史"知会"，并"查考得失，纠正奸弊"，却不许其径自插手。而凡"文科武举，处决重辟，审录冤刑，参拨吏农，纪验功赏"等事，则系巡按御史"独专"之权，"巡抚亦不得干预"。这里提到巡按"纪验功赏"，其完整的规定是"巡按御史不许同巡抚报捷"，而只能由主管军务的督抚奏报，无督抚处则由总兵等军务官奏报；但巡按却应纪验功次，"以明赏罚"。其中的监察意味不言而喻。此外，救灾赈济，"专责巡抚"，由之会同各省司、府、州、县

---

① 如《明史》卷二〇三《潘埙传》载其嘉靖七年为右副都御史巡抚河南，不以时赈饥，"怨声大起，流闻禁中，帝切责抚、按匿灾状"。第5368页。是抚按各应上奏灾害实况。雷礼《国朝列卿记》卷五九《刑部左右侍郎行实·张纶》载其为成化甲辰进士，"初知盐山，即明习吏事，首锄民害数人，取贵戚所侵田归之业主，设义仓以备岁凶。抚、按官交章荐之。弘治壬子，授浙江道监察御史"。第3974页。是抚、按可各上章荐举巡内官吏。

② 《明会典》卷二〇九《都察院一·纠劾官邪》，第1045页。

③ 《明史》卷二一八《沈一贯传》载嘉靖三十一年楚王府镇国将军华越讦楚王华奎为假王案，"及抚按臣会勘并廷臣集议疏入，一贯力右王"。第5758页。是抚、按会勘大案要案之例。

官酌量灾情轻重，应时散发，巡按"毋得准行"；但如"赈济失策"，则听巡按纠举。显然，这些规定只能用督抚和巡按自身的性质来解释。

最后，巡按也好，按察使也好，性质上都属朝廷统一制定履职规范的"风宪官"，督抚自代宗景泰以来普加都、副都、佥都御史衔后，也是如此。因此，他们的具体情况虽因权限、地位和性质而有所不同，但在许多方面是完全相通的。也就是说，前述巡按御史履职的细密事项和繁多限制，也大致反映了按察使和督抚的监察状态。

由上可见，即便位高权重如督抚，也要受到巡按御史的密切查察。在其他方面，如不许督抚擅自差遣官吏和占用夫役船马，不许越规修置"衙宇家火"，不得纵容地方官越境迎送，又须严禁所属擅受辞讼、骚扰地方等，限制亦与巡按御史略同。这里特别要提到按察使司，尽管其与巡按、督抚相比明显处于下风，其监察职能也有减弱之势，但毕竟仍属风宪衙门。其一方面要通过类似或不同于巡按御史的各种渠道，对本省各项行政过程广为监察；另一方面，也对巡按御史起着明显的制约作用。除对确凿的不法行为提起弹劾外，① 在世宗嘉靖十三年（1534）为巡按御史和按察司官制定的"册式"中，巡按御史每到任满，须将 28 项履职情况造册汇报；按察司官的造报册式则规定每岁终须将该司各官事迹，举劾情状，以及其余与巡按相同的监察事项共 21 件，一一"备细开报"朝廷，此外还有 10 项情况需要造册上报，其中第 2、3 两项是每季终时，须将巡按御史、布政使司官和该司官员巡历时的随从马快、人员多

---

① 《明会典》卷二〇九《都察院一·纠劾官邪》嘉靖二十七年题准："凡巡按御史弹劾三司不职，按察司官亦得纠巡按失职，不许科道官挟私报复。巡按、清军、巡盐、刷卷御史同事地方，固宜同寅协恭，亦要互相纠察，以清宪体。"第 1045 页。

少、宴饮供给、所到地方和回省日期报送朝廷。① 不难看出，按察使司的这些工作，实际上是前述巡抚不得虚张声势、炫耀威仪之禁的具体保障。再如英宗正统四年所定"宪纲"中，有一条要求巡按、按察司官对一切兴利除害之事务陈所见，凡并无旧例，须创新规之事，两者必须"公同评议，互相可否"。也透露了一定的制约意味。②

总之，明廷对各地的监察，无非是依据现行政体格局，对长期以来遣使出巡的各种形式做了取舍。基本已为地方长官的按察使、建制驻地渐趋稳定的督抚，以及仍然保有出巡使者性质的巡按御史，这三者加到一起，无疑是一张前所未有的严密监察网。考虑到其烦碎细致和深入地方各衙门具体事务之中的监察状态，加之明代仍有多种随机性灵活的使节和各地布、按二司的分守、分巡等道，明廷对各地的控制程度也就不难想见了。

三 错综严厉的行政监督

明代的行政监督，与由专职部门或官员展开的监察是相呼应的。前已指出，太祖洪武十三年（1380）罢相后，六部等专项政务机构已是直属皇帝本人的工作班子；此前的洪武九年撤除各地行省改设都、布、按等司，地方各专项政务机构与朝廷各部门的关系先已贯通。在此基础上，沟通皇帝与百官、朝廷与地方关系，并在各专项机构间起一定协调作用的，主要是地位隐约不清的内阁辅臣和各种钦差督抚之类。这种程度空前的权力切割势必需要更为有力的协调配合，最终则都增加了皇帝直接插手干预的可能和必要。整套行政体制不是朝有利于政务处理，而是朝确保高度集中统一的方向

---

① 《明会典》卷二一一《都察院三·回道考察》，第 1054～1055 页。
② 《明会典》卷二〇九《都察院一·风宪总例》，第 1040 页。

发展，其本身就意味着官僚权责关系的更为淡薄、紊杂和所需行政监督的深化。除继续以公文流转为监督重心，从而使公文格式、收发传递、勘核审查、奏缴注销、保管稽考等制度变得更为发达外，明代行政监督的发展，还在下列两个方面体现出来。

一方面，在整个行政体制进一步条条化的过程中，朝廷对各项政务一竿子插到底的控制原则和更为多样化的监察方式，已在有关行政设施的改造和调整中得到全面贯彻。这不仅通过朝廷部、院、府、寺与各省三司间单一或多重的对口关系，也通过军务、漕运、盐政、钞法等专项政务的处置格局反映出来。明代行政监督的多头交叉和丝丝入扣在这里同样发挥得淋漓尽致。下面不妨以漕运为例述其要况。

成祖永乐九年（1411）至十三年开会通河，疏浚南北河道后，元朝的漕粮海运之势随之衰歇。① 至十九年正式迁都北京，大运河顿成朝廷命脉，漕运事宜的重要性空前突出，遂渐形成了一套合军、民、财、刑诸种设施于一体的漕运体制。② 当然广义的漕运是一个从地方基层到最高当局无不牵涉在内的庞杂过程，这里只考察漕运的督运状态。综合各时期的情况，其重点大致如下。

永乐十三年，令北京、山东、山西、河南、中都、直隶、徐州等卫各选都指挥使一人统领官军运粮，从此漕粮运送任务由专门为之拨出的大量部队——万历年间包括 105 个卫和 23 个千户所，官兵共达 16 万人——承担；③ 以漕运总兵官一人、把总若干人和各卫所指挥官，构成基本节制系统。在此之上，永乐十七年以来，又常遣

---

① 参见《明史》卷一五三《陈瑄传》，第 4207~4208 页。

② 黄光昇《昭代典则》卷二八《穆宗》载隆庆六年三月漕运总督王宗沐上疏因黄河泛滥运河多滞，请复海运以佐河运之缺曰：“国有漕运，犹人身有血脉，血脉通则人身康，漕运通则国计足。”第 877 页。参见《明史》卷七三《职官志二》“漕运总督”条、卷七六《职官志五》“漕运总兵”条、卷七九《食货志三》“漕运”条，第 1773、1871、1916~1924 页。

③ 《明会典》卷二七《户部十四·会计三》“运粮官军”条，第 196~197 页。

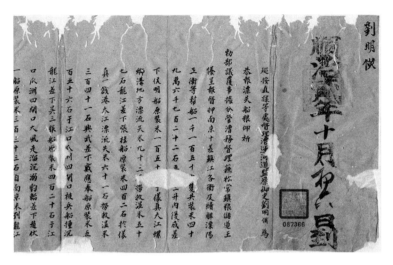

图 7-2　清顺治二年巡漕御史刘明侯揭帖报漂失船粮

侍郎、都御史、寺卿等大臣"催督粮运"。代宗景泰二年（1451）起，开始较稳定地以都御史一员常驻淮安，总理漕运，提督军务，或兼巡抚淮海、凤阳等处及河道等务，显著加强了对漕运事务的专门控制。英宗天顺元年又设参将一人协助总督，为押运官，次年另拨刑部主事或员外郎一员，为理刑官，增加了漕运总督衙门的力量。凡每年漕船起程，"都御史坐镇淮安，参将移诸瓜、仪，总兵驻徐州，各分经理，催督船粮"。与此同时，除以御史严加监察，或直接参预其事外，具体主管漕政的户部，每年又须奏差主事若干人（万历年间为 5 人）充监兑官，前往有关省份，监督漕粮征兑起运等事；还须奏差郎中一人为攒运官（万历时由御史担任），"领敕"催督船运事宜。此外，各省布、按二司及分守、分巡、督粮、兵备等道和直隶各府，也须一程程督理粮运。[①]

以上这套建制的监督特点有三。其一，漕运军事化，把明军事

① 并见《明会典》卷二七《户部十四·会计三》"督运官员"条，第 196 页。以下引文非注出者皆见此。

系统犬牙相制，"莅军者不得计饷，计饷者不得莅军；节制者不得操兵，操兵者不得节制"的原则，[1] 以及行伍中特有的军法军令管制，均运用于漕运过程。其二，虽以都御史总督漕运，但主管漕政的户部，征解漕粮的各省布、按二司官和巡按御史等，也从不同渠道构成了对漕运事宜的多层次监督。如户部奏差的监兑官，在完成各处漕粮征兑起运并与攒运官交接后，即须行文将交接日期呈部，再赴漕运总督衙门"比较"，回京后又须"具奏"有关情况。而户部在天津等处的管粮官，则须在首批漕船到后，"接连严限催攒"后来船队的日程。各漕运地段布、按二司官和巡按御史，除监督本地一应漕粮征解起运之事外，还肩负着选举管运官员、点选运军等任务。另有兵部对漕运官军兵将的管理和刑部对有关罪犯的直接审理。[2] 其三，在这种各地各部门广泛参预、交叉共事的情况下，必要的协调除动辄上奏，听候皇帝裁处外，成祖永乐以来，又建立了每年八月召集各有关官员至京会议，统一安排次年漕运的制度。

朝廷还专门为漕运制定了大量"漕规""漕禁"，以统一约束各有关人员和部门的工作。如运粮程限，除详细规定各地完粮和运粮通过淮河的期限外，据武宗正德五年（1510）规定，其执行起来系由漕运总督衙门专门把法定水程日数绘成图表，交付运官收掌，每天将行止地方"填注一格"，到达规定终点后，连同其余运粮凭单等文件送户部查考，再发往漕运总督衙门核对后缴回，"无故违误，运官住俸问罪"。再如"样米"章程，宣宗宣德十年（1435）规定，各地起运赴京的大小米麦，皆须"先封干圆洁净样

---

① 黄宗羲：《明夷待访录·兵制三》，第34页。

② 如《明会典》卷一一八《兵部一·升除》："凡漕运把总等官，万历三年题准，把总官运粮三年以上，果廉能干济，依期完粮，许各该衙门据实保荐。准令于实职上升一级。"卷一五八《兵部四十一·南京兵部》"武选清吏司"条载："其运粮官缺，听漕运衙门移咨本部，查无碍官员行卫起送（原注：今俱以掌印金书官更番领运）。"第615、810页。参见《明会典》卷一七九《刑部二十一·漕运理刑》，第914页。

米送户部"，再转发各仓储，待大批米麦到后须两相比较，相同者方许"收纳入库"。样米送部也有期限，如有违误，先将送样人员交司法部门问罪，再行文各省巡按御史，将有关管粮官吏"一体究治"。若样米与大批漕粮不符，亦采此法。另外，漕运各程的交接，耽搁漕粮的寄囤，"漂没"的确认和允许限度，运粮军人的待遇和抚恤，漕船的修造和管理，对大如抢劫、盗窃漕粮，小至运漕军人超额携带物品的处置，都有一系列规定，其严密程度即使与现代的运输规章相比也毫不逊色。① 可以说，以上这套督运体制，正体现了明代行政监督所达到的繁密程度。

反映明代行政监督发展的另一重要方面，是从各行政机构外部施加的监察也已深入渗透至其日常行政过程。而这势必导致一般行政监督与监察在性质上的靠拢，以致在很多场合，人们已很难对两者做清晰区分。监察官和一般行政官员、监察过程和一般行政监督过程经常二位一体，构成了明代行政监督和监察的一大特征。

就其大者而言，如主管一省监察的按察使司，就是一个兼掌司法，并须与布政使司共同议处本省大政的机构。其上的督、抚也是如此，监察职能在督、抚那里，实际上总是在其提督军务、总理漕政兼粮饷、河道、关津等事的过程中体现出来的。朝廷的六科尤为典型，六科的基本监察职能是对各种内批章奏的参究，以及对各机构日常行政文牍簿册的稽查。但这样的监察显然更像行政监督，因而六科在法律上并不被视为"风宪衙门"。事实上，即便是都察院的监察过程，也很明显地呈现了与行政监督合流的趋向，其在考核过程中的重要地位，及其空前深入地参预各种司法过程的状态，都是这一点的证明。对十三道监察御史来说，诸如巡盐、巡课、清军等多种差使，实际上也非一般的监察，而是在主管或兼管这些事务。

---

① 以上并见《明会典》卷二七《户部十四·会计三》"漕规""漕禁"条，第201~203、204~205 页。参见《明史》卷一五三《周忱传》，第4212~4214 页。

尤其要提到的，是各道监察御史在文档簿籍检勘即"照刷"制度中的地位。自太祖洪武二十六年定制，到英宗正统四年对之再加补充，一套极为完整的公文照刷制度业已确立。① 其中规定，每一年或两年、三年，十三道监察御史须按既定分工，对各所管衙门的文档全面照刷一次。在京衙门报送，在外衙门则差本道监察御史前往查刷（万历时改由巡按御史兼理此事）。各衙门呈交一应文卷时，须由长官办公机构先行区别已经或未经本衙门照刷，所涉事务已完或未完的卷宗一一编号粘连，开写单目，与一份保证卷宗并无隐漏，否则甘愿抵罪的文状一起送刷。照刷的基本事项和拟定"照过""通照""稽迟""失错""埋没"等，其况在本书第二章中已经述及。最终则依《大明律例》，尤其是《吏律》的有关条款，对有隐漏、稽缓、失错、埋没者加以惩处。② 监察御史的这项全面检勘各衙门文档卷宗的工作，除体现了监察的繁细深入外，也在很大程度上使都察院变成了一个对全国大小衙门各种公文档册实施总检勘的大本营。这种与历代御史台都不同的性质，同样表明了其所开展的监察与一般行政监督你中有我的关系。

以上是明代监察体制的大致面貌。从中可见其已达到了多么繁密森严的地步，即便把具有明代特色的专制主义和由之滋生、膨胀的厂卫特务机构搁置不谈，上述这种错综重叠的监察建制和网罗无遗的监察风格，以及监察和一般行政监督互相靠拢、交融的倾向，也足够强烈地表明了唐宋以来监察在整个政治生活和官僚控制体系中地位的进一步上升。

---

① 《明会典》卷二一〇《都察院二·照刷文卷》，第 1051~1053 页。
② 《明律集解附例》卷三《吏律·公式》"照刷文卷""磨勘卷宗"条，第 506~516 页。

第四节　监察与考核的主辅关系

监察既然必须通过一定的赏罚来落实，那么明代的监察又是怎样与当时三年、六年、九年考核黜陟之制统一起来的呢？对官僚管理和控制体系来说，这是一个必然要提出来的问题。

如前所述，明代监察部门已直接参预和主持考核，考核实已成为监察记录的某种总结。这一点对考察来说毫无疑问，但考满也未能免俗。明律规定："凡内外大小军民衙门官吏，犯公罪该笞者，官收赎，吏每季类决，不必附过。杖罪以上，明立文案；每年一考，纪录罪名。九年一次，通考所犯次数、重轻，以凭黜陟。"① 这条法律，可以说是表7-4明考满赏罚则例的一个注脚。由于考满缺乏明确标准，并经常不免"概考称职"，官僚的这种"所犯次数、轻重"的文案记录，自然也就成了考满定等和赏罚的重要依据之一。而这当然是承宋元以来相关趋势发展的结果。

不仅如此，除记录罪名以便通过考满、考察再加惩戒外，明代随监察而行的赏罚，也像历代那样具有雷厉风行立即兑现的性质。从上面所举律文来看，笞罪以下固可不必记过，但官收赎、吏类决，已经在财物或皮肉上施加惩罚；杖罪以上既要决杖，又要记过。这还是对情节较轻的"公罪"的处罚，若为"私罪"，律条就要严厉得多。"凡文官犯私罪笞四十以下，附过还职。五十，解见任别叙"；杖六十以上至九十依次递降一等，俱解现任，流官于杂职内用，杂职于边远叙用；到杖一百，"罢职不叙"，亦即"官爵俱免"。再往上，自然就是该徒役的徒役，该充军的充军，该杀头

---

① 《明律集解附例》卷一《名例律》"文武官犯公罪"条，第215~218页。

的杀头了。① 这些法律，可以说是明考满赏罚则例的又一个注脚。可见凡被监察认定犯有稍重罪行者，首先就"俱解见任"，或"官爵俱免"了。与之相应，对监察部门认定的"治行卓异""超迈等伦"者，其奖赏也是立竿见影的，因此而得升擢者亦史不乏例。②

除监察官扬清激浊外，其他由推举保荐、大政庆典、殊功异事、权贵喜怒、皇帝好恶等各种渠道和原因而导致的赏罚，基本上不受三年、六年、九年期限约束。因而所谓三年、六年、九年考核黜陟，实际上是一项官僚"历职"累计达三年、六年、九年后可以追加黜陟的制度。其不仅并不排斥，相反还补充着各种随时展开的赏罚，包括职务的更动；也根本没有改变监察在当时官僚控制过程，尤其是赏罚过程中的压倒性地位。

当然，对那些在任职过程中并无重大机遇和过失，因而也未曾"解职别叙"的官员来说，三年、六年、九年考核黜陟尚有相对重要的一面。但除高官要官外，有关赏罚的落实主要是吏部的铨选，而大量一般官职的铨选则已演变为抓阄过程，履历资格、过失记录与称职或不称职的考绩发挥着同等作用。由于官多缺少，参加抓阄又不能不按官僚任满解职年月的先后排队等候，另又存在着纳银等与考绩无关的变通办法，其余如朝中有无奥援，引见皇帝时举措是否得当等，都极大地降低了考绩的作用。应当说，考绩对绝大部分官僚铨选只起有限作用的状态，恰好是与明代考核过程或仅走过

---

① 《明律集解附例》卷一《名例律》"文武官犯私罪""除名当差"条，第218~224、256~258页。

② 《明史》卷一三七《桂彦良传》附《萧用道传》载其子屺，天顺四年由湖广左布政使"举治行卓异，拜礼部尚书。初，两京尚书缺，多用布政使为之。自屺后，遂无拜尚书者"。卷一六五《陶成传》附子《鲁传》载其荫授新会丞，"天顺七年秩满，巡抚叶盛上其绩，就迁知县。寻以破贼功，进广州同知，仍知县事"。后文载其成化二年以功擢金事，"秩满，课最，进副使……又九载，课最，进湖广按察使"。卷一八二《王恕传》载其先为扬州知府，"天顺四年以治行最，超迁江西右布政使"。第3951、4464~4465、4831页。

场，或聚讼争讦之况相呼应的。

综上所述，上承宋元以来考核效能消极化而地位已逊于监察的趋势，明代官僚管理和控制体系的重心，无疑已进一步落到了监察一侧，结果则是全部政治生活和行政管理过程充斥着一种森严冷酷和盛行刺探告密的气氛。此后，清对明代的这套体制做了不少技术性的调整，如有鉴于明代科、道水火的"恶习"而并六科于都察院；指斥明廷的地方监察"统莅太烦"而撤巡按；①废除臭名昭著的厂卫而用比较隐蔽的"密折"制度；合并考满、考察，袭明考察标准又另加才、守、政、年四项内容；等等。② 其制到乾隆后期虽已大备，却并未改变贯穿明官僚管理和控制体系以监察为主而考核辅之的格局。

① 《清史稿》卷一一五《职官志二》，第3306~3307页。
② 《清史稿》卷一一一《选举志六》"考绩"条，第3221~3229页。

第八章

官僚等级、俸禄制度和其他待遇

　　农耕宗法社会与专制集权政体的耦合，导致了国家与社会的特定关系，也使官僚的横向职类难以发育而相对简单，纵向的等级就成了全部人事管理活动的基准。再者，无论管理的结构等级和细部设施多么繁复，终究要以赏罚为支点才能起作用。用现代的话说，没有激励，管理就无从推进，在古语中，这叫"无赏罚，虽尧舜不能为治也"。① 而赏罚则不外乎重新安排官僚职务、级别，又通过其应得俸禄、仪制等方面的升降隆杀体现出来，这些便是本章涉及的主要内容。

　　历代官僚等级可从多个角度加以衡量，因而官僚等级制度往往由几个大的序列构成，有的重要一些，有的次要一些，在实际过程中呈现出复杂的分化组合。但无论如何，整套等级序列在根本上均可看作官僚队伍结构的一种法律表现形式，因而其不仅与整个管理格局，也

---

　　① 《韩非子·奸劫弑臣第十四》："无威严之势，赏罚之法，虽尧舜不能以为治。"陈奇猷校注《韩非子集释》，第 250 页。《宋书》卷五三《庾登之传》附弟《炳之传》载何尚之谏太祖有曰："古人云：'无赏罚，虽尧舜不能为治也。'"第 1520 页。

与整个政治体制和社会基础的状态密切相关。比如，官僚队伍的结构在很大程度上乃是社会阶层分野的一个影子，社会阶层的分野和流变总是在深层制约和决定着官僚等级序列的形态。再如官僚的实际数量常远远超过法定官职编制的规模，从而使官、职之间出现各种各样复杂的关系，适当容纳和调节两者关系，自然会影响到官僚等级序列的面貌。尤其是在社会阶层和政治体制急剧动荡的关头，通常表现为官僚队伍的迅速膨胀，整套等级序列的全面变革。

俸禄制度也可以说是等级制度的延伸。在历史上同时存在的多种官僚等级序列中，其主干毫无例外是职务序列，除少数时期外，职务序列往往也就是俸禄序列，因为俸禄说到底是官僚任职的报酬。前已指出俸禄制形成使做官成了一种职业，并为以往的君臣身份依附关系涂上了一层雇佣色彩，从而明确了官僚专事管理的性质，构成了官僚制度确立的突出标志之一。另外，俸禄制又为做官定出了基本职业规范。所谓"食君之禄，忠君之事"，积极地说，领取了俸禄就要代天理物，忠于职守，勤于为政，对得起上天和下民；① 消极地说，俸禄使官僚得以赖之为生，不必介入各种谋生营利活动，有助于其在公务中保持超然地位。当然俸禄制度实际上也划出了官僚合法收入的界限，为惩处各类可能的贪污提供了必要准绳。需要注意的是，秦汉以来各时期俸禄制度的具体形态复杂，论物质则有田土米麦、布帛钱钞，论比重则有基本俸禄和名目繁多、固定或灵活的津贴，论变通则有折算办法、物价指数以及朝廷政策和财政形势之类，论差别还有官、吏之间及京官、外官之间在俸禄标准的多少有无和支取办法上的大量不同。诸如此类的因素，都会影响或扭曲记载中那些大而化之的俸禄标准，使之只能反映某些场合下的条文规定情况。

---

① 洪迈《容斋续笔》卷一《戒石铭》："'尔俸尔禄，民膏民脂，下民易虐，上天难欺。'太宗皇帝书此，以赐郡国，立于厅事之南，谓之《戒石铭》。"第216页。

至于官僚的其他待遇，部分在前述恩荫、选拔任用时已经涉及。但在行政权力控制一切的"官本位"社会中，官僚的优越性和特权，实已体现于社会生活的各个领域，本书只能择其要者略做介绍。

第一节　秦汉官僚等级、俸禄和其他待遇

处于大一统王朝初期的秦汉，在官僚等级、俸禄和待遇的许多方面才刚刚开始起步。春秋战国形成的管理制度并不都能照搬过来，尤其是在整套政体和官僚队伍还遗有不少贵族制痕迹的前提下，有关制度的简略粗疏实在是无可避免。尽管如此，官僚等级和俸禄制度毕竟已在秦汉时期得到了全面发展，并且大致完成了适应大一统统治要求的调整，这又使当时这些方面的制度建设有了深远的历史意义。

一　爵级、官秩的递变和官僚等级序列面临的问题

整个秦汉在官僚等级序列上的发展，前期主要表现在战国以来爵级作用的急剧下降和官秩在官僚等级制度中绝对地位的确立；后期则围绕着官秩序列的分化，表现为官、职关系开始发生某种游离。[1] 两个时期大体可以汉武帝时为界区分，现分述如下。

1. 爵级

三代分封时期，公侯、卿大夫、士之类的等级为贵族专有，并

---

[1] 另有班位序列，即朝会典礼上的排位席次，汉代此种情况如《汉书》卷四三《叔孙通传》载其主持撰制的朝仪所示："功臣列侯诸将军军吏以次陈西方，东乡；文官丞相以下陈东方，西乡。"另以礼法官和侍卫官充司仪纠察。第 2126～2128 页。具体除功臣封侯者次序见《汉书》卷一六《高惠高后文功臣表》之"位次"栏（文帝以后列侯已无此制）外，其余大致按《汉书》卷一九《百官公卿表》记载顺序排列。第 531～624、724～743 页。班位具有区分同一官秩等级者尊卑的意义，也因朝廷的调节而具一定激励作用，但历代班位基本上仍是以秩品为框架展开的，这里就不专门介绍了。

与一定的统治和管理事务联系在一起。到春秋战国官僚政治逐渐取代贵族自治,一个重要的方面是把侯、大夫、士等改组为新的爵制,[①] 并与功绩联结起来授受,同时又在一定程度上保留了其原有统治和管理意味,[②] 故当时多以"官爵"连称以指官僚之职位。[③] 在被讥为"上首功"之国的秦,这一点尤为典型。商鞅变法时所定二十级军功爵不少原出孝公以前官爵,其中如"庶长""大良造""左更""右更""五大夫"等,往往都有掌管的实务。[④] 甚至有人认为,"大庶长即大将军也,左、右庶长即左、右偏裨将军也"。[⑤] 与此同时,相、尉、令、丞等具有明显级差的官职序列,则以更为迅猛的势头发展了起来。到秦统一天下,自万石的丞相至不满百石的佐史,官秩序列已趋完备,而爵级的具体职务意义则已消退殆尽。官、爵之间所曾有过的历史性关系已被拆开,爵级开始从可以部分衡量官僚行政级别的序列,变成了一种较为纯粹的赏功等次。

表 8-1 是汉代二十一等爵制的概况,其名称和主要内容几乎全部沿秦而来,唯有诸侯王一级是高帝刘邦"惩秦孤立之败"的教

① 《荀子·正名第二十二》:"后王之成名,刑名从商,爵名从周,文名从礼。"王先谦:《荀子集解》,第 411 页。相传为商鞅所定的二十级军功爵中,不少以"侯""大夫""士"为称,即为"爵名从周"的体现。

② 《商君书·境内第十九》:"故爵五大夫,皆有赐邑三百家,有赐税三百家。爵五大夫,有税邑六百家者受客。"蒋礼鸿:《商君书锥指》,第 117 页。此处文字或有脱误,然其大意仍是大夫爵有所治之国邑。

③ 《管子·七法第六》述"百匿"之害有曰:"常令不审则百匿胜,官爵不审则奸吏胜,符籍不审则奸民胜,刑法不审则盗贼胜。"黎翔凤撰,梁运华整理《管子校注》,第 104~105 页。《六韬》之《文韬·上贤第九》:"谗佞苟得以求官爵,果敢轻死以贪禄秩,不图大事,得利而动,以高谈虚论说于人主,王者慎勿使。"第 59 页。《商君书·农战第三》:"凡人主之所以劝民者,官爵也;国之所以兴者,农战也。今民求官爵者皆不以农战,而以巧言虚道,此谓劳民。"蒋礼鸿:《商君书锥指》,第 20 页。

④ 如《史记》卷五《秦本纪》孝公三年,"卫鞅说孝公变法修刑,内务耕稼,外劝战死之赏罚,孝公善之……居三年,百姓便之。乃拜鞅为左庶长";十年以"卫鞅为大良造,将兵围魏安邑"。惠文君后十二年,"庶长疾攻赵,虏赵将庄"。昭襄王十三年,"左更白起攻新城,五大夫礼出亡奔魏"。第 203、207、212 页。

⑤ 《续汉书·百官志五》刘昭补注引刘劭《爵制》,《后汉书》,第 3631~3632 页。

训，采鉴周制而恢复的。同时，秦爵不封土，而汉初王、列侯皆有封地，"得臣其所食吏民"，亦即对封地有明确的管理和统治权，[①]因而其即便不就封国，也有参预朝会、受遣督事等或显或隐的行政职权。[②] 自高帝削平异姓诸侯王以后，王已专为刘氏子孙而设；列侯的相当一部分亦为王族和勋戚子孙所有，其赏功色彩已趋淡化。关内侯以下，大致仍为赏功所用。汉初爵制所蕴等级特权，包括了衣食租税、授田赐宅、减刑赎罪、免赋复役，以及优先入仕和其他一些礼仪上的待遇，在总体上与其行政职务和秩次级别已无直接关系。其中公乘以上为高爵，原则上非官不授高如王侯等尚存一定行政意味；公乘以下则可授予普通人。若其功劳极大应授公乘以上，往往可将超出部分折为低爵转授其子侄。[③]

表 8-1　汉代爵制概况

级序	爵号	备注
1	王	高帝初置,掌治其国,自置属官。景帝后不复治国而不断削弱
2	列侯	秦称彻侯,避汉武帝讳改。彻,通也,言其爵位上通于天子;列,依古列国之义。汉初得治其国,后仅衣食租税
3	关内侯	言有侯名而居京师,寄食所在县,民租多少,各有户数为限。秦都山西,以内为京畿,故曰关内侯
4	大庶长	较驷车庶长为尊。一说自左庶长至大庶长,皆卿大夫,俱为军将,所将为庶人、更卒。大庶长即大将军,左右庶长即左右偏裨将军
5	驷车庶长	言乘驷马之车而为众长
6	大上造	言皆主上造之士,战国时或称良造、梁造
7	少上造	

①　《续汉书·百官志五》"列侯"条本注："金印紫绶，以赏有功。功大者食县，小者食乡亭，得臣其所食吏民。"《后汉书》，第3630页。

②　《汉书》卷三《高后纪》二年春诏："今欲差次列侯功以定朝位，臧于高庙，世世勿绝，嗣子各袭其功位。其与列侯议定奏之。"卷四二《张苍传》载其汉初封北平侯，食邑千二百户，"以列侯为主计四岁"。第96、2094页。

③　参见朱绍侯《军功爵制研究》下编，上海人民出版社，1990，第179~190、201~221页；西嶋定生《中国古代帝国的形成与结构——二十等爵制研究》，第84~143、311~347页。

续表

级序	爵号	备注
8	右更	
9	中更	言主领更卒,部其役使
10	左更	
11	左庶长	言为众列之长
12	右庶长	
13	五大夫	言为大夫之尊。一说自官大夫至五大夫皆军吏,居车左
14	公乘	言得乘公家之车。吏民爵不得过公乘
15	公大夫	大夫之上加公、加官,示稍尊于大夫
16	官大夫	
17	大夫	列位从大夫
18	不更	言不豫更卒之事。一说为勇士,居车右,不复与一般更卒同
19	簪袅	以组带马曰袅,簪袅者,言饰此马。一说为驾驺马者,要袅,古之名马,驾驺马其形似簪,故称
20	上造	造即成,言有成命于上。一说古称成士,升于司徒曰造士。虽依此名,皆系步卒
21	公士	言有爵命,异于士卒,故称公士。一说步卒之有爵者为公士

备注:

本表据《汉书·百官公卿表》、《续汉书·百官志五》刘昭补注引刘劭《爵制》编制。

　　这种爵级愈低就愈与官场无关的态势,正是春秋战国以来爵制发展趋势的延续。但同时也须看到,高爵非官贵不授的规定,使大部分爵级实际是对官僚功绩的奖励,也就仍是获爵官僚所具地位和相应待遇的一重标识。① 因此,秦汉所谓爵级虽基本上已无行政职

---

　　① 如《睡虎地秦墓竹简》之《秦律十八种·传食律》:"自官士大夫以上,爵食之……不更以下到谋人,粺米一斗,酱半升,采(菜)羹,刍稾各半石……上造以下到官佐、史毋爵者,及卜、史、司御、寺、府,粝米一斗,有采(菜)羹,盐廿二分升二。"第101~103页。是秦律地位相同之吏有爵者公出待遇较无爵者优厚,这一状况至汉初已发生改变,张家山汉简《二年律令·传食律》中规定官吏按秩次而不按爵位享受传食待遇,仅有爵位者的公出待遇较低,左庶长以上的待遇也只能比于千石。但《二年律令·赐律》载:"吏官卑而爵高,以宦皇帝者爵比赐之。"即官秩低于其爵位时,爵在左庶长以上的比千石受赐,五大夫比八百石,公乘比六百石,公大夫、官大夫比五百石,大夫比三百石,不更比有秩,簪袅比斗食,上造、公士比佐史受赐。彭浩、陈伟、工藤元男主编《二年律令与奏谳书——张家山二四七号汉墓出土法律文献释读》,第184、211~212页。可见爵级性质在汉初已迅速蜕变。

事，只能间接反映官僚的行政层级，却不失为当时官僚管理制度一个颇具特色的内容。大体可以认为，除王、列侯两个特殊爵级和能够为普通人所得的低爵外，秦统一以后爵制在整个官僚管理制度中的地位，基本上已局限于此。

事实上，爵级所寓特权在秦统一前已趋于淡化。秦王政四年（前243）因天下蝗灾瘟疫，令百姓"内粟千石，拜爵一级"，已证明大体已与行政职务无关的爵级便于灵活适应多重需要，尤其在解决当局财政困难时极具潜力。此后，秦始皇于二十七年、三十六年均泛赐爵级。① 汉代自刘邦定都长安伊始，大政庆典之际普赐爵级已成惯例，而后卖爵买爵以赈恤赎罪等现象，更屡见不鲜。突出的如汉文帝纳晁错之策，大规模推行"纳粟拜爵"之制。② 这固然是一种实用惠民的"德政"，并且收到了充实军饷、巩固边防的效果，但对爵制来说，爵级的泛滥从此就再也不可收拾了。从当时规定入粟"万二千石为大庶长"这一条来看，高低爵授受对象的界限也被打破。既然如此，爵级本来寓有的官僚管理意义，也就淡之又淡了。

从汉武帝时期起，爵级的地位更每况愈下。承景帝平定吴楚七国之乱的威势，经武帝以来一系列法令的贯彻落实，王、列侯管理封土吏民的权力被剥夺殆尽，除仍有尊贵的身份名义外，其性质大体已与其他爵位类同，无非是衣租食税、减刑赎罪等待遇更高一些罢了。王、列侯以下的爵位也已进一步空洞化，其授受的泛滥较前有过之而无不及，人们对之的态度实已变为有之不多，无之不少。因此，在元朔六年（前123）对匈战争的紧要关头，朝廷不能不另设一套武功爵来奖励战功和收罗财物。一份残缺的记载中留下了其

---

① 《史记》卷六《秦始皇本纪》，第224、241、259页。
② 《汉书》卷二四上《食货志上》："于是文帝从错之言，令民入粟边，六百石爵上造，稍增至四千石为五大夫，万二千石为大庶长，各以多少级数为差。"其后文又载景帝时，"复修卖爵令，而裁其贾以招民；及徒复作，得输粟于县官以除罪"。第1134、1135页。

中的十一级爵名，自低而高依次为造士、闲舆卫、良士、元戎士、官首、秉铎、千夫、乐卿、执戎、政戾庶长、军卫。[1] 武功爵不仅性质与以往军功爵基本一致，更因一开始就规定了出卖价码而泛滥不堪。[2] 从此，除列侯、关内侯尚有一定的激励和管理功能外，其余爵级所寓社会经济或政治待遇实已无从兑现。其虽持续了很长时间，但已名存实亡，对官僚管理制度基本上已不产生什么影响了。

2. 官秩

与爵级的上述退化过程相应的，是官秩序列的不断完善及其在整套官僚等级制度中地位的巩固。在秦灭六国以后和汉初再造大一统王朝之际，随着各项制度的相应更作，对各种官职进行全面清理和整顿，包括重新定编和将之一一纳入更为细致的官秩序列之中，是一项重要工作。[3] 此后的发展变化则集中体现于《汉书·百官公卿表》，表 8-2 便是西汉武帝以来的官秩概况。

从表 8-2 来看，这套直接以粟石单位为称的秩次序列，显然是官

---

① 《汉书》卷二四下《食货志下》述卫青比岁十余万众击胡，"赋税既竭，不足以奉战士。有司请令民得买爵及赎禁锢免减罪，请置赏官，名曰武功爵。级十七万，凡直三十余万金。诸买武功爵官首者试补吏，先除；千夫如五大夫；其有罪又减二等；爵得至乐卿，以显军功。军功多用超等，大者封侯卿大夫，小者郎。吏道杂而多端，则官职耗废"。注引"臣瓒曰：'《茂陵中书》有武功爵，一级曰造士……十一级曰军卫。此武帝所制，以宠军功。'师古曰：'此下云级十七万，凡直三十余万金。今瓒所引《茂陵中书》止于十一级，则计数不足，与本文乖矣。或者《茂陵书》说之不尽也。'"第 1159~1160 页。

② 参见《史记》卷三〇《平准书》述"武功爵"至"官职耗废"之文及《集解》《索隐》所释，第 1422~1424 页。

③ 张家山汉简《二年律令·秩律》提供了大致是汉高祖时期所定丞相以下百官秩次，将之与《汉书·百官公卿表》等处所载汉武帝以来百官秩次对照，值得注意的有下列几点。一是汉初尚无"中""真"秩，如《秩律》中最高为御史大夫以下的诸"二千石"，而无"中二千石""真二千石"等秩级。二是汉初多出了"二百五十石""百六十石""百廿石"等秩级。三是不少官职汉初与武帝以来秩级相同，如丞相、相国长史"秩各千石"；但也有一些官职秩级不同，如《秩律》公车司马、未央厩令等"秩各八百石"，而《汉官仪》卷上载此为六百石。四是秩次相同之官的位序也有不同，如二年《秩律》奉常列于二千石官职之末，而《汉书·百官公卿表》奉常在诸卿之首。见彭浩、陈伟、工藤元男主编《二年律令与奏谳书——张家山二四七号汉墓出土法律文献释读》，第 257~295 页；孙星衍等辑《汉官六种》，第 133 页；《汉书》卷一九上《百官公卿表》，第 724、726 页。

职一体化时期的产物，反映了战国以来有职必有禄和有官必有职的状态。而全部官职，无论是贵为丞相，还是卑为佐史，都被纳入同一个序列来区别和衡量，则是春秋战国社会大变动之余，充当其中坚的新兴官僚集团尚未发生身份分化的体现。当然，这套序列也是汉代行政体制和官僚管理制度尚处大一统王朝建立期，其形态还比较粗放的体现。

表 8-2　西汉官秩概况

序号	秩级	所包括的主要官职
1	万石	三公、大将军
2	中二千石	御史大夫、九卿、执金吾
3	二千石	太子太傅、将作大匠、三辅长官、诸校尉、郡守等
4	比二千石	丞相司直、光禄大夫、诸中郎将、郡尉等
5	千石	丞相长史、御史中丞、中二千石丞、万户以上县令等
6	比千石	太中大夫，郎中车、户、骑将，谒者仆射，虎贲郎
7	八百石	太子家令
8	比八百石	谏议大夫
9	六百石	公车司马令、廷尉左右平、刺史、二千石丞、万户以上县丞等
10	比六百石	博士、议郎、中郎等
11	五百石	万户以下县长
12	四百石	太子中盾、县丞
13	比四百石	侍郎
14	三百石	万户以下县丞
15	比三百石	郎中
16	二百石	县尉
17	百石	掾、属、有秩等
18	斗食	狱史、游徼
19	佐史	各种小吏

备注：

①本表据《汉书·百官公卿表》、《通典》卷三六《职官十八·秩品一》"汉官秩差次"编制。

②《汉书·成帝纪》阳朔二年："除吏八百石、五百石秩。"注引李奇曰："除八百就六百，除五百就四百。"

③《通典》卷三六《职官十八·秩品一》原注：二千石"月百二十斛，亦曰真二千石"。《汉书·汲黯传》注引如淳曰："诸侯王相在郡守上，秩真二千石。律，真二千石月得百五十斛……二千石月得百二十斛。"《史记·孝文本纪》载景帝元年十月诏定文帝庙号等仪，"其与丞相、列侯、中二千石、礼官具为礼仪奏"。是文景之际已有中二千石、景帝以来已有真二千石，真二千石月俸百五十斛。《通典》所述为东汉合二千石与真二千石为一的月俸。

④东汉增比二百石，各秩级包括的官职也有调整。如三辅进至中二千石，除司隶校尉外，其余校尉降至比二千石。又将尚书令、侍御史入六百石等。

⑤参见阎步克《从爵本位到官本位：秦汉官僚品位结构研究》，第285~322页。

汉武帝以来，随着爵级泛滥及其特权待遇的空洞化，整个官僚队伍的构成发生了一些变化，从而促使了官秩序列的相应调整。

首先，武帝以来充分发挥旧时侍中、左右曹、诸吏、散骑、中常侍、给事中等加官的作用，以此召集亲信近侍顾问，处理章奏，参与机要，显著扩展了内廷的秘书理务班子及其效能。但这些加官头衔既无秩次，又乏相应的俸禄规定，更不在法定编制之内。也就是说，在既定官秩序列之外，武帝以来出现了数量可观，地位和所掌事务极为重要，却无法定级别和俸禄的"中（内）朝官"。

其次，武帝以来又扩充了本无法定员额、职掌而备随时咨询差遣的博士、大夫、郎的数量。博士、大夫常达数十人，各种郎官多达数千人，考虑到哀帝时丞相以下官吏编制十二万余人，而官员比重则可肯定在10%以下，[①] 这些没有稳定职掌员额的官员数量可以说相当惊人了。

最后，爵级既已泛滥，朝廷无以赏功，便只好以官职来赏功；爵级既已泛滥，朝廷难以敛财，也只好以官职来敛财。尽管其中部分可通过增加郎官的数量来解决，但史称从此"吏道杂而多端"，从其他途径入官场者，自然不在少数。

总之，武帝以来官僚队伍的膨胀，已远远超出了法定职务编制和实际所需的规模，秦以来的官职一体化局面已再难维持，官僚管理格局的紊乱不可避免，调整已势在必行。其最为直接的举措即扩充官僚编制，[②] 西汉后期的官僚扩编之况虽史载不详，但直到东汉

---

① 《汉书》卷一九《百官公卿表》载大夫无员，"多至数十人"；郎皆无员，"多至千人"。后载成、哀帝时建制，末述"吏员自佐史至丞相，十二万二百八十五人"。第727、743页。《通典》卷三六《职官十八·官官秩》述哀帝时官数"十三万二百八十五人"，典二〇四。两者必有一误。

② 《续汉书·百官志》序述班固著《百官公卿表》"差有条贯，然皆孝武奢广之事，又职分未悉。世祖节约之制，宜为常宪"。《后汉书》，第3555页。即强调了武帝以来"奢广"而光武省官之事。

光武帝建武六年（30）大肆"并官省职"，罢撤四百余县，"吏职减损，十置其一"后，其编制规模仍为朝廷设官 1055 人、各地设官6512 人，通计吏员为 152986 人。[①] 由此推断，《汉书·百官公卿表》载西汉成、哀时期 120285 人的官吏编制员额，显然远远没有跟上武帝以来官僚实际数量和类型的扩充趋势。

除扩充编制外，武帝以来对官秩序列也做了相应调整。一是扩充了汉初至景帝以来"比秩"所含官职的范围，[②] 如博士汉初无秩，东汉定为比六百石，其变化似即发生于武帝崇儒增设五经博士以来，[③] 自来无秩之职被纳入比秩的显然不是只有博士而已。[④] 二是部分比秩被改为正

---

① 《后汉书》卷一下《光武帝纪下》建武六年六月辛卯诏，第 49 页；《通典》卷三六《职官十八·后汉官秩》载东汉"内外文武官七千五百六十七人（原注：一千五十五人内，六千五百一十二人外），内外诸色职掌人一十四万五千四百一十九人（原注：一万四千二百二十五人内职掌，令史、御属、从事、书佐、员吏、待诏、卒骑、治礼郎、假佐、官骑及鼓吹、宰者、屠者、士卫、缇骑、导从、领士、乌桓骑等；一十三万一千一百九十一人外职掌，员吏、书佐、假佐、亭长、乡有秩、三老、游徼、家什等），都计内外官及职掌人十五万二千九百八十六人。其乡有里魁，里数及命数未详"。典二〇五。这里的"职掌人"大致相当于吏，是光武省官后官员只占在编官吏总数的 4.9%。

② 张家山汉简《二年律令·赐律》："赐不为吏及宦皇帝者，关内侯以上比二千石，卿比千石，五大夫比八百石，公乘比六百石，公大夫、官大夫比五百石，大夫比三百石。"彭浩、陈伟、工藤元男主编《二年律令与奏谳书——张家山二四七号汉墓出土法律文献释读》，第 211 页。是为汉初已立比秩之证，其不见于《二年律令·秩律》，盖因比秩严格说来仍非官秩，到武帝以来比秩亦有印绶，方将之纳入了秩次序列。

③ 张家山汉简《二年律令·秩律》中无博士之秩。《续汉书·百官志二》："博士祭酒一人，六百石。本仆射，中兴转为祭酒。博士十四人，比六百石。"《后汉书》，第3572 页。《汉官仪》卷上："孝武建元五年，初置五经博士，秩六百石，后增至十四人。"孙星衍等辑《汉官六种》，第 128 页。

④ 《续汉书·舆服志下》刘昭补注引《东观书》所载建武元年秩次序列，末云："有秩者侍中、中常侍、光禄大夫秩皆二千石，太中大夫秩皆比二千石，尚书、谏议大夫、侍御史、博士皆六百石，议郎、中谒者秩皆比六百石，小黄门、黄门侍郎、中黄门秩皆比四百石，郎中秩皆比三百石，太子舍人秩二百石。"第 3676 页。所载"比秩"有些即是武帝以来纳入的，阎步克先生认为这里的比秩诸官原来都无秩次，是直接服务于皇帝本人的"宦皇帝者"，即所谓"郎、从官"，将之纳入"比秩"是其性质向正规官员过渡的体现。阎步克：《从爵本位到官本位：秦汉官僚品位结构研究》，第 408 页。

秩，如汉初御史比六百石，武帝以来已为六百石，[①] 类似从比秩到正秩
的调整，应当还包括了王国官、军吏和部分长官自辟的属吏。[②] 三是把
八百石和五百石两个秩级分别合并于六百石和四百石；[③] 又调整了
部分官职的秩次，如将某些郎官之秩增为六百石。[④] 这些举措正如
文、景以来增设"中二千石""真二千石"等秩级那样，旨在增加、调整
秩次类型和级差，提高秩次序列的兼容性，使之合乎官僚队伍结构变迁后
的管理需要，以此缓和直接与月俸挂钩的单一官秩序列已不适应官多职少
局面的矛盾。到一意复古改制的王莽欲按儒经所示公、卿、大夫、士序列
来处理这一问题而最终失败，[⑤] 继续调整的任务便交给了东汉。

　　光武帝刘秀在其登位的建武元年（25）即调整了官秩序列，[⑥]

---

　　① 张家山汉简《二年律令·赐律》："御史比六百石，相☒。"彭浩、陈伟、工藤
元男主编《二年律令与奏谳书——张家山二四七号汉墓出土法律文献释读》，第212页。
《汉旧仪补遗》卷上："侍御史……府掾属高第补之，秩六百石。"《汉官仪》卷上："治
书侍御史，宣帝尝幸宣室，斋居而决狱事，令侍御史二人治书。后置，秩六百石，印绶
与符玺郎共，平治廷尉奏事。"孙星衍等辑《汉官六种》，第88、144页。

　　② 参见阎步克《从爵本位到官本位：秦汉官僚品位结构研究》，第433~468页。

　　③ 《汉书》卷一〇《成帝纪》阳朔二年夏五月条并注引李奇言，第312页。

　　④ 《史记》卷三〇《平准书》："始令吏得入谷补官，郎至六百石。"第1433页。

　　⑤ 《汉书》卷九九中《王莽传中》载始建国元年正月封太师、太傅、国师、国将
等十一公，"各策命以其职"；又定"九卿，分属三公，每一卿置大夫三人，一大夫置元
士三人，凡二十七大夫八十一元士，分主中都官诸职……更名秩百石曰庶士，三百石曰
下士，四百石曰中士，五百石曰命士，六百石曰元士，千石曰下大夫，比二千石曰中大
夫，二千石曰上大夫，中二千石曰卿。车服黻冕，各有差品"。第4100~4104页。

　　⑥ 《续汉书·舆服志下》刘昭补注引《东观书》曰："建武元年，复设诸侯王金玺
绿绶，公侯金印紫绶。九卿、执金吾、河南尹秩皆中二千石，大长秋、将作大匠、度辽诸
将军、郡太守、国傅相皆秩二千石，校尉、中郎将、诸郡都尉、诸国行相、中尉、内史、
中护军、司直秩皆二千石，以上皆银印青绶。中外官尚书令、御史中丞、治书侍御史、公
将军长史、中二千石丞、正、平、诸司马、中宫王家仆、雒阳令秩皆千石，尚书、中谒
者、谒者、黄门冗从、四仆射、诸都监、中外诸都官令、都候、司农部丞、郡国长史、
丞、候、司马、千人秩皆六百石，家令、侍、仆秩皆六百石，雒阳市长秩四百石，主家长
秩皆四百石，以上皆铜印黑绶。诸署长、楫棹丞秩三百石；诸秩千石者，其丞、尉皆秩四
百石；秩六百石者，丞、尉秩三百石；四百石者，其丞、尉秩二百石，县、国丞尉亦如
之；县、国三百石长、相、丞、尉亦二百石；明堂、灵台丞、诸陵校长秩二百石。丞、
尉、校长以上皆铜印黄绶。县国守宫令、相或千石或六百石，长、相或四百石或三百石，
长、相皆以铜印黄绶。"第3676页。将之与表8-2比对，其调整之大略可见。

六年后又厉行省官，其要是删并以往的冗余之职，再适应新的需要和体制框架扩充法定编制，将重新定编后的各种官职一一纳入几乎完全承袭西汉的官秩序列之中。不过光武帝减省吏职"十置其一"，重点在于诸官职掌和统属关系的清理整顿，西汉直属朝廷专项政务机构的农、牧、盐、铁、工、水等官，此时多被下放到郡县或干脆撤销；① 尤其是武帝以来增衍的大量官署被省并重组，用来扩充内朝班子的加官则要么成为正式官职，要么罢撤不存。② 至于官僚实际数量超过编制员额及其可能导致的一系列问题，则仅沿袭和发展了秦及西汉以来的做法，即保留并无员额却已纳入了法定秩次序列的郎、大夫及侍中、侍郎等官职，以此兼容和规范部分难以定编的官职的管理。可以看出，这是一个坚持遵循长期以来官必有职、职必有禄传统来定编定秩的方案。

但问题在于，官、职之间的相对疏离和关系调节，不仅是专制集权政体运行之必要，更是其不断更新发展的重要机制；官本位的社会状态和阶层流动，又总是要以任官之况来确认人们的身份地位，加之官僚选用和职务授受的独断专行和易被左右，这些都使官僚队伍的急剧膨胀和官职关系的大幅参差，成了我国历史上一个周期性发生的现象。如果说在统治规模较小、军事色彩浓烈和集权官僚政体尚属雏形的战国时期，问题还容易处理的话，那么到大一统王朝全面推行官僚政治，其管理要求也大为提高以后，再用同一套

---

① 如《续汉书·百官志二》载太仆"旧有六厩，皆六百石令，中兴省约，但置一厩……又有牧师苑，皆令官，主养马，分在河西六郡界中，中兴皆省，唯汉阳有流马苑，但以羽林郎监领"。《百官志三》"大司农"条载"郡国盐官、铁官本属司农，中兴皆属郡县。又有廪牺令，六百石，掌祭祀牺牲雁鹜之属，及雒阳市长、荥阳敖仓官，中兴皆属河南尹，余均输等皆省"。《后汉书》，第3582、3590~3591页。

② 《汉旧仪》卷上："中常侍，宦者，秩千石"；"给事中，无常员，位次侍中、常侍"。孙星衍等辑《汉官六种》，第63、64页。是西汉后期侍中、常侍、中常侍已在向正规官职过渡。《续汉书·百官志二》"光禄"条本注："旧有左右曹，秩以二千石，上殿中，主受尚书奏事，平省之。世祖省，使小黄门郎受事。"《百官志三》载侍中、中常侍已为文属少府的正规官。《后汉书》，第3578、3593页。

秩次序列来衡量和归置全部官吏，一律以之升降待遇报酬，其局限性也就暴露无遗了。因而当东汉后期重演了"吏道杂而多端"的场景，尤其是到灵帝西园卖官，公然标价一石一万，二千石二千万，[①]从一般官僚到高官数量的膨胀均已明显失控后，再以单一秩次序列衡量形形色色官员及职务的局面实际已再难继续，重新整治官场秩序和官僚队伍，增设新的等级序列来适当归置官、职关系，由此完善和规范相应的人事管理，便成了一个悬而未决的难题。

二 俸禄的法规和实际

在俸禄制度上，秦和西汉都没有留下系统的记录。即便文献和简册中有一些零碎的实例，其总体形态和数量标准还是要从东汉时期仅存的两套俸禄标准来推知。[②]

表8-3是汉隋唐明清度量衡概况，因为俸禄制度不免要与丈、尺、斛、斗、斤、两打交道，故先行列出以便参考。表8-4、表8-5是东汉光武帝建武二十六年（50）和殇帝延平元年（106）分别制定的俸禄标准。

---

① 《后汉书》卷八《灵帝纪》载光和元年，"初开西邸卖官，自关内侯、虎贲、羽林，入钱各有差。私令左右卖公卿，公千万，卿五百万"。李贤注引《山阳公载记》曰："时卖官，二千石二千万，四百石四百万，其以德次应选者半之，或三分之一，于西园立库以贮之。"卷三一《羊续传》载灵帝"时拜三公者，皆输东园礼钱千万，令中使督之，名为左驺，其所之往，辄迎致礼敬，厚加赠赂。续乃坐使人于单席，举缊袍以示之，曰：'臣之所资，唯斯而已。'左驺白之，帝不悦，以此故不登公位"。卷六六《王允传》附《王宏传》载其为弘农太守，"考案郡中有事宦官买爵位者，虽位至二千石，皆掠考收捕"。卷七八《宦者·张让传》载灵帝时中官四出受赂，"刺史、二千石及茂才、孝廉迁除，皆责助军修宫钱，大郡至二三千万，余各有差。当之官者，皆先至西园诸价，然后得去"。第342、2177、2536页。

② 《汉书》卷一九《百官公卿表》题下师古注，述有"汉制"三公以下诸秩之月俸。第721页。将之与《后汉书》卷一下《光武帝纪下》建武二十六年正月"诏有司增百官奉"，李贤注引《续汉志》载百官奉例（第77页），以及《续汉书·百官志五》载"百官受奉例"（《后汉书》，第3632~3633页）相较，唯比六百石师古注六十斛而《续汉志》载为五十斛（《光武帝纪下》引志载为五十五斛），其余基本相同。故王鸣盛以为师古注所说的"汉制"也是后汉之制，见王鸣盛《十七史商榷》卷三四《官奉》，卷三四第2~3页。

表 8-3　汉隋唐明清度量衡概况

朝代	1尺合厘米数（度）	1升合毫升数（量）	1斤合克数（衡）
西汉	27.65	342.5	258.24
新莽	23.04	193.1	222.73
东汉章帝前	23.04	198.1	222.73
东汉章帝后	23.75		
隋大业前	29.51	594.4	668.19
隋大业后	23.55	198.1	222.73
唐	31.10	594.4	596.82
明	31.10	1073.7	596.82
清	32.00	1035.5	596.82

备注：

本表据吴承洛《中国度量衡史》（修订本）（商务印书馆，1957）编制。

表 8-4　东汉建武二十六年所定俸禄标准

秩级	月俸谷（斛）	秩级	月俸谷（斛）	秩级	月俸谷（斛）
万石	350	六百石	70	二百石	30
中二千石	180	比六百石	55	比二百石	27
二千石	120	四百石	50	百石	16
比二千石	100	比四百石	45	斗石	11
千石	90	三百石	40	佐史	8
比千石	80	比三百石	37		

备注：

①本表据《后汉书·光武帝纪》注引《续汉志》编制。

②《汉书·百官公卿表》师古注所记"汉制"，与本表差异仅比六百石为60斛一处。

③《续汉书·百官志五》所载"百官受俸例"，与本表差异有四项：无比千石俸，仅列千石俸月80斛，比六百石俸月50斛，四百石俸月45斛。

④《汉书·百官公卿表》《续汉书·百官志五》分别有"凡诸受奉，钱、谷各半"和"凡诸受奉，皆半钱半谷"的记载。

表 8-5　东汉延平元年所定俸禄标准

秩级	月俸钱	月禄米（斛）	秩级	月俸钱	月禄米（斛）
中二千石	9000	72	四百石	2500	15
真二千石	6500	36	三百石	2000	12
比二千石	5000	34	二百石	1000	9
千石	4000	30	百石	800	4.8
六百石	3500	21			

备注：

本表据《续汉书·百官志五》"百官受奉例"注引荀绰《晋百官表注》引东汉延平中所定俸额编制。荀注未载万石、比千石、比六百石、四百石、三百石、二百石的俸禄额。

首先应予明确的是，秦汉的官秩虽仍以若干石来区分，却已不是实际发放的俸禄量，这说明其正从原来的粟米单位过渡为一种等级符号。在有秩官员原则上都按法定标准支取俸禄的前提下，有些问题仍须略做说明。

表 8-4、表 8-5 所涉俸禄包括钱、粟两项，前已指出其况西汉已然。当时钱这一项的比重还相当大，据残存的西汉律文，秩居万石的丞相月俸达 6 万钱，御史大夫亦达 4 万钱。[1] 秩二千石的光禄大夫，俸钱每月 1.2 万钱，而八百石的谏大夫为每月 9100 钱，[2] 下至百石，宣帝以后月俸亦有 600 钱。[3] 到光武帝定制，虽承西汉规定"半钱半粟"，但表 8-4 所示却只有斛数，而无钱数。无论如何，另一半所发钱数当按粟米时价来折算。而汉代的粟价，除"石万钱"这样极端的记录外，最贱大约是宣帝时出现的每斛 5 钱；较高的记录是灾荒年景"民多饿死"时的每斛 300 钱。[4] 如此的浮动幅度自然使每月俸钱的折算有了很大的伸缩，因而表 8-5 所示延平元年的标准，已重新把钱数像西汉那样确定了下来。

但表 8-4、表 8-5 所示钱粟，应作为"基本俸禄"来看，因为

---

① 《汉书》卷一〇《成帝纪》绥和元年四月立大司马、大司空，"益大司马、大司空奉如丞相"。注引如淳曰："律，丞相、大司马大将军奉钱月六万，御史大夫奉月四万也。"第 329 页。

② 《汉书》卷七二《贡禹传》，第 3073 页。

③ 《汉书》卷八《宣帝纪》神爵三年八月诏"益吏百石以下奉十五"，注引"如淳曰：律，百石奉月六百。韦昭曰：若食一斛，则益五斗"。第 263 页。此"律"若系宣帝益俸后定，则此前百石俸月 400 钱。同书卷五〇《汲黯传》载武帝"令黯以诸侯相秩居淮阳"，十岁而卒。注引如淳曰："诸侯王相在郡守上，秩真二千石。律，真二千石月得百五十斛，岁凡得千八百石耳。二千石月得百二十斛，岁凡得一千四百四十石耳。"第 2322~2323 页。

④ 《汉书》卷二四上《食货志上》载"宣帝即位，用吏多选贤良，百姓安土，岁数丰穰，谷至石五钱……元帝即位，天下大水，关东郡国十一尤甚。二年，齐地饥，谷石三百余，民多饿死"；卷二四下《食货志下》载汉初"不轨逐利之民畜积余赢以稽市物，痛腾跃，米至石万钱，马至匹百金"。第 1141~1142、1153 页。

除此之外，当时官僚尤其是高官要官还有一些性质与俸禄相近的合法稳定收入。比如，朝廷每逢四时年节照例发放的赏赐，其具体品类有缯、絮、布、帛、钱、米、酒、肉等，便可算作一宗稳定的收入。① 高官要官的例行赏赐，如东汉每立春之日，皇帝例遣使者赐帛文官司徒、司空各 30 匹，九卿各 15 匹，"武官倍于文官"，太尉、大将军各 60 匹，执金吾、诸校尉各 30 匹。腊日的赏赐更为可观，"大将军、三公腊赐钱各三十万，牛肉二百斤，粳米二百斛；特进侯十五万；卿十万；校尉五万；尚书丞、郎各万五"，以下自千石、六百石各赐 7000 钱至最低的羽林、虎贲士各1500 钱。② 尽管这类赏赐有时不是按官秩一一发放，并且较易受到其他因素的影响，但其既有时节成例和一定的标准，也就成了受赐官僚的合法稳定收入。

东汉末献帝在长安时，曾下诏公卿以下"以秩石为率"授予公

① 《汉书·贡禹传》载其元帝初征为谏大夫，后为光禄大夫，上书自称当年被征，"卖田百亩以供车马。至，拜为谏大夫，秩八百石，奉钱月九千二百。廪食太官，又蒙赏赐四时杂缯绵絮衣服酒肉诸果物，德厚甚深，疾病侍医临治，赖陛下神灵，不死而活。又拜为光禄大夫，秩二千石，奉钱月万二千。禄赐愈多，家日以益富，身日以益尊"。第 3073 页。《汉官仪》卷上："丞相有疾，御史大夫三日一问起居，百官亦如之，朝廷遣中使太医高手，膳羞络绎。及瘳视事，尚书令若光禄大夫赐以养牛、上尊酒。" "尚书郎给青缣白绫被，以锦被帷帐、毡褥、通中枕，太官供食，汤官供饼饵五熟果实，下天子一等……尚书令、仆、丞、郎月赐渝麋大墨一枚，小墨一枚"。孙星衍等辑《汉官六种》，第 123、143 页。以上可见百官有四时衣服绵絮酒肉果物等例赐及相应的医疗、供食待遇，丞相、尚书台官因性质特殊尤为优厚。

② 《汉官仪》卷下，孙星衍等辑《汉官六种》，第 181、183 页。张家山汉简《二年律令·赐律》："赐衣者六丈四尺，缘五尺，絮三斤；襦二丈二尺，缘丈，絮二斤；绔二丈一尺半，絮一斤半；衾五丈二尺，缘二丈六尺，絮十一斤。五大夫以上锦表，公乘以上缯表，皆帛里。司寇以下布表里。二月尽八月赐衣、襦，勿予里、絮。二千石吏不起病者，赐衣襦、棺及官衣常（裳）。""赐吏酒食，率秩百石而肉十二斤，酒一斗；斗食令史肉十斤，佐史八斤，酒各一斗"。彭浩、陈伟、工藤元男主编《二年律令与奏谳书——张家山二四七号汉墓出土法律文献释读》，第 208、212 页。结合《赐律》的其他条文，足见汉初以来律文中关于例赐官吏钱物有相当详尽的规定，《两汉书》帝纪多有赏赐"各有差"之文，即指按这类法定规格递减赏赐。

田，"各自收其租税"。① 这一做法似有西汉以来的前例可循，② 也就是说，汉代官僚的俸禄构成中，也许还包括了一定数量的公田。此外，依法减免官吏及其家庭成员的税役之类，③ 虽不能算作俸禄而可归为其担任公职的待遇，却对其家庭收支和生活水平大有补益。至于依法为有关官僚配备一定数量的侍仆役力，则既是待遇，更是一种收入。见于记载的如以"苍头庐儿"等名称出现的仆役，系由官府廪给而供官僚个人驱使，④ 即是一种变相的津贴，至后世则确已演变为官僚法定收入的组成部分。⑤

尤其需要注意的是，表8-4、表8-5所示俸禄标准，即便是在其所规范的事项上也只反映了制度梗概，实际情况则要复杂得多。即以京官为例，其俸禄标准理应较为规范划一，但元帝时比二千石

① 《续汉书·百官志五》"百官受奉例"刘昭补注引《献帝起居注》，第3633页。
② 《汉书》卷八六《王嘉传》载其哀帝时为相，奏封事谏帝赐佞幸董贤田二千余顷，以为"均田之制从此堕坏"。注引孟康曰："公卿以下至于吏民名曰均田，皆有顷数，于品制中令均等。今赐贤二千余顷，则坏其等制也。"第3496~3497页。
③ 张家山汉简《二年律令·徭律》有复除官作坊工匠算赋徭役的规定（整理小组归此入《复律》），以及"吏及宦皇帝者不与给传送事"之文。彭浩、陈伟、工藤元男主编《二年律令与奏谳书——张家山二四七号汉墓出土法律文献释读》，第245~246、248页。又《汉书》卷二《惠帝纪》载其登位下诏，令"吏六百石以上父母妻子与同居，及故吏尝佩将军、都尉印将兵，及佩二千石官印者，家唯给军赋，他无有所与"。师古注："同居，谓父母妻子之外若兄弟及兄弟之子等，见与同居业也；若今言同籍及同财也。"第85~86、88页。这些都表明汉初以来关于官吏及其家属免除税役已有详尽的律令规定。
④ 《汉书》卷七八《萧望之传》载望之早年仕途坎坷，同时被举的王仲翁三岁间已至光禄大夫给事中，"出入从仓头庐儿，下车趋庭，传呼甚宠"。师古注："皆官府之给贱役者也。"第3272页。《通典》卷三六《职官十八·后汉官秩》载诸职掌人即包括卒骑、官骑及鼓吹、士卫、缇骑、导从、领士之类。典二〇五。
⑤ 《通典》卷三五《职官十七·禄秩》即附干力、白直、仗身、庶仆、亲事、帐内、执衣、附阁、邑士、土力、门夫等项，这些都是官府给廪而依法配备给官员的勤务服事人员，南北朝以来有折钱发放之制。典二〇一。如《南齐书》卷二八《崔祖思传》载其齐初为给事黄门侍郎，启陈政事，其中有鉴"今无员之官，空受禄力"，建议课试其能，"月供僮干，如先充给，若有废堕，遣还故郡"。第518页。《隋书》卷二七《百官志中》载北齐"一品已下，至于流外勋品，各给事力。一品至三十人，下至于流外勋品，或以五人为等，或以四人、三人、二人、一人为等……诸州刺史、守、令已下，干及力，皆听敕乃给，其干出所部之人。一干输绢十八匹，干身放之。力则以其州、郡、县白直充"。第764~765页。

的光禄大夫俸钱每月 1.2 万钱，而宣帝时二千石的司隶校尉却只有"数千"。① 也就是说，尽管秩次相同，与皇帝关系更为亲近的光禄大夫在俸禄标准上却远高于司隶校尉，② 从而显示了俸禄标准并不总按秩次来定的状态。四时的赏赐在这一点上也很明显，如前面所述东汉腊赐，六百石与千石同为 7000 钱，但秩虽六百石而从事宫廷枢机之务的尚书则达 3 万钱。③

差距尤甚的是京官与地方官的给禄之况。对事权极为完整的汉代地方长官来说，法定俸禄标准不过是其某项收入的一个基准，而很难反映其实际收入。这不仅可以从当时一些郡守自行调发所属各县物产而"奢侈玉食"，甚至"赃罪数亿"的事实得到证明；④ 也在多位清廉的地方官"计日受俸"，根本不领应得俸禄的记载中反映出来。⑤ 而各地直接

① 《汉书》卷七七《盖宽饶传》载其宣帝时为司隶校尉，"奉钱月数千，半以给吏民为耳目言事者"。第 3245 页。元帝时光禄大夫月俸钱万二千见前引《汉书·贡禹传》。

② 《汉书》卷七七《诸葛丰传》载元帝擢其"为司隶校尉，刺举无所避……上嘉其节，加丰秩光禄大夫"。第 3248 页。案《汉书·百官公卿表》光禄大夫与司隶校尉秩皆比二千石，此处元帝加丰之"秩"疑指禄秩，即以诸葛丰受光禄大夫之禄。

③ 《后汉书》卷四三《何敞传》载"明君赐赉，宜有品制，忠臣受赏，亦应有度"。李贤注引《汉官仪》曰："腊赐大将军、三公钱各二十万，牛肉二百斤，粳米二百斛，特进、侯十五万，卿十万，校尉五万，尚书三万，侍中、将、大夫各二万，千石、六百石各七千，虎贲、羽林郎二人共三千"。第 1482 页。其文字与前引《汉官六种》之孙辑《汉官仪》卷上所述腊赐有所不同。又此处所述腊赐校尉五万而将、大夫各二万，与孙辑本述腊赐尚书丞、郎各万二而侍御史、尚书令等各五千，均难以理解，或文有脱误。

④ 《汉书》卷六六《陈万年传》附子《咸传》载其成帝时屡为郡国二千石，"其治放严延年，其廉不如。所居调发属县所出食物以自奉养，奢侈玉食"。第 2901 页。《后汉书》卷四八《徐璆传》载其灵帝时迁荆州刺史，"时董太后姊子张忠为南阳太守，因势放滥，臧罪数亿……璆到州，举奏忠臧余一亿，使冠军县上簿诣大司农，以彰暴其事。又奏五郡太守及属县有臧污者，悉征案罪，威风大行"。第 1620 页。

⑤ 《后汉书》卷三九《赵咨传》载其灵帝时累迁敦煌太守、东海相，"在官清简，计日受奉，豪党畏其俭节"。卷四一《第五伦传》载光武帝拜其为会稽太守，"虽为二千石，躬自斩刍养马，妻执炊爨。受俸裁留一月粮，余皆贱贸与民之贫羸者"。卷五四《杨震传》载其先后为东莱、涿郡太守，"性公廉，不受私谒。子孙常蔬食步行，故旧长者或欲令为开产业，震不肯，曰：'使后世称为清白吏子孙，以此遗之，不亦厚乎！'"《杨震传》附子《秉传》载其少修父业，"自为刺史、二千石，计日受奉，余禄不入私门。故吏赍钱百万遗之，闭门不受。以廉洁称"。卷六七《党锢·羊陟传》载其灵帝时为河南尹，"计日受奉，常食干饭茹菜，禁制豪右，京师惮之"。第 1314、1397、1760、1769、2209 页。

经手财物的吏，其俸禄标准和实际收入更可相去甚远。其况正如顺帝时尚书令左雄所述："乡官部吏，职斯禄薄，车马衣服，一出于民，廉者取足，贪者充家。"① 这种情况也发生于同样要经手大量具体事务，同样"职斯禄薄"的在京吏员身上。由于近侍要官与一般官僚、京官与地方官、官与吏之间在职能、地位、性质上的明显不同，在其俸禄给赐标准及实际收入上出现上述差异，可以说绝非意外。

再就俸禄量的变化而言，汉代通常是肯定厚俸而否定薄俸，如惠帝登位后下诏有云："吏所以治民也，能尽其治则民赖之，故重其禄，所以为民也。"② 这类观点都是对更早时期形成的"禄足代耕"认识的进一步发挥，③ 在条件具备时坚持宁多勿少的俸禄政策，确实更有利于官僚管理和对贪黩的惩处。但汉代俸禄制度的一大问题是，官愈高者俸愈厚，官愈卑者禄愈薄。④ 如前述汉武帝以来丞相月俸 6 万钱，而当时的百石之吏仅 400～600 钱，差距高达百余倍，就不能不成问题了。更何况朝廷的有些赏赐，以及配备役力以供服事驱使的待遇，显然也非低官所能拥有。

低官俸禄之薄不仅体现在相对数量，而且体现在绝对数量的不足。由于这势必影响到吏治，所以才有宣帝神爵三年（前 59）下诏

---

① 《后汉书》卷六一《左雄传》，第 2017 页。荀悦《汉纪》卷三○《孝平皇帝纪》载王莽即位七年冬，"以郡县灾害，率减吏禄。终不禄者，各因职为奸利以自给"。张列点校，中华书局，2017，第 536 页。

② 《汉书》卷二《惠帝纪》，第 85 页。

③ 《孟子·万章下》述孟子言周室颁爵禄，"禄足以代耕也"。《孟子正义》，第 685 页。《盐铁论·疾贪第三十三》及王符《潜夫论·班禄第十五》皆循孟子此言。见王利器校注《盐铁论校注》，第 415 页；汪继培笺，彭铎校正《潜夫论笺校正》，第 166 页。

④ 如《盐铁论·疾贪第三十三》贤良曰："今小吏禄薄，郡国徭役，远至三辅，粟米贵，不足相赡。常居则匮于衣食，有故则卖畜粥业。非徒是也，徭使相遣，官庭摄追，小计权吏，行施乞贷，长吏侵渔，上府下求之县，县求之乡，乡安取之哉？"王利器校注《盐铁论校注》，第 415 页。

把百石以下吏员俸给提高 50% 的举措。① 到哀帝即位时，"益吏三百石以下奉"，再次提高了低官俸禄。② 东汉光武帝重定禄制时，又按"千石以上减于西京旧制，六百石以下增于旧秩"的原则进一步做了平衡。③ 累加至此，低官俸禄与西汉宣帝以前相比已有明显增加。像百石以下的斗食，以往"计日而食一斗二升"，每月不过 3~4 斛，此时则达 11 斛。④ 但尽管经历了这三次对低官俸禄的积极调整，表 8-4 所示六百石以下低级官吏的俸禄标准，仍不足以体现由来已久的精英治国传统，不仅无法维持"代天理物"的官僚所需的体面生活，上距"禄足代耕"的理念也差得很远，因而东汉士大夫仍在不断抱怨低官禄薄，⑤ 认为这是暴秦留至汉代的遗毒，甚至认为"危

---

① 《汉书》卷八《宣帝纪》神爵三年八月诏曰："吏不廉平则治道衰。今小吏皆勤事，而奉禄薄。欲其毋侵渔百姓，难矣。其益吏百石以下奉十五。"同书卷七六《赵广汉传》载其宣帝时为京兆尹，精于吏职，"郡中盗贼，闾里轻侠，其根株窟穴所在，及吏受取请求铢两之奸，皆知之……奏请令长安游徼狱吏秩百石，其后百石吏皆差自重，不敢枉法妄系留人"。第 263、3203 页。

② 《汉书》卷一一《哀帝纪》绥和二年六月诏，第 336 页。

③ 《后汉书》卷一下《光武帝纪下》建武二十六年正月"诏有司增百官奉"条，第 77 页。此条李贤注引《续汉志》载其所定各秩月俸斛数，见表 8-4。

④ 《汉书》卷一九上《百官公卿表上》"县令长"条述"百石以下有斗食、佐史之秩，是为少吏"。师古注："《汉官名秩簿》云：斗食月奉十一斛，佐史月奉八斛也。一说斗食者，岁奉不满百石，计日而食一斗二升，故云斗食也。"卷八三《薛宣传》载其少时"以大司农斗食属察廉，补不其丞"。师古注："斗食者，禄少，一岁不满百石，计日以斗为数也。"第 742~743、3385 页。《续汉书·百官志五》"百官受奉例"载"斗食奉月十一斛"，刘昭补注引《汉书音义》曰："斗食禄，日以斗为计。"第 3633 页。据此则西汉斗食月俸当为 3~4 斛，宣帝时"益吏百石以下奉十五"，曾为 5~6 斛，经哀帝、光武帝增加后，达 11 斛。

⑤ 如《群书治要》卷四五引崔寔《政论》："故三代之赋也，足以代其耕，故晏平仲诸侯之大夫耳，禄足赡五百，斯非优衍之故耶？昔在暴秦，反道违圣，厚自封宠，而虏遇臣下。汉兴因循，未改其制，夫百里长吏，荷诸侯之任，而食监门之禄。请举一隅以率其余：一月之禄，得粟二十斛，钱二千，长吏虽欲崇约，犹当有从者一人，假令无奴，当复取客。客庸一月千，刍膏肉五百，薪炭盐菜又五百，二人食粟六斛，其余财足给马。岂能供冬夏衣被，四时祠祀，宾客斗酒之费乎？况复迎父母，致妻子哉！"第 788 页。

国乱家，此之由也"。①

低级官吏俸薄自有其不得已的原因。农耕社会可供支配的财富资源相当有限，朝廷要做的事情却实在太多，低级官吏又在金字塔形的官僚队伍结构中占了绝大多数。前已指出西汉哀帝时在编官吏自丞相至佐史共120385人，其中官员数量应在10%以下；东汉光武省官后，在编官吏总数152986人，其中官员只有7567人，占比不到5%。由于官、吏皆以同一个秩次序列衡量其等级地位和俸禄，倘仅计东汉在编吏员145419人，每人月增俸禄10斛，岁支增加则远超千万斛。按东汉官方掌握的最高户口数10677960户来平摊，平均每户要摊到1斛以上；若按光武帝中元二年（57）的4279634户计，更要摊到3斛以上。② 如果再把占官员绝大多数的低级官员的增俸和加征成本问题考虑进去，其不堪负担之况可想而知。由此已可断定，低官俸薄实际上是植根于大一统王朝经济和政治结构深处的一个顽症。正是由于本来已不堪重负，随着光武帝以后官僚总数的继续增加，官方掌握的户口百年之中虽增长了268.88%，却未促使低官俸禄提高，反而屡有削减官俸的现象，③ 这可能也是当时士大夫抨击低官禄薄的原因之一。

汉制以一套官秩序列衡量和归置各种官吏，而不区别其是否操持实际事务的做法，也极大地限制了朝廷处理俸禄问题的选择余地。姑不论东汉后期的其他天灾人祸，在官僚队伍再度急剧膨胀的背景下，有官必

① 《后汉书》卷四九《仲长统传》述其撰《昌言·损益篇》曰："君子居位为士民之长，固宜重肉累帛，朱轮四马。今反谓薄屋者为高，藿食者为清，既失天地之性，又开虚伪之名……夫选用必取善士，善士富者少而贫者多，禄不足以供养，安能不少营私门乎？从而罪之，是设机置阱以待天下之君子也……夫薄吏禄以丰军用，缘于秦征诸侯，续以四夷，汉承其业，遂不改更，危国乱家，此之由也。"第1655~1656页。

② 梁方仲编著《中国历代户口、田地、田赋统计》载东汉官府掌握的户口数最低为光武帝中元二年4279634户，最高为桓帝永寿三年（157）10677960户。第20~21页。

③ 《后汉书》卷五《安帝纪》永初四年正月丙午，"诏减百官及州郡县奉各有差"；卷六《顺帝纪》汉安二年十月甲辰，"减百官奉"；卷七《桓帝纪》延熹四年七月，"减公卿以下奉"。第214、273、309页。

有秩而有秩必有俸的现实，足以使任何解决低官禄薄问题的要求成为泡影。到财政实在窘迫不堪，最终只能削减属于大宗支出的官俸时，完全不给那些没有或基本没有实际事务的官员颁俸，便成了最为可取的方案。桓帝延熹三年（160）九月丁亥，"诏无事之官权绝奉，丰年如故"；五年八月庚子，又"诏减虎贲、羽林住寺不任事者半奉，勿与冬衣；其公卿以下给冬衣之半"。[1] 即在这方面发出了明确的信号。至此，以往的官僚等级制度，官秩序列和相应的俸禄体系实际已无法维持，从而预示了魏晋以来官僚等级序列和俸禄制度的调整变迁方向。

三 服色仪制等其他待遇

官僚等级制度是人事管理的一个基准。秦汉时期形形色色的官僚只有一套秩次序列的状态，不仅制约了俸禄制度的复杂程度，也影响了官僚的其他各种待遇，使之较为质直简略，体现了大一统王朝发展初期的诸种特点。现择其中数项介绍如下。

图8-1 济南出土的戴冠冕的汉文官彩陶俑

---

① 《后汉书》卷七《桓帝纪》，第307、310页。

1. 服色仪制

在服色仪制上，秦始皇统一六国后，据阴阳五行学说定秦朝为水德，尚黑。[①] 汉初虽以推翻暴秦自诩，但也仍在同一套理论和制度下，抬出夏朝作为自己的法统之源，便也同样尚黑。[②] 大自然中平等的缤纷颜色由此便有了尊贵卑贱之别，就常服而言，普通老百姓往往服青绿或赤黄，大体所用色彩越多就越是尊贵，东汉时为官者二千石以上嫁娶之服用十二色，六百石以上九色，三百石以上五色，二百石以上四色，其中又以正红、暗红及紫色最为贵重，唯二千石以上公卿可用。[③] 权贵的常服，似是一种最接近黑色

---

① 《史记》卷六《秦始皇本纪》二十六年初并天下，"始皇推终始五德之传，以为周得火德，秦代周德，从所不胜。方今水德之始，改年始，朝贺皆自十月朔。衣服旄旌节旗，皆上黑。数以六为纪，符法冠皆六寸……更名河曰德水，以为水德之始"。第237~238页。

② 《史记》卷二六《历书》："汉兴，高祖曰'北畤待我而起'，亦自以为获水德之瑞。虽明习历及张苍等，咸以为然。是时天下初定，方纲纪大基，高后女主，皆未遑，故袭秦正朔服色。"第1260页。《汉书》卷八五《谷永传》载成帝时有黑龙见东莱，上使尚书问永，永对曰："汉家行夏正，夏正色黑，黑龙，同姓之象也。"第3459页。需要指出的是，受阴阳五行及五德终始说影响，刘邦曾有斩蛇举义的"赤帝子斩白帝子"说而旗帜尚赤；文帝时又有汉家土德，服色尚黄之说；至武帝太初元年五月颁历取代了水德；武帝以后又有"汉家尧后"火德说兴，后来遂为王莽、刘秀所据。参见顾颉刚《五德终始说下的政治和历史》，吕思勉、童书业编著《古史辨》第五册，第430~435、492~509页；杨权《新五德理论与两汉政治——"尧后火德"说考论》，中华书局，2006，第124~161页。但尽管存在着这些变化，除某些典礼外，服色尚黑仍因其有多重理据而流行于朝野各种场合。

③ 《汉书》卷一〇《成帝纪》永始四年六月，诏世俗奢僭罔极，车服嫁娶葬埋多有过制，"其申敕有司，以渐禁之。青绿民所常服，且勿止。列侯近臣，各自省改。司隶校尉察不变者"。第325页。《续汉书·舆服志下》："特进、列侯以上锦缯，采十二色。六百石以上重练，采九色，禁丹、紫、绀。三百石以上五色采，青绛黄红绿。二百石以上四采，青黄红绿。贾人，缃缥而已。"刘昭补注引《博物记》曰："交州南有虫，长减一寸，形似白英，不知其名，视之无色，在阴地多细色，则赤黄之色也。"《后汉书》，第3677页。六百石以上禁用的丹、紫、绀，即为颜色之最贵者。

的青紫色，① 至于朝会等正式场合所服则皆为玄色，② 再在领头袖口冠带鞋袜上做一些紫、赤、绛色的点缀。③

图 8-2　唐李贤墓壁画中的官吏

① 《汉书》卷七五《夏侯胜传》载其早年讲经时常谓诸生："经术苟明，其取青紫如俯拾地芥耳。"师古注："青紫，卿大夫之服也。"第 3159 页。同书卷八七下《扬雄传下》载其作《解嘲》有"纡青拖紫"语，师古注："青紫谓绶之色也。"第 3566 页。案青紫除指万石紫绶，二千石青绶，亦可指六百石至二千石卿大夫服色。秦汉皆限商人衣服，上引成帝诏言青绿为平民常服之色，卿大夫常服之色亦必有定。

② 《汉书》卷七八《萧望之传》载宣帝时京兆尹张敞上书论政，对丞相、御史之问曰："敞备皂衣二十余年，尝闻罪人赎矣，未闻盗贼起也。"注引如淳曰："虽有五时服，至朝皆着皂衣。"卷八五《谷永传》载其成帝时为大将军王凤赏识，"擢为光禄大夫"，永奏书谢凤称凤"擢之皂衣之吏，厕之争臣之末"。第 3277 ～ 3278、3454～3455 页。案玄色为黑中扬赤，与纯黑的皂相近，故二处称玄色衣为"皂衣"。

③ 参见《续汉书·舆服志下》，第 3677～3678 页。

汉代服色等级有一个总的特点，即关于社会各界的规定相当多，而官僚队伍内部的区别则较笼统，这是其尚存两周社会等级制遗风的写照。对社会各界服饰的限制，尤其是对商人不得衣丝乘车等歧视性规定，总是由于社会发展和阶层流动而不断被突破，即便三令五申也难免流于形式，史载东汉和帝以来"世莫能有制其裁者"。①对官僚服色的规定，除青紫大抵为六百石以上常服外，其他的仅在祭祀等大典仪式上才有一套按秩次层级分别祭服色、纹的办法。据东汉祀"天、地、明堂"的规定，其祭服大略综取儒经所述，天子以日月星辰等构成 12 种纹样，三公以山、龙等物构成 9 种纹样，九卿以花草虫鸟等构成 7 种纹样，皆备五彩，上衣玄色，下裳绛（缥）色；以下的百官执事者则皂色缯袍单衣，绛缘领袖中衣，绛裤袜；不执事者"袀玄"即玄色袍服。某些祭祀场合的服色与行政级别无关，如祀"五郊"，则百官"衣帻裤袜各如其色"，即统一为青或红、白、黑、黄色。②

汉代官僚的服色并不复杂，但有相当繁复的冠带、佩饰制度，这恐怕也是两周遗风。其中直接有关官僚权力的印绶质地和颜色，西汉大致已有万石金印紫绶、二千石银印青绶、六百石以上铜印墨绶、二百石以上铜印黄绶的规定。③东汉之况则如表 8-6 所示。不难看出，汉代官僚的秩次和行政地位，约略是按本书第二章所述人事任免和管理权任划分为数个层级的，最为常见的就是像印绶这样

---

① 《续汉书·舆服志下》，第 3677 页。参见《史记》卷三〇《平准书》、卷一二九《货殖列传》，第 1418、3272 页。

② 《续汉书·舆服志下》，第 3663 页。

③ 《汉书》卷一九上《百官公卿表上》，第 743 页。其前文载丞相、太尉及太傅、太师、太保等"金印紫绶"，诸侯王"金玺盭绶"，盭即绿。第 724～726、741 页。

分为四层，时人多比之为公、卿、大夫、士。① 官僚服色、仪制及其他各种待遇大都隐隐以此为分层标准，其分层本身却已没有多少实际行政内涵，故可将之视为官僚等级制度从先秦向秦汉以来过渡的特有现象。②

表8-6　东汉建武元年所定百官印绶概况

印质绶色	颁发对象
金印缬(绿)绶	诸侯王
金印紫绶	丞相、侯、大将军
银印青绶	秩中二千石之九卿、执金吾、河南尹，秩二千石之大长秋、将作大匠、度辽诸将军、郡太守、国傅相，秩比二千石之校尉、中郎将、郡都尉、诸国行相、中尉、内史、中护军、司直
铜印黑绶	秩千石之尚书令、御史中丞、治书侍御史、公将军长史，中二千石丞、廷尉正、平、诸司马、中宫王家仆、洛阳令，秩六百石之尚书、中谒者、谒者、黄门冗从、四仆射、诸都监、中外诸都官令、都候、司农部丞、郡国长史、丞、候、司马、千人、家令、侍、仆，秩四百石之洛阳市长、主家长
铜印黄绶	秩四百石之丞、尉，秩千石或六百石之县国守宫令、相，秩三百石之丞、尉、诸署长、楫棹丞、县国长相，秩二百石之丞、尉、诸陵校长等

备注：

①本表据《续汉书·舆服志下》刘昭补注引《东观书》编制。

②据《汉书·百官公卿表》，大夫、博士、御史、谒者、郎官无印绶，但仆射、御史治书、尚玺者有印绶。印绶颁发原则为治事、有官属，不治事、无官属者不发。

③《汉旧仪补遗》卷上载印纽之制，诸侯王为橐驼纽；丞相、大将军为龟纽；御史、二千石为龟纽；千石、六百石、四百石为鼻纽，不为虫兽之形；二百石无纽，为"通官印"。

2. 休假

官僚有休假，并以法令规定之。汉代官僚的各种假期大致可以

---

① 《睡虎地秦墓竹简》之《法律答问》："可谓宦者显大夫？宦及智于王，及六百石吏以上，皆为显大夫。"第233~234页。《汉书》卷八《宣帝纪》黄龙元年四月诏："举廉吏，诚欲得其真也。吏六百石位大夫，有罪先请，秩禄上通，足以效其贤材，自今以来毋得举。"第274页。是秦汉六百石地位仍被法令确认为有罪须上请而官秩授自皇命的大夫，由此联系《汉书·百官公卿表》述御史大夫"位上卿，银印青绶"，诸侯王国设官，"群卿大夫都官如汉朝"（第725、741页），可见汉代确似承秦把官员分为万石之公、二千石之卿、六百石以上之大夫、六百石以下之士四个层级。

② 参见阎步克《从爵本位到官本位：秦汉官僚品位结构研究》，第70~87页。

分为三类。

一是一般公休日和节假日。汉律有官吏五日一归休沐之制,[①]
或称"洗沐"。这是因为汉代官吏皆居于官府,有的则居于宫中侍
卫、服务于皇帝或太子,而其妻子父母则多居于私宅,故上自丞相
下至佐史,大略皆在休沐时归于私宅谒亲洗沐、办理私事。[②] 除这
种定期的休沐日外,节假日照例均可歇政休务,如冬至和夏至日,
依法皆可不省官事,放假休息。[③] 尽管也有官吏因勤于为政,假日
不休,[④] 但普遍还是要归家过节的。

二是功假、事假和病假。由于这类假期皆须事先申请,以便朝

---

① 《史记》卷一〇三《万石君石奋列传》载其景帝末年归老于家,武帝建元二年
以其长子石建为郎中令,"每五日洗沐归谒亲"。第 2765 页。《汉书》卷五〇《郑当时
传》载其性好结交,景帝时为太子舍人,"每五日洗沐,常置驿马长安诸郊,请谢宾客,
夜以继日,至明旦,常恐不遍"。第 2323 页。《史记》卷一二七《日者列传》:"宋忠为
中大夫,贾谊为博士,同日俱出洗沐,相从论议。"《正义》:"汉官五日一假洗沐也。"
第 3215~3216 页。《初学记》卷二〇《政理部·假第六》:"汉律:吏五日得一下沐。言
休息以洗沐也。"第 482 页。

② 《汉书》卷四二《张苍传》载其德安国侯王陵,"陵死后,苍为丞相,洗沐,常
先朝陵夫人上食,然后敢归家"。第 2099 页。《后汉书》卷五六《种暠传》附子《拂
传》载其"初为司隶从事,拜洛令。时南阳郡吏好因休沐游戏市里,为百姓所患。拂出
逢之,必下车公谒,以愧其心,自是莫敢出者"。第 1829 页。

③ 《汉书》卷八三《薛宣传》载其成帝时为左冯翊,善于为治,"及日至休吏,贼
曹掾张扶独不肯休,坐曹治事。宣出教曰:'盖礼贵和,人道尚通。日至,吏以令休,
所由来久。曹虽有公职事,家亦望私恩意。掾宜从众,归对妻子,设酒肴,请邻里,壹
笑相乐,斯亦可矣!'扶惭愧,官属善之"。第 3390 页。《北堂书钞》卷一五六《岁时部四·冬至篇二十四》引《续汉
书》云:冬至前后"百官绝事,不听政,择吉辰而后省事"。第 755 页。

④ 《汉书》卷五九《张汤传》附子《安世传》载其"少以父任为郎,用善书给事
尚书,精力于职,休沐未尝出"。第 2647 页。又汉代节假种类今已不详,前已述百官有
腊赐,《风俗通义》卷八《祀典·腊》载:"腊者,猎也,言田猎取禽兽,以祭祀其先
祖也。或曰:腊者,接也,新故交接,故大祭以报功也。汉家火行衰于戌,故曰腊也。"
应劭撰,王利器校注《风俗通义校注》,第 379 页。《礼记·杂记下》:"子贡观于蜡,孔
子曰:赐也,乐乎? 对曰:一国之人,皆若狂,赐未知其乐也。子曰:百日之蜡,一日
之泽,非尔所知也。"《十三经注疏》,第 1567 页。是蜡日为节周以来即然,汉代亦应
休假。

廷或上级安排有关公务，故称"告"。① 功假称"予告"，因其通常
以官僚功劳依法当予而得名。予告与考核制度结合在一起，以"在
官有功最"为条件。西汉存在着"三最予告"的法令，② 即以三次
考核获最为条件。事假和病假当然也有一定的手续和办法，但今仍
可知者，只有病假满三月无法还职者"当免"的规定，以及大概只
适用于二千石以上高官的续假惯例。由于二千石以上大臣均为皇帝
所倚重，当其病假将满三月，由有关部门奏请如何处理时，一般会
下诏延长三个月，甚至一再延长，③ 此即所谓"赐告"。得赐告者，
还可以携印绶和官属还乡养病。到汉成帝时，郡国守相赐告不得还
乡，同时开始出现公卿大臣病假满三月不再赐告的事例。④ 赐告也被
用于皇帝厌烦某位大臣命其归家等场合。⑤ 东汉光武帝建武初年曾

---

① 《汉书》卷一《高帝纪上》载秦时刘邦为泗水亭长，"尝告归之田"。注引"李
斐曰：'休谒之名，吉曰告，凶曰宁。'孟康曰：'古者名吏休假曰告。告又音誉。汉律：
吏二千石有予告，有赐告。予告者，在官有功最，法所当得也。赐告者，病满三月当
免，天子优赐其告，使得带印绶将官属归家治病。至成帝时，郡国二千石赐告不得归
家。至和帝时，予、赐皆绝。'师古曰：'告者，请谒之言，谓请休耳。或谓之谢，谢亦
告也。假为嗥、誉二音，并无别义，固当依本字以读之。《左氏传》曰韩献子告老。《礼
记》曰若不得谢。《汉书》诸云谢病皆同义。'"第5～6页。

② 《汉书》卷七九《冯奉世传》附子《野王传》载其成帝时为琅邪太守，称病，
"满三月赐告，与妻子归杜陵就医药"。大将军王凤风御史中丞劾奏野王赐告养病而私自
归家，奉诏不敬，其府僚杜钦"奏记于凤，为野王言曰：'窃见令曰，吏二千石告，过
长安谒，不分别予赐。今有司以为予告得归，赐告不得，是一律两科，失省刑之意。夫
三最予告，令也；病满三月赐告，诏恩也。令告则得，诏恩则不得，失轻重之差。又二
千石病赐告得归有故事，不得去郡亡著令……今释令与故事而假不敬之法，甚违阙疑从
去之意……'凤不听，竟免野王，郡国二千石病赐告不得归家，自此始"。第3303～
3304页。

③ 《史记》卷一二〇《汲黯列传》载其武帝时为主爵都尉，"多病，病且满三月，
上常赐告者数，终不愈。最后病，庄助为请告去"。上以黯为社稷之臣。第3107页。

④ 《汉书》卷八五《谷永传》载其成帝时累官二千石，善言灾异，党于王氏，专
攻上身与后宫。为北地太守岁余，"病，三月，有司奏请免。故事，公卿病，辄赐告，
至永独即时免"。第3473页。

⑤ 如《汉书》卷四六《万石君石奋传》附子《庆传》载其为相醇谨，无能有所
匡言，元封四年关东流民二百万口，"公卿议欲请徙流民于边以适之。上以为庆老谨，
不能与其议，乃赐丞相告归"。第2197页。这是以赐告的方式不令其与议大政。

一度取消予告和赐告，① 不久又恢复，至和帝以后， "予、赐皆绝"。

三是丧假，当时称"宁"。其制与传统的丧服制度密切相关。古制"凡为人后者"，丧期皆三年。② 汉文帝时为不影响公务，便变通丧假规定，即以一日顶一月，官僚服丧 36 日即除服还任。③ 这一规定与儒家的服丧主张和民间传统显然有悖，故虽维持了相当长的时间，大臣们却每每非议，实际服丧三年者所在多有，或乞病谢绝还任。④ 哀帝时曾下诏表彰宗室服丧三年者，又令"博士弟子父母死，予宁三年"。⑤ 平帝崩时，王莽规定"天下吏六百石以上，皆服丧三年"。⑥ 到注重名节的东汉，文帝旧制的实施更困难重重，故安帝永初元年（107），便有了长吏以父母丧辄去职者，不再追究处分的诏令。⑦ 六

---

① 《后汉书》卷四六《陈宠传》附子《忠传》载其元初时上疏论大臣服丧之期有曰："高祖受命，萧何创制，大臣有宁告之科，合于致忧之义。建武之初，新承大乱，凡诸国政，多趣简易，大臣既不得告宁，而群司营禄念私，鲜循三年之丧。"第1561 页。

② 《仪礼·丧服第十一》，《十三经注疏》，第 1100~1101 页。

③ 《汉书》卷四《文帝纪》载其遗诏"令天下吏民，令到出临三日，皆释服，无禁取妇嫁女祠祀饮酒食肉……非旦夕临时，禁无得擅哭。以下，服大红十五日，小红十四日，纤七日，释服。它不在令中者，皆以此令比类从事"。卷八四《翟方进传》载其成帝时为相，事后母甚谨，"及后母终，既葬三十六日，除服起视事，以为身备汉相，不敢逾国家之制"。师古注："汉制自文帝遗诏之后，国家遵以为常。大功十五日，小功十四日，缌麻七日。方进自以大臣，故云不敢逾制。"第 132、3416~3417 页。

④ 《汉书》卷五八《公孙弘传》载其武帝时征为博士，一岁中至左内史，"养后母孝谨，后母卒，服丧三年。为内史数年，迁御史大夫"。第2619 页。参见《晋书》卷二○《礼志中》载泰始十年杨皇后崩，陈逵、杜预等皇太子丧服议。第 618~623 页。

⑤ 《汉书》卷一一《哀帝纪》绥和二年六月，"诏曰：'河间王良丧太后三年，为宗室仪表，益封万户。'又曰：'……博士弟子父母死，予宁三年。'"师古注："宁谓处家持丧服。"第 336~337 页。

⑥ 《汉书》卷九九上《王莽传上》，第 4078 页。

⑦ 《宋书》卷一五《礼志二》："汉安帝初，长吏多避事弃官，乃令自非父母服，不得去职。"第 387 页。《后汉书》卷六一《左雄传》载其顺帝时上疏陈事请守相长吏"有显效者，可就增秩，勿使移徙。非父母丧，不得去官"。第 2018 页。是父母丧可去官服丧已得公认。

年后，"初听大臣、二千石、刺史行三年丧"。① 此后虽有反复，但三年丧期的制度化，显然只是一个时间问题了。②

不过丧期真的长达三年，官僚就势必要解职。以后虽仍可起用，但丧期内不颁俸禄，也就很难说是一种假期了。

3. 退休和抚恤

退休和抚恤制度，秦汉正值初创阶段，且限于高官。古时退休称"致仕（事）"。《礼记》有大夫七十致仕之说，③ 似反映了战国以来的一种理念。"人生七十古来稀"，在当时的生活条件下，尤其是在充满险风恶波的官场中，能活到七十岁的大臣实在不多；而农耕宗法社会的管理又特别有利于"经验主义"，因而历代往往并不对致仕做明确规定。皇帝常令年过七十而尚需倚重的老臣"卧治"，以充分利用其声望和经验。即使对力不从心，亦无继续留任必要的老臣，通常也不硬性规定其退休，而是让七十致仕、退位让贤的传统和舆论来发挥约束作用。这种情况在古风较浓的汉、唐尤其明显。

汉代似还没有年龄界限明确的退休制度，多见于文献的只有老臣自愿或因官场失意而"乞骸骨"，即因老、病请求退休，以便落叶归根，寿终正寝。乞奏上后，皇帝通常先下诏慰留，赐予医药、

---

① 《后汉书》卷五《安帝纪》永初元年九月丁丑，诏曰："自今长吏被考竟未报，自非父母丧无故辄去职者，剧县十岁，平县五岁以上，乃得次用。"元初三年十一月丙戌，"初听大臣、二千石、刺史行三年丧"。第208、226页。

② 参见《宋书》卷一五《礼志二》，第386~387页。

③ 《礼记·曲礼上》："大夫七十而致事，若不得谢，则必赐之几杖，行役以妇人，从适四方，乘安车，自称曰老夫。"郑注"致事"曰："致其所掌之事于君而告老。"《十三经注疏》，第1232页。可见七十致事其初并非硬性规定，由于贵族封君不可能致事，相关观念应随官僚制发展而产生。

钱物之类，再视情况决定是否准其所请。① 至于退休后的待遇，划一的规定是王莽执政的平帝元始元年（公元 1 年）正月出台的，即"天下吏比二千石以上年老致仕者，参分故禄，以一与之，终其身"，② 即凡比二千石以上官员年老退休，可终身领取原有俸禄的1/3。除此规定外，平帝前后经常可以看到的待遇是：高级官员致仕往往赐予黄金，其数量相当可观，常达数十百斤，或赐以钱物宅第，③ 或特赐二千石或千石禄归老终身。④ 除按古代尊老传统和当时

① 如《汉书》卷五八《公孙弘传》载其武帝元朔中为相，元狩时"上书曰：'……臣弘行能不足以称，加有负薪之疾，恐先狗马填沟壑，终无以报德塞责。愿归侯，乞骸骨，避贤者路。'上报曰：'……君不幸罹霜露之疾，何恙不已，乃上书归侯，乞骸骨，是章朕之不德也。今事少闲，君其存精神，止念虑，辅助医药以自持。'因赐告牛酒杂帛。居数月，有瘳，视事。凡为丞相御史六岁，年八十，终丞相位"。第 2622 ~ 2623 页。同书卷六九《赵充国传》载其为昭宣时名将，屡建殊勋，以子赵卬下吏自杀，遂"乞骸骨，赐安车驷马、黄金六十斤，罢就第。朝廷每有四夷大议，常与参兵谋，问筹策焉。年八十六，甘露二年薨，谥曰壮侯"。第 2994 页。

② 《汉书》卷一二《平帝纪》，第 349 页。平帝以前高官年老致仕亦有一定待遇，如《汉书》卷四六《周仁传》载其景帝时官至郎中令，"武帝立，为先帝官重之。仁乃病免，以二千石禄归老"。同卷《万石君石奋传》载其景帝季年"以上大夫禄归老于家，以岁时为朝臣"。第 2764 页。王先谦《汉书补注》引沈钦韩《汉书疏证》曰："汉无上大夫，通以中大夫二千石者当之。"中华书局，1983，第 1040 页。沈氏此说或有鉴周仁之待遇，然汉代多以二千石为卿。《史记》卷一三〇《太史公自序》提到"上大夫壶遂"。第 3297 页。《汉书》卷二一上《律历志上》载武帝元封七年，"太中大夫公孙卿、壶遂、太史令司马迁等言纪年坏废，宜改正朔"；卷一九上《百官公卿表上》载太中大夫秩比千石。第 974~975、727 页。是石奋归老所领"上大夫禄"有可能是比千石之禄；"岁时为朝臣"即岁时参与朝会，为重要的政治待遇。这与周仁以二千石禄归老一样，都不是普遍规定而应是个案。

③ 《汉书》卷七三《韦贤传》载其"为相五岁，地节三年以老病乞骸骨，赐黄金百斤，罢归，加赐弟一区。丞相致仕自贤始"。卷八二《史丹传》载其"为将军前后十六年，永始中病乞骸骨，上赐策曰：'左将军寝病不衰，愿归治疾，朕愍以官职之事久留将军，使躬不瘳。使光禄勋赐将军黄金五十斤，安车驷马，其上将军印绶。宜专精神，近置医药，以辅不衰。'丹归第数月薨，谥曰顷侯"。第 3107、3379 页。

④ 如《后汉书》卷六《顺帝纪》永建四年十一月庚辰，"司徒许敬免"。李贤注引《东观记》曰："为陵轹使者策罢，以千石禄终身。"卷四四《邓彪传》载其官至太尉，"视事四年，以疾乞骸骨。元和元年赐策罢，赠钱三十万，在所以二千石奉终其身。又诏太常四时致宗庙之胙，河南尹遣丞存问，常以八月旦奉羊酒"。第 257、1495 页。

优待高年的惯例赐予几杖酒肉之类外，① 德高望重者往往还获赐"安车驷马"，即以四匹马所拉比较舒服的坐乘之车。② 有些官员还被特诏以原俸终身，或遣所在地方官每年八月携羊酒慰问。③

　　另有一个极富汉代特色，并具两种相反功能的尊老之制。当大臣奏请让贤"乞骸骨"时，皇帝往往特赐肥牛一头、上好醇酒十石，以资慰抚，此即"养牛上尊酒"之法。此法还被用于一个特殊的场景，即每当皇帝认为辅政将相不称职，心极厌之而适遇大灾大异，便特赐其养牛上尊酒，附加谴责策书一道；被遣将相则多照例"自裁"，给人以病逝的印象。④ 此制之耐人寻味，在于其同时体现了当时皇帝"不欲显戮大臣"和大臣无法接受刑狱折辱的心态，从而深刻地反映了汉初以来的特定政治氛围及其所寓两周贵族制的某些精神。但也正因如此，养牛上尊酒之制到东汉以后很快消失，⑤ 也就不难理解了。

---

① 参见武威县博物馆《武威新出土王杖诏令册》，《汉简研究文集》，第 34～61 页。尹湾汉简《集簿》载西汉成帝时期东海郡年八十以上者达 33870 人，其中"年七十以上受杖二千八百廿三人"。《尹湾汉墓简牍》，第 78 页。可见受鸠杖享受比六百石待遇的条件相当苛刻。

② 《续汉书·舆服志上》述"乘舆、金根、安车、立车，轮皆朱班重牙，贰毂两辖"云云。刘昭补注引徐广曰："立乘曰高车，坐乘曰安车。"第 3644～3645 页。

③ 《汉书》卷六〇《杜周传》附子《延年传》载其五凤中为御史大夫，"视事三岁，以老病乞骸骨，天子优之，使光禄大夫持节赐延年黄金百斤、牛酒，加致医药。延年遂称病笃。赐安车驷马，罢就第。后数月薨，谥曰敬侯"。卷七一《薛广德传》载其元帝时为御史大夫，"以岁恶民流，与丞相定国、大司马车骑将军史高俱乞骸骨，皆赐安车驷马，黄金六十斤，罢"。第 2666、3048 页。《后汉书》卷二七《郑均传》载其章帝时为尚书，后乞骸骨，"拜议郎，告归，因称病笃，帝赐以衣冠"。元和元年又以议郎郑均、前安邑令毛义皆辞病致仕而品行淳洁，诏"赐均、义谷各千斛，常以八月长吏存问，赐羊酒，显兹异行"。次年东巡，"乃幸均舍，敕赐尚书禄以终其身，故时人号为'白衣尚书'"。第 946 页。

④ 参见赵翼《廿二史札记》卷三《上尊养牛》，第 38 页。

⑤ 《后汉书》卷四九《仲长统传》载其撰《昌言·法诫篇》有曰："曩者任之重而责之轻，今者任之轻而责之重。昔贾谊感绛侯之困辱，因陈大臣廉耻之分，开引自裁之端。自此以来，遂以成俗。继世之主，生而见之，习其所常，曾莫之悟。呜呼，可悲夫！"第 1658 页。是仲长统以为此制形成于文帝时期，至东汉以来诸公"任之轻而责之重"而风气已变。

抚恤是官吏死亡后的善后措施，也是其身在官场最后可以享受的待遇。张家山汉简《二年律令·赐律》中，有官员去世，由所居郡县依其秩次赐以不同规格的棺椁、衣裳的规定。① 2006 年出土的云梦睡虎地 77 号西汉早期墓葬简牍中包括《葬律》，其规定了彻侯葬仪的衣衾、棺椁、积炭、墓坑、封土及墓园祠舍规格。② 由此可推诸侯王及不同秩次的官员尤其是高级官员，亦当有相关葬仪规定。③

对去世高官的抚恤中还包括了赙赠，即赙以财仪和赠予盖棺论定，代表了朝廷对死者最终评价的"谥号"。二千石"卒官"即在职死亡，依常例是赐钱百万；④ 而谥号一般须列侯方可获得，⑤ 由大

---

① 张家山汉简《二年律令·赐律》："二千石吏不起病者，赐衣襦、棺及官衣常（裳）郡尉，赐衣、棺及官常（裳）。千石至六百石吏死官者，居县赐棺及官衣。五百石以下至丞、尉死官者，居县赐棺。""官衣一，用缯六丈四尺，帛里，毋絮；常（裳）一，用缯二丈。"彭浩、陈伟、工藤元男主编《二年律令与奏谳书——张家山二四七号汉墓出土法律文献释读》，第 208~209 页。

② 彭浩《读云梦睡虎地 M77 汉简〈葬律〉》的释文："彻侯衣衾毋过盈棺，衣衾敛束。荒所用次也。其杀：小敛用一特牛，棺、开各一大牢，祖一特牛遣一大牢。棺中之广毋过三尺二寸，深三尺一寸，袤丈一尺，厚七寸。椁二，其一厚尺一八寸；臧椁一，厚五寸，得用炭。墼、斗、羡深渊上六丈，坟大方十三丈，高三丈。荣（茔）东西四十五丈，北南四十二丈，重园（？）垣之，高丈祠（？）舍盖，盖地方六丈。中垣为门，外为阙，垣四陬为不（罘）思（罳）。"《江汉考古》2009 年第 4 期。参见湖北省文物考古研究所、云梦县博物馆《湖北云梦睡虎地 M77 发掘简报》，《江汉考古》2008 年第 4 期。

③ 《汉书》卷五《景帝纪》中元二年二月令诸侯王、列侯"葬，国得发民挽丧，穿复土，治坟无过三百人毕事"。第 145 页。其所载虽简，然亦可见其必有相关规定，其中即包括了诸侯王。同书卷八八《儒林·张山拊传》载其授艺郑宽中，宽中官至光禄大夫领尚书事，会疾卒，谷永上疏建议"加其葬礼，赐之令谥，以章尊师褒贤显功之德"。第 3605~3606 页。此亦可见百官葬礼必有规格。

④ 《后汉书》卷三一《羊续传》载其为南阳太守，征为太常，未及行，病卒，"遗言薄敛，不受赙遗。旧典，二千石卒官赙百万，府丞焦俭遵续先意，一无所受。诏书褒美，敕太山太守以府赙钱赐续家云"。第 1111 页。

⑤ 《后汉书》卷三六《张霸传》载其和帝时为会稽太守，后迁侍中，年七十疾卒，"将作大匠翟酺等与诸儒门人追录本行，谥曰宪文"。第 1242 页。是其尚不够赠谥资格，故其友朋、门人私谥之。参见同书卷四三《朱晖传》附孙《穆传》，第 1473 页。

鸿胪牵头议定奏赐,[1] 东汉以来"私谥"也已开始流行。[2] 其余则颇无定准。一毫不给的也有,增隆的则可加赐钱物、印绶、官衔、赐子封侯等。汉代最为隆重,也常为后世援用的是宣帝时大司马大将军霍光薨逝后的待遇,计有皇帝、太后亲临丧礼;特遣太中大夫与侍御史五人持节监护丧事;发三河(指河南、河内、河东三郡)民卒修造冢园祠堂,并派九卿一人就地主持;置园邑 300 家,设长、丞官常年守奉坟墓祠祀;发禁军将士列为军阵仪仗送葬;按皇帝丧礼规格赠以随葬的东园温明秘器,并将尸体置于可以调温的"辒辌车";另赐以金缕玉衣、梓木所制的"亲身之棺"("梓棺")、墓中便坐("便房")、"黄肠题凑"(以黄心柏木环叠于棺之上下左右,黄心柏木称黄肠,其木大头向内称题凑)各一具;供陪葬用的枞木椁 15 具,外加金、钱、缯、絮、绣衣、被 100 领、衣 50 箧和一个宣成侯的谥号。[3] 其隆重实在达到了为人臣者不应有的程度,从而在一派哀戚、尊荣夹杂的国丧气氛中,埋下了不久后霍氏被诛夷殆尽的伏笔。

第二节　隋唐官僚等级、俸禄和其他待遇

与汉代相比,隋唐的官僚等级、俸禄和待遇制度显得成熟多了。尤其是唐,正如考核标准问题上所体现的,其善于整合和兼容

---

① 《汉书·景帝纪》中元二年二月,"令诸侯王薨,列侯初封及之国,大鸿胪奏谥、诔、策。列侯薨及诸侯太傅初除之官,大行奏谥、诔、策。王薨,遣光禄大夫吊襚祠赗,视丧事,因立嗣子。列侯薨,遣大中大夫吊祠,视丧事,因立嗣。"师古注:"大鸿胪者,本名典客,后改曰大鸿胪。大行令者,本名行人,即典客之属官也,后改曰大行令。故事之尊重者遣大鸿胪,而轻贱者遣大行也。"第 145 页。参见黎虎《汉唐外交制度史》(增订本),中国社会科学出版社,2019,第 54~56 页。

② 《后汉书》卷六二《荀淑传》附子《爽传》载其耽思经书,人称无双,桓灵"时人多不行妻服,虽在亲忧犹有吊问丧疾者,又私谥其君父及诸名士。爽皆引据大义,正之经典,虽不悉变,亦颇有改"。第 2057 页。

③ 《汉书》卷六八《霍光传》,第 2948 页。

并包的时代特色，使之在处理各种棘手问题时游刃有余。在总结魏晋以来有关发展的基础上，其主要内容包括以下方面。

一　官僚等级的分化与品、阶、勋、爵的定型

汉代以一套秩次序列衡量所有官吏地位和俸禄的做法，已被实践证明并不适应大一统王朝中社会阶层和官僚队伍结构不断分化的实际趋势，东汉以来这种做法已难以为继。因而魏晋以来，除汉代的官秩序列仍行用了一段时期外，后来夹杂着出现的，有品阶，有班次，有命数，又有戎秩，用于赏功宠贵的还有综采三代传说和秦汉制度的爵制，以及新创的勋品，这种官僚等级、俸禄及赏功酬勋等序列的增衍和相互匹配，正是官僚制度走向成熟和完善的体现。

1. 魏晋以来官僚等级序列的分化

魏晋南北朝官僚等级制度的变化虽错综复杂，但其基本脉络仍是汉代已暴露问题的继续处理和陆续归纳与调节。其中值得注意并为隋唐相关制度起到了奠基作用的，大致有如下几点。

第一，官多职少成为定局和官、职关系的进一步复杂化，客观上确实需要在作为俸禄标准的秩次序列之外另设等级，以统一归置和衡量形形色色无论有无实务的官僚身份和地位。相关突破先是汉末曹氏政权实施九品官人法，由中正官把各地人才鉴甄为九品以凭选用；[①] 再至曹魏末年出现九品官阶，[②] 以适应各种官职"纷更升

---

① 《三国志》卷二二《魏书·陈群传》载曹丕即魏王位，以群为尚书，"制九品官人之法，群所建也"。卷二三《魏书·常林传》末裴注引《魏略·清介吉茂传》："先时国家始制九品，各使诸郡选置中正，差叙自公卿以下，至于郎吏，功德材行所任……叙茂虽在上第，而状甚下，云'德优能少'。"第635、661页。《太平御览》卷二六五《职官部六十三·中正》引《傅子》："魏司空陈群始立九品之制，郡置中正，平人才之高下，各为辈目，州置州都而总其议。"中华书局，1980，第1243页。

② 《通典》卷三六《职官十八·魏官置九品》列有第一品黄钺大将军、三公以下至第九品司徒史从掾、诸州郡防阁的品级序列。典二〇五至二〇七。祝总斌《两汉魏晋南北朝宰相制度研究》认为其与曹魏前期诸臣历官迁转的次序多有不合，其时间"不得早于咸熙元年"。第132页。不妨将之视为官品序列出现的时间下限。

降，与汉大殊"的局面，① 其制为晋泰始所定《官品令》确认，遂完成了从人才资地分为九等到各种官职分成九品的过渡。② 魏末晋初确定下来的九品官阶是与汉代以来的秩次序列并行的，这表明官品只兼容和衡量各种官员的身份和地位，与俸禄并不直接挂钩，其法为东晋宋齐沿袭。③ 至梁武帝登位后定令，仍沿宋齐官分九品，"帝于品下注一品秩为万石，第二、第三为中二千石，第四、第五为二千石"。这显然是以秩次序列附于官品序列，预示了其终将为官品序列取代的结局。至天监七年（508）改革选任制度，又另外设立了直接与选用资地要求相连的十八班序列，"以班多者为贵，同班者则以居下者为劣"，并为寒微士人和庶民的登进另设了班位和戎秩序列，皆与原有品秩共存，其制大略为陈朝所沿。④

北朝完全以官品序列取代了汉以来的秩次序列，早在北魏道武帝天赐元年（404），即制订了"散官五等"，与承自魏晋以来的九品官阶构成了两套等级序列，⑤ 预示了一种合理兼容官、职关系而极富潜力的发展方向。至孝文帝太和中所定官品，又在九品官阶的基础上再分正、从，四品以下又分上、中、下阶；到孝文帝太和二

---

① 洪诒孙：《三国职官表》序，《二十五史补编》第二册，第2731页。

② 从汉末曹氏中正评人的九品资地到后来的九品官阶，学界对此过程及其所寓史实的看法有所不同。参见阎步克《品位与职位：秦汉魏晋南北朝官阶制度研究》，第239~287页；张旭华《九品中正制研究》，中华书局，2015，第12~55页；陈长琦《官品的起源》，商务印书馆，2016，第222~255页。

③ 《通典》卷三六《职官十八·魏官置九品》题首原注："自魏以下并为九品，其禄秩差次大约亦如汉制，已列品第不可重出。"典二〇五。参见阎步克《品位与职位：秦汉魏晋南北朝官阶制度研究》，第287~301页。

④ 《隋书》卷二六《百官志上》，第729~748页。

⑤ 《魏书》卷一一三《官氏志》载天赐元年九月减五等爵为四等，"王第一品，公第二品，侯第三品，子第四品。又制散官五等，五品散官比三都尉，六品散官比议郎，七品散官比太中、中散、谏议三大夫，八品散官比郎中，九品散官比舍人。文官五品已下，才能秀异者总之之造士，亦有五等。武官五品已下堪任将师者，亦有五等。若百官有阙者，则于中擢以补之。"第2973页。这套散官等级序列可能并未沿用下来，却仍不失为南北朝后期至隋唐确定散官序列的前身。

十三年（499）除其中阶，构成了一套包括九品正、从、上、下共30个级别的流内官序列，这是以更为细密的品级序列来衡量官僚地位和扩展管理范围，另外又设立了勋品、流外序列。① 至北齐沿此定为流内、外九品序列，加置了流内比视品序列，又以特进、左右光禄、金紫、银青等光禄大夫安置"旧德就闲者"而类于散官。与之对峙的西魏北周又别出心裁，仿《周礼》而行命数、位序之法。② 可以认为，多个官僚等级序列并行，乃是魏晋南北朝时期官僚等级制度适应整个政治、社会和官僚队伍结构变迁的集中体现，隋唐的官僚等级制度，即在北齐三套品阶序列和散官建制的基础上整顿而来。

第二，上面提到南朝专为寒微士人和庶民设立专门班次，北朝则定之为九品流内和流外序列，说明官僚队伍的身份分化导致了官僚等级序列的相应分化。魏晋南北朝的士、庶关系虽错综复杂，本质上仍是汉以来定型的社会、政治秩序下，各社会成员身份地位逐渐明朗化的反映，其趋势集中体现于东汉以来合豪强、官僚、儒生于一体的世家大族兴起。③ 而士、庶关系折射到官场中，便是官分清、浊。要而言之，清、浊虽是相对而言的概念，却有着士、庶和官、吏身份之别的稳固内核，即越是高门士族所任官职就越"清"，反之，越是由寒门庶人所任官职就越"浊"，至于最为底层的吏职

---

① 《魏书》卷一一三《官氏志》，第 2976~3003 页。

② 《隋书》卷二七《百官志中》，第 765~771 页。同书卷二八《百官志下》载隋文帝以"特进、左右光禄大夫、金紫光禄大夫、银青光禄大夫、朝议大夫、朝散大夫并为散官，以加文武官之德声者，并不理事"。第 781 页。这显然是对北齐以特进及诸光禄大夫安置旧德就闲者的总结，而北齐此上承汉晋以来无员无职之特进及诸大夫官而来。见《晋书》卷二四《职官志》，第 727~728 页；《宋书》卷三九《百官志上》，第 1230 页。

③ 参见万绳楠整理《陈寅恪魏晋南北朝史讲演录》，第 1~31 页；唐长孺《魏晋南北朝隋唐史三论》，第 42~52 页。

则卑浊至极。① 因此，魏晋以来距离迅速拉开的士、庶与官、吏之别及官分清、浊，实际上是秦汉发展起来的社会形态和结构促成了一些新的社会身份等级，从而使官僚队伍发生相应分化的结果。当这种分化发展到一定程度，不仅无法再以同一套官秩来归置和衡量身份地位迥然有别的各种官吏，更使官职序列的清、浊流别和流内、流外序列的区分势在必行。从这个角度来看，魏晋以来旨在人分九等而非官分九等的九品中正制，其潜在的效用就是定期对各种官僚的身份加以分类，也就蕴含了相应调整官僚等级地位的发展方向。②

士、庶与官、吏之别在魏晋以来逐渐变为鸿沟，直接与之挂钩的等级序列则要到南北朝开始定型。南北政权这方面的共同点如上所述，即另设等级序列专门归置官场中的"寒微士人"，称为"流外"。③ 具有代表性的转折点，在北朝是北魏孝文帝太和十六年（492）制定《官品令》，初步建立了流内、流外及勋品序列；太和十九年又制订"品令"，进一步明确了各种官职的清、浊流别，强调流内士人官分九品，"九品之外，小人之官复有七等"。④ 在南朝

---

① 参见宫崎市定《九品官人法研究——科举前史》，第49～53、111～186页；张旭华《中古时期清浊官制研究》，第1～12页。

② 《晋书》卷一〇六《石季龙载记上》载其即天王位次年下书有曰："魏始建九品之制，三年一清定之，虽未尽弘美，亦缙绅之清律，人伦之明镜。从尔以来，遵用无改。先帝创临天下，黄纸再定。至于选举，铨为首格，自不清定，三载于兹。主者其更铨论，务扬清激浊，使九流咸允也。吏部选举，可依晋氏九班选制，永为揆法。"第2764页。是魏晋以来中正品第"三年一清定之"。

③ 《魏书》卷一一三《官氏志》："太和中，高祖诏群僚议定百官，著于令，今列于左，勋品、流外位卑而不载矣。"第2976～2977页。《隋书》卷二六《百官志上》载天监七年定十八班次，"位不登二品者，又为七班"；又载陈遵梁制为十八班，"又流外有七班，此是寒微士人为之"；卷二七《百官志中》载北齐河清定令，"自一品以下至于流外、勋品，各给事力"。第733、741、764页。

④ 《魏书》卷四七《刘昶传》，第1310～1311页。参见楼劲《对几条北魏官制材料的考绎——太和年间官制整改与官制诸令的若干问题》，《中国社会科学院历史研究所学刊》第一集，社会科学文献出版社，2001，第121～155页。

是梁武帝天监七年（508），除定选班十八班外，又专门为"位不登二品"的寒门士人可任之官定出了七个班次；① 其下还设立了"三品蕴位"和"三品勋位"两个性质更为卑浊或供庶民出任的官职类别。此外，当时陆续制订的"戎秩"即军衔序列，除设立 24 班 125 号和 109 号将军，分别授予衣冠士族和外国藩邦君长外，也另设了 8 班 14 个军衔名号，专供寒门庶人兼带。流内、流外官品序列及其所对应的士、庶与官、吏之别，可以说是魏晋南北朝官僚等级序列留给隋唐的又一遗产。

图 8-3　顾恺之《列女图》中的士人冠服

---

① 此处所谓"二品"为中正所评资品，二品以上和以下，即为"衣冠士族"和"寒微士人"的界限。《宋书》卷九四《恩幸传》序称："凡厥衣冠，莫非二品，自此以还，遂成卑庶。"第 2302 页。参见唐长孺《九品中正制度试释》，《魏晋南北朝史论丛》，第 109~115 页。

第三，旧爵制在无可挽回的泛滥中隳败，① 而宠置权贵和奖励功勋的新爵制和新措置正在重建。自曹操于建安二十年（215）重定名号侯至五大夫六个爵位以赏军功，② 魏文帝以来续有改补，③ 结果便形成了一套由王、公、侯、伯、子、男、县侯、乡侯、亭侯、关内侯、名号侯、关中侯、关外侯、五大夫 14 个爵级构成的新爵制。④ 但其关内侯以下并不衣食租税，而只有一些礼仪待遇，故称"虚封"，对后世影响至为深远。至西晋据儒经而强调公、侯、伯、子、男五等封爵在爵级序列中的基干地位，共定王、公、侯、伯、子、男、开国郡公、开国县公、开国郡侯、开国县侯、开国伯、开国子、开国男及乡侯、亭侯、关内侯共十六等，且其王爵一度地位极高，甚至重新让其自选官属，并配以一支规模不大的军队。⑤ 以

---

① 在某些时期，秦汉所谓军功爵还在行用。如《魏书》卷七下《高祖纪下》太和十七年七月，"以皇太子立，诏赐民为人后者爵一级为公士，曾为吏属者爵二级为上造"。第 172 页。《晋书》卷九九《桓玄传》载其篡位后大赦，"改元永始，赐天下爵二级，孝悌力田人三级，鳏寡孤独不能自存者谷人五斛。其赏赐之制，徒设空文，无其实也"。第 2595 页。但这类普赐爵级的实际内涵早已不为所重，魏晋以来其影响几可忽略。

② 《三国志》卷一《魏书·武帝纪》建安二十年冬十月，"始置名号侯至五大夫，与旧列侯、关内侯凡六等，以赏军功"。裴注引《魏书》曰："置名号侯爵十八级，关中侯爵十七级，皆金印紫绶；又置关内外侯十六级，铜印龟纽墨绶；五大夫十五级，铜印环纽，亦墨绶。皆不食租，与旧列侯、关内侯凡六等。"第 46 页。

③ 《三国志》卷二《魏书·文帝纪》黄初三年三月乙丑，"立齐公叡为平原王，帝弟鄢陵公彰等十一人皆为王。初制封王之庶子为乡公，嗣王之庶子为亭侯，公之庶子为亭伯。"第 79~80 页。

④ 《通典》卷一九《职官一·爵制》："魏，王、公、侯、伯、子、男，次县侯，次乡侯，次亭侯，次关内侯，凡九等（原注：关内侯为虚封，自此始）。"典一一〇。这十级再加名号侯、关中侯、关外侯和五大夫共十四级。参见守屋美都雄《关于曹魏爵制若干问题的考察》，钱杭译，《传统中国研究集刊》第五辑，上海人民出版社，2008，第 111~131 页。

⑤ 《晋书》卷二《文帝纪》载曹魏元帝咸熙元年三月己卯进司马昭爵晋王，七月昭命臣属定礼仪，议官制，"始建五等爵"。至晋初定律令时有所损益，同书卷三〇《刑法志》载晋帝泰始四年颁新律二十篇，其包括了"撰《周官》为《诸侯律》"，可证其列爵确以《周礼·地官·大司徒》的公、侯、伯、子、男五等爵制为本。同书卷二四《职官志》又载武帝咸宁三年再定爵制，对泰始之制有所调整。第 44、927、744~745 页。《通典》卷一九《职官一·爵制》列晋十六等爵，即是综此三次定制而言。典一一〇。又《唐六典》卷六《刑部》原注述晋泰始令四十篇，"二十四《王公侯》"。第 184 页。是其爵制已由专门令篇加以规范。

后各朝大略皆以王、公、侯、伯、子、男为框架，各取所需损益其爵制，但总体上还是重现了汉代不断削弱王侯势力的趋势。

这种以五等爵制为核心的爵级，也像秦汉爵制拥有礼仪、司法等多方面特权，有的还有府僚、家丞等官属。凡非虚封，衣食租税始终都是一项基本待遇。西晋对诸侯的规定是食其封邑 1/3 的租税（东晋降至 1/9）；北齐王、公食 1/3，以下食 1/4。[1] 但得到王、公、侯、伯、子、男爵的，大多是皇亲国戚，即使被用来赏功，也都局限在高要官僚的范围内。因而还需要有其他的赏功办法，这就出现了"勋品"或"勋官"。

图 8-4　北周重臣独孤信印以煤精制作

按唐人之说，"勋官出于周齐交战之际"。[2] 其实还应将其源起推到更早的时期，北魏孝文帝太和十六年改革以功勋酬赏官爵的旧

① 以上并参《通典》卷三一《职官十三·历代王侯封爵》，典一七九至一八二。
② 《旧唐书》卷四二《职官志一》，第 1807 页。

制，即制订过一个专门的"勋品"序列。①南朝则往往以"戎秩"即将军、校尉等军衔来赏功，其在当时常被视为完全因勋而获的官阶。②"周齐交战"时出现，以后直接为隋唐承袭的勋官，乃是北周太祖仿《周礼》重定整套官僚等级制度后重新设立的。其柱国、开府、都督之类的勋号，显然杂采汉魏以来旧名，其用意也仍然是要在爵位序列之外再设一种专供赏功的官号等级。就当时的总体状态而言，勋官或勋品通常与官职保持着相当紧密的关系，因而朝廷也往往直接用官职来赏功酬勋。

以上三个方面的变化发展，呈现出多个等级序列齐头并进的势头，其实质都是为了适应汉魏以来政治、社会的变迁和官僚队伍结构的分化，弥补汉以来单一秩次序列在诸多方面的缺失，有利于调节和平衡对人事管理来说最为基本的官、职、俸禄待遇等要素。故尽管南北对峙而政局动荡，士族高门安流平进而胡汉新贵不断崛起，魏晋南北朝还是基本完成了对汉代单一官秩序列的扬弃，为隋唐官僚等级制度的进一步发展和完善奠定了基础。

2. 唐代的散阶、职品、爵级、勋官及其相互关系

随着开皇年间行政机构和各种官职的确定，隋文帝承北周勋官之制而加损益，又按魏晋以来的传统建立爵级，同时梳理和建立了流内、外和视流内、外四套官品，外加一套并无实际事务的散官序

---

① 《魏书》卷一一三《官氏志》载"旧制，诸以勋赐官爵者，子孙世袭军号。（太和）十六年，改降五等，始革之，止袭爵而已"。其下文载太和十六年所定流内官品，"勋品、流外位卑而不载矣"。第2976~2977页。此"勋品"与"流外"并举，应该不同于太和末定制以来作为流外一品的"勋品"，似像南朝"勋位""勋品"为一专门序列，与酬勋相关却未必像南朝那样专为武人寒庶所设，不妨视之为此前以勋赐官之制和北周勋官的前身。参见阎步克《品位与职位：秦汉魏晋南北朝官阶制度研究》，第340~351。

② 《南齐书》卷三〇《薛渊传》载其"元徽末，以勋官至辅国将军，右军将军，骁骑将军、军主，封竟陵侯"。同卷《戴僧静传》载其从太祖屡建殊功，"随还京师，勋阶至积射将军、羽林监"。第553、555页。

列。到炀帝大业三年（607）改制时，这些序列又发生了变化。九品只留正、从，爵级唯制三等，勋官则被撤销，又调整和补充了"散官"序列。[①] 唐代官僚等级序列的总格局，即在隋代这些变化之上奠定，大体即以散阶安置官僚，职品衡量职务，爵级宠酬权贵，勋官奖赏功劳。就其渊源而言，包括了魏晋南北朝在这方面的各种主要措置；就其状态而言，各序列间构成了相当完备和明确的辅成层次关系；就其后劲而言，也为以后历代官僚等级制度奠定了基本框架。

散阶仅用于表明官僚与普通百姓的不同及其资格、服色、恩荫、授田等待遇，而不表示官僚的实际职务。[②] 其远源可溯至汉代并无实事的大夫、郎之类，近源则承自南北朝散官，尤其继承了隋炀帝在文帝基础上所设从一品到从九品 17 阶"散职"。[③] 其制自唐高祖武德元年（618）初定，经武德七年和太宗贞观十一年（637）两度定令修订后，在立意之邃密，设置之完备上，可说前无古人。表 8-7 便是太宗以来文、武两套散阶序列概况。从中可见其名目大多采自因长期"世移时变，遂为冗职"的陈旧官衔，[④] 这也表明唐代的这两套散阶序列，是在全面总结汉以来官制变迁和隋代散官序列的基础上建立起来的。

---

① 见《隋书》卷二八《百官志下》，第 773~803 页。

② 长孙无忌等《唐律疏议·名例篇》"八议"条："六曰议贵（原注：谓职事官三品以上，散官二品以上及爵一品者）。疏议曰：依《令》，'有执掌者为职事官，无执掌者为散官'。爵谓国公以上。"第 18 页。参见钱大昕《十驾斋养新录》卷一〇《唐人服色视散官》，第 213~214 页。

③ 《隋书》卷二八《百官志下》载其依次为光禄、左右光禄、金紫、银青光禄、正议、通议、朝请、朝散等九大夫，建节、奋武、宣惠、绥德、怀仁、守义、奉诚、立信等八尉。第794页。

④ 《魏书》卷一一三《官氏志》载宣武帝正始四年九月诏："五校昔统营，位次于列卿，奉车都尉禁侍美官，显加通贵。世移时变，遂为冗职。"是诸尉至是多为"冗职"。此即唐武散官多称尉的由来，文散官多称大夫、郎也是如此。参见杜佑《通典》卷三四《职官十六·文散官》《职官十六·武散官》，典一九三至一九五。

表8-7　唐代文、武散阶构成

品级	文散阶	武散阶
从一品	开府仪同三司	骠骑大将军
正二品	特进	辅国大将军
从二品	光禄大夫	镇军大将军
正三品上	金紫光禄大夫	冠军大将军、怀化大将军
正三品下		怀化将军
从三品上	银青光禄大夫	云麾将军、归德大将军
从三品下		归德将军
正四品上	正议大夫	忠武将军
正四品下	通议大夫	壮武将军、怀化中郎将
从四品上	太中大夫	宣威将军
从四品下	中大夫	明威将军、归德中郎将
正五品上	中散大夫	定远将军
正五品下	朝议大夫	宁远将军、怀化郎将
从五品上	朝请大夫	游骑将军
从五品下	朝散大夫	游击将军、归德郎将
正六品上	朝议郎	昭武校尉
正六品下	承议郎	昭武副尉、怀化司阶
从六品上	奉议郎	振威校尉
从六品下	通直郎	振威副尉、归德司阶
正七品上	朝请郎	致果校尉
正七品下	宣德郎	致果副尉、怀化中候
从七品上	朝散郎	翊麾校尉
从七品下	宣议郎	翊麾副尉、归德中候
正八品上	给事郎	宣节校尉
正八品下	征士郎	宣节副尉、怀化司戈
从八品上	承奉郎	御侮校尉
从八品下	承务郎	御侮副尉、归德司戈
正九品上	儒林郎	仁勇校尉
正九品下	登仕郎	仁勇副尉、怀化执戟
从九品上	文林郎	陪戎校尉
从九品下	将仕郎	陪戎副尉、归德执戟

备注：

①本表据《新唐书·百官志一》编制。

②文散阶正、从三品无上、下阶，共29阶，武散阶共31阶。

③《旧唐书·职官志一》原注：怀化大将军，"显庆三年置，以授初附首领，仍隶诸卫也"。又载归德将军，"显庆三年置，以授初附首领，仍隶诸卫也"。则怀化、归德诸号皆为番邦酋长而设。

　　散阶不授予吏员，除用以区别官员之间资格、待遇的等次外，其实际上是唐代官员身份的标志。因而当时选拔官员的各种仕途，都是散阶的授受渠道，依法共包括六类。一以"封爵"，即拥有王、公、侯、伯、子、男各等爵级的贵族，可依法取得官员身份而获散阶；二以"亲戚"，即皇亲国戚皆可依法获阶；三以"资荫"，即各级官员子弟亦可依法获相应散阶。以上三类，表明皇亲国戚和官贵子弟实为当然候补官员，这就反映了唐代仍深受魏晋以来士族门阀余绪影响的现实。四以"勋庸"，即据勋级亦即按朝廷确认的功勋等级取得官员身份而获散阶；五以"秀孝"，即因科举及第和忠孝节义受朝廷表彰而获散阶；六以"劳考"，即通过考核制度积累劳考而获散阶，其中也包括部分吏员满足考绩条件而成官得阶的情况。以上三类是普通人获得做官资格和散阶的途径，集中体现了当时官员与一般社会阶层的交流，构成了调节和扩大统治基础的重要机制。此外还有"泛阶"，这是高宗以来每逢大政庆典而为官僚普加散阶以示慰酬的手段，其中包含各种慷慨授阶的可能。在各级散阶的具体授受过程中，除泛阶外，爵级之尊卑，亲戚之近远，门资之高低，勋庸之大小，秀孝之类别，劳考之多少，皆有相应章程，[1]本书第三章已经介绍，这里不再赘述。

　　散阶代表了官员身份和资格，却必须通过任职才能成官，而任职必须铨选。就是说，为官者必有散阶，而成官却有待任职。因而铨选是唐代官员由散阶获得职务的过滤器，散阶则是兼容形形色色具有不同资格的官员以备任用的蓄水池。铨选如本书第四章所述，初仕者须试身言书判，再仕者或成批衡量定夺，或按个案由宰相进拟，皆"随才录用，或从闲入剧，或去高就卑，迁徙出入，参差不定"，[2] 其过程相当严格。散阶则如上述有六七条渠道源源补充，其

---

① 李林甫等：《唐六典》卷二《吏部》，第31~32页。
② 《旧唐书》卷四二《职官志一》，第1785页。

容量近乎无限。除天灾人祸、生老病死等自然和非自然的代谢外，散阶没有其他代谢途径。《唐律》规定，官员犯罪被"免官"或"除名"后，除名者可依法于六年满后重新按其仕途出身获阶，免官者可依法于三年满后降二等得阶。[①] 这种几乎有进无退，因而也必然有增无减的态势，一方面形成了一旦为官即终身具有官员身份的局面，另一方面又使数量越来越多却难以获得职务的低阶人员泛滥成灾，绝大部分地位"甚为猥贱"。他们只有在吏部、兵部的统一调度下，在各处轮番供事执役，或纳钱代役满规定期限后，才能酌情放选；通过铨选得到职务后，才可以正式成官，永不再"黄衣执笏"，以供驱使了。[②]

散阶的部分内容前已述及，唐代凡获职者皆带散阶，称"本品"。初任职务者应得职务级别，可依散阶套算，以后再按劳考进阶。若职务级别与散阶有异，职高阶低者称"守"，反之则称"行"、"摄"或"判"，职仅低阶一级或相当者称"兼"，暂解散官不带。初唐以后颇相错乱，唯"守""行"用法大抵不变。[③] 自唐初起，银青光禄大夫（从三品）以上皆以恩特拜，朝散大夫（从五品下）以上亦须奏请皇帝裁决，酌量授受，控制较为严格。到高宗乾封元年（666）始行泛阶后，便出现了银青、朝散因泛阶而授的事例。因而武则天万岁通天元年（696），便对应入高阶者做出了限制，即文武官历十三考以上无私犯现居六品者，方得入五品；历二十五考以上无私犯现居四品者，方得入三品。玄宗开元十一年（723）二月五日，又分别将升入五品、三品的条件加至十六考和三

----

① 长孙无忌等：《唐律疏议·名例篇》"除免官当叙法"条，第58~63页。

② 对文散阶来说，朝议郎（正六品上）以上，除爵国公、郡公和诸王出身外，大体皆由曾经或现有职务的官员所得，即使其闲居在家，也仍保留着官资而不必供事执役。最高的开府仪同三司和特进，则另案对待，虽无职事，仍须朝会，且按其阶与在职者一样颁发俸禄。见杜佑《通典》卷三四《职官十六·文散官》，典一九三至一九四。

③ 《旧唐书·职官志一》，第1785~1786页。

十考，并"永为常式"。①

唐代散阶制度有许多高明之处。其虽呈现了优待官贵子弟的一面，却也未尝不是对魏晋以来凭荫直接获职之风的一种限制。在安排新旧体制转换或改朝换代必然要出现的闲散官员时，散阶又是一种相对和缓不致引起更多不满的制度；在需要以官位奖酬军功佞幸时，授予散阶而不是职务也不失为一种不致损害国家利益的手段。总之，无事无禄，仅仅体现官员资格和礼仪等方面待遇的散阶序列的基本功能，在于其一方面保持了与职务序列之间的关联，另一方面又兼容了各种各样有职无职的官员，这就使朝廷得以切实贯彻有职必有其禄，任职必先成官，而成官不一定任职的原则，得以在很大程度上消解官多职少局面带来的一系列矛盾。要之，在经常趋于膨胀的官僚队伍与无法不断扩充的职务编制之间，系统而完备的散阶制度实际充当了一个富于弹性和便于调节、管理的缓冲器，有利于统治者解决官职关系方面的诸多问题。

在闲散冗职或被精简或被转化为散阶的同时，诸实际掌事理政的职务，自然也要被重新定编和确认其职能、性质、地位，从而构成职事官品序列。这是隋唐整套官僚等级制度的核心部分，也是据以颁发俸禄和唯一存在官员编制限额的品级序列。其品阶之构成及职务编制分别由《官品令》和《职员令》统一规范。② 敦煌残卷遗存和传世文献所示，唐《官品令》把官僚各种等级一概纳入了九品

---

① 以上并见《唐会要》卷八一《阶》，第1493～1498页。

② 李林甫等《唐六典》卷六《刑部》载唐令二十七篇，"一曰《官品》，二曰《三师三公台省职员》，三曰《寺监职员》，四曰《卫府职员》，五曰《东宫王府职员》，六曰《州县镇戍岳渎关津职员》，七曰《内外命妇职员》……"其原注述隋开皇令三十卷，"一《官品上》，二《官品下》，三《诸省台职员》，四《诸寺职员》，五《诸卫职员》，六《东宫职员》，七《行台诸监职员》，八《诸州郡县镇戍职员》，九《命妇品员》……"第183～184页。

正、从、上、下阶序列，再一一注明其中的职事品、散阶、勋等、爵级；①《职员令》则规定各机构官吏职掌和员额，是专门规范职事官编制和职掌的令篇。②

当然唐初以来的官僚等级制度是不断有所损益的。由于隋代散阶序列仅轮廓初具，三省六部制度也在调整发展，高祖武德七年（624）颁行新律令，其《官品令》所含散阶和职事官品较之隋代都更为整齐和纯化了。太宗贞观十一年（637）所定《官品令》，以及以后每次令文的修订，都在不断对有些职务和品阶做出调整。③玄宗开元二十五年（737）删定《官品令》时，删除了视流内、外序列中的大量职务，视品从此便萎缩了，只剩下专门为外来火祆教职设置的萨宝（视流内正五品）、萨宝府祆正（视流内从七品）、萨宝府祓祝（视流外勋品）、萨宝率府（视流外四品）、萨宝府史（视流外五品）5种职务。④表8-8、表8-9便是唐玄宗开元二十五年所定

①《通典》卷四〇《职官二十二·秩品五》载开元二十五年制定的“大唐官品”，包括了“流内”“视流内”“流外”“视流外”四个序列，其载“流内”序列的九品正从上下阶各官，除职事官外皆一一标明其为“文散”“武散”及“爵”和“勋”。典二二七至二三〇。《旧唐书》卷一《职官志一》载代宗永泰二年（766）官品，各品皆先载职事官，以下所载再一一注明“文散官”“武散官”“爵”“勋官”，间注唐初以来官品之调整。第1791~1803页。敦煌文书P.2504号是一份抄录相关令式的表格，其中即抄录了天宝所行《官品令》文。今存其第5~35格，自左至右逐格标明了九品正从上下阶职事官、文武散阶、爵阶和勋阶。见刘俊文《敦煌吐鲁番唐代法制文书考释》，第355~403页。表列正三品武散阶只有冠军大将军，从三品武散阶只有云麾将军，刘俊文考释“疑脱”。然从此表正、从三品未分上、下阶，又把正三品职事官诸卫大将军、从三品职事官左右诸卫将军分别单列于武散阶正、从三品之左来看，这恐怕不是脱文，而是别有原因。

②P.4634、S.1880等敦煌残卷可相缀合，为高宗永徽所用《东宫诸府职员令》的部分内容，所载皆以机构为纲，以下一一载其官吏员额与职掌。见P.4634、4634C2、4634C1、S.1880、3375、11446《永徽东宫诸府职员令残卷》，刘俊文《敦煌吐鲁番唐代法制文书考释》，第180~220页。

③《旧唐书》卷四二《职官志一》所载代宗永泰官品注出了此前历次品阶调整之要者，如正一品注“《武德令》有天策上将，九年省”；正二品注“《武德令》有尚书令，龙朔二年省，自是正第二品无职事官”。第1791页。

④《通典》卷四〇《职官二十二·秩品五》，典二二九至二三〇。

《官品令》中的流内、外职事官品阶概况。从中可见流内和流外已是官、吏的法定界限，这说明魏晋以来官僚队伍的身份分化，官僚等级制度中出现的流别和不同序列，最终已通过唐对流内、外序列适用对象的界定，集中落实到了官、吏之别上。[①]

表8-8　唐开元二十五年流内职事官品级

品级	主要职务	
	文职	武职
正一品	太师、太傅、太保、司徒、司空	
从一品	太子太师、太子太傅、太子太保	
正二品		
从二品	尚书左右仆射、太子三少、州牧	
正三品	侍中、中书令、六部尚书、太常卿	十六卫及诸军大将军
从三品	御史大夫、光禄等寺卿、上州刺史	十六卫及诸军将军
正四品上	黄门侍郎、中书侍郎、尚书左丞、中州刺史	太子诸率、上府折冲都尉
四品下	尚书右丞、太子谕德、下州刺史	千牛、监门卫中郎将，亲、勋、翊卫中郎将
从四品上	秘书少监、八寺少卿、太子家令	太子亲、勋、翊卫中郎将
从四品下	国子司业、上州别驾	中府折冲都尉
正五品上	御史中丞、谏议大夫、国子博士、给事中、中书舍人、京县令	亲、勋、翊卫郎将，亲王府典军
正五品下	太子中舍人、中州别驾	下府折冲都尉，太子亲、勋、翊卫郎将
从五品上	尚书诸司郎中、上州长史	亲王府副典军
从五品下	大理正、上州司马	上府果毅都尉
正六品上	太学博士、京府县令	诸卫左右司阶
正六品下	太子文学、下州长史	上镇将
从六品上	尚书诸司员外郎、上县令	诸率府左右司阶
从六品下	侍御史、少府丞	下府果毅都尉
正七品上	四门博士、中县令	中镇将
正七品下	太子通事舍人、诸仓监	下镇将、上镇副将、上府别将

[①]　《隋书》卷二六《百官志上》载梁陈专为寒门庶人划出的七班及"三品蕴位"和"三品勋位"中，即包括了不少吏职；卷二八《百官志下》载隋文帝开皇时所定流外和视流外九品序列，"极于胥吏矣，皆无上下阶云"。第733～735、791页。可见南北朝以来把流内、外序列定位为官、吏的品级序列，经历了一个逐渐明确的过程。

续表

品级	主要职务	
	文职	武职
从七品上	殿中侍御史、左右补阙、中下县令	中镇副将、中府别将
从七品下	上署令、诸屯监、下县令	下镇副将、下府别将
正八品上	监察御史、中州录事参军	
正八品下	下署令、中州诸司参军	诸卫左右司戈、上戍主
从八品上	左右拾遗、上县丞	
从八品下	大理评事、中县丞	中戍主、率府左右司戈
正九品上	校书郎、中下县丞	
正九品下	正字、下县丞、中州参军	诸卫左右执戟、下戍主
从九品上	尚书省、御史台主事、上县、中县尉	
从九品下	书学、算学博士、中下县尉	诸率府左右执戟

备注：

①本表据《通典》卷四〇《职官二十二·秩品五》编制。

②府兵系统另外构成了一套"卫官"序列。从正六品上的亲、勋、翊卫校尉到从九品下的折冲府队副，共十六级。

③另有视流内正五品萨宝、从七品萨宝府祆正。

表 8-9　唐开元二十五年流外官品级

品级	主要职务	品级	主要职务
勋品	诸卫录事、三省御史书令史	六品	诸仓、关、津府史、诸亭长
二品	太卜署助教、三省御史台令史	七品	太史监历生、天文生、诸仓计史
三品	各署录事、太医署医工、针工	八品	守宫署掌设
四品	太子詹事府令史、各寺监史	九品	国子学、太公庙干、诸輦者
五品	诸都护府史、大理寺狱史		

备注：

①本表据《通典》卷四〇《职官二十二·秩品五》编制。

②另有视流外勋品萨宝府祓祝、四品萨宝率府、五品萨宝府史。

　　除流内、外之别外，流内序列包含的各种职务也存在着一些重要的差异。如本书第四章所述以三品、五品区分高、中、低级职务层次，又辨别"常参官""诸司长官""清望官""清官"等内涵有所交叉的要职分类，将之与其他那些位望性质凡庸的职务区别开来。① 这

① 　参见李林甫等《唐六典》卷二《吏部》，第33~34页。

些也都是法律确认的职务层级和类型界限，并像流内、外等级序列一样指导着相应的人事管理过程。[①] 总体看来，唐代这种以流内、外序列为基干，再明确要职和一般职务范围界限的做法，扬弃了南北朝官僚等级制度所寓的士、庶、清、浊内涵，适应了当时社会结构、阶层分野和官僚队伍的分化状态，对后世相关制度也起到了奠基作用。

爵级与勋品似可理解为汉代爵制的截而为二，其性质多有雷同。两者都不直接反映官僚的行政地位，都有功劳奖赏意义和一定的激励作用，可授予普通人，且都与官僚队伍有千丝万缕的联系。所不同的是从汉代王、侯两级衍生出来的爵级更为尊贵，且有相当一部分为皇室垄断。

隋文帝曾建国王、郡王、国公、郡公、县公、侯、伯、子、男九等爵级，但炀帝改制时大多被废，只留下了王、公、侯三等。[②] 唐高祖武德元年（618）大致恢复了隋文帝时的爵级，且"广封宗室，以威天下"。[③] 太宗登位后，"喟然讲封建事，欲与三代比隆"，虽纳谏未行，并降高祖所封宗室郡公为县公，却确立了爵制不仅赏功，尤在宠贵的基调。[④] 其具体爵级到贞观十一年（637）定令时规模已定，[⑤] 其后概况如表 8-10 所示。

---

①　如《旧唐书》卷四二《职官志一》载"职事官资，则清、浊区分，以次补授"，以下历述清望官、清官范围后曰："自外各以资次迁授。"第 1804~1805 页。所谓"资次"即据相关资格条件依法循序授受职务。在唐令中，这些都是由《选举令》加以规范的。

②　《隋书》卷二八《百官志下》，第 801~802 页。

③　《旧唐书》卷六〇《宗室·淮安王神通传》，第 2342 页。

④　《新唐书》卷七八《宗室传》末赞曰，第 3537~3538 页；《资治通鉴》卷一九二《唐纪八》武德九年十月甲申，第 1284~1285 页；《唐会要》卷四六《封建杂录上》，第 824~827 页；《通典》卷三一《职官十三·历代王侯封爵》，典一八一至二八二。

⑤　《唐六典》卷六《刑部》原注载隋开皇令三十卷二十八篇，其中卷十四为《封爵俸廪》篇。其前文载开元令三十卷二十七篇中已无此篇。第 183~184 页。据《唐律疏议·诈伪篇》"非正嫡诈承袭"条疏议曰："依《封爵令》：'王、公、侯、伯、子、男，皆子孙承嫡者传袭。'以次承袭，具在《令》文。其有不合袭爵而诈承袭者，合徒二年。"第 463 页。是永徽定令时尚有关于封爵的专篇，可推武德七年和贞观十一年定令皆当承隋有《封爵俸廪》篇。

表 8-10　唐爵级概况

爵级	食邑（户）	法定授田额（顷）	封爵条件
亲王	10000	100	皇兄弟、皇子
郡王	5000	50	皇太子之子
嗣王			亲王嗣子
国公	3000	40	袭郡王、嗣王者，受特封之大臣
开国郡公	2000	35	诸王亲子，有殊功之大臣
开国县公	1500	25	有殊功之大臣
开国县侯	1000	14	
开国县伯	700	10	
开国县子	500	8	
开国县男	300	5	

备注：

①本表据《新唐书·百官志一》、《通典》卷二《食货二·田制下》所载诸爵授田数编制。表中田数应是开元二十五年《田令》的规定。《新唐书·食货志五》载武德元年授田额中，尚无郡公一级，故国公以下授田数与本表不同。所授皆永业田。

②名山大川、畿内之地，皆不封。

③亲王诸子以恩可进至郡王。

④唐后期已不坚持封爵条件，然亲王、嗣王必皇室。

　　唐代爵制中，王、嗣王、郡王纯为皇帝子孙而设，其下亦多皇帝孙辈。对非皇室的大臣来说，"国公皆特封"，一般也难以企及。其余最高到开国郡公为止，即其功勋恩宠应得更高爵级，通常也须"回授"给子孙乃至父辈。[①]

　　获爵者绝大部分为皇亲国戚、高要官僚。他们本来就享有多种特权，爵级则令其更为尊贵。除荫子可获更高散阶，犯罪可得更多免除机会，可论爵授田及其他政治、社会、礼仪上的优待外，另有食邑。不过，表 8-10 所示食邑实与曹魏以来所谓"虚封"相类，真正得以食其户租的"实封"须另行规定。如亲王，虽依法有食邑 10000 户，太宗时期规定的实封大致是 800 户或 1000 户。以后历代皇帝诸子受宠程度不同，实封户数也悬殊，最多可达 7000 户，低者则仅 300 户。开

---

①　李林甫等：《唐六典》卷二《吏部》"司封郎中　员外郎"条，第 37~38 页。

元以后，"约以三千户为限"。① 一般大臣得爵者，实封户数全由皇帝裁定，同属国公，有实封1300户的，也有400户、800户和750户的，② 且其封爵（包括虚封、实封）一般不得世袭。有实封者可食封户2/3的租税，并由其与封户所在州县协调，直接催督征收。由于唐代租税通常以"丁"为单位缴纳，玄宗开元十一年（723）规定，实封每户以三"丁"为限，同时又让封户把应输之额随当州租税运送至京，"并于太府寺纳"，再统一拨付给食封者，其总数往往超过朝廷每年入库的庸调绢数，构成了不小的财政压力。③ 在唐后期户版不完，税制紊杂的背景下，宪宗元和五年（810）又做了不同受爵者每食实封百户给绢350~800端匹不等的规定。④

初唐得实封者甚少，而所占户数甚多。越到后来，情况就越是向相反方向发展。⑤ 与此同步的是爵制趋于泛滥，如郡王一级，武

---

① 《唐会要》卷五《诸王》，第51~62页。参见仁井田陞《唐令拾遗》之《唐令·封爵令第十二》，第304~319页。

② 《唐会要》卷九〇《食实封数》，第1638~1642页。参见《金石萃编》卷四一《唐一·孔子庙堂碑》附考《唐宋诸碑系衔并食邑实封》，扫叶山房石印本，第一函册六，卷四一第8~11页。

③ 《唐会要》卷九〇《缘封杂记》，第1642~1649页。《旧唐书》卷八八《韦思谦传》附子《嗣立传》载其中宗时为相，建言禁止食封之家自征租赋，称户部云当时食封之家共用"六十余万丁，一丁两匹，即是一百二十万已上。臣顷在太府，知每年庸调绢数，多不过百万，少则七八十万已来，比诸封家，所入全少"。又"诸家自征，或是官典，或是奴仆，多挟势骋威，凌突州县，凡是封户，不胜侵扰"，请"封家但于左藏请受，不得辄自征催"。帝不听。第2871页。

④ 《旧唐书》卷一四《宪宗纪》元和五年（810）六月癸巳，"应给食实封例，节度使兼宰相，每食实封百户，岁给八百端匹，若是绢，加给绵六百两；节度使不兼宰相，每百户给四百端匹；军使诸卫大将军，每百户给三百五十端匹"。第431页。《唐会要》卷九〇《缘封杂记》载此规定适用于德宗贞元十三年（797）以后的应食实封者。第1647页。

⑤ 《新唐书》卷一一六《韦思谦传》附子《嗣立传》载其中宗时为相，建言改革食封之制，曰"国初功臣，共定天下，食封不三十家，今横恩特赐，家至百四十以上"，凡用户部丁六十万。第4232页。《旧唐书》卷八八《韦思谦传》附子《嗣立传》载其中宗时称国初"食封才上三二十家，今以寻常特恩，遂至百家已上"。第2871页。《通典》卷三一《职官十三·历代王侯封爵》原注："自武德至天宝，实封者百余家，自至德二年至大历三年食实封者二百六十五家，凡食四万四千八百六十户。"典一八一至一八二。

则天时期开始广泛授予异姓，封王 20 余人，"王爵始贱"。玄宗整顿后虽有好转，但安史之乱后已一发不可收，"王爵几遍天下，稍有宣力，无不王者矣！"后世遂以为"古来王爵之滥，未有如唐中叶以后之甚者"。① 最尊贵的王爵尚且如此，整套爵级在人事管理过程中激励作用的退化，也就不言而喻了。

勋级用于奖赏一般官僚和军人的功劳。隋文帝曾仿北周，设立过上自上柱国、下至都督的 11 级勋官，炀帝大业三年（607）撤销。② 唐高祖登位，曾"杂用隋制"，以光禄大夫、护军、大将军等赏功。武德七年（624）又在隋文帝所建勋级的基础上，重整了勋级序列，共 12 等。到贞观十一年（637）定制时，把原上大将军和大将军分别改为上护军和护军，其名称以后再未变过。③ 具体情况可见表 8–11。

表 8–11　唐勋级概况

转数	勋级	法定授田数	转数	勋级	法定授田数
12	上柱国	30 顷	6	上骑都尉	6 顷
11	柱国	25 顷	5	骑都尉	4 顷
10	上护军	20 顷	4	骁骑尉	80 亩
9	护军	15 顷	3	飞骑尉	80 亩
8	上轻车都尉	10 顷	2	玄骑尉	60 亩
7	轻车都尉	7 顷	1	武骑尉	60 亩

备注：

①本表据《新唐书·百官志一》《新唐书·食货志五》所载武德元年授田数编制，所授皆为永业田。

②《唐六典》卷五《兵部》载授勋条件："若牢城苦战，第一等酬勋三转，第二、第三等差减一转。凡破城阵，以少击多为上阵，数略相当为中阵，以多击少为下阵，转倍以上为多少。常据贼数，以十分率之，杀获四分以上为上获，二分以上为中获，一分以上为下获。凡上阵、上获第一等，酬勋五转；上阵中获、中阵上获第一等，酬勋四转；上阵下获、中阵中获、下阵上获第一等，酬勋三转；其第二、第三等各递降一转。中阵下获、下阵中获第一等，酬勋两转；第二、第三等并下阵下获，各酬勋一转。其虽破城阵，杀获不成分者，三等阵各酬勋一转。"

③凡以功授勋，复实然后奏闻，诸州受勋人，岁第勋之高下，三月一报户部，有蠲免必验。

① 赵翼：《陔余丛考》卷一七《唐时王爵之滥》，第 278～279 页。

② 《隋书》卷二八《百官志下》，第 781、794 页。

③ 《唐会要》卷八一《勋》，第 1491～1492 页。

　　勋级的基本权益，有免除课役及司法礼仪等项，以及表 8-11
所示依法授予勋田。不过其实际授田量即便在正常情况下，也总是
达不到法定数额，差额大概要另想办法来补偿。① 另有一项非常重
要的权益，即前面第三章所述的入仕做官。勋级自上柱国到武骑校
尉可依法授予正六品上到从八品下的散阶，这就使勋官有了与散官
类似的性质。但勋级的泛滥比爵制更快，史载高宗以来，"战士授
勋者动盈万计"。由于其数量多，又"出自兵卒"，故"据令乃与公
卿齐班，论实在于胥吏之下"，② 不仅其入仕的可能甚微，应得的其
他待遇往往也难兑现。到晚唐大概只有柱国、上柱国还有一些地
位，故授勋时往往"止述柱国，耻转轻车"。③ 实际上重蹈了秦汉军
功爵制趋滥趋贱的覆辙。

　　总体来看，隋唐官僚等级制度中品、阶、勋、爵构成了一个完
整的体系。用中唐名臣陆贽的话来说，品、阶、勋、爵"虽以类而
分，其流有四，然其掌务而授俸者，唯系于职事之一官，以序才能，
以位贤德，此所谓施实利而寓之虚名者也。其勋、散、爵号三者所
系，大抵止于服色资荫而已，以驭崇贵，以甄功劳，此所谓假虚名
以佐其实利者也。虚实交相养，故人不渎赏；轻重互相制，故国不
废权"。④ 尤其是散阶序列和职务序列的分离和相互关系，对当时的
官僚管理制度来说实具有最为直接和关键的意义。但以后的问题正
发生在这个关节点上。在包括勋、爵在内涌入散阶序列的六七条渠
道中，每条渠道的泛滥，最终都将导致散阶的泛滥。尽管散阶并无

---

　　① 《唐六典》卷三《户部》载官人受永业田，"并于宽乡请授，亦任隔越请荏
帅，皆许传之子孙"。又载凡给职分田，"若应给职田无地可充者，率亩给粟二斗"。第
75~76 页。可见这类问题在爵级和官员受永业田时实甚普遍，其是否如职分田一样有实
物补偿，还待进一步研究澄清。参见堀敏一《均田制的研究》，韩国磐等译，福建人民
出版社，1984，第 186~193 页。

　　② 《旧唐书》卷四二《职官志一》，第 1808 页。

　　③ 《唐会要》卷八一《勋》天祐二年六月十六日敕，第 1492 页。

　　④ 陆贽：《又论进瓜果人拟官状》，《陆贽集》卷一四《奏草四》，第 450 页。

法定编制，看似容量无限，但到其膨胀到原有待遇无从落实时，也就谈不上缓冲和激励作用了。更何况，早在玄宗开元二十五年（737）确定职务序列"设官以经之，置使以纬之"的原则时，整套行政体制已因各种临时性使职的盛行而发生了极大变化。旧职务渐趋闲散而新职务不断增加，职务编制和官职数量的扩大已势不可挡，结果便是从散阶、爵赏和勋级的泛滥而走向官职的泛滥，导致官、职、差遣错综交叠，这大致就是整个唐后期直至宋初官僚等级和相关管理制度发展的主题。

二　俸禄制度的演进与隋唐官僚的俸禄标准

官僚等级制度的变迁势必导致俸禄制度的相应调整。魏晋以来这些方面的发展变化，在局势动荡、南北差异和制度形态复杂多变的同时，也有引人注目的共同点。最为突出的即在多个等级序列并行的过程中，职务品级序列逐渐成为颁发俸禄的基准，有官必有禄的状态终于被有职必有禄的原则取代。正是这一发展主脉和与之相伴的一系列变迁，为隋唐时期的官僚俸禄制度奠定了基础。经隋代总结调整和初唐进一步发展以后，无论是俸禄的标准，还是俸禄的构成、来源和颁发方式等方面，都达到了相当完善的程度。

1. 魏晋以来俸禄制度的变化

魏晋南北朝官僚俸禄制度的发展变迁，值得注意的大致有下列三端。

第一，无事官僚不给俸禄的原则逐渐确定。在士族门阀当政而又竞趋清高的魏晋南北朝，这一原则的推进相当艰难。不过到南朝刘宋时，已出现了"非禄官"这种意味深长的名词。① 北魏

---

① 《宋书》卷六《孝武帝纪》大明五年五月癸亥，"制帝室期亲，朝官非禄官者，月给钱十万"。第 127 页。

自孝文帝太和八年（484）方制定俸禄制度，① 其原则是"德高者则位尊，任广者则禄重，下者禄足以代耕，上者俸足以行义"。② 太和十九年（495）诏"减闲官禄以裨军国之用"，③ 强调的也是俸禄作为职事报酬的观念。到北齐，有关原则正式进入法令而得到了确认。北齐武成帝河清三年（564）所定的俸禄制度中，有一条是"官非执事、不朝拜者，皆不给禄"；同时又做了依据事繁事闲增减官僚俸禄的规定。④ 这种以职务状态为准来颁发俸禄的措施，至隋文帝已发展为"食封及官不判事者并九品，皆不给禄"的制度，⑤ 从而为唐代完全按职事官序列来制定俸禄标准奠定了基础。

第二，地方官在俸禄制度中明显居于特殊地位。前已提到汉代地方官的俸禄标准没有多少实际意义，魏晋以来朝廷势弱，各地都督威权甚盛，地方势力盘根错节，各地官员尤其长官俸禄标准名不副实的情况更为严重。当时记载中的大量"减百官俸"的诏令，⑥

---

① 《魏书》卷七上《高祖纪上》太和八年六月丁卯诏曰："置官班禄，行之尚矣……自中原丧乱，兹制中绝，先朝因循，未遑厘改。朕永鉴四方，求民之瘼，夙兴昧旦，至于忧勤。故宪章旧典，始班俸禄。罢诸商人，以简民事。户增调三匹、谷二斛九斗，以为官司之禄。均预调为二匹之赋，即兼商用。虽有一时之烦，终克永逸之益。禄行之后，赃满一匹者死。变法改度，宜为更始，其大赦天下，与之惟新。"第 153～154页。从中可见，禄制推行前多由商人代理官方经营以充公廨之费，而官僚的收入则以各种例赐加以弥补。参见周一良《魏晋南北朝史札记》之《魏书札记·班禄与商人》，中华书局，1985，第 397～398 页。

② 《魏书》卷五四《高闾传》，第 1198～1199 页。

③ 《魏书》卷七下《高祖纪下》，太和十九年五月甲申，第 177 页。

④ 《隋书》卷二七《百官志中》，第 764 页。

⑤ 《隋书》卷二八《百官志下》，第 791 页。

⑥ 魏晋以来每换新朝或新帝初立而财政状况较好，例先增俸，然后常有削减。如《晋书》卷九《孝武帝纪》太元四年三月壬戌诏"众官廪俸，权可减半"。第 229 页。《宋书》卷五《文帝纪》元嘉二十七年二月辛亥，"以军兴减百官俸三分之一"。第 98页。《北齐书》卷七《武成帝纪》河清四年二月己卯，"诏减百官食禀各有差"。第 94页。其例不胜枚举。

对直接向百姓征租赋税役的地方官来说，大概不发生什么实际影响。① 当时屡屡重定或修正的俸禄标准，有些也的确只针对京官，直接治理民事和从事征敛的地方官可以说是实际超越于当时的俸禄制度之上的，史载"宋氏以来，州郡秩俸及杂供给，多随土所出，无有定准"。② 北魏孝文帝建立俸禄制度后，鉴于地方官收入有其特殊性，两年后又另做出州郡县官"依户给俸"的规定。③ 这种把地方长官作为俸禄制度中的一个单独序列而另定标准的做法，后来又为北齐和隋沿袭。北齐禄制中"州、郡、县制禄之法"自成一系，京官一品岁禄800匹，与正二品的上州刺史相同。④ 隋文帝定地方州、郡、县长官皆"计户给禄"，又定正三品的上州刺史岁禄620石，远高于同阶京官岁禄500石的标准。⑤ 应当说，在地方官实际收入难以把握的前提下，用明显高于京官的标准对之加以规范和约束，不失为面对现实的恰当方案。

第三，俸禄的构成已朝多样化方向定型。与当时社会经济生活相应，职田、布帛、粟米等在俸禄中占了主要比重，这种情况在西

---

① 东晋南朝官僚多有求为地方官以增加收入赡养亲属之例，如《晋书》卷七五《范汪传》附子《宁传》载其孝武帝时疏陈时政有曰："守宰之任，宜得清平之人。顷者选举，惟以恤贫为先，虽制有六年，而富足便退。"第1986页。《宋书》卷四三《傅亮传》载高祖以其久直西省，欲以为东阳郡。亮驰见高祖曰："伏闻恩旨，赐拟东阳，家贫忝禄，私计为幸。但凭荫之愿，实结本心，乞归天宇，不乐外出。"第1336页。北魏孝文帝以前未有俸禄制度，而地方官自不虞收入，太和八年实行俸禄制度后的情形则与南朝相仿。如《魏书》卷二四《崔玄伯传》附《崔宽传》载其约文成帝时为陕城镇将，"时官无禄力，唯取给于民。宽善抚纳，招致礼遗，大有受取，而与之者无恨"。同书卷五五《游明根传》附子《肇传》载其迁都后，"以父老，求解官扶待。高祖欲令遂禄养，乃出为本州南安王桢镇北府长史，带魏郡太守"。第625、1216页。
② 《南齐书》卷二二《豫章文献王嶷传》，第409页。
③ 《魏书》卷七上《高祖纪上》太和八年九月戊戌，"诏曰：俸制已立，宜时颁行，其以十月为首，每季一请。于是内外百官受禄有差"；卷七下《高祖纪下》太和十年十一月，"议定州郡县官依户给俸"。第154、161页。是太和八年六月诏定俸制，至九月下诏实施，外官业已受禄，而十年此时又改州、郡、县官俸禄之制。
④ 《隋书》卷二七《百官志中》，第763~764页。
⑤ 《隋书》卷二八《百官志下》，第791~792页。

晋时已很明显。尽管当时没有留下俸禄制度的系统记载，但从公一级高官的俸禄构成来看，武帝时先定"诸公及开府位从公者，品秩第一，食奉日五斛"；太康二年（281）起，另加春绢100匹，秋绢200匹，绵200斤；至惠帝元康元年（291）再给菜田10顷，"田驺"（从事田作者）10人。如果该官上任在立夏以后，其菜田当年不可能有收益，则另给俸米一年。[①] 这就包括了粟米、绵帛、菜田、力役四大项，其中，汉代还隐约存在的田土和苍头庐儿之类的仆役，现在已十分明确地发展成俸禄的基本组成部分。

另有两点需要注意。一是魏晋虽是秦汉以来商品经济相对萎缩的时期，但钱还是在俸禄中占有相当比重，尤其梁武帝大通元年（527）诏，百官俸禄，"自今已后，可长给见钱，依时即出，勿令逋缓"，[②] 说明南朝俸禄中钱的比重更高。北齐河清时禄制"一分以帛，一分以粟，一分以钱"，[③] 恐怕也是循北魏相关做法所定。[④] 二是在魏晋以来占田或均田制下官僚依法占有和授予的田地中，那些一次性划为官僚私产，或与社会上普通人一样还授，也不随官僚职务级别更动而变化的部分，都不能算是俸禄。唯有西晋明确用来代

---

① 《晋书》卷二四《职官志》，第726页。其下文载有特进（品秩第二）、光禄大夫（品秩第三）以及尚书令等官的食俸、例赐与菜田、田驺数。

② 《梁书》卷三《武帝纪下》大通元年正月乙丑诏，第71页。此前的相关事例，如《宋书》卷六《孝武帝纪》大明五年五月癸亥，"制帝室期亲、朝官非禄官者，月给钱十万"。第127页。《南齐书》卷六《明帝纪》建武三年闰十二月戊寅，又诏"今岁不须光新，可以见钱为百官供给"。第89页。

③ 《隋书》卷二七《百官志中》，第764页。

④ 前已指出北魏孝文帝行俸禄制前，是以商人代理经营提供部分经费的，这显然只能是钱。《魏书》卷三八《王慧龙传》载其晋宋间投北，后授南蛮校尉，因滑台之役有功，太武帝"赐以剑马钱帛，授龙骧将军，赐爵长社侯"；卷九一《术艺·徐謇传》载其太和末治疗孝文帝疾有功，特诏授"鸿胪卿，金乡县开国伯，食邑五百户，赐钱一万贯。又诏曰：'钱府未充，须以杂物：绢二千匹、杂物一百匹，四十匹出御府；谷二千斛……'"卷一二《孝静纪》载其禅位北齐文宣帝，被封中山王，"奉绢三万匹，钱一千万，粟二万石"。第876、1967、313页。这些记载说明太武帝以来赐赉臣下已钱帛兼有，孝文帝末年赐钱又因钱府未充折以实物，至魏末齐初俸禄中则已包括了绢、钱、粟米。

替俸禄的菜田，尤其是北魏孝文帝太和九年（485）规定随官僚职务调动"更代相付"的"公田"，① 才能算是一种特定形态的俸禄，尽管其本质不甚适应官僚迁徙出入的职业特点。

隋文帝所定俸禄制度，即继承了魏晋以来上述三方面的内容。其俸禄构成在开皇初颁行新田令时，便包括了按官僚品级授予"职分田"；同时，除颁给禄粟外，也配以"役力"即侍从仆役；② 至于是否给钱，从隋代"京官及诸州并给公廨钱，回易生利，以给公用"来看，③ 显然也不能排除给钱的可能。尤其值得注意的是，隋初定"食封及官不判事者并九品，皆不给禄"，又定地方官"禄唯及刺史、二佐及郡守、县令"，④ 这就把数量巨大的九品低官和绝大部分地方官及全部吏员排除出了颁给俸禄序列。⑤ 尽管以后情况有所变化，至少"流外给廪"问题在炀帝大业三年定令时已经解决，⑥ 但整个隋唐时期地方官俸禄另有标准，吏员俸禄则一直处于缺乏标准的微妙状态，恐只能联系汉代的低官薄禄、魏晋以来屡减官俸，

① 《魏书》卷一一〇《食货志》载太和九年所定均田制，其中一条为"诸宰民之官，各随地给公田，刺史十五顷，太守十顷，治中、别驾各八顷，县令、郡丞六顷。更代相付。卖者坐如律"。第2855页。《通典》卷三五《职官十七·职田公廨田》载"后魏孝文太和五年，州刺史、郡太守并官节级给公田"。典二〇二。《通典》此条似有脱文，且所据未知。若太和五年确有其事，则为八年推行俸禄制度的先声。

② 《隋书》卷二四《食货志》："开皇八年五月，高颎奏诸州无课调处，及课州管户数少者，官人禄力，乘前已来恒出随近之州。但判官本为牧人，役力理出所部。请于所管户内，计户征税。帝从之。"第685页。

③ 《隋书》卷二四《食货志》、卷四六《苏孝慈传》，第685～686、1259页。

④ 《隋书》卷二八《百官志下》，第791～792页。

⑤ 《隋书》卷二七《百官志中》载北齐河清之制，"自一品已下至于流外勋品，各给事力"；"州自长史已下，逮于史吏，郡、县自丞已下，逮于掾佐，亦皆以帛为秩。郡有尉者，尉减丞之半。皆以其所出常调课之。其镇将，戍主，军主、副，幢主、副，逮于掾史，亦各有差矣"。又载北周颁禄止于下士。第764、771页。是北齐吏员有秩，隋初定禄止于从八品五十石，而九品官和流外以下吏员及非地方长官、二佐的全部官吏皆无禄，是循北周的传统。

⑥ 《隋书》卷七五《儒林·刘炫传》载其炀帝时助牛弘修订律令，"诸郡置学官，及流外给廪，皆发自于炫"。第1721页。由此推想九品官的俸禄亦应在大业三年定令时得到了某种解决。

以及官、吏鸿沟的定型等一系列事实加以考虑，其背后的社会和政治、行政内涵堪值注意。

2. 唐代俸禄的构成与标准

唐代官僚俸禄大致是由职分田、禄米和俸钱、其他各种杂费与力役三大项构成，并按职事品序列定其标准。但其具体构成有前后时期之分和相应衍生的变化，标准则有官和吏之间、地方官和京官之间的明显差异。以下试从几个关键时期观察其基本状态及发展过程。

一是高祖武德元年（618）确定了一套以职田和禄米为主的俸禄标准，其中京官的标准见表8-12；地方官不给禄米，只有职田，见表8-13。[①]

表8-12　唐高祖武德元年京官禄米和职田授受标准

品级	岁禄米(石)	职分田(顷)	品级	岁禄米(石)	职分田(顷)
正一品	700	12	正六品	100	4
从一品	600		从六品	90	
正二品	500	10	正七品	80	3.5
从二品	460		从七品	70	
正三品	400	9	正八品	60	2.5
从三品	360		从八品	50	
正四品	300	7	正九品	40	2
从四品	260		从九品	30	
正五品	200	6			
从五品	160				

① 《通典》卷三五《职官十七·禄秩》："大唐武德中，外官无禄。贞观二年，制有上考者乃给禄，其后遂定给禄俸之制（原注：以民地租充之）。"典二〇〇。《唐会要》卷九〇《内外官禄》载武德元年十二月因隋制"文武官给禄"，下文载各品岁禄石数，止于从九品的三十石。又载贞观八年中书舍人高季辅上表，言其时"外官卑品，犹未得禄"，请"斟量给禄，使得养亲"。《新唐书》卷五五《食货志五》载高季辅上表后，"以地租春秋给京官，岁凡五十万一千五百余斛。外官降京官一等，一品以五十石为一等……八品、九品以二石五斗为一等。无粟则以盐为禄"。第1395页。将之与《唐会要》载高季辅上表对照，可见新志时序紊乱，外官禄制必定于贞观十一年定《封爵俸廪令》时。

续表

备注：

①本表据《新唐书·食货志五》、《唐会要》卷九〇《内外官禄》编制。

②授田皆在京师百里之内，应给田而无田者，亩给粟二斗。凡陆田限三月三十日，稻田限四月三十日，麦田限九月三十日，官员于此前离任者，职田当年收入归继任者，此后离任者归本人。若此前离任，已耕未种，继任者须酬其功值；已种者，"准租分法"，共价每亩6斗以内。

③禄米"皆每年给"。

④府兵系统的"卫官"，另有职田序列，从6项到80亩不等。

⑤京师及州县，另有公廨田供"公私之费"，其时官员的力役配给情况不明。

表 8-13　唐高祖武德元年地方官职田授受标准

单位：顷

品级	诸州都督、都护、王府官	镇戍关津岳渎官	品级	诸州都督、都护、王府官	镇戍关津岳渎官
二品	12		六品	5	3.5
三品	10		七品	4	3
四品	8		八品	3	2
五品	7	5	九品	2.5	1.5

备注：

本表据《通典》卷三五《职官十七·职田公廨田》、《新唐书·食货志五》编制。

　　二是太宗贞观十一年（637）定令时，鉴于以往的俸禄标准难以规范官僚收入，[①] 大概也是因为职分田授受数额往往落实不了等问题，[②] 又在武德以来的标准上增加了俸钱一项，同时按低京官一等的原则，确定了地方官月俸和岁禄的颁发标准，见表 8-14。

---

　　① 《唐会要》卷九一《内外官料钱上》："武德以后，国家仓库犹虚，应京官料钱，并给公廨本，令当司令史、番官回易给利，计官员多少分给。"第 1651 页。除各官府公费外，唐初京官料钱也因国库空虚而从公廨本钱贸利支给，其况亟待加以规范。

　　② 《新唐书》卷五五《食货志五》载贞观"十八年，以京兆府、岐、同、华、邠、坊州隙地陂泽可垦者，复给京官职田"。第 1395 页。可见此前京官职田授受已停。

表 8-14 唐太宗贞观十一年京、外官禄米、俸钱标准

| 品级 | 京官 | | 地方官 | 品级 | 京官 | | 地方官 |
	月俸钱	岁禄米（石）	岁禄米（石）		月俸钱	岁禄米（石）	岁禄米（石）
正一品	6800	700	650	正六品	2400	100	95
从一品		600	550	从六品		90	85
正二品	6000	500	470	正七品	2100	80	75
从二品		460	430	从七品		70	65
正三品	5100	400	370	正八品	1600	67	64.5
从三品		360	330	从八品		62	59.5
正四品	4200	300	280	正九品	1300	57	54.5
从四品		260	240	从九品		52	49.5
正五品	3600	200	180				
从五品		160	140				

备注：

①本表据《通典》卷一九《职官一·禄秩》、卷三五《职官十七·禄秩》编制。

②春秋两季发禄米，无粟则以盐相代。

③地方官俸钱数不详。

④京、外官另有职田和配给的仆役，并以公廨田入或公廨本钱生息供官员之食料。

三是高宗永徽元年（650）以来，又整顿了以往以公廨田、公廨本钱"回易取利"，以供"公私之费"的办法，改革了相关财源，定制"凡京文武正官每岁供给俸食等钱"。即把以往所领参差不一的食料、杂用钱和部分统一配给的勤务人员按其职事品阶明确了下来，又为流外吏员制定了一个虽低却毕竟明确的月俸和食料钱标准，同时制定了地方官分配各种杂费收入的笼统方案。① 其所定京官俸禄标准可见表 8-15。

---

① 《通典》卷三五《职官十七·禄秩》载永徽元年以来整顿公廨钱经营之制，"其后又令薄赋百姓一年税钱，依旧令高户及典正等掌之，每月收息以充官俸。其后又以税钱为之，而罢其息利。凡京文武正官每岁供给俸食等钱（原注：并防阁、庶仆及杂钱等），总一十五万三千七百二十贯（原注：员外官不在此数）"。其下文载"月料"钱之来源及其分配办法和员外、里行等官禄俸食料钱的相关规定。典二〇一。《新唐书·食货志五》亦载此事，且载京官各品之月俸、食料、杂用钱标准及配给的仆役定额。两处皆述其事在永徽元年及"其后"，这应当就是永徽元年至二年闰九月修订、颁行律令格式之事。关于唐初以来公廨钱之经营贸利及其整顿之况，参见《唐会要》卷九三《诸司诸色本钱》，第 1675~1676 页。

表 8-15　唐高宗永徽二年京官月俸、杂费、力役配发标准

品级	月俸钱	月食料、杂用钱	力役（人）
一品	8000	3000	96
二品	6500	2500	72
三品	5100	900	48
四品	3500	700	32
五品	3000	600	24
六品	2000	400	15
七品	1750	350	4
八品	1300	550？	3
九品	1050	450？	2
流外	140	30	无

备注：

①本表据《新唐书·食货志五》编制。八品、九品之杂费，原文如此。

②《通典》卷三五《职官十七·禄秩》载其时定制，"内外员外官同正员者，禄料、赐会、食料一事以上并同正员；其不同正员者，禄赐食料亦同正员，余各给半，职田并不给"；"内供奉及里行不带本官者，禄俸、食料、防阁、庶仆一事以上并同正官。带官者，听从多处给；若带外官者，依京官给（食料、赐会与京官同）。诸检校及判、试、知等官不带内外官者，料度一事以上准员外官同正员例给；若检校及判、试、知处正官见阙者，兼给杂用，其职田不应入正官者亦给（其侍御史、殿中及监察御史知、试，并同内供奉、里行例）"。

③《通典》卷三五《职官十七·禄秩》又载，其时"外官则以公廨田收及息钱等，常食公用之外，分充月料。先以长官定数，其州、县少尹、长史、司马及丞，各减长官之半；尹、大都督府长史、副都督、别驾及判司，准二佐，以职田数为加减；其参军及博士，减判司、主簿，县尉减县丞，各三分之一"。

④佐史以下供"常食"。

⑤力役一栏只包括五品以上的防阁和六品以下的庶仆，其他尚有各种侍从仆役，文武职事三品以上带勋官者有亲事、帐内 36 人到 130 人不等，州县官有白直 4 人到 40 人不等，又有执衣 3 人到 18 人不等，镇戍军官有仗身 1 人至 4 人不等，折冲府军官亦然，1 人至 6 人不等。

⑥京、外官另有职田、禄米。

四是继高宗、武则天以来相关举措后，玄宗开元二十四年（736）全面修订初唐以来的俸禄制度，基本确认了太宗、高宗所定禄米、月俸标准，但在以往某些纳课代役成例的基础上，尤其是有鉴武则天光宅元年（684）定文武职事官按品级配给侍从仆役，后来其皆可纳钱代役的做法，[①] 把防阁、庶仆等统一配给官员的侍仆数额正式折为月钱，与俸禄、食料、杂用钱"撮而同之，通谓之月俸"，一体颁发。[②] 次年颁田令时，又重定了内外官员的职分田标准，结果便形成了一套较以往任何时候都完整的俸禄序列，其京官的标准概要见表8-16。

表8-16　唐玄宗开元二十四年京官俸禄标准

品级	岁禄米（石）	职田（顷）	月俸料钱				
			月俸	食料	杂用	役钱	总计
正一品	700	12	8000	1800	1200	20000	31000
从一品	600						
正二品	500	10	6000	1500	1000	15000	24000?
从二品	460						
正三品	400	9	5000	1100	900	10000	17000
从三品	360						
正四品	300	7	4500	700	600	6600	11867?
从四品	250?						
正五品	200	6	3000	600	500	5000	9200?
从五品	160						
正六品	100	4	2300	400	400	2200	5300
从六品	90						
正七品	80	3.5	1750	350	350	1600	4500?
从七品	70						
正八品	67	2.5	1300	300	250	625	2475
从八品	62						

---

① 《通典》卷三五《职官十七·禄秩》载武则天光宅元年九月定内外文武职事官配给的仆役数额，京官从三师、三公、开府仪同三司各配130人，下至九品配给4人；外官二品给18人，八品、九品各3人。所有役仆人员"分为三番，每周而代。初以民丁中男充，为之役使者不得逾境，后皆舍其身而收其课，课入所配之官，遂为恒制……其防阁、庶仆、白直、士力纳课者，每年不过二千五百，执衣元不过一千文"。典二〇一。《新唐书》卷五五《食货志》载亲事、帐内先由六至九品官员之子充任，可"岁纳钱千五百"代之，称"品子课钱"；后诸仆役皆纳课，"仗身钱六百四十，防阁、庶仆、白直钱二千五百，执衣钱一千"。第1397~1398页。

② 《通典》卷三五《职官十七·禄秩》，典二〇一。《唐会要》卷九一《内外官料钱》载为"宜合为一色，都以月俸为名，各据本官，随月给付。其贮粟宜令入禄数同申，应合减折及申请时限，并依常式"。第1654页。

品级	岁禄米（石）	职田（顷）	月俸料钱				
			月俸	食料	杂用	役钱	总计
正九品	57	2	1050	250	200	417	1917
从九品	52						

备注：

①本表据《新唐书·食货志五》载开元二十四年所定禄米、《通典》卷二《食货二·田制下》载开元二十五年所定职田、《唐会要》卷九一《内外官料钱上》载开元二十四年所定俸料钱编制。其从四品禄米存疑，各品俸料钱总数有与分项之和不合者，为《唐会要》原文如此。《册府元龟》卷五〇六《邦计部·俸禄二》载开元二十四年六月之数，四品役钱为6067，是俸料钱总数当为11867，七品俸料钱总数为4050。以上为正员标准，员外、试、知等不在其列。

②俸米皆"岁再给之"。

③另有其他役力及年节例行赏赐等。

④天宝十四载制曰将上述俸料钱标准皆增20%，但因故未施行。

⑤地方官禄米标准在本表基础上皆降一等，职田与武德元年标准一致，俸料钱不详。

⑥流外俸禄不详。

总之，从唐开国之初到玄宗开元二十五年，官僚俸禄的构成和标准序列逐步朝更为合理的方向发生了相当大的变化。从表8-12至表8-16的内容递嬗中，不难体会到该时期商品经济发展、人身依附减弱之类的社会演化，以及俸禄制度本身力役折钱、钱物比重和数量标准等方面的发展脉络。

当然唐代所定的这些俸禄数额，也像汉代那样只能作为一种约略的基数、一种参考的标准来对待。整套俸禄制度所涉要素极为复杂，史官的记载对相关数据又常大而化之，其局限是明显的。如俸料钱虽名为钱，却往往拿不出钱，便只好以粟米等物代替，因而必须据"时价"折算，① 而

---

① 《册府元龟》卷五〇六《邦计部二十四·俸禄二》："开元十六年十一月敕：文武百官俸料钱所给物，宜依时价给。"第6070页。具体如《唐会要》卷九二《内外官料钱下》长庆"四年五月敕：'近日访闻京城米价稍贵，须有通变，以公济私。宜令户部应给百官俸料，其中一半合给段匹者，回给官中所籴粟，每斗折钱五十文，其段匹委别贮，至冬籴粟填纳太仓。'时人以为甚便"。第1667页。

折算势必问题重重。① 拿粟、钱比价来看，唐代的"时价"低者如太宗贞观四年（630）"斗不过三四钱"，② 高至"人相食"的则有肃宗上元元年（760）的"斗至七千"。③ 大致若米斗三四百钱即为饥馑年景，各地粮价又因丰歉、转输、灾害、战乱而相应变化，④ 在朝廷穷尽可能予以保障的京师，市场上的粟价大抵常在六七十钱。⑤ 考虑到这些因素，官僚实际收入的俸料钱及折物之数，自会在法定俸禄标准所示数量上下浮动变化。再如役力，表 8-15 所示仍然只是把部分役力折算成比较明确的标准，而其他"仗身""士力"等依然不在其中，并且还在派生出其他力役。⑥ 凡此之类，都是认识唐代各时期俸禄标准时必须特别注意的。

至于唐后期的变化，从法律的角度看，一方面是所占比重不大

---

① 如《通典》卷九《食货九·钱币下》载高祖所铸开元通宝轻重大小合宜甚便，"之后盗铸渐起"，朝廷回购或厉禁皆不济事，以致"钱贱而物贵"，直至天宝初年，"两京用钱稍好，米粟丰贱，数载之后，渐又滥恶。府县不许好钱加价回博，令好恶通用，富商奸人渐收好钱，潜将往江淮南。每一钱货得私铸恶钱五文，假托公钱，将入京私用。京城钱日加碎恶"。典五二至五三。仅此一项，足见折算各环节之叵测。

② 《资治通鉴》卷一九三《唐纪九》太宗贞观四年条载，"是岁，天下大稔，流散者咸归乡里，米斗不过三四钱"。第 1297 页。

③ 《资治通鉴》卷二二一《唐纪三十七》肃宗上元元年六月甲子，"三品钱行浸久（胡注：开元钱与乾元当十钱、重轮钱为三品），属岁荒，米斗至七千钱，人相食。京兆尹郑叔清捕私铸钱者，数月间榜死者八百余人，不能禁"。第 1511 页。

④ 参见王仲荦《金泥玉屑丛考》卷五《唐五代物价考·粮价》，中华书局，1998，第 124~135 页。

⑤ 《新唐书》卷五三《食货志三》载玄宗时始有和籴，"天宝中，岁以钱六十万缗赋诸道和籴，斗增三钱，每岁短递输京仓百余万斛"。又载德宗贞元时，"宰相陆贽以关中谷贱，请和籴，可至百余万斛。计诸县船车至太仓，谷价四十余，米价七十，则一年和籴之数当转运之二年，一斗转运之资当和籴之五斗"。第 1373~1374 页。可见天宝及贞元年间京师和籴价大略为米斛六七十钱。

⑥ 如《通典》卷三五《职官十七·禄秩》载"天宝七载九月敕：五品以上正员清官、诸道节度使及太守等，并听当蓄丝竹，以展欢娱"。又载天宝八载六月敕："其南口给使，王公家不过二十人，其职事官一品不得过十人……八品九品不得过一人（原注：百官家蓄丝竹及给使口，并是朝恩优宠资给，故附于庶仆俸料之后）。"典二〇二。

的禄米和职田断断续续的维持，① 另一方面则是俸料钱在正常时期的继续增加。② 不过唐后期所定俸料钱标准一般不再以原来的职事品划出等次，而是直接在各种职务下注明俸料钱数，这反映了使职盛行后官、职关系趋于复杂，俸禄制度随整套行政体制的名实错综而相应调整的状态。此外，唐前期已存在的地方官和吏员的俸禄问题也进一步突出化了。流外吏员俸禄在高宗时做过如表8-15所示很低的笼统规定，到玄宗开元二十四年调整时，这些规定似已停废，吏员的收入部分应由各级长官从公廨钱中酌情支给，③ 其间自会留下大片灰色地带。至于地方官俸禄，初唐时其额度低于京官，唐中期以后情况已经逆转。④ 陈寅恪先生曾据元白诗所及俸料钱考证其况，结论是"唐代中晚以后，地方官吏除法定俸料之外，其他不载于法令，而可以认

---

① 《通典》卷三五《职官十七·禄秩》原注述禄米"自至德之后不给"。典二〇〇。然《唐会要》卷九〇《内外官禄》至德二载四月敕："天下郡府及县官禄，白直品子等课，从今年正月一日以后，并量给一半。事平之后，当续支还。"又载大中三年九月敕："秦州刺史禄粟，每月给五十一石，原州、威州刺史禄粟，每月各给四十一石。"第1649页。则至德以后各地官员仍月给禄米，《通典》述"不给"者当是京官。

② 《唐会要》卷九一《内外官料钱上》载大历十二年四月二十八日，"度支奏加给京百司文武官及京兆府县官每月料钱等"，其标准从三师、三公、侍中、中书令月各一百二十贯文，下至京兆府诸县参军、文学博士、录事月各一十贯文。又载贞元四年中书门下奏加京官料钱，从往年旧额三十四万八千五百贯四百文加至六十一万六千八百五十五贯四百四文，侍中、中书令月各一百六十贯文，下至国子监书、算及律助教月各一千文。第1655~1658、1661~1663页。《新唐书》卷五五《食货志五》载唐百官俸钱，会昌后不复增减，三师月钱二百万，三公三百六十万，侍中百五十万，至最低的十六卫、六军、十率府执戟、长上、左右中郎将二千八百五十文。第1402~1405页。与表8-16相较，足见其所增幅度之大而高官尤甚。

③ 《唐会要》卷九三《诸司诸色本钱上》载贞观、永徽至开元、大历、贞元时皆规范公廨本钱之来源及经营，以充"官人俸""料钱""杂用""公厨"等支出，而流外本在"官人"之列。同卷《诸司诸色本钱下》元和十年正月御史台奏有曰："公廨本钱，应缘添修廨宇什物，及令史、府史等厨并用。"第1676~1677、1682页。可见公廨钱确可用于吏员供食等项，前引《通典》述外官以公廨田收及息钱充公用者，先以长官定数，以下按一定比例递减分配，其中自然也可包括吏员，当然各地官府筹措吏员收入的途径更多。

④ 赵翼：《陔余丛考》卷一七《唐制内外官轻重先后不同》，第271~272页。

为正当之收入者，为数远在中央官吏之上"。① 看来，由于我国古代特定的政治和社会结构，即便是唐也未能摆脱地方官之收入水平无法切实把握，而浩繁之吏员又实在供养不起这两大症结。②

三 其他待遇的发展和规范化

在官僚的其他待遇上，魏晋南北朝时期留下的记载相当零散，除南、北地域和各族的特点及其渐趋融合的趋势外，情况错综复杂，时间断断续续，难以拉出特定线索。下面主要来看唐代承之整合后的相关规定。

图8-5 河北望都汉墓壁画官吏

---

① 陈寅恪：《元白诗中俸料钱问题》，《金明馆丛稿二编》，上海古籍出版社，1980，第69页。

② 《通典》卷四〇《职官二十二·秩品五》载开元二十五年官品，其末原注述其时内外文武官编制18085人，各种吏员和执役供事者达349868人，比前述西汉哀帝时期丞相以下120285人的官吏编制总额增长了近2倍。典二三〇。而唐代官府掌握的最高户口额为天宝十四载的8914709户52919309口，其数尚低于西汉最高额12233062户59594978口之数。见梁方仲编著《中国历代户口、田地、田赋统计》，第4~6页。这也可见唐代吏员供养问题要比西汉尖锐。

1. 服色仪制

唐代官僚有免除赋役、犯罪官当及荫子入仕等一系列经济、政治待遇，在礼制上则受魏晋以来士族影响而较为讲究身份等级。如衣服之制，祭祀、朝会等典礼上官员所穿法服、朝服一向较为规整，其记载亦较系统，这里可以略而不谈。[①] 就官员平素穿的"常服"（或称"宴服""燕服"）而言，南朝有其禁用纹饰色彩的等级规定，[②] 北朝相对随意，北齐诸帝常服绯袍，而百官则"长帽短靴，合裤袄子，朱紫玄黄，各从所好"。隋代初期，此风不改，帝王贵臣，"多服黄纹绫袍"，而"百官常服，同于匹庶，皆着黄袍，出入殿省"。直到炀帝大业元年（605），才定制"自天子逮于胥吏，章服皆有等差"。[③] 唐代便在这样的基础上，逐渐规定了常服的规格，如表8-17所示。其中可以看到常服紫、绯、青、绿等色彩及质地和带饰，已使人一眼就能辨别出其级别和资格了，而普通百姓，依规定只许穿黄、白之服。[④]

表 8-17　唐官员常服品第

品级	服色	质地	腰带
一品			
二品	紫	大料紬绫及罗	金玉带十三銙
三品			

---

① 参见《隋书》卷一一《礼仪志六》载梁陈、北齐、北周之朝服及诸典礼之法服，第215~251页。

② 《宋书》卷一八《礼志五》载宋制"山鹿、豻、柱豻、白豻、施毛狐白领、黄豹、斑白鼲子、渠搜裘、步摇、八玃、蔽结、多服蝉、明中、櫂白，又诸织成衣帽、锦帐、纯金银器、云母从广一寸以上物者，皆为禁物。诸在《官品令》第二品以上，其非禁物，皆得服之。第三品以下，加不得服三玃以上、蔽结、爵叉……第六品以下，加不得服金玃、绫、锦、锦绣……第八品以下，加不得服罗、纨、绮、縠，杂色真文。骑士卒百工人，加不得服大绛紫襈、假结、真珠珰珥、犀……履色无过绿、青、白。奴婢衣食客，加不得服白帻、蒨、绛、黄金银叉、镮、铃、镝、钮，履色无过纯青"。第518页。

③ 见《旧唐书》卷四五《舆服志》"宴服"，第1951页。

④ 《唐会要》卷三二《舆服下·异文袍》武德四年八月十六日敕："流外及庶人，服紬绢絁布，其色通用黄、白，饰用铜铁。"第581页。

续表

品级	服色	质地	腰带
四品	深绯	小料绸	金带
			十一銙
五品	浅绯	绫及罗	十二銙
六品	深绿	丝布	银带十銙
七品	浅绿	交梭	
八品	深青	双纠	石带九銙
九品	浅青		
流外	黄白	绌绝绢布	铜铁带七銙
庶人			

备注：

①本表据《唐会要》卷三一《舆服上·章服品第》所载高宗上元元年腰带、服色，卷三二《舆服下·异文袍》所载高祖武德四年质地编制。《旧唐书·舆服志》列之于"宴服"之下。

②服色、质地、带饰等礼仪待遇，皆以散阶为准。

诸如此类的等级观念在当时社会可谓无所不在，如建造房屋，按唐《营缮令》所定规格，应让人一眼就可看出房主的身份。因为"王公以下舍屋不得施重拱、藻井"；三品以上堂舍，不得过五间九架，"厅厦两头门屋"则不得过五间五架；五品以上堂舍与门屋，分别不得过五间七架和三间两架；六品、七品以下，则分别不得过三间五架和一间两架。"非常参官不得造轴心舍，及施悬鱼、对凤、瓦兽、通栿乳梁装饰；父、祖舍宅及门，子孙虽荫尽，仍听依旧居住。其士庶公私第宅，皆不得起楼阁，临视人家。"① 尽管唐后期有关禁令渐被打破，但文宗太和六年（832）仍限庶人堂舍不得过三间四架，门屋不得过一间两架；而五品以上的家宅，照例"通作乌头大门"。② 如官员级别为三品以上，其大门左右更要依其品阶各立

---

① 《天一阁藏明钞本天圣令校证——附唐令复原研究》下册《天圣营缮令复原唐令研究》附《唐营缮令复原清本》第 6 条，第 672 页。参见《唐会要》卷三一《舆服上·杂录》太和六年六月诸司奏准诸仪制引《营缮令》，第 575 页。

② 《唐会要》卷三一《舆服上·杂录》太和六年六月诸司奏准诸仪制，第 575 页。

多达 14 根或 16 根，少则 10 根或 12 根带有旗幡的"棨戟"，而皇宫、东宫门旁也不过各立 20 戟和 18 戟。①

2. 休假

唐代官僚休假仍分数类，其给假及节庆诸制较之汉代已有长足发展。唐代各机构通常"日出视事，午而退"，但须轮流宿直，只有年龄最大的可以不宿直。太宗贞观五年（631）的一项规定颇值得注意，其内容为文武官妻"娩月"，则免于宿直。②

汉代官吏 5 日一休沐，到唐代则成了 10 日一休沐，即所谓"旬假"。③ 不过其节假较多，今仍流行的如元宵、清明、端阳、中秋等节假及旬假，至唐都在《假宁令》中做了明确规定："元日、冬至并给假七日（节前三日，节后三日），寒食通清明，给假四日。八月五日、夏至及腊，各三日（节前一日，节后一日）。正月七日、十五日，晦日，春秋二社，二月八日，三月三日，四月八日，五月五日，三伏，七月七日、十五日，九月九日，十月一日，立春，春分，立秋，秋分，立夏，立冬及每旬，并给休假一日。"④ 这是玄宗开元二十五年（737）定《令》的规定，后来的调整如代宗大历四年（769）下敕，增七月十五休假"前后各一日"，共 3 日；大历十四年又敕寒食清明节休假增至 5 天；德宗贞元六年（790）敕寒食清明节宜准正月初一的"元日"，"前后各给三日"，共休假 7 日。此前两年，德宗还规定，正月初一、三月初三、九月初九三个节日，每节宰相及五品以上职事官和八品以上供奉官共赐钱 500 贯文，翰林学士共赐钱 100 贯文，左右神威、神策军每厢共赐钱 500 贯文，金吾、英武、威远诸卫将军共赐钱 200 贯文，客省奏事共赐钱 100

---

① 《唐会要》卷三二《舆服下·戟》，第 585~588 页。
② 《唐会要》卷八二《当直》贞观五年十二月二十日敕，第 1516 页。
③ 《唐会要》卷八二《休假》，第 1518~1521 页。以下凡非注出者皆见此。
④ 《天一阁藏明钞本天圣令校证——附唐令复原研究》下册《唐假宁令复原研究》附《唐假宁令复原清本》第 1、2、3 条，第 600 页。

贯文，皆"委度支每节前五日支付，永为常式"。① 以供有关官员和来宾在这些节日追赏胜地，欢娱盛宴。

唐代的例行休假还有"内、外官五月给田假，九月给授衣假，分为两番，各十五日"。这是料理农忙耕种和秋收及冬前制衣等事的季节假。另外还有祭拜、探亲、拜墓、侍病、冠、婚等假："诸百官九品以上私家袝庙，除程，给假五日。四时祭者，各给假四日。去任所三百里内，亦给程"；"诸文武官，若流外以上长上者，父母在三百里外，三年一给定省假三十日；其拜墓，五年一给假十五日，并除程。若已经还家者，计还后年给。其五品以上，所司勘当，于事无阙者奏闻（不得辄自奏请）"；"诸冠，给假三日；五服内亲冠，给假一日，并不给程"；"诸婚，给假九日，除程。期亲婚嫁五日，大功三日。小功以下一日，并不给程"；"诸本服期亲以上，疾病危笃，远行久别及诸急难，并量给假"。②

非例行休假称"事故假"，类似今之事假、病假。其中"常参官"亦即五品以上职事官和八品以上供奉官，一般准许每月请事假2天（晚唐增为3天），否则有罚；③ 病假则不受此限。但无论何官，若无皇帝特恩，一年事假、病假总计超过100天，法律上有除去路途日程100日满后免职的条文。此外，开元十七年玄宗定其诞辰八月初五为"千秋节"，天宝时改为"天长节"，休假3日。自后各朝皇帝诞辰或设或不设节，如肃宗诞辰称"天平地成节"，至代宗登

---

① 《旧唐书》卷一三《德宗纪下》贞元四年九月丙午诏，第366页。

② 以上并见《天一阁藏明钞本天圣令校证——附唐令复原研究》下册《唐假宁令复原研究》附《唐假宁令复原清本》第4~9条，第600~601页。案田假和授衣假及袝庙、探亲、拜墓、冠、婚等假晋《假宁令》已做规定，唐制与之相比变化不大。见《太平御览》卷六三四《治道部十五·急假》引范宁《启断众官受假故事》引《假宁令》，第2844页。

③ 《天一阁藏明钞本天圣令校证——附唐令复原研究》下册《唐假宁令复原研究》附《唐假宁令复原清本》第24条规定为"诸京官请假，职事三品以上给三日，五品以上给十日"。第601页。

位而停，永泰时又有人建议以代宗诞辰为"天兴节"而"表奏不报"；凡设节则多为三天，有宴赐活动。① 另又有高祖忌日"特宜废务"之类，这些都不是《假宁令》规定的假日。

唐代的丧假已不仅仅限于父母丧，而是五服之内诸亲属及业师之丧皆有长短不等的假日。《假宁令》规定凡斩衰三年、齐衰三年及齐衰杖周丧，即子为父母、嫡孙为祖父母、父为嫡子及"为人后者为其父母"等，皆须解官，服丧（或心丧）三年，满 27 个月后才能再入仕为官，否则即是"冒哀求仕"，属"十恶"中的"不孝"罪。无须解官而给丧假的则依亲疏远近有别：诸齐衰周丧，即为祖父母、伯叔父母、姑、兄弟姊妹、诸子女、兄弟子、嫡孙等服丧，"给假三十日，葬五日，除服三日"；以下依次递减，至缌麻三月之丧，即为族兄弟，族曾、祖、父母，曾、玄孙，兄弟之曾孙，外孙等服丧，"给假七日，葬及除服各一日"；"诸师经受业者丧，给假三日"。又，近亲改葬也有假日："诸改葬，齐衰杖周以上，给假二十日，除程"，以下依次递减，至"小功、缌麻各一日"。②

官吏请假给假的程序也已进一步规范化了。如服丧解官规定："诸官人远任及公使在外，祖父母、父母丧应解官。无人告者，听家人经所在陈牒告追。若奉敕出使及任居边要者，申所司奏闻。"又请假的程序：凡京官请假及欲出关者，"若宿卫官当上，五品以上请假，并本司奏闻（若在职掌须缘兵部处分，及武官出外州者，并兵部奏），私忌则不奏。其非应奏及六品以下，皆本司判给；应

---

① 《唐会要》卷二九《节日》，第 542～543 页。参见赵彦卫《云麓漫钞》卷二："魏晋以前，不为生日……梁孝元帝于其诞辰，常设斋讲。唐太宗曰：'今日吾生日，世俗皆以乐，在朕翻成伤感，奈何以劬劳之日，更为宴乐乎？'明皇始置千秋节，自是列帝或置或不置，自五季始立为定制。"中华书局，1958，第 17 页。

② 以上并见《天一阁藏明钞本天圣令校证——附唐令复原研究》下册《唐假宁令复原研究》附《唐假宁令复原清本》第 10～17 条，第 601 页。参见《唐律疏议·名例篇》"十恶""免所居官"条，第 12～14、57 页。

须奏者，亦本司奏闻。其千牛、备身左右，给讫，仍申所司。若出百里外者，申兵部勘量，可给者亦奏闻（东宫千牛亦准此录启）"。"诸在外文武官五品以上请假出境者，皆申吏部奏闻。"[1]

以上可见唐代法定假日之多较之现代亦有过之，官吏休假制度相当完善，具有中古时期官僚制度宏阔大度，又尤其重视家族观念、血缘亲疏和身份等级的明显特点。

3. 退休和抚恤

唐代官僚退休制度相比汉代有了较大进步。官僚退休后的待遇已从高级官员扩大到全体官员。退休仍以七十岁为限，但若"齿力未衰，亦听厘务"，[2] 可见七十致仕仍是软性而非硬性的规定。请求退休的程序是：五品以上奏请皇帝，以下则由尚书省统一汇奏。退休后，三品以上仍可参加朝会及每月初一、十五的常朝，其朝班位次在同级现任官之上。其他礼仪待遇多按散阶级别享受，玄宗开元九年（721）十一月庚午冬至大赦天下时，又命"致仕官合佩鱼者，听其终身"。[3] 至于物质方面的待遇，一般是给"半禄料"终身，[4] 另有例行的节庆赏赐，钱、物皆由当地府州县长官派人"送至宅"。但玄宗天宝九载（750）以前，曾有六品以下致仕只给四年俸料的规定，此后才同等对待。退休后还乡，起初不许使用官方的驿传系统，但皇帝对老臣往往特赐用驿；到文宗太和三年（829）下敕，老病者还乡用驿便成了惯例。

至于皇帝对一些退休大臣的特别关照，则属个案而方式五花八

---

① 以上并见《天一阁藏明钞本天圣令校证——附唐令复原研究》下册《唐假宁令复原研究》附《唐假宁令复原清本》，第 23~25 条。第 601~602 页。

② 《唐会要》卷六七《致仕官》，第 1173~1175 页。以下凡非注出者皆见此。

③ 《旧唐书》卷八《玄宗纪上》、卷四五《舆服志》，第 182、1954 页。

④ 《册府元龟》卷五五《帝王部五十五·养老》载贞元五年四月以工部尚书萧昕等致仕，敕"给半禄料，后受致仕官者并宜准此。旧例给半禄及赐帛，其俸料悉绝。帝念归老之臣，特命赐其半焉。致仕官给半禄料，自昕等始也"。第 621 页。

门。大体言之，仍不外乎特赐全俸终身，^① 赐以宅第、钱帛、车马、酒肉之类，以及加赐官阶或紫金鱼袋等隆其仪制规格的特恩。^②

抚恤制度也已完善起来。德宗贞元十年（794）二月定制：文武朝官薨逝，当月俸料钱全给，另加发一个月俸钱，以为赙赠。三品以上高官和尚书省四品官去世，"仍令有司举旧《令》闻奏，行吊祭之礼，务从优备"。^③ 这里提到的"旧《令》"即《丧葬令》，其中不仅包括了皇帝为职事二品以上大臣去世举哀、临丧，百官在职去世则由"当司分番会丧"的规定，且有文武官去世按品级赙以粟帛的规定，自一品赙物二百段、粟二百石，下至从九品赙物十段。^④ 凡皇帝遣使吊祭、赙赠、会丧、策赠、会葬、致奠等事，俱有法定仪式和规格，^⑤ 这就为一般官员治丧之仪提供了范式。当然朝廷倚重和皇帝认为有其必要的大臣，治丧往往特隆其制以示荣

① 《旧唐书》卷七二《虞世南传》载其贞观"十二年又表请致仕，优制许之。仍授银青光禄禄大夫、弘文馆学士，禄赐、防阁并同京官职事"。卷八二《许敬宗传》载其"咸亨元年，抗表乞骸骨，诏听致仕，仍加特进，俸禄如旧"。卷九三《唐休璟传》载其景云"二年表请致仕，许之，禄及一品子课并令全给"；同卷《张仁愿传》载其"睿宗即位，以老致仕，特全给禄俸"。卷一〇〇《卢从愿传》载其开元二十年抗表乞骸骨，"乃拜吏部尚书，听致仕，给全禄"。卷一六四《杨於陵传》载其敬宗时"以左仆射致仕，诏给全俸，恳让不受"。第2570、2764、2980、2983、3125、4294页。

② 《旧唐书》卷五八《唐俭传》载其高宗"永徽初，致仕于家，加特进。显庆元年卒于家"。卷一九二《隐逸·王希夷传》载其为徂徕山道士，玄宗礼征，年已九十六。开元十四年下制"可朝散大夫守国子博士，听致仕还山。州县春秋致束帛酒肉，仍赐衣一副、绢一百匹"。同卷《孔述睿传》载其为越州人，隐于嵩山，代、德宗皆征之，官至秘书少监兼右庶子加史馆修撰。贞元九年再三上表请罢，"乃以太子宾客赐紫金鱼袋致仕，放还乡里，仍赐帛五十匹、衣一袭。故事，致仕还乡者皆不给公乘，德宗优宠儒者，特命给而遣之"。第2307、5121、5131页。

③ 《唐会要》卷九一《内外官料钱上》载贞元十年二月诏，第1663页。其末载"左庶子雷咸以是月朔卒，有司以故事计其月俸，以月数给之。上闻之，故有是命"。是此前已有薨卒官员计俸而发的"故事"，"以月数给之"之"月"，疑当作"日"。

④ 《天一阁藏明钞本天圣令校证——附唐令复原研究》下册《唐丧葬令复原研究》之《唐丧葬令复原清本》，第709~712页。以下非注出者皆见此。

⑤ 见《大唐开元礼》卷一三四《凶礼》之"敕使吊贵臣丧""赙赠""遣百寮会王公以下丧""敕使策赠贵臣""敕使致奠贵臣丧"等目，第633~636页。

宠，一般是厚加赐赙，荫子为官，以及特别为之"废朝"数日以示哀悼。① 其中典型如初唐名相房玄龄病笃，太宗先"敕名医救疗"，并令皇家尚食每日"供御膳"，甚至为避免绕路，特地"凿苑墙开门，累遣中使候问"，后又带太子前往"握别"，即日授其子房遗爱右卫中郎将，房遗则中散大夫，"使及目前见其通显"；薨后，册赠太尉、并州都督，谥曰文昭，给东园秘器，陪葬昭陵。② 唐宣宗在白居易卒后专门写诗："缀玉联珠六十年，谁教冥路作诗仙。浮云不系名居易，造化无为字乐天。童子解吟长恨曲，胡儿能唱琵琶篇。文章已满行人耳，一度思卿一怆然。"③ 则又是一种富于唐代特色的吊祭方式。

唐代的赠谥规定是职事官三品以上、散官二品以上卒，先由其佐史或家人录"行状"即毕生重要行迹功过一篇，④ 申报尚书省考功司，由之勘校其政况行实后移送太常寺，由众礼官集思广益，拟其谥号，再由考功司在都省召集有关官员议定奏闻，批准后赠谥。谥号有爵者冠于爵号前，如文公、武侯、献伯之类，无爵者一律称某某子。顺便指出，无官爵者若"蕴德丘园，声实明著"，死后亦可奏闻皇帝赐谥，称某某先生。⑤ 其风所及，民间往往也行"私谥"。⑥ 谥号名堂甚多，历朝历代留下了大量特定的文字。如"经纬

---

① 《唐会要》卷二五《辍朝》，第 471~473 页。

② 《旧唐书》卷六六《房玄龄传》，第 2467 页。

③ 王定保：《唐摭言》卷一五《杂记》，第 160 页。

④ 《柳河东集》卷八《从祖柳惟深行状》末署"谥议贞元十五年正月日，故银青光禄大夫、右散骑常侍、轻车都尉、宜城县开国伯柳公从孙将仕郎、守集贤殿正字宗元谨上"；同卷《秘书少监陈公行状》末署"永贞元年八月五日，尚书礼部员外郎柳宗元状"。第 121、126 页。《元稹集》卷五五《检校司徒兼太子少傅严公（绶）行状》末述"谨状上尚书考功"，并述稹为严绶"门吏"而所受"恩顾偏厚"。第 595 页。是门生故吏及参与议谥的相关人员也可申上行状。

⑤ 《唐会要》卷七九《谥法上》，第 1455 页。

⑥ 如王定保《唐摭言》卷四《师友》："裴佶字弘正，宰相耀卿之孙，吏部郎中综之子。卒于工部尚书，郑余庆请先行朋友服，私谥曰'贞'。"第 48 页。

天地曰文"，但"道德博厚"也曰文，"勤学好文"或"慈惠爱民"亦曰文。再如"克定祸乱曰武"，但"威强睿德""开土拓境""帅众以顺""折冲御侮"都可称武。礼官们的任务，就是要从这些词语中选出一两个最后概括死者一生的词语来。不用说，这必然会发生分歧，因而皇帝最后的裁决往往撇开这一切，完全依据自己的看法来决定。如唐初大臣萧瑀去世，太常礼官拟曰"肃"（"刚德克就""执心决断"俱曰肃），太宗说，"瑀性多猜贰，此谥失于不直"，遂改谥曰"贞褊公"。①

作为官员最后归宿的墓葬，唐代规定功臣可陪葬皇陵，以文武分为左右排列，"若父、祖陪陵，子孙从葬者亦如之"。百官墓葬亦依品级有其规格：墓田"一品方九十步，坟高一丈八尺"，下至"六品以下方二十步，坟高不得过八尺"；"诸墓域门及四隅，三品以上筑阙，五品以上立土堠，余皆封茔而已"；"诸碑碣，五品以上立碑，螭首龟趺，趺上高不得过九尺；七品以上立碣，圭首方趺，趺上高四尺。若隐沦道素、孝义著闻者，虽无官品，亦得立碣。其石兽，三品以上六，五品以上四"。② 其制较之汉代已更为细致，且突出了官僚品级序列的重要性。

第三节　明代官僚等级、俸禄和其他待遇

唐中期以后，整套行政体制的演化，官、职之间名实不副、错杂紊乱的状态日甚一日，原来品、阶、勋、爵四大序列俱已泛滥不

---

① 《旧唐书》卷六三《萧瑀传》，第 2404 页。
② 以上并见《天一阁藏明钞本天圣令校证——附唐令复原研究》下册《唐丧葬令复原研究》之《唐丧葬令复原清本》，第 709~712 页。又《大唐开元礼》卷一三八至一四一为"三品以上丧"之一至四，卷一四二至一四五为"四品五品丧"之一至四，卷一四六至一四九为"六品以下丧"之一至四，卷一五〇为"王公以下丧通仪"，其中规定的丧葬诸仪环节甚详可参。第 645~724 页。

堪，从而使官僚等级制度的又一轮调整成为必然。作为人事管理包括俸禄等各种待遇的基准，等级制度的这种状态自会在相关领域引起一系列变化，但尽管宋元至明清这方面制度各有特点，其基调却仍是唐代奠定的以官品序列为中心和更为注重官员职务的状态。以下择要论述其况。

一　宋元有关情况

经五代到宋初，当太祖和太宗"事为之防，曲为之制"，[1] 尤其是通过大量"差遣"来消除藩镇割据之类的危险后，所必需的下一步调整一直都步履艰难。神宗元丰改制打起恢复唐制的旗号，前已指出是一个头痛而医脚的方案。与变制变法相连的集团分野和政局动荡，自熙、丰以来绵亘于北宋后期，直至南宋而不绝，并在各种制度中留下了深刻痕迹。

即就宋代俸禄制度而言，研究者已指出其"恩逮于百官者，唯恐其不足，财取于万民者，不留其有余"的消极一面；同时亦肯定"惟其给赐优裕，故入仕者不复以身家为虑"，"名臣辈出，吏治循良，及有事之秋，犹多慷慨报国"的积极一面。[2] 当时俸禄制度的基本问题，即在官僚等级制度长期紊杂的大背景下，俸禄颁发往往多头分沾，[3] 缺乏唐初那种以职事品级颁俸的定准。元丰改制后，以寄禄官序列与职事官序列分发俸禄和大量"职钱"的状态，[4] 对

---

① 《续资治通鉴长编》卷一七开宝九年十月乙卯太宗即位后大赦天下之文，第382页。

② 赵翼：《廿二史札记》卷二五《宋制禄之厚》，第330~331页。

③ 《宋会要辑稿·职官》五七之一至一七，第3652~3660页。参见赵翼《廿二史札记》卷二五《宋祠禄之制》《宋恩荫之滥》《宋恩赏之厚》《宋冗官冗费》，第331~335页。

④ 《文献通考》卷六五《职官十九·禄秩》："元丰一新官制，职事官职钱以寄禄官高下分行、守、试三等，大率官以禄令为准，而在京官司供给之数，皆并为职钱……"考五八八。参见《宋史》卷一七一《职官志十一》，第4112~4114页；《宋会要辑稿·职官》五七之四三至六三，第3673~3683页。

人事管理来说，仍未澄清源头而徒留混乱。① 此外，地方官俸禄依然问题重重，当时月俸及料钱"并一分见钱，二分折支"的构成，②又尤其会使地方官收入因各地钱物折算比例的不同而呈现差异。③相关弊端的延续和困扰，是与宋初以来整套行政体制和官僚等级序列调整的不得要领联系在一起的。

如果把目光投向与宋并峙的辽、金，投向宋以后的元朝，那么许多问题都在契丹、女真和蒙古人建立新王朝的过程中自然地消失了，这可以说是宋以来官僚等级、俸禄等制在不同区域和时期发展的一大特征。自辽、金到元朝，北方地区乃至整个中国范围内统治民族的变更浪潮，极大地冲击了以往官僚等级制度的积弊，同时又在着力巩固专制集权的进程中维系了官僚政治的传承脉络。即便是宋以后统治最称疏阔的元朝，除设有九品正、从十八品阶，用以指导人事管理和俸禄颁发外，也有假满百日，"申部作缺"，年及七十，"例应致仕"的一套办法。④ 同

---

① 钱大昕《潜研堂文集》卷二八《跋宋史》之"又曰"："宋之官制，前后不同。元丰以前所云尚书、侍郎、给事、谏议、诸卿监、郎中、员外郎之属，皆有其名而不任其职，谓之寄禄官，以为叙迁之阶而已。元丰以后尚书、侍郎等皆为职事官，而以旧所置散官为寄禄官。故元丰以后之金紫光禄大夫，犹前之吏部尚书也……元丰以前所云散官，不过如勋封功臣食邑之类，徒为文具，无足重轻，史家固宜从略。其后改为寄禄，以校官资之崇卑，则亦不轻矣。"第 434 页。

② 《宋史》卷一七一《职官志》，第 4112、4115 页。

③ 如《宋会要辑稿·职官》五七之二二至二四载太宗雍熙四年十一月，"诏内外郡臣并诸道本城军校兵士所请折色料钱，先因朝臣所请，以八分为十分支给者，自今并依实估钱数支给，更不加抬二分"。又载真宗咸平二年四月三日，"定百官添饶折支则例，在京每贯上茶，添二百文；若杂物，添三百文。外道州府每贯上添百文。从之。仍令所有诸道折支物色，令三司常切计度，不得阙失"。第 2662~2663 页。

④ 《元史》卷八三《选举志三》："凡官员给假，中统三年省议：'职官在任病假及缘亲病假满百日，所在官司勘当，申部作阙，仍就任所给据，期年后给由求叙，自愿休闲者听。'至元八年省准：'在任因求医并告假侍亲者，拟自离职住俸日为始，限一十二月后听仕。其之任官果因病患事故，不能赴任，自受除日为始，限一十二月后听仕。'"同书卷八四《选举志四》："凡官员致仕，至元二十八年省议：'诸职官年及七十，精力衰耗，例应致仕。今到选官员，多有年已七十或七十之上者，合令依例致仕。'"其下文载文官员致仕往往加散官一等，或职事、散官俱升一等，以示优容。第 2067、2113~2114 页。

时又循唐宋之风，形成了五品以上紫、六品以下绯、八品以下绿的百官公服色纹规格，即"制以罗，大袖，盘领，俱右衽。一品紫，大独科花，径五寸；二品小独科花，径三寸；三品散答花，径二寸，无枝叶；四品、五品小杂花，径一寸五分；六、七品绯罗小杂花，径一寸；八、九品绿罗，无纹"。① 这些都体现了唐宋以来有关制度被元代简化的状况。

以下简要介绍明代官僚的等级、俸禄和待遇。

图 8-6　宋徽宗赵佶《听琴图》中的文官幞头和袍服

二　名同实异的明代品、阶、勋、爵

明代官僚等级制度也由品、阶、勋、爵四项构成，主次结合，相辅为用，但其具体形态已有不同。品为官品，用以衡量官员的行

① 《元史》卷七八《舆服志一》，第 1939 页。

政级别和俸禄等各种待遇，在整套官僚等级制度中的作用和地位最为重要。其中武官有一至六品正、从 12 个级别，见表 8–18；文官有九品正、从 18 个级别，见表 8–19。此外，"不及九品曰未入流"，① 没有品级，但有考满出身、月俸颁发等方面的等级差别，其况将在后面谈俸禄时介绍。②

表 8–18　明武官品级概况

品级	主要职务	品级	主要职务
正一品	都督府左右都督	正四品	指挥金事
从一品	都督府都督同知	从四品	都镇抚
正二品	都督府都督金事、正留守，都指挥使	正五品	正千户，仪卫正
从二品	都指挥同知	从五品	卫镇抚、副千户，仪卫副
正三品	副留守、指挥使，都指挥金事	正六品	百户、典仗
从三品	指挥同知	从六品	所镇抚

备注：
本表据《明会典》卷一一八《兵部一·官制》、《明史》卷七六《职官志五》编制。

表 8–19　明文官品级概况

品级	主要职务
正一品	太师、太傅、太保、宗人府宗人令、左右宗正、左右宗人
正从一品	少师、少傅、少保、太子三师
正二品	太子三少、六部尚书、都御史
从二品	布政使
正三品	六部侍郎、副都御史、按察使、大理寺卿
从三品	光禄寺卿、太仆寺卿、布政司参政
正四品	金都御史、大理寺少卿、按察副使、知府
从四品	国子监祭酒、布政司参议
正五品	殿阁学士、翰林学士、各司郎中、各府同知

① 《明史》卷七二《职官志一·吏部》，第 1735 页。
② 另又有专为土司设置的土官序列，除"无专职品级"的蛮夷、苗民官外，自从三品的宣慰司使到从七品的长官司副长官，共 9 等。详见《明会典》卷一一八《兵部一·官制》，第 613 页。

续表

品级	主要职务
从五品	侍读、侍讲学士、各司员外郎、各州知州
正六品	国子监司业、六部主事、京县知县
从六品	翰林院修撰、光禄寺丞、各州同知
正七品	六科都给事中、监察御史、各县知县
从七品	六科给事中、布政司经历司都事
正八品	五经博士、各县县丞
从八品	博士厅博士、助教、布政司照磨所照磨
正九品	各署录事、会同馆大使、各县主簿
从九品	六部、都察院、大理寺司务、布政司局仓大使

备注：
本表据《明会典》卷一《吏部九·资格》编制。

　　官品的授受取决于铨选，铨选则取决于出身、资历，包括仕途来路、才行绩效和所获推举之类。尽管其间仍有一定身份色彩，却都是后天而非先天决定的。也就是说，明代官僚的身份，已完全取决于他在官场中所处的位置而不以官场外的情况为转移。这当然不是说社会阶层分野不再影响官场，而是官场主导社会已成定局，官品成为至关紧要的社会身份的反映，是唐宋至元明清社会与政治的关系变迁发展，官本位社会进一步定型的体现。明代官僚队伍中未入流和流内的分野，也应放到这样的背景下来认识。[①]

　　官品直接标志着官僚职务的级别，决定了其行政权力、地位和俸禄、役力等待遇的高低，在整套官僚等级序列中具有无可比拟的基准意义。因而明代各级衙门及其印信等差，即完全是按官品来区分的，见表8-20。

---

　　① 《明史》卷六七《舆服志三》载文武官公服，"未入流杂职官，袍、笏、带与八品以下同"；常服，"杂职官与八品、九品同"。第1636~1637页。是未入流杂职与流内之别也已更多地体现为级别的高低，其间已无身份鸿沟。

表 8-20　明代各衙门印信等差

衙门等级	主要衙门	印信规格
正一品	宗人府、五军都督府	银印，三台，方三寸四分，厚一寸
正二品	六部、都察院、都指挥司	银印，二台，方三寸二分，厚八分
从二品	布政司	银印，二台，方三寸一分，厚七分
正三品	通政司、大理寺、按察司	铜印，方二寸七分，厚六分
从三品	太仆寺、光禄寺、盐运司	铜印，方二寸六分，厚五分五厘
正四品	鸿胪寺、各府	铜印，方二寸五分，厚五分
从四品	国子监、宣抚司	
正五品	翰林院、六部各司	铜印，方二寸四分，厚四分五厘
从五品	各州	铜印，方二寸三分，厚四分
正六品	都察院经历司、各京县	铜印，方二寸二分，厚三分五厘
从六品	布政司经历司、理问所	
正七品	六科、各县	铜印，方二寸一分，厚三分
从七品	中书舍人、光禄寺典簿厅	
正八品	户部、刑部、都察院照磨所	铜印，方二寸，厚二分五厘
从八品	布政司照磨所	
正九品	刑部、都察院司狱司	铜印，方一寸九分，厚二分二厘
从九品	按察院司狱司	
各州县儒学、仓库、驿递、闸堤、批验税课、河泊、织染等部门		铜条记，宽一寸三分，长二寸五分，厚二分一厘

备注：

①本表据《明会典》卷七九《礼部三十七·印信》编制。

②表列诸印皆直纽九叠篆文。

③有些衙门等级虽与表中所列相同，但印信规格不同。如顺天府、应天府，俱为正三品衙门，却用银印，方二寸九分，厚六分五厘。

④征西、镇朔等将军，皆银印虎纽，方三寸三分，厚九分，柳叶篆文；监察御史铜印直纽有眼，方一寸五分，厚三分，八叠篆文；总督、巡抚等差遣官用铜关防，直纽，宽一寸九分五厘，长二寸九分，厚三分，九叠篆文。

⑤文渊阁银印，直纽，方一寸七分，厚六分，玉箸篆文。

明代官品除像以往那样关系到朝会班列、议事次序、行政过程和人事管理外，还直接决定了各种重要的仪制待遇如婚仪规制，[①]家庙堂构与祀仪，[②] 祖父母、父母、夫人封赠及荫子，[③] 葬仪赐谥等。[④] 这是由于明代散阶已完全视其官品而授，故以往与散阶挂钩的礼仪待遇实际已附丽于官品。另须注意的是，明清官品序列之外还有一些主要按职务性质区分的法定职类，如堂官、科道官、正印官、教官、首领官、佐贰杂职官等。在以官品为基准而展开的行政过程和人事管理中，这些职类区别已在发挥前所未有的指导作用。这是唐以来官僚队伍分化的又一重要线索，也是了解明清官品序列时必须注意的一点。

散阶只用于衡量官僚资格。明代散阶的特征，是完全以官品为前提，据官僚考满之况授受。具体办法大致是，初入流者先授与其所得官品相应的"初授散官"；三年考满称职者，再给"升授散官"。不经初考，职务调迁，官品改动者，给相应"初授散官"；初考称职，职务调迁，官品不动者，给"升授散官"；官品改动者仍给相应"初授散官"。正二品到从四品 6 个级别的官员，六年考满"功绩显著"，又给"加授散官"。[⑤] 因此，文官九品正、从十八级初授、升授散官共 36 阶，连同正、从二至四品的加授散官，总共 42

---

① 《明史》卷五五《礼志九》载洪武五年（1372）诏定品官婚仪，"其时品节详明，皆有限制，后克遵者鲜矣"。第 1401～1403 页。

② 《明史》卷五二《礼志六》载"洪武六年定公侯以下家庙礼仪"，定祭牲"二品以上，羊一豕一；五品以上，羊一；以下豕一，皆分四体熟荐"。成化十一年（1475）又定"三品以上立五庙，以下皆四庙"，五庙五间九架，厦旁隔板为五室；四庙三间五架，隔为四室。

③ 《明会典》卷六《吏部五·文官封赠》《吏部五·荫叙》，第 31～32 页。

④ 王世贞《弇山堂别集》卷九《皇明异典述四·四品以下官得谥》："谥法，非三品以上两京大臣不得与，然而亦有得之者，如杨恭惠信民以金都御史、刘文恭铉以少詹事、宋文恪讷、李忠文时勉、陈文定敬宗、邹文庄守益以国子祭酒、李文通奎、刘文介俨以太常少卿，俱四品。"以下列举五至七品官获谥者。第 170～171 页。参见《明史》卷六○《礼志十四》"丧葬之制"及"赐谥"，第 1485～1490 页。

⑤ 《明史》卷七二《职官志一》"吏部"条，第 1736～1737 页。

阶，具体可见表 8-21。类此，武官正、从一品至六品 12 级，共有初授、升授、加授散官 30 阶，见表 8-22。从中不难看出，明代散阶很大程度上是唐代职事官正、从各品上、下阶的翻版。其主要效用无非是区别和体现官僚的年劳资格，以便朝廷据以进行更为细致的管理和激励活动，性质与唐之散阶已大不相同了。

表 8-21　明文官散阶

官品	散阶		
	初授	升授	加授
正一品	特进荣禄大夫	特进光禄大夫	
从一品	荣禄大夫	光禄大夫	
正二品	资善大夫	资政大夫	资德大夫
从二品	中奉大夫	通奉大夫	正奉大夫
正三品	嘉议大夫	通议大夫	正议大夫
从三品	亚中大夫	中大夫	太中大夫
正四品	中顺大夫	中宪大夫	中议大夫
从四品	朝列大夫	朝议大夫	朝清大夫
正五品	奉议大夫	奉政大夫	
从五品	奉训大夫	奉直大夫	
正六品	承直郎	承德郎	
从六品	承务郎	儒林郎	
正七品	承事郎	文林郎	
从七品	从仕郎	征仕郎	
正八品	迪功郎	修职郎	
从八品	迪功佐郎	修职佐郎	
正九品	将仕郎	登仕郎	
从九品	将仕佐郎	登仕佐郎	

备注：
①本表据《明会典》卷六《吏部五·散官》编制。
②从六品和正七品的升授散官儒林郎、文林郎系"儒士出身"专用，如系"吏、才干出身"，则分别为宣德郎、宣议郎。

表8-22　明武官散阶

官品	散阶		
	初授	升授	加授
正一品	特进荣禄大夫	特进光禄大夫	
从一品	荣禄大夫	光禄大夫	
正二品	骠骑将军	金吾将军	龙虎将军
从二品	镇国将军	定国将军	奉国将军
正三品	昭勇将军	昭毅将军	昭武将军
从三品	怀远将军	定远将军	安远将军
正四品	明威将军	宣威将军	广威将军
从四品	宣武将军	显武将军	信武将军
正五品	武德将军	武节将军	
从五品	武略将军	武毅将军	
正六品	昭信校尉	承信校尉	
从六品	忠显校尉	忠武校尉	

备注：
本表据《明会典》卷一二二《兵部五·诰敕》所载武官阶级编制。

　　明代爵制中，用于皇族和其他勋戚大臣者已明确分开。皇族自亲王以下至奉国中尉共8等，其概况见表8-23。随着宗室人口的膨胀，这些爵级很快泛滥成灾，① 不过对人事管理来说，把仅凭血缘的宗室爵级从一般爵级中分离出来不相混淆，在历代相关制度中总算是一个合理的措置。当然这样一来，宗室爵级也就失去了官僚管理制度的意味，而成了另一个问题了。②

① 参见王世贞《弇山堂别集》卷一《皇明盛事述一·宗室之盛》，第6~9页；孙承泽《春明梦余录》卷三九《礼部一·宗室》引马文升《保全宗室疏》，第731~734页。
② 参见沈德符《万历野获编》卷四《宗藩·宗室通四民业》，《明代笔记小说大观》第三册，第2029页。

表8-23 明宗室封爵概况

单位：石

爵级	受封条件	岁禄米
亲王	皇子	10000
郡王	皇太子、亲王次嫡子及庶子	2000
镇国将军	郡王次嫡子及庶子	1000
辅国将军	镇国将军之子	800
奉国将军	辅国将军之子	600
镇国中尉	奉国将军之子	400
辅国中尉	镇国中尉之子	300
奉国中尉	辅国中尉以下子	200

备注：

①本表据《明会典》卷五五《礼部十三·封爵》、卷三八《户部二十五·宗藩禄米》编制。其禄米数字系洪武二十六年（1393）削减以后之数。

②明初宗室待遇极为优厚，《续文献通考》卷六三《职官十三·禄秩》载洪武九年定亲王岁米5万石、钞2.5万贯、锦40匹、丝300匹、纱罗各100匹、绢500匹、冬夏布各1000匹、绵2000两、盐200引、茶1000斤，皆岁支。马料草月支50匹，以后"天潢日繁而民赋有限"，遂不断削减。以禄米而言，不仅数量减少，且开始米、钞兼支。到孝宗后，"郡王以上犹得厚享，将军以下多不能自存"。

③明制诸王"列爵而不临民，分藩而不赐土"，虽有官属，并配"护卫甲士"，少则3000人，多则近2万人，却仅管理、护卫王府而已。至于受委镇驻，出统方面，明初多见，以后遂绝。

其余爵级，有公、侯、伯三等，得爵者除仍夹杂在内的"外戚"外，原则上"非社稷军功不授"；或世袭，或不世袭，愈到后来对世袭的限制愈多。孔子后裔"衍圣公"则是稳定世袭的。

这些爵级有每年支给的禄米，但多少并无定准。大体上，公自2500石至5000石；侯从1000石至1500石，也有500石的；伯多为1000石，也有700石的。[①] 其他社会政治、经济方面的特权，如荫子及封其父母、祖父母、曾祖父母或夫人以同等爵号等，大略皆在历代爵制所寓范围之内。由于公、侯、伯三等爵主要用来奖赏军功，

① 《明会典》卷六《吏部五·功臣封爵》、卷三八《户部二十五·公侯驸马伯禄米》，第30、274~275页。参见王圻《续文献通考》卷六三《职官十三·勋戚禄米》，考三三七六。

故文臣得者甚少，即使受封，原则上也不许封公、侯，得伯者通常又须改授武官。① 而明代风气，武官为一般士大夫所不齿。② 由此看来，明代爵制在激励功能上较之以往已弱化了。

勋级有文、武两套。文勋 10 级，只授予五品以上官；武勋 12 级，只授予有品即六品以上官。两者皆据再考考满之况"奏闻给授"。③ 其序列可见表 8-24。明代的勋级已与军功无关，只授给官僚，却没有独立的实际待遇，只是一种与散阶相辅而用的荣衔。

表 8-24　明文武官勋级

官品	勋级	
	文官	武官
正一品	左、右柱国	左、右柱国
从一品	柱国	柱国
正二品	正治上卿	上护军
从二品	正治卿	护军
正三品	资治尹	上轻车都尉
从三品	资治少尹	轻车都尉
正四品	赞治尹	上骑都尉
从四品	赞治少尹	骑都尉
正五品	修正庶尹	骁骑尉
从五品	协正庶尹	飞骑尉
正六品		云骑尉
从六品		武骑尉

备注：
本表据《明会典》卷一〇《吏部九·勋级》、卷一一八《兵部一·勋禄》编制。

---

① 《明史》卷一七一《王越传》载其先后提督三边军务及十二团营，进兵部尚书，仍为左都御史掌院事，成化十六年复提督大同、延绥等处军务有所斩获，"由是封越威宁伯，世袭，岁禄千二百石。越受封，不当复领都察院，而越不欲就西班。御史许进等颂其功，引王骥、杨善例，请仍领院事，提督团营。从之"。第 4575 页。

② 《明夷待访录·兵制二》："国家当承平之时，武人至大帅者，干谒文臣，即其品级悬绝，亦必戎服，左握刀，右属弓矢，帕首裤靴，趋入庭拜，其门状自称走狗，退而与其仆隶齿。"第 32 页。

③ 《明史》卷七二《职官志一》，第 1737、1751 页。

　　总之，在明代的官僚等级制度中，用以赏功之爵虽有变化，本质上却与官僚行政地位和性质无关，对获爵之官的激励作用也有所下降。散阶基本已附从于官品，唐宋是做官必先有阶，阶高官低或反之的情况极为常见，现在是有阶必先做官而阶、官常同品，两者关系对官僚来说几近合一。勋级则与散阶性质相类而辅用之，一般都不再有独立于官品的待遇，① 已无多少激励意义，而只是增加了一些人事管理辗转腾挪的余地。② 这种等级种类虽多但皆高度依附于官品序列的状态，一方面反映了明代对业已成官者管理更为细致；另一方面，其实际上也把官品序列重新摆到第一线，直接承受整个社会阶层和官僚队伍结构变动的冲击。出现这样的格局，大概与元代的做法有关，同时也反映了明代不像唐代那样面临着士族门阀风气尤盛，官贵子弟需要优容的社会背景。无论如何，虽然明代建立了一套空前严格的仕途和铨选程序，官场与社会的关系也已啮合无间，但从人事管理的角度来看，让官品序列直接面临各种问题，而散阶、勋级则完全跟在其后发挥作用，真可谓是顾此失彼，难以胜言。

---

　　① 《明史》卷一九六《夏言传》载其嘉靖十八年"以祇荐皇天上帝册表，加少师、特进光禄大夫、上柱国。明世人臣无加上柱国者，言所自拟也"。后为严嵩所讦，以故"削少师勋阶，以少保、尚书、大学士致仕"。第 5194 页。从"削少师勋阶"，亦可见勋、阶性质类同而附于官品。孙承泽《春明梦余录》卷四五《刑部二·讼理》录右通政徐石麟《救刑部尚书郑三俊疏》有"臣又回思三俊六年考满时，人皆以得进勋阶为荣，而俊独以寇虏未殄为愧，乞身再四"云云。第 941 页。此亦"勋阶"连称，所谓"为荣"是对人皆得之的渲染之语。

　　② 如《明史》卷一五九《雷复传》载其成化时为右副都御史，"请鬻盐四十万引，并令民入粟授散官。皆报可"。卷三一〇《湖广土司·永顺军民宣慰使司》载成化十三年"以征苗功，命宣慰彭显英进散官一阶，仍赐敕奖奖劳"。第 4343、7992 页。王世贞《弇山堂别集》卷一二《皇明异典述七·致仕加级》："弘治中，上隆礼大臣，尚书致仕有兼官者，多加从一品宫臣；无兼官者，多加从一品散官。"第 216 页。黄光昇《昭代典则》卷二三《孝宗》弘治十三年七月吏部尚书倪岳上西北备边事宜，其四请明赏罚曰："我祖宗之时，名帅大将不为少矣，其间累树勋业者，或仅加其勋阶，或止增其食禄。赏虽薄而人心知感者，命皆出于朝廷而非希冀之可致也。"第 651 页。

三 须繁复折算的官俸

明代俸禄按官品下发，文、武、京、外等官采用同一套俸禄序列，吏员则给月粮。太祖洪武十年（1377）曾赐百官以"官田"，以其租充俸禄。到洪武十三年重定俸禄制度时，基本上确定了有明一代在"俸米"这个总名目下分为米、钞和其他形式的物品或货币的俸禄构成状态；而官田则已收回，只用来赏赐某些公、侯之家。① 到洪武二十五年，百官俸米数确定下来，此后再未变过。大抵是正一品月俸米 87 石，从一品至正三品递减 13 石到 35 石，从三品 26 石，正四品 24 石，从四品 21 石，正五品 16 石，从五品 14 石，正六品 10 石，从六品 8 石，从正七品开始递减 5 斗，到从九品为 5 石。"俸米"既支钱，又支米，还支钞；到成祖登位后，定为米、钞兼支，问题便由此堆积起来。

米好说，钞即钞票。钞之源大体可上溯至宋，相对而言钞政比较成功的时期，则只有极为倚重色目商人的元朝。由士大夫办理的明代钞政实施"不过数年，其法已渐坏不行"，原因不外乎统治者视钞票为万应灵药，"出钞太多而收敛无法，以致物重钞轻"。② 即纸币发行量若是失控，又拿不出实际东西来回笼纸钞，结果必然是通货膨胀。在"俸米"皆米、钞兼支的过程中，太祖洪武十三年定以钞 1 贯、钱 1000，抵米 1 石；到成祖时，又定钞 10 贯，抵米 1

---

① 《续文献通考》卷六三《职官十三·职田》述洪武十年以后，"公田俱入官，百官止给俸米，并未颁有职田。惟公侯之家得拨赐公田，然数外不许受人投献田土及隐匿税粮"。考三三七八。

② 《续文献通考》卷一〇《钱币四·明》载永乐二年八月都御史陈瑛建议收钞行户口食盐法之语，考二八六〇。参见顾炎武撰，黄汝成集释《日知录集释》卷一一《钞》，第 422~424 页。

石。仅按官方的比价，钞在 20 余年中已贬值为原来的十分之一。①
到英宗正统年间，官方比价又从米每石 10 贯，增至 20 贯。可见钞
轻物重之况有增无已。官方钞、米比价的确定，当然包含着朝廷依
据自己估摸的物价上涨指数给官僚增发钞票的意思。但这种"估
摸"，与实际情况相差实在太远。宪宗成化七年（1471）1 贯钞实际
仅值 2 文或 3 文钱，而朝廷却仍在以米 1 石折钞 10 贯的比价颁发
"俸米"。官僚领到石米的钞票后，在市场上最多只能买到几升米，②
这就不能不令人怀疑朝廷到底想要干什么了。

　　这种情况是维持不下去的。大约从孝宗弘治年间起，便总结成
祖永乐以来断断续续以银、钱、绢、布、苏木、胡椒来折代部分俸
米的办法，把钞票在官僚俸禄中所占的比重予以压缩，同时又在以
往的基础上明确了真正发米的数量。其概要大致是坚持太祖洪武二
十五年（1392）制订的"俸米"序列，把米分成"本色"和"折
色"两大部分来颁发。本色分为三类：一曰"月米"，不问职位高
低，每月 1 石，因而每个官僚的岁俸中，都包含了 12 石真实的米；
二是"折绢米"；三是"折银米"，即把部分俸米折成绢、银发给。
官方以绢 1 匹值银 6 钱，银 6 钱 5 分值米 1 石的比价来折算。折色
分为两类：一是"本色钞"，仍以虚玄的钞票代替部分"俸米"下
发，按 10 贯值米 1 石折算，后又分一年为上、下两个半年，上半年
给钞票，下半年折为绢布发放（先曾折苏木、胡椒），官定比价为
"俸米" 1 石折钞 20 贯，钞 200 贯折布 1 匹，布 1 匹折银 3 钱；二是

---

　　① 　王琼《双溪杂记》"国初定制百官俸给"："国初定制百官俸给皆支本色米，如
知县月支米七石，岁支米八十四石，足勾养廉用度。后改四品以上三分本色，七分折
色；五品以下四分本色，六分折色。后又改在外官月支本色米二石，其余俱支折色。其
折色以钞为则，每米一石，折钞十五贯或二十贯；每布一匹，折米二十石。京官折俸四
五年不得一支，外官通不得支。此贪婪之难禁也。"第 6 页。
　　② 　《明史》卷八二《食货志六》，第 2003~2004 页。

绢、布，官定比价是"俸米"20 石折绢 1 匹，10 石折布 1 匹。① 上述构成在实际过程中不断有所分化组合，到神宗万历年间修订孝宗时期编纂的《明会典》时，总算确定了正一至九品一整套按本色和折色来分解的俸禄序列，具体见表 8-25。

表 8-25　万历《明会典》所载官员岁俸标准

品级	总计（石）	本色			折色		依法应得
		合计（石）	支米（石）	折算项目	合计（石）	折算项目	
正一品	1044	331.2	12	折银俸 266 石 折绢俸 53.2 石 合银 204.82 两	712.8	折布俸 356.4 石 合银 10.692 两 折钞俸 356.4 石 合钞 7128 贯	米 12 石 银 215.512 两 钞 7128 贯
从一品	888	284.4	12	折银俸 227 石 折绢俸 45.4 石 合银 174.79 两	603.6	折布俸 301.8 石 合银 9.054 两 折钞俸 301.8 石 合钞 6036 贯	米 12 石 银 183.844 两 钞 6036 贯
正二品	732	237.6	12	折银俸 188 石 折绢俸 37.6 石 合银 144.76 两	494.4	折布俸 247.2 石 合银 7.416 两 折钞俸 247.2 石 合钞 4944 贯	米 12 石 银 152.176 两 钞 4944 贯
从二品	576	190.8	12	折银俸 149 石 折绢俸 29.8 石 合银 114.72 两	385.2	折布俸 192.6 石 合银 5.778 两 折钞俸 192.6 石 合钞 3852 贯	米 12 石 银 120.498 两 钞 3852 贯
正三品	420	144	12	折银俸 110 石 折绢俸 22 石 合银 84.70 两	276	折布俸 138 石 合银 4.140 两 折钞俸 138 石 合钞 2760 贯	米 12 石 银 88.84 两 钞 2760 贯

---

① 以上并见《明会典》卷三九《户部二十六·廪禄二》"俸给"条，第 276~281 页。

品级	总计（石）	本色				折色		依法应得
		合计（石）	支米（石）	折算项目		合计（石）	折算项目	
从三品	312	111.6	12	折银俸 83 石 折绢俸 16.6 石 合银 63.91 两		200.4	折布俸 100.2 石 合银 3.006 两 折钞俸 100.2 石 合钞 2004 贯	米 12 石 银 66.916 两 钞 2004 贯
正四品	288	104.4	12	折银俸 77 石 折绢俸 15.4 石 合银 59.29 两		183.6	折布俸 91.8 石 合银 2.754 两 折钞俸 91.8 石 合钞 1836 贯	米 12 石 银 62.044 两 钞 1836 贯
从四品	252	93.6	12	折银俸 68 石 折绢俸 13.6 石 合银 52.36 两		158.4	折布俸 79.2 石 合银 2.376 两 折钞俸 79.2 石 合钞 1584 贯	米 12 石 银 54.736 两 钞 1584 贯
正五品	192	75.6	12	折银俸 53 石 折绢俸 10.6 石 合银 40.81 两		116.4	折布俸 58.2 石 合银 1.746 两 折钞俸 58.2 石 合钞 1164 贯	米 12 石 银 42.556 两 钞 1164 贯
从五品	168	68.4	12	折银俸 47 石 折绢俸 9.4 石 合银 36.19 两		99.6	折布俸 49.8 石 合银 1.494 两 折钞俸 49.8 石 合钞 996 贯	米 12 石 银 37.684 两 钞 996 贯
正六品	120	66	12	折银俸 45 石 折绢俸 9 石 合银 34.65 两		54	折布俸 27 石 合银 0.81 两 折钞俸 27 石 合钞 540 贯	米 12 石 银 35.46 两 钞 540 贯
从六品	96	56.4	12	折银俸 37 石 折绢俸 7.4 石 合银 28.49 两		39.6	折布俸 19.8 石 合银 0.594 两 折钞俸 19.8 石 合钞 396 贯	米 12 石 银 29.084 两 钞 396 贯

续表

品级	总计（石）	本色			折色		依法应得
		合计（石）	支米（石）	折算项目	合计（石）	折算项目	
正七品	90	54	12	折银俸 35 石 折绢俸 7 石 合银 26.95 两	36	折布俸 18 石 合银 0.54 两 折钞俸 18 石 合钞 360 贯	米 12 石 银 27.49 两 钞 360 贯
从七品	84	51.6	12	折银俸 33 石 折绢俸 6.6 石 合银 25.41 两	32.4	折布俸 16.2 石 合银 0.486 两 折钞俸 16.2 石 合钞 324 贯	米 12 石 银 25.896 两 钞 324 贯
正八品	78	49.2	12	折银俸 31 石 折绢俸 6.2 石 合银 23.87 两	28.8	折布俸 14.4 石 合银 0.432 两 折钞俸 14.4 石 合钞 288 贯	米 12 石 银 24.302 两 钞 288 贯
从八品	72	46.8	12	折银俸 29 石 折绢俸 5.8 石 合银 22.33 两	25.2	折布俸 12.6 石 合银 0.378 两 折钞俸 12.6 石 合钞 252 贯	米 12 石 银 22.708 两 钞 252 贯
正九品	66	44.4	12	折银俸 27 石 折绢俸 5.4 石 合银 20.79 两	21.6	折布俸 10.8 石 合银 0.324 两 折钞俸 10.8 石 合钞 216 贯	米 12 石 银 21.114 两 钞 216 贯
从九品	60	42	12	折银俸 25 石 折绢俸 5 石 合银 19.25 两	18	折布俸 9 石 合银 0.27 两 折钞俸 9 石 合钞 180 贯	米 12 石 银 19.52 两 钞 180 贯

备注:

①本表据《明会典》卷三九《户部二十六·廪禄二》"俸给"条编制。其折算项目皆按文官比率计算。

②另有役力。明初定正一品仅从 15 人，从一品 13 人，以下二品 9 人，三品 7 人，四品 5人，五品 4 人，六品、七品各 2 人，八品、九品各 1 人。详见《明会典》卷一五七《兵部四十·皂隶》。

③年节庆典有赏赐，详见《明会典》卷一一〇《礼部六十八·给赐一》。

　　无论是太祖洪武十三年（1380），还是成祖永乐元年（1403），抑或孝宗弘治以后所定的俸禄制度，都表现出必须进行复杂折算的特征。在"俸米"这个大而化之的总栏目下，除少量实实在在下发的月米外，其他每一项无不需要一而再、再而三地折来折去。抛开其官定比价与实际市场价格的差距不谈，这种状态本身，已足以表明其中充满了大量可能的问题，进而考虑究竟是什么原因致使朝廷不得不接受如此麻烦的折算方式。

　　太祖以来正是通过制定不同的折算比例和比价，在同一套俸米标准下，区分和调节不同官员的实际俸禄收入的。如地方官和京官，成祖永乐元年定在京文、武官米钞兼支，一、二品四六开，三、四品对半开，五、六品六四开，七、八品八二开，九品以下全给米；而地方官则一律对半开。再如文、武官，表8-25所列的具体项目皆为文官的标准，因为本色中官定的折银比价，文官通常为每米1石折银6钱5分左右，而武官则为每米1石折银2钱5分左右，其差距不可以道里计。就其细者而言，文献记载中更有大量因时、因地、因人、因官而异的折算比例和比价。仅万历《明会典》载太祖以来这方面被登录在内的较大调整，针对京官的即达60次，地方官（包括教官）达42次之多。在如此复杂的情况下，正如前面一再指出的，表8-25同样只能作为一种约略的标准来参考。而官员应该和实际拿到的东西，恐怕从皇帝到户部，甚至可能连官员自己也不清楚。总的说来，与京官相比，地方官情形要更复杂一些；与文官相比，武官的实际领俸量要更少一些；同时，各种折算逐渐在向银和钱靠拢，也是一个颇值得注意并为清代承袭的趋势。

　　此外，吏员知印承差人等，皆领月粮，表8-26是太祖洪武十三年规定的吏员领粮标准。但其同样面临着折算问题，当时定标准时，就做了地方各衙门吏典每月粮1石折钞2贯50文的规定；三十一年又定"全支钞"。到成祖永乐九年（1411）定在京吏员"全支米"；而十六年又定"月支米一石，余折钞"。① 此后仍增增减减，颇不一致，但吏员报酬之薄及其为"公私之蠹"的状态，则与历代相同。②

表 8-26　明初吏员月粮等差

单位：石

吏员等级	月粮	吏员等级	月粮
一品、二品衙门提控、都吏	2.5	三品、四品衙门承差、典吏,六品至杂职衙门司吏	1
一品、二品衙门掾史、令史	2.2		
三品、四品衙门令史、书令史、司吏	2	五品衙门典吏	0.8
一品、二品衙门知印、承差、典吏、五品衙门司吏	1.2	光禄寺等处典吏	0.6

备注：

本表据《明会典》卷三九《户部二十六·廪禄二》"俸给"条编制。

明代折算复杂的俸禄体制，使明留下了自古官员薄俸之最的坏名声。③ 单看俸米数量，太祖定正一品月 87 石，从九品月 5 石；与东汉万石月粟 350 斛，比二百石月粟 27 斛相比（汉代百石为吏），似乎相差 3~5 倍。但考虑到明代升斗容量比汉增加了 5 倍多，则太祖所定俸米标准实与汉代相近而稍增。问题正出在折算上，尤其是表 8-25 所示折色中以米折布、以布折银的比价，最后算起来每石"俸米"只值银 3 分，不能不说当时朝廷做了一个骇人听闻的比价。顺便指出，到清初官俸改发白银，又定满、蒙、汉军缺每俸银 1 两，另支米 1 石（先为每银 2 两另支米 3 斛），汉缺一律岁支米 12 石后，以往过于复杂的折算虽已消除，但原来隐藏在俸米和折算名目之下

---

① 《明会典》卷三九《户部二六·廪禄二》"俸给"条，第 279 页。"月粮"之大宗是兵士、将领、民夫及诸充军者之粮饷，而亦有折色。详见《明会典》卷四一《户部二十八·经费二》"月粮"条，第 286~290 页。吏员所领不称俸而称月粮，说明其性质与官有别。

② 参见黄宗羲《明夷待访录·胥吏》，第 41~43 页；顾炎武撰，黄汝成集释《日知录集释》卷八《吏胥》，第 292~293 页。

③ 赵翼：《廿二史札记》卷三二《明官俸最薄》，第 473~474 页。

的薄俸问题却立即暴露无遗。即便清初矫正其弊，定京官一品月银 15 两，米 180 斛；下至从九品月银 2 两 6 钱，米 2 斛 6 斗 3 升；顺治元年（1644）以来又给柴炭银，从一、二品岁 144 两到九品 12 两。① 看似较明大幅提高，却仍被公认为不足维持官员应有的体面，也不符合当时官员实际呈现的体面。直到雍正以来开始通过几条途径对此加以弥补，明以来的薄俸传统才被改变。不过就地方官而言，雍正帝把"耗羡"折为"养廉银"后，督抚一级或多至数万，少则数千，还是一种缺乏统一标准的状态。后来乾隆帝加以损益，也只是使"多寡不相悬殊"而已。②

四 森严、局促的其他待遇

明代官僚也有不少其他待遇，大到父祖妻室的封赠，小至文武官搬家完聚可行移所在官司"送发"，③ 不一而足。其总体的特点则是小气局促，现略述其要如下。

1. 仪制服色

明代官僚的其他待遇，较重要的如封赠制度，即文七品、武六品以上官员，皆可依法封赠其父母、祖父母、妻室。以文官来说，三年考满后一品可赠三代，二、三、四品可赠二代，七品以上赠父母、妻室。凡父、祖，皆赠以与该官员现任职务相应的散阶；祖母、母亲、妻室，一品则封一品夫人，二品封夫人，三品封淑人，四品封恭人，五品封宜人，七品封孺人，皆可按规定享受有关服色等礼仪待遇。④

---

① 光绪《大清会典事例》卷二四九《户部九十八·俸饷》"文武京官俸禄"条，第 8232 页。

② 吴振棫：《养吉斋丛录》卷二五，第 260 页。

③ 《明会典》卷一五六《兵部三十九·给聚》，第 802 页。

④ 《明会典》卷六《吏部五·文官封赠》、卷六一《礼部十九·冠服二》"命妇冠服"条，第 31~32、393 页；《明史》卷七二《职官志一》、卷一三六《任昂传》，第 1737、3937 页。

图 8-7　明太祖时驸马曹国公李贞蟒袍像

图 8-8　明成祖时翰林沈度写真像

　　官员的服色仪制变得更为精细，朝服、祭服、公服、常服俱有品
式。以常服为例，太祖洪武三年（1370）规定，文武官常朝视事皆

"乌纱帽、圆领衫、束带"。以后又定衣裳必宽窄合身，文官衣长"自领至裔去地一寸，袖长过手复回至肘，袖桩广一尺，袖口九寸"；武官则去地5寸，袖长过手7寸，袖桩广1尺，而袖口宽"仅出拳"。同时又用衣服上的"花样"和腰带的质地，逐品区分官员级别，具体可见表8-27。至于颜色，除玄、紫、黄（英宗天顺时又加上墨绿、柳黄、姜黄、明黄）为皇帝或皇家所专用，禁止"官、吏、军、民、僧、道人等"使用外，已不太讲究了，所用颜色只要不是纯素就行。①

表8-27　明文武官常服花样、腰带等差

品级	花样		腰带质地
	文官	武官	
一品	仙鹤	狮子	玉
二品	锦鸡		犀
三品	孔雀	虎豹	金花
四品	云雁		素金
五品	白鹇	熊罴	银花
六品	鹭鸶	彪	素银
七品	㶉𫛶		
八品	黄鹂	犀牛	乌角
九品	鹌鹑	海马	
杂职	练鹊		

备注：

①本表据《明会典》卷六一《礼部十九·冠服二》"文武官冠服"条及《明史·舆服志三》编制。

②武官六品以下非流官。

③凡风宪官，花样皆为獬豸。

④官员常服质地为杂色丝绫罗彩绣，庶民只能用绸绢纱布。

⑤诸蟒龙、飞鱼、斗牛、大鹏、像生狮子、四宝相花、大西番莲、大云花样，一律不得擅用。

---

① 《明会典》卷六一《礼部十九·冠服二》"文武官冠服"之"常服"。其前文载洪武二十六年定文武官公服"用盘领右衽袍"，"一品至四品绯袍，五品至七品青袍，八品、九品绿袍，未入流杂职官袍、笏、带与八品以下同。公服花样，一品用大独科花，径五寸；二品小独科花，径三寸；三品散答花，无枝叶，径二寸；四品、五品小杂花纹，径一寸五分；六品、七品小杂花，径一寸；八品以下无纹"。第386页。与前述元制百官公服相较，明制公服花样显然直承元代而来。

营建房舍方面的礼仪等级，除歇山转角，重檐重拱，绘画藻井，朱漆门窗一并禁止外，官员家宅仍有间架及装饰方面的等次。以门屋而言，一品、二品三间五架，正门用绿油及兽面摆锡环；三至五品三间三架，正门黑油摆锡环；六至九品一间三架，黑门铁环；"庶民所居房舍，不过三间五架，不许用斗拱及彩色装饰"。酒具也有级差，朱红色及抹金、描金、雕琢龙凤纹被禁止，一品、二品酒注、酒盏用金，三品至五品酒注用银、酒盏用金，六品至九品酒注、酒盏皆用银，其他则用磁漆木器。① 看来，少时惯于贫贱的朱元璋为自己及子孙划定和垄断了比以往任何时候的皇帝都更多的色彩和花纹，同时也规定了比以往任何时候的官场都更脱离实际的繁文缛节。

2. 休假

明代官僚休假制度给人的总体印象，是规定和程序皆甚严格。唐代官场尽量保持的悠闲状态，已在忙碌烦碎公务的冲击下大为变样了。例行公休日已不复可见。节假日似仅剩春节、冬至和元宵大节，春节自初一起放假 5 天；冬至从即日起放假 3 天；元宵节时间最长，成祖永乐七年（1409）定为从正月十一起放假 10 天。②

奔、守父母丧早已不是休假，而是义务。③ 其他假期，有省亲、

---

① 《明会典》卷六二《礼部二十·房屋器用等第》，第 395~396 页；《明史》卷六八《舆服志四》，第 1671~1672 页。又雷礼《国朝列卿记》卷七一《国初都察院左右都御史行实·袁泰》载其洪武"二十四年升右都御史，寻掌院事，奉命同六部、翰林院参看历代礼制，更定衣冠、服色、器用制度"。卷一五八《国初国子监祭酒行实·龚敩》载其洪武"二十三年三月乙丑命掌监事，与礼部尚书李原名、修撰掌翰林院事黄子澄申定官民服饰。参酌时宜，务存古意。原名等定议，上从之，颁示中外，寻命为祭酒"。第 4587、7613~7614 页。

② 《明会典》卷八〇《礼部三十八·节假》，第 459 页。雷礼《国朝列卿记》卷一五八《国初国子监祭酒行实·龚敩》载其洪武"十五年，升左司业，奏定节假事例行之"。第 7613 页。孙承泽《春明梦余录》卷九《文华殿》载"万历元年正月初七日，出御文华讲读。旧例节假，二十一日始开，上假内御讲帷，勤于问学，前此未有"。第 134 页。

③ 《明史》卷六〇《礼志十四》"品官丧礼"，第 1491 页。参见黄光昇《昭代典则》卷一〇《太祖》洪武二十三年四月甲辰"除期年奔丧之制"条，第 273 页。

祭祖、迁葬、治本生父母丧、送老亲、幼子及婚假等，充分反映了无论政务多么繁忙，还是要尽量遵守家族伦理的传统。其具体内容以省亲、祭祖、迁葬为例，太祖时的规定是，内外官吏"俱自行具奏，取自上裁"。如予准假，吏部复奏，量地远近，附簿定限，京官由应天府（迁都后由顺天府），地方官由所在部门给予路条，并赐其路费。如京官一品、二品给钞 5000 贯，三品 4000 贯，四品 3000 贯，五品 2000 贯，六品、七品 1000 贯，八品、九品及杂职 500 贯。① 若未按期回任，便要"作缺"解职，违期过长，则须"提问"追究。请这类假的条件，宪宗成化十二年（1476）的规定是，京官离家十年者，"方许省祭"；到二十三年，又改以离家六年而公务允许其离开为条件。其时限，孝宗弘治年间规定是除去往返路程时日，允许在家住两个月。

病假已与其他朝代完全不同，这大约与明代官员考察八法中"老疾"一项相关。太祖时下达过"在外大小官员，不许养病"的禁令。洪武二十六年重定其制时，改为内外官吏自告老疾，在京由太医院，各地由惠民药局，即由官方医药部门"委官相视，分别堪与不堪医治，明白具奏，取自上裁"。若不堪医治，奏放为民；堪治者可领取一段时间的俸禄。宪宗成化三年（1467）规定，患病三个月以上，俸粮"截日住支"。世宗嘉靖六年（1527）又令，京官告病，吏部"查验以实"，照例放回；若托故诈病，与其他人串通作保，及病愈不赴任者，"一体罢职"；养病时间最长不得超过三年，否则削职为民。② 尽管存在着如此严格的规定，但到明后期尤其是世宗嘉靖及神宗万历年间皇帝与文官集团博弈抗衡，甚至不管

---

① 《明会典》卷五《吏部四·给假》、卷一一〇《礼部六十八·给假》，第 29~30、590 页。以下非注出者皆见此。

② 《明会典》卷一三《吏部十二·事故》，第 82~83 页。《明史》卷二〇八《许相卿传》载其嘉靖时"为给事三年，所言皆不听，遂谢病归。八年，诏养病三年以上不赴都者，悉落职闲住。相卿遂废"。第 5493 页。

大臣是去是留，也就无所谓请假不请假了。

3. 退休和抚恤

退休制度因考察制度的存在分成了两类：一是考察老疾者强令退休，其实与逐出官场无异；二是所谓"以礼致仕"，大致与历代接轨。太祖洪武元年，曾做过"内外大小官员年七十者，听令致仕"的规定；到十三年又降到"六十以上，皆听致仕"；二十六年，又定为"七十以上，若果精神昏倦，许令亲身赴京面奏"，与吏部查照的情况一致，方许致仕。[①] 由此可见，当时对退休年龄也未做出明确和硬性的规定。唯王府官 65 岁以上，捐纳做官历任十年以上，医士、乐舞生、厨役出身历任二十年以上者，神宗万历九年（1581）"悉令致仕"。

与明代在各方面的苛刻规定相应，官僚退休后待遇微薄，且无一定之规。洪武十二年（1379）定致仕官员仅免其家赋役终身，并无禄米等其他待遇。[②] 成祖永乐二十二年（1424），规定七十以上致仕，"若无子嗣，孤独不能自存者，有司月给米二石"。英宗天顺二年（1458）曾诏，四品以上官，年七十以礼致仕，"不能自存者，有司岁给米五石"。宪宗成化二十三年（1487），诏在京五品以上文官，年及七十，以礼致仕，"廉贫不能自存，众所共知者，有司仍每岁给食米四石"，但不许"徇情滥给"。可见自天顺以后，情况又有变化。从总体上看，责臣甚苛，待人甚薄，乃是明制的特色。如"一品未受恩典者，有司月给食米二石，岁拨人夫二名应用"，[③] 可

---

① 《明会典》卷一三《吏部十二·致仕》，第 81~82 页。

② 《明史》卷二《太祖纪二》洪武十二年八月辛巳，"诏凡致仕官复其家终身，无所与"。第 34 页。王世贞《弇山堂别集》卷一二《皇明异典述七·致仕给禄》："致仕官给全俸，洪武中兵部尚书单安仁、唐铎，嘉靖中少保、礼部尚书席书。给半俸者，永乐初吏部尚书张纮、户部尚书王钝，宣德中户部尚书郭资、太仆寺卿赵昱。"第 216 页。此皆所谓"异典"。

③ 以上引文并见《明会典》卷八〇《吏部三十八·养老》，第 459 页。其所载成化二十三年之事，《明会典》卷一三《吏部十二·致仕》系于成化二十二年，第 81 页。

见连位极人臣者，退休后倘无特赐，也只能得到微薄的待遇。

至于礼仪等方面待遇，四品以下以礼致仕，一般可以升品级一等，再离开官场，三品以上原则上照旧，但也往往特恩加级或加官。① 但官员退休后无唐代那样享受半俸的规定，最多仅"岁米四石"之类，而加级加官也主要是封赠父祖妻室，允许着服色"以荣其身"，以及朝贺、谢恩可与现任官"一体具服行礼"之类。② 个别大臣荣宠有加的，自然"出于特恩"，但也不过是赐敕及少许银钞而已。③ 汉代那种"安车驷马"的情景，只有到古书中去寻找了。

六品以上官员逝世，朝廷有"恩恤"。太祖洪武九年（1376）规定，凡阵亡、失陷、伤故、淹没者，一品给米 60 石、麻布 60 匹；二品给米 50 石、麻布 50 匹；三品、四品给米 40 石、麻布 40 匹；五品、六品给米 30 石、麻布 30 匹。若系"边远守御、出征并出海、运粮病故者，减半"，④ 当然也有出于特恩而赙赠甚厚者。⑤

对文武大臣的赠谥，由礼部主管，但只适用于"行业超卓，公论共推"和"罪过昭彰，公论共弃"者。如"行业平常，即官品虽崇，不得概予"。其过程大体为，凡大臣逝世，除一应"恤典"外，

---

① 《明会典》卷一三《吏部十二·致仕》，第 81 页。参见王世贞《弇山堂别集》卷一二《皇明异典述七·致仕加级》《皇明异典述七·致仕后加官》，第 216~218 页。

② 《明会典》卷六一《礼部十九·冠服二》"文武官冠服"载洪武"三十年，令致仕官服色与见任同，若遇朝贺及谢恩、见辞，一体具服行礼"。第 386 页。

③ 《明会典》卷一一○《礼部六十八·大臣特赐》："文职大臣致仕，有赐敕及银币等物者，皆出特恩。"第 590 页。《明史》卷一五七《杨鼎传》载其成化四年为户部尚书，"十五年秋，给事御史劾鼎非经国才，鼎再疏求去。赐敕驰驿归，命有司月给米二石，岁给役四人，终其身。大臣致仕有给赐，自鼎始也"。第 4300 页。

④ 《明会典》卷一○一《礼部五十九·丧礼六》"恩恤"条。同处载隆庆三年（1569）与万历六年（1578）、十二年皆更定其制，又载嘉靖六年（1527）定"凡在京文武官员及夫人病故者……令止予应得祭葬，其斋粮、麻布一体裁革"。第 559~561 页。

⑤ 《明史》卷一三八《唐铎传》载其累官至兵部尚书、东宫詹事，洪武二十二年致仕，二十六年复起为太子宾客，进太子少保，"三十年七月卒于京师，年六十九。赙赠甚厚，命有司护其丧归葬"。卷一六三《刘铉传》载其"天顺初，改少詹事，侍东宫讲读。明年十月卒。帝及太子皆赐祭，赙赠有加。宪宗立，赠礼部侍郎，谥文恭"。第 3976、4426 页。

由所在部门或地方报礼部请谥,皆由抚、按先行勘明,或在有关文档的基础上核实其事迹。礼部则照例上请,得旨应谥者,再行文吏部(武官行文兵部)"备查事迹",然后由礼部"广加咨询",取诸"公论",将应谥者分为上、中、下三等,开具事实送翰林院,由学士儒臣议谥。谥号皆用两字,"与否取自上裁"。"若官品未高而侍从有劳,或以死勤事者,特赐谥,非常例。"①

官僚丧葬的礼仪等级,通常由工部造办明器棺椁及坟墓,钦天监选择坟地,光禄寺备办祭物,同时在一系列可供增减升降的措施中灵活调节。② 具体如造坟,其费用由朝廷支付,但也可据具体情况削减,或仅给工价,或只给半价。修造则由工部负责。其规格如表8-28所示。

表 8-28　明官员坟墓规格等差

品级	茔地(周围步)	坟高(丈)	围墙高(尺)	墓碑形制	列石
一品	90	1.8	9	螭首高三尺,碑身高八尺五寸,宽三尺四寸,龟趺高二尺六寸	石人2 石马2 石羊2 石虎2 石望柱2
二品	80	1.6	8	麒麟碑盖高二尺八寸,碑身高八尺,宽三尺二寸,龟趺高二尺二寸	石人2 石虎2 石羊2 石马2 石望柱2

① 以上参见《明史》卷六〇《礼志十四》"赐谥"条,第1488~1490页。

② 《明会典》卷九九《礼部五十七·丧礼四》"品官"条,第553~556页;《明史》卷六〇《礼志十四》"丧葬之制"条,第1485~1488页。

续表

品级	茔地(周围步)	坟高（丈）	围墙高（尺）	墓碑形制	列石
三品	70	1.4	7	天禄避邪碑盖高二尺六寸,碑身高七尺五寸,宽三尺,龟趺高三尺二寸	石虎 2 石羊 2 石马 2 石望柱 2
四品	60	1.2	6	圆碑首高二尺四寸,碑身高七尺,宽二尺八寸,方趺高三尺	石虎 2 石马 2 石望柱 2
五品	50	1	4	圆碑首高二尺二寸,碑身高六尺五寸,宽二尺六寸,方趺高二尺八寸	石羊 2 石马 2 石望柱 2
六品	40	0.8	无	圆碑首高二尺,碑身高六尺,宽二尺四寸,方趺高二尺六寸	无
七品以下	30	0.6	无	圆碑首高一尺八寸,碑身高五尺五寸,宽二尺二寸方,趺高二尺四寸	无

备注:

本表据《明会典》卷二〇三《工部二十三·坟茔》编制。

　　这种源远流长的坟墓等级规制，可说是一种永远陪伴死去官僚的最后一种待遇，同时也是一种对社会起着特定影响的待遇。一位官僚的政治生命和生物生命既已随其入土为安而结束，为数不多的斋米和麻布也早吃完用掉，谥号显然只在一班士大夫间津津乐道，而坟墓却在长久地感染和默默地熏染着社会上那些过着最为平凡生活和最大多数的过客。即便其多少年后破败不堪，那荒郊野草中的断碑残柱，仍将以其通体弥漫和散发出来的官场气息，继续影响周围的景观和士大夫通常不屑正视的凡夫俗子，由此而和缓却又坚实地影响今后的历史。

图书在版编目（CIP）数据

中国古代文官制度／楼劲，刘光华著. -- 新 1 版
. -- 北京：社会科学文献出版社，2024.7（2025.5 重印）
（九色鹿）
ISBN 978-7-5228-3457-3

Ⅰ.①中…　Ⅱ.①楼…②刘…　Ⅲ.①文官制度-研
究-中国-古代　Ⅳ.①D691.42

中国国家版本馆 CIP 数据核字（2024）第 066184 号

九色鹿
中国古代文官制度（新一版）

著　　者／楼　劲　刘光华

出 版 人／冀祥德
责任编辑／郑庆寰
文稿编辑／徐　花
责任印制／岳　阳

出　　　版／社会科学文献出版社·历史学分社　（010）59367256
　　　　　　地址：北京市北三环中路甲 29 号院华龙大厦　邮编：100029
　　　　　　网址：www.ssap.com.cn
发　　　行／社会科学文献出版社（010）59367028
印　　　装／三河市东方印刷有限公司

规　　　格／开　本：787mm×1092mm　1/16
　　　　　　印　张：40.25　字　数：540 千字
版　　　次／2024 年 7 月第 1 版　2025 年 5 月第 3 次印刷
书　　　号／ISBN 978-7-5228-3457-3
定　　　价／158.80 元

读者服务电话：4008918866